Microsoft®

Word 2003

LE GUIDE COMPLET

Micro Application

1ère Édition - Janvier 2006

Auteur

Guy DESCHAMPS

Avertissement aux utilisateurs

Les informations contenues dans cet ouvrage sont données à titre indicatif et n'ont aucun caractère exhaustif voire certain. A titre d'exemple non limitatif, cet ouvrage peut vous proposer une ou plusieurs adresses de sites Web qui ne seront plus d'actualité ou dont le contenu aura changé au moment où vous en prendrez connaissance.
Aussi, ces informations ne sauraient engager la responsabilité de l'Editeur. La société MICRO APPLICATION ne pourra être tenue responsable de toute omission, erreur ou lacune qui aurait pu se glisser dans ce produit ainsi que des conséquences, quelles qu'elles soient, qui résulteraient des informations et indications fournies ainsi que de leur utilisation.

ISBN : 2-7429-6361-8

Tous les produits cités dans cet ouvrage sont protégés, et les marques déposées par leurs titulaires de droits respectifs.

MICRO APPLICATION
20-22, rue des Petits-Hôtels
75010 PARIS
Tél. : 01 53 34 20 20
Fax : 01 53 34 20 00
http://www.microapp.com

Support technique :
Également disponible sur
www.microapp.com

Retrouvez des informations sur cet ouvrage !

Rendez-vous sur le site Internet de Micro Application **www.microapp.com**. Dans le module de recherche, sur la page d'accueil du site, entrez la référence à 4 chiffres indiquée sur le présent livre.
Vous accédez directement à sa fiche produit.

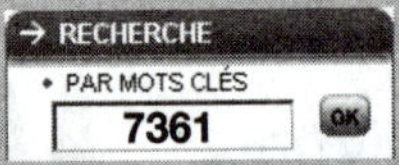

Avant-propos

Destinée aussi bien aux débutants qu'aux utilisateurs initiés, la collection *Guide Complet* repose sur une méthode essentiellement pratique. Les explications, données dans un langage clair et précis, s'appuient sur de courts exemples. En fin de chaque chapitre, découvrez, en fonction du sujet, des exercices, une check-list ou une série de FAQ pour répondre à vos questions.

Vous trouverez dans cette collection les principaux thèmes de l'univers informatique : matériel, bureautique, programmation, nouvelles technologies...

Conventions typographiques

Afin de faciliter la compréhension des techniques décrites, nous avons adopté les conventions typographiques suivantes :

- **gras** : menu, commande, boîte de dialogue, bouton, onglet.
- *italique* : zone de texte, liste déroulante, case à cocher, bouton radio.
- `Police bâton` : Instruction, listing, adresse internet, texte à saisir.
- ✂ : indique un retour à la ligne volontaire dû aux contraintes de la mise en page.

REMARQUE

Propose conseils et trucs pratiques.

ATTENTION

Met l'accent sur un point important, souvent d'ordre technique qu'il ne faut négliger à aucun prix.

ASTUCE

Il s'agit d'informations supplémentaires relatives au sujet traité.

DEFINITION

Donne en quelques lignes la définition d'un terme technique ou d'une abréviation.

Chapitre 1 Saisir un document 11

Chapitre 2 Mettre en forme un document 79

Chapitre 3 Éditer, modifier rapidement du texte : l'Aide de Word 155

Chapitre 9 Gérer les documents longs 403

Chapitre 10 Travailler en groupe, protéger un document 459

Chapitre 11 Automatiser des tâches répétitives à l'aide de macros 475

Chapitre 1

Saisir un document

Word est d'abord un traitement de texte. Mais au fil des versions il s'est enrichi, de fonctions de dessin notamment, et il est devenu aujourd'hui un logiciel très complet qui permet de réaliser toutes sortes de documents aux mises en page riches et sophistiquées (catalogues publicitaires, pages de magazine, bulletins d'informations, cartes de visite…). Certes, dans la plupart des cas, Word est utilisé pour saisir une lettre. C'est la tâche basique que ce type de logiciel permet de réaliser en priorité. Vous apprendrez donc, dans la première partie de l'ouvrage, à effectuer ces tâches courantes : taper un courrier et le mettre en forme sans perdre de temps. La seconde partie sera consacrée à des tâches plus complexes.

DEFINITION

Traitement de texte

Un traitement de texte, comme son nom l'indique, offre la possibilité de "traiter le texte", c'est-à-dire, une fois ce dernier saisi, de le mettre en forme, de le modifier, de le déplacer ou de le copier, d'effectuer diverses mises en page. Il permet également de réaliser des plans et de structurer un document.

Avant d'utiliser Word, il est indispensable de bien maîtriser l'environnement de travail de Windows : savoir créer un raccourci notamment, pour lancer aisément et rapidement votre traitement de texte préféré. Quelques rappels s'imposent.

Vous vous familiariserez ensuite avec la fenêtre du logiciel. Vous apprendrez à manipuler les barres d'outils (important lorsque l'on cherche un bouton et qu'il demeure introuvable), à utiliser les touches du clavier (pour saisir tel ou tel caractère sans hésiter). Vous découvrirez enfin, à travers différents exemples, les principes de base du traitement de texte : la notion de curseur et de pointeur, les paragraphes, les sélections…

1.1. Démarrer Word

La méthode la plus rapide pour démarrer un logiciel consiste à placer un raccourci sur la barre de lancement rapide ou sur le Bureau de Windows.

REMARQUE

Barre de lancement rapide

La barre de lancement rapide est située à l'extrémité gauche de la Barre des tâches, à droite du bouton **démarrer**. Par défaut, elle n'est pas affichée à l'installation de Windows.

Si vous ne disposez pas encore d'un raccourci pour Word, ajoutez-en un sur la Barre de lancement rapide. Pour cela, affichez cette dernière puis placez le raccourci à l'emplacement de votre choix.

DEFINITION

Raccourci

Un raccourci est un fichier pointant vers un autre fichier (une cible) qui peut être un programme, un document ou un dossier. Il est placé sur le Bureau, sur la Barre de lancement rapide ou dans le menu **Démarrer** (qui comprend uniquement des raccourcis créés automatiquement par Windows à l'installation des programmes). Il permet un accès rapide à un document, un programme ou un dossier stockés à différents endroits sur le disque dur. Supprimer un raccourci ne supprime pas l'élément lui-même.

Pour créer un raccourci :

1 Cliquez du bouton droit sur une partie vide de la Barre des tâches. Dans le menu contextuel, pointez sur *Barres d'outils*.

2 Si l'option *Lancement rapide* est cochée dans le menu déroulant qui s'affiche, passez directement à l'étape 3 (cela signifie que la Barre de lancement rapide est déjà affichée). Dans le cas contraire, cliquez sur *Lancement rapide* pour l'afficher.

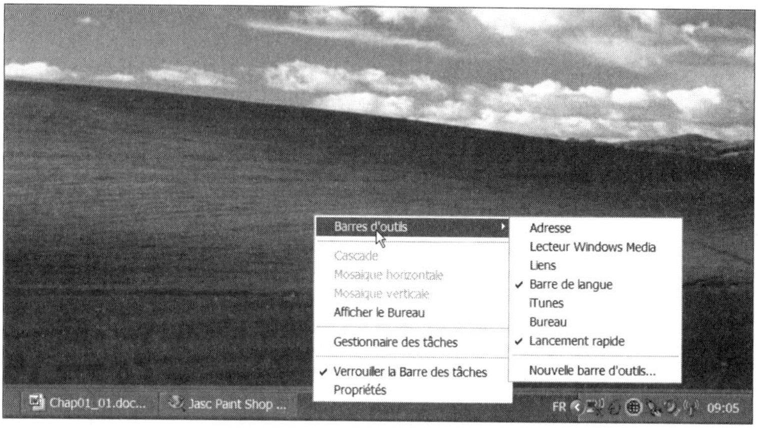

Figure 1.1 : *Ici, la Barre de lancement rapide est déjà affichée*

DEFINITION

Menu contextuel

Ce menu s'affiche lorsque vous cliquez du bouton droit sur un élément. Il varie bien sûr en fonction de l'élément sur lequel vous cliquez. Pour masquer ce menu sans appliquer de commandes, cliquez en dehors ou appuyez sur la touche Échap.

La Barre de lancement rapide est constituée à la base de deux boutons :

- **Afficher le bureau** permet d'afficher ou de masquer toutes les fenêtres ouvertes.
- **Internet Explorer** lance le navigateur Internet.

À vous d'ajouter maintenant à cette barre tous les raccourcis souhaités. Ici, vous allez insérer le raccourci de Microsoft Word.

3 Dans le menu **Démarrer**, pointez sur la commande **Tous les programmes**, puis sur **Microsoft Office**. Dans le menu déroulant, cliquez du bouton droit de la souris sur **Microsoft Office Word 2003**. Sans relâcher le bouton de la souris, faites glisser l'élément à l'endroit souhaité sur la Barre de lancement rapide.

4 Lorsque qu'une petite barre noire verticale apparaît, relâchez le bouton de la souris. Dans le menu contextuel, cliquez sur *Copier ici*.

Cette petite barre est une barre d'insertion. Elle indique l'endroit où le raccourci va se placer. Tant qu'elle n'apparaît pas, inutile de relâcher le bouton de la souris ; renouvelez l'opération.

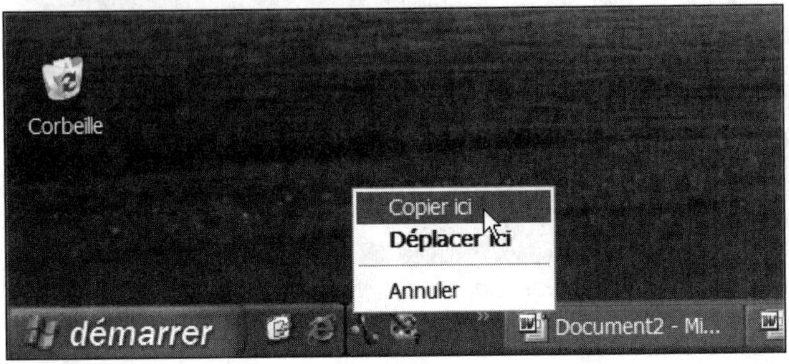

Figure 1.2 : *Faites glisser un raccourci : une petite barre d'insertion apparaît*

Le raccourci apparaît maintenant sur la Barre de lancement rapide : un seul clic sur cet élément permet de lancer Word. C'est la méthode la plus rapide pour démarrer un programme.

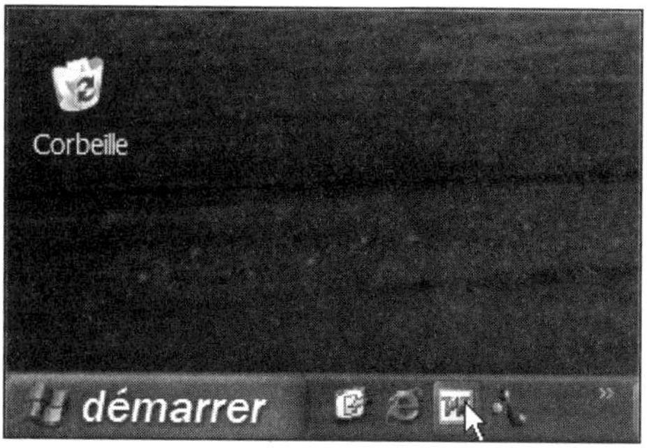

Figure 1.3 : *Un clic pour lancer Word*

La gestion des raccourcis sur la Barre de lancement rapide est relativement simple.

- Pour déplacer un raccourci, cliquez sur ce dernier et faites-le glisser à l'endroit souhaité. Lorsque la barre d'insertion apparaît (la petite barre verticale noire), relâchez le bouton de la souris.
- Pour supprimer un raccourci, cliquez du bouton droit sur ce dernier. Dans le menu contextuel, cliquez sur *Supprimer*.

Si vous préférez créer un raccourci sur le Bureau de Windows, voici comment procéder :

1 Dans le menu **Démarrer**, pointez sur la commande **Tous les programmes**, puis sur **Microsoft Office**. Dans le menu déroulant, cliquez du bouton droit de la souris sur **Microsoft Office Word 2003**. Sans relâcher le bouton de la souris, faites glisser l'élément à un endroit quelconque du Bureau.

2 Dans le menu contextuel, cliquez sur *Copier ici*.

Un double-clic sur ce raccourci est nécessaire pour lancer Word.

REMARQUE

Création de raccourcis

Vous pouvez créer plusieurs raccourcis du même élément à des endroits différents. Lorsque vous définissez un raccourci sur le Bureau de Windows, son icône présente une petite flèche noire.

REMARQUE

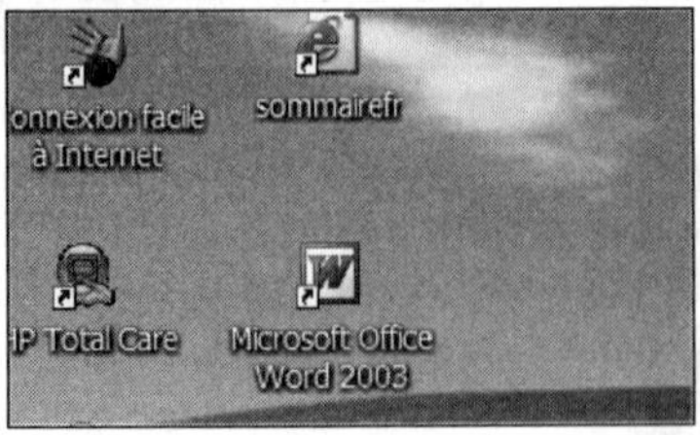

Figure 1.4 : *Une petite flèche noire identifie les raccourcis du Bureau*

Rappelons pour terminer la méthode standard pour démarrer un programme (un peu plus longue que la méthode des raccourcis) :

1. Dans le menu **Démarrer**, pointez sur la commande **Tous les programmes**, puis sur **Microsoft Office**.
2. Dans le menu déroulant, cliquez sur **Microsoft Office Word 2003**.

1.2. Découvrir la fenêtre principale

Word s'ouvre sur un document vierge (une page blanche). Une barre verticale, appelée curseur ou point d'insertion, clignote. C'est à cet endroit que vous saisissez le texte. Cette notion de curseur est très importante, nous y reviendrons.

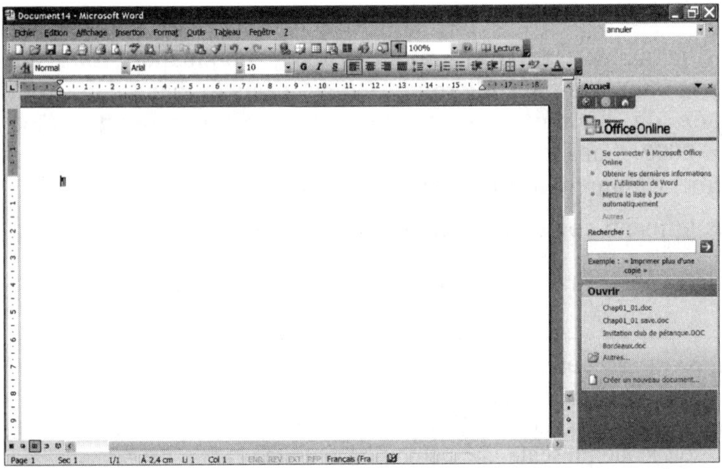

Figure 1.5 : *Le texte est saisi à l'emplacement du curseur (clignotement)*

La fenêtre contient les éléments suivants :

- Une barre de titre située en haut de l'écran affiche le nom du programme et celui du document courant.
- Une barre de menus regroupe par catégories les différentes commandes du logiciel. Le menu **Fichier**, par exemple, regroupe les commandes principales de gestion du fichier (**Nouveau**, **Ouvrir** et **Fermer**, **Enregistrer sous**, **Imprimer**, etc.).

REMARQUE

Utilisation des menus

L'utilisation des menus est identique dans tous les programmes Office. Lorsque vous déroulez un menu dans la barre de menus, Word affiche les commandes selon leur fréquence d'utilisation. Pour en afficher l'intégralité, cliquez sur la double flèche située en bas du menu, ou attendez quelques instants (le menu se déroule automatiquement après quelques secondes).

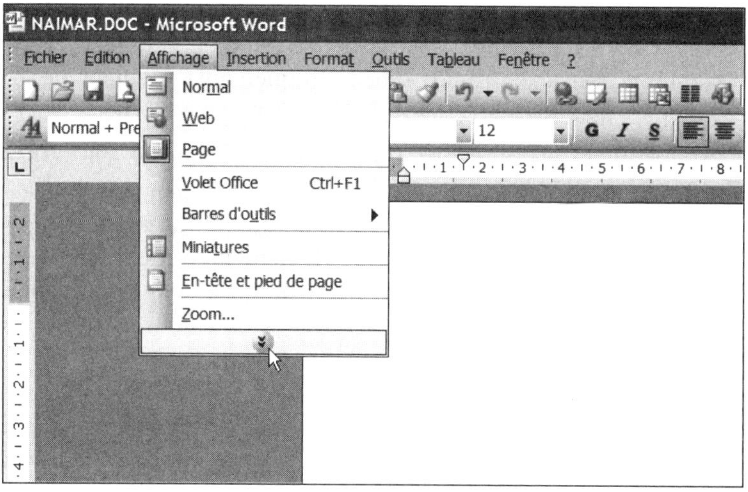

Figure 1.6 : Cliquer sur la double flèche pour visualiser le menu en entier

- Les barres d'outils *Standard* et *Mise en forme*, situées en haut de l'écran, sont affichées par défaut. Comme toutes les barres d'outils, elles présentent différents boutons permettant d'activer rapidement une commande. Des boutons correspondent aux commandes les plus fréquentes : le bouton **Nouveau document** pour la commande **Fichier/Nouveau**, **Ouvrir** pour **Fichier/Ouvrir**, etc. Pour connaître la signification d'une commande, placez le pointeur de la souris sur le bouton correspondant. Une info bulle affiche alors un descriptif.

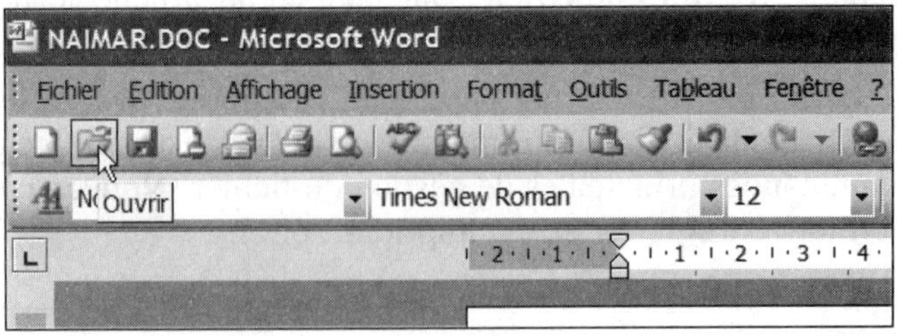

Figure 1.7 : *Utiliser les barres d'outils : c'est plus rapide*

- Une règle horizontale qui revêt une grande importance dans Word. C'est à partir de cette règle que vous pourrez réaliser rapidement certaines mises en forme de paragraphes. Le texte est saisi dans la page entre les marges gauche et droite (ce qui correspond à la partie blanche sur la règle horizontale, qui est graduée par défaut de 0 à 16 cm).
- Une règle verticale (mode Page uniquement) graduée de 0 à 24,7 cm.
- Le document (la page) représente la surface de travail proprement dite.
- Des barres de défilement (également nommées "ascenseurs") pour faire défiler les pages. La barre de défilement verticale n'est plus très utilisée aujourd'hui ; elle est de plus en plus souvent remplacée par la roulette de la souris ou un autre dispositif de pointage.
- En bas de l'écran, et à gauche de la barre de défilement horizontale, des boutons permettent de sélectionner le mode d'affichage du document (*Affichage Normal*, *Mode Web*, *Mode Page*, *Mode Plan* ou *Lecture*). Le mode activé par défaut (et le plus utilisé) est le mode Page : ce mode permet en effet de visualiser les marges gauche et droite de votre document (représentées en bleu sur la règle horizontale) et les marges supérieure et inférieure (en bleu sur la règle verticale). Toutes les marges d'un document sont par défaut de 2,5 cm. Ce mode donne un aperçu global de la mise en page d'un document.

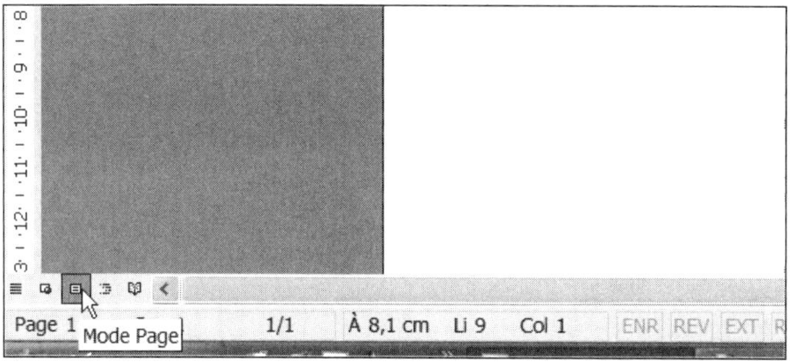

Figure 1.8 : *Des boutons permettent de sélectionner le mode d'affichage*

REMARQUE

Modes d'affichage

Vous pouvez également sélectionner le mode d'affichage souhaité en activant le menu **Affichage**.

- La barre d'état, située tout en bas de l'écran, renseigne notamment sur le numéro de page, le nombre de pages, la position du curseur, la langue du vérificateur orthographique. Trois indications déterminent la position du curseur dans le document :
  - *À* (4,4 cm par exemple) : indique, en centimètres, la position du curseur à partir du bord haut de la page.
  - *Li* (4 par exemple) : indique le numéro de ligne de la page courante dans laquelle se trouve le curseur.
  - *Col* : comme colonne, indique le numéro de caractère à partir du bord gauche de la marge. `Col 15` signifie par exemple que le curseur se situe après le quinzième caractère sur la ligne.
- Le *Volet Office*, situé à droite de l'écran. Selon le contexte, le *Volet Office* affiche les options les plus courantes, regroupées en rubriques. Il permet d'accéder rapidement aux fonctions tout en continuant à travailler dans le document.

REMARQUE

Afficher le *Volet Office*

Si le *Volet Office* est masqué, affichez-le en activant la commande **Affichage/Volet Office**. Pour le masquer, cliquez sur la croix de fermeture située en haut et à droite du volet.

1.3. Manipuler les barres d'outils

Il convient, pour une bonne utilisation du logiciel, de maîtriser le maniement des barres d'outils. Avoir des outils, c'est bien, encore faut-il les trouver quand on en a besoin.

Vous pouvez afficher les barres d'outils *Standard* et *Mise en forme* sur une ligne ou sur deux lignes. Avantages et inconvénients des deux méthodes :

- L'affichage sur une ligne. Il permet de gagner de la place à l'écran. Par contre, vous ne pouvez pas visualiser immédiatement la totalité des boutons de chacune des barres d'outils. Les boutons sont affichés dans ce cas selon leur fréquence d'utilisation.
- L'affichage sur deux lignes. Les deux barres d'outils prennent plus de place à l'écran. Par contre, vous gagnez en lisibilité : tous les boutons sont accessibles immédiatement.

Vous allez tester les deux possibilités afin de choisir le type d'affichage qui vous convient le mieux.

1 Pour afficher les barres d'outils *Standard* et *Mise en forme* sur une ou deux lignes, cliquez sur le bouton **Options de barre d'outils** situé au bout de chaque barre d'outils, puis sur la commande **Afficher les boutons sur deux lignes** ou **Afficher les boutons sur une ligne**, selon votre choix.

Lorsque les barres d'outils sont affichées sur une ligne, tous les boutons ne sont pas visibles.

2 Affichez un bouton masqué en cliquant sur le bouton **Options de barre d'outils**. Dans le menu déroulant, cliquez sur le bouton souhaité.

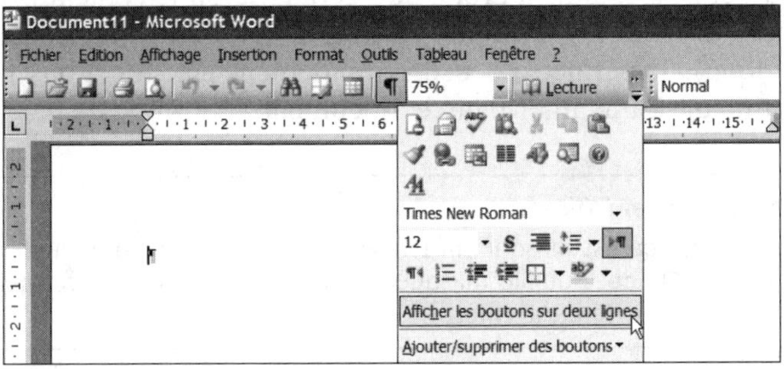

Figure 1.9 : *Afficher les barres d'outils sur une ou deux lignes*

Vous pouvez ajouter des barres d'outils selon vos besoins, afficher une barre d'outils manquante, masquer une barre inutile, déplacer une barre ou la redimensionner, etc.

3 Pour afficher ou masquer une barre d'outils, activez la commande **Affichage/Barres d'outils**. Dans le menu qui se déroule, cliquez sur le nom de la barre d'outils souhaitée (les barres d'outils actuellement affichées sont précédées d'une petite coche).

ASTUCE

Afficher la liste des barres d'outils rapidement

Pour accéder plus rapidement à la liste des barres d'outils, cliquez du bouton droit de la souris sur une barre d'outils existante ou sur la barre de menus. Dans le menu contextuel, cliquez sur le nom de la barre d'outils que vous souhaitez afficher ou masquer.

4 Pour déplacer une barre d'outils dans la zone des barres d'outils (zone située au-dessus de la règle horizontale), cliquez sur la petite bordure en pointillé située à l'extrémité gauche de la barre d'outils. Le pointeur de la souris se change en pointeur de déplacement (quatre flèches dans les quatre directions). Effectuez un glisser-déposer à l'endroit de votre choix sans sortir de la zone située au-dessus de la règle horizontale .

Grâce à cette méthode, vous pouvez déplacer une barre d'outils vers la gauche ou vers la droite (sur la même ligne), mais aussi glisser une barre d'outils au-dessus d'une autre (ou en dessous). Ces manipulations sont également applicables à la barre de menus.

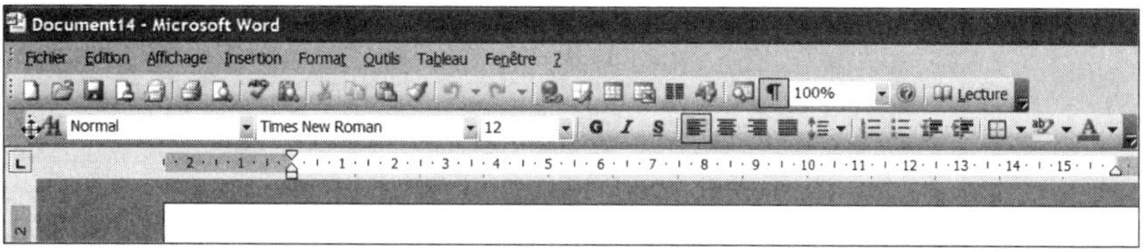

Figure 1.10 : *Déplacement d'une barre d'outils*

Vous pouvez enfin transformer une barre d'outils en barre d'outils flottante en la sortant de la zone des barres d'outils.

5 Pour déplacer une barre d'outils et la rendre flottante, procédez de la même manière qu'à l'étape 4, mais effectuez un glisser-déposer à l'extérieur de la zone des barres d'outils, sous la règle horizontale, c'est-à-dire dans le document.

La barre d'outils apparaît sous une autre forme, avec son nom dans une barre bleue. Vous pouvez déplacer la barre d'outils dans le document, la redimensionner, etc.

6 Pour déplacer la barre d'outils dans le document, cliquez sur la barre bleue. Le pointeur de souris se change en pointeur de déplacement (quatre flèches). Glissez la barre à l'endroit de votre choix. Pour la redimensionner, pointez sur l'un des bords (le pointeur se change en deux petites flèches noires opposées). Sans relâcher le bouton de la souris, effectuez un cliquer-glisser vers la gauche, la droite, le haut ou le bas suivant la forme désirée.

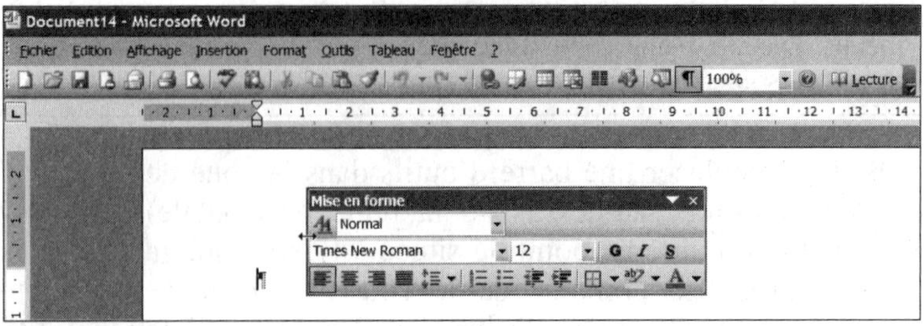

***Figure 1.11 :** Redimensionner une barre d'outils flottante*

Pour replacer une barre d'outils flottante dans la zone des barres d'outils (une barre d'outils déplacée par erreur, par exemple), double-cliquez sur sa barre de titre (la barre généralement bleue qui porte le nom de la barre d'outils).

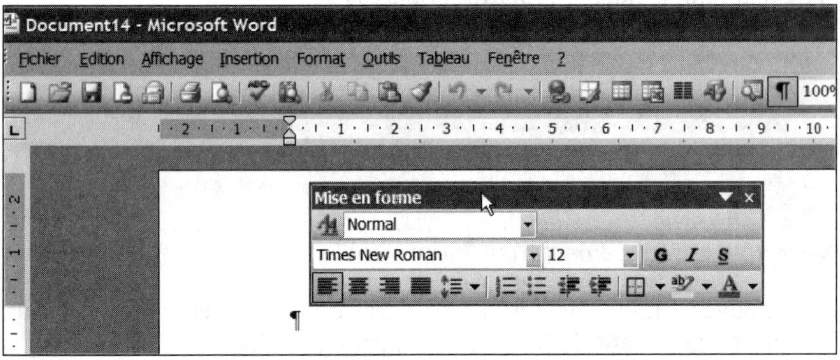

***Figure 1.12 :** Un double-clic sur la barre bleue renvoie une barre d'outils flottante à sa place*

Ces manipulations sont très importantes car la gêne occasionnée par telle ou telle barre d'outils déplacée par erreur ou manquante, peut se révéler bloquante pendant la rédaction d'un document. Nous vous conseillons donc vivement de vous entraîner à déplacer les barres d'outils, puis (ce qui est parfois plus difficile), de les remettre à leur place, en suivant nos indications. L'ordre normal de positionnement des barres d'outils est le suivant : barre de menus, barre d'outils *Standard* (où figurent entre autres les commandes standard **Nouveau document**, **Ouvrir**, **Enregistrer**...), barre d'outils *Mise en forme*. Vous découvrirez un peu plus loin dans cet ouvrage d'autres barres d'outils.

1.4. Saisir un document

La saisie est largement facilitée dans Word. Certaines modifications ou mises en forme s'effectuent même automatiquement. Laissez-vous guider. Un petit conseil : allez au plus simple, la difficulté vient souvent lorsque l'on cherche la complication. Néanmoins, quelques connaissances préalables sont nécessaires et certaines règles doivent être respectées : maîtrise du clavier, bon sens, ponctuation, majuscules, etc.

Quelques règles élémentaires de présentation : aérer le texte

Pour finaliser un document, pensez à la présentation : aérer votre texte, que l'on puisse le lire facilement (mettez-vous quelques instants à la place de la personne à qui vous le destinez). Word vous fournit les outils nécessaires pour jouer sur les espaces et rendre une lettre ou tout autre document attrayant et agréable.

Mais la première étape du travail va consister à taper le document : concentrez-vous sur la saisie, uniquement sur la saisie. S'il s'agit d'un courrier par exemple, dans un premier temps, tapez tout le texte de la lettre sans vous préoccuper de la mise en forme (espaces, alignements, caractères en gras, caractères spéciaux). Vous effectuerez cette mise en forme une fois le texte saisi.

Connaître les touches du clavier

Saisir un document n'est pas la tâche la plus agréable, surtout lorsque l'on ne connaît pas toutes les touches. Un petit descriptif du clavier s'impose donc avant de commencer. Pour ce qui est ensuite de saisir le plus rapidement possible, lorsqu'on ne possède pas une formation de dactylo, il existe dans le commerce de nombreux petits logiciels de dactylographie s'appuyant sur des exercices concrets ; ils vous initient au clavier (position des doigts, touches affectées à chaque doigt, phrases types, tests de vitesse, etc.).

Le clavier est composé de deux parties principales :

- le pavé alphanumérique, qui constitue la partie la plus importante du clavier et vous permet de saisir lettres, chiffres, signes de ponctuation, etc. ;
- à l'extrémité droite, le pavé numérique, dédié à la saisie rapide des chiffres et des opérateurs arithmétiques.

Le pavé alphanumérique

Il existe sur le pavé alphanumérique des touches comprenant de un à trois symboles. Pour obtenir tel ou tel symbole (un point et non un point-virgule, ou le chiffre 3 et non les guillemets, par exemple), la règle est toujours la même ; elle est naturellement valable pour tout le clavier :

- Une touche avec une lettre. Elle est utilisée pour saisir la lettre (nous verrons plus loin les majuscules).
- Une touche avec deux symboles. Le symbole situé en bas à gauche doit être tapé avec le clavier en position "minuscule", le symbole situé en haut à gauche de la touche, avec le clavier en position "majuscule" (le point-virgule est saisi en position "minuscule" et le point en position "majuscule", par exemple).
- Une touche avec trois symboles. Le symbole situé en bas à gauche est saisi en position "minuscule", celui situé en haut à gauche en position "majuscule", comme précédemment. Le symbole situé en bas à droite sur la touche, doit être saisi en combinaison avec la touche Alt Gr. Par exemple, pour taper le signe `@` dans une adresse de messagerie, maintenez la touche Alt Gr enfoncée et appuyez sur la touche qui présente le signe `@`.

REMARQUE

L'euro

La touche sur laquelle se trouve le symbole de l'euro ne possède que deux symboles (la lettre "`E`" et le signe "€"). Néanmoins, ce symbole se situe en bas à droite sur la touche ; vous tapez donc l'euro comme le signe `@`, en appuyant en même temps sur la touche Alt Gr.

Passons aux majuscules. Nous nous bornerons à expliquer le fonctionnement des majuscules au clavier, car certaines majuscules (nous le verrons un peu plus loin) sont automatiquement ajoutées par Word. Pour les majuscules que vous aurez à saisir vous-même :

Pour saisir une lettre (ou quelques lettres à la suite mais très peu), maintenez la touche [Maj] enfoncée puis appuyez sur la ou les lettre(s). Pour taper le mot "André" avec un "A" majuscule, par exemple :

1 Maintenez la touche [Maj] enfoncée et appuyez sur la lettre A.
2 Relâchez la touche [Maj] et tapez la suite du mot.

Relâcher la touche [Maj] permet de revenir au mode Minuscule (si le clavier était au départ en mode Minuscule, bien sûr).

DEFINITION

Touche Maj

Les touches [Maj] sont représentées par deux flèches orientées vers le haut et situées à gauche et à droite du clavier, juste au-dessus des touches [Ctrl]. Elles permettent de bloquer temporairement le clavier en mode Majuscule.

Pour saisir un nombre important de caractères en majuscules (une ligne complète par exemple, ou plusieurs mots à la suite), il faut bloquer le clavier en position "majuscule", saisir le texte, puis désactiver ce mode Majuscule. Pour cela, utilisez la touche [🔒] (Verrouillage majuscule) symbolisée par un petit cadenas et située à gauche du clavier, au-dessus de la touche [Maj].

ATTENTION

Touche Verrouillage majuscule

Utilisez la touche [🔒] uniquement pour saisir plusieurs majuscules à la suite. Pour une ou deux majuscules, c'est une perte de temps : il faut en effet appuyer une première fois sur le cadenas pour verrouiller le clavier, taper la ou les lettres à placer en majuscules, puis appuyer à nouveau sur le cadenas pour déverrouiller (avec la touche [Maj], il suffit de relâcher). Lorsque la touche [🔒] est activée, une diode lumineuse appelée *Caps Lock* est allumée sur le clavier (au-dessus du pavé numérique). Pour la désactiver, appuyez à nouveau sur la touche [🔒] ou dans certains cas (tout dépend de la configuration de votre poste) sur la touche [Maj]. Les claviers non équipés de la diode *Caps Lock* (la plupart des claviers récents) affichent un message au niveau de la Barre des tâches de Windows, du type "*Caps Lock*" ou "*Caps Unlock*" lorsque vous frappez cette touche. Dans d'autres cas, notamment sur les portables, une diode s'allume directement à côté de la touche.

Le pavé numérique

Pour saisir les chiffres rapidement, le pavé numérique doit être activé : une diode lumineuse intitulée *Num Lock* est alors allumée au-dessus du pavé numérique. Si ce n'est pas le cas, appuyez sur la touche [Verr Num] du clavier, située en haut du pavé numérique.

REMARQUE

Pavé numérique actif ou non

De la même manière que pour la diode *Caps Lock* pour les majuscules, les claviers récents n'ont plus de diode *Num Lock*. À la place, un message s'affiche au niveau de la Barre des tâches de Windows, du type "*Num Lock*" et "*Num Unlock*" à chaque pression sur la touche [Verr Num]. Dans d'autres cas, une diode peut être placée directement à côté de la touche [Verr Num].

Les portables ne disposent pas, le plus souvent, de pavés numériques. Ils offrent en général un pavé numérique intégré qu'il suffit d'activer à l'aide d'un raccourci clavier. Vous pouvez donc saisir les chiffres à l'aide de ce pavé intégré ou les taper sur la rangée du haut du pavé alphanumérique (en position "majuscule"). Dans les deux cas, cela s'avère peu pratique. Nous vous recommandons d'acheter, pour une modique somme, un pavé numérique à part que vous pourrez brancher sur le portable en USB.

Les autres touches

Citons les touches les plus importantes dans l'utilisation du traitement de texte (sur lesquelles nous reviendrons en détail dans le développement des chapitres), notamment :

- La touche [Entrée]. Située à droite du clavier au-dessus de la touche [Maj], représentée par une flèche indiquant un retour à la ligne, c'est la touche la plus importante dans Word.
- La touche [←] (Retour arrière ou Backspace), située au-dessus de la touche [Entrée], et la touche [Suppr], située à droite du clavier sous la touche [Inser] (ou à côté sur un portable), sont deux touches de suppression de caractères. Elles sont très importantes dans un traitement de texte.
- La touche [Tab], située à gauche du clavier au-dessus de la touche [🔒] (le cadenas), est utilisée pour les tabulations et les tableaux.

- La Barre d'espace.
- Les touches de déplacement, situées entre le pavé alphanumérique et le pavé numérique.
- Les touches de fonction, situées en haut du clavier (F1 à F12). Variables d'un logiciel à l'autre, vous apprendrez à utiliser certaines d'entre elles pour gagner du temps dans la réaliser de tâches spécifiques.

Ne pas perdre le curseur de vue

Nous l'avons vu en présentant la fenêtre principale, le texte est saisi à l'emplacement du curseur.

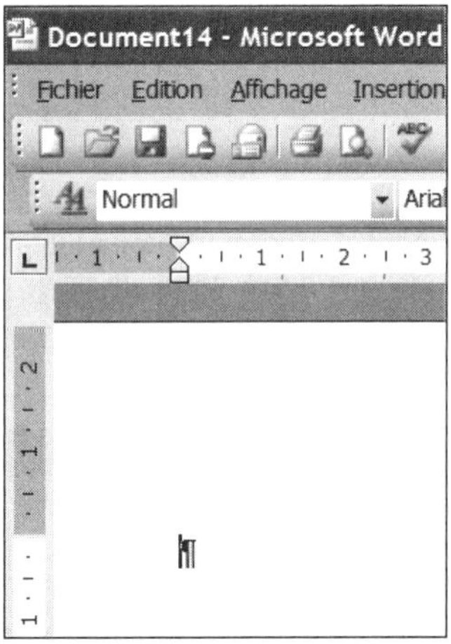

Figure 1.13 : *Le curseur clignote ; vous pouvez saisir le texte*

Lorsque vous saisissez du texte, le curseur est toujours placé derrière le dernier caractère saisi. Lorsque vous utilisez la souris, c'est à l'endroit où vous cliquez que le curseur se positionne.

Si vous saisissez la phrase : "`J'aime les glaces mais pas la soupe.`", le curseur se place après le "`point`" qui clôture la phrase. Si vous souhaitez ajouter du texte au milieu de la phrase "`J'aime les glaces au chocolat…`" par exemple, vous devez cliquer après le mot "`glaces`" puis taper le texte à ajouter.

Cet exemple peut paraître simple mais retenez bien cette règle. On l'oublie vite sur des documents plus longs et l'on commet alors facilement des erreurs.

Vous avez ouvert un document de deux pages, et la page 2 est actuellement affichée à l'écran. Cela ne signifie pas obligatoirement que le curseur s'y trouve (il peut être en page 1). Si vous effectuez maintenant une modification et ajoutez du texte, celui-ci sera inséré à l'emplacement du curseur (en page 1) et vous ne vous en apercevrez pas forcément.

Il est donc impératif, avant d'appliquer un traitement à du texte, de bien se positionner dans le document, c'est-à-dire de cliquer au bon endroit (on dit "placer le curseur") ou d'effectuer une sélection (vous verrez un peu plus loin dans ce chapitre les différentes méthodes pour sélectionner du texte).

ATTENTION

Ne pas confondre curseur et pointeur

Le curseur clignote, le pointeur de la souris est statique et permet d'indiquer la position de la souris dans le document. Le pointeur apparaît sous différentes formes, la plus courante étant une fine barre verticale et deux petits traits horizontaux en haut et en bas.

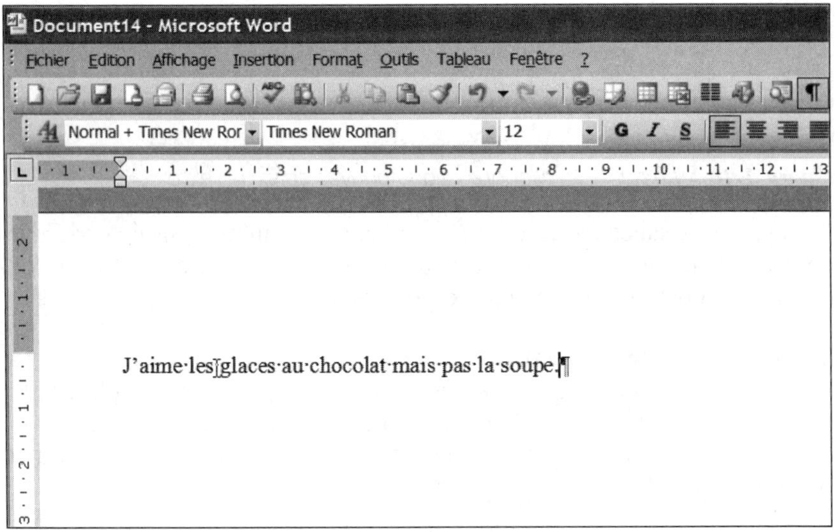

Figure 1.14 : *La souris pointe vers le mot "glaces", le curseur clignote à la fin de la phrase*

Majuscules automatiques et règles de ponctuation

Vous vous apprêtez à saisir du texte ? Sachez que Word réalisera certaines tâches à votre place.

Vous souhaitez par exemple taper le texte suivant :

`Je déteste la poésie classique. J'adore les êtres surnaturels et les poètes dada¨stes.`

`Revue « Poésie autrement »`

Commencez à saisir ce texte en tenant compte des éléments suivants :

- Word ajoute automatiquement une majuscule en début de phrase ou en début de paragraphe. Il est donc inutile de taper la première lettre du premier mot d'une phrase en majuscule. Dans notre exemple, saisissez les mots "`Je`", "`J'adore`" et "`Revue`", les débuts chaque phrase, en minuscule.
- Pour taper les autres lettres en majuscule (ailleurs qu'en début de phrase, le mot "`Poésie`" dans l'exemple), maintenez la touche Maj enfoncée et saisissez la lettre à placer en majuscule. Relâchez la touche Maj.

RENVOI

Pour l'utilisation des majuscules au clavier, reportez-vous à la section ***Connaître les touches du clavier*** *de ce chapitre.*

REMARQUE

Validation des majuscules automatiques

Pour qu'une majuscule automatique s'affiche à l'écran, il faut valider la saisie du mot, en passant au mot suivant grâce à la Barre d'espace, ou en appuyant sur Entrée pour changer de paragraphe. Une fois le mot "`Je`" saisi par exemple, appuyez sur la Barre d'espace pour taper le mot suivant, "`déteste`". Tant que vous n'avez pas appuyé sur cette touche, le mot reste en minuscule.

Une majuscule en début de phrase, certes, mais veillez à construire des phrases correctes. Voici pour vous aider un résumé des règles de ponctuation :

- Le point et la virgule. Ne tapez pas d'espace avant, saisissez un espace après (il est important, pour les majuscules automatiques justement, de ne pas oublier cet espace après le point, afin de commencer une nouvelle phrase).

- Le point-virgule, les deux-points, le point d'exclamation et le point d'interrogation. Ces signes nécessitent un espace avant et un espace après. Petite particularité : ne tapez pas l'espace avant, Word l'insère automatiquement, mais saisissez l'espace après. Pour taper par exemple "`Voici la liste :`", saisissez le texte "`Voici la liste`" et immédiatement après les deux-points. Nous verrons un peu plus loin comment se matérialisent à l'écran tous ces signes.
- Les guillemets. L'ouverture et la fermeture des guillemets s'effectuent sur la même touche (la touche [3] du clavier. Vous devez saisir un espace avant l'ouverture des guillemets, et un espace après la fermeture. Par contre, les guillemets présentent un espace après le guillemet ouvrant, et un espace avant le guillemet fermant, mais ces derniers sont placés automatiquement. Pour taper les guillemets, allez au plus simple : vous n'avez aucun espace à saisir à l'intérieur des guillemets, comme vous pourrez le vérifier en tapant la petite phrase de notre exemple.

ATTENTION

Respecter les espaces automatiques

Ne saisissez pas d'espace avant un guillemet fermant. Autrement, vous obtenez le contraire, un guillemet ouvrant.

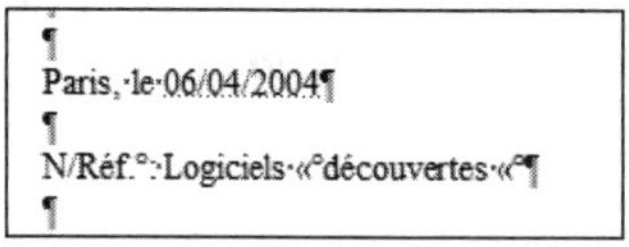

Figure 1.15 :
Une mauvaise saisie des guillemets : ils s'ouvrent deux fois

Lorsque vous saisissez un espace puis le guillemet, ce dernier s'ouvre. Lorsque vous le saisissez tout de suite après un caractère (sans saisir d'espace), il se ferme et un espace est automatiquement inséré avant.

- Les parenthèses. Ne saisissez aucun espace, ni avant, ni après.

Passez maintenant à la pratique :

1 Saisissez la phrase "`Je déteste la poésie classique.`".

N'oubliez pas de mettre un point à la fin. La majuscule du premier mot de la phrase est placée automatiquement.

2 Tapez la phrase "`J'adore les êtres surnaturels et les poètes dada¨stes.`" Appuyez deux fois sur [Entrée] pour saisir la dernière phrase.

> **Saisie de l'accent circonflexe et du tréma**
>
> La touche qui permet de taper l'accent circonflexe et le tréma est la même : elle est située à droite de la touche [P]. (Ne pas la confondre avec la touche [9] sur laquelle un symbole ressemble à un accent circonflexe. C'est une erreur fréquente.) L'accent circonflexe est donc saisi avec le clavier en position "minuscule", le tréma avec le clavier en position "majuscule".
>
> Pour saisir un accent circonflexe, tapez d'abord l'accent (le clavier en position "minuscule" donc). Il ne se passe rien à l'écran ? C'est normal, Word attend que vous saisissiez la lettre qui portera l'accent. Vous pouvez le faire maintenant. Pour taper le mot "`tête`" par exemple, saisissez la première lettre du mot "`t`", appuyez sur la touche correspondant à l'accent circonflexe puis sur la lettre "`e`". Terminez la saisie du mot.
>
> Pour taper le tréma, le principe est le même : simplement, n'oubliez pas de maintenir la touche [Maj] enfoncée avant d'appuyer sur la touche tréma (sinon, vous obtiendrez un accent circonflexe).

Tapez la dernière phrase : `Revue « Poésie autrement »`.

3 Tapez le mot "`Revue`" suivi d'un espace. Appuyez sur la touche " (guillemets).

Les guillemets s'ouvrent.

4 Saisissez le texte à placer entre guillemets et appuyez immédiatement après sur la touche ["] (guillemets).

Les guillemets se referment.

Afficher/masquer les caractères non imprimables

Quels sont ces signes qui s'affichent à l'écran ?

Le texte que vous avez tapé s'affiche à l'écran avec d'autres signes. En commençant la saisie, un petit symbole se trouvait derrière le curseur ; vous trouvez le même symbole à chaque fois que vous appuyez sur la touche [Entrée] (deux fois dans l'exemple) : il s'agit des marques de fin de paragraphe. Les espaces que vous avez saisis entre les mots sont également matérialisés par des petits points, alors que les espaces automatiques (insérés par Word, c'est le cas à l'intérieur des guillemets) apparaissent sous la forme de petits ronds.

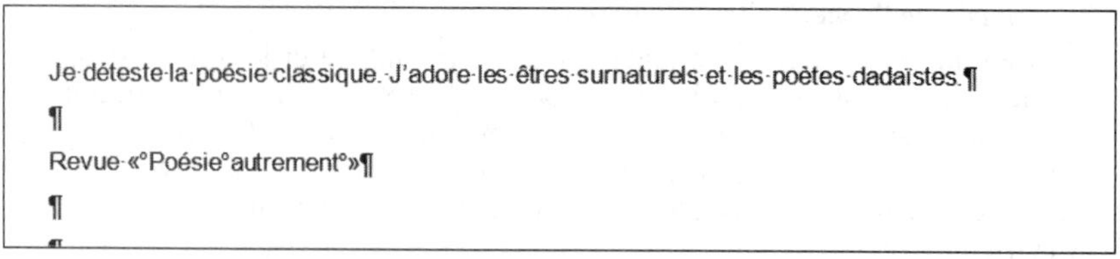

Figure 1.16 : *Le texte saisi s'affiche, les caractères non imprimables aussi*

Tous ces éléments (et d'autres que vous découvrirez ultérieurement) constituent les caractères non imprimables. Ils sont des repères dans le document. Nous vous conseillons de les garder affichés pendant l'élaboration de votre travail.

Comme leur nom l'indique, ces caractères apparaissent uniquement l'écran et ne sont pas imprimés. Si ceux-ci ne sont pas visibles dans votre document, affichez-les en cliquant sur le bouton **Afficher/Masquer** de la barre d'outils *Standard* (rien ne vous empêche ensuite, lorsque le document est terminé, de les masquer afin d'obtenir une vue plus réaliste du document finalisé). Ce bouton, symbolisé par une marque de fin de paragraphe, permet d'afficher ou de masquer tous les caractères non imprimables de Word.

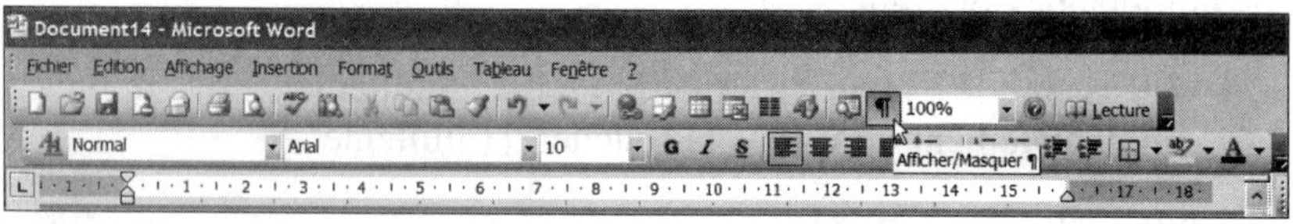

Figure 1.17 : *Afficher ou masquer les caractères non imprimables*

REMARQUE

Boutons bascule

Sur une barre d'outils, un même bouton (appelé bouton bascule) permet d'activer ou de désactiver une commande. Le bouton indique que la commande est active lorsqu'il présente un fond de couleur orangé. Il indique au contraire que la commande est désactivée lorsqu'il présente un fond de couleur bleu.

REMARQUE

Le bouton **Afficher/Masquer** de la barre d'outils *Standard* (pour ne citer que celui-ci) permet tantôt d'afficher, tantôt de masquer les caractères non imprimables (cliquez à chaque fois sur ce bouton, soit pour afficher ces caractères, soit pour les masquer). Attention, tous les boutons des barres d'outils ne fonctionnent pas de cette manière (vous apprendrez à les connaître à l'usage).

Créer des paragraphes et saisir au kilomètre,

Nous venons d'évoquer les marques de fin de paragraphe. La notion de paragraphe est fondamentale. Elle est à la base de tout document Word.

Faut-il utiliser la touche [Entrée] ou saisir le texte au kilomètre ?

- Vous créez un nouveau paragraphe à chaque fois que vous appuyez sur la touche [Entrée] (une marque de fin de paragraphe apparaît lorsque les caractères non imprimables sont affichés). Un paragraphe peut être composé d'une ou de plusieurs lignes. Il peut aussi ne pas contenir de texte. Si vous appuyez dix fois sur [Entrée] sans saisir de texte, vous obtenez dix paragraphes vides.
- Vous tapez au kilomètre lorsque vous saisissez un texte en continu, sans appuyer sur la touche [Entrée]. Arrivé en fin de ligne (à la marge droite), Word passe automatiquement à la ligne suivante, et le texte se poursuit sur cette ligne sans changer de paragraphe (on appelle cette fonction un retour à la ligne automatique).

Vous souhaitez par exemple commencer un courrier ; il sera composé de votre adresse (adresse de l'expéditeur), de la ville et de la date, d'une civilité et du corps de la lettre. Vous allez comprendre, à partir de cet exemple, quand utiliser la touche [Entrée] et quand éviter de l'utiliser. Voici la première partie du courrier :

```
Mr Jacques SOIGNON

45, avenue des Vignes

33000 - Bordeaux
```

`Tél. : 05 44 98 65 77`

`Port. : 06 12 56 76 88`

`Bordeaux, le 30 août 2005`

`Monsieur,`

Vous commencez à saisir le début du courrier.

1 Tapez `Mr Jacques SOIGNON` et appuyez sur la touche [Entrée] pour passer à la ligne. Saisissez les lignes suivantes de l'adresse de l'expéditeur en appuyant à chaque fin de ligne sur [Entrée].

2 Arrivé à la fin de l'adresse, appuyez trois fois sur [Entrée], puis saisissez la ville suivie de la date. Appuyez encore trois fois sur [Entrée] puis tapez la civilité ("`Monsieur`").

Dans cette première partie de courrier, chaque paragraphe contient une seule ligne. Dans le cas d'une adresse en effet, la structure de cette dernière vous impose de changer de ligne à chaque élément (nom et prénom, numéro et rue, code postal et ville, etc.). C'est également le cas pour la ville et la date. Tous ces éléments occupent une place précise dans un courrier ; vous créez donc naturellement à chaque fois un paragraphe en appuyant sur la touche [Entrée]. Notez qu'il existe également des paragraphes vides (entre l'adresse et la ville, entre la ville et la civilité) : c'est une première méthode pour créer rapidement des espacements dans un document (vous verrez qu'il existe une méthode plus précise lorsque vous aborderez le chapitre consacré aux mises en forme de paragraphe).

Vous allez maintenant saisir la suite du courrier :

```
Suite à votre commande de 33 cartons de 6 bouteilles de
notre vin « Château L'Excellence 2004 », nous avons le
plaisir de vous les expédier sous huitaine. Les frais
de transport sont à notre charge.

D'autre part, nous vous octroyons une remise de 10 % en
guise de cadeau de bienvenue, soit 7,20 € la bouteille
au lieu de 8,00 €.

Bien cordialement !

Jacques Soignon
```

Les deux premiers paragraphes qui constituent le corps de la lettre occupent plus d'une ligne. Le premier : "`Suite à votre commande...`" fait trois lignes et le second "`D'autre part...`" est composé de deux lignes. Ici, la règle est la saisie au kilomètre : à l'intérieur de chaque paragraphe, il ne faut pas appuyer sur la touche [Entrée] en fin de ligne mais saisir le texte jusqu'à la fin du paragraphe (sans s'inquiéter des passages à la ligne, automatiques). Dans le cas contraire, la gestion des paragraphes n'en serait que plus complexe.

Pour résumer, appuyez sur la touche [Entrée] uniquement lorsque cela est justifié, que vous devez impérativement changer de ligne et commencer un nouveau paragraphe.

3 Si le curseur n'est plus placé après la civilité, cliquez après "`Monsieur`" et appuyez deux fois sur la touche [Entrée]. Tapez les trois lignes du paragraphe "`Suite à votre commande...`" selon la règle de la saisie au kilomètre. Arrivé à la fin du paragraphe, appuyez deux fois sur [Entrée] (cela se justifie puisque vous allez changer de paragraphe).

4 Saisissez les deux lignes du paragraphe suivant "`D'autre part...`" selon le même principe. Appuyez deux fois sur [Entrée] et terminez la saisie de la lettre par la formule de politesse et la signature.

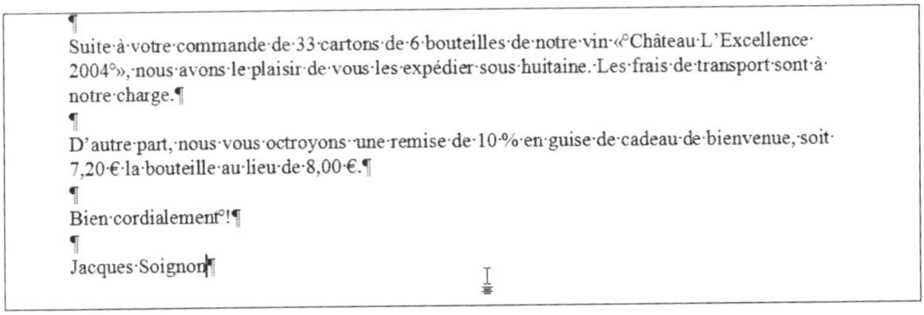
¶
Suite à votre commande de 33 cartons de 6 bouteilles de notre vin « Château L'Excellence 2004 », nous avons le plaisir de vous les expédier sous huitaine. Les frais de transport sont à notre charge.¶
¶
D'autre part, nous vous octroyons une remise de 10 % en guise de cadeau de bienvenue, soit 7,20 € la bouteille au lieu de 8,00 €.¶
¶
Bien cordialement !¶
¶
Jacques Soignon¶

Figure 1.18 : *Saisie au kilomètre : les retours à la ligne sont automatiques*

Supprimer des caractères

Vous avez saisi le texte "`J'ai retrouvé les trois boutiques`" et souhaitez supprimer les deux premières lettres de "`retrouvé`". Vous disposez de deux touches de suppression de caractères : tout dépend de l'emplacement du curseur.

- Si vous cliquez après les deux caractères "`re`" à enlever, appuyez deux fois sur la touche [←] (Retour arrière située au-dessus de la touche [Entrée]) pour supprimer ces deux caractères.
- Si vous cliquez avant les deux caractères, appuyez deux fois sur la touche [Suppr].

Utilisez la touche [←] pour supprimer les caractères situés à gauche du curseur, ou la touche [Suppr] pour effacer les caractères situés à droite du curseur.

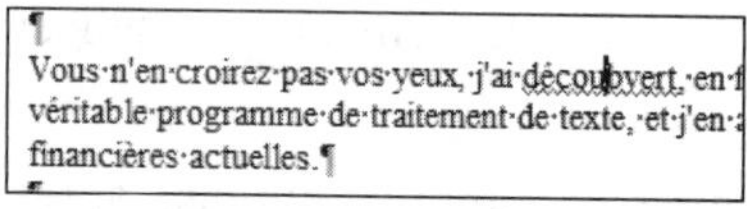

Figure 1.19 : *Suppression de caractères à l'emplacement du curseur*

Plusieurs pressions sur l'une des deux touches permettent de supprimer plusieurs caractères (caractère par caractère). Pour effacer une partie importante de texte, il est plus rapide de sélectionner ce dernier puis d'appuyer indifféremment sur l'une des deux touches de suppression. Le résultat sera dans ce cas le même (vous apprendrez à utiliser les différentes méthodes de sélection un peu plus loin dans ce chapitre).

Diviser ou regrouper des paragraphes

Diviser un paragraphe existant ne devrait plus vous poser de problème.

Vous souhaitez par exemple scinder en deux paragraphes distincts le paragraphe suivant :

```
Suite à votre commande de 33 cartons de 6 bouteilles de notre vin « Château L'Excellence 2004 », nous avons le plaisir de vous les expédier sous huitaine. Les frais de transport sont à notre charge.
```

Et réaliser un second paragraphe avec la dernière phrase "`Les frais de transport...`". Rien de compliqué :

1. Cliquez à l'endroit où vous souhaitez créer le nouveau paragraphe, devant le "`L`" de la phrase "`Les frais de transport...`".
2. Appuyez sur la touche [Entrée].

Pour effectuer l'opération inverse, c'est-à-dire regrouper des paragraphes, vous allez retrouver les touches de suppression. Celles-ci, comme vous l'avez vu, permettent de supprimer des caractères saisis au clavier, mais également des caractères non imprimables. Lorsqu'il s'agit d'une marque de fin de paragraphe, cela confère à ces touches une importance plus grande encore.

Reprenons le même exemple mais à l'envers. Vous avez deux paragraphes, le paragraphe "`Suite à votre commande...`" et le paragraphe que vous venez de créer : "`Les frais de transport...`". Vous souhaitez les regrouper pour former un seul paragraphe. Deux touches de suppression sont à votre disposition ; deux possibilités s'offrent donc à vous :

1 Cliquez devant le "`L`" du paragraphe "`Les frais de transport...`".

2 Appuyez sur la touche [←] (Retour arrière).

Suite·à·votre·commande·de·33·cartons·de·6·bouteilles·de·notre·vin·«°Château·L'Excellence· 2004°»,·nous·avons·le·plaisir·de·vous·les·expédier·sous·huitaine.·¶
Les·frais·de·transport·sont·à·notre·charge.¶

Figure 1.20 : *Placer le curseur devant le paragraphe à faire remonter et appuyer sur la touche Retour Arrière*

Le texte est "remonté". Il fait maintenant partie du paragraphe précédent (la marque de fin de paragraphe qui figurait après "`...sous huitaine`" a disparu.

Vous pouvez obtenir le même résultat en utilisant la touche [Suppr] mais en plaçant le curseur différemment.

2 Cliquez à la fin du premier paragraphe, après le texte "`...sous huitaine`".

2 Appuyez sur la touche [Suppr].

Ici, la touche [Suppr] a permis de supprimer le premier caractère situé à droite du curseur, c'est-à-dire la marque de fin de paragraphe, regroupant ainsi le paragraphe courant et le suivant.

Ajouter ou supprimer des paragraphes vides

Le même principe s'applique sur des paragraphes vides. Si vous souhaitez ajouter des lignes vides en guise d'espaces dans un document, ou au contraire en supprimer, utilisez la touche [Entrée] ou les touches [←] et [Suppr].

Dans l'exemple de la lettre, vous souhaitez moins d'espace avant la civilité et davantage après. Procédez ainsi :

1 Cliquez devant le "M" de "Monsieur" et appuyez sur la touche [←].
2 Cliquez après "Monsieur," et appuyez sur [Entrée].

Annuler ou rétablir les dernières opérations

Lorsque vous avez fait une erreur dans votre document, ou quand vous souhaitez revenir en arrière sur une action effectuée, une fonction très utile (et très utilisée) vous permet d'annuler ou de rétablir les dernières opérations, quel que soit leur type (saisie, mise en forme…). Cette fonction est particulièrement importante si vous avez supprimé par exemple en une fois une importante quantité de texte par erreur. Il n'est pas nécessaire de tout retaper. Il suffit de revenir en arrière et d'annuler la suppression.

Vous venez d'annuler une opération et finalement, vous changez d'avis. Vous décidez d'annuler l'annulation, en quelque sorte.

1 Pour annuler la dernière opération effectuée, cliquez sur le bouton de la barre d'outils *Standard* en forme de flèche bleue orientée vers la gauche et nommé **Annuler** (suivi du nom de l'opération à annuler, **Annuler Frappe**, par exemple).

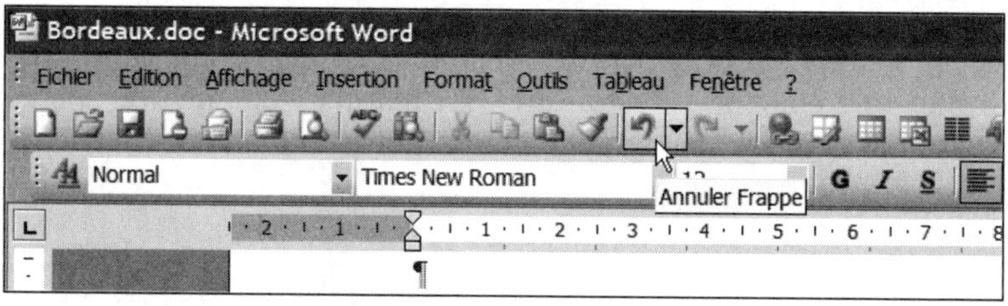

Figure 1.21 : *Annuler la dernière opération*

2 Pour annuler plusieurs opérations à la suite une par une, cliquez plusieurs fois sur ce bouton.

3 Pour annuler plusieurs opérations en une fois, cliquez sur la petite flèche noire orientée vers le bas et située à droite du bouton **Annuler**. Dans le menu qui se déroule, faites glisser le pointeur sur les actions à annuler et relâchez le bouton de la souris.

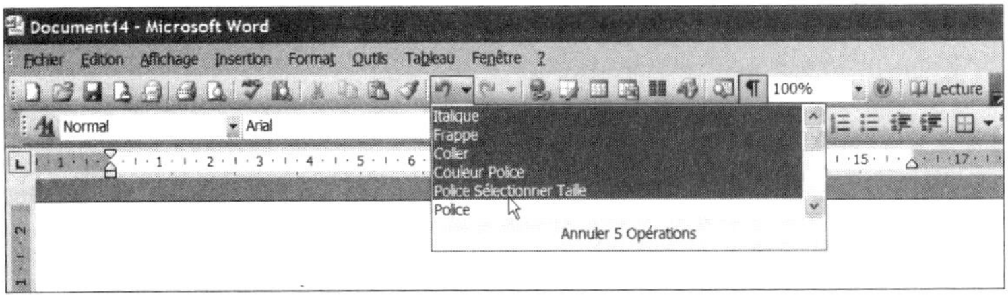

Figure 1.22 : *Annuler plusieurs opérations en une fois*

4 Pour rétablir une ou plusieurs actions, procédez de la même manière que pour l'annulation, mais avec le bouton **Rétablir**, situé à droite du bouton **Annuler** et représenté par une flèche bleue orientée vers la droite.

Corriger rapidement les fautes d'orthographe et de grammaire

Vous tapez un texte. Au fur et à mesure de votre saisie, Word souligne certains mots en rouge ou en vert. Ne vous arrêtez pas ! Continuez la saisie jusqu'au bout, vous reviendrez ensuite sur ces mots pour les corriger. En fait, Word souligne automatiquement les fautes d'orthographe d'un trait ondulé rouge et les fautes de grammaire d'un trait ondulé vert pendant la frappe. Fonction très intéressante, qui vous permet d'effectuer ensuite rapidement les corrections dans le document sans ouvrir la moindre fenêtre, à l'aide du menu contextuel.

1 Lorsque vous avez repéré un mot souligné d'un trait ondulé rouge dans le texte, cliquez du bouton droit sur le mot à corriger.

2 Dans le menu contextuel, cliquez sur la correction proposée (ou choisissez la correction souhaitée lorsque plusieurs corrections sont proposées) (voir Figure 1.23).

La correction est effectuée instantanément dans le texte.

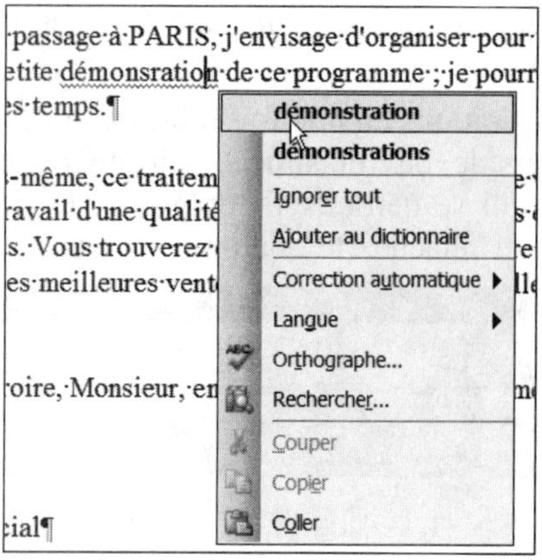

Figure 1.23 : *La correction orthographique à l'aide du menu contextuel*

Options de correction

Lorsque vous ne souhaitez pas corriger une faute, l'option *Ignorer tout* du menu contextuel permet de masquer le trait ondulé rouge à chaque fois que le mot apparaîtra dans le document. L'option *Ajouter au dictionnaire* permet d'ajouter à votre dictionnaire personnel tout terme non reconnu par le dictionnaire principal et que vous ne considérez pas comme une faute d'orthographe (abréviations, noms propres…). Ainsi, le mot ne sera jamais reconnu comme une faute, dans aucun autre document.

3 Procédez de la même manière pour corriger une faute de grammaire. Cliquez du bouton droit sur un mot souligné en vert. Dans le menu contextuel, cliquez sur la correction proposée (pour obtenir de l'aide dans une info bulle sur la règle grammaticale avant de faire la correction, cliquez d'abord sur **A propos de cette phrase**, effectuez la correction ensuite).

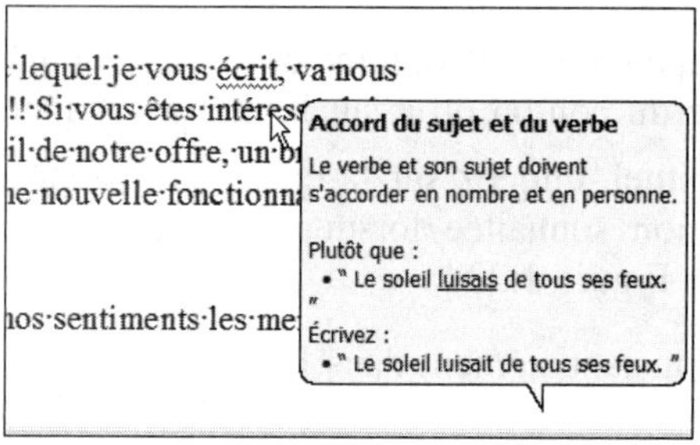

Figure 1.24 : *Connaître la règle de grammaire*

Gérer le dictionnaire personnel

Pour supprimer des mots du dictionnaire personnel (ou en ajouter sans utiliser le menu contextuel), activez la commande **Outils/Options**. Sous l'onglet **Grammaire et orthographe**, cliquez sur le bouton **Dictionnaires personnels**. Déroulez la liste des dictionnaires, cliquez sur **PERSO.DIC** puis sur le bouton **Modifier**. Pour ajouter une entrée au dictionnaire, tapez le mot souhaité dans la zone *Mot* et cliquez sur le bouton **Ajouter**. Pour supprimer une entrée, sélectionnez-la dans la liste et cliquez sur le bouton **Supprimer**. Validez en cliquant sur OK.

Figure 1.25 : *Gestion des entrées du dictionnaire personnel*

Il arrive que le correcteur orthographique change de langue en cours de frappe. La langue est détectée automatiquement par Word et vous pouvez connaître la langue de correction en visualisant la barre d'état en bas de l'écran.

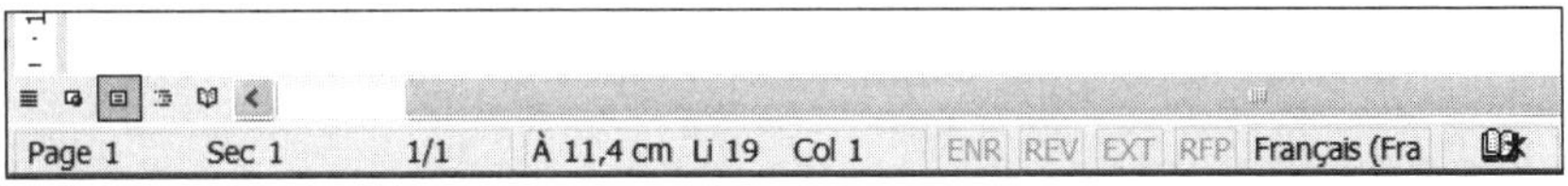

Figure 1.26 : *La langue du vérificateur orthographique est indiquée sur la barre d'état*

Si vous mélangez dans un texte des mots français et anglais, vous pouvez rencontrer un problème. Considérez le texte suivant :

```
Liste de nos logiciels :

Microsoft Office XP

Microsoft Works 2003 (PC)
```

Le premier paragraphe est en français, les deux derniers contiennent des noms de logiciels anglo-saxons. Entraînez-vous à saisir ce texte, appuyez sur la touche [Entrée] après la dernière ligne "`Microsoft Works 2003 (PC)`" et regardez la barre d'état : normalement, la langue de correction est automatiquement passée à l'anglais. Si vous continuez à saisir du texte dans le nouveau paragraphe (en français cette fois), ne vous étonnez pas que les mots soient soulignés en rouge puisque la vérification orthographique s'effectue alors en anglais.

```
¶
Liste·de·nos·logiciels°:¶
¶
Microsoft·Office·XP¶
Microsoft·Works·2003·(PC)¶
¶
Choisissez·parmi·ces·logiciels·¶
¶
```

Figure 1.27 : *Des fautes qui n'en sont pas*

Ici, il suffit de poursuivre la saisie comme si de rien n'était. Au bout d'un moment, Word détectera automatiquement le français. Si vous souhaitez modifier la langue de correction pour un ou plusieurs mots de manière ponctuelle, il faut forcer la main au logiciel.

Pour changer la langue de correction d'un mot par exemple :

1. Cliquez sur le mot souhaité puis double-cliquez sur la barre d'état à l'endroit où se trouve mentionnée la langue de correction (si la langue de correction est l'anglais, vous devez trouver la mention *Anglais (Royaume Uni)*).
2. Dans la fenêtre qui s'affiche, sélectionnez la langue souhaitée *Français (France)* par exemple, et validez en cliquant sur OK.

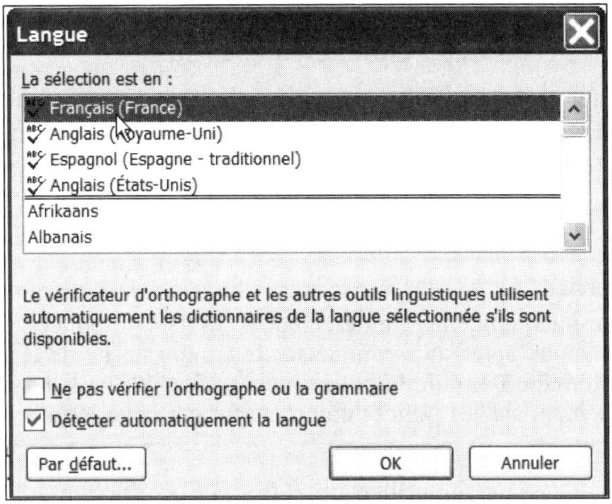

Figure 1.28 : *Choisir la langue de correction*

Insérer des caractères spéciaux

Il y a les caractères que vous tapez, mais vous pouvez aussi en insérer pour agrémenter un texte.

Vous venez de terminer la saisie d'un courrier avec une adresse expéditeur du type :

```
Mr Denis Julian

231 Bd des Capucines

75009 - PARIS

01 47 01 54 08

06 12 11 95 57
```

Vous souhaitez ajouter devant le numéro de téléphone un petit téléphone, et devant le numéro de portable un petit symbole en forme de portable (il en irait de même pour un fax ou un email). Vous avez pour cela à votre disposition une multitude de caractères spéciaux qu'il vous suffit d'insérer dans votre texte.

1 Cliquez devant le numéro de téléphone. Dans le menu **Insertion**, cliquez sur la commande **Caractères spéciaux**.

2 Dans la fenêtre qui s'affiche, sous l'onglet **Symboles**, cliquez sur le bouton fléché de la zone *Police*. Sur la liste, choisissez la police *Wingdings* (elle est située vers la fin, déroulez la liste à l'aide de la petite barre de défilement verticale).

ASTUCE

Raccourci clavier

Pour atteindre plus rapidement un élément de la liste, la police *Wingdings* par exemple, après avoir cliqué sur le bouton fléché de la zone *Police*, tapez la première lettre de la police recherchée (*W*). La liste se place automatiquement sur les polices commençant par cette lettre.

3 Les symboles liés à la police sélectionnée s'affichent. Double-cliquez sur le téléphone situé sur la première rangée pour l'insérer dans le document (si vous n'êtes pas placé sur cette rangée, utilisez au besoin la barre de défilement située à droite des symboles pour trouver le téléphone).

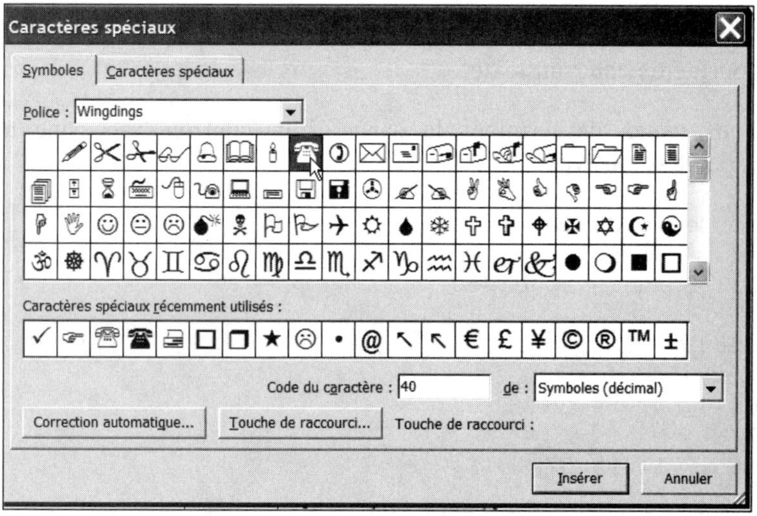

Figure 1.29 : *Choisir des caractères spéciaux*

Vous pouvez insérer le second caractère spécial sans refermer la fenêtre.

4 Dans le document, cliquez deux fois devant le numéro de portable pour placer le curseur (deux clics espacés et non un double-clic). Si nécessaire, déplacez la fenêtre des caractères spéciaux.

5 Dans la fenêtre, cliquez sur le bouton fléché de la zone *Police* et choisissez la police *Webdings*. À l'aide de la barre de défilement verticale, recherchez le téléphone portable (situé sur la quatrième rangée en partant de la fin). Double-cliquez dessus pour l'insérer dans le document. Refermez la fenêtre des caractères spéciaux en cliquant sur le bouton **Fermer** ou sur la croix de fermeture.

6 Dans votre document, tapez un espace entre les téléphones et les numéros.

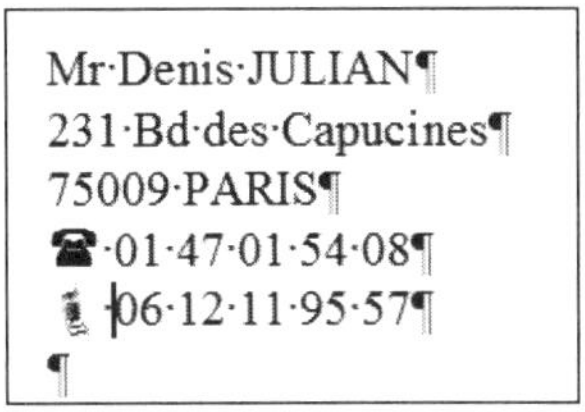

Figure 1.30 : *Insérer ces caractères spéciaux dans le document*

ASTUCE

Accès rapide aux derniers caractères utilisés

Lorsque vous utilisez régulièrement les mêmes caractères spéciaux, ceux-ci sont automatiquement placés dans la zone *Caractères spéciaux récemment utilisés*. À l'étape 2, il vous suffit alors de double-cliquer directement sur le caractère souhaité dans cette zone.

Saisir un document de plus d'une page : les sauts de page

Vous avez pu le tester précédemment dans ce chapitre ; lorsque vous effectuez une saisie au kilomètre, arrivé à la marge droite, Word passe automatiquement à la ligne suivante (retour à la ligne automatique) et le texte continue sur cette ligne. Mais qu'en est-il lorsqu'il arrive en fin de page (à la marge du bas) ? Le principe est le même : dans ce cas, Word n'effectue pas un retour à la ligne automatique mais un saut de page automatique : le texte continue sur une nouvelle page.

Par contre, pour un document de deux pages par exemple, si vous devez continuer la saisie sur la page 2 avant d'arriver à la fin de la page 1, il est alors nécessaire d'effectuer un saut de page (manuel cette fois).

Vous avez saisi une courte lettre d'introduction à un compte rendu de charges pour une association sur une première page, et vous souhaitez présenter ce compte rendu sur une seconde page.

> ATTENTION
>
> **Emplacement du curseur**
>
> Avant d'effectuer un saut de page, procédons à un rappel. Souvenez-vous de notre petit conseil concernant la position du curseur dans le document : ne pas perdre le curseur de vue. En effet, un saut de page est effectué à l'emplacement du curseur. La première étape est donc essentielle, à savoir : bien se positionner dans le document. Si vous cliquez sans faire attention n'importe où dans le texte, tout le texte placé après le curseur sera rejeté sur la page suivante après le saut de page. Par conséquent, veillez à ne pas brûler les étapes.

1 Cliquez à l'endroit où vous souhaitez effectuer le saut de page. Dans notre exemple, la saisie de la page 1 est terminée et il s'agit de la continuer en page 2. Placez le curseur à la fin de la page 1, de préférence sous la dernière ligne de texte, c'est-à-dire dans un paragraphe vide (lorsque vous n'en disposez pas, créez-en un en appuyant sur [Entrée]).

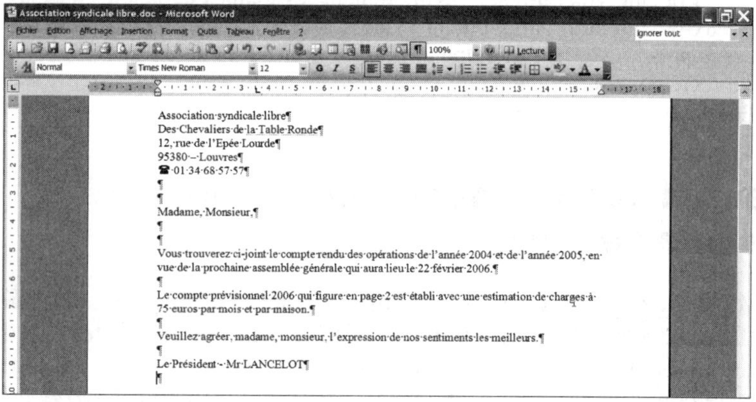

Figure 1.31 : *Bien se positionner dans le document avant d'effectuer le saut de page*

2 Effectuez le saut de page en activant le raccourci clavier [Ctrl]+[Entrée].

Le curseur apparaît sur une nouvelle page, vous pouvez continuer la saisie du document.

REMARQUE

Effectuer un saut de page par le menu

Vous pouvez aussi effectuer un saut de page par le menu. Pour cela, activez **Insertion/Saut**. Dans la fenêtre qui s'affiche, l'option *Saut de page* est sélectionnée par défaut ; sinon, sélectionnez-la et validez en cliquant sur OK.

Le document est maintenant composé de deux pages. Le numéro de la page ainsi que le nombre de pages apparaissent en bas de l'écran dans la barre d'état ; vous devez voir inscrit : *page 2* et *2/2*. Si vous remontez à l'aide de la roulette de la souris en fin de page 1, le saut de page doit être visible (à condition que vos caractères non imprimables soient affichés).

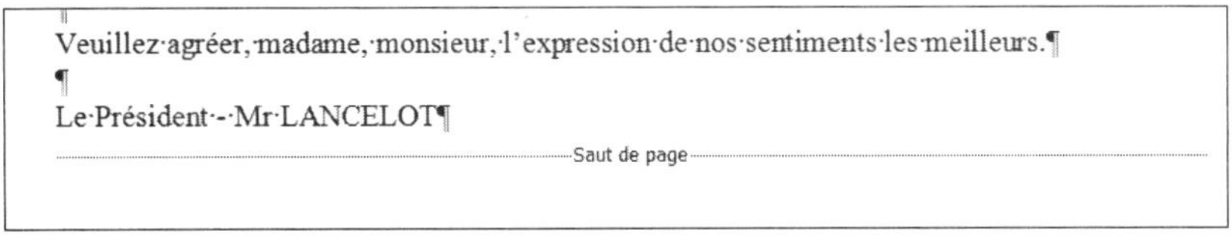

Figure 1.32 : *Un saut de page inséré dans le document*

ASTUCE

Supprimer un saut de page

Comme tout caractère (imprimable ou non), un saut de page peut être supprimé (s'il a été inséré par erreur). Pour le repérer dans le document, il est nécessaire d'afficher les caractères non imprimables (bouton **Afficher/Masquer**). Cliquez ensuite au début de la ligne qui contient le saut de page, et appuyez sur la touche [Suppr] du clavier.

Les différents modes d'affichage et le zoom

Les différents modes d'affichage ont déjà été présentés au début de ce chapitre, voyons comment les utiliser dans la pratique et dans un document courant. Reprenons l'exemple précédent puisqu'il s'agit d'un document de deux pages, ce qui nous permettra d'illustrer cette partie de manière plus concrète et plus réaliste.

Petit rappel : le mode Page est le mode de travail privilégié dans Word, puisqu'il vous offre l'énorme avantage de visualiser les marges d'un document, ce qui vous donne une vue globale de sa mise en page. Il est activé par défaut.

Nous vous proposons de tester les autres modes, notamment le mode Affichage Normal (permet de visualiser le document dans le suivi, sans notion de mise en page), le mode Web, et enfin le mode Lecture, nouveauté de cette version 2003. Nous laisserons de côté pour l'instant le mode Plan utilisé pour des documents plus complexes (vous apprendrez à l'employer dans un prochain chapitre).

Par défaut, le mode Page est normalement affiché sur votre poste.

1 Pour afficher le mode Affichage Normal, cliquez en bas de l'écran (à gauche de la barre de défilement horizontale) sur le premier des cinq boutons permettant d'activer les affichages.

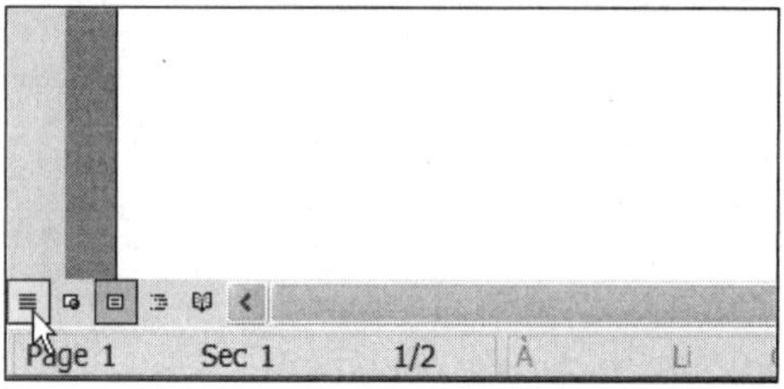

Figure 1.33 : *Choisir un mode d'affichage du document*

Le document de deux pages s'affiche dans la continuité. Les marges ne sont pas présentes.

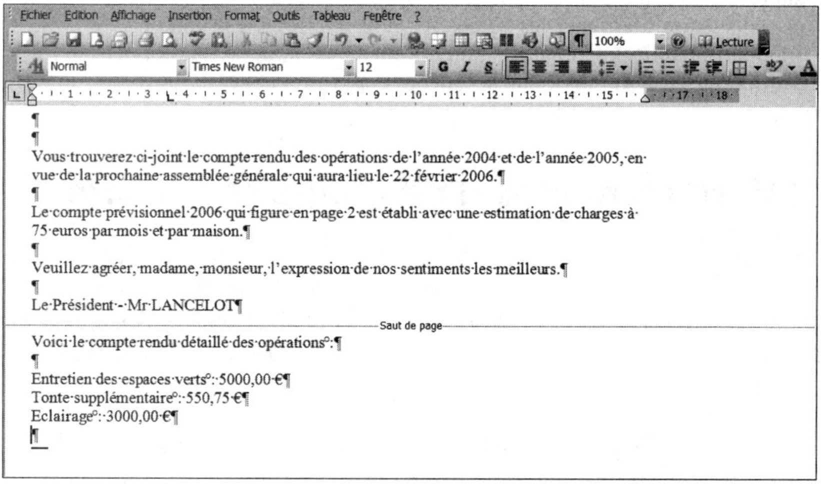

Figure 1.34 : *Seul le texte compte ici, pas la mise en page*

REMARQUE

Sélectionner un mode d'affichage par le menu

Vous pouvez également sélectionner le mode d'affichage en choisissant la commande souhaitée dans le menu **Affichage** (**Normal**, **Web**, **Page**, **Lecture** ou **Plan**). Mais c'est un peu plus long.

2 Pour afficher le mode Web, cliquez sur le deuxième bouton.

C'est ce mode que vous devez utiliser si vous souhaitez créer une page destinée à être intégrée dans un site Internet.

3 Pour afficher le mode Lecture, cliquez sur le dernier des cinq boutons.

Ce mode inclut une barre d'outils riche de plusieurs fonctions spécifiques (recherche et suivi de document) que nous évoquerons un peu plus loin dans cet ouvrage. Intéressons-nous ici exclusivement aux boutons dédiés à l'affichage d'un document.

Cliquez sur le bouton **Miniatures** de la barre d'outils pour afficher les pages de votre document sous forme de miniatures dans le volet gauche de l'écran.

Cela permet de naviguer facilement et rapidement entre les différentes pages d'un document en cliquant sur la miniature correspondante. Le mode Lecture affiche les pages du document sous forme d'écrans (`Ecran 1 sur 2` par exemple, `Ecran 2 sur 2`...), un écran pouvant correspondre à une page, mais pas forcément (tout dépend de la mise en forme, de la taille des caractères, du zoom, etc.).

Vous pouvez aussi afficher deux pages en même temps. Pour cela :

4 Cliquez sur le bouton **Autoriser les pages multiples** (voir Figure 1.35).

Utilisez un zoom pour grossir (ou diminuer) le texte : Word adapte automatiquement le nombre d'écrans nécessaires.

5 Cliquez sur l'un des boutons du zoom (représenté par une petite loupe et un signe **+** ou un signe **–**) pour augmenter ou diminuer la taille du texte à l'écran.

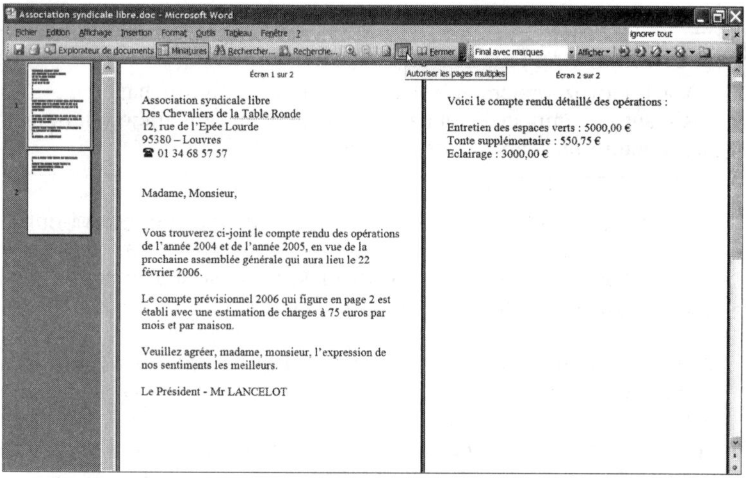

Figure 1.35 : *Utiliser les miniatures et autoriser les pages multiples*

6 Lorsque vous avez terminé, nous vous proposons de réafficher le mode Page. Activez pour cela la commande **Affichage/Page** (à partir du mode Lecture, les boutons permettant de sélectionner le mode d'affichage ne sont pas disponibles).

ASTUCE

Afficher ou masquer les espaces en mode Page

Pour gagner de la place à l'écran, vous pouvez masquer temporairement les marges haut et bas d'un document en mode Page. Pour cela, cliquez sur le bord supérieur ou inférieur de la page. Le pointeur de la souris prend la forme de deux petites flèches noires opposées et une info bulle affiche le message *Masquer les espaces.* Procédez de la même manière pour afficher à nouveau ces marges.

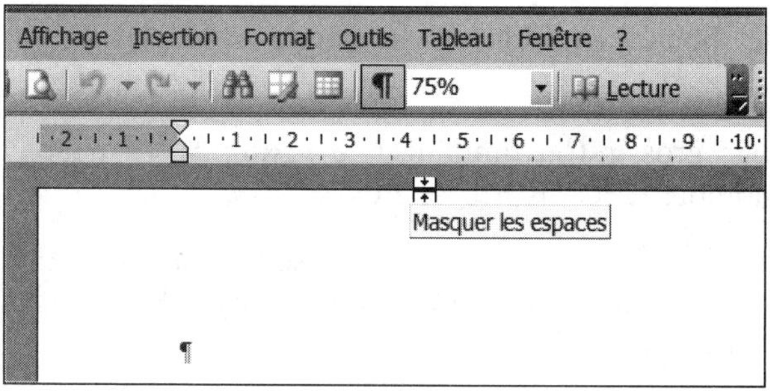

Figure 1.36 : *Masquer les espaces (les marges) en mode Page*

Vous avez utilisé le zoom du mode Lecture. Vous pouvez aussi employer le zoom, situé sur la barre d'outils *Standard* dans tous les autres modes.

1 Cliquez sur le bouton fléché de la zone du zoom. Dans la liste déroulante, choisissez une valeur prédéfinie (`75%` ou `150%`...).

REMARQUE

Valeurs de zoom particulières

En mode Page, vous pouvez choisir des valeurs de zoom prédéfinies qui vont de 10 à 500 %. Vous disposez aussi de quatre valeurs spécifiques : *Largeur Page* ou *Largeur du texte* pour adapter l'affichage à la largeur de la page ou au texte saisi (il s'agit dans les deux cas d'un grossissement), *Page entière* ou *Deux pages* afin de visualiser toute la page ou deux pages d'un document (il s'agit bien sûr dans ce cas d'une réduction).

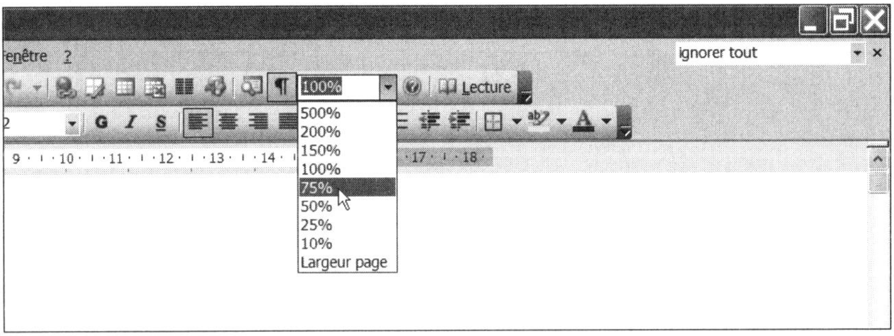

Figure 1.37 : *Choisir un zoom prédéfini*

Enfin, si aucune des valeurs prédéfinies ne vous satisfait, vous avez également la possibilité de personnaliser le zoom en saisissant la valeur de votre choix.

2 Pour taper une valeur de zoom adaptée à vos besoins (`120 %` par exemple), cliquez dans la zone du zoom de manière à surligner la valeur existante, saisissez la valeur souhaitée sans le signe `%` (pour `120 %`, tapez `120`) et validez en appuyant sur la touche [Entrée].

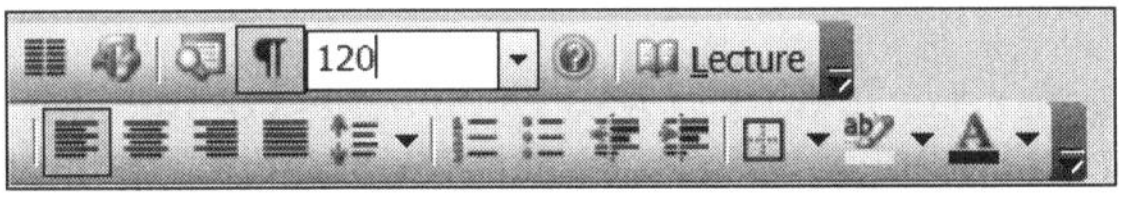

Figure 1.38 : *Un zoom personnalisé à 120 %*

1.5. Enregistrer et nommer un document

Prenez de bonnes habitudes : n'attendez pas d'avoir saisi trois pages de texte pour enregistrer votre document, faites-le régulièrement, sinon vous exposeriez votre travail.

Vous venez d'ouvrir Word et vous vous apprêtez par exemple à taper une lettre : la première chose à faire, avant de commencer à saisir la moindre ligne, est d'enregistrer. Enregistrez une première fois pour donner un nom au document et lui trouver un dossier de stockage. Pensez ensuite, au fur et à mesure que le travail avance (à chaque étape importante), à sauvegarder régulièrement les modifications.

1 Activez la commande **Fichier/Enregistrer sous** ou cliquez en haut de l'écran sur le bouton **Enregistrer** de la barre d'outils *Standard* (au premier enregistrement, la fenêtre **Enregistrer sous** s'affiche).

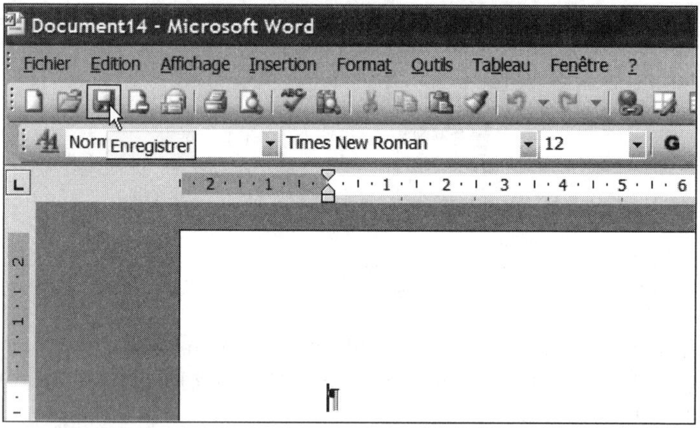

Figure 1.39 : *Au premier enregistrement, un clic sur ce bouton affiche la fenêtre Enregistrer sous*

Dans la zone *Enregistrer dans*, le dossier *Mes documents* est proposé par défaut et la fenêtre affiche la liste de ses sous-dossiers (voir Figure 1.40).

Si vous souhaitez conserver le dossier *Mes documents* comme dossier de stockage, il ne vous reste plus qu'à nommer le document (passez pour cela à l'étape 6). Vous pouvez aussi souhaiter l'enregistrer dans un autre dossier ou sur un autre lecteur (lecteur réseau, clé USB, disquette…).

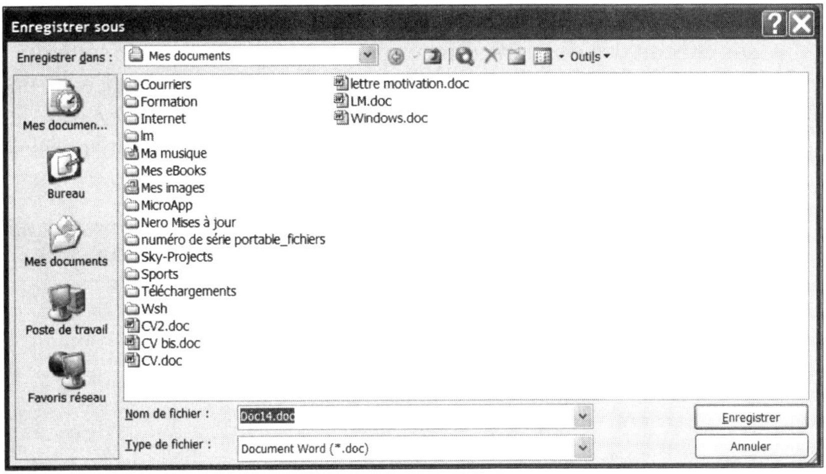

Figure 1.40 : *Sélection d'un dossier de stockage dans la fenêtre Enregistrer sous*

2 Pour enregistrer le fichier dans un des sous-dossiers du dossier *Mes documents* (appelons-le *Courriers* par exemple pour être original), double-cliquez sur son icône.

Son nom s'affiche dans la zone *Enregistrer dans*.

3 Pour choisir un dossier un peu plus éloigné dans l'arborescence, cliquez sur le bouton fléché de la zone *Enregistrer dans*. Sur la liste, sélectionnez un dossier de départ ou un lecteur (*C:* par exemple).

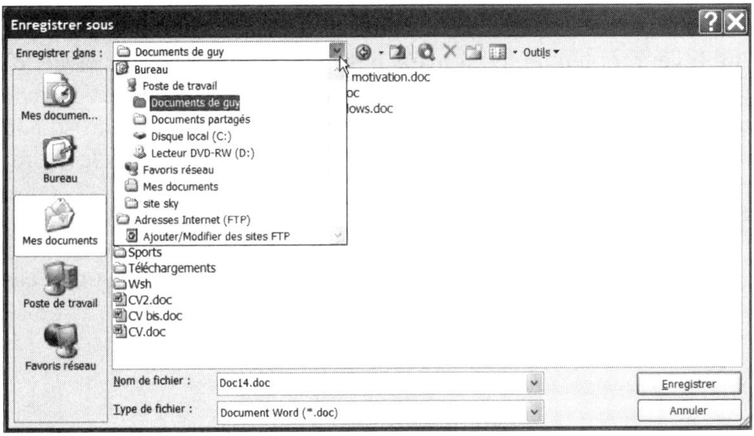

Figure 1.41 : *Parcours de l'arborescence*

4 Dans la fenêtre **Enregistrer sous**, double-cliquez successivement sur chacun des dossiers affichés pour atteindre le dossier souhaité. Par contre, si vous souhaitez remonter l'arborescence d'un niveau, cliquez sur le bouton **Dossier parent.** Cliquez sur le bouton **Précédent** (la petite flèche) pour revenir sur le dossier précédemment activé.

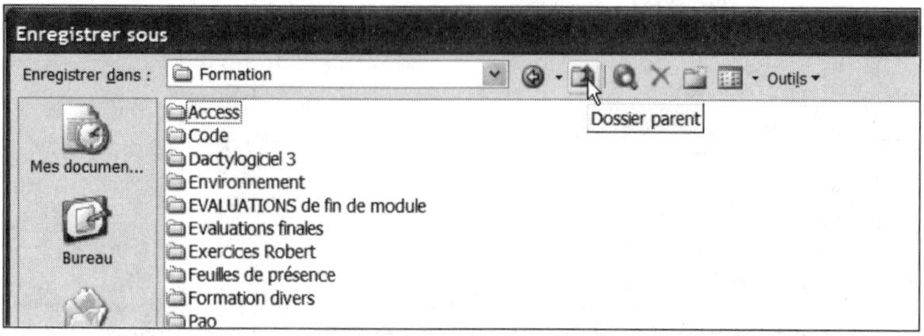

Figure 1.42 : *Remonter l'arborescence à l'aide du bouton Dossier parent*

REMARQUE

Dossiers spéciaux

Vous l'avez sans doute remarqué, pour choisir un emplacement de stockage, vous pouvez aussi cliquer sur les boutons de la barre d'environnement située dans la partie gauche de la fenêtre et accéder rapidement à certains dossiers ou emplacements de Windows : *Mes Documents*, *Poste de travail*, *Favoris réseau*…

Au moment de l'enregistrement, vous pouvez aussi décider de créer un nouveau dossier. Scénario : vous saisissez un courrier pour un employeur potentiel et n'avez pas envie de le classer avec d'autres courriers. Vous souhaitez le stocker dans un dossier *Lettres de motivation* par exemple, qui n'existe pas encore, et qui devra être un sous-dossier de *Mes documents*. Qu'à cela ne tienne : inutile de sortir de Word, créez ce dossier maintenant.

5 Dans la fenêtre **Enregistrer sous**, cliquez sur le bouton **Créer un dossier**, saisissez le nom du dossier dans la fenêtre qui s'affiche et validez en cliquant sur OK.

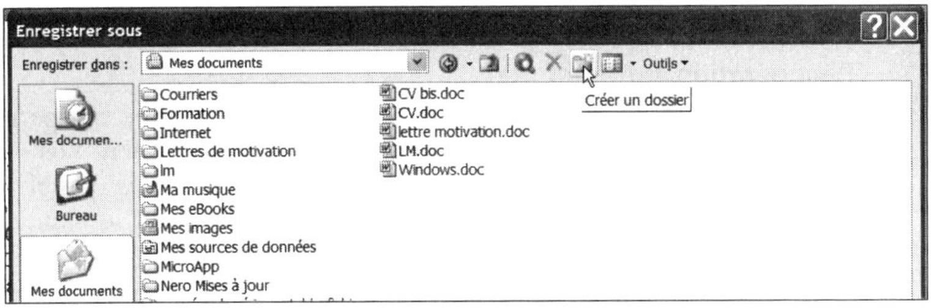

Figure 1.43 : *La création de dossier dans la fenêtre Enregistrer sous*

Le dossier étant choisi, reste à nommer le document. Par défaut, Word attribue un nom : si le document est vierge, le nom est *Doc* suivi d'un numéro (*Doc1*, *Doc2*...), le numéro correspondant aux nombres de documents ouverts dans la session active. Si du texte a déjà été saisi, le logiciel utilise comme nom les premiers caractères. Mais vous avez intérêt à choisir un nom pour votre fichier. Privilégiez un nom explicite, de manière à retrouver facilement le document par la suite.

6 Dans la zone *Nom de fichier*, si le nom attribué par Word est déjà sélectionné, saisissez directement le nouveau nom, il remplacera la sélection. Sinon, sélectionnez-le et tapez le nouveau nom à la place sans vous soucier de l'extension *.doc*, ajoutée automatiquement par Word.

7 Validez en cliquant sur le bouton **Enregistrer**.

REMARQUE

Nom de fichier et extension

Le nom d'un fichier est composé du nom proprement dit, que vous choisissez au moment de l'enregistrement et de l'extension qui est ajoutée automatiquement par l'application. Elle se compose de trois lettres précédées d'un point et elle est spécifique à chaque application (*.doc* pour Word, *.xls* pour Excel ou *.ppt* pour PowerPoint, par exemple). Les noms de fichier peuvent présenter des espaces mais pas de signes de ponctuation.

Après l'enregistrement, le nom du document est présent sur la barre de titre. Pensez à sauvegarder régulièrement les modifications pendant votre travail en cliquant sur le bouton **Enregistrer** représenté par une petite disquette.

REMARQUE

Récupération automatique

Word dispose d'une fonction de restauration automatique qui permet de récupérer un fichier en cas de blocage (avec éventuellement vos dernières modifications si vous n'avez pas eu le temps de les enregistrer). Ce fichier s'ouvre au premier redémarrage de Word qui suit le plantage, vous pouvez alors l'enregistrer à la place du document d'origine. Ce fichier est créé à une périodicité que vous pouvez choisir. Activez la commande **Outils/Options**. Sous l'onglet **Enregistrement**, la case *Enregistrer les infos de récupération automatique toutes les* étant normalement cochée, indiquez si vous le souhaitez une nouvelle valeur (la valeur par défaut est de 10 min). Attention, cette fonction est une sécurité qui ne vous dispense en aucun cas d'enregistrer vos documents.

Sachez enfin que Word peut créer automatiquement une copie de sauvegarde de vos documents : toujours dans la fenêtre **Options**, sous l'onglet **Enregistrement**, cochez la case *Toujours créer une copie de sauvegarde* et validez. Un double du document sera automatiquement enregistré dans le même dossier que l'original, et portera une extension *.wbk*.

1.6. Se déplacer dans le document

Se déplacer rapidement dans un document est indispensable, surtout lorsque celui-ci fait plusieurs pages. Vous pouvez utiliser le clavier, la souris ou le menu.

Déplacements au clavier

Dans certains cas, des raccourcis clavier vous permettront de vous déplacer dans le document beaucoup plus vite qu'avec la souris, notamment pour atteindre en une fois le début ou la fin du document.

Le tableau suivant dresse la liste des principales touches de déplacement et des raccourcis clavier les plus utilisés :

Tableau 1.1 : *Quelques raccourcis clavier*

Touches et raccourcis clavier	Action
Les 4 touches fléchées du pavé directionnel	Déplacement de caractère en caractère (à gauche, à droite, en haut ou en bas)

Tableau 1.1 : *Quelques raccourcis clavier*	
Touches et raccourcis clavier	**Action**
Ctrl+Flèche gauche et Flèche droite	Déplacement de mot en mot
Ctrl+Flèche bas et Flèche haut	Déplacement vers le paragraphe suivant/précédent
↖ et Fin	Déplacement au début de ligne/en fin de ligne
Ctrl+↖ (très utilisée et très efficace)	Déplacement au début du document
Ctrl+Fin	Déplacement à la fin du document
⇟ et ⇞	Déplacement d'un écran vers le bas ou vers le haut
F5 (ou Ctrl+B)	Affichage de la fenêtre **Atteindre**

REMARQUE

Touches ⇟ et ⇞

Les touches ⇟ et ⇞ (ou Page Down et Page Up) sont situées à droite des touches ↖ et Fin. Sur un portable, vous les trouvez en général à droite de la touche Entrée.

Déplacements à la souris

Le moyen le plus utilisé (le plus rapide) pour les déplacements dans le texte est la souris. Pour vous déplacer dans un document, vous utiliserez avantageusement la roulette pour faire défiler les pages à votre convenance. Si vous n'en avez pas, utilisez les barres de défilement (la barre de défilement horizontale est moins employée bien sûr que la barre de défilement verticale, et vous sert uniquement lorsque le texte dépasse de l'écran à gauche ou à droite). Sur un portable non équipé de souris, vous utiliserez le pavé tactile.

Vous pouvez vous déplacer rapidement de page en page dans un document, à l'aide des deux boutons de navigation situés sous la barre de défilement verticale, et représentés par deux petites flèches doubles. Il est également possible d'atteindre un "objet" particulier du document.

1 Pour atteindre la page suivante ou la page précédente d'un document, cliquez sur le bouton correspondant à **Page Suivante** ou **Page Précédente**.

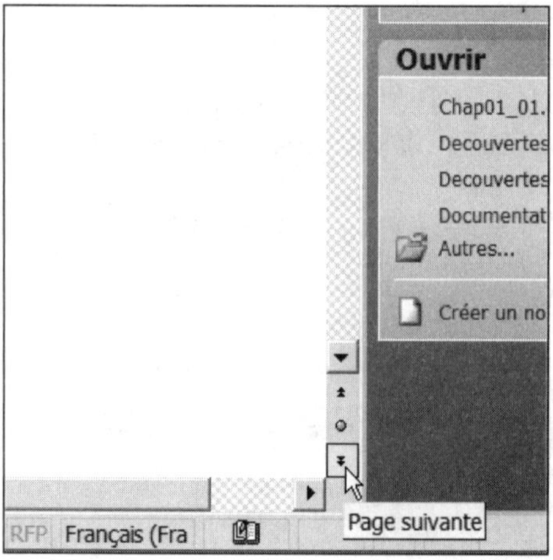

Figure 1.44 : *Se déplacer de page en page*

2 Pour accéder à des éléments spécifiques dans le document (tableaux, images…), cliquez sur le bouton **Sélectionner l'objet parcouru** situé entre les boutons **Page Suivante** et **Page Précédente** et représenté par une petite boule. Dans la palette qui s'affiche, sélectionnez l'objet souhaité.

Les deux petites flèches doubles deviennent bleues (cette indication visuelle vous permet de savoir que la navigation s'effectue sur un objet particulier et non de page en page).

3 Cliquez sur l'une des flèches doubles dont l'info bulle change en fonction de l'objet choisi (**Tableau suivant** ou **Tableau précédent** si vous avez choisi de parcourir le document par tableau).

Vous pourrez ainsi atteindre rapidement tous les tableaux d'un même document.

4 Lorsque vous avez terminé la navigation sur un objet particulier, et que vous souhaitez revenir au mode de navigation par défaut (par page), cliquez à nouveau sur le bouton **Sélectionner l'objet parcouru**. Dans la palette qui s'affiche, cliquez sur l'option *Parcourir par page*.

Les deux boutons de navigation (les flèches doubles) redeviennent noirs.

Déplacement à la souris

Lorsque vous effectuez un déplacement à l'aide du clavier, des boutons **Page Suivante** et **Page Précédente** ou du menu, le curseur est automatiquement positionné à l'endroit du document où vous vous trouvez. Ce n'est pas le cas lors d'un déplacement effectué à l'aide de la roulette de la souris ou des barres de défilement (le curseur ne change pas de place). Dans ces deux cas, veillez à cliquer dans votre page avant d'effectuer une tâche particulière.

Déplacements via le menu

Par le menu, vous pouvez atteindre un endroit précis du document : une page, un numéro de ligne, un tableau...Vous avez ouvert un document de 19 pages par exemple, et souhaitez vous rendre rapidement à la page 15 sans faire défiler toutes les pages précédentes les unes après les autres, évidemment.

1 Activez la commande **Edition/Atteindre**. Dans la fenêtre qui s'affiche, sous l'onglet **Atteindre** et dans la zone du même nom, si ce n'est déjà fait, sélectionnez l'option *Page*.

2 Dans la zone *Numéro de la page*, tapez le numéro de la page souhaitée et validez en cliquant sur le bouton **Atteindre** ou en appuyant sur [Entrée.]

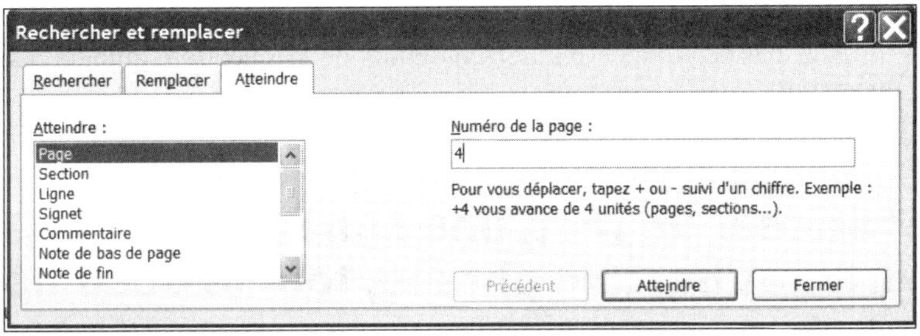

***Figure 1.45 :** Atteindre une page précise dans un document*

Ouvrir rapidement la fenêtre

Pour afficher plus rapidement la fenêtre **Rechercher et remplacer**, double-cliquez sur la barre d'état où figurent les inscriptions qui indiquent le numéro de page sur le nombre total de pages (`1/8`, par exemple).

1.7. Les sélections

Avant d'appliquer à un mot, à un groupe de mots ou à un paragraphe complet une mise en forme particulière, il est nécessaire de savoir sélectionner ces éléments précisément.

Utiliser le cliquer-glisser

Le cliquer-glisser est la méthode la plus intuitive pour sélectionner du texte dans un document : un ou plusieurs mots, plusieurs lignes (d'une manière générale un ensemble de caractères).

Pour sélectionner le texte, effectuez un cliquer-glisser sur les caractères à sélectionner de manière à les surligner.

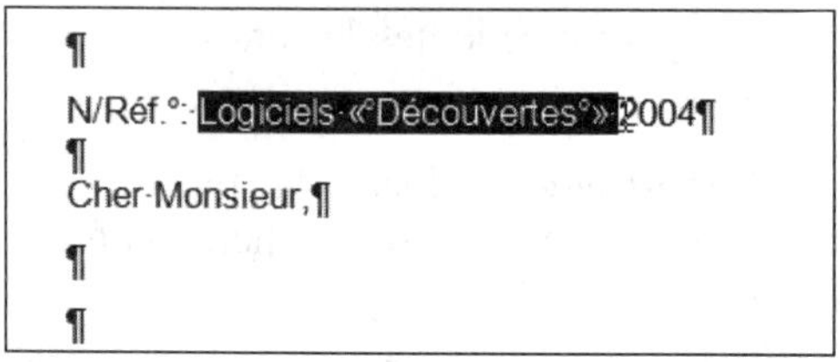
¶
N/Réf.°: Logiciels «°Découvertes°» 2004¶
¶
Cher Monsieur,¶
¶
¶

Figure 1.46 : *Sélection par cliquer-glisser*

> REMARQUE
>
> **Désélectionner du texte**
>
> Pour désélectionner, cliquez en dehors de la sélection, ailleurs dans le document.

Sélectionner un mot, une ligne, un paragraphe, une phrase, tout le document

Pour sélectionner un élément particulier (un mot, un paragraphe, une phrase…), il existe des méthodes plus rapides que le cliquer-glisser.

Réalisez les opérations suivantes pour sélectionner :

- Un mot : double-clic sur le mot.

- Une ligne : clic dans la marge devant la ligne. Lorsque vous placez le pointeur de la souris dans la marge, celui-ci se modifie et prend la forme d'une flèche blanche oblique orientée vers le haut et la droite.

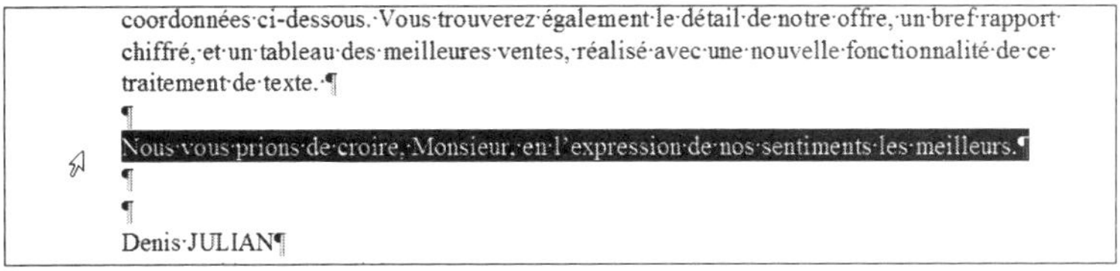
coordonnées ci-dessous. Vous trouverez également le détail de notre offre, un bref rapport chiffré, et un tableau des meilleures ventes, réalisé avec une nouvelle fonctionnalité de ce traitement de texte. ¶
¶
Nous vous prions de croire, Monsieur, en l'expression de nos sentiments les meilleurs.¶
¶
¶
Denis JULIAN¶

Figure 1.47 : *Sélectionner une ligne*

- Un paragraphe : double-clic dans la marge devant le paragraphe.

Si le paragraphe ne fait qu'une ligne, cela revient à sélectionner une ligne. Si le paragraphe fait plusieurs lignes, double-cliquez dans la marge devant n'importe quelle ligne du paragraphe (bien se positionner dans la marge avant d'effectuer le double-clic, le pointeur doit prendre la forme d'une flèche blanche oblique).

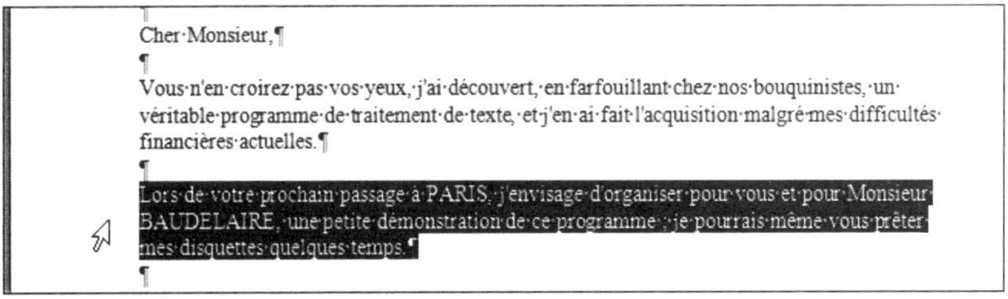
Cher Monsieur,¶
¶
Vous n'en croirez pas vos yeux, j'ai découvert, en farfouillant chez nos bouquinistes, un véritable programme de traitement de texte, et j'en ai fait l'acquisition malgré mes difficultés financières actuelles.¶
¶
Lors de votre prochain passage à PARIS, j'envisage d'organiser pour vous et pour Monsieur BAUDELAIRE, une petite démonstration de ce programme ; je pourrais même vous prêter mes disquettes quelques temps.¶
¶

Figure 1.48 : *Sélectionner un paragraphe*

ASTUCE

Triple-clic pour les habitués de la souris

Les personnes très habiles avec la souris peuvent aussi sélectionner un paragraphe en effectuant un triple-clic dans le paragraphe (à l'intérieur du paragraphe cette fois, c'est-à-dire dans le texte, et non dans la marge comme pour le double-clic).

- Une phrase : Ctrl+clic dans la phrase.
- Tout le document : Ctrl+A (Ctrl+clic dans la marge ou triple-clic dans la marge…).

- Plusieurs lignes ou plusieurs paragraphes contigus : effectuez un cliquer-glisser dans la marge devant les lignes ou les paragraphes à sélectionner.

Sélectionner une partie importante de texte

Pour sélectionner beaucoup de texte, vous pouvez bien sûr utiliser le cliquer-glisser. Mais cette méthode peut s'avérer hasardeuse : si le début et la fin du texte à sélectionner ne se trouvent pas sur la même page, le cliquer-glisser nécessaire à la sélection peut entraîner un défilement inconsidéré de la page... Vous allez tester une méthode mieux adaptée à ce cas de figure.

1 Cliquez au début du texte à sélectionner.

2 Si nécessaire, affichez la fin du texte à sélectionner à l'aide de la roulette de la souris ou de la barre de défilement.

3 Tout en maintenant la touche [Maj] enfoncée, cliquez à la fin du texte à sélectionner (dernier caractère).

Sélectionner plusieurs éléments non adjacents

Vous souhaitez par exemple mettre en valeur certains mots situés à des endroits différents du document (non adjacents) en leur appliquant un style gras, une couleur de police particulière. Vous pouvez sélectionner tous ces mots en une fois.

Pour effectuer une sélection multiple d'éléments non contigus :

1 Sélectionnez le premier élément (mot, groupe de mots, ligne...).

2 En maintenant la touche [Ctrl] enfoncée, sélectionnez les autres éléments.

3 Relâchez la touche [Ctrl].

Mr·Denis·JULIAN¶
231·Bd·des·Capucines¶
75009·PARIS¶
01·47·01·54·08¶
06·12·11·95·57¶
¶
¶
Monsieur·STENDHAL¶
3,·allée·du·Moulin¶
75012·PARIS¶
¶
¶
Paris,·le·06/04/2004¶
¶
¶
N/Réf.°:·Logiciels·«°Découvertes°»·2004¶
¶
Cher·Monsieur,¶

Figure 1.49 : *Sélectionner des éléments situés à des endroits différents*

Combiner déplacements et sélections

Il est enfin possible d'effectuer un déplacement tout en sélectionnant du texte. Vous pouvez retrouver les raccourcis clavier correspondants dans le tableau suivant :

Tableau 1.2 : *Raccourcis clavier de sélection*

Raccourcis clavier	Action
Ctrl+Maj+↖	À partir du curseur, étend la sélection jusqu'au début du document.
Ctrl+Maj+Fin	À partir du curseur, étend la sélection jusqu'à la fin du document.
Maj+ Flèche droite et Flèche gauche	À partir du curseur, effectue une sélection caractère par caractère vers la droite ou la gauche.
Ctrl+Maj+Flèche droite et Flèche gauche	À partir du curseur, étend la sélection de mot en mot.

Tableau 1.2 : *Raccourcis clavier de sélection*	
Raccourcis clavier	**Action**
Ctrl+Maj+Flèche haut et Flèche bas	À partir du curseur, étend la sélection au début ou à la fin du paragraphe courant, puis des paragraphes précédents ou suivants.

Remarque importante concernant la saisie

La saisie ne présente a priori aucun piège apparent. Au contraire, Word vous aide et automatise certains éléments (majuscules en début phrase, soulignement des fautes d'orthographe et de grammaire…). Il existe pourtant un mode dans Word qui, lorsqu'il est activé par erreur, peut vous laisser totalement impuissant. Il s'agit du mode Refrappe.

Mode Insertion et mode Refrappe

Vous savez supprimer du texte (touches Suppr ou ←). Pour en ajouter, pas de problème normalement : Dans l'exemple "*Voici une petite démonstration de ce programme*", pour ajouter par exemple le mot "`merveilleux`" entre "`ce`" et "`programme`", il suffit de cliquer entre ces deux mots et de saisir "`merveilleux`". En effet, par défaut le mode actif est le mode Insertion et l'on ne conçoit pas que Word puisse fonctionner autrement.

Pourtant, il existe un autre mode que l'on n'utilise pratiquement plus mais qu'il est nécessaire de connaître. En effet, il arrive régulièrement qu'on active par mégarde le mode Refrappe. Ce mode devient actif lorsqu'on appuie involontairement sur la touche Inser (située au-dessus de la touche Suppr) ou que l'on double-clique sur le bouton **RFP** de la barre d'état (dans les deux cas, le bouton **RFP**, normalement grisé lorsque le mode est inactif, devient noir).

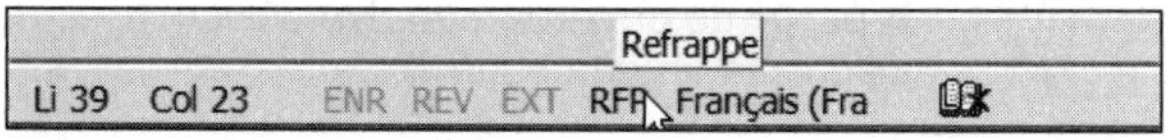

Figure 1.50 : *Le bouton du mode Refrappe est activé*

Lorsque vous tapez "`merveilleux`" entre "`ce`" et "`programme`" et que ce mode est opérationnel, chaque nouveau caractère efface les caractères suivants (chaque caractère de `merveilleux` efface un à un les caractères du mot suivant : `programme`).

Pour rétablir le mode Insertion, il suffit d'appuyer à nouveau sur la touche [Inser] ou de double-cliquer sur le bouton **RFP** pour le griser.

1.8. Imprimer rapidement un document

Vous souhaitez imprimer immédiatement votre document en utilisant les options d'impression par défaut, sans paramétrer l'impression. L'opération est très simple et très rapide.

1 Allumez votre imprimante.

2 Cliquez sur le bouton **Imprimer** de la barre d'outils *Standard*.

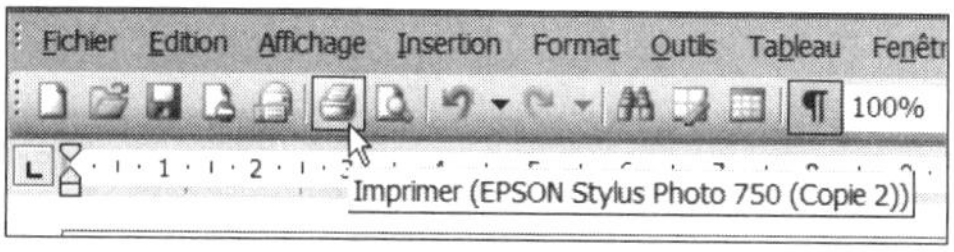

Figure 1.51 : *Le bouton Imprimer*

Vous apprendrez à paramétrer une impression dans le chapitre consacré à la mise en page d'un document.

1.9. Fermer un document sans quitter Word

Lorsque plusieurs documents sont ouverts dans la même session de Word et que vous souhaitez en fermer un seul, prenez garde à ne pas fermer Word.

1 Si ce n'est déjà fait, affichez le document que vous souhaitez fermer. Cliquez pour cela sur son icône dans la Barre des tâches ou sur son nom dans le menu **Fenêtre**.

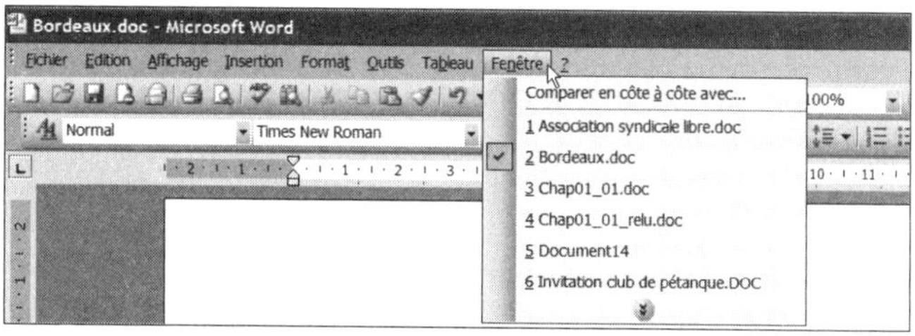

Figure 1.52 : *Le menu Fenêtre affiche la liste des documents ouverts*

2 Fermez le document en cliquant sur la petite croix de fermeture grise située au bout de la barre de menus, en haut et à droite de la fenêtre (et non la croix sur fond rouge située au-dessus sur la barre de titre, qui ferme Word et tous les documents ouverts). Vous pouvez aussi fermer un document en activant la commande **Fichier/Fermer**.

REMARQUE

Message d'enregistrement

Si vous avez omis d'enregistrer votre document (ou si vous ne l'avez enregistré qu'une fois sans enregistrer les modifications), Word délivre à la fermeture du document un message vous demandant si vous souhaitez ou non enregistrer ces modifications.

1.10. Quitter Word

La méthode la plus rapide pour quitter le logiciel consiste à cliquer sur la grosse croix de fermeture de la fenêtre principale située au bout de la barre de titre (qu'il ne faut pas confondre avec la petite croix de fermeture de la fenêtre du document actif que nous venons d'évoquer). Vous pouvez aussi quitter Word en activant la commande **Fichier/Quitter**.

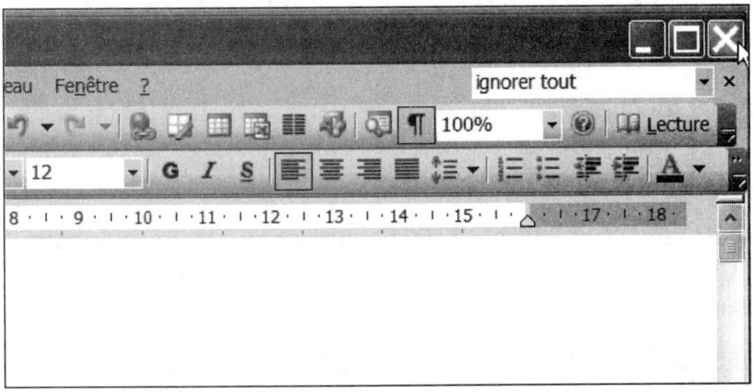

Figure 1.53 : *La grosse croix de fermeture pour quitter Word et la petite pour fermer un document*

REMARQUE

Message d'enregistrement pour chaque fichier

En quittant Word, vous fermez également tous les documents ouverts. Si certains d'entre eux n'ont pas été enregistrés, un message de demande d'enregistrement s'affichera pour chaque fichier.

1.11. Ouvrir un document, créer un nouveau document

Vous pouvez ouvrir un document existant de différentes manières : par l'interface Windows ou à partir de Word.

Via l'interface Windows

Si le document que vous souhaitez ouvrir est un document récemment enregistré, Windows permet d'afficher la liste des documents récents et de choisir parmi eux le fichier à ouvrir.

1 Dans le menu **Démarrer**, pointez sur *Mes documents récents*.

Windows affiche la liste des quinze derniers fichiers utilisés.

2 Cliquez sur le nom du fichier que vous souhaitez ouvrir.

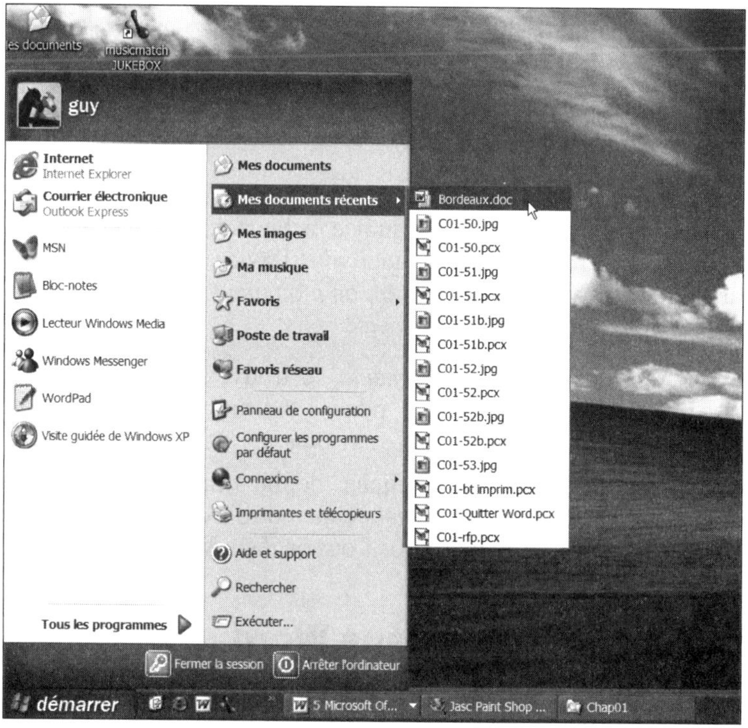

Figure 1.54 : *La liste des quinze derniers fichiers utilisés*

Si vous ne trouvez pas *Mes documents récents* dans votre menu **Démarrer**, c'est que la fonctionnalité n'est pas installée sur votre poste. Voici comment procéder pour l'ajouter :

1 Cliquez du bouton droit sur le bouton **démarrer**. Dans le menu contextuel, cliquez sur **Propriétés**. Dans la fenêtre qui s'affiche, sous l'onglet **Menu démarrer**, cliquez sur le bouton **Personnaliser**.

2 Dans la fenêtre **Personnaliser le menu démarrer**, sous l'onglet **Avancé**, cochez la case *Afficher les documents ouverts récemment*. Validez en cliquant sur OK. Cliquez à nouveau sur OK dans la fenêtre suivante.

3 Procédez comme précédemment pour ouvrir le document de votre choix.

ASTUCE

Effacer la liste des documents récents

Lorsque la liste des documents récents contient trop de documents que vous ne souhaitez y voir figurer, ou lorsque vous voulez effacer les traces des documents sur lesquels vous avez travaillé, vous pouvez la réinitialiser. Pour cela, cliquez sur le bouton **Effacer la liste**, situé juste à côté de la case *Afficher les documents ouverts récemment* de la fenêtre **Personnaliser le menu démarrer**.

Si le document que vous souhaitez ouvrir est un document plus ancien et qu'il ne figure pas parmi les quinze fichiers récemment utilisés, vous devez ouvrir le dossier dans lequel vous l'aviez enregistré. Vous désirez par exemple ouvrir le fichier *Lettre de mon moulin (automobile)* situé dans le dossier *Mes documents/Courriers*.

1 Si le dossier *Mes documents* se trouve sur le Bureau, double-cliquez sur son icône pour l'ouvrir. Sinon, dans le menu **Démarrer**, cliquez sur *Mes documents*.

2 Dans la fenêtre qui s'affiche, double-cliquez sur le dossier qui contient le fichier (*Courriers* dans notre exemple). Double-cliquez sur l'icône du fichier pour l'ouvrir dans Word.

Ouvrir un document dans Word

Lorsque Word est déjà ouvert, il est plus logique d'ouvrir un document à partir du logiciel.

Vous pouvez ouvrir rapidement un document parmi les quatre derniers utilisés via le *Volet Office* ou le menu **Fichier**.

1 Si ce n'est déjà fait, cliquez sur la flèche noire orientée vers le bas et située en haut du *Volet Office* et sélectionnez *Accueil* (si le *Volet Office* n'est pas présent, affichez-le en utilisant la commande **Affichage/Volet Office**).

Par défaut, le *Volet Office* affiche les quatre derniers fichiers utilisés.

2 Dans la zone *Ouvrir*, cliquez sur le nom du fichier à ouvrir.

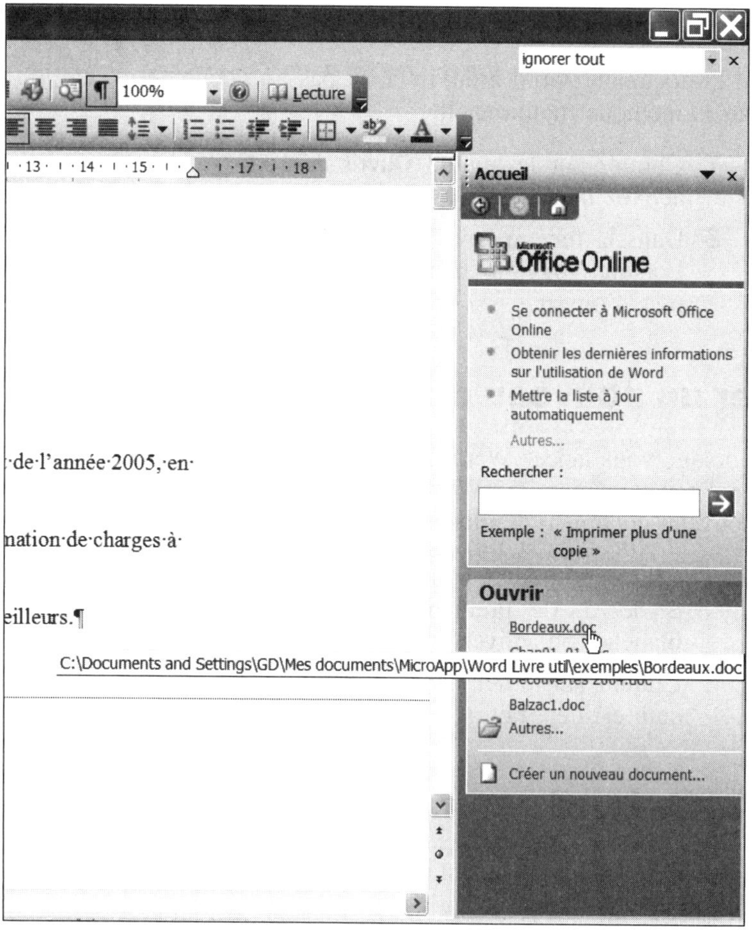

Figure 1.55 : *Ouvrir un document récent à partir du Volet Office*

Il affiche le menu **Fichier** également.

3 Dans le menu **Fichier**, le nom des quatre derniers fichiers utilisés figurent à la fin du menu (libellés *1*, *2*, *3* et *4*). Cliquez sur le nom du fichier souhaité.

ASTUCE

Allonger la liste des fichiers récemment utilisés

Pour obtenir une liste des derniers fichiers utilisés plus importante, activez la commande **Outils/Options**. Sous l'onglet **Général**, dans la rubrique **Paramètres**, en regard de la zone *Derniers fichiers utilisés*, cliquez sur [Flèche haut] pour augmenter le nombre de documents. Validez en cliquant sur OK. Le résultat s'affichera dans le *Volet Office* et dans le menu **Fichier** après le redémarrage de Word.

Si le document Word à ouvrir n'est pas un document récent, ouvrez-le par la méthode traditionnelle.

1 Cliquez sur le bouton **Ouvrir** de la barre d'outils *Standard* (ou activez la commande **Fichier/Ouvrir**).

2 Dans la fenêtre qui s'affiche, recherchez le dossier de stockage. Lorsque vous l'avez trouvé, double-cliquez sur l'icône du fichier pour l'ouvrir.

Créer un nouveau document

Lorsque vous lancez Word, le logiciel démarre automatiquement sur un nouveau document. Si Word est déjà ouvert, vous pouvez appeler un nouveau document de plusieurs manières.

- Cliquez sur le bouton **Nouveau document** de la barre d'outils *Standard*, (le premier bouton représenté par une petite page blanche) ou activez la commande **Fichier/Nouveau**.
- Cliquez sur le lien *Créer un nouveau document* du *Volet Office* (si ce n'est déjà fait, sélectionnez d'abord le volet *Accueil*).

1.12. Saisissez un premier courrier

Vous allez saisir maintenant un premier courrier. L'exercice va permettre de mettre en pratique les principaux points développés dans ce chapitre qui constituent les notions de base du traitement de texte (création de paragraphes et saisie au kilomètre, suppression de caractères, création rapide d'espacements entre les paragraphes, ponctuation, majuscules, sélection du texte, etc.).

Considérons le courrier suivant : vous êtes le responsable d'un service municipal et souhaitez envoyer une lettre d'invitation pour une soirée conviviale au club de pétanque de votre ville.

Retrouvez le fichier *Invitation.doc* qui contient le texte du courrier à saisir sur le site **www.microapp.com**. Nous vous conseillons de l'imprimer et de vous en servir comme modèle pour la saisie.

Mr·Denis·PARMENT¶
33,·avenue·Daumesnil¶
75012·-·PARIS¶
☎·01·44·98·65·77¶
·06·12·56·76·88¶
Email°:·d.parment@free.fr¶
¶
¶
Mr·Gilles·ROBULENS¶
33,·rue·de·l'Hôtel·de·Ville¶
75004·-·PARIS¶
¶
¶
Paris,·le·26·novembre·2005¶
¶
¶
Monsieur·le·Président,¶
¶
Nous·avons·le·plaisir·de·vous·inviter,·vous·et·tous·les·membres·de·votre·club·de·pétanque,·à·une·soirée·organisée·en·faveur·de·nos·seniors,·le·samedi·25·juin·à·partir·de·20h00·à·la·salle·«°Dagobert°».·La·soirée·sera·placée·sous·le·signe·de·la·joie,·de·la·bonne·humeur·et·de·la·convivialité°!·¶
¶
Un·repas·sera·offert·à·tous·les·participants,·et·un·loto·sera·organisé·en·fin·de·soirée.·Les·billets·seront·mis·en·vente·à·l'entrée·au·prix·de·2·€.·Les·premiers·prix·sont·très·alléchants,·jugez·par·vous-même·:·la·nouvelle·PSP·avec·en·prime·le·jeu·«°Pétanqu'club°»,·et·deux·séjours·atypiques·d'une·valeur·approximative·de·235,00·€·chacun°!!!¶
¶
Veuillez·agréer,·Monsieur·le·Président,·de·ma·parfaite·considération.¶
¶
Denis·Parment¶
Comité·«°Réjouissances·et·fêtes°»¶

Figure 1.56 : *Un exemple de courrier saisi*

Vous allez démarrer un nouveau document et l'enregistrer tout de suite dans un dossier *Exercices* que vous créerez pour la circonstance. Ce dernier sera un sous-dossier du dossier *Mes documents*. Vous nommerez par exemple le fichier *Invitation club de pétanque*.

1 Si ce n'est déjà fait, lancez Word (il s'ouvre sur un document vierge). Si Word est déjà ouvert, cliquez sur le bouton **Nouveau document** (la page blanche) de la barre d'outils *Standard*.

2 Activez la commande **Fichier/Enregistrer sous**.

Dans la zone *Enregistrer dans* de la fenêtre qui s'affiche, le dossier *Mes documents* est sélectionné ; il vous reste donc à créer le dossier *Exercices* à l'intérieur.

3 Cliquez sur le bouton **Créer un dossier**, situé sur la barre de boutons à droite de la zone *Enregistrer dans*. Tapez le nom du dossier dans la fenêtre qui s'affiche (*Exercices*) et validez en cliquant sur OK.

4 Dans la zone *Nom de fichier* de la fenêtre **Enregistrer sous**, tapez `Invitation club de pétanque` et validez en cliquant sur OK.

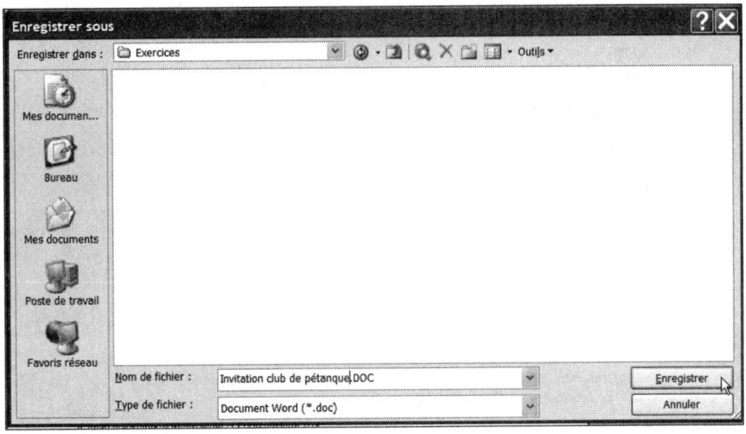

Figure 1.57 : *Enregistrez sans tarder votre document*

REMARQUE

Taper directement le nom du fichier

Allez au plus simple : lorsque le nom inscrit par défaut dans la zone *Nom de fichier* est sélectionné (surligné), il est inutile de le supprimer pour saisir ensuite le nouveau nom : tapez-le directement par-dessus, il remplacera l'ancien.

Le nom du fichier apparaît en haut de l'écran sur la barre de titre.

C'est maintenant le moment de taper le texte. Commencez par saisir l'adresse de l'expéditeur et celle du destinataire. N'oubliez pas que Word met automatiquement une majuscule en début de phrase et en début de paragraphe. Pour les autres mots, utilisez tantôt la touche [Maj] (maintenir la touche enfoncée le temps de taper une majuscule, comme dans le mot "Denis", puis relâcher cette touche), tantôt la touche [🔒] (plusieurs majuscules à la suite comme dans le mot "PARMENT", en appuyant à nouveau sur la touche lorsque vous avez saisi les majuscules pour revenir en mode Minuscule).

1 Tapez "Mr Denis PARMENT", et appuyez sur la touche [Entrée] pour passer à la ligne. Saisissez les lignes suivantes de l'adresse de l'expéditeur en appuyant à chaque fois sur [Entrée].

2 Arrivé à la fin de cette adresse, après la saisie de l'email, appuyez trois fois sur [Entrée] et tapez l'adresse du destinataire "Mr Gilles ROBULENS..." en procédant de la même manière que pour l'adresse de l'expéditeur (tapez le "ô" du mot "Hôtel" en saisissant d'abord l'accent circonflexe puis la lettre "o"). Terminez en appuyant trois fois sur [Entrée].

REMARQUE

Email et adresse Internet

Vous l'avez constaté, en appuyant sur [Entrée] après avoir saisi l'email, celui-ci change d'aspect : en effet, Word reconnaît automatiquement une adresse email ou une adresse Internet (valides, sans erreur de syntaxe) et crée automatiquement pour ces éléments un lien hypertexte. En cliquant sur le lien tout en maintenant la touche [Ctrl] enfoncée, vous ouvrez votre messagerie ou votre navigateur Internet à l'adresse correspondante.

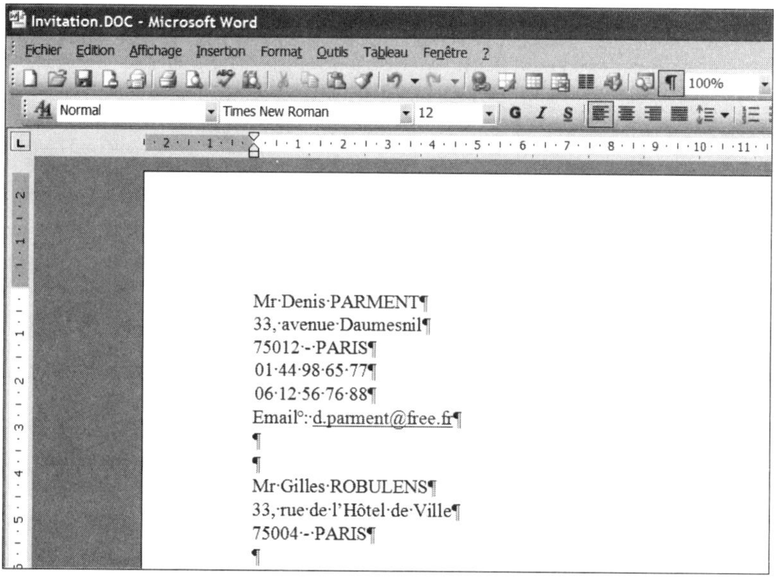

Figure 1.58 : *Saisie des adresses*

Poursuivez la saisie de la lettre :

3 Tapez la ville et la date et appuyez trois fois sur [Entrée]. Saisissez la ligne de civilités "`Monsieur le Président`" et appuyez deux fois sur [Entrée.]

Vous allez maintenant saisir le corps de la lettre selon la règle de la saisie au kilomètre.

4 Tapez le paragraphe "`Nous avons le plaisir de vous inviter…`" jusqu'à "`...de la convivialité !`" en laissant Word passer à la ligne automatiquement (ne pas appuyer sur [Entrée] à chaque fin de ligne). Pour le mot à placer entre guillemets, enchaînez la saisie du guillemet suivi du mot "`Dagobert`" puis du guillemet (aucun espace à saisir à l'intérieur des guillemets, ils sont automatiques). Appuyez deux fois sur [Entrée] à la fin du paragraphe.

5 Tapez le paragraphe suivant en procédant de la même manière, puis saisissez la formule de politesse (en appuyant deux fois sur [Entrée] à la fin de chaque paragraphe). Terminez par la signature.

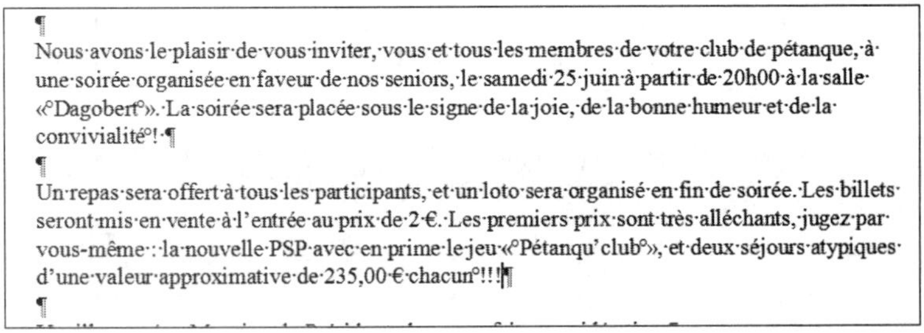

¶
Nous avons le plaisir de vous inviter, vous et tous les membres de votre club de pétanque, à une soirée organisée en faveur de nos seniors, le samedi 25 juin à partir de 20h00 à la salle « Dagobert ». La soirée sera placée sous le signe de la joie, de la bonne humeur et de la convivialité ! ¶
¶
Un repas sera offert à tous les participants, et un loto sera organisé en fin de soirée. Les billets seront mis en vente à l'entrée au prix de 2 €. Les premiers prix sont très alléchants, jugez par vous-même : la nouvelle PSP avec en prime le jeu « Pétanqu'club », et deux séjours atypiques d'une valeur approximative de 235,00 € chacun !!!¶
¶

Figure 1.59 : *Deux paragraphes saisis au kilomètre*

La saisie du courrier est terminée. Depuis le premier enregistrement, le document a évolué ; pensez donc à enregistrer les modifications.

6 Cliquez sur le bouton **Enregistrer** de la barre d'outils *Standard*.

Il s'agit d'ajouter les caractères spéciaux devant les numéros de téléphone.

1 Cliquez devant le premier numéro de téléphone et activez la commande **Insertion/Caractères spéciaux**.

2 Dans la fenêtre qui s'affiche, sous l'onglet **Symboles**, cliquez sur le bouton fléché de la zone *Police* et choisissez la police *Wingdings2*. Utilisez les barres de défilement situées à droite pour

trouver un téléphone (celui que nous cherchons se situe sur la première rangée parmi les symboles de cette police).

3 Double-cliquez sur le téléphone pour l'insérer dans le document.

Vous allez insérer le second téléphone (pour le numéro de portable).

4 Sans refermer la fenêtre des caractères spéciaux, cliquez deux fois dans le document devant le numéro de portable pour placer le curseur (attention, effectuez deux clics espacés et non un double-clic). Si nécessaire, déplacez la fenêtre des caractères spéciaux en cliquant sur sa barre de titre et en effectuant un cliquer glisser.

5 Dans la fenêtre des caractères spéciaux, cliquez sur le bouton fléché de la zone *Police* et choisissez la police *Webdings*. À l'aide de la barre de défilement verticale, recherchez le petit téléphone portable (situé sur la quatrième rangée en partant de la fin). Double-cliquez sur le symbole pour l'insérer dans le document et cliquez sur le bouton **Fermer** ou sur la croix de fermeture de la fenêtre.

6 Dans le document, tapez un espace entre les symboles et les numéros.

7 Cliquez sur le bouton **Enregistrer**.

ASTUCE

Enregistrer au clavier

Vous pouvez aussi enregistrer en activant le raccourci clavier Ctrl+S.

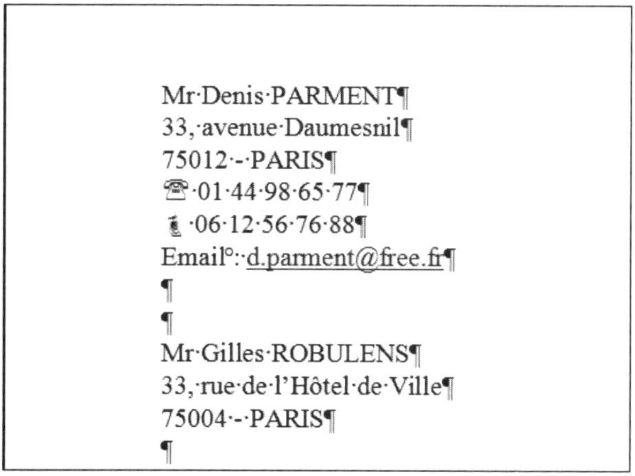
Mr·Denis·PARMENT¶
33,·avenue·Daumesnil¶
75012·-·PARIS¶
☎·01·44·98·65·77¶
·06·12·56·76·88¶
Email°:·d.parment@free.fr¶
¶
¶
Mr·Gilles·ROBULENS¶
33,·rue·de·l'Hôtel·de·Ville¶
75004·-·PARIS¶
¶

Figure 1.60 : *Ajouter des caractères spéciaux : un petit plus dans une adresse*

Au cours de la saisie, vous avez certainement effectué quelques fautes de frappe : le moment est venu de corriger les fautes d'orthographe et de grammaire, d'en ignorer certaines (qui ne sont pas des fautes mais des noms propres, par exemple), ou encore d'enrichir son dictionnaire personnel.

1 Repérez une faute (trait ondulé rouge pour les fautes d'orthographe et vert pour la grammaire). Cliquez du bouton droit sur le mot à corriger. Dans le menu contextuel qui s'affiche, cliquez sur la correction adéquate.

Certains mots sont soulignés en rouge et ne sont pas des fautes d'orthographe. C'est le cas ici avec les mots `"Pétanqu'club"` et `"Parment"` dans la signature. Ce sont des noms propres qui ne font pas partie du dictionnaire de Word et ne sont pas saisis en majuscules (Word considère les mots tapés en majuscules comme des noms propres et ne les soulignent donc pas).

REMARQUE

Des fautes qui n'en sont pas

Il existe d'autres cas où Word signale des fautes d'orthographe qui n'en sont pas, notamment un espace oublié entre deux mots, deux mots répétés… Le logiciel propose en général la correction la plus logique, parfois même plusieurs, ou aucune si les caractères saisis sont complètement inintelligibles !

Attention ! Si l'on peut se fier au vérificateur orthographique, il n'en est pas de même pour le vérificateur grammatical (trait ondulé vert) qui est un peu plus fantaisiste !

2 Pour ignorer une faute et supprimer le soulignement du mot, cliquez du bouton droit sur le mot. Dans le menu contextuel, cliquez sur *Ignorer tout*.

Ce mot et toutes ses occurrences ne seront plus soulignés.

3 Pour ajouter un mot au dictionnaire personnel (la signature par exemple), procédez de la même manière qu'à l'étape 2. Dans le menu contextuel, cliquez cette fois sur l'option *Ajouter au dictionnaire*.

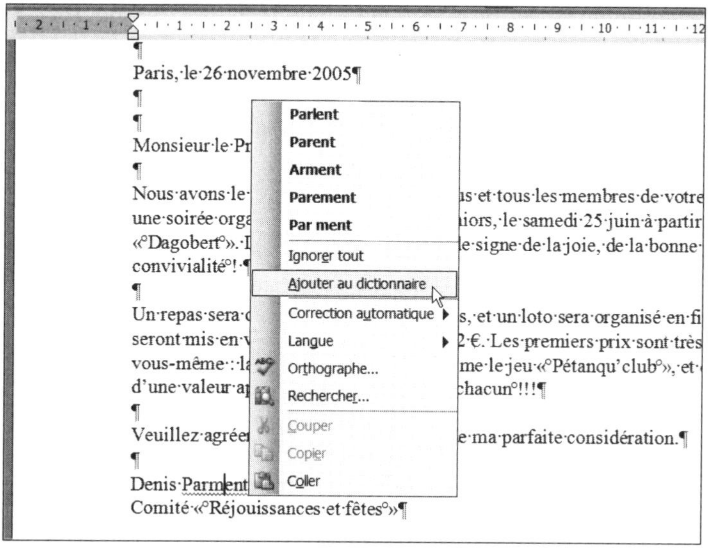

Figure 1.61 : *Ajouter un nom propre au dictionnaire personnel*

Le mot ne sera plus considéré comme une faute.

Il arrive souvent qu'en se relisant, on veuille effectuer des modifications. Vous trouvez la phrase `"La soirée sera placée sous le signe de la joie, de la bonne humeur et de la convivialité !"` trop pompeuse et souhaitez la réduire à : `"La soirée sera placée sous le signe de la convivialité"`. Vous devez donc supprimer du texte. Vous souhaitez ensuite placer la phrase `"La soirée sera placée..."` dans un paragraphe indépendant. Procédez ainsi :

1. Sélectionnez le texte `"de la joie, de la bonne humeur et"` en effectuant un cliquer-glisser. Appuyez sur la touche [Suppr] ou sur la touche [←] pour supprimer le texte.
2. Cliquez devant la première lettre de la phrase `"La soirée sera placée..."` et appuyez deux fois sur [Entrée] pour créer un nouveau paragraphe avec cette phrase, ainsi qu'un paragraphe vide pour ajouter de l'espacement avec le paragraphe précédent.

Ce que vous venez de faire ne vous satisfait toujours pas ? Comment revenir en arrière ? Deux possibilités s'offrent à vous :

- Cliquez devant la première lettre de `"La soirée sera placée..."`. Cette fois, appuyez deux fois sur la touche [←] pour regrouper ce paragraphe et le précédent.

- Deuxième solution : cliquez deux fois sur le bouton **Annuler** (suivi du nom de l'opération à annuler) de la barre d'outils *Standard* (en forme de flèche bleue orientée vers la gauche).

Cette fois, considérons que le travail est fini (du moins l'étape de la saisie). Vous allez enregistrer une dernière fois, fermer le document et le rouvrir.

1. Cliquez sur le bouton **Enregistrer**, puis fermez le document en cliquant sur la petite croix de fermeture grise située au bout de la barre de titre.
2. Pour ouvrir à nouveau le document, cliquez sur son nom dans la zone *Ouvrir* du *Volet Office* s'il fait toujours partie des quatre derniers fichiers utilisés. Sinon, cliquez sur le bouton **Ouvrir** de la barre d'outils *Standard*. Dans la fenêtre qui s'affiche, sélectionnez le dossier de stockage (*Exercices*) et double-cliquez sur le nom du fichier.

Chapitre 2

Mettre en forme un document

La mise en forme doit toujours être réalisée après la saisie. Vous venez de taper un document, vous avez effectué les modifications nécessaires, corrigé les fautes ; reste à mettre le texte en forme pour lui donner un aspect plus "sympathique", faire ressortir les passages importants, agencer harmonieusement les paragraphes.

On distingue la mise en forme de caractères et la mise en forme de paragraphes : vous pouvez indifféremment commencer par l'une ou l'autre.

2.1. Mise en forme de caractères

La mise en forme de caractères va vous permettre de choisir une police de caractères, d'augmenter ou diminuer la taille des caractères, de placer du texte en gras, en italique ou en couleur, d'ombrer du texte, d'espacer les caractères d'un mot, etc.

Vous pourrez réaliser aisément et rapidement la plupart de ces opérations en utilisant la barre d'outils *Mise en forme*.

Choisir une police de caractères, une taille, une couleur de police, définir le style

Avant d'effectuer une mise en forme de caractères, il est généralement nécessaire de sélectionner le texte. Utilisez pour cela la méthode la plus adaptée.

REMARQUE

Rappel : les sélections

S'il s'agit d'une ligne ou d'un paragraphe à sélectionner par exemple, il est plus simple de cliquer dans la marge devant la ligne, ou de double-cliquer devant le paragraphe (le pointeur ayant la forme d'une flèche blanche oblique). Vous pouvez ensuite étendre si nécessaire la sélection à d'autres lignes ou d'autres paragraphes en effectuant un cliquer-glisser (toujours dans la marge). Vous gagnerez beaucoup de temps à utiliser les bonnes méthodes.

RENVOI

Pour connaître les différentes méthodes de sélection, reportez-vous au chapitre 1.

Vous pouvez choisir dans Word de très nombreuses polices de caractères pour présenter votre texte, des polices les plus classiques et les plus utilisées (*Times New Roman*, *Arial*, *Garamond*...) aux polices les plus originales (*Mistral*, *Chick*, *Matisse*...). À vous d'adapter la police au style du document ou aux circonstances. Procédez ainsi :

1 Sélectionnez le texte à modifier.

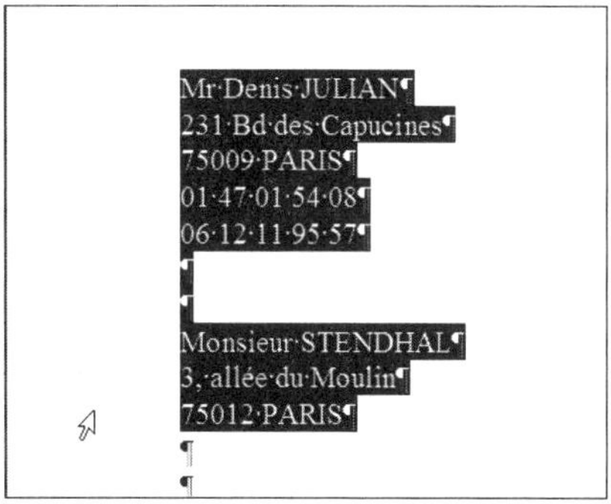

Figure 2.1 : *Sélection du texte à mettre en forme*

2 Cliquez en haut de l'écran sur le bouton fléché de la zone *Police*. Déroulez la liste et sélectionnez la police de votre choix en cliquant sur son nom (vous obtenez en même temps un aperçu de la police en faisant défiler la liste).

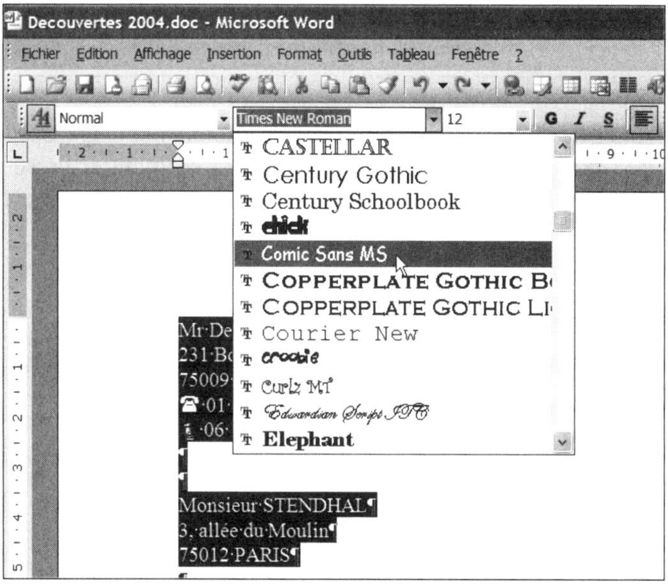

Figure 2.2 : *Choisir une police de caractères*

3 Pour visualiser le résultat, cliquez n'importe où dans le document en dehors du texte afin de le désélectionner.

Figure 2.3 : *L'aspect des caractères a légèrement changé*

> ASTUCE
>
> **Raccourci clavier**
>
> Pour parcourir plus rapidement la liste de la zone *Police*, tapez la première lettre de la police recherchée. Vous vous placez ainsi instantanément sur les polices commençant par cette lettre.

En changeant de police, il arrive que les caractères soient trop gros ou trop petits. Chaque police "taille" en effet différemment et présente des spécificités. Dans ce cas, vous devez changer la taille des caractères.

1 Sélectionnez le texte.

2 Cliquez sur le bouton fléché de la zone *Taille de police*. Dans la liste, sélectionnez une taille de caractères.

3 Cliquez en dehors du texte pour visualiser le résultat (voir Figure 2.4).

> ASTUCE
>
> **Personnaliser la taille de la police de caractères**
>
> Vous pouvez taper directement la taille de police souhaitée dans la zone *Taille de police* (sans dérouler la liste) et valider en appuyant sur [Entrée]. Vous pouvez même saisir des valeurs qui n'existent pas dans la liste, `15` par exemple.

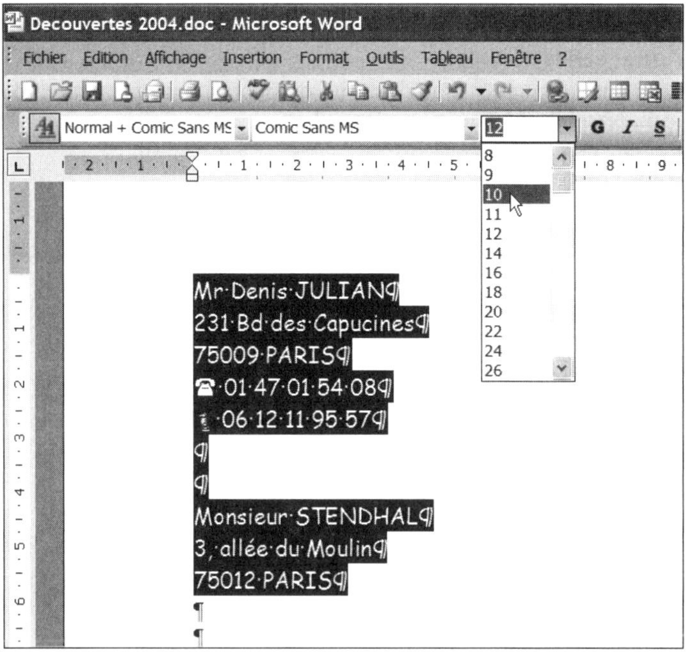

Figure 2.4 : *Choisir une taille de police*

Certains mots d'un document doivent être mis en valeur pour attirer l'œil immédiatement. C'est le cas notamment du nom et du prénom dans une adresse. Ici, vous utiliserez un style de police gras.

1 Sélectionnez le texte à placer en gras.

2 Cliquez en haut de l'écran sur le bouton **Gras**, puis en dehors de la sélection pour visualiser le résultat.

Figure 2.5 :
Le texte en gras ressort mieux

REMARQUE

Autres styles de police

Deux autres boutons situés à droite du bouton **Gras** permettent de placer du texte en italique ou de le souligner.

Pour supprimer un style gras, italique ou souligné, cliquez à nouveau sur le bouton **Gras**, **Italique** ou **Souligné** (après avoir sélectionné le texte, bien sûr). Les raccourcis clavier correspondant à ces trois styles sont Ctrl+G pour le gras, Ctrl+I pour l'italique et Ctrl+U pour le soulignement.

Et la couleur ? À condition de ne pas en abuser, n'hésitez pas à l'utiliser.

1. Pour mettre du texte en couleur, sélectionnez-le.
2. Cliquez sur la flèche du bouton **Couleur de police**, situé à l'extrémité droite de la barre d'outils *Mise en forme* et représenté par un `A` majuscule. Sélectionnez une couleur dans la palette qui se déroule.
3. Cliquez en dehors du texte.

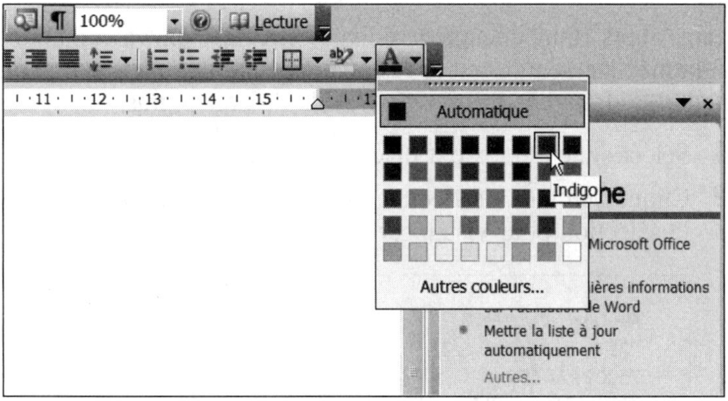

Figure 2.6 : *Choisir une couleur de police*

ASTUCE

Retrouver la couleur d'origine

Pour retrouver la couleur de police par défaut (noir en général), vous pouvez bien sûr annuler la dernière opération quand cela est possible. Vous pouvez aussi cliquer sur la flèche du bouton **Couleur de police** puis sur *Automatique*.

Et le surlignage ?

1 Pour surligner du texte, cliquez sur la flèche du bouton **Surlignage**, situé à gauche du bouton **Couleur de police**. Choisissez une couleur dans la palette qui se déroule.

2 Dans votre document, sélectionnez le texte à surligner.

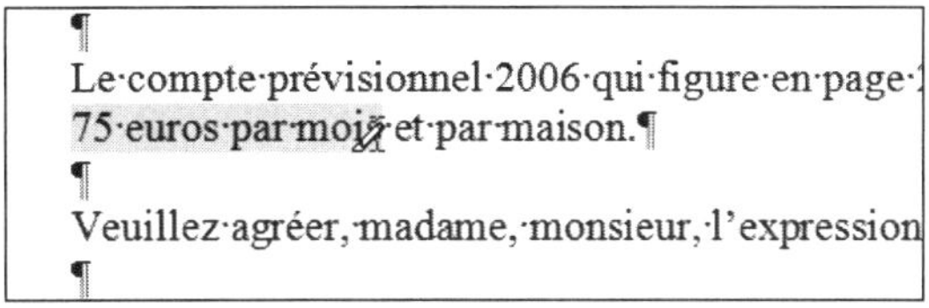

Figure 2.7 : *Mettre en valeur une partie de texte importante*

> REMARQUE
>
> **Sélectionner d'abord le texte**
>
> Pour surligner du texte, vous pouvez aussi sélectionner d'abord le texte et choisir la couleur de surlignage ensuite.

1 Lorsque vous souhaitez supprimer un surlignage sur du texte, cliquez sur la flèche du bouton **Surlignage** puis sur l'option *Aucun*.

2 Sélectionnez le texte.

Définir les attributs de caractères

Toutes les mises effectuées jusqu'ici l'ont été à partir de la barre d'outils *Mise en forme*. D'autres possibilités existent par le menu : définir des attributs de caractères (ombrer du texte par exemple, ou "exposer" la lettre d'un mot…). Dans l'exemple suivant, vous souhaitez exposer le `r` de `Mr Denis JULIAN` pour obtenir le résultat suivant : `Mr Denis JULIAN`.

1 Sélectionnez le `r` de `Mr`.

2 Dans le menu **Format**, cliquez sur la commande **Police**. Dans la fenêtre qui s'affiche, sous l'onglet **Police, style et attributs**, rubrique *Attributs*, cochez la case *Exposant*.

Vous devriez voir le changement dans la zone *Aperçu*.

3 Validez en cliquant sur OK.

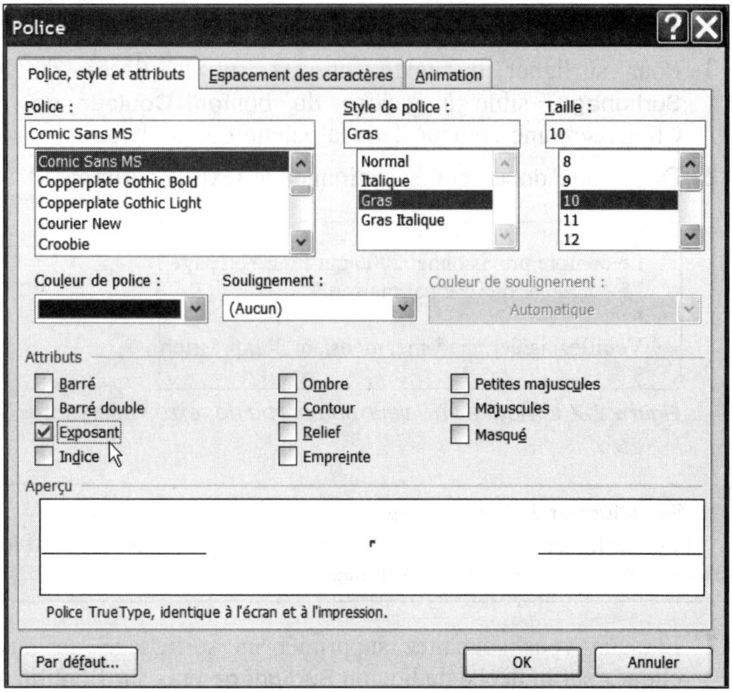

Figure 2.8 : *Options de la boîte de dialogue Police*

Dans le document, le r apparaît au-dessus de la ligne de base du texte, ce qui ajoute un effet de présentation plus soigné.

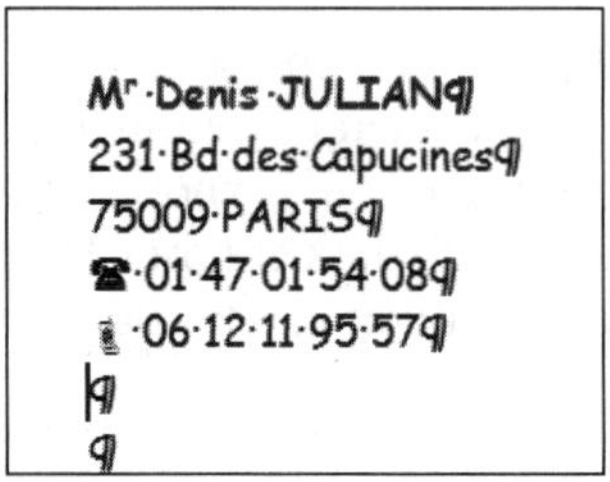

Figure 2.9 : *Une lettre exposée pour soigner l'esthétique*

Vous retrouvez dans la fenêtre **Police** les mêmes éléments que sur la barre d'outils *Mise en forme* (polices de caractères, styles "gras", taille et couleur de police). Dans la zone *Soulignement*, vous pouvez trouver différents modèles de soulignement. Enfin, d'autres attributs de caractères sont disponibles et utilisables pour appliquer des effets de texte : ombré, relief, empreinte, petites majuscules… Si vous avez oublié de placer certains mots en majuscule au cours de la saisie, vous pouvez le faire maintenant, en cochant la case *Majuscules*.

ASTUCE

Masquer du texte

L'attribut *Masquer*, comme son nom l'indique, permet de masquer du texte. Le texte masqué reste visible dans le document (il est souligné en pointillés) mais n'est pas imprimé (il n'apparaît d'ailleurs pas dans l'aperçu avant impression). Cet attribut est très utile lorsque vous souhaitez par exemple exclure de l'impression un paragraphe complet (l'espace qu'occupe ce paragraphe dans le document est automatiquement masqué).

Lorsque vous saisissez du texte, les caractères offrent un espacement et une position standard sur la ligne. Dans certains documents, pour obtenir un effet d'accroche, vous pouvez augmenter ou diminuer cet espacement et faire varier la position des mots sur la ligne.

Vous saisissez une petite affichette publicitaire. Dans la phrase `N/Réf : Offres spéciales Passer un Noël de rêve`, vous souhaitez espacer les caractères du texte entre guillemets, surélever certains d'entre eux, ajouter des couleurs, enfin laisser libre cours à votre fantaisie. Procédez ainsi :

1 Sélectionnez le texte.

2 Activez la commande **Format/Police**. Dans la fenêtre qui s'affiche, sous l'onglet **Espacement des caractères**, cliquez sur le bouton fléché de la zone *Espacement*. Dans la liste déroulante, sélectionnez l'option *Étendu*. Dans la zone *De* située à droite, cliquez sur le bouton fléché supérieur pour augmenter l'espacement (exprimé en points). Suivez les modifications dans la zone *Aperçu*. Validez en cliquant sur OK.

3 Pour décaler le texte par rapport à la ligne de base, cliquez sur le bouton fléché de la zone *Position sur la ligne*. Dans la liste déroulante, sélectionnez l'option *Décalage haut* pour surélever le texte ou *Décalage bas* pour obtenir l'effet inverse. Définissez une valeur dans la zone *De* et validez.

4 Renouvelez l'opération pour chaque lettre ou mot à modifier.

REMARQUE

Crénage

Utilisez la case à cocher *Crénage* pour définir l'espacement entre deux lettres données.

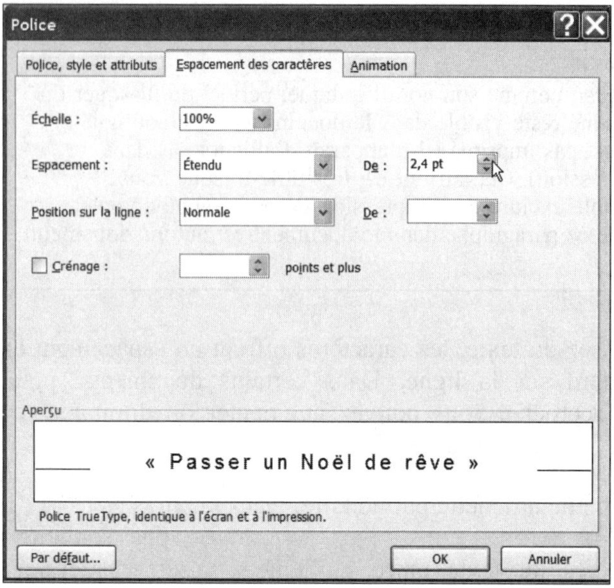

Figure 2.10 : *Espacer les caractères*

Vous obtenez par exemple (en ajoutant des couleurs) :

N/Réf°:·Offres·spéciales·«°Passer·un·Noël·de·rêve°»¶

Modifier rapidement la casse

S'il vous arrive d'oublier de taper un mot en majuscules, ou au contraire, si vous saisissez un mot en majuscules alors qu'il ne devait pas l'être, il est inutile de le saisir à nouveau avec la bonne casse. À l'aide du raccourci clavier Maj+F3, vous allez pouvoir changer rapidement. Avec l'attribut *Majuscules* de la fenêtre **Police**, vous savez déjà mettre du texte en majuscules. Ce raccourci clavier offre davantage de possibilités et s'exécute rapidement.

REMARQUE

Casse

Le mot "casse" est un terme issu de l'imprimerie. La casse est le type de caractères utilisé : minuscules, majuscules, etc.

1 Cliquez dans le mot dont vous souhaitez modifier la casse (s'il s'agit de plusieurs mots, sélectionnez-les).

2 Appliquez le raccourci clavier [Maj]+[F3] (maintenez la touche [Maj] enfoncée et appuyez sur [F3]).

Si le mot était en minuscules, une première pression sur [F3] ajoute une majuscule à la première lettre du mot, une deuxième fait passer le mot entier en majuscules (toujours en maintenant la touche [Maj] enfoncée), une troisième permet de revenir en minuscules.

Ce raccourci clavier est très utile.

2.2. Mise en forme de paragraphes

La mise en forme de paragraphes va vous permettre de travailler sur les espaces (mettre du texte en retrait, ajouter des espacements entre les paragraphes pour aérer le texte, créer des tabulations…), les alignements, ou des mises en forme spécifiques comme la création de listes à puces.

Vous pourrez réaliser rapidement la plupart de ces opérations à partir de la règle horizontale.

REMARQUE

Afficher la règle

Si la règle horizontale est masquée, affichez-la en activant la commande **Affichage/Règle**.

Définir les retraits et l'alignement

Un retrait est un espace horizontal qui éloigne le texte de la marge gauche ou de la marge droite afin de le placer à un endroit précis dans la page (l'adresse d'un destinataire dans un courrier, par exemple) ou de le mettre en valeur. Le retrait est lié au paragraphe ; on parle alors de retrait de paragraphe. La méthode la plus rapide consiste à utiliser la règle pour appliquer les retraits (chaque retrait est représenté par un petit symbole).

Dans un courrier par exemple, vous souhaitez appliquer un retrait gauche de manière à déplacer l'adresse du destinataire, la ville et la date vers la droite, puis un retrait à chaque première ligne des autres paragraphes du courrier (vous pouvez appliquer un même retrait à plusieurs paragraphes en même temps).

1 Sélectionnez les paragraphes auxquels vous souhaitez appliquer un retrait gauche (l'adresse du destinataire, la ville et la date dans notre exemple).
2 Sur la règle, cliquez sur le retrait à gauche (représenté par un petit rectangle) et faites-le glisser vers la droite jusqu'à 11 cm.

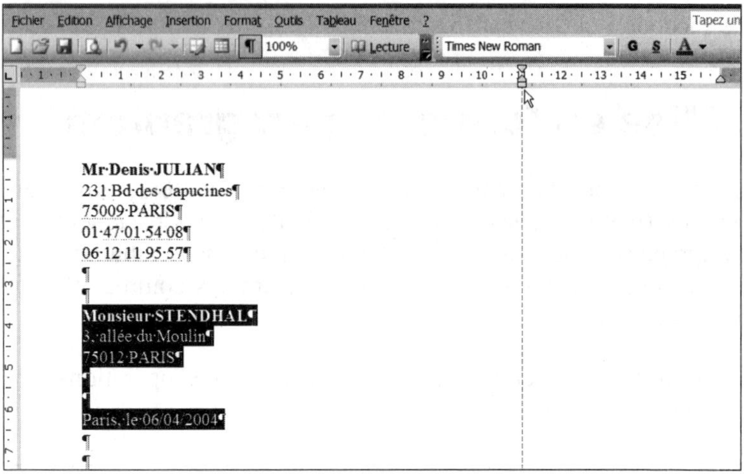

Figure 2.11 : *Définir un retrait gauche sur la règle*

Tant que vous ne relâchez pas le bouton de la souris, une petite ligne en pointillé vous sert de repère pour aligner le texte.

3 Relâchez le bouton de la souris (voir Figure 2.12).

ATTENTION

De la précision

Cliquez précisément sur le petit rectangle. Lorsque vous déplacez le retrait gauche, tous les autres retraits doivent suivre. Si vous vous trompez et cliquez sur le triangle inférieur, rien ne se produira. Si le retrait, une fois appliqué, ne vous convient pas, sélectionnez à nouveau votre texte et déplacez le retrait.

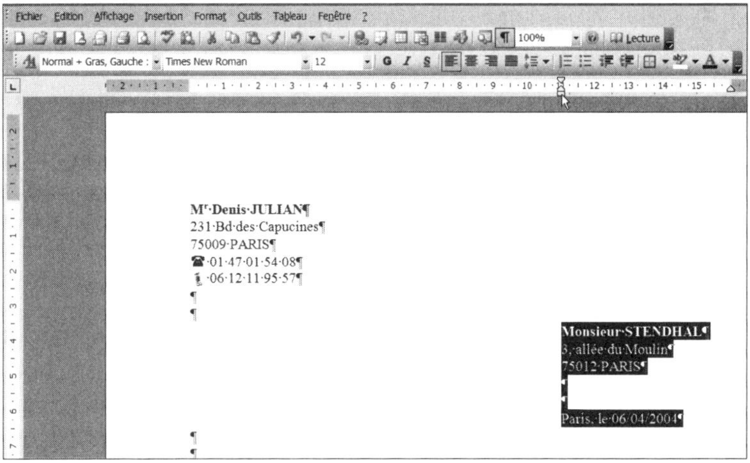

Figure 2.12 : *Le texte sélectionné (ici plusieurs paragraphes) s'aligne sur le retrait*

4 Sélectionnez les paragraphes auxquels vous souhaitez appliquer un retrait de première ligne (tous les paragraphes du corps de la lettre dans notre exemple). Sur la règle, cliquez sur le retrait de première ligne (le triangle supérieur) et faites-le glisser à 1,5 cm. Relâchez le bouton de la souris.

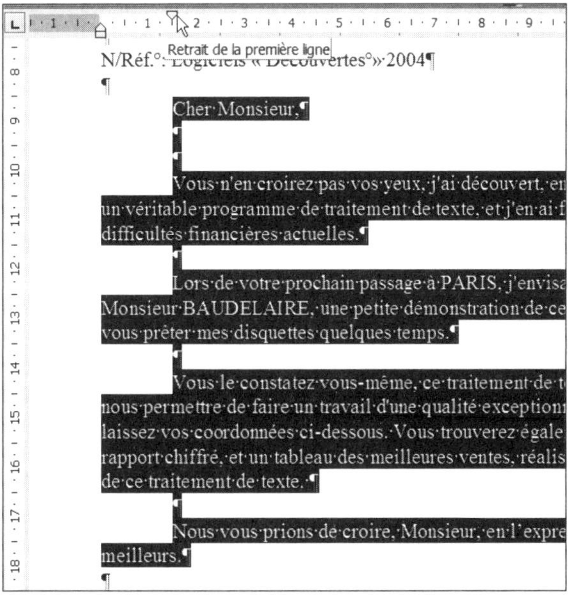

Figure 2.13 : *Définir un retrait de première ligne*

5 Cliquez en dehors du texte pour le désélectionner et éviter une suppression intempestive.

> ASTUCE
>
> **Placer en retrait un ou plusieurs paragraphes**
>
> Lorsque vous appliquez le même retrait à plusieurs paragraphes, vous devez sélectionner ces derniers. Pour effectuer un retrait sur un seul paragraphe, cliquez sur n'importe quelle ligne du paragraphe et appliquez le retrait.

Vous venez d'appliquer deux types de retraits : un retrait à gauche et un retrait de première ligne.

Il existe trois types de retraits à gauche.

- le retrait gauche (représenté par un petit rectangle) déplaçant toutes les lignes d'un paragraphe ;
- le retrait de première ligne (le triangle supérieur) déplaçant uniquement la première ligne d'un paragraphe ;
- le retrait négatif (le triangle inférieur) déplaçant toutes les lignes d'un paragraphe sauf la première.

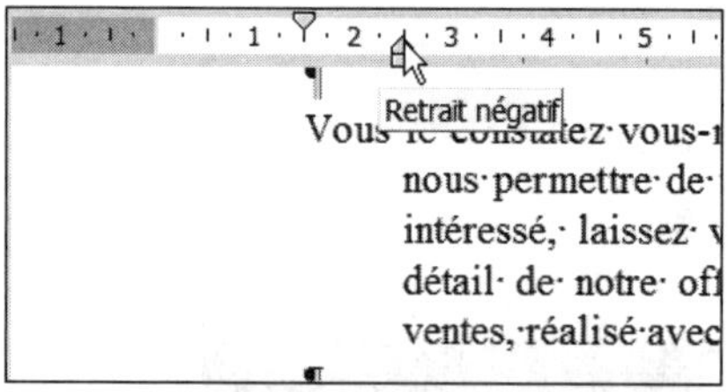

Figure 2.14 :
Définir un retrait négatif

Il existe un retrait à droite (représenté par un triangle) qui déplace toutes les lignes d'un paragraphe vers la gauche.

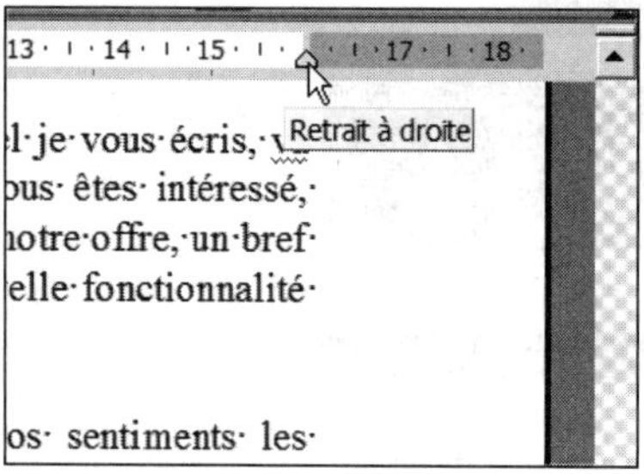

Figure 2.15 :
Il existe aussi un retrait à droite

ASTUCE

Repérer un retrait

Si vous avez un doute avant d'appliquer un retrait, il est très facile de repérer ces derniers. Il suffit de pointer dessus ; le nom du retrait s'affiche alors dans une info bulle.

En déplaçant un retrait sur la règle, on ne parvient pas toujours à obtenir exactement la distance souhaitée : retrait de 1,48 cm au lieu de 1,50 cm, par exemple. Pour obtenir une meilleure précision, il est nécessaire de passer par le menu.

1 Après avoir sélectionné les paragraphes, cliquez du bouton droit sur la sélection. Dans le menu contextuel, cliquez sur **Paragraphe**.

2 Dans la fenêtre qui s'affiche, sous l'onglet **Retrait et espacement**, rubrique *Retrait*, sélectionnez la bonne valeur à l'aide des flèches de la zone *Gauche* pour un retrait à gauche, *Droite* pour un retrait à droite ou *De :* pour un retrait de première ligne ou négatif. Validez.

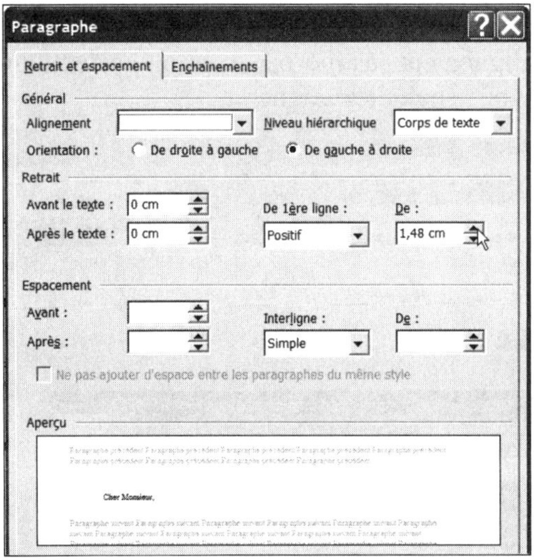

Figure 2.16 : *Définir un retrait en ouvrant la boîte de dialogue Paragraphe*

ASTUCE

Accès rapide à la fenêtre Paragraphe

Pour ouvrir plus rapidement la fenêtre **Paragraphe**, double-cliquez sur l'un des retraits de la règle.

Vous avez créé des espaces en définissant des retraits, il vous reste à aligner le texte. Celui-ci s'aligne soit par rapport aux marges gauche et droite, soit par rapport aux retraits s'ils existent.

Par défaut, le texte est aligné à gauche. Il existe quatre types d'alignement représentés par quatre boutons sur la barre d'outils *Mise en forme* :

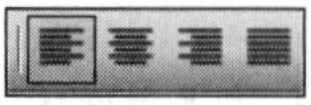

Figure 2.17 : *Les boutons d'alignement*

- **Aligné à gauche** : aligne le texte à partir de la marge gauche ou d'un retrait.
- **Centré** : centre le texte entre les marges ou les retraits.
- **Aligné à droite** : aligne le texte à partir de la marge droite ou du retrait à droite.
- **Justifier** : permet d'étirer le texte d'une marge à l'autre (ou d'un retrait à l'autre) en supprimant les irrégularités à droite. C'est le type d'alignement privilégié pour une bonne présentation dans un courrier.

1 Pour définir un alignement justifié par exemple, sélectionnez les paragraphes que vous souhaitez aligner.

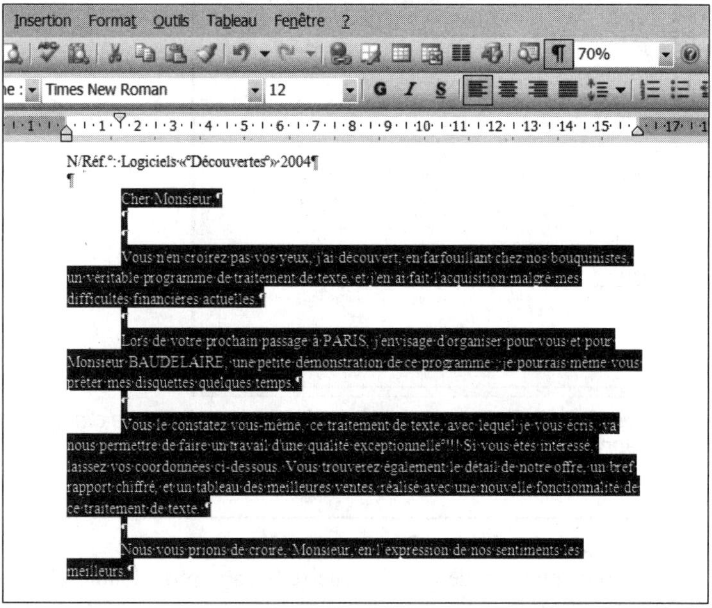

Figure 2.18 : *Par défaut, les paragraphes sont alignés à gauche*

2 Cliquez sur le bouton **Justifier** de la barre d'outils *Mise en forme*.

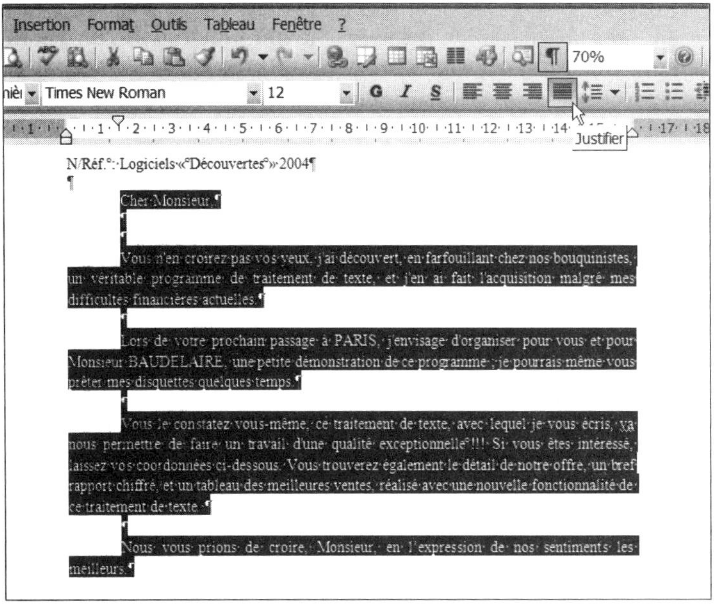

Figure 2.19 : *Le texte est justifié*

3 Cliquez en dehors du texte pour le désélectionner.

Définir les espacements, l'interligne

Vous savez créer les espacements entre les paragraphes en appuyant sur la touche [Entrée] (en créant des paragraphes vides). Dans la majorité des cas, cette méthode est suffisante et a le mérite d'être rapide, puisque ces espacements sont créés en cours de saisie. Elle manque cependant de souplesse ; vous ne pouvez définir avec précision la valeur de l'espacement. Vous allez tester une seconde méthode qui vous permettra de définir précisément l'espacement souhaité.

Vous pouvez créer un espacement avant et (ou) après un ou plusieurs paragraphes, c'est-à-dire définir l'espace entre le paragraphe courant et le paragraphe précédent (espacement avant), et l'espace entre le paragraphe courant et le paragraphe suivant (espacement après). Si plusieurs paragraphes doivent présenter des espacements identiques, vous avez intérêt à réaliser cette tâche en une fois.

1 Sélectionnez les paragraphes souhaités. Cliquez du bouton droit sur la sélection. Dans le menu contextuel, cliquez sur **Paragraphe** (si vous passez par le menu, activez la commande **Format/Paragraphe**).

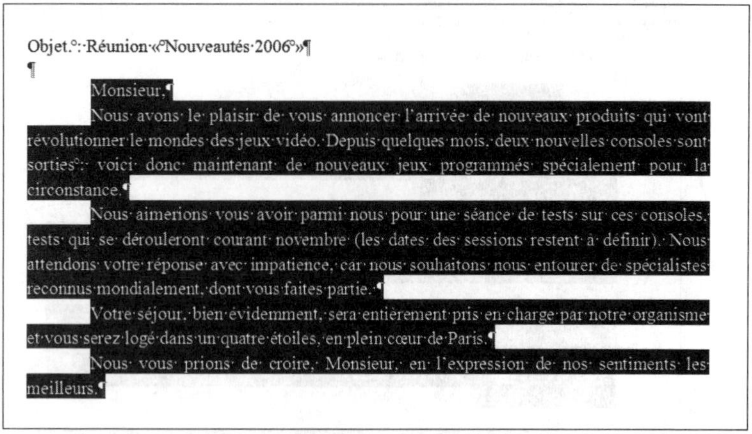

Objet.°:·Réunion·«°Nouveautés·2006°»¶

¶

Monsieur,¶

Nous· avons· le· plaisir· de· vous· annoncer· l'arrivée· de· nouveaux· produits· qui· vont· révolutionner·le·mondes·des·jeux·vidéo.·Depuis·quelques·mois,·deux·nouvelles·consoles·sont· sorties°:· voici· donc· maintenant· de· nouveaux· jeux· programmés· spécialement· pour· la· circonstance.¶

Nous· aimerions· vous· avoir· parmi· nous· pour· une· séance· de· tests· sur· ces· consoles,· tests· qui· se· dérouleront· courant· novembre· (les· dates· des· sessions· restent· à· définir).· Nous· attendons· votre· réponse· avec· impatience,· car· nous· souhaitons· nous· entourer· de· spécialistes· reconnus·mondialement,·dont·vous·faites·partie.·¶

Votre·séjour,·bien·évidemment,·sera·entièrement·pris·en·charge·par·notre·organisme· et·vous·serez·logé·dans·un·quatre·étoiles,·en·plein·cœur·de·Paris.¶

Nous· vous· prions· de· croire,· Monsieur,· en· l'expression· de· nos· sentiments· les· meilleurs.¶

Figure 2.20 : *Sélection de plusieurs paragraphes*

ASTUCE

Sélection et espacement

Comme pour les retraits, quand vous appliquez le même espacement à plusieurs paragraphes, il est nécessaire de sélectionner ces derniers. Lorsque vous appliquez un espacement à un seul paragraphe, cliquez sur une ligne du paragraphe (n'importe laquelle) et accédez à la fenêtre **Format/Paragraphe**.

2 Dans la fenêtre qui s'affiche, sous l'onglet **Retrait et espacement**, sous la rubrique *Espacement*, cliquez sur le bouton fléché supérieur de la zone *Avant* pour définir une valeur d'espacement (à chaque clic, la valeur s'incrémente de 6 points en 6 points, une valeur de 6 points semblant raisonnable pour un courrier courant). Validez en cliquant sur OK ou en appuyant sur [Entrée].

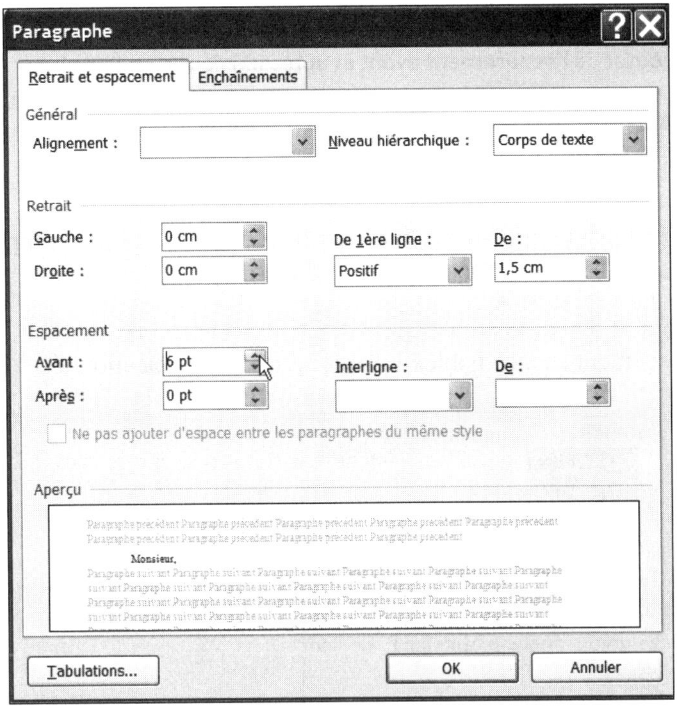

Figure 2.21 : *Définir un espacement avant*

3 Cliquez en dehors du texte pour le désélectionner.

Objet.°:·Réunion·«°Nouveautés·2006°»¶
¶

Monsieur,¶

Nous· avons· le· plaisir· de· vous· annoncer· l'arrivée· de· nouveaux· produits· qui· vont· révolutionner·le·mondes·des·jeux·vidéo.·Depuis·quelques·mois,·deux·nouvelles·consoles·sont· sorties°:· voici· donc· maintenant· de· nouveaux· jeux· programmés· spécialement· pour· la· circonstance.¶

Nous· aimerions· vous· avoir· parmi· nous· pour· une· séance· de· tests· sur· ces· consoles,· tests· qui· se· dérouleront· courant· novembre· (les· dates· des· sessions· restent· à· définir).· Nous· attendons· votre· réponse· avec· impatience,· car· nous· souhaitons· nous· entourer· de· spécialistes· reconnus·mondialement,·dont·vous·faites·partie.·¶

Votre·séjour,·bien·évidemment,·sera·entièrement·pris·en·charge·par·notre·organisme· et·vous·serez·logé·dans·un·quatre·étoiles,·en·plein·cœur·de·Paris.¶

Nous· vous· prions· de· croire,· Monsieur,· en· l'expression· de· nos· sentiments· les· meilleurs.¶

Figure 2.22 : *Le même espace existe maintenant avant chaque paragraphe*

> **ATTENTION**
>
> **Ajouter de l'espacement avant et après plusieurs paragraphes**
>
> Si vous ajoutez en même temps de l'espacement avant et après à plusieurs paragraphes, la valeur des deux s'additionne. Vous risquez d'obtenir un espace trop important.

Vous n'êtes pas limité aux valeurs prédéfinies (de 6 points en 6 points). Pour ajouter un espacement avant de 8 points par exemple, à l'étape 2, tapez `8` dans la zone *Avant* et validez.

Les espacements sont visibles lorsque le texte est sélectionné.

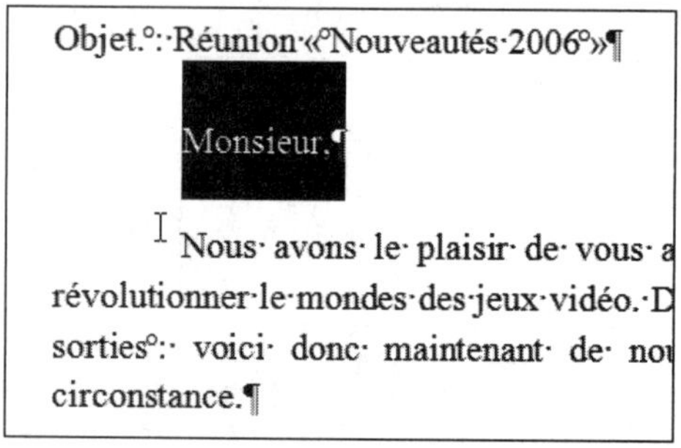

Figure 2.23 : *Visualiser les espacements de paragraphe*

Vous venez de créer des espaces entre les paragraphes. Vous pouvez aussi avoir envie d'aérer les paragraphes et de modifier l'interligne, c'est-à-dire ajouter (ou enlever) de l'espace entre les lignes d'un même paragraphe.

1. Pour modifier l'interligne de plusieurs paragraphes en même temps, sélectionnez ces derniers.
2. Dans la barre d'outils *Mise en forme*, cliquez sur la flèche du bouton **Interligne**. Dans la liste déroulante, vous avez la possibilité de choisir une valeur d'interligne prédéfinie (*1,5*, *2,0*, etc.). Attention, l'interligne sera trop important pour un courrier ordinaire. Pour obtenir une valeur plus adaptée, cliquez sur **Autres**.
3. Dans la fenêtre **Paragraphe** qui s'affiche, sous la rubrique *Espacement*, cliquez sur la flèche de la zone *Interligne*. Dans la liste déroulante, sélectionnez l'option *Au moins*. Cliquez sur la flèche supérieure de la zone *De* et sélectionnez une valeur,

16 points par exemple, ou toute autre valeur de votre choix (chaque clic incrémente la valeur d'un point). Validez.

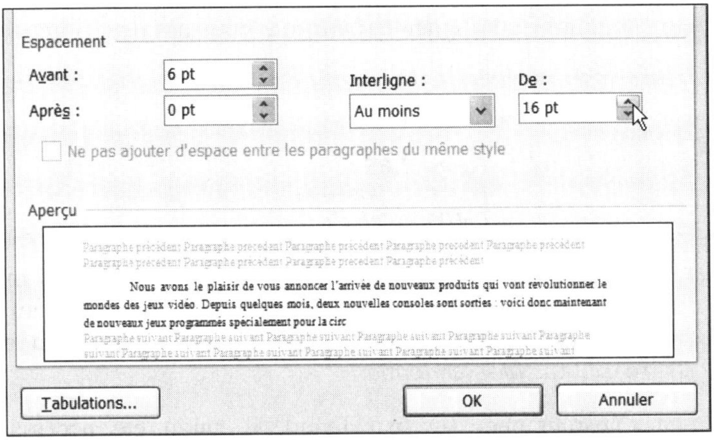

Figure 2.24 : *Définir l'interligne*

REMARQUE

Différence entre les options Au moins et Exactement

L'option *Au moins* permet de créer un interligne qui peut être augmenté de manière dynamique afin que le plus grand élément de la ligne (police ou image) soit visible. L'option *Exactement* est moins souple et crée un interligne fixe qui ne peut être modifié.

Notions avancées de gestion de paragraphes

La touche Entrée permet de changer de ligne en créant un nouveau paragraphe. Mais Word a tout prévu pour faciliter la gestion des paragraphes : vous pouvez changer de ligne et rester dans le même paragraphe. Cette méthode est très utilisée pour les titres, signatures ; elle permet de traiter, comme vous allez le voir, toutes les lignes d'un paragraphe en même temps.

Vous souhaitez par exemple terminer un courrier par votre signature et votre fonction, sur deux lignes : `Aline Guillet Responsable DRH`.

1 Tapez le nom et le prénom.

2 Pour saisir la fonction et passer à la ligne sans changer de paragraphe, appuyez sur la combinaison de touches Maj+Entrée.

Vous obtenez une petite flèche orientée vers le bas puis vers la gauche. Vous venez de forcer le passage à la ligne en restant dans le même paragraphe. Dans quel but ? Faciliter la mise en forme. Vous souhaitez par exemple définir un alignement à droite pour ces deux lignes.

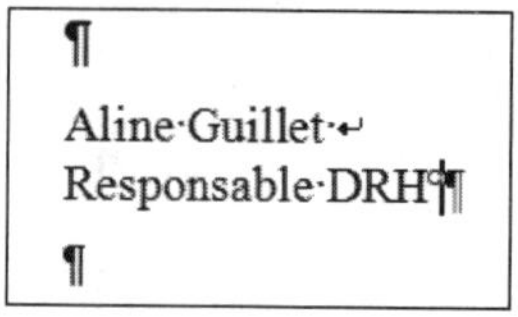

Figure 2.25 :
Forcer le passage à la ligne dans un paragraphe

3 Pour aligner le paragraphe à droite (il y a deux lignes mais un paragraphe), inutile de sélectionner les deux lignes, cliquez sur la première ou la seconde, puis sur le bouton **Aligné à droite** de la barre d'outils *Mise en forme*.

Avec deux paragraphes (un par ligne), il aurait été nécessaire de sélectionner ces derniers avant d'appliquer l'alignement.

Il est recommandé d'effectuer d'abord la saisie et ensuite la mise en forme. En effet, lorsque vous mettez tout de suite en forme un paragraphe (retrait de première ligne de 1 cm, espacement après de 6 points, texte en gras et en vert par exemple) et que vous appuyez sur [Entrée], le paragraphe suivant prend automatiquement les mêmes caractéristiques (retrait, espacement, gras et vert). Une parade existe cependant.

Avant de commencer une saisie, prévoyez un paragraphe de sécurité (sans mise en forme), qui sera placé sous le paragraphe courant (appuyez deux fois sur la touche [Entrée] à l'ouverture d'un nouveau document, et commencez à saisir le texte dans le premier paragraphe).

Utilisez le *Cliquer-taper* pour commencer un paragraphe n'importe où dans la page. Pour cela, double-cliquez à l'endroit où vous souhaitez commencer le document (ou le poursuivre s'il s'agit d'un document existant). Word crée automatiquement des paragraphes au-dessus et une tabulation.

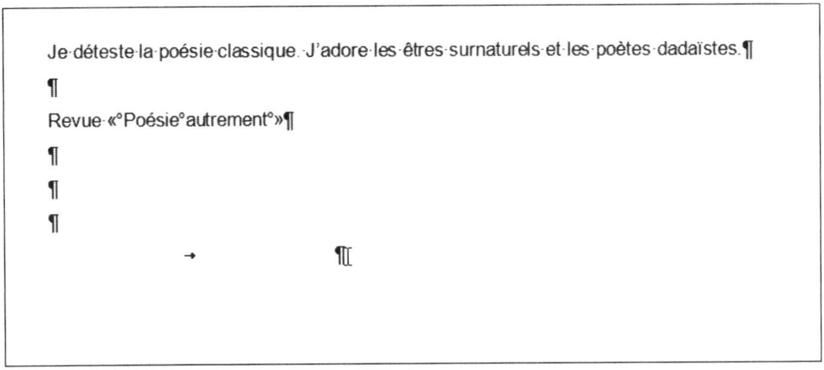

Figure 2.26 : *Commencer à saisir du texte n'importe où dans la page*

Enfin, Word permet de maîtriser la cohésion des paragraphes, à l'aide d'options spécifiques : veuves et orphelines, lignes solidaires, etc. Cela permet par exemple d'empêcher que la dernière ligne d'un paragraphe ne se trouve seule en haut de la page suivante (veuve) ou que la première ligne d'un paragraphe ne reste seule en bas d'une page (orpheline). On peut rendre également toutes les lignes d'un paragraphe solidaires (celui-ci ne peut être coupé en deux).

1 Sélectionnez les paragraphes contenant les lignes que vous ne souhaitez pas séparer.

2 Activez la commande **Format/Paragraphe**. Dans la fenêtre qui s'affiche, sous l'onglet **Enchaînements**, sous la rubrique *Pagination*, cochez les cases souhaitées et validez en appuyant sur Entrée (la case *Éviter veuves et orphelines* est cochée par défaut).

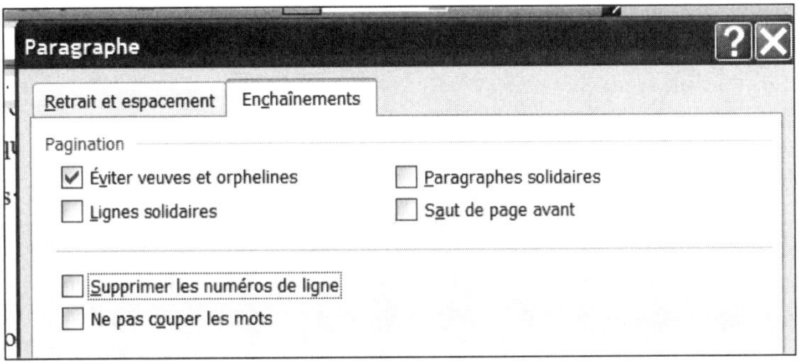

Figure 2.27 : *Solidariser les paragraphes*

2.3. Créer une liste à puces ou numérotée

Vous souhaitez présenter une liste de produits dans votre document et la faire ressortir du reste du texte. Utilisez pour cela les listes à puces ou les listes numérotées.

REMARQUE

Listes à puces et listes numérotées

Les listes à puces et les listes numérotées permettent de réaliser des énumérations dans un document. Les éléments de la liste peuvent être représentés par un petit symbole (puces), par des numéros ou des lettres (1, 2, 3, ou *a*, *b*, c...). Une liste à puces est en général en retrait par rapport au reste du texte, cela permet de mettre en valeur les éléments de la liste.

Créer une liste simple

Pour créer une liste (à puces ou numérotée), le plus simple est de saisir d'abord le texte de la liste, puis d'ajouter les puces ou les numéros. Dans l'exemple suivant :

`Voici la gamme de produits qui vous attendent et sur laquelle vous allez faire des économies et régaler vos enfants et petits-enfants (les tout petits comme les plus grands !) :`

`Jouets traditionnels`

`Jeux vidéo`

`Livres`

`Matériel informatique "`**dernier cri**`"`

Vous souhaitez créer une liste à partir du texte `Jouets traditionnels`... :

1 Saisissez le texte qui précède la liste à puces et le texte de la liste.

Il s'agit maintenant de mettre en forme la liste en ajoutant des puces ou des numéros.

2 Pour créer une liste à puces, sélectionnez le texte de la liste. Dans la barre d'outils *Mise en forme*, cliquez sur le bouton **Puces**.

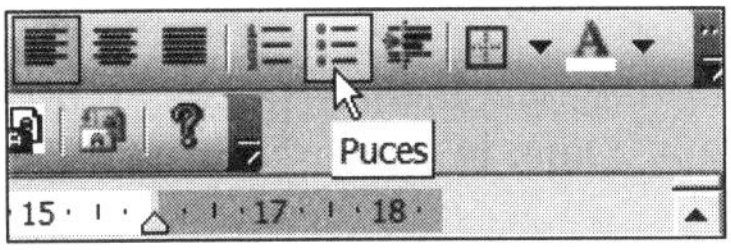

Figure 2.28 : *Bouton Puces*

La liste à puces est créée. Les puces qui vous sont proposées par défaut ne correspondent peut-être pas à vos souhaits. Vous allez pouvoir en changer.

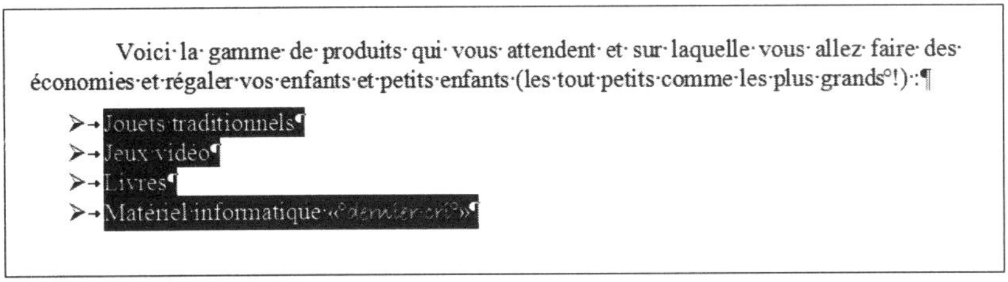

Voici·la·gamme·de·produits·qui·vous·attendent·et·sur·laquelle·vous·allez·faire·des·économies·et·régaler·vos·enfants·et·petits·enfants·(les·tout·petits·comme·les·plus·grands°!)·:¶

- ➢→Jouets·traditionnels¶
- ➢→Jeux·vidéo¶
- ➢→Livres¶
- ➢→Matériel·informatique·«°dernier·cri°»¶

Figure 2.29 : *Créer une liste à puces*

La liste numérotée

Pour créer une liste numérotée, le principe est le même. À l'étape 2, cliquez sur le bouton **Numérotation** de la barre d'outils *Mise en forme* situé à gauche du bouton **Puces**. Appuyez sur la touche [Entrée] à la fin de la liste, la numérotation s'incrémente automatiquement.

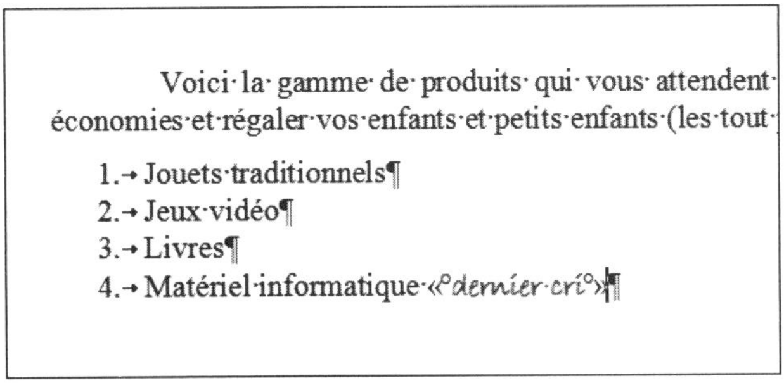

Voici·la·gamme·de·produits·qui·vous·attendent·
économies·et·régaler·vos·enfants·et·petits·enfants·(les·tout·

1.→Jouets·traditionnels¶
2.→Jeux·vidéo¶
3.→Livres¶
4.→Matériel·informatique·«°dernier·cri°»¶

Figure 2.30 : *Créer une liste numérotée*

Personnaliser une liste à puces ou numérotée

Vous souhaitez changer de puces et les adapter à votre goût ?

1 Si ce n'est déjà fait, sélectionnez la liste à puces. Cliquez du bouton droit sur cette sélection. Dans le menu contextuel, cliquez sur **Puces et numéros**.

2 Dans la fenêtre qui s'affiche, sous l'onglet **Avec puces**, sept modèles de puces vous sont proposés. Il s'agit des puces récemment utilisées (si une puce correspond à ce que vous recherchez, double-cliquez sur le modèle de puces pour l'appliquer à votre liste). Pour obtenir d'autres puces, cliquez sur le bouton **Personnaliser**.

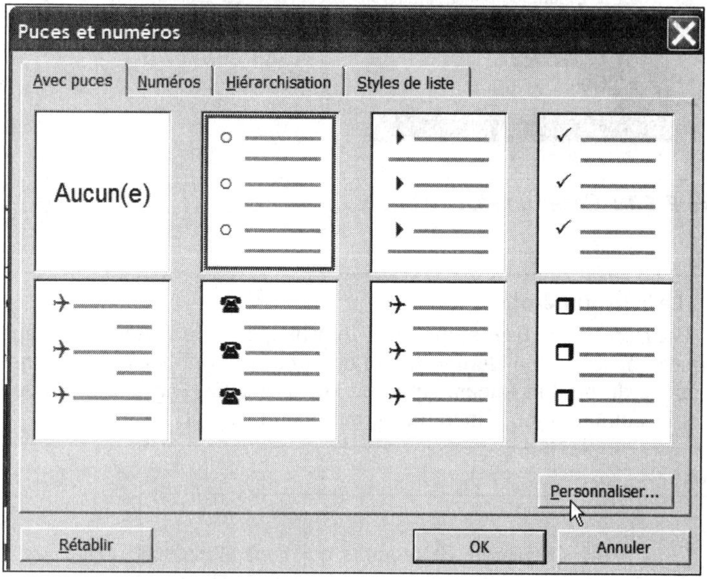

Figure 2.31 : *Un premier choix de puces, ou des puces de premier choix*

> ATTENTION
>
> **Activer le bouton Personnaliser**
>
> Le bouton **Personnaliser** n'est pas actif si l'option *Aucun(e)* est sélectionnée.

Dans la fenêtre qui s'affiche, le bouton **Caractères** permet de choisir une puce parmi les caractères spéciaux ; le bouton **Image** permet de sélectionner une puce graphique.

3 Cliquez sur le bouton **Caractères**. Dans la fenêtre des caractères spéciaux qui s'affiche, cliquez sur le bouton fléché de la zone *Police*. Sélectionnez une police (*Wingdings* par exemple). Double-cliquez sur la puce de votre choix.

Vous pouvez aussi choisir une puce dans la zone *Caractères spéciaux récemment utilisés*.

4 De retour dans la fenêtre **Personnaliser la liste à puces**, validez en cliquant sur OK.

REMARQUE

Bouton Police

Le bouton **Police** de la fenêtre **Personnaliser la liste à puces** permet par exemple de modifier la couleur des puces. Vous pouvez aussi réaliser cette opération directement dans le document.

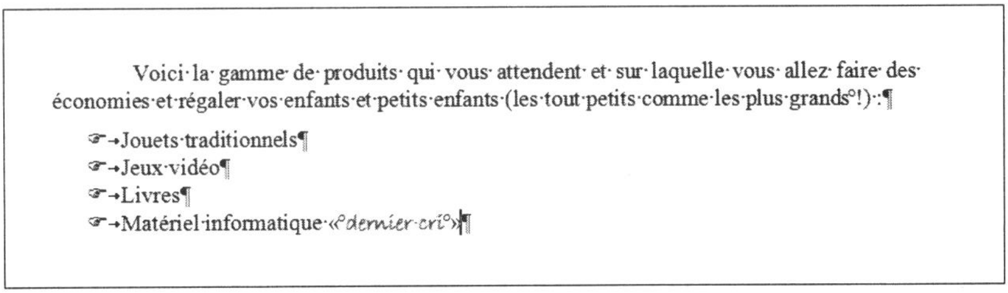
Voici·la·gamme·de·produits·qui·vous·attendent·et·sur·laquelle·vous·allez·faire·des·économies·et·régaler·vos·enfants·et·petits·enfants·(les·tout·petits·comme·les·plus·grands°!)·:¶

☞→Jouets·traditionnels¶
☞→Jeux·vidéo¶
☞→Livres¶
☞→Matériel·informatique·«°dernier·cri°»¶

Figure 2.32 : *Une liste avec des puces que vous avez choisies*

La liste correspond-elle à vos attentes ? Souhaitez-vous ajouter un peu de couleur ?

5 Modifiez la couleur des puces (sans changer la couleur du texte). Cliquez sur une puce pour sélectionner l'ensemble des puces de la liste. Dans la barre d'outils *Mise en forme,* cliquez sur la flèche du bouton **Couleur de police** et choisissez une couleur.

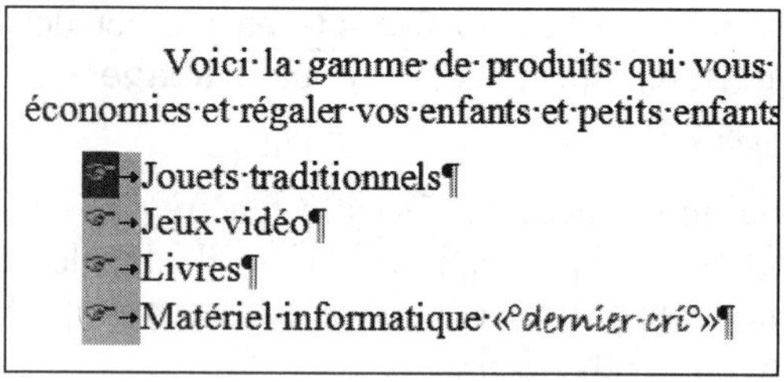

Figure 2.33 : *Modifier la couleur des puces*

> ASTUCE
>
> **Puces animées**
>
> Pour obtenir des puces animées, cliquez du bouton droit sur une puce. Dans le menu contextuel, cliquez sur **Police**. Dans la fenêtre qui s'affiche, sous l'onglet **Animation**, sélectionnez un modèle d'animation et validez.

Lorsqu'une liste est créée, vous pouvez ensuite la déplacer, ajouter des lignes, l'annuler, etc.

6 Pour déplacer une liste à puces vers la droite ou vers la gauche, sélectionnez la liste. Cliquez sur les boutons **Augmenter le retrait** ou **Diminuer le retrait** de la barre d'outils *Mise en forme*.

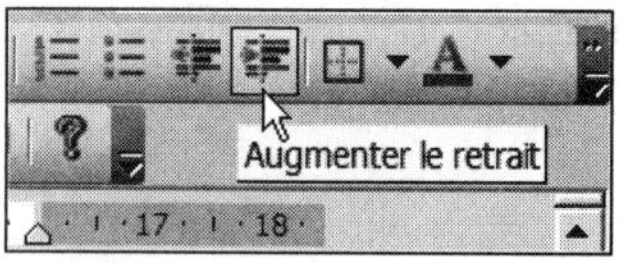

Figure 2.34 : *Le bouton Augmenter le retrait*

7 Pour ajouter une ligne à la liste à puces, cliquez à la fin de la dernière ligne et appuyez sur Entrée. Une nouvelle puce est automatiquement ajoutée. Saisissez le texte de la nouvelle puce.

> ASTUCE
>
> **Sortir de la liste à puces**
>
> Pour sortir d'une liste à puces en cours de création (vous venez d'ajouter une ligne à la liste comme nous l'indiquons à l'étape 7 et souhaitez interrompre la liste après cette ligne), appuyez deux fois sur la touche Entrée.

8 Pour annuler une liste à puces, sélectionnez-la et cliquez sur le bouton **Puces**.

REMARQUE

Utiliser les puces graphiques

Pour insérer des puces graphiques, à l'étape 3, cliquez sur le bouton **Image**. Dans la fenêtre qui s'affiche, double-cliquez sur la puce graphique de votre choix. De retour dans la fenêtre **Personnaliser la liste à puces**, validez en cliquant sur OK.

Créer une liste à puces hiérarchisée

Une liste simple ne possède qu'un niveau de puces (ou de numéros). Vous avez parfois besoin de plusieurs niveaux pour entrer des sous-catégories. Dans ce cas, il est nécessaire d'utiliser des listes hiérarchisées (à plusieurs niveaux). Là aussi, vous avez le choix d'employer les listes prédéfinies ou de personnaliser votre liste à puces hiérarchisée (et de la réutiliser ensuite à volonté). C'est la seconde hypothèse que nous allons développer. Considérons la liste suivante :

```
Jouets traditionnels

Trains électriques

Peluches

Nounours

Franklin

Jeux vidéo

Star Wars

Karaté club

Livres

Bandes dessinées

Tintin à Paris

Astérix au cinéma

Mobilier
```

`Chaises basses`

`Tables`

Parmi les `jouets traditionnels`, il existe deux sous-catégories (`Trains électriques` et `Peluches`), parmi les peluches des nounours et des peluches `Franklin`, etc.

1 Tapez le texte de la liste.

2 Sélectionnez la liste complète, cliquez du bouton droit sur la sélection. Dans le menu contextuel, cliquez sur **Puces et numéros**. Dans la fenêtre qui s'affiche, sous l'onglet **Hiérarchisation**, sélectionnez un modèle de puces de départ et cliquez sur le bouton **Personnaliser**.

Dans la fenêtre **Personnaliser la liste numérotée du plan**, il s'agit maintenant de choisir une puce pour chaque niveau de liste (neuf au maximum). Nous vous proposons d'en définir trois.

3 Dans la zone *Niveau*, le niveau `1` doit être sélectionné. Cliquez sur le bouton fléché de la zone **Numérotation**. Dans la liste déroulante, cliquez sur l'option *Nouvelle puce* ou *Nouvelle image* si vous préférez une puce graphique (les deux options sont situées à la fin de la liste déroulante).

4 Dans la fenêtre qui s'affiche (**Caractères spéciaux** ou **Puce graphique**, selon le choix effectuée à l'étape 3), sélectionnez une puce en procédant de la même manière que précédemment.

REMARQUE

Changer la couleur de police

Si vous avez choisi l'option *Nouvelle puce* à l'étape 3, cliquez sur le bouton **Police** de la fenêtre **Personnaliser la liste numérotée du plan**. Dans la fenêtre qui s'affiche, sous l'onglet **Police, style et attributs**, cliquez sur le bouton fléché de la zone *Couleur de police* et choisissez une couleur. Validez.

De retour dans la fenêtre **Personnaliser la liste numérotée du plan**, vous devez choisir et définir une puce pour le niveau *2* et le niveau *3*.

5 Dans la zone *Niveau*, cliquez sur *2*. Dans la liste déroulante de la zone *Numérotation*, cliquez sur l'option *Nouvelle puce* ou *Nouvelle image*. Choisissez une puce en procédant de la même manière que pour le niveau *1*.

6 Renouvelez l'opération et cliquez sur le niveau *3*. Choisissez une puce pour personnaliser ce niveau.

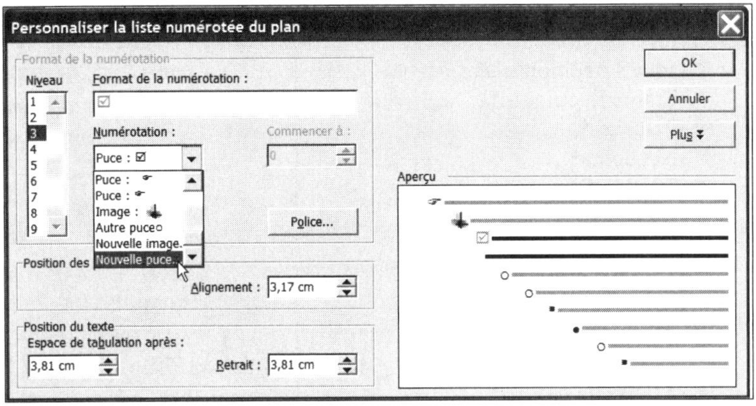

Figure 2.35 : *Choisir une puce pour chaque niveau de liste*

Avant de valider et d'utiliser la liste hiérarchisée, vous pouvez à tout moment revenir sur chacun des niveaux et apporter des modifications (changer la puce, la couleur, etc.). Utilisez l'aperçu pour visualiser la structure de la liste et d'éventuelles modifications que vous pourriez faire dans les différentes zones des rubriques *Position des puces* et *Position du texte*.

REMARQUE

Retrait et tabulation

Lorsque vous créez une liste à puces, des retraits et une tabulation sont automatiquement appliqués. La valeur de la zone *Alignement* de la rubrique *Position des puces* correspond à la position de la puce et à un retrait de première ligne. Sous la rubrique *Position du texte*, la zone *Espace de tabulation après* indique la valeur correspondant au début du texte de la première ligne de la puce, et la zone *Retrait* le retrait du texte. Lorsqu'une puce offre plus d'une ligne, il est généralement préférable d'avoir la même valeur de retrait et de tabulation.

7 Validez en cliquant sur OK.

Sur votre liste, rien ne s'est passé. Toutes les lignes ont la même puce (voir Figure 2.36).

Effectivement, vous venez de définir les différents niveaux hiérarchiques, mais vous ne les avez encore appliqués. Pour l'instant, toutes les puces sont au même niveau (niveau *1*).

Voici· la· liste· de· nos· produits·
magasin·et·sur·lesquels·vous·allez·faire·d
enfants·(les·petits·comme·les·plus·grands°!

☞→Jouets·traditionnels¶
☞→Trains·électriques¶
☞→Peluches¶
☞→Nounours¶
☞→Franklin¶
☞→Jeux·vidéo¶
☞→Star·Wars¶
☞→Karaté·club¶
☞→Livres¶
☞→Bandes·dessinées¶
☞→Tintin·à·Paris¶
☞→Astérix·au·cinéma¶
☞→Mobilier¶
☞→Chaises·basses¶
☞→Tables¶
¶

Figure 2.36 : *La hiérarchisation n'est pas encore effective*

Vous allez maintenant sélectionner les lignes de la liste à placer au niveau *2* et au niveau *3*.

8 Sélectionnez les lignes devant se situer au niveau *2*, puis cliquez sur le bouton **Augmenter le retrait** de la barre d'outils *Mise en forme*. Sélectionnez celles du niveau *3* et cliquez deux fois sur le bouton **Augmenter le retrait**.

RENVOI

Vous pouvez sélectionner les lignes de même niveau en plusieurs fois ou en une fois à l'aide de la touche Ctrl. ***Nous vous renvoyons pour cela à la partie du chapitre 1 consacrée aux sélections.***

9 Si vous avez cliqué une fois de trop sur le bouton **Augmenter le retrait**, cliquez sur le bouton **Diminuer le retrait** pour remonter d'un niveau.

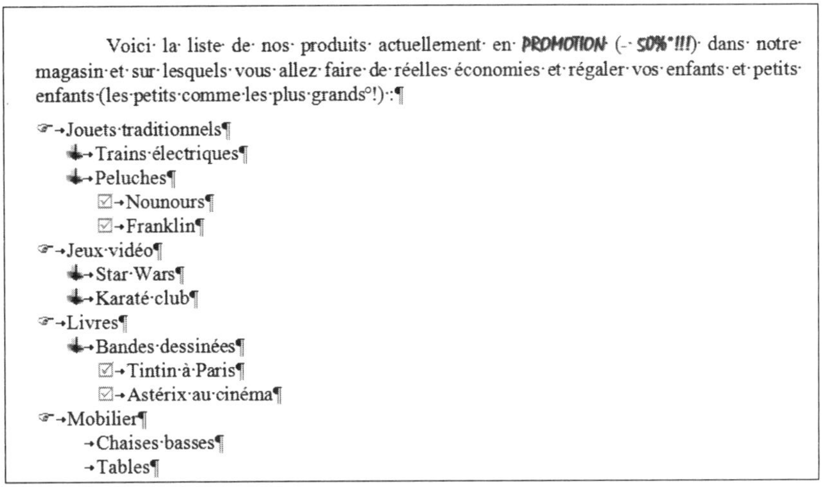

Voici la liste de nos produits actuellement en PROMOTION (- 50%*!!!) dans notre magasin et sur lesquels vous allez faire de réelles économies et régaler vos enfants et petits enfants (les petits comme les plus grands°!) :¶

☞→Jouets traditionnels¶
 ⬇→Trains électriques¶
 ⬇→Peluches¶
  ☑→Nounours¶
  ☑→Franklin¶
☞→Jeux vidéo¶
 ⬇→Star Wars¶
 ⬇→Karaté club¶
☞→Livres¶
 ⬇→Bandes dessinées¶
  ☑→Tintin à Paris¶
  ☑→Astérix au cinéma¶
☞→Mobilier¶
 →Chaises basses¶
 →Tables¶

Figure 2.37 : *La liste est enfin hiérarchisée*

ASTUCE

Raccourcis clavier

Au clavier, cliquez devant le texte de la puce (ou sélectionnez plusieurs lignes pour appliquer le même retrait à plusieurs lignes), appuyez sur la touche [Tab] afin d'atteindre le niveau inférieur (augmenter le retrait) et sur [Maj]+[Tab] pour remonter d'un niveau (diminuer le retrait).

Une liste hiérarchisée est mémorisée et vous pouvez la réutiliser dans un autre document en la sélectionnant dans la fenêtre **Puces et numéros** sous l'onglet **Hiérarchisation**.

10 Si les puces ne vous plaisent plus et que vous souhaitiez les modifier, double-cliquez sur une puce pour ouvrir directement la fenêtre **Puces et numéros** à l'onglet **Hiérarchisation**.

11 Pour modifier un seul niveau de puces à la fois, cliquez sur une puce du niveau souhaité, puis effectuez les modifications nécessaires (couleur de police, taille de police, etc.).

REMARQUE

Changer la couleur

Vous pouvez changer la couleur des puces (caractères spéciaux) mais pas celle des puces graphiques.

Créer une liste à puces ou numérotée en cours de frappe

Il est également possible de créer les listes à puces (ou numérotées) en cours de frappe.

- Pour créer une liste à puces : tapez *, appuyez sur la touche [Tab] (ou sur la [Barre d'espace]), saisissez le texte et appuyez sur [Entrée] (une nouvelle puce est créée). Appuyez à chaque fin de ligne sur [Entrée] pour continuer la liste.
- Pour créer une liste numérotée : tapez le premier numéro de la liste, appuyez sur la touche [Tab], saisissez le texte et appuyez sur [Entrée]. Appuyez à chaque fin de ligne sur [Entrée] pour continuer la liste.

Si au contraire cette fonction vous agace, vous pouvez désactiver la création automatique des puces et des numéros lors de la frappe (vous préférez par exemple effectuer une numérotation manuelle). Procédez de la manière suivante :

1 Activez la commande **Outils/Options de correction automatique**.

2 Dans la fenêtre qui s'affiche, sous l'onglet **Lors de la frappe**, zone *Appliquer*, désactivez les cases *Listes à puces automatiques* et *Listes numérotées automatiques*. Validez.

2.4. Définir des tabulations

Une tabulation permet de créer des espaces sur une même ligne. On distingue deux types de tabulations : les tabulations simples et les tabulations avec points de suite.

Vous souhaitez par exemple taper une liste de consoles de jeux, et leur prix un peu plus loin sur la ligne. Vous avez besoin d'utiliser les tabulations pour réaliser ce type de tâche.

```
Désignation         Prix TTC

Play Station Portable (Sony)        249,99 €

Nintendo DS         150,00 €

Xbox        150,99 €
```

Sega 89,59 €

Créez d'abord un paragraphe de sécurité.

1 Appuyez deux fois sur [Entrée]. Commencez à saisir le texte sur le premier paragraphe.

REMARQUE

Rappel : mise en forme du paragraphe

Un nouveau paragraphe créé à l'aide de la touche [Entrée] (ou [Ctrl]+[Entrée] pour un saut de page) conserve la mise en forme du paragraphe précédent. Le paragraphe qui suivra les tabulations (si vous continuez le document, bien sûr) gardera les tabulations (qu'il faudra alors supprimer).

La méthode la plus courante pour créer des tabulations consiste à saisir d'abord le texte puis à définir les tabulations.

ATTENTION

Les mauvaises habitudes

Évitez de saisir un mot, d'appuyer plusieurs fois sur la touche [Tab] et de taper le second, ou (pire encore) d'appuyer sur la touche [Espace] autant de fois que nécessaire pour créer de l'espace entre les deux mots. Ces "méthodes"ne sont pas précises et compliquent ensuite la gestion des paragraphes.

¶
Désignation→ → → → → → → → Prix·TTC¶
¶

Figure 2.38 : *Résultat non satisfaisant*

Une tabulation est un espace dont on doit définir la valeur ; il faut compter les espaces sur la ligne :

2 À chaque espace correspond un seul appui sur la touche [Tab]. Dans notre exemple, entre `Désignation` et `Prix TTC`, il n'y a qu'un espace. Un seul appui sur la touche [Tab] est donc nécessaire.

3 Tapez `Désignation`, appuyez sur la touche [Tab] et saisissez `Prix TTC`. Appuyez sur [Entrée] pour passer à la ligne suivante.

4 Tapez le texte de la ligne suivante `Play Station Portable (Sony)`, appuyez sur Tab, saisissez le prix et appuyez sur la touche Entrée. Saisissez la suite du texte en procédant de la même manière.

Vous avez saisi le texte et tapé à chaque fois une tabulation. Lorsque les caractères non imprimables sont affichés, les tabulations apparaissent dans le texte sous la forme de petites flèches.

Désignation → Prix·TTC¶
Play·Station·Portable·(Sony) → 249,99·€¶
Nintendo·DS → 150,00·€¶
Xbox·→ 150,99·€¶
Sega → 89,59·€¶
¶

Figure 2.39 : *Saisie du texte et des tabulations*

REMARQUE

Taille des marques de tabulation

Pourquoi les marques de tabulation (les flèches) qui apparaissent dans le document quand vous appuyez sur la touche Tab sont-elles de taille différente ? La tabulation par défaut est de 1,25 cm. À chaque pression sur la touche Tab, le curseur s'arrête à 1,25 cm (ou à un multiple de 1,25). Si le dernier caractère d'un mot se situe près de 1,25 cm (ou d'un de ses multiples) au moment où vous appuyez sur la touche Tab, la tabulation (la flèche) sera petite. Dans le cas contraire, elle sera plus importante.

Créer des tabulations sur la règle

Vous avez placé les tabulations dans le texte ; il s'agit maintenant de les définir sur la règle. D'abord, la première ligne (ici, la tabulation de cette ligne est différente de celles des lignes suivantes).

1 Cliquez dans le paragraphe `Désignation… Prix TTC`. Sur la règle, cliquez sur la graduation 12,5 cm, par exemple.

Un petit taquet noir s'affiche ; par défaut, la tabulation qui est appliquée ici est une tabulation gauche, le texte s'aligne à droite de ce taquet.

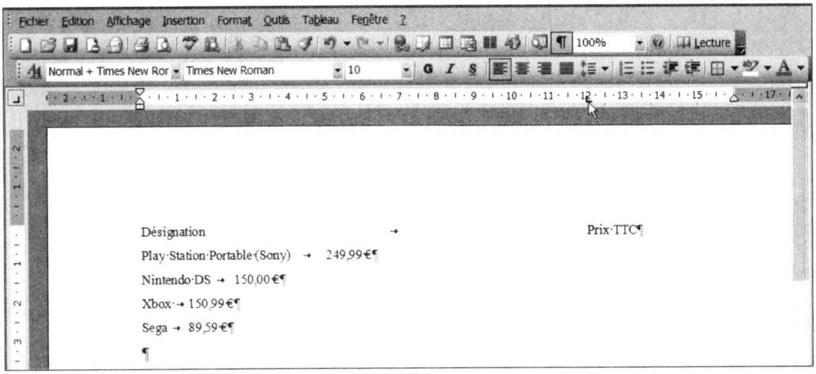

Figure 2.40 : *Définir une tabulation sur la règle*

Dans les paragraphes suivants, vous allez choisir une tabulation droite pour aligner les prix sur le symbole monétaire. La tabulation étant la même pour les quatre lignes, vous définirez celle-ci pour les quatre lignes en même temps.

2 À l'extrémité gauche de la règle horizontale, cliquez deux fois dans le sélecteur de tabulations pour choisir la tabulation droite.

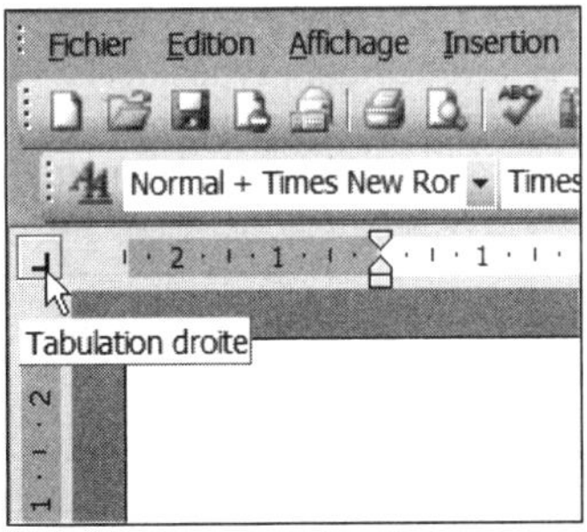

Figure 2.41 : *Sélection du type de tabulation*

3 Sélectionnez les quatre paragraphes (liste des consoles et prix). Sur la règle, cliquez sur la graduation de votre choix (13,5 cm par exemple).

Les quatre lignes sont automatiquement prises en compte et les prix s'alignent effectivement sur l'euro.

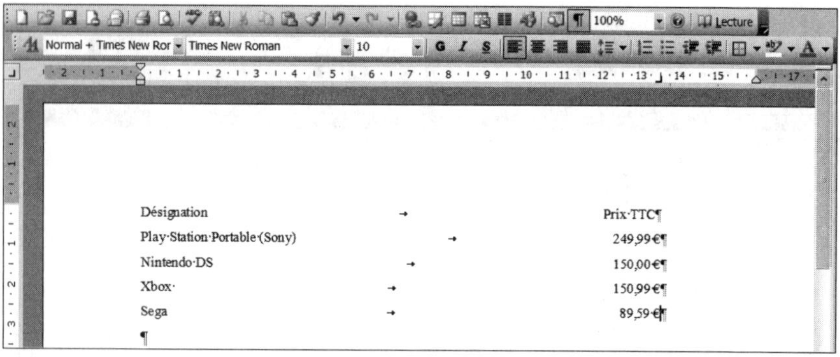

Figure 2.42 : *Définir une tabulation droite*

REMARQUE

Ajouter une ligne à la liste existante

Vous pouvez maintenant à tout moment ajouter une ligne à la liste existante (le nom et le prix d'un nouveau produit). Cliquez pour cela à la fin de la liste, appuyez sur [Entrée], saisissez le nom du nouveau produit, appuyez sur [Tab] et tapez son prix (la mise en forme du paragraphe précédent est automatiquement reproduite). Si vous souhaitez revenir à une tabulation gauche, n'oubliez pas de sélectionner le type correspondant dans la zone des tabulations (à l'extrémité gauche de la règle horizontale). Vous trouvez également dans cette zone, outre les cinq types de tabulations, le retrait négatif et le retrait de première ligne (que vous pouvez donc utiliser comme des tabulations, en cliquant directement sur la règle).

Il est temps d'énumérer les différents types de tabulation :

Tableau 2.1 : *Différents types de tabulation*

Type de tabulation	**Résultat**
Tabulation gauche	Aligne le texte à droite du taquet de tabulation.
Tabulation droite	Aligne le texte à gauche du taquet de tabulation.
Tabulation centrée	Centre le texte et le répartit de part et d'autre du taquet de tabulation.
Tabulation décimale	Aligne des chiffres sur le séparateur décimal.
Tabulation barre	Affiche une barre verticale dans le texte (très peu utilisée).

Exemple de tabulation centrée :

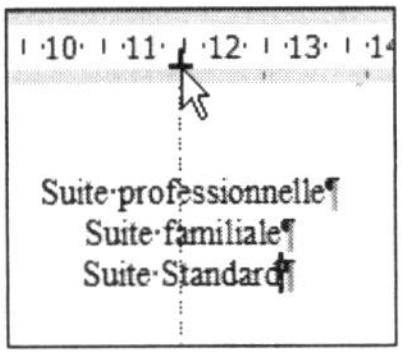

Figure 2.43 : *Répartition du texte de part et d'autre du taquet de tabulation*

Dans notre exemple, vous auriez pu également utiliser une tabulation décimale pour aligner les prix sur la virgule ; le résultat aurait été identique.

Déplacer un taquet de tabulation par la règle

Vous souhaitez placer `Prix TTC` un peu plus en retrait vers la gauche pour le centrer sur les prix et redéfinir ainsi la tabulation.

1 Cliquez dans le paragraphe correspondant. Sur la règle, cliquez sur le taquet de tabulation et faites-le glisser jusqu'à la position souhaitée (restez à l'horizontal sur la règle, sinon vous risquez de supprimer la tabulation).

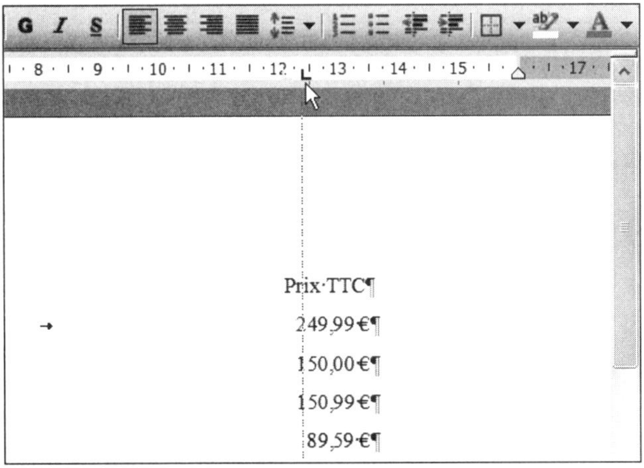

Figure 2.44 : *Déplacer un taquet de tabulation sur la règle*

2 Si vous avez d'autres tabulations à redéfinir, renouvelez l'opération en procédant de la même manière.

ATTENTION

Ajouter ou supprimer une tabulation

Si en voulant déplacer un taquet existant, vous ajoutez une nouvelle tabulation, en cliquant par erreur sur la règle, supprimez-la aussi simplement en cliquant dessus et en la faisant glisser à l'extérieur de la règle (vers le bas dans le document ou vers le haut). Ne confondez pas redéfinir une tabulation et ajouter une nouvelle tabulation. (Vous avez placé par exemple une tabulation à 12 cm, vous pensez la redéfinir en ajoutant une tabulation à 13 cm ; il ne se passera rien car Word s'aligne sur la première tabulation qu'il rencontre sur la règle, ici 12 cm.) Vous êtes alors obligé de supprimer la tabulation située à 12 cm alors qu'il était bien plus simple de la faire glisser.

3 Si nécessaire, terminez la mise en forme (police, style, paragraphe avant, etc.).

ASTUCE

Un affichage précis

Pour afficher précisément les valeurs des différents éléments de la règle (tabulations ou retraits) et des marges, maintenez la touche Alt enfoncée et cliquez sur un taquet de tabulation ou un retrait.

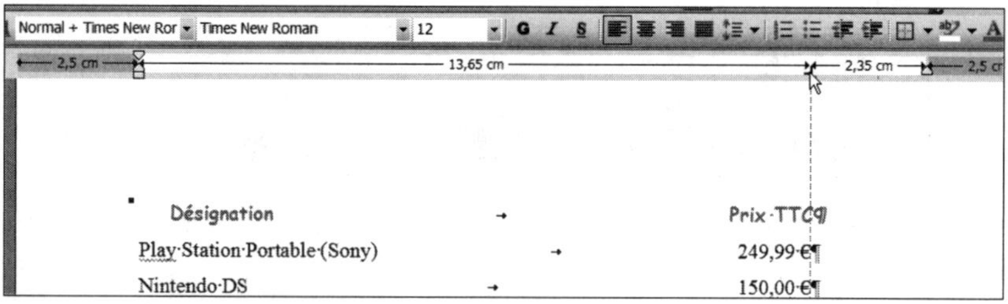

Figure 2.45 : *Afficher les valeurs de la règle*

Créer des tabulations avec points de suite

Poursuivons notre exemple sur les consoles vidéo : la liste pourrait être complétée par un petit formulaire de commande du type (voir Figure 2.46) :

Une particularité ici : des petits points apparaissent dans les espaces. Ces points ne sont naturellement pas des points saisis au clavier, mais des tabulations d'un type particulier appelées tabulations avec "*points de suite*". Avant de saisir le texte, vous devez identifier le nombre de tabulations à taper.

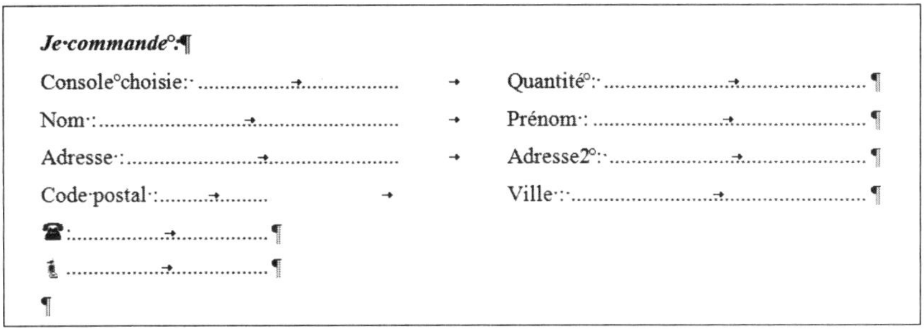
Je commande :
Console choisie : .... → Quantité : ....
Nom : .... → Prénom : ....
Adresse : .... → Adresse2 : ....
Code postal : .... → Ville : ....
☎ : ....
📱 ....

Figure 2.46 : *Saisir un formulaire de commande*

Chaque ligne du formulaire, de "Console choisie jusqu'à Code postal" est composée de trois tabulations : une première après le premier mot de chaque ligne (avec des points de suite), une deuxième entre la fin des points de suite et le début du mot suivant (espace vide sans points de suite), une troisième après le deuxième mot de la ligne qui va jusqu'à la fin de la ligne (avec des points de suite). Procédez ainsi :

1 Tapez l'invite `Je commande :` et appuyez sur Entrée.

Saisissez la première ligne du formulaire :

2 Tapez `Console choisie`..., appuyez deux fois sur Tab, tapez `Quantité :` et appuyez sur Tab. Appuyez sur Entrée pour passer à la ligne suivante.

3 Saisissez les lignes suivantes en procédant de la même manière.

4 Pour les deux dernières lignes (les numéros de téléphone), insérez les caractères spéciaux correspondants. Appuyez une fois sur la touche Tab.

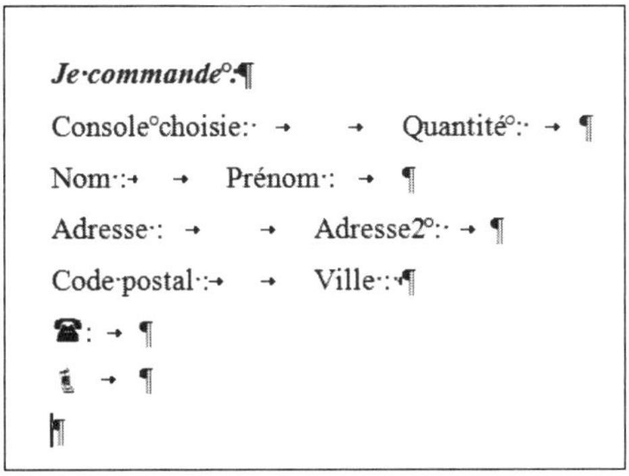
Je commande :
Console choisie : → → Quantité : →
Nom : → → Prénom : →
Adresse : → → Adresse2 : →
Code postal : → → Ville :
☎ : →
📱 →

Figure 2.47 : *Saisie du texte et du nombre de tabulations nécessaires*

Vous allez maintenant définir les tabulations. Les tabulations avec points de suite ne peuvent être définies que par le menu. Dans notre exemple, les valeurs de ces trois tabulations sont de 7 cm, 9 cm, et 16 cm.

REMARQUE

Valeur des tabulations

La valeur d'une tabulation est toujours calculée à partir de la marge gauche du document. Une tabulation à 9 cm, par exemple, correspond à un espace de 9 cm entre la marge gauche et le taquet de tabulation.

5 Sélectionnez les quatre premières lignes du formulaire (de "`Console choisie…` jusqu'à `Code postal…`") et activez la commande **Format/Tabulations**.

6 Dans la zone *Position* de la fenêtre **Tabulations**, tapez `7`, cliquez sur l'option *2* de la zone *Points de suite*. Cliquez sur le bouton **Définir**.

Vous avez défini la première tabulation ; enchaînez sur les deux suivantes.

7 Tapez `9` dans la zone *Position* et cliquez sur **Définir** (la seconde tabulation n'a pas de points de suite). Saisissez `16` dans la zone *Position*, cliquez sur l'option *2* de la zone *Points de suite* puis sur le bouton **Définir**. Validez en cliquant sur OK.

REMARQUE

Alignement par défaut

Les trois tabulations sont des tabulations gauches, vous avez donc conservé l'option sélectionnée par défaut dans la zone *Alignement* (voir Figure 2.48).

8 Sélectionnez les deux dernières lignes (les numéros de téléphone) et créez une tabulation avec points de suite à 4,5 cm en procédant de la même manière. De retour dans le document, cliquez en dehors du texte pour le désélectionner.

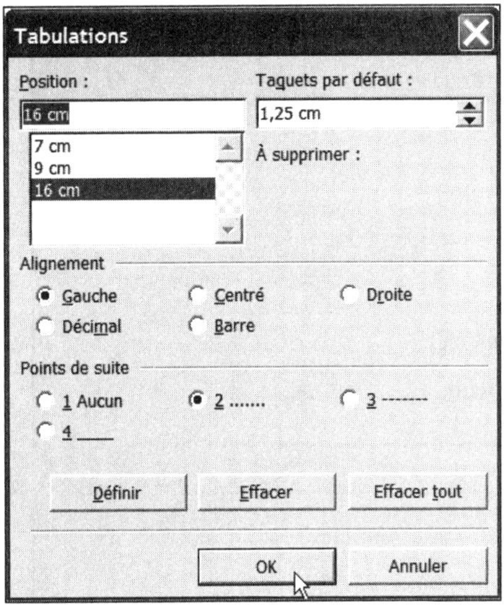

Figure 2.48 : *Définir des tabulations avec points de suite dans la fenêtre Tabulations*

Tout le texte est dorénavant aligné suivant les distances que vous venez d'indiquer (les taquets apparaissent sur la règle).

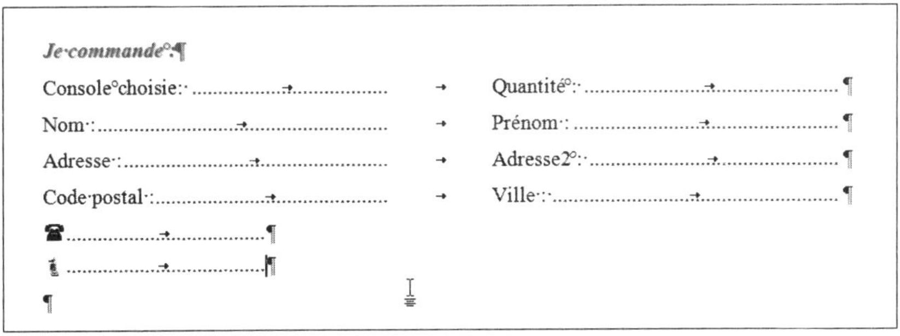
Je commande :

Console choisie : .... → Quantité : ....

Nom : .... → Prénom : ....

Adresse : .... → Adresse2 : ....

Code postal : .... → Ville : ....

☎ ....

....

Figure 2.49 : *Le texte est aligné*

Il était nécessaire d'ouvrir la fenêtre **Tabulations** pour placer des points de suite. Par contre, une fois ces derniers posés, vous pouvez à tout moment redéfinir les tabulations sur la règle (comme des tabulations simples). Vous allez justement redéfinir sur la règle la tabulation qui concerne la ligne du code postal (vous avez sans doute remarqué que les points de suite sont moins nombreux ; la tabulation est plus courte).

9 Cliquez dans le paragraphe qui contient le code postal. Sur la règle, déplacez le premier taquet de tabulation et faites-le glisser à 4,5 cm.

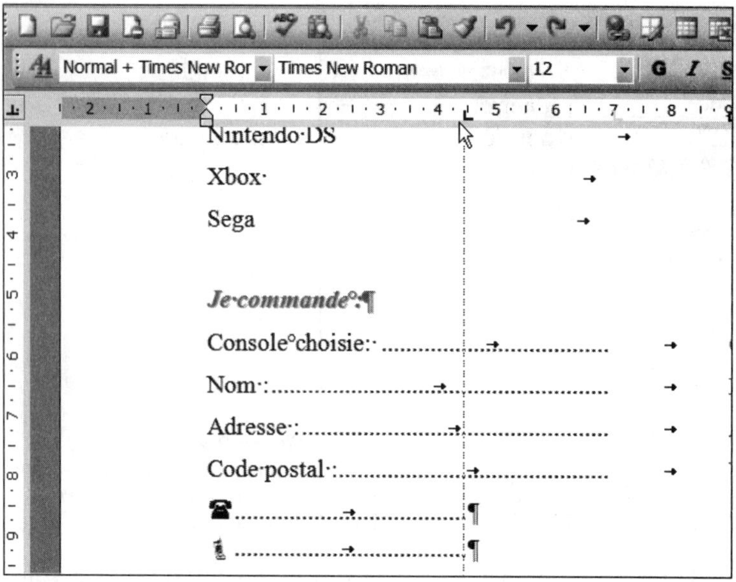

Figure 2.50 : *Ajuster les tabulations sur la règle (avec ou sans points de suite)*

2.5. Encadrer et tramer un paragraphe

Ajouter des bordures et des trames permet de parachever une mise en forme et de peaufiner la présentation. Les bordures et les trames sont très utilisées pour mettre en forme des titres notamment.

Encadrer un paragraphe

Il est possible d'encadrer un paragraphe ou seulement une partie du texte. Tout est dans la sélection. Considérons par exemple le titre suivant : `"COMMANDE "SPECIAL CONSOLES DE JEUX""`.

Vous allez ajouter une bordure à ce titre.

1 Sélectionnez le paragraphe qui contient le titre en cliquant devant, dans la marge. Dans le menu **Format**, cliquez sur la commande **Bordure et trame**.

2 Dans la fenêtre qui s'affiche, sous l'onglet **Bordures**, sélectionnez un style de trait dans la zone *Style*, une largeur de trait en cliquant

sur le bouton fléché de la zone *Largeur*, éventuellement une couleur dans la zone *Couleur*. Cliquez dans la zone *Type* sur le modèle de bordures de votre choix, *Ombré* par exemple. L'aperçu, situé à droite de la fenêtre, est mis à jour (il est toujours nécessaire de le visualiser avant de valider). Validez en cliquant sur OK.

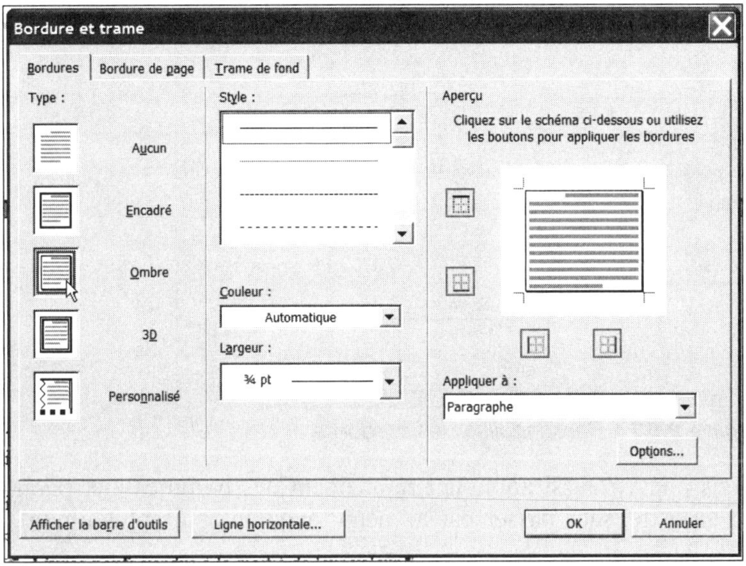

Figure 2.51 : *Boîte de dialogue Bordure et trame*

La bordure est appliquée à votre paragraphe et fait toute la largeur de la page.

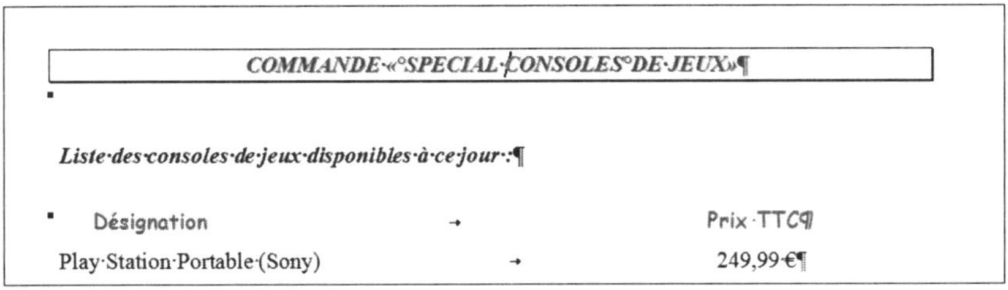

Figure 2.52 : *Un bel encadrement de paragraphe*

D'autres méthodes vous permettent d'appliquer des bordures. À l'étape 2 par exemple, au lieu d'utiliser les boutons prédéfinis de la zone *Type*, vous pouvez employer les boutons situés autour de l'aperçu (qui permettent d'afficher ou de masquer les bordures une par une), ou encore cliquer directement sur les bordures dans la zone même de l'aperçu, qui autorise le même type d'action (afficher ou masquer). Vous devez utiliser cette méthode notamment lorsque vous souhaitez ajouter une bordure supérieure et une bordure inférieure à un paragraphe, mais ni bordure gauche, ni bordure droite.

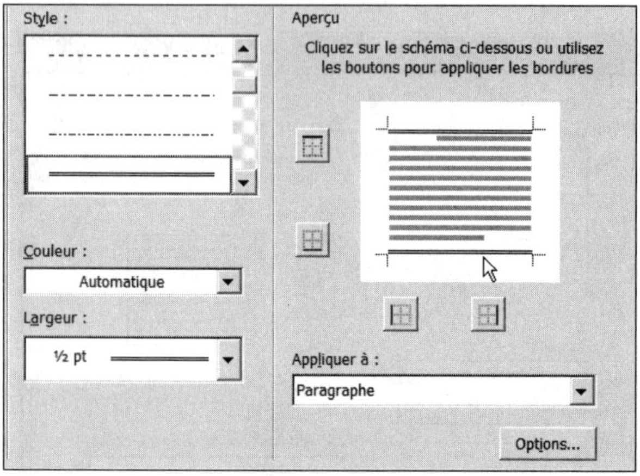

Figure 2.53 : *Personnaliser les bordures*

Vous pouvez aussi appliquer rapidement des bordures aux paragraphes ou au texte, sans passer par le menu (avec un choix plus limité).

1 Sélectionnez le ou les paragraphes auxquels vous souhaitez appliquer une bordure.

2 Dans la barre d'outils *Mise en forme*, cliquez sur la flèche du bouton **Bordure...** (l'info bulle varie en fonction de la dernière utilisation effectuée). Dans la palette qui se déroule, sélectionnez la bordure souhaitée.

REMARQUE

Appliquer rapidement des bordures

La bordure appliquée reprend les caractéristiques de la dernière bordure utilisée.

Figure 2.54 : *Appliquer rapidement une bordure*

Encadrer une partie du texte

Pour encadrer une partie du texte (un mot, plusieurs mots) sans encadrer la totalité du paragraphe, il faut sélectionner le texte sans la marque de fin de paragraphe (sinon, la bordure encadrera tout le paragraphe). Pour encadrer un mot, par exemple :

1 Double-cliquez sur le mot pour le sélectionner.
2 Appliquez la bordure de votre choix en utilisant l'une des deux méthodes décrites précédemment.

Quelques pièges à éviter dans la création de bordures

Dans la pratique, c'est souvent le contraire qui pose problème : vous souhaitez encadrer le paragraphe complet et vous vous rendez compte que vous n'avez encadré que le texte.

Reprenons l'exemple précédent et le titre `"COMMANDE "SPECIAL CONSOLES DE JEUX""`.

Tout se joue sur la sélection.

Comme vous l'avez vu précédemment, la sélection d'un ou plusieurs paragraphes doit se faire correctement. Pour cela, il faut aller au plus simple et être précis (vous limiterez ainsi les nombreux risques d'erreurs) : un paragraphe doit systématiquement être sélectionné en double-cliquant dans la marge devant le paragraphe (en cliquant s'il est composé d'une seule ligne).

Nous vous invitons à ce sujet à revoir les méthodes de sélection décrites au chapitre 1.

Exemple, vous sélectionnez le titre en faisant un cliquer-glisser et omettez d'inclure la marque de fin de paragraphe (chose rare mais qui peut se produire).

1 Activez la commande **Format/Bordure et trame**.

Si vous observez la fenêtre, sous l'onglet **Bordures**, vous constatez que c'est le texte que vous avez sélectionné et non le paragraphe. L'option

Texte s'affiche alors dans la zone *Appliquer à*. À ce niveau, vous pouvez rattraper votre erreur.

2 Cliquez sur le bouton de la zone *Appliquer à*. Dans la liste déroulante, sélectionnez *Paragraphe*. Choisissez un type de bordure et validez.

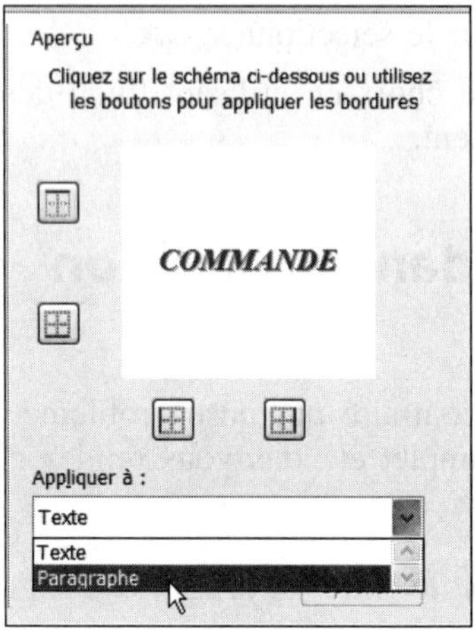

Figure 2.55 : *Vérifier la zone Appliquer à avant de valider*

Si au contraire, vous choisissez une bordure et validez sans vérifier la zone *Appliquer à*, vous obtenez le résultat suivant :

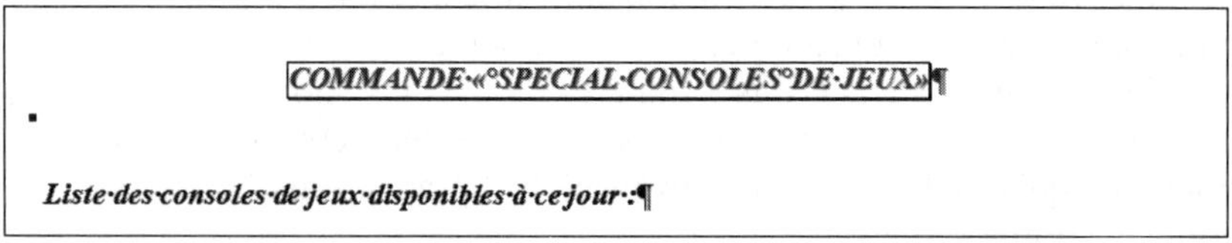

Figure 2.56 : *La bordure se limite au texte*

Difficile de rectifier cette erreur. Si vous retournez dans la fenêtre **Bordure et trame** et appliquez une bordure au paragraphe, les deux bordures vont se cumuler. S'agit-il pour autant d'un scénario catastrophe ?

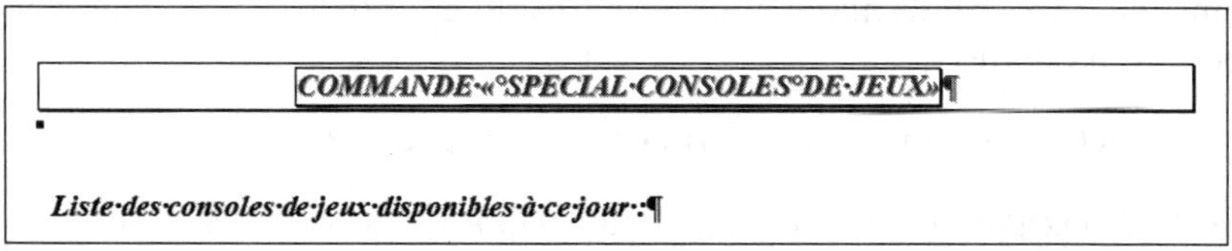

Figure 2.57 : *Une bordure ne cache pas l'autre*

En fait, il est nécessaire de supprimer d'abord la première bordure en adoptant la démarche inverse (sélectionner le texte sans la marque de fin de paragraphe, reproduire votre erreur de départ en quelque sorte).

1 Sélectionnez le texte du titre (seulement le texte, sans la marque de fin de paragraphe).
2 Cliquez sur la flèche du bouton **Bordure...** de la barre d'outils *Mise en forme.* Dans le menu déroulant, cliquez sur l'option *Aucune bordure.*
3 Sélectionnez le paragraphe correctement. En utilisant un nouvelle fois le bouton **Bordure...** ou en activant la commande **Format/Bordure et trame**, choisissez le type de bordure désirée.

Appliquer une trame de fond

Pour appliquer une trame de fond, le principe est le même que pour appliquer une bordure (les pièges aussi). Vous pouvez appliquer une trame de fond à un paragraphe, à plusieurs paragraphes, ou seulement à une partie du texte. Il est naturellement possible d'ajouter à un paragraphe, une bordure, une trame ou les deux.

1 Sélectionnez le paragraphe auquel vous souhaitez appliquer une trame.
2 Activez la commande **Format/Bordure et trame**. Sous l'onglet **Trame de fond**, choisissez une couleur. Validez en cliquant sur OK.

La trame occupe toute la largeur de la page.

Souligner sur toute la largeur en utilisant une bordure ou une image

Pour tirer un trait sur toute la largeur d'une page, sélectionnez un paragraphe vide et choisissez une bordure inférieure à l'aide de l'une des méthodes décrites précédemment.

Pour tirer un trait, seulement sur une partie de la page, réduisez le trait à l'aide des retraits sur la règle.

1 Sélectionnez un paragraphe vide et activez la commande **Format/Bordure et trame**.

2 Dans la fenêtre qui s'affiche, sous l'onglet **Bordures**, sélectionnez un style de trait dans la zone *Style*, une largeur de trait, éventuellement une couleur. Cliquez dans l'aperçu et supprimez si nécessaire la bordure supérieure et les bordures gauche et droite (ne conservez que la bordure inférieure). Validez en cliquant sur OK.

La bordure (le trait) occupe toute la largeur de la page. Pour la réduire, déplacez le retrait à gauche et le retrait à droite.

3 Sur la règle, cliquez sur le retrait à gauche, déplacez-le vers la droite. Renouvelez l'opération avec le retrait à droite et déplacez-le vers la gauche (afin que le trait soit "entré" dans la page, prenez les mêmes valeurs de chaque côté).

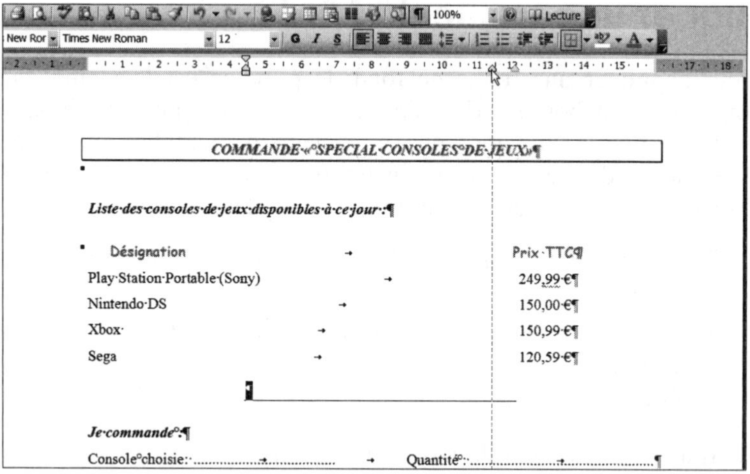

Figure 2.58 : *Tirer un trait au milieu du texte*

Vous pouvez aussi insérer dans vos documents des lignes sous forme d'images.

1 Cliquez à l'endroit du document où vous souhaitez insérer une ligne et activez la commande **Format/Bordure et trame**. Dans la fenêtre qui s'affiche, sous l'onglet **Bordures**, cliquez sur le bouton **Ligne horizontale**.

2 Dans la fenêtre qui s'affiche, faites défiler les différentes lignes et double-cliquez sur celle de votre choix pour l'insérer dans le document.

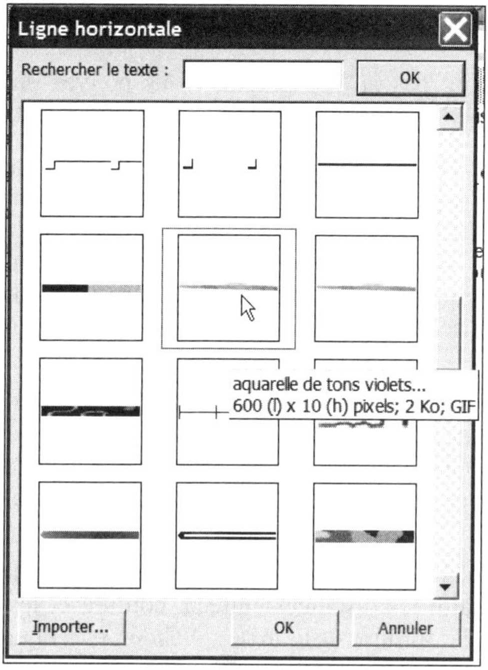

Figure 2.59 : *Sélection d'une ligne horizontale plus esthétique*

Si nécessaire, vous pouvez réduire cette ligne de la même manière qu'une bordure (avec les retraits).

Modifier la distance entre la bordure et le texte

Lorsque les bordures appliquées ne vous conviennent pas, vous pouvez modifier les options par défaut. Si vous souhaitez par exemple augmenter l'espace entre la bordure et le texte :

1 Sélectionnez le paragraphe à modifier.

2 Activez la commande **Format/Bordure et trame**. Dans la fenêtre qui s'affiche, sous l'onglet **Bordures**, cliquez sur le bouton **Options**.

3 Dans la nouvelle fenêtre, utilisez les boutons fléchés des zones *Haut*, *Bas*, *Gauche* et *Droite* pour choisir de nouvelles valeurs. Validez en cliquant sur OK. Cliquez une nouvelle fois sur OK dans la fenêtre **Bordure et trame**.

Créer des bordures de page

L'encadrement ne se limite pas au paragraphe. Vous pouvez enjoliver vos documents avec de belles bordures de page ou avec des motifs.

1 Quelle que soit la position du curseur dans le document (si celui-ci fait plusieurs pages), activez la commande **Format/Bordure et trame**. Sous l'onglet **Bordure de page**, choisissez un style de trait dans la zone *Style*, une couleur, une largeur de trait. Cliquez sur un modèle de bordures dans la zone *Type* (ou personnalisez vos bordures en cliquant directement dans l'aperçu).

2 Si le document fait plus d'une page, cliquez sur le bouton fléché de la zone *Appliquer à* et choisissez à quelle partie du document vous souhaitez appliquer la bordure de page (*A tout le document*, *Uniquement la première page*, *Tous sauf la première page* notamment).

3 Cliquez sur le bouton **Options**. Dans la fenêtre qui s'affiche, modifiez si nécessaire les distances entre la bordure et les bords de page (ou entre la bordure et le texte). Validez en cliquant sur OK. Cliquez également sur OK dans la fenêtre suivante.

4 Pour appliquer un motif et non des bordures, à l'étape 1, cliquez sur le bouton fléché de la zone *Motif*. Dans la liste déroulante, choisissez le motif qui vous inspire.

5 Pour changer l'épaisseur du motif, utilisez les boutons fléchés de la zone *Largeur*. Au besoin, procédez de la même manière qu'aux étapes 2 et 3 si vous souhaitez changer les options par défaut. Validez.

REMARQUE

Où sont mes motifs ?

Si aucun motif ne figure dans la zone *Motif*, cela signifie que la fonctionnalité n'a pas été installée sur votre poste. Remédiez à cela en utilisant votre CD d'installation.

2.6. Reproduire la mise en forme

Un outil très pratique (dont il ne faut pas se priver) vous permet de reproduire rapidement une mise en forme existante dans une autre partie du texte ou dans un autre document (mise en forme de caractères et de paragraphes).

Vous souhaitez reproduire une mise en forme à un paragraphe à partir d'un autre paragraphe dont les caractéristiques sont les suivantes :

- Police de caractères `Times new Roman`, taille 12, `gras italique`, couleur : *gris 80 %*, attributs *Ombre* et *Majuscules* ;
- Alignement : *Au centre*, espacement de paragraphe *après* de 30 points, *Encadrement de paragraphe*.

1 Sélectionnez le paragraphe source.

2 Dans la barre d'outils *Standard*, cliquez sur le bouton **Reproduire la mise en forme**.

Le pointeur de la souris prend la forme d'un pinceau.

3 Effectuez un cliquer-glisser sur le paragraphe à mettre en forme.

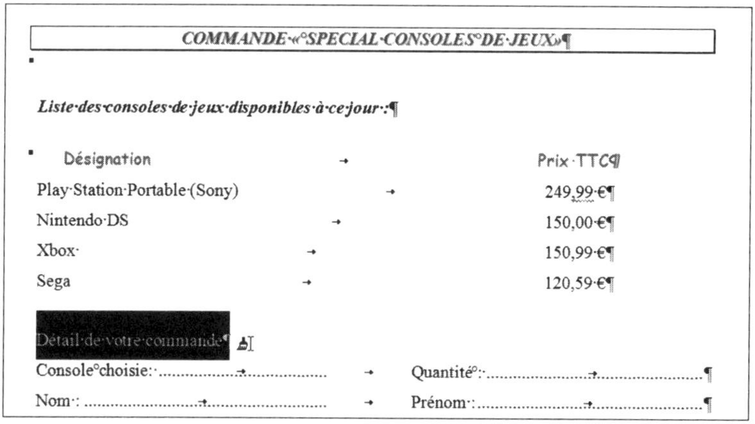
COMMANDE·«°SPECIAL·CONSOLES°DE·JEUX»¶

Liste·des·consoles·de·jeux·disponibles·à·ce·jour·:¶

Désignation	Prix·TTC¶
Play·Station·Portable·(Sony)	249,99·€¶
Nintendo·DS	150,00·€¶
Xbox·	150,99·€¶
Sega	120,59·€¶

Détail·de·votre·commande¶

Console°choisie:·........................ Quantité°:·........................¶

Nom·:·........................ Prénom·:........................¶

Figure 2.60 : *Le paragraphe à mettre en forme est sélectionné.*

Le tour est joué. Toutes les caractéristiques de mise en forme du paragraphe source énumérées précédemment sont reproduites sur le paragraphe de destination à l'aide de cet outil précieux.

2.7. Mettez en forme une lettre de motivation

Dans cet exercice, vous allez vous familiariser avec les mises en forme courantes réalisées sur un document de tous les jours : un courrier, et plus précisément une lettre de motivation (le type de document qu'il faut bien présenter pour être le plus convaincant possible).

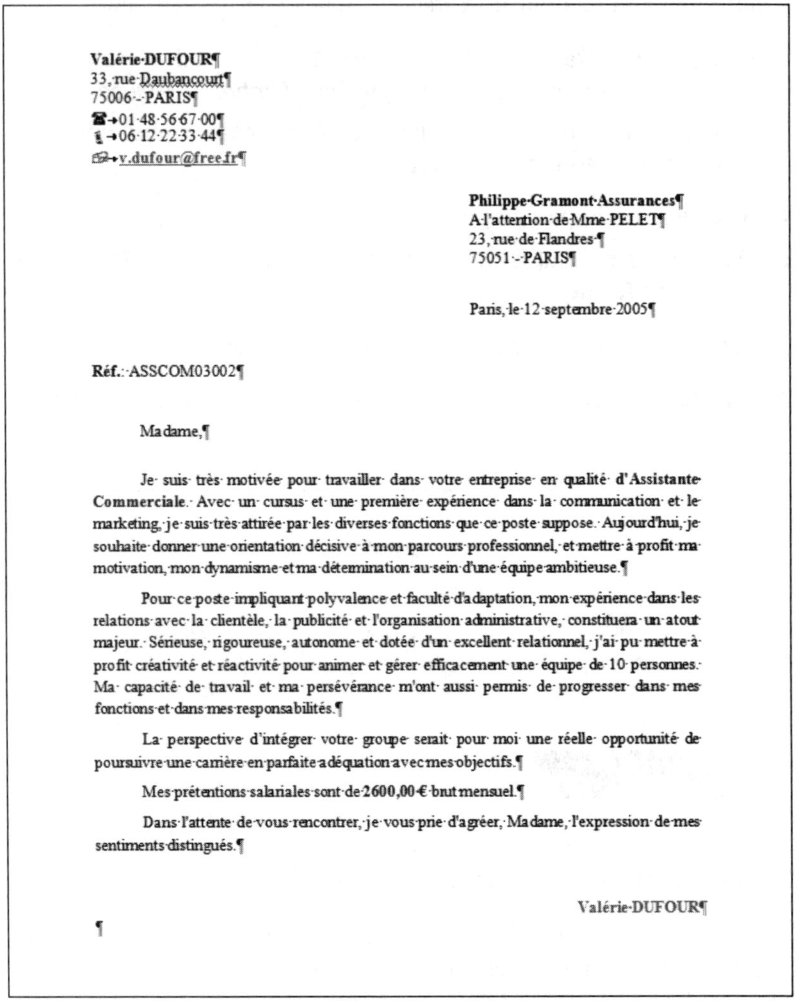

Valérie DUFOUR
33, rue Daubancourt
75006 - PARIS
☎ 01 48 56 67 00
📱 06 12 22 33 44
✉ v.dufour@free.fr

Philippe Gramont Assurances
A l'attention de Mme PELET
23, rue de Flandres
75051 - PARIS

Paris, le 12 septembre 2005

Réf. : ASSCOM03002

Madame,

Je suis très motivée pour travailler dans votre entreprise en qualité **d'Assistante Commerciale**. Avec un cursus et une première expérience dans la communication et le marketing, je suis très attirée par les diverses fonctions que ce poste suppose. Aujourd'hui, je souhaite donner une orientation décisive à mon parcours professionnel, et mettre à profit ma motivation, mon dynamisme et ma détemination au sein d'une équipe ambitieuse.

Pour ce poste impliquant polyvalence et faculté d'adaptation, mon expérience dans les relations avec la clientèle, la publicité et l'organisation administrative, constituera un atout majeur. Sérieuse, rigoureuse, autonome et dotée d'un excellent relationnel, j'ai pu mettre à profit créativité et réactivité pour animer et gérer efficacement une équipe de 10 personnes. Ma capacité de travail et ma persévérance m'ont aussi permis de progresser dans mes fonctions et dans mes responsabilités.

La perspective d'intégrer votre groupe serait pour moi une réelle opportunité de poursuivre une carrière en parfaite adéquation avec mes objectifs.

Mes prétentions salariales sont de **2600,00 €** brut mensuel.

Dans l'attente de vous rencontrer, je vous prie d'agréer, Madame, l'expression de mes sentiments distingués.

Valérie DUFOUR

Figure 2.61 : *Voici la lettre de motivation mise en forme*

Retrouvez le fichier *Lettre de motivation brut.doc* qui contient le texte du courrier à mettre en forme, et le fichier *Lettre de motivation.doc* qui est le courrier entièrement mis en forme, sur le site **www.microapp.com**.

Après avoir téléchargé le fichier *Lettre de motivation brut.doc*, ouvrez-le et enregistrez-le.

1 Si ce n'est déjà fait, lancez Word et cliquez sur le bouton **Ouvrir** de la barre d'outils *Standard*. Dans la fenêtre qui s'affiche, recherchez le dossier de stockage du fichier *Lettre de motivation brut.doc* que vous venez de télécharger. Ouvrez le document en double-cliquant sur son icône.

2 Activez la commande **Fichier/Enregistrer sous**. Dans la fenêtre qui apparaît, si ce n'est déjà fait, affichez le dossier *Mes documents*. Pour créer un dossier spécifique où vous stockerez ce type de documents, cliquez sur le bouton **Créer un dossier**. Dans la fenêtre qui s'affiche, nommez le dossier *Lettres et CV* et validez.

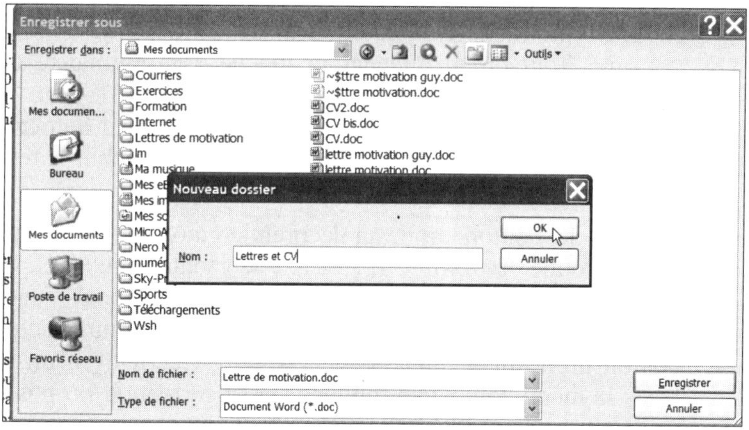

Figure 2.62 : *Créer un dossier de stockage pour ce type de document*

Le nom du nouveau dossier s'affiche dans la zone *Enregistrer dans*.

3 Dans la zone *Nom de fichier*, nommez le fichier *Lettre de motivation*. Validez.

Le texte est saisi sans aucune mise en forme. Commencez par effectuer quelques saisies supplémentaires (l'adresse email et la signature par exemple), ajouter les majuscules où elles ont été oubliées, corriger les fautes d'orthographe, insérer les caractères spéciaux, etc.

1 Ajoutez une adresse email dans le courrier. Dans l'adresse de l'expéditeur, cliquez après le numéro de portable, appuyez sur [Entrée] et tapez `v.dufour@free.fr`. Appuyez sur la [Barre d'espace] (ou sur [Entrée]) uniquement pour valider la saisie afin que Word reconnaisse l'adresse email et crée un lien hypertexte (en général, le texte est en bleu et souligné).

En cliquant sur le lien (avec la touche [Ctrl] enfoncée), une personne ayant reçu et enregistré votre courrier sur son PC peut ouvrir directement sa messagerie pour vous envoyer un mail à partir du document Word.

2 Si vous avez utilisé la touche [Entrée], supprimez le paragraphe vide en trop.

3 Faites défiler la lettre jusqu'à la fin. Cliquez après la formule de politesse et appuyez sur la touche [Entrée]. Saisissez la signature `Valérie DUFOUR`.

4 Modifiez la casse des mots qui devraient apparaître en majuscules en une opération. Double-cliquez sur le nom de l'expéditeur `Dufour`. Tout en maintenant la touche [Ctrl] enfoncée, double-cliquez sur le nom `Pelet` dans `A l'attention de Mme Pelet`. En maintenant la touche [Maj] enfoncée, appuyez sur la touche [F3]. Relâchez [F3] et cliquez en dehors pour désélectionner le texte (les deux noms sont maintenant en majuscules).

5 Cliquez du bouton droit sur le premier mot souligné d'un trait ondulé rouge `Daubancourt`. Dans le menu contextuel, cliquez sur **Ignorer tout** (il s'agit d'un nom propre et non d'une faute d'orthographe). Dans le corps de la lettre par contre, cliquez du bouton droit sur le mot `communication` écrit avec un seul `M`. Dans le menu contextuel, cliquez sur la correction proposée.

6 Sélectionnez l'abréviation `Tél` suivie des deux points et activez la commande **Insertion/Caractères spéciaux**. Dans la fenêtre qui s'affiche, sous l'onglet **Symboles**, double-cliquez sur le symbole du téléphone si celui-ci est présent dans la zone *Caractères spéciaux récemment utilisés*. Dans le cas contraire, cliquez sur le bouton fléché de la zone *Police*. Dans la liste déroulante, cliquez sur la police *Wingdings*. Double-cliquez sur le symbole du téléphone pour l'insérer dans le courrier.

7 Sélectionnez l'abréviation `Port` suivie des deux points sans fermer la fenêtre des caractères spéciaux. Si celle-ci vous gêne, cliquez sur sa barre de titre et faites-la glisser à un autre endroit.

Insérez le symbole représentant un téléphone portable en procédant de la même manière qu'à l'étape précédente (le symbole fait partie de la police *Webdings* et se situe sur la quatrième rangée en partant de la fin dans la liste des symboles).

8 Renouvelez l'opération et insérez le symbole devant l'adresse email (police *Wingdings* sur la première rangée). Cliquez sur le bouton **Fermer**.

Pensez à enregistrer les modifications à intervalles réguliers.

9 Cliquez sur le bouton **Enregistrer** de la barre d'outils *Standard*.

Valérie·DUFOUR¶
33,·rue·Daubancourt¶
75006·-·PARIS¶
·01·48·56·67·00¶
·06·12·22·33·44¶
·v.dufour@free.fr·¶
¶
Philippe·Gramont·Assurances¶
A·l'attention·de·Mme·PELET¶
23,·rue·de·Flandres·¶
75051·–·PARIS¶
¶

Figure 2.63 : *La présentation est plus esthétique avec des caractères spéciaux*

Après `Paris, le`, vous pouvez taper la date à chaque fois, ou l'insérer et demander la mise à jour automatique.

10 Cliquez après `Paris, le` et activez la commande **Insertion/Date et heure**. Dans la fenêtre qui s'affiche, sélectionnez un format de date dans la zone *Formats disponibles*. Si ce n'est déjà fait, cochez la case *Mettre à jour automatiquement* et validez.

La date apparaît normalement avec une trame grise lorsque vous cliquez dessus. C'est normal, vous venez en fait d'insérer un champ (tous les champs présentent cet aspect).

DEFINITION

Champ

Un champ est une zone réservée composée de codes, qui contient un type d'information spécifique et permet d'insérer différents éléments de manière automatique.

À ce stade, vous avez le choix : vous pouvez effectuer la mise en forme de caractères (police, gras, couleur…) ou la mise en forme de paragraphe. Ici, nous choisissons par exemple la mise en forme de paragraphe en premier (retraits, espacements, interlignes et alignement) afin d'aérer tout de suite le texte et créer de l'espace.

1 Sélectionnez l'adresse du destinataire, la ville et la date. Pour cela, cliquez dans la marge devant la première ligne de l'adresse `Philippe Gramont`..., puis effectuez un cliquer-glisser vers le bas. Sur la règle, cliquez sur le *retrait à gauche* (le petit rectangle) et faites-le glisser jusqu'à 10 cm. Relâchez le bouton de la souris.

Le texte sélectionné s'aligne sur le retrait.

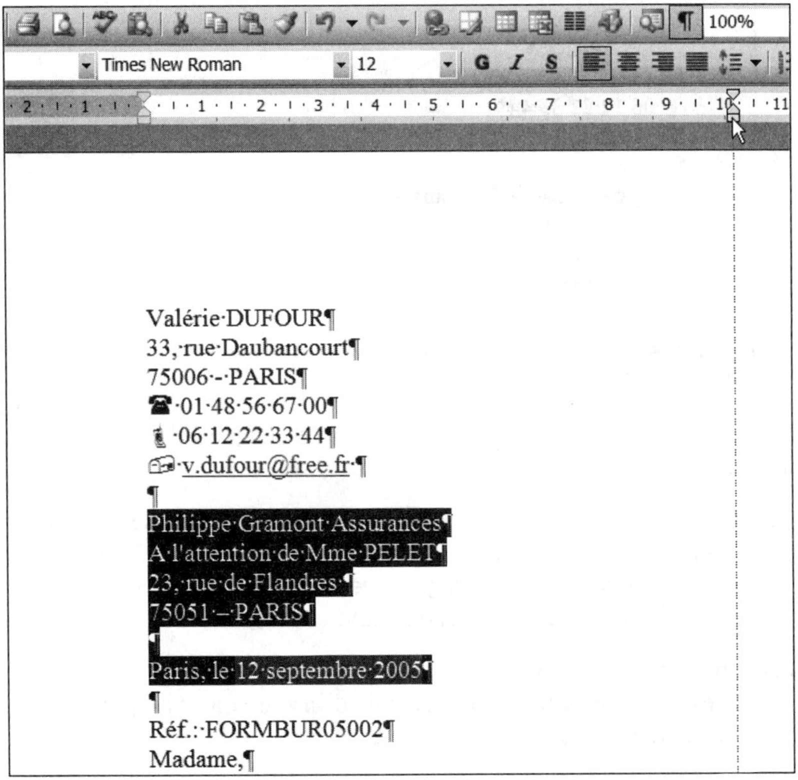

Figure 2.64 : *Créer un retrait gauche pour l'adresse du destinataire, la ville et la date*

2 Sélectionnez la civilité et tous les paragraphes qui constituent le corps de la lettre, de `Madame`… jusqu'à la formule de politesse en procédant de la même manière que précédemment. Sur la règle, cliquez sur le retrait de première ligne (le petit triangle supérieur) et faites-le glisser à environ 1,25 cm. Relâchez le bouton de la souris.

Pendant que le texte est sélectionné, enchaînez et modifiez tout de suite l'alignement et l'interligne, ajoutez les espacements de paragraphe.

3 Cliquez sur le bouton **Justifier** de la barre d'outils *Mise en forme*. Cliquez du bouton droit sur la sélection (attention à ne pas désélectionner le texte prématurément). Dans le menu contextuel, cliquez sur **Paragraphe**.

4 Dans la fenêtre qui s'affiche, sous l'onglet **Retrait et espacement**, rubrique *Espacement*, cliquez sur la flèche supérieure de la zone *Avant* et sélectionnez *6 pt*. Cliquez sur le bouton fléché de zone *Interligne*. Dans la liste déroulante, sélectionnez l'option *Au moins*. En utilisant la flèche supérieure de la zone *De*, sélectionnez 16 points (chaque clic incrémente la valeur d'un point). Validez.

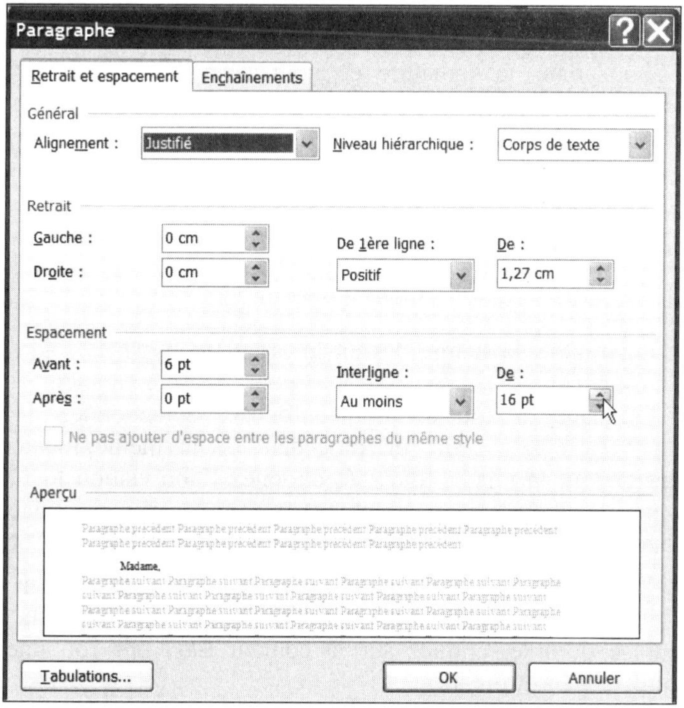

Figure 2.65 : *Régler l'espacement et interligne pour les paragraphes du corps de la lettre*

Ajoutez les espacements aux autres paragraphes.

5 Supprimez les trois paragraphes vides générés lors de l'appui sur la touche [Entrée] et situés après l'email, avant et après la ville et la date. Pour cela, sélectionnez les marques de fin de paragraphe correspondantes et appuyez sur la touche [Suppr].

> REMARQUE
>
> **Paragraphes vides ou espacement**
>
> Il est préférable de ne pas mélanger les deux méthodes pour créer de l'espacement.

6 Cliquez du bouton droit dans le premier paragraphe de l'adresse du destinataire `Philippe Gramont...`. Dans le menu contextuel, cliquez sur **Paragraphe**. En procédant de la même manière qu'à l'étape 4, ajoutez un espacement avant de 18 points. Validez.

7 Renouvelez l'opération et ajoutez de l'espacement aux paragraphes suivants : 24 points avant et 30 points après pour le paragraphe qui contient la ville et la date, 30 points avant et 12 points après pour le paragraphe de la civilité "`Madame`".

8 Cliquez dans la signature et ajoutez un espacement avant de 30 points. Cliquez sur le bouton **Aligné à droite** de la barre d'outils *Mise en forme*.

9 Sauvegardez les modifications et cliquez sur le bouton **Enregistrer**.

Les espaces sont créés, il s'agit maintenant d'effectuer les mises en forme de caractères (gras, couleur de police, etc.).

1 Cliquez dans la marge devant la première ligne de l'adresse de l'expéditeur `Valérie DUFOUR` pour la sélectionner. Tout en maintenant la touche [Ctrl] enfoncée, sélectionnez la ligne `Philippe Gramont...` en procédant de la même manière. En maintenant la touche [Ctrl], sélectionnez l'abréviation `Réf.` de la ligne de référence en effectuant un cliquer-glisser. Relâchez la touche [Ctrl] et cliquez sur le bouton **Gras** (voir Figure 2.66).

2 Sélectionnez l'adresse email et cliquez sur le bouton **Gras**. Cliquez sur la flèche de la zone *Couleur de police*. Dans la palette qui se déroule, cliquez sur la couleur *Bleu gris* (ou une autre couleur de votre choix).

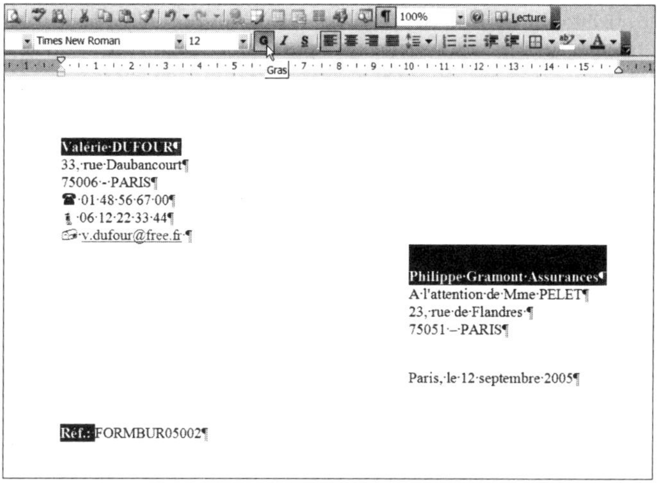

Figure 2.66 : *Effectuer une sélection multiple pour appliquer en une fois la même mise en forme*

3 Dans le corps de la lettre, sélectionnez les mots "`Assistante Commerciale`". Faites défiler la page de manière à visualiser la fin de la lettre. Tout en maintenant la touche Ctrl enfoncée, sélectionnez "`...2 600 €`" du passage "`Mes prétentions salariales sont de 2600,00 €`". Cliquez sur le bouton **Gras**, puis choisissez la couleur de police *Gris-80%*, en procédant de la même manière que précédemment.

ASTUCE

Problème de sélection

Petite subtilité au niveau de la sélection ; si vous n'arrivez à sélectionner les mots "`Assistante Commerciale`" sans sélectionner le "`d`" et l'apostrophe qui les précède, utilisez cette méthode : cliquez à la fin de "`...Commerciale`" et tout en maintenant la touche Maj enfoncée, cliquez devant la première lettre du mot "`Assistante...`".

4 Sélectionnez la signature, cliquez sur le bouton **Gras** et choisissez la couleur de police *Gris-50%.*

Terminez en peaufinant quelques menus détails.

5 Pour aligner précisément le numéro de téléphone et le numéro de portable, vous allez avoir recours aux tabulations. Cliquez entre le premier symbole et le numéro de téléphone, supprimez l'espace et appuyez sur Tab à la place. Renouvelez l'opération avec le numéro de portable.

6 Sélectionnez les deux lignes correspondant au numéro de téléphone et au numéro de portable. Dans le sélecteur de tabulation, vérifiez que la tabulation gauche est sélectionnée (pour mémoire, celui-ci est situé complètement à gauche de la règle horizontale, dans l'angle de l'écran). Sur la règle, cliquez sur la graduation 0,75 cm environ.

Figure 2.67 : *Peaufinez, peaufinez*

7 Sélectionnez les caractères `me` de `Mme PELET` et activez la commande **Format/Police**. Dans la fenêtre qui s'affiche, sous l'onglet **Police, style et attributs**, cochez la case *Exposant* et validez.

8 Enregistrez les dernières modifications en cliquant sur le bouton **Enregistrer**. Fermez le document.

2.8. Créez un questionnaire (demande de prêt d'un portable)

Cet exercice est essentiellement consacré à l'usage des tabulations ainsi qu'à d'autres mises en forme usuelles. Les tabulations font partie des fonctionnalités qu'il est indispensable de bien maîtriser ; elles ne s'improvisent pas.

Vous pouvez télécharger le fichier *Demande de portable.doc* avec le questionnaire finalisé sur le site **www.microapp.com**.

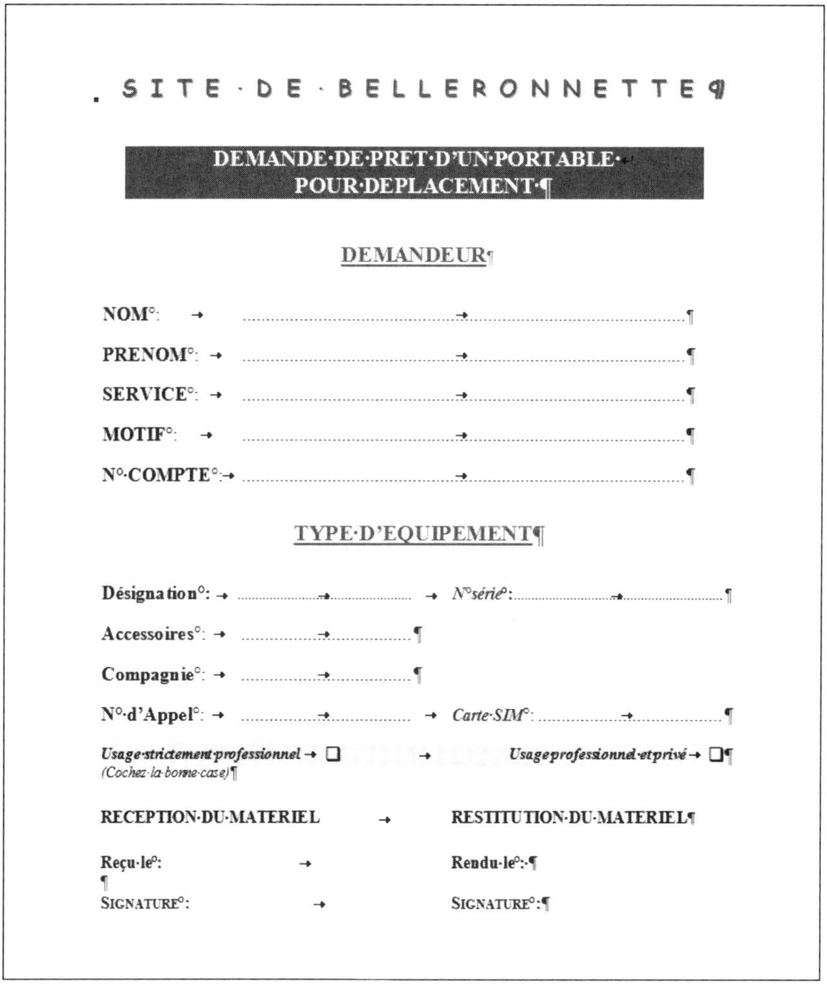

SITE DE BELLERONNETTE

DEMANDE DE PRET D'UN PORTABLE
POUR DEPLACEMENT

DEMANDEUR

NOM° : ....

PRENOM° : ....

SERVICE° : ....

MOTIF° : ....

N° COMPTE° : ....

TYPE D'EQUIPEMENT

Désignation° : .... *N°série°* : ....

Accessoires° : ....

Compagnie° : ....

N° d'Appel° : .... *Carte SIM°* : ....

Usage strictement professionnel ❑ *Usage professionnel et privé* ❑
(Cochez la bonne case)

RECEPTION DU MATERIEL RESTITUTION DU MATERIEL

Reçu le° : Rendu le° :

SIGNATURE° : SIGNATURE° :

Figure 2.68 : *Questionnaire me voici*

1 Après avoir téléchargé le fichier *Demande de portable.doc*, imprimez-le pour l'utiliser comme modèle.

2 Ouvrez un nouveau document en cliquant sur le bouton **Nouveau document** de la barre d'outils *Standard*. Enregistrez le fichier en cliquant sur le bouton **Enregistrer**. Dans la fenêtre **Enregistrer sous** qui s'affiche, choisissez un dossier de stockage, nommez le fichier *Questionnaire portable* par exemple et validez en cliquant sur le bouton **Enregistrer** (ou en appuyant sur la touche Entrée).

Il s'agit dans un premier temps de saisir le texte (sans effectuer de mise en forme). Souvenez-vous : la saisie d'abord, la mise en forme ensuite.

1 Tapez la première ligne `Site de...` et appuyez sur Entrée.

Saisissez le titre `Demande de prêt...` sur deux lignes sans changer de paragraphe.

2 Tapez la première ligne du titre `Demande de prêt d'un portable` et appuyez sur la combinaison de touche Maj+Entrée. Saisissez la seconde ligne `pour déplacement`. Appuyez sur Entrée et tapez la ligne suivante `Demandeur`.

Vous arrivez à la première partie du questionnaire qui concerne le demandeur (et à la première série de tabulations). Comptez les espaces pour déterminer le nombre de tabulations : un premier espace vide entre chaque mot du questionnaire et les points de suite, et un second avec des points de suite.

3 Tapez `Nom`, appuyez deux fois sur la touche Tab et appuyez sur Entrée. Procédez de la même manière pour les quatre lignes suivantes.

Dans la deuxième partie du questionnaire (`Type d'équipement`), il y a quatre espaces (donc quatre tabulations) sur la première et la quatrième ligne : sur le première par exemple, vous trouvez un premier espace vide après `Désignation`, un deuxième avec des points de suite, un espace vide avant `N° de série`, et un espace avec des points de suite après. Les deux lignes du milieu ne possèdent que deux espaces, et la ligne correspondant aux cases à cocher trois (un avant et après la première case et un autre avant la seconde).

4 Tapez `Type d'équipement` et appuyez sur Entrée. Tapez `Désignation`, appuyez trois fois sur la touche Tab, saisissez `N° de série` et appuyez une fois sur Tab. Appuyez sur Entrée pour passer à la ligne suivante.

5 Continuez la saisie de cette seconde partie en appuyant sur Tab lorsque cela est nécessaire (après `Accessoires` et `Compagnie` par exemple, n'appuyez que deux fois sur Tab et ne vous préoccupez pas pour l'instant des cases à cocher). Saisissez la fin du questionnaire en procédant de la même manière (il n'y a qu'une tabulation sur les dernières lignes entre chaque élément de texte : entre `RECEPTION DU MATERIEL` et `RESTITUTION DU MATERIEL`, par exemple).

6 Cliquez sur le bouton **Enregistrer**.

```
SITE·DE·BELLERONNETTE¶
DEMANDE·DE·PRET·D'UN·PORTABLE·↵
POUR·DEPLACEMENT·¶
DEMANDEUR¶
NOM°:→ → ¶
PRENOM°: → → ¶
SERVICE°: → → ¶
MOTIF°: → → ¶
N°·COMPTE°:→ → ¶
TYPE·D'EQUIPEMENT¶
Désignation°: → → → N°série°:¶
Accessoires°: → → ¶
Compagnie°: → → ¶
N°·d'Appel°: → → → Carte·SIM°: → ¶
Usage·strictement·professionnel → → Usage·professionnel·et·privé → ¶
(Cochez·la·bonne·case)¶
RECEPTION·DU·MATERIEL → RESTITUTION·DU·MATERIEL¶
Reçu·le°: → Rendu·le°:·¶
¶
Signature°: → Signature°:¶
```

Figure 2.69 : *La saisie est terminée*

Vous allez commencer la mise en forme. Ici, nous vous suggérons de la réaliser au fur et à mesure. Commencez par la première ligne.

1 Sélectionnez la première ligne `SITE DE BELLERONNETTE` (clic dans la marge devant la ligne). Cliquez du bouton droit sur la sélection. Dans le menu contextuel, cliquez sur **Paragraphe**. Dans la fenêtre qui s'affiche, sous l'onglet **Retrait et espacement**, rubrique *Espacement*, cliquez sur la flèche supérieure de la zone *Après* et sélectionnez *18 pt*. Validez.

2 Sans désélectionner le texte, cliquez sur le bouton fléché de la zone *Police*. Dans la liste déroulante, sélectionnez la police *Comic Sans MS*. Dans la zone *Taille de police*, choisissez *16*. Dans la barre d'outils *Mise en forme*, cliquez successivement sur le bouton **Gras** et le bouton d'alignement **Au centre**.

Les autres mises en forme de caractères pour le texte de cette ligne doivent être effectuées par le menu. Vous allez ombrer le texte et espacer les caractères afin d'obtenir une meilleure présentation.

3 Le texte étant toujours sélectionné, activez la commande **Format/Police**. Dans la fenêtre qui s'affiche, sous l'onglet **Police, style et attributs**, cochez la case *Ombré.* Sous l'onglet **Espacement**, cliquez sur le bouton fléché de la zone *Espacement* et sélectionnez l'option *Etendu*. Cliquez sur la flèche supérieure de la zone *De* située à droite et choisissez 10 points. Validez.

4 Sélectionnez le paragraphe suivant `DEMANDE DE PRET...` (double-clic dans la marge). Cliquez du bouton droit sur la sélection et dans le menu contextuel, cliquez sur **Paragraphe**. En procédant de la même manière que pour le paragraphe précédent, ajoutez un espacement avant de 12 points, et un espacement après de 18 points. Validez.

5 Le texte étant sélectionné, dans la zone *Taille de police*, choisissez *16.* Cliquez successivement sur le bouton **Gras** et le bouton **Au centre.** Activez la commande **Format/Bordure et trame**. Dans la fenêtre qui s'affiche, sous l'onglet **Trame de fond**, dans la zone *Remplissage*, cliquez sur la couleur *Bleu gris* (ou une autre couleur de votre choix). Validez. De retour dans la page, cliquez sur la flèche de la zone *Couleur de police* et choisissez une couleur blanche (afin que le texte ressorte sur la trame de fond).

SITE·DE·BELLERONNETTE¶

DEMANDE·DE·PRET·D'UN·PORTABLE·
POUR·DEPLACEMENT¶

DEMANDEUR¶
NOM°:→ → ¶
PRENOM°: → → ¶
SERVICE°: → → ¶

Figure 2.70 : *Cela commence à prendre forme*

6 Sur la ligne suivante, double-cliquez sur le mot `DEMANDEUR` pour le sélectionner. En procédant de la même manière que précédemment, ajoutez un espacement avant et un espacement après de 12 points. Choisissez une taille de police de *16*, et cliquez successivement sur les boutons **Gras**, **Souligné** et **Au centre**. Dans la zone *Couleur de police*, choisissez la couleur *Bleu gris*.

Vous allez maintenant créer les tabulations de la première partie du questionnaire (toutes sont des tabulations gauches) et les espacements.

1 Sélectionnez les lignes de la rubrique `DEMANDEUR`, de `NOM`... jusqu'à ...`N°DE COMPTE` et activez la commande **Format/Tabulations**. Dans la zone *Position* de la fenêtre qui s'affiche, tapez 3,5 (valeur de la première tabulation) et cliquez sur le bouton **Définir**. Tapez 15 dans la zone *Position*, cliquez sur l'option *2* dans la zone *Points de suite* puis sur le bouton **Définir**. Validez en cliquant sur OK.

2 Pendant que le texte est sélectionné, profitez-en pour créer tout de suite les espacements. Cliquez du bouton droit sur la sélection et dans le menu contextuel, cliquez sur **Paragraphe**. Dans la fenêtre qui s'affiche, sous l'onglet **Retrait et espacement**, sous la rubrique *Espacement*, cliquez sur la flèche supérieure de la zone *Avant* et sélectionnez *12 pt*. Validez.

> REMARQUE
>
> **Tabulations oubliées**
>
> Il est possible de définir les tabulations avant d'appuyer sur la touche [Tab] dans le texte. Par conséquent, si vous avez oublié une tabulation au moment de la saisie, inutile de tout recommencer, cliquez simplement à l'endroit où la tabulation a été oubliée et appuyez sur [Tab].

La mise en forme de la rubrique suivante `TYPE D'EQUIPEMENT` est presque identique à celle de la rubrique `DEMANDEUR`. Vous pouvez donc reproduire une partie de cette mise en forme automatiquement.

1 Sélectionnez le mot `DEMANDEUR`. Dans la barre d'outils *Standard*, cliquez sur le bouton **Reproduire la mise en forme** (représenté par un pinceau de colle).

2 Effectuez un cliquer-glisser sur les mots `TYPE D'EQUIPEMENT` pour leur appliquer la même mise en forme (le pointeur prend la forme d'un pinceau pendant que vous effectuez le cliquer-glisser). Il vous reste à augmenter l'espacement : choisissez un espacement avant et un espacement après de 24 points.

Vous allez réaliser la deuxième partie du questionnaire et les tabulations.

1 Sélectionnez les quatre premières lignes de la rubrique `TYPE D'EQUIPEMENT`, de `Désignation`... jusqu'à ... `N° d'Appel` et activez la commande **Format/Tabulations**. Dans la zone *Position* de la fenêtre qui s'affiche, tapez `3,5` pour la première tabulation et cliquez sur le bouton **Définir**. Tapez `8` dans la zone *Position*, cliquez sur l'option *2* dans la zone *Points de suite* et cliquez sur **Définir**. En procédant de la même manière, créez la troisième

tabulation à 9 cm sans points de suite, et la quatrième à 16 cm avec des points de suite. Validez en cliquant sur OK.

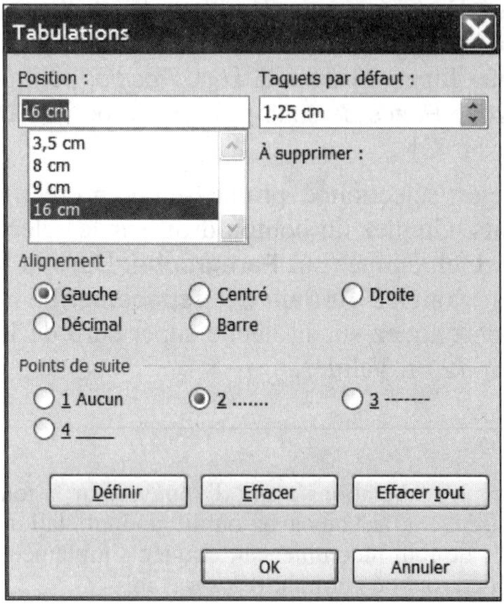

Figure 2.71 : *Définir et paramétrer les tabulations*

2 Le texte est sélectionné, créez tout de suite les espacements. Ajoutez pour ces quatre paragraphes un espacement après de 12 points. Validez.

Avant de définir les tabulations sur les lignes suivantes, vous allez insérer les cases à cocher.

1 Cliquez après la première marque de tabulation située après le texte `Usage strictement professionnel` et activez la commande **Insertion/Caractères spéciaux**. Dans la fenêtre qui s'affiche, sous l'onglet **Symboles**, cliquez sur le bouton fléché de la zone *Police*. Dans la liste déroulante, sélectionnez la police *Wingdings*. Faites défiler la liste des symboles à l'aide de la barre de défilement de la fenêtre, et double-cliquez sur une case à cocher pour l'insérer dans le questionnaire (plusieurs modèles sont présents).

2 Sans fermer la fenêtre des caractères spéciaux, dans le questionnaire, positionnez le curseur après la marque de tabulation située après le texte `Usage professionnel et privé` (deux clics espacés). Si nécessaire, déplacez la fenêtre en cliquant sur sa barre de titre et en la faisant glisser à un autre endroit. Dans la fenêtre, double-cliquez sur la case à cocher pour l'insérer.

Définissez les tabulations, ajoutez une trame de fond, etc.

3 Sélectionnez la ligne `Usage strictement professionnel`. Dans la fenêtre **Tabulations**, définissez une tabulation gauche à 5,75 cm sans points de suite, une seconde tabulation gauche à 10,5 cm également sans points de suite, et une tabulation droite, toujours sans points de suite, à 16 cm (cliquez sur l'option *droite* de la zone *Alignement*). N'oubliez pas de cliquer à chaque fois sur le bouton **Définir**. Validez.

4 Activez la commande **Format/Bordure et trame**. Dans la fenêtre qui s'affiche, sous l'onglet **Trame de fond**, zone *Remplissage*, cliquez sur la couleur *Gris 5%* et validez.

5 Sélectionnez les trois dernières lignes du questionnaire et définissez une tabulation gauche à 9 cm (sans points de suite). Réalisez cette opération directement sur la règle (tabulation gauche sans points de suite), ce sera bien plus rapide.

6 Sélectionnez la ligne `RECEPTION DU MATERIEL`, choisissez une taille de police de 12, cliquez sur le bouton **Gras** et ajoutez un espacement avant et un espacement après de 18 points.

7 Sélectionnez la ligne `Reçu le`, choisissez une taille de police de 12 et cliquez sur **Gras**.

8 Sélectionnez la dernière ligne `SIGNATURE`. Définissez un espacement avant de 18 points puis choisissez une couleur de police *Bleu foncé*. Activez la commande **Format/Police**. Dans la fenêtre qui s'affiche, sous l'onglet **Police, style et attributs**, zone *Attributs*, cochez la case *Petites majuscules* et validez.

9 Votre questionnaire est terminé, enregistrez les modifications en cliquant sur le bouton **Enregistrer**. Fermez le document.

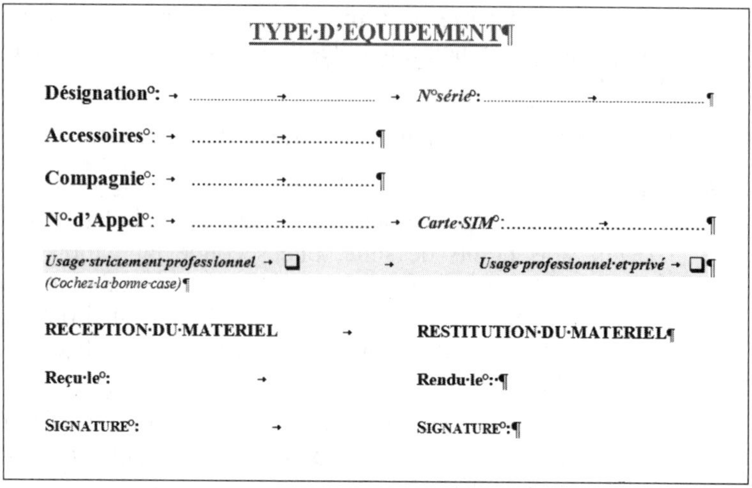

TYPE·D'EQUIPEMENT¶

Désignation°: → ....→.................. → *N°série°:*..................→..................¶

Accessoires°: → ....→..................¶

Compagnie°: → ....→..................¶

N°·d'Appel°: → ....→.................. → *Carte·SIM°:*..................→..................¶

Usage·strictement·professionnel → ❑ → *Usage·professionnel·et·privé* → ❑¶

(Cochez·la·bonne·case)¶

RECEPTION·DU·MATERIEL → **RESTITUTION·DU·MATERIEL**¶

Reçu·le°: → **Rendu·le°:·**¶

SIGNATURE°: → SIGNATURE°:¶

Figure 2.72 : *Créer des tabulations n'est plus un casse-tête*

2.9. Créez une recette de cuisine

À partir d'une petite recette de cuisine, vous allez pouvoir réviser les mises en forme courantes (espacements, mises en forme de caractères), et surtout créer des listes à puces et des listes numérotées. Cet exercice regroupe les deux types de liste : une liste à puces pour les ingrédients et une liste numérotée pour les différentes étapes de la recette. À vos fourneaux !

Commencez par télécharger sur le site **www.microapp.com** le fichier *Recette brut.doc* qui contient le texte brut de la recette (sans mise en forme), et le fichier *Recette.doc* dans lequel vous trouverez la recette finalisée (voir Figure 2.73).

Après avoir téléchargé le fichier *Recette brut.doc*, ouvrez-le et enregistrez-le.

1 Si ce n'est déjà fait, lancez Word et cliquez sur le bouton **Ouvrir** de la barre d'outils *Standard*. Dans la fenêtre qui s'affiche, recherchez le dossier de stockage du fichier *Recette brut.doc* que vous venez de télécharger. Ouvrez le document en double-cliquant sur son icône.

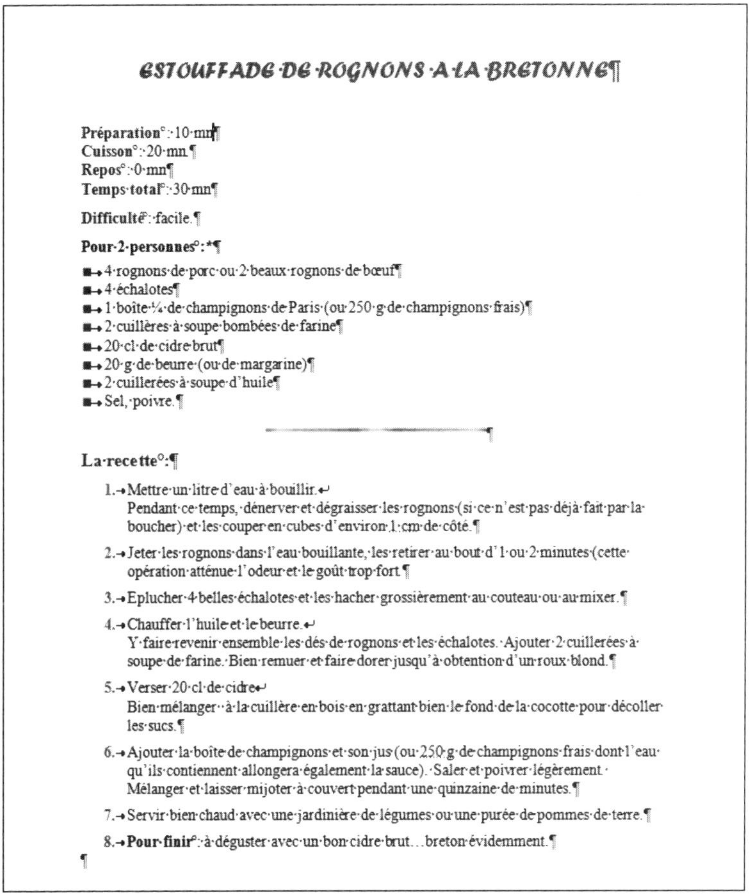

ESTOUFFADE DE ROGNONS A LA BRETONNE

Préparation : 10 mn
Cuisson : 20 mn
Repos : 0 mn
Temps total : 30 mn

Difficulté : facile.

Pour 2 personnes :*

- 4 rognons de porc ou 2 beaux rognons de bœuf
- 4 échalotes
- 1 boîte ¼ de champignons de Paris (ou 250 g de champignons frais)
- 2 cuillères à soupe bombées de farine
- 20 cl de cidre brut
- 20 g de beurre (ou de margarine)
- 2 cuillerées à soupe d'huile
- Sel, poivre.

La recette :

1. Mettre un litre d'eau à bouillir.
   Pendant ce temps, dénerver et dégraisser les rognons (si ce n'est pas déjà fait par la boucher) et les couper en cubes d'environ 1 cm de côté.
2. Jeter les rognons dans l'eau bouillante, les retirer au bout d'1 ou 2 minutes (cette opération atténue l'odeur et le goût trop fort
3. Eplucher 4 belles échalotes et les hacher grossièrement au couteau ou au mixer.
4. Chauffer l'huile et le beurre.
   Y faire revenir ensemble les dés de rognons et les échalotes. Ajouter 2 cuillerées à soupe de farine. Bien remuer et faire dorer jusqu'à obtention d'un roux blond.
5. Verser 20 cl de cidre
   Bien mélanger : à la cuillère en bois en grattant bien le fond de la cocotte pour décoller les sucs.
6. Ajouter la boîte de champignons et son jus (ou 250 g de champignons frais dont l'eau qu'ils contiennent allongera également la sauce). Saler et poivrer légèrement. Mélanger et laisser mijoter à couvert pendant une quinzaine de minutes.
7. Servir bien chaud avec une jardinière de légumes ou une purée de pommes de terre.
8. **Pour finir** : à déguster avec un bon cidre brut… breton évidemment.

Figure 2.73 : *Pour vous mettre en appétit*

2 Activez la commande **Fichier/Enregistrer sous**. Dans la fenêtre qui s'affiche, choisissez un dossier de stockage (le nom du dossier doit apparaître dans la zone *Enregistrer dans*). Dans la zone *Nom de fichier*, nommez le fichier *Estouffade de rognons* par exemple (puisque c'est le thème de cette recette). Validez.

Comme dans l'exercice 1, le texte est simplement saisi. Voici quelques remarques concernant la saisie de ce document.

Dans certains paragraphes, il existe des passages à la ligne forcés (représentés par une petite flèche orientée vers la gauche). Dans le paragraphe `Mettre un litre d'eau à bouillir` par exemple, vous ne trouvez pas de marque de fin de paragraphe en fin de ligne. Celui-ci a été exécuté à l'aide du raccourci clavier Maj+Entrée qui permet de forcer le passage à la ligne tout en restant dans le même paragraphe. Voilà un exemple typique d'utilisation de cette fonction. En effet, les listes numérotées et les listes à puces s'appuient sur le paragraphe (un numéro ou une puce par paragraphe). Lorsque vous souhaitez donc écrire à la ligne des éléments de la recette sans changer d'étape, il ne faut pas changer de paragraphe.

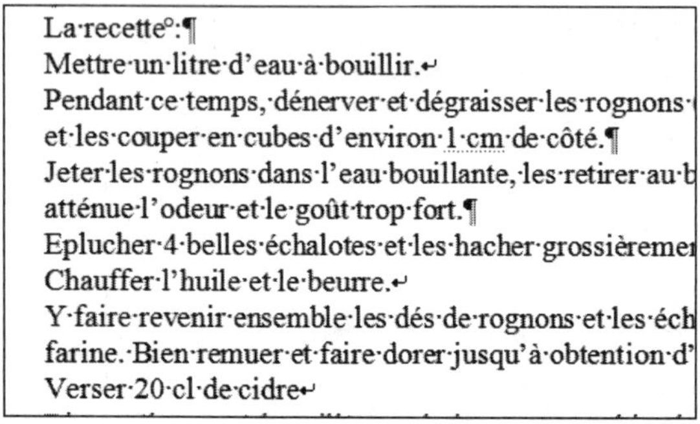

La·recette°:¶
Mettre·un·litre·d'eau·à·bouillir.↵
Pendant·ce·temps,·dénerver·et·dégraisser·les·rognons·
et·les·couper·en·cubes·d'environ·1·cm·de·côté.¶
Jeter·les·rognons·dans·l'eau·bouillante,·les·retirer·au·b
atténue·l'odeur·et·le·goût·trop·fort.¶
Eplucher·4·belles·échalotes·et·les·hacher·grossièreme
Chauffer·l'huile·et·le·beurre.↵
Y·faire·revenir·ensemble·les·dés·de·rognons·et·les·éch
farine.·Bien·remuer·et·faire·dorer·jusqu'à·obtention·d'
Verser·20·cl·de·cidre↵

Figure 2.74 : *Passer à la ligne sans changer de paragraphe*

Nous vous suggérons de corriger (ou plutôt d'ignorer) les fautes d'orthographe sur `mn` (abréviation de minutes) au début de la recette. Effectuez ensuite la mise en forme en commençant par le titre de la recette.

1 Cliquez du bouton droit sur les lettres `mn` soulignées d'un trait ondulé rouge. Dans le menu contextuel, cliquez sur *Ignorer tout*.

2 Sélectionnez le titre de la recette (clic dans la marge devant la ligne). Cliquez sur le bouton fléché de la zone *Police*. Dans la liste déroulante, sélectionnez la police *Forte.* Dans la zone *Taille de police*, choisissez *18*, et dans la zone *Couleur de police*, la couleur *Bleu gris*. Cliquez sur le bouton d'alignement **Au centre**.

3 Le texte étant toujours sélectionné, cliquez sur la sélection. Dans le menu contextuel, cliquez sur **Paragraphe**. Dans la fenêtre qui s'affiche, sous l'onglet **Retrait et espacement**, rubrique *Espacement*, définissez un espacement avant de *6 pt* et un espacement après de *30 pt*. Validez.

4 Double-cliquez sur le mot `Préparation`. Tout en maintenant la touche Ctrl enfoncée, double-cliquez successivement sur `Cuisson`, `Repos`, `Temps` puis `total` et `Difficulté`. Dans la barre d'outils *Mise en forme*, cliquez sur le bouton **Gras**. Dans la zone *Couleur de police*, choisissez la couleur *Indigo*.

5 Cliquez sur le mot `Difficulté`. Dans le menu contextuel, choisissez **Paragraphe**. Dans la fenêtre qui s'affiche, sous l'onglet **Retrait et espacement**, rubrique *Espacement*, sélectionnez la valeur existante de la zone *Avant* ("*0 pt*") et tapez `8` (inutile de saisir "*pt*"). En procédant de la même manière, définissez un espacement après de 8 points également.

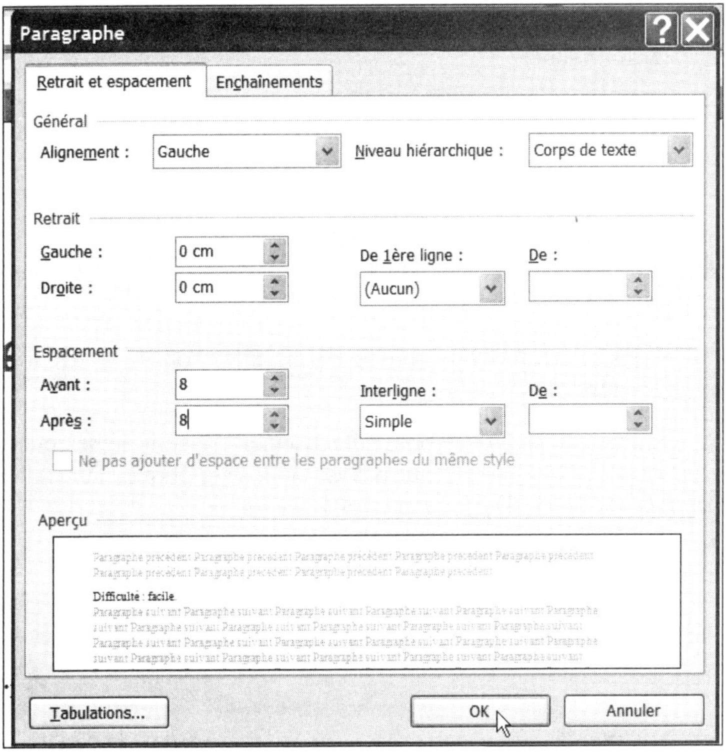

Figure 2.75 : *Taper des valeurs d'espacement personnalisées*

6 Sélectionnez la ligne `Pour 2 personnes :`, cliquez sur le bouton **Gras** et définissez un espacement après personnalisé de 4 points.

7 Cliquez sur le bouton **Enregistrer**.

Le moment est venu de créer la liste à puces qui vous permettra d'énumérer les différents ingrédients entrant dans la composition de la recette.

1 Sélectionnez la liste des ingrédients dans la recette et cliquez sur le bouton **Puces** de la barre d'outils *Mise en forme*.

Word crée la liste à puces avec la dernière puce utilisée. Celle-ci peut ne pas vous convenir. Vous souhaitez par exemple choisir une puce graphique pour soigner la présentation.

2 Pour personnaliser la liste à puces, celle-ci étant toujours sélectionnée, cliquez du bouton droit sur la sélection. Dans le menu contextuel, cliquez sur *Puces et numéros*. Dans la fenêtre qui s'affiche, sous l'onglet **Avec puces**, cliquez sur le bouton **Personnaliser**.

3 Dans la fenêtre **Personnaliser la liste à puces**, cliquez sur le bouton **Image**. Dans la nouvelle fenêtre, utilisez la barre de défilement pour visualiser les puces graphiques, puis double-cliquez sur la puce de votre choix. De retour dans la fenêtre **Personnaliser la liste à puces**, validez en cliquant sur OK.

4 Pour déplacer la liste à puces et la placer à la marge, cliquez sur le bouton **Diminuer le retrait.**

La taille des puces ne vous convient pas : elles sont trop grosses ; vous pouvez les modifier.

5 Cliquez sur une puce pour sélectionner l'ensemble des puces de la liste. Dans la barre d'outils *Mise en forme*, cliquez sur la flèche de la zone *Taille de police* et choisissez *10*.

6 Cliquez sur le bouton **Enregistrer**.

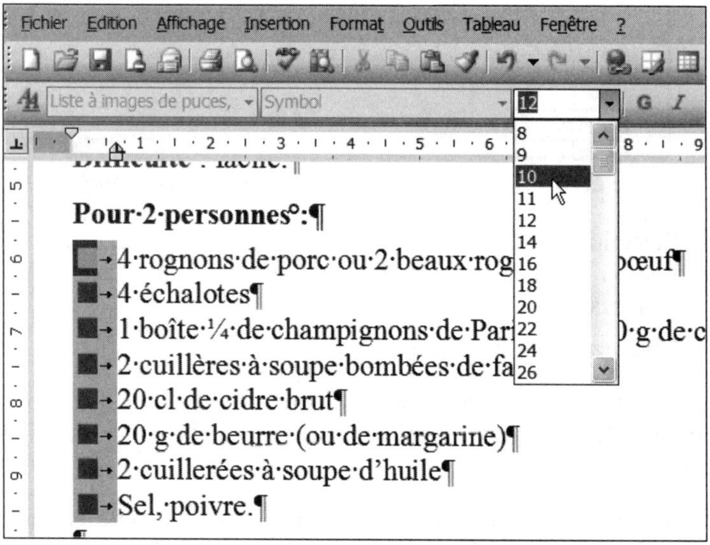

***Figure 2.76 :** Changer la taille des puces comme du texte*

La liste des ingrédients est mise en forme, faites de même pour la recette.

1 Sélectionnez le texte `Recette`. Dans la zone *Taille de police*, choisissez *14*, cliquez sur le bouton **Gras** et choisissez la couleur de police *Rouge foncé*. Définissez un espacement après de 6 points.

2 Sélectionnez toutes les étapes de la recette, c'est-à-dire le reste du texte. Cliquez sur le bouton **Numérotation** de la barre d'outils *Mise en forme*.

Améliorez l'aspect des numéros.

3 Cliquez sur un numéro pour sélectionner l'ensemble des numéros de la liste. Cliquez sur **Gras** et choisissez la couleur de police *Bleu gris*.

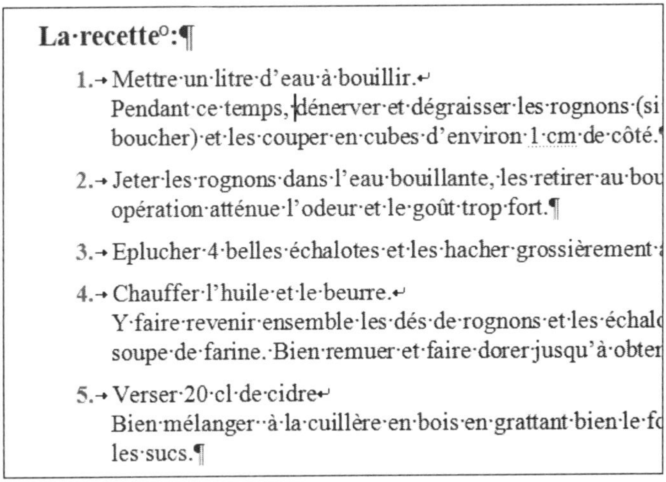

La·recette°:¶

1.→ Mettre·un·litre·d'eau·à·bouillir.↵
Pendant·ce·temps, dénerver·et·dégraisser·les·rognons·(si
boucher)·et·les·couper·en·cubes·d'environ·1·cm·de·côté.¶

2.→ Jeter·les·rognons·dans·l'eau·bouillante,·les·retirer·au·bo
opération·atténue·l'odeur·et·le·goût·trop·fort.¶

3.→ Eplucher·4·belles·échalotes·et·les·hacher·grossièrement·

4.→ Chauffer·l'huile·et·le·beurre.↵
Y·faire·revenir·ensemble·les·dés·de·rognons·et·les·échal
soupe·de·farine.·Bien·remuer·et·faire·dorer·jusqu'à·obte

5.→ Verser·20·cl·de·cidre↵
Bien·mélanger··à·la·cuillère·en·bois·en·grattant·bien·le·f
les·sucs.¶

Figure 2.77 : *Les numéros, comme les puces se manipulent simplement*

Vous avez oublié quelque chose à la fin de la recette ? Pas de problème, la numérotation se poursuit automatiquement. Vous souhaitez par exemple ajouter la phrase : `Pour finir : à déguster avec un bon cidre brut breton évidemment.`

4 Cliquez à la fin de la dernière étape de la recette, après `ou une purée de pommes de terre` et appuyez sur [Entrée]. La numérotation s'incrémente, tapez le texte manquant.

Vous allez terminer cette page en ajoutant un petit trait entre la liste des ingrédients et la recette.

1 Cliquez du bouton droit dans le paragraphe vide situé entre la fin de la liste des ingrédients et `La recette`. Dans le menu contextuel, cliquez sur **Paragraphe** et définissez un espacement avant et un espacement après personnalisé de 8 points.

2 Activez la commande **Format/Bordure et trame**. Dans la fenêtre qui s'affiche, sous l'onglet **Bordures**, cliquez sur le bouton **Ligne horizontale**. Dans la fenêtre qui s'affiche, utilisez la barre de défilement pour visualiser les différents modèles de ligne et double-cliquez sur la ligne de votre choix.

Le trait prend toute la largeur de la page.

3 Cliquez sur la ligne pour la sélectionner. Sur la règle, cliquez sur le retrait à gauche et faites-le glisser jusqu'à 5 cm. Cliquez sur le retrait à droite et faites-le glisser à 11 cm. Relâchez le bouton de la souris.

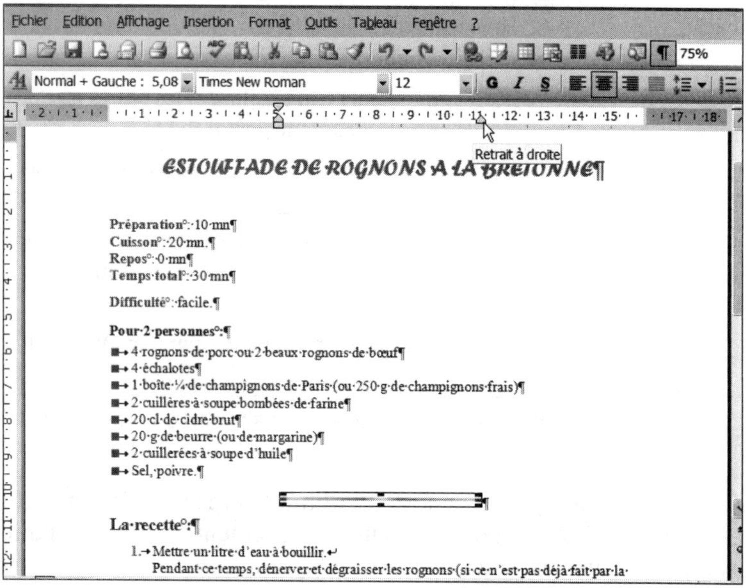

Figure 2.78 : *La ligne est réduite à l'aide des retraits*

4 Cliquez sur le bouton **Enregistrer**.

Chapitre 3

Éditer, modifier rapidement du texte : l'Aide de Word

Vous pouvez saisir du texte et insérer différents éléments dans un document. De nombreuses fonctions d'édition et de correction vous aident à rendre certaines tâches plus simples et plus rapides à exécuter. C'est le cas notamment des copier-coller – encore plus simples à utiliser via le Presse-papiers Office –, de la correction automatique qui corrige les fautes à votre place, des insertions automatiques qui vous évitent de saisir inutilement les phrases répétitives, etc. Gain de temps. Laissez-vous guider par Word.

3.1. Options de correction automatique

Un petit indicateur apparaît parfois dans le texte sur certains mots. Après un point, par exemple, quand vous saisissez la première lettre d'un mot en minuscule, Word corrige immédiatement et ajoute automatiquement une majuscule à cette lettre : c'est l'une des nombreuses corrections automatiques effectuées par le programme. Si vous pointez ensuite sur cette lettre, un double trait bleu la souligne : pointer sur ce trait permet d'afficher le bouton **Options de correction automatique**.

1 Pour accéder aux options de ce bouton, cliquez sur la flèche située à droite.

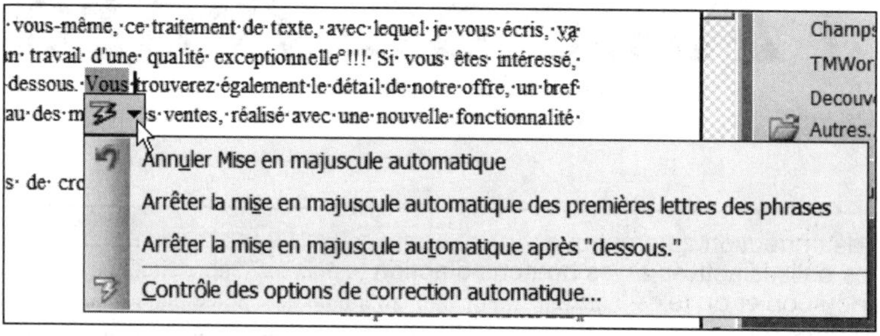

Figure 3.1 : *Les options de correction automatique dans le document*

Vous pouvez ensuite choisir une option dans la liste. Ici, vous avez intérêt à conserver la mise en majuscule automatique des premières lettres des phrases. La première option *Annuler Mise en majuscule automatique* est utile quand vous avez saisi une abréviation qui se termine par un point, et que vous ne souhaitez mettre de majuscule après le point.

2 Cliquez sur *Contrôle des options de correction automatique*.

REMARQUE

Affichage des options de correction

Vous pouvez aussi afficher la fenêtre en activant la commande **Outils/Options de correction automatique**.

Dans la fenêtre qui s'affiche, sous l'onglet **Correction automatique**, vous retrouvez les options de correction automatique les plus courantes : *Majuscule en début de phrase*, *Correction en cours de frappe*, etc. Ces options sont normalement cochées. En bas de la fenêtre, vous pouvez visualiser la liste de tous les mots automatiquement corrigés par Word en cours de frappe.

3 Pour visualiser les mots qui figurent dans la liste des corrections automatiques, utilisez la petite barre de défilement située en bas de la fenêtre. La colonne de gauche indique le mot tel qu'il est parfois saisi (on retrouve ici les fautes de frappe ou d'orthographe les plus courantes) et la colonne de droite la correction.

Vous faites régulièrement une faute de frappe sur le mot "`danser`" par exemple, que vous tapez "`dasner`" en inversant le *n* et le *s*. Si vous faites systématiquement la faute, il est intéressant (voire primordial) qu'elle soit corrigée automatiquement au cours de la frappe.

4 Pour ajouter un mot dans la liste des corrections automatiques, tapez `dasner` dans la zone *Remplacer* et la bonne orthographe dans la zone *Par*. Validez en cliquant sur OK (voir Figure 3.2).

À chaque fois que vous saisirez `dasner`, la bonne orthographe remplacera automatiquement la mauvaise et tout rentrera dans l'ordre (vous pouvez le tester dès maintenant).

5 Pour supprimer un mot, sélectionnez-le dans la liste des corrections automatiques et cliquez sur le bouton **Supprimer**.

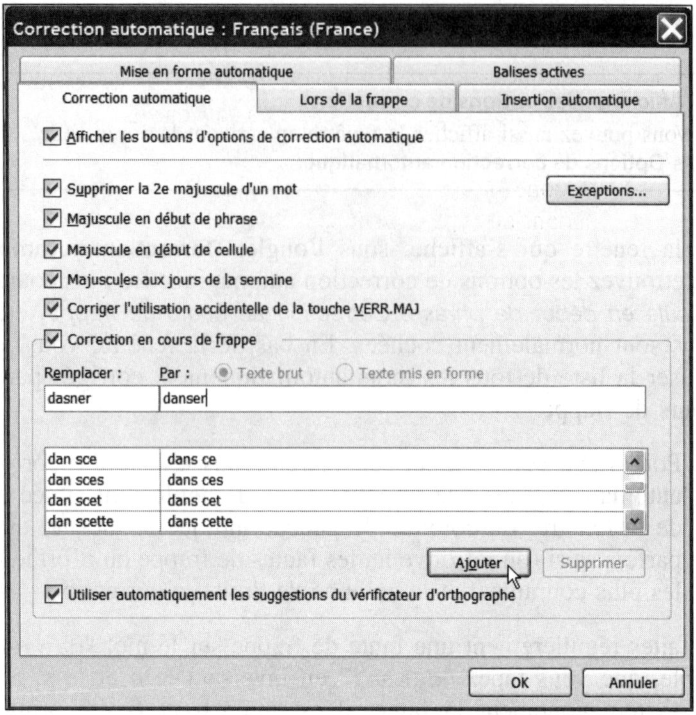

Figure 3.2 : *Faire corriger automatiquement les fautes récurrentes*

3.2. Utiliser les balises actives et les boutons d'action

De la même manière que le bouton **Options de correction automatique** ou le bouton **Options de collage**, un bouton **Actions des balises actives** s'affiche dans le document dans des cas précis.

Une balise active peut identifier un type de données particulier pendant la saisie (mais pas systématiquement) : un nom de personne, le destinataire d'un message Outlook récent, etc. Elle vous permet ensuite d'effectuer certaines actions directement à partir de Word.

Afin de pouvoir bénéficier de cette fonctionnalité, vérifiez d'abord qu'elle est activée. Vous pouvez aussi choisir le type de données devant être reconnu automatiquement par Word dans vos documents.

1 Activez la commande **Outils/Options de correction automatique**. Dans la fenêtre qui s'affiche, sous l'onglet **Balises actives**, vérifiez que les cases *Marquer le texte avec des balises actives* et *Afficher les boutons d'action des balises actives* sont cochées ; sinon cochez-les.

2 Dans la zone *Modules de reconnaissance*, cochez les cases correspondant au type de données souhaitées. Validez en cliquant sur OK.

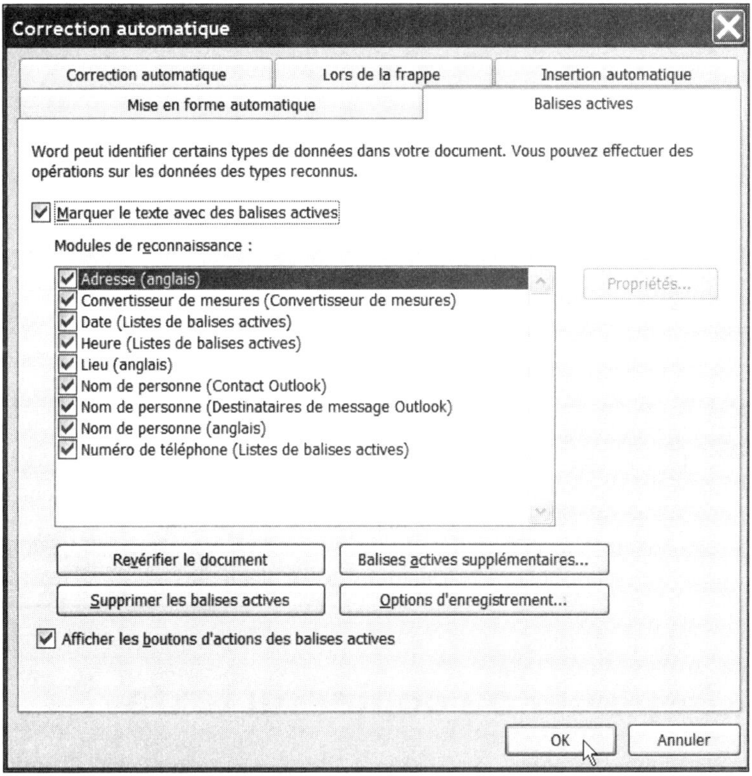

Figure 3.3 : *Choisir le type de données*

Lorsqu'un mot est reconnu dans le texte, il est souligné d'un trait violet en pointillé.

1 Pour choisir une action à effectuer dans la liste des actions liées à cette balise, pointez sur le texte souligné. Cliquez sur le bouton **Actions des balises actives** qui s'affiche.

2 Dans le menu déroulant, cliquez sur l'action souhaitée. Si la balise active concerne par exemple le destinataire d'un message récent, vous avez la possibilité d'accéder directement à votre messagerie en cliquant sur l'option *Envoyer un message*.

La fenêtre **Nouveau Message** de votre messagerie s'ouvre alors directement, avec le nom du destinataire.

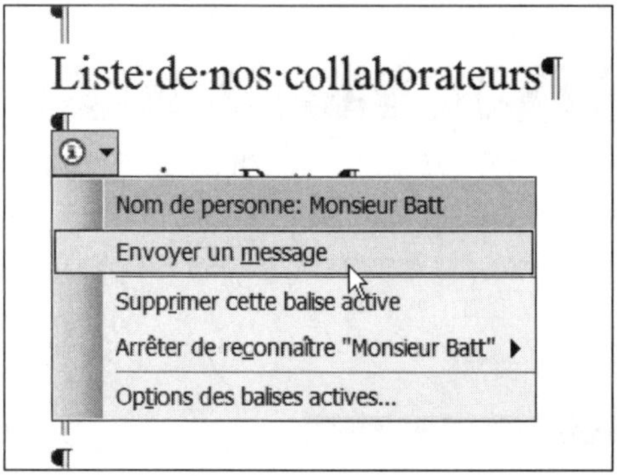

Figure 3.4 : *Ouvrir la messagerie depuis Word*

REMARQUE

Balises actives supplémentaires

La liste des balises actives fournies par défaut dans Word est assez limitée. D'autre part, certaines reconnaissances concernent uniquement la langue anglaise (l'option *Nom de personne (anglais)*, par exemple). Nous vous conseillons donc de télécharger des balises supplémentaires. Cliquez pour cela sur le bouton **Balises actives supplémentaires**.

3.3. Déplacer ou copier du texte

Vous pouvez effectuer des copier-coller simples, mais aussi multiples à l'aide du Presse-papiers Office qui permet de copier (ou de couper) jusqu'à 24 éléments et de les coller ensuite soit séparément, soit ensemble. Vous disposez aussi de balises qui s'affichent dans les cellules et offrent des options de collage (on les appelle des boutons d'action).

Les principales méthodes pour effectuer des copier-coller et des couper-coller sont simples. Cependant, une petite révision n'est pas inutile.

Sélectionnez d'abord le mot, le groupe de mots, la ligne ou le paragraphe à copier ou à déplacer, puis choisissez l'une des méthodes suivantes :

- Cliquez du bouton droit de la souris sur la sélection. Dans le menu contextuel, cliquez sur **Copier** ou sur **Couper** selon le cas (c'est l'une des méthodes les plus utilisées, l'une des plus rapides et des plus pratiques). Cliquez du bouton droit à l'emplacement de destination. Dans le menu contextuel, cliquez sur **Coller**.
- Utilisez la souris et le glisser-déposer.
  - Pour déplacer du texte, cliquez sur la sélection et faites glisser cette dernière à l'endroit de votre choix. Procédez de la même manière pour copier du texte, mais en maintenant la touche [Ctrl] enfoncée (une petite croix noire apparaît au-dessus du pointeur, indiquant qu'il s'agit d'une copie et non d'un déplacement). Attention, relâchez d'abord la souris et ensuite seulement la touche [Ctrl].
  - Méthode du bouton droit : cliquez du bouton droit sur la sélection et faites-la glisser à l'endroit souhaité. Dans le menu contextuel, choisissez **Placer ici** ou **Copier ici**.
  - Pour déplacer des lignes ou des paragraphes dans un document (et les intervertir), cliquez devant la ligne dans la marge (ou double-cliquez pour un paragraphe) et faites glisser la ligne ou le paragraphe devant le premier caractère de la ligne ou du paragraphe précédent. Pour réaliser un déplacement vers le bas, sélectionnez et faites glisser la ligne ou le paragraphe devant le premier caractère de la ligne ou du paragraphe qui suit le paragraphe à faire remonter d'un niveau.

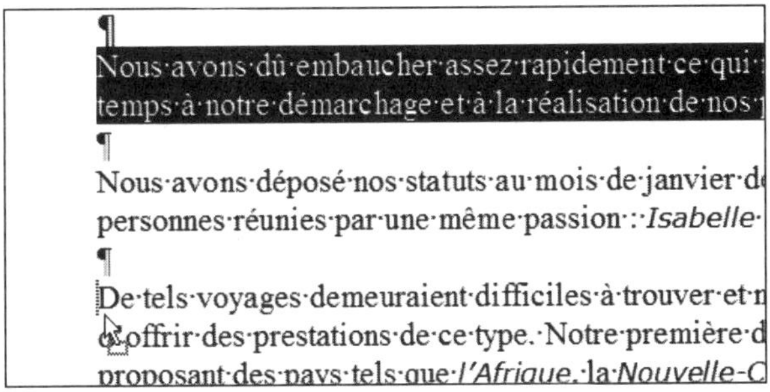

Figure 3.5 : *Déplacer des lignes et des paragraphes à la souris*

- Utilisez la barre d'outils *Standard*. Cliquez sur les boutons **Copier**, **Couper** et **Coller**.
- Passez par le menu. Activez la commande **Edition/Copier** ou **Edition/Couper**, puis **Edition/Coller**.
- Pensez aux raccourcis clavier.

Tableau 3.1 : *La fonction Copier-Coller-Couper*

Raccourcis clavier	Action
Ctrl+X	Couper
Ctrl+C	Copier
Ctrl+V	Coller

REMARQUE

Options de collage

Lorsque vous effectuez un copier-coller, le bouton **Options de collage** s'affiche à l'endroit où vous collez le texte et propose des options de collage. Cette fonction est très pratique. Cliquez sur la flèche du bouton et sélectionnez une option dans la liste ou conservez l'option par défaut. (Dans ce cas, continuez à travailler dans votre document, le bouton se masque automatiquement ; vous pouvez aussi appuyer sur la touche Echap pour le masquer.)

Figure 3.6 : *Options de collage*

3.4. Utiliser le Presse-papiers Office

Le Presse-papiers s'affiche automatiquement dans le Volet Office dès que vous copiez (ou coupez) deux éléments à la suite.

1 Pour l'afficher (si vous l'avez masqué), activez la commande **Edition/Presse-papiers**, ou affichez-le en cliquant sur l'option correspondante à partir du volet Office.

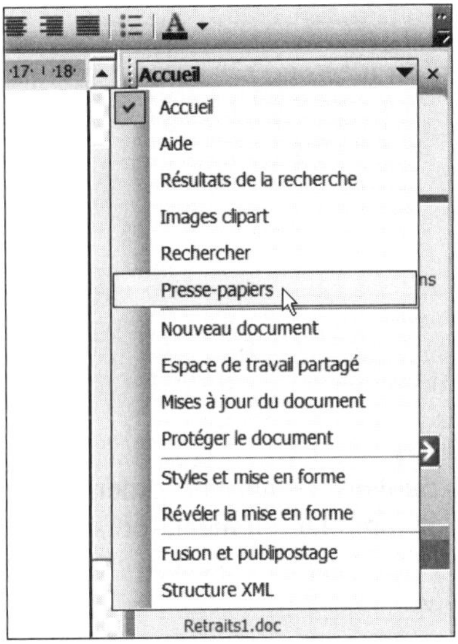

Figure 3.7 : *Afficher le Volet Presse-papiers Office*

Lorsque le Presse-papiers est affiché, que vous ne l'utilisez pas et que vous le fermez, au bout d'un moment, Word affiche un message et désactive l'affichage automatique du Presse-papiers.

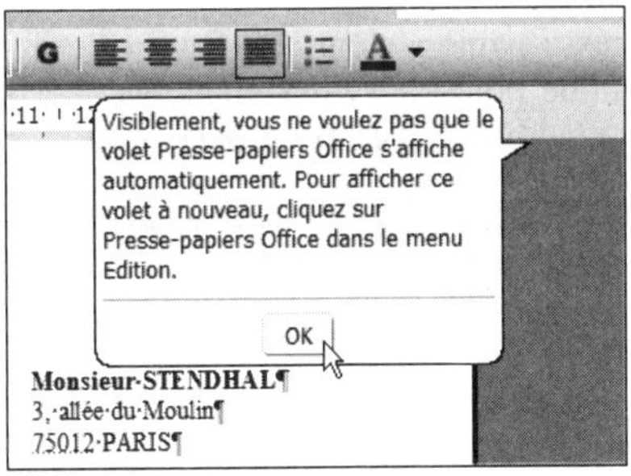

Figure 3.8 : *Word est susceptible*

2 Pour qu'il s'affiche à nouveau de manière automatique (à chaque fois que vous ferez deux copies à la suite), affichez-le d'abord comme nous l'indiquons à l'étape 1, puis cliquez sur le bouton **Options** situé au bas du volet. Cliquez sur l'option *Afficher le Presse-papiers Office automatiquement*.

3 Pour copier du texte et le coller ensuite ailleurs dans le document (ou dans un autre document), copiez (ou coupez) tous les éléments un par un. Le Presse-papiers les conserve en mémoire (24 au maximum).

Au niveau de la barre des tâches, un message s'affiche et indique l'état du Presse-papiers.

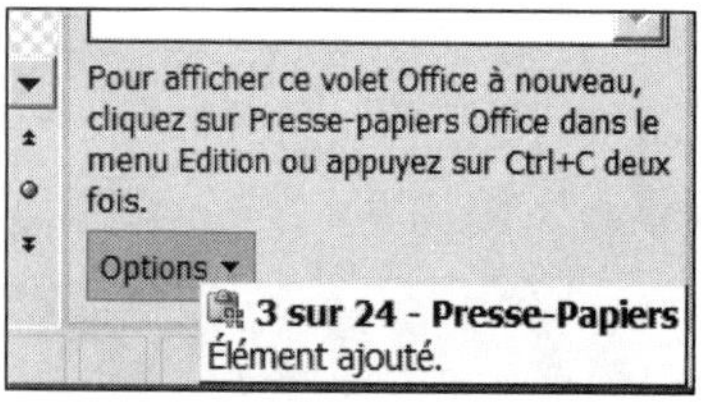

Figure 3.9 : *État du Presse-papiers*

4 Cliquez dans le document (ou dans un autre document) à l'endroit où vous souhaitez coller le premier élément, puis cliquez sur l'élément souhaité dans le Presse-papiers. Renouvelez l'opération pour chaque élément à coller.

5 Pour coller tous les éléments contenus dans le Presse-papiers en même temps, cliquez sur le bouton **Coller tout**.

REMARQUE

Coller des éléments extérieurs à Word

Si vous travaillez sur plusieurs programmes en même temps et si vous copiez des éléments à partir de ces programmes (y compris des programmes autres que Microsoft), le Presse-papiers s'enrichit de ces éléments, ce qui peut se révéler très pratique pour coller des éléments extérieurs à Word, des informations ou des données issues de page web, des images, etc.

REMARQUE

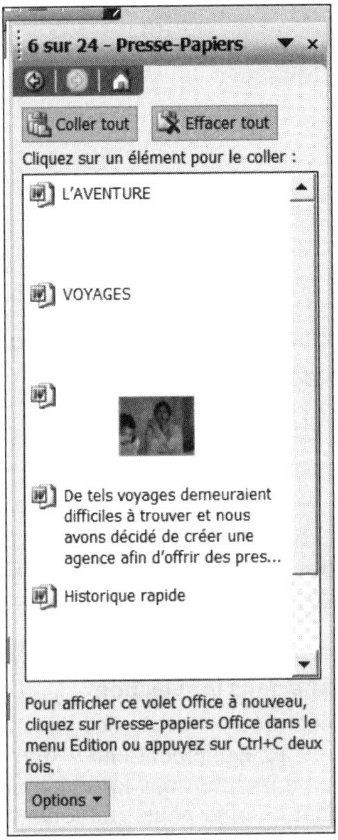

Figure 3.10 :
Contenu du Presse-papiers

6 Pour supprimer un élément du Presse-papiers, cliquez du bouton droit sur l'élément. Dans le menu qui s'affiche, cliquez sur la commande **Supprimer**.

7 Pour réinitialiser le Presse-papiers Office, cliquez sur le bouton **Effacer tout**.

3.5. Les insertions automatiques

Vous avez saisi et mis en forme un courrier. Vous souhaitez enregistrer certains éléments, comme l'adresse du destinataire, les références, la formule de politesse, la signature, pour les réutiliser dans d'autres courriers. Créez pour cela une liste d'insertions automatiques personnalisées. Cela vous évitera de les saisir à nouveau à chaque fois.

Créer et utiliser une liste d'insertions automatiques

Considérons l'adresse de destinataire suivante :

```
Monsieur STENDHAL

3, allée du Moulin

75012 - PARIS
```

Avec la mise en forme : style *gras* et espacement avant de 18 points pour le premier paragraphe, retrait à gauche de 11 cm pour les trois paragraphes.

Une ligne de référence : `"N/Ref : Livres " Découvertes 2005"`, avec le texte `"N/Ref"` en gras.

1 Dans votre courrier, cliquez dans la marge devant l'adresse du destinataire et sélectionnez les trois paragraphes qui la composent.

ATTENTION

Inclure la marque de fin de paragraphe dans la sélection

Si le texte à placer en insertion automatique concerne des paragraphes complets (c'est le cas ici) et si vous souhaitez également enregistrer la mise en forme de ces paragraphes, veillez à inclure dans la sélection les marques de fin de paragraphe en procédant comme nous l'indiquons (clic dans la marge). La marque de fin de paragraphe contient en effet la mise en forme effectuée sur le paragraphe (ici retrait gauche de 11 cm, espacement avant). Lorsque vous utiliserez l'insertion automatique dans un autre courrier, vous insérerez automatiquement le texte mis en forme (mise en forme de caractères et mise en forme de paragraphe). Dans le cas contraire, le texte sera inséré uniquement avec la mise en forme de caractère, sans la mise en forme de paragraphe d'origine.

2 Activez la combinaison de touches Alt+F3.

3 Dans la fenêtre qui s'affiche, donnez un nom à l'insertion automatique (choisissez un nom en rapport avec le contenu). Ici, tapez par exemple le nom du destinataire, `Stendhal` (minuscules ou majuscules). Validez en cliquant sur OK.

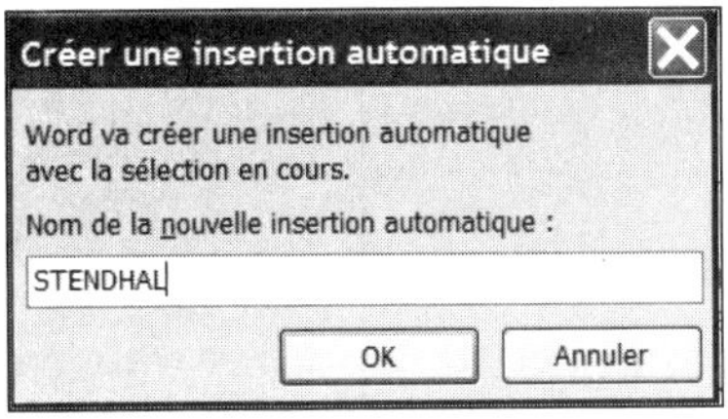

Figure 3.11 : *Définir rapidement une insertion automatique*

REMARQUE

Le nom donné à l'insertion

Ne pas confondre le texte que vous avez sélectionné et qui correspond au contenu de l'insertion automatique et le nom que vous donnez à l'insertion automatique. C'est ce nom qui vous permettra de rappeler l'insertion automatique et d'insérer le contenu correspondant dans un nouveau document. Le nom et le contenu peuvent être identiques lorsque ce dernier ne comprend qu'un mot (l'insertion créée à partir du mot "Cordialement" peut très se nommer *Cordialement*).

4 Sélectionnez le paragraphe qui contient la référence et, en procédant de la même manière, créez une insertion automatique que vous nommerez `NREF`.
5 Répétez l'opération si nécessaire pour d'autres éléments d'un courrier.

Pour utiliser les insertions automatiques dans un autre courrier, vous devez ouvrir ce dernier.

1 Ouvrez le fichier dans lequel vous voulez insérer du texte.
2 Cliquez dans le paragraphe à l'endroit où vous souhaitez insérer l'adresse du destinataire et saisissez les quatre premières lettres du nom de l'insertion automatique correspondante, ici *Stendhal*.

Dès que vous avez saisi le quatrième caractère, une info bulle s'affiche avec le contenu de l'insertion automatique (ou seulement le début si le texte est trop long, comme c'est le cas ici) et vous propose de l'insérer dans votre document.

3 Appuyez sur [Entrée] pour insérer le texte dans votre courrier (voir Figure 3.12).

L'adresse du destinataire (si la sélection a bien été effectuée au moment de la création de l'insertion) est insérée dans la lettre avec sa mise en forme d'origine (première ligne en gras, retrait, paragraphe avant). C'est une première méthode, dite de saisie semi-automatique.

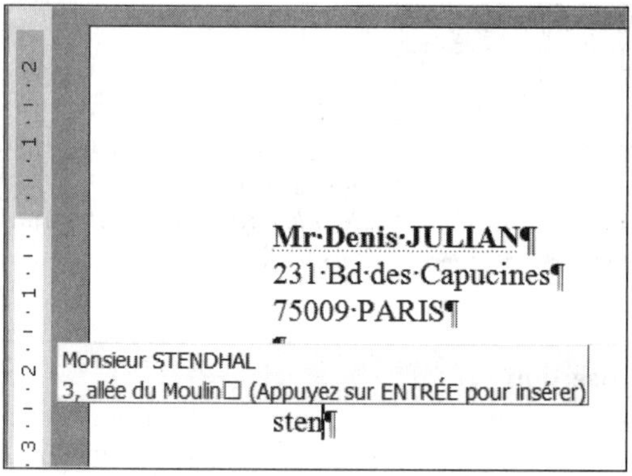

Figure 3.12 : *Saisie semi-automatique*

REMARQUE

L'info bulle ne veut pas s'afficher

Si l'info bulle ne s'affiche pas, c'est qu'une option (normalement cochée par défaut) a été désactivée. Pour la rétablir, dans le menu **Insertion**, pointez sur **Insertion automatique**. Dans le menu déroulant, cliquez sur **Insertion automatique**. Dans la fenêtre qui s'affiche, sous l'onglet **Insertion automatique**, cochez la case *Afficher les suggestions de saisie semi-automatique* et validez.

Pour refuser une insertion automatique lorsque l'info bulle s'affiche, il suffit de continuer à saisir ou d'appuyer sur la touche [Echap].

Vous allez insérer le contenu de la seconde insertion (`NREF`) dans la lettre et découvrir une seconde méthode rapide et très utilisée pour les insertions automatiques.

1 Cliquez dans la lettre à l'endroit où vous désirez insérer les références, tapez les deux premières lettres de l'insertion automatique (`NR`) et appuyez sur la touche [F3].

REMARQUE

Identification de l'insertion avec une ou plusieurs lettres

Avec la touche [F3], le nombre de lettres à saisir est variable. Tout dépend du nombre d'insertions commençant ou non par les mêmes caractères. Si l'insertion automatique *wagon* est la seule de la liste des insertions automatiques à commencer par cette lettre, il suffit de taper `w` et d'appuyer sur [F3]. Si deux insertions ont un nom qui commence par *wa*, il est nécessaire (pour quc Word puisse identifier quelle insertion vous souhaitez utiliser) de taper les trois premières lettres avant d'appuyer sur [F3].

D'autres méthodes (plus longues) existent pour employer des insertions automatiques. À utiliser uniquement dans certains cas : lorsque deux insertions (ou plus) portent presque le même nom et présentent un nombre de caractères importants, par exemple *Insertion1* et *Insertion2*.

2 Dans le menu **Insertion**, pointez sur **Insertion automatique**. Dans le menu déroulant, pointez sur **Normal** et cliquez sur l'insertion souhaitée.

Les insertions automatiques sont classées par catégories. En plus des insertions personnalisées (celles que vous créez), il existe un grand nombre d'insertions automatiques intégrées à Word (citons par exemple *Madame*, *Monsieur*, *À bientôt*, *CONFIDENTIEL*, *Objet :*, *Salutations*, etc.). La catégorie *Normal* renferme les insertions automatiques créées dans le style *Normal*, c'est-à-dire le style de base de Word (nous détaillerons les styles dans un autre paragraphe) ; vous y trouvez la plupart des insertions que vous créez.

REMARQUE

Barre d'outils Insertion automatique

La barre d'outils *Insertion automatique* est une alternative au menu **Insertion** (vous gagnerez du temps). Pour l'afficher, cliquez du bouton droit sur la barre de menu ou sur une barre d'outils. Dans le menu contextuel, cliquez sur **Insertion automatique**. Dans la barre d'outils, cliquez sur le bouton **Toutes les entrées** pour retrouver les insertions automatiques. Si le bouton s'intitule différemment, vous vous trouvez dans un document qui a été créé avec un modèle de document autre que le modèle de base de Word (*normal.dot*) et le curseur est placé dans un paragraphe offrant un style autre que le style *Normal*.

Gérer les insertions automatiques

Vous avez créé une insertion automatique avec une formule de politesse que vous avez nommée *Formule*. Vous souhaitez en modifier le contenu sans changer le nom. Vous voulez ensuite faire un peu de ménage ; en effet, à force de créer des insertions automatiques, la liste devient trop longue. Supprimez les insertions devenues obsolètes.

1 Modifiez la formule de politesse, saisissez par exemple `Veuillez croire` à la place de `Nous vous prions de croire`.

2 Sélectionnez la formule de politesse et activez le raccourci clavier [Alt]+[F3]. Dans la fenêtre qui s'affiche, tapez `Formule` et validez.

3 La fenêtre qui s'affiche vous propose de redéfinir l'insertion. Validez en cliquant sur **Oui**.

Pour gérer vos insertions automatiques :

1 Dans le menu **Insertion**, pointez sur **Insertion automatique**. Dans le menu déroulant, cliquez sur **Insertion automatique** (si la barre d'outils est affichée, cliquez directement sur le bouton **Insertion automatique**).

2 Dans la fenêtre qui s'affiche, sous l'onglet **Insertion automatique**, vous pouvez faire défiler toutes les insertions automatiques. Pour en supprimer une, sélectionnez-la et cliquez sur le bouton **Supprimer**.

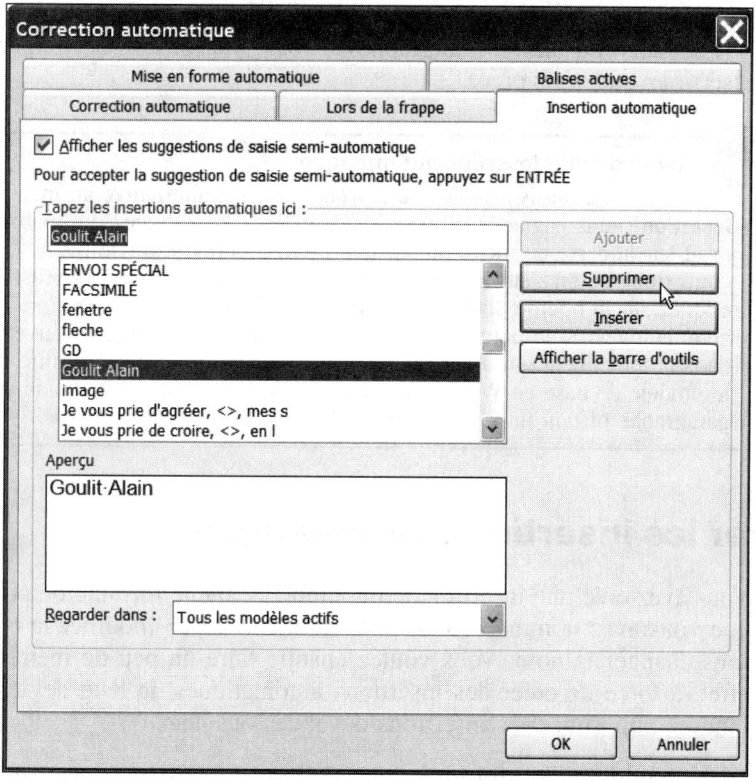

Figure 3.13 : *Gérer les insertions automatiques*

Utiliser le champ AutoTextListe

Vous n'avez pas un destinataire unique (Monsieur Stendhal), vous écrivez régulièrement à plusieurs personnes différentes (Monsieur Balzac, Monsieur de Maupassant, Madame Sagan, etc.). Créez autant d'insertions automatiques que vous avez de destinataires. Le champ *AutoTextListe* vous permet ensuite de récupérer dans un menu contextuel la liste d'insertions automatiques personnalisées, donc chacun de vos destinataires.

1 Saisissez autant de noms et d'adresses de destinataires que vous le souhaitez, et créez pour chacun une insertion automatique. Vous pouvez disposer par exemple de trois insertions automatiques nommées `Balzac`, `Maupassant` et `Sagan`.

2 Sélectionnez l'adresse existante, celle de `Monsieur Stendhal` (sans sélectionner cette fois la marque de fin de paragraphe après la ville). Dans le menu **Insertion**, cliquez sur **Champ**. Dans la zone *Champs* de la fenêtre qui s'affiche, cliquez sur le champ *AutoTextListe*, tapez `Destinataires` dans la zone *Nouvelle valeur*, sélectionnez l'option *Première majuscule* dans la zone *Format* et tapez un texte dans la zone *Info-bulle*. Validez en cliquant sur OK.

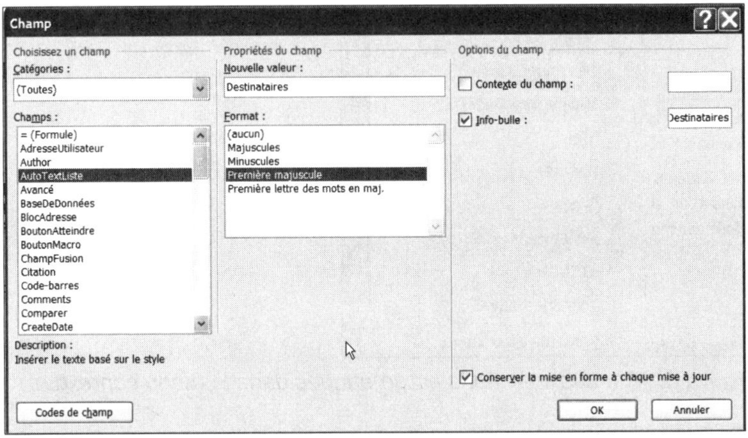

Figure 3.14 : *Sélection du champ AutoTextListe*

Le champ apparaît dans la lettre. Il est identifié sous le nom que vous avez saisi dans la zone *Nouvelle valeur*, ici `Destinataires`.

3 Cliquez du bouton droit dans le champ. Dans le menu contextuel, cliquez sur le destinataire de votre choix.

Vous retrouvez dans ce menu contextuel toutes les insertions automatiques que vous avez créées et qui font partie de la catégorie *Normal*. À chaque fois que vous souhaiterez changer de destinataire, vous utiliserez le menu contextuel de ce champ (lorsque vous pointez sur celui-ci, une info bulle affiche le texte que vous avez saisi dans la zone correspondante de la fenêtre **Champ**. Conservez bien sûr ce document afin de le réutiliser (en plus de l'emploi des insertions automatiques, c'est aussi une première approche sur la notion de modèle que vous verrez dans un autre chapitre).

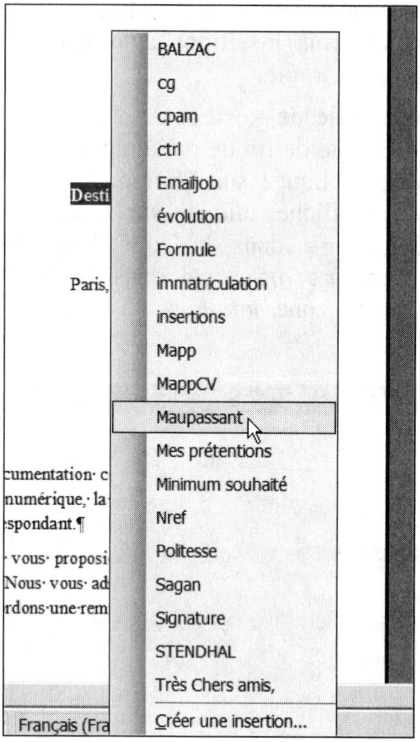

Figure 3.15 : *Les insertions automatiques dans le menu contextuel*

Gestion des champs

Si le mot saisi dans la zone *Nouvelle valeur* (ici `Destinataires`) contient une faute d'orthographe, le mot sera souligné. Il convient d'abord de corriger cette faute par le menu contextuel et seulement ensuite d'utiliser la liste d'insertions automatiques.

REMARQUE

Si vous souhaitez modifier l'apparence du champ (qui s'affiche avec une trame grise quand vous pointez dessus, ou en permanence), activez la commande **Outils/Options**. Dans la fenêtre qui s'affiche, sous l'onglet **Affichage**, rubrique *Afficher*, choisissez l'option souhaitée dans la liste déroulante de la zone *Champs avec trame* et validez.

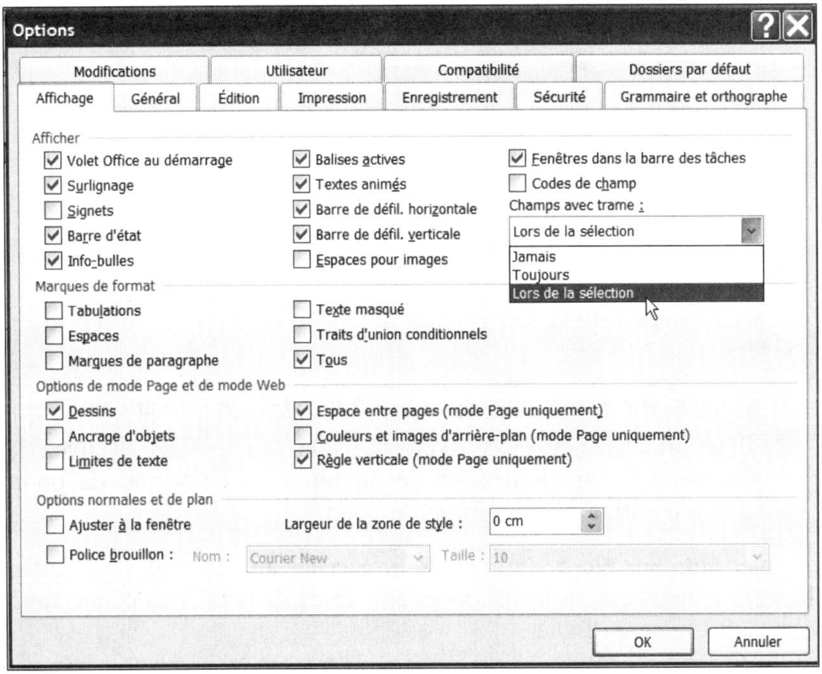

Figure 3.16 : *Modifier l'apparence des champs dans le document*

3.6. Le Compagnon Office, la touche F1 et l'Aide

Simplification et assistance, tout converge dans ce sens dans Word 2003 pour vous aider : exécution de tâches courantes à partir du volet Office (ouverture d'un document récent, création d'un nouveau document…). Vous pouvez consulter l'Aide à tout moment en tapant votre question ou en utilisant le menu contextuel.

Vous disposez maintenant d'un moyen pratique pour accéder à l'Aide de Word sur un thème précis. Il suffit de saisir un ou plusieurs mots-clés dans la zone prévue à cet effet et située tout au bout à droite de la barre de menus.

Vous souhaitez par exemple obtenir de l'aide sur les retraits :

1 Tapez `Retraits` dans la zone de texte de la barre de menus. Validez par Entrée.

Figure 3.17 : *Saisissez un mot-clé pour afficher les rubriques de l'Aide*

Le volet **Résultats de la recherche** s'affiche avec une liste de rubriques associées.

2 Cliquez sur le lien correspondant à la rubrique souhaitée.

3 Pour afficher l'Aide de Word dans le Volet Office, activez la touche F1 (ou cliquez sur le bouton bleu en forme de point d'interrogation situé à droite du zoom).

Le volet **Aide sur Word** s'affiche. Pour accéder aux rubriques de l'aide, cliquez sur *Table des matières* ; vous pouvez également vous connecter à Microsoft Office en ligne.

Et le Compagnon ? Parfois, il est un peu trop présent.

Le Compagnon Office (qui prend la forme d'un petit personnage animé) s'affiche normalement pendant que vous travaillez pour vous donner des conseils. Vous pouvez le masquer ou le désactiver.

1 Pour masquer provisoirement le Compagnon Office (sans le désactiver), cliquez du bouton droit sur le petit personnage. Dans le menu contextuel, cliquez sur *Masquer*.

2 Pour le désactiver, dans ce même menu contextuel, cliquez sur *Options*. Dans la fenêtre qui s'affiche, sous l'onglet **Options**, décochez la case *Utiliser le Compagnon Office* et validez.

3 Pour le réactiver, dans le menu en forme de point d'interrogation (à droite du menu **Fenêtre**), cliquez sur la commande **Afficher le Compagnon Office**.

3.7. Copiez du texte et utilisez l'insertion automatique

Le copier-coller est l'outil moderne par excellence. L'invention du Presse-papiers Office en est la preuve. Entraînez-vous, dans cet exercice, au maniement des copier-coller simples et multiples. Vous créerez également quelques insertions automatiques et verrez tout l'intérêt qu'elles peuvent revêtir.

Vous pouvez télécharger sur le site **www.microapp.com** les fichiers *Voyages.doc* et *Résumé.doc* (vous effectuerez des copier-coller entre deux documents), et le fichier *Hirondel.doc* dans lequel vous testerez les insertions automatiques.

Vous êtes voyagiste, vous avez créé un nouveau concept de voyages que vous décrivez dans un document de plusieurs pages. Vous souhaitez récupérer du texte de ce document pour le coller dans un autre document plus court afin d'en faire un résumé. Vous allez tout naturellement réaliser de nombreux copier-coller.

Après avoir téléchargé les deux fichiers *Voyages.doc* et *Résumé.doc*, ouvrez-les.

1. Si ce n'est déjà fait, lancez Word et cliquez sur le bouton **Ouvrir** de la barre d'outils *Standard*. Dans la fenêtre qui s'affiche, recherchez le dossier de stockage des deux fichiers que vous venez de télécharger et ouvrez-les.
2. Affichez à l'écran le fichier *Résumé*, en utilisant la barre des tâches ou en cliquant sur son nom dans le menu **Fenêtre**.

Le document qui sert de résumé est déjà commencé et mis en forme, mais une erreur s'y est glissée : deux paragraphes ont été malencontreusement inversés par une mauvaise manipulation. À vous de remettre les choses dans l'ordre. Il s'agit de déplacer le paragraphe "`Nous avons déposé…`" et de le placer avant le paragraphe "`De tels voyages…`".

1 Double-cliquez dans la marge devant le second paragraphe "`Nous avons déposé nos statuts…`" pour le sélectionner.

2 Cliquez sur la sélection. Sans relâcher le bouton de souris, effectuez un cliquer-glisser jusqu'au premier caractère du paragraphe "`De tels voyages…`". Relâchez le bouton de la souris.

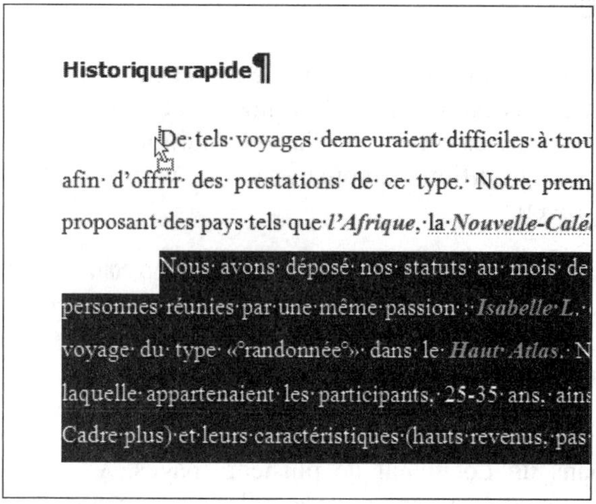

Figure 3.18 : *Remettre les choses à leur place*

3 Cliquez en dehors du texte pour le désélectionner, et appuyez sur la touche Echap pour masquer le bouton **Options de collage** (dont nous n'avons pas besoin ici).

Les paragraphes sont à nouveau à la bonne place. Activez maintenant le second document : vous allez récupérer du texte que vous collerez ensuite dans *Résumé.doc*. Puisque de nombreux "copier" sont nécessaires, vous transiterez par le Presse papiers Office.

1 Affichez à l'écran le fichier *Voyages*. Dans le menu **Edition**, cliquez sur **Presse-papiers Office** (celui-ci s'affiche dans le Volet Office). Si le Presse-papiers n'est pas vide, videz-le en cliquant sur le bouton **Effacer tout**.

2 Dans le paragraphe "`De tels voyages…`" du fichier *Voyages* (situé au tout début du document), sélectionnez le prénom et le nom "`Jacques Licoult`". Cliquez du bouton droit sur la sélection. Dans le menu contextuel, cliquez sur *Copier*. Renouvelez l'opération et copiez également "`Julie Diard`".

Le Presse-papiers s'est enrichi de deux éléments. Continuez et copiez le reste du texte.

3 Faites défiler la page 1. Au bas ce cette page, sélectionnez le paragraphe "`Notre identité est donc très claire…`" (double-clic dans la marge devant le paragraphe). Cliquez du bouton droit sur la sélection et cliquez sur *Copier*.

4 Au bas de la page 2, sélectionnez et copiez le paragraphe "`La communication est un facteur primordial…`" en procédant de la même manière.

5 En page 3, sélectionnez et copiez le paragraphe "`Dans cinq ans, notre espoir est…`". Cliquez en dehors du texte pour le désélectionner.

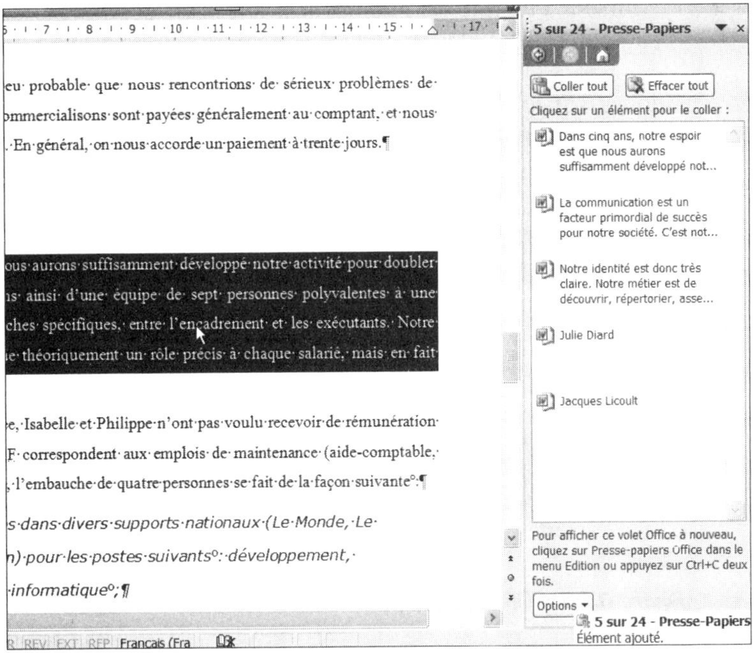

Figure 3.19 : *De nouveaux éléments dans le Presse-papiers*

Il s'agit maintenant de coller les éléments aux endroits souhaités dans le document *Résumé*.

6 Affichez à l'écran le document *Résumé*. Sélectionnez le prénom et le nom "`Isabelle L`". Dans le Presse-papiers Office, cliquez sur l'élément qui va le remplacer "`Jacques Licoult`". Cliquez sur le bouton **Options de collage** qui s'affiche. Dans le menu déroulant, cliquez sur l'option *Respecter la mise en forme de destination* (le nouveau texte conserve ainsi la même mise en forme que l'ancien). En procédant de la même manière, sélectionnez "`Philippe D`" et remplacez ce texte par l'élément du Presse-papiers "`Julie Diard`".

7 Cliquez à la fin du dernier paragraphe, après "`...les professionnels du tourisme`" et appuyez sur Entrée. Dans le Presse-papiers Office, cliquez sur l'élément "`Notre identité est donc très claire...`". Cliquez sur le bouton **Options de collage**. Dans le menu déroulant, là aussi cliquez sur l'option *Respecter la mise en forme de destination* (ici, c'est tout le paragraphe collé qui prend la même mise en forme que le paragraphe de destination).

8 Le curseur clignote normalement à la fin du document (dans un paragraphe vide). Dans le Presse-papiers, cliquez sur l'élément "`La communication est un facteur primordial...`". Cliquez sur le bouton **Options de collage** et choisissez cette fois l'option *Conserver la mise en forme source*.

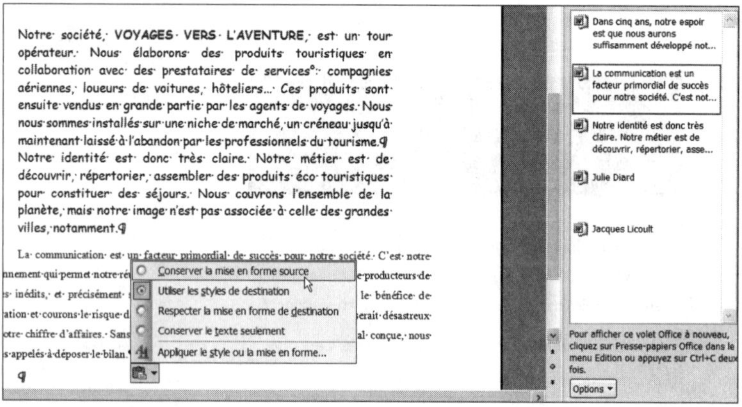

Figure 3.20 : *Choisir les options de collage*

Le nouveau paragraphe aura ainsi la même mise en forme que les premiers paragraphes du document (il faudra simplement définir un retrait de première ligne pour qu'il soit identique à ces paragraphes).

9 Renouvelez l'opération et collez à la suite le dernier élément du Presse-papiers en choisissant également l'option de collage *Conserver la mise en forme source*.

10 Réinitialisez le Presse-papiers en cliquant sur le bouton **Effacer tout**. Enregistrez les modifications et fermez les deux documents.

Vous pouvez récupérer du texte d'un document pour le coller dans un autre. Mais vous pouvez aussi l'enregistrer et l'insérer dans d'autres documents : c'est le but des insertions automatiques qui vous évitent d'avoir à saisir à chaque fois les mêmes mots, phrases ou formules de politesse répétitifs.

Vous allez créer des insertions automatiques avec les éléments qui reviennent régulièrement dans vos courriers : une référence par exemple, une formule de politesse personnalisée, votre signature.

Vous pouvez créer des insertions automatiques à partir d'un document existant, ou à partir d'un document vierge (que vous n'enregistrez pas). C'est cette dernière hypothèse que nous avons retenue.

1 Créez un nouveau document en cliquant sur le bouton **Nouveau document** de la barre d'outils *Standard*.

2 Tapez le texte suivant : `N/Réf : Voyages " Destination Asie du Sud-est "` et appliquez les mises en forme :

- `N/Réf` : style *gras* ;
- `" Destination Asie du Sud-est "` : style *gras*, couleur de police : *indigo* ;
- espacement avant de 18 points pour le paragraphe.

3 Sélectionnez le texte et activez la combinaison de touches Alt+F3. Dans la fenêtre qui s'affiche, tapez un nom, `voyages` par exemple, et validez.

4 Sous la première ligne, saisissez la formule de politesse : `Nous espérons avoir le plaisir de vous voir très bientôt et nous vous assurons de nos sentiments les meilleurs` à laquelle vous appliquerez la mise en forme suivante : retrait de première ligne de 1,5 cm et un alignement justifié.

5 Sélectionnez la formule de politesse et activez la combinaison de touches Alt+F3. Dans la fenêtre qui s'affiche, tapez `MaFormule` et validez.

ATTENTION

Rappel de sélection

Veillez à effectuer une sélection correcte afin que la mise en forme du paragraphe soit également enregistrée dans l'insertion (la marque de fin de paragraphe doit impérativement être incluse). Rappel : pour une ligne, un clic dans la marge devant la ligne, pour un paragraphe, un double-clic dans la marge devant le paragraphe.

6 Saisissez la signature de la manière suivante. Saisissez `Paulette DURAND`, activez le raccourci clavier Maj+Entrée (pour forcer le passage à la ligne) et tapez `Attachée commerciale`. Appliquez les mises en forme :

- style *gras* et couleur de police *Gris 50%* pour tout le texte ;
- *Aligné à droite* ;
- espacement avant de 36 points et espacement après de 54 points.

7 Sélectionnez la signature, activez la combinaison de touches Alt+F3, nommez l'insertion `Signature` et validez.

8 Fermez le document sans l'enregistrer.

Vous allez ouvrir un courrier et utiliser dans ce document les insertions automatiques créées précédemment.

1 Ouvrez le document *Hirondel* téléchargé précédemment.

2 Insérez la référence. Cliquez devant la lettre *C* de *Cher Monsieur*. Tapez les quatre premiers caractères du nom de la première insertion automatique *Voyage*. À la saisie de la quatrième lettre, une info bulle apparaît normalement et vous suggère d'appuyer sur Entrée pour insérer le contenu de l'insertion. Appuyez donc sur Entrée.

La ligne de référence ira se placer automatiquement au-dessus de la civilité (voir Figure 3.21).

RENVOI

Si l'info bulle ne fonctionne pas, retournez dans la partie de ce chapitre consacrée aux insertions automatiques.

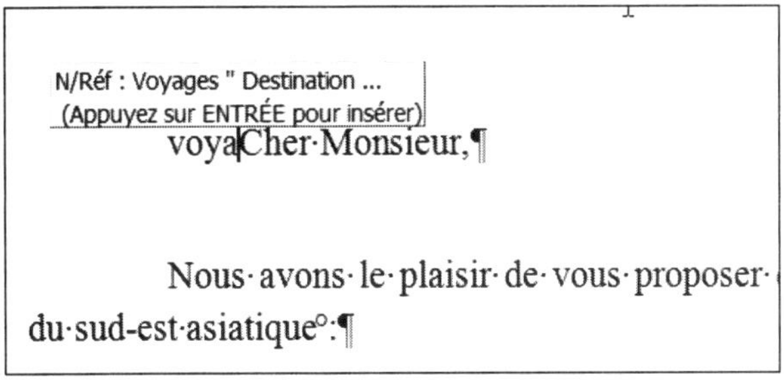

Figure 3.21 : *Une info bulle pour insérer rapidement du texte*

3. Cliquez à la fin de la lettre, sur le dernier paragraphe vide. Tapez les quatre premiers caractères du nom de l'insertion automatique *Maformule*. Dès que l'info bulle s'affiche, appuyez sur [Entrée].
4. Répétez l'opération pour l'insertion *signature* et appuyez sur [Entrée] à l'apparition de l'info bulle.
5. Enregistrez les modifications et fermez le document.

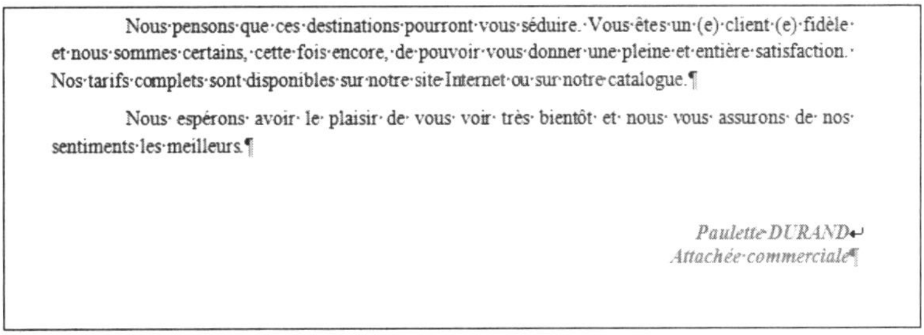

Figure 3.22 : *Du texte déjà mis en forme inséré rapidement*

Vous pouvez bien sûr ensuite utiliser ces insertions dans n'importe quel autre document.

Chapitre 4

Créer un tableau

Dans ce chapitre, vous allez apprendre à créer des tableaux, principalement à les dessiner, tant il est vrai que cette opération est devenue simple à réaliser et très conviviale. Un tableau vous permet de structurer des données de même type et de les organiser facilement (des noms de personnes et des adresses, par exemple). Dessinez la structure de votre tableau, saisissez les données à l'intérieur et terminez par un peu de mise en forme. Un jeu d'enfant.

4.1. Afficher la barre d'outils Tableaux et bordures

Vous pouvez dessiner ou insérer un tableau. Les deux méthodes possèdent leurs adeptes. Dans les deux cas (même si vous choisissez d'insérer le tableau), utilisez la barre d'outils *Tableaux et bordures*. Le choix de l'une ou l'autre des méthodes concerne uniquement la manière de créer le tableau. Les outils pour saisir du texte, le modifier et le mettre en forme sont identiques.

Pour réaliser des tableaux, vous avez tous les outils à disposition sur la barre d'outils *Tableaux et bordures*. À vos crayons, gomme et pot de peinture !

4.2. Dessiner un tableau

La méthode la plus souple pour créer un tableau est de dessiner ce dernier à main levée. Mais attention, il est nécessaire de bien maîtriser le maniement de la souris ; autrement vous serez contraint parfois de recommencer (l'usage du bouton **Annuler** de la barre d'outils *Standard* est alors d'une grande utilité).

1 Affichez la barre d'outils *Tableaux et bordures* en cliquant sur le bouton du même nom dans la barre d'outils *Standard* (voir Figure 4.1).

Dès que la barre d'outils s'affiche, le pointeur de la souris se transforme en petit crayon (le bouton **Dessiner un tableau**, premier sur cette barre d'outils, est automatiquement activé). Si la barre d'outils vous gêne, faites-la glisser dans un angle de l'écran.

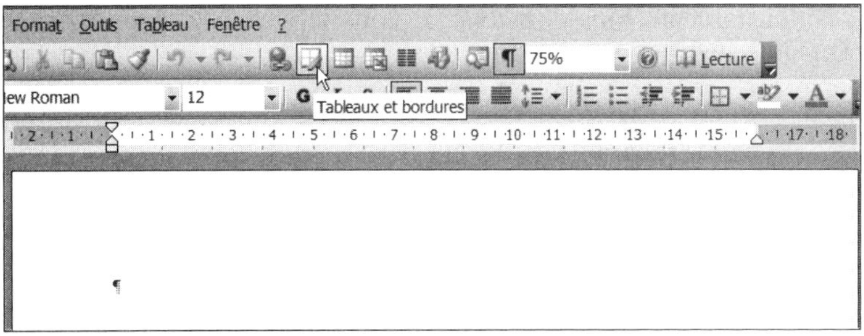

Figure 4.1 : *L'icône Tableaux et bordures*

REMARQUE

Activer ou désactiver un bouton

Si vous désactivez ensuite le bouton **Dessiner un tableau** en cliquant dessus par erreur, cliquez dessus une nouvelle fois. Un clic active le bouton, un second le désactive. Il en va de même pour le second bouton, la **Gomme**, que vous utiliserez ultérieurement.

Pour dessiner le tableau, il faut de la place.

2 Si vous créez un tableau dans un document existant à la suite du texte, faites défiler la page vers le bas à l'aide de la roulette de la souris ou de la barre de défilement, de manière à disposer de suffisamment d'espace pour tracer le contour du tableau. Au besoin, suivant la taille que devra avoir le tableau, vous pouvez aussi réduire le zoom afin de disposer d'une vue globale.

Vous pouvez créer le tableau et le mettre en forme ensuite. Vous pouvez aussi, via la méthode **Dessiner un tableau**, choisir tout de suite la couleur et le style de vos bordures avant de les dessiner.

3 Pour choisir une couleur de contour et un style de trait, cliquez sur le bouton fléché de la zone *Couleur de la bordure* (représenté sur la barre d'outils par un crayon et un petit trait de couleur) et choisissez une couleur. Procédez de la même manière dans les zones *Épaisseur de trait* et *Style de trait* pour personnaliser le trait.

4 Pour tracer le contour du tableau, cliquez à l'endroit où vous souhaitez le démarrer (angle supérieur gauche). Tout en maintenant le bouton de la souris enfoncé, tracez un rectangle en faisant glisser le pointeur en diagonale jusqu'à l'angle inférieur droit. Relâchez le bouton de la souris seulement lorsque la taille

du tableau vous convient (si vous le relâchez trop tôt, annulez et recommencez).

ASTUCE

Suivez le repère

Pendant que vous dessinez le tableau, un petit repère en pointillé s'affiche sur les règles. Utilisez-le pour trouver la bonne taille du tableau. Dans cet exemple, celui-ci occupe toute la largeur de la page et s'arrête donc à 16 cm sur la règle horizontale (14 en hauteur).

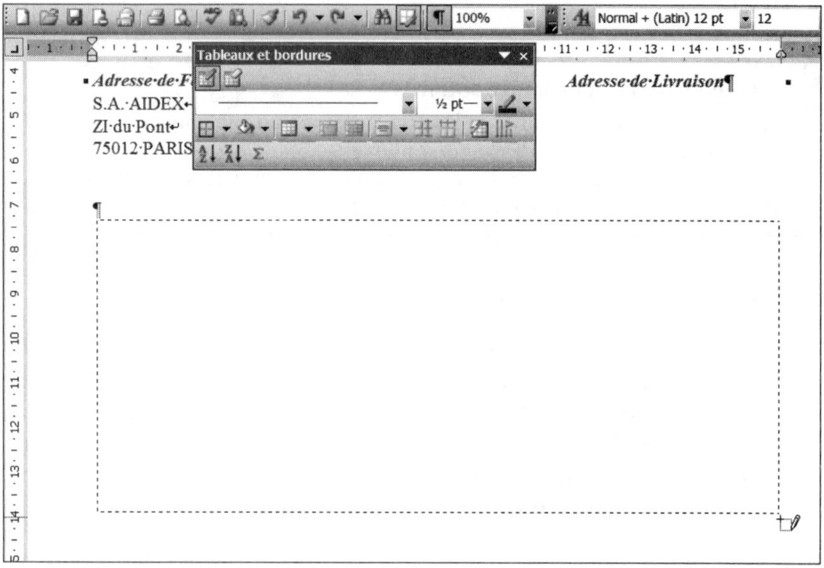

Figure 4.2 : *Tracez un rectangle dans la page*

Dessinez ensuite les colonnes et les lignes.

5 Tracez des traits verticaux pour créer les colonnes. Cliquez sur l'angle supérieur du contour. Sans relâchez le bouton de la souris, faites-le glisser vers le bas (arrivé environ à la moitié du bord inférieur, le trait se termine seul). Relâchez le bouton de la souris. Tracez les lignes en procédant de la même manière depuis le bord gauche du contour vers le bord droit. Tracez autant de colonnes et de lignes que nécessaire.

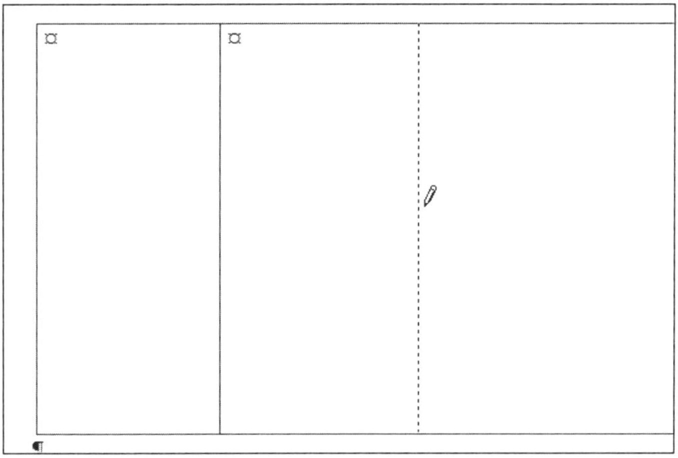

Figure 4.3 : *Tracez les colonnes*

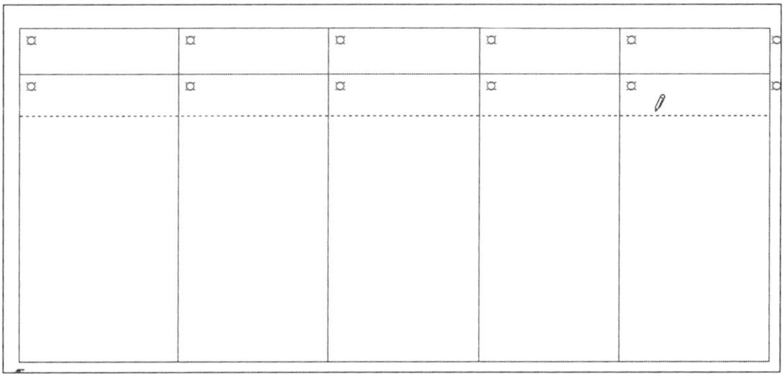

Figure 4.4 : *Et les lignes*

De la précision

Si vous avez mal tracé une ligne ou une colonne, le mieux est d'annuler et de recommencer. Les traits doivent être bien droits. Si vous déviez un peu et relâchez le bouton de la souris, Word considère que vous tracez un nouveau rectangle (un contour) : vous créez alors un tableau imbriqué dans le premier tableau. Vous obtenez par exemple ceci :

ATTENTION

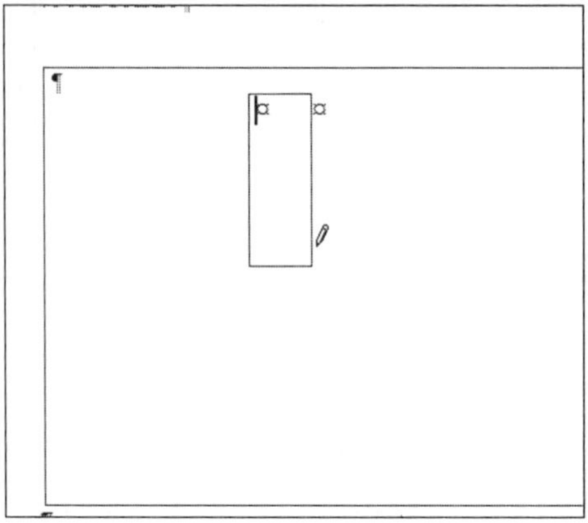

Figure 4.5 : *Un tableau imbriqué créé involontairement*

Le tableau est formé. Pour lui donner un plus bel aspect, vous allez dans un premier temps redimensionner lignes et colonnes en uniformisant leur taille. Utilisez ensuite la **Gomme** pour supprimer éventuellement les traits en trop (une première ligne dans laquelle vous souhaitez taper un titre qui doit s'étaler sur toute la largeur du tableau, ou la dernière ligne avec un libellé `Total` devant occuper plusieurs cellules par exemple).

6 Cliquez sur le bouton **Dessiner un tableau** de la barre d'outils *Tableaux et bordures* pour le désactiver et cliquez dans n'importe quelle cellule du tableau. Cliquez tour à tour sur les boutons **Uniformiser la hauteur des lignes** et **Uniformiser la largeur des colonnes**.

Votre tableau présentera un aspect plus régulier.

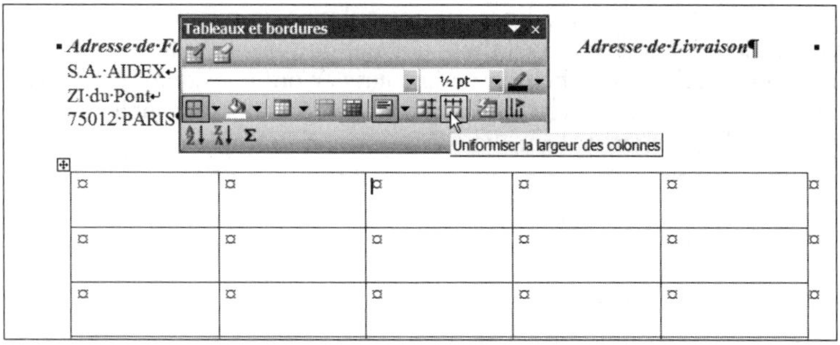

Figure 4.6 : *Uniformiser lignes et colonnes*

7 Cliquez sur le bouton **Gomme**, puis cliquez sur chaque trait à supprimer (au passage de la **Gomme**, le trait s'épaissit et devient marron, indiquant qu'il est sélectionné).

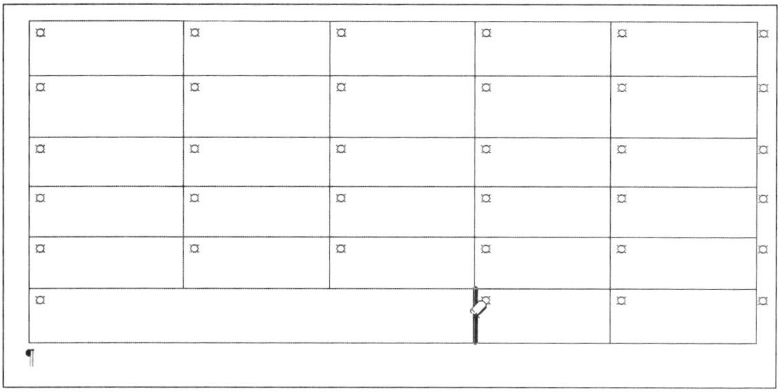

Figure 4.7 : *Gommer un trait à la fois*

8 Pour gommer plusieurs traits en même temps, tracez un rectangle de sélection sur les traits à supprimer. Relâchez le bouton de la souris.

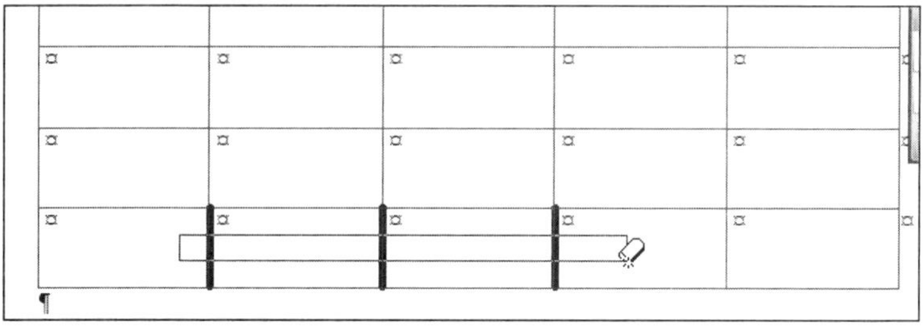

Figure 4.8 : *Ou gommer plusieurs traits en une fois*

ASTUCE

Fusionner et fractionner des cellules

Gommer un trait équivaut à fusionner des cellules. Si vous gommez une bordure extérieure, le trait correspondant disparaît, mais vous ne modifiez pas la structure du tableau (la cellule existe toujours). Ajouter un trait équivaut par contre à fractionner des cellules. Pour utiliser la **Gomme** temporairement (sans cliquer sur le bouton **Gomme** alors que le **Crayon** est actif), maintenez la touche [Maj] enfoncée (le **Crayon** se transforme en **Gomme**), gommez les traits à supprimer et relâchez la touche [Maj] pour continuer à utiliser le **Crayon**.

4.3. Insérer un tableau

Au lieu de dessiner un tableau, on peut aussi l'insérer. Pour cela :

1 Après avoir affiché la barre d'outils *Tableaux et bordures*, cliquez sur le bouton **Insérer un tableau** situé sur cette dernière.

2 Dans la fenêtre qui s'affiche, déterminez le nombre de colonnes et de lignes en cliquant sur les flèches des zones correspondantes. Afin que le tableau occupe toute la largeur de la page, conservez la valeur *Auto* située en face de la zone *Largeur de colonne fixe* (sélectionnée par défaut) et validez.

3 Si vous souhaitez au contraire définir une largeur de colonne, cliquez sur les flèches de cette zone située en face de la zone *Largeur de colonne fixe*. Validez.

Dans ce cas, le tableau (à moins que vous ayez bien calculé) n'occupera plus toute la largeur de la page.

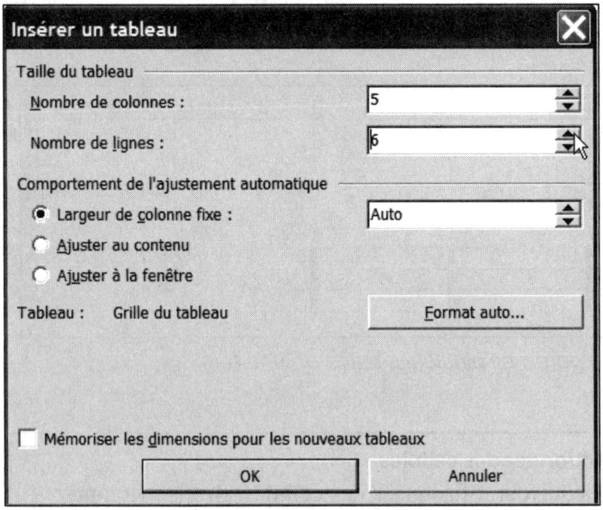

Figure 4.9 : *Boîte de dialogue Insérer un tableau*

Cette méthode a le mérite d'être rapide et plus sûre, mais elle est plus classique et moins conviviale. D'autre part, vous ne pouvez obtenir tout de suite la bonne hauteur de lignes et celle-ci est plutôt faible (alors que vous le pouvez en dessinant le tableau). Utilisez cette méthode si vous devez créer un tableau simple qui ne nécessite pas de mise en forme, ni de dimensions particulières (une base de données pour un publipostage, par exemple), si vous n'êtes pas très à l'aise avec la souris ou si vous êtes pressé.

REMARQUE

Commande de menu et bouton de barre d'outils

Vous pouvez aussi insérer un tableau en activant la commande **Tableau/Insérer/Tableau**, ou encore en cliquant sur le bouton **Insérer un tableau** de la barre d'outils *Standard* (méthode qui date des premières versions de Word).

4.4. Saisir du texte dans un tableau

Quelle que soit la méthode choisie, la saisie du texte et les autres actions possibles dans le tableau sont identiques. Commencez par taper le texte dans les cellules.

REMARQUE

Majuscule en début de cellule

Word ajoute automatiquement une majuscule en début de cellule. Inutile de la saisir.

1 Si l'outil **Gomme** (ou le bouton **Dessiner un tableau**) est actif, cliquez dessus pour le désactiver. Cliquez dans la première cellule du tableau et tapez votre texte. Appuyez sur la touche [Tab] pour passer à la cellule suivante sur la même ligne, ou cliquez à l'intérieur. Tapez ainsi le texte de la première ligne du tableau.

2 Arrivé dans la dernière cellule de la première ligne, appuyez sur [Tab] pour passer à la ligne suivante. Saisissez tout le texte du tableau en appuyant à chaque fois sur [Tab].

ASTUCE

Ajouter une ligne en fin de tableau

Arrivé dans la dernière cellule du tableau, si vous appuyez à nouveau sur [Tab], une nouvelle ligne est automatiquement ajoutée en fin de tableau.

Peut-on utiliser la touche [Entrée] dans un tableau ? Oui, mais à bon escient.

Les petits symboles ronds qui apparaissent dans les cellules représentent les marques de fin de cellule. Lorsque le texte dépasse la largeur d'une cellule, celui-ci passe automatiquement à la ligne (et la hauteur de la ligne est réajustée en conséquence). Utilisez donc la touche Entrée dans un tableau (ou la combinaison de touches Maj+Entrée pour forcer le passage à la ligne) uniquement lorsque cela est nécessaire et que vous devez changer de ligne dans la même cellule. Dans les autres cas, vous risquez de fausser l'alignement des cellules en créant un nouveau paragraphe. Par contre, n'employez jamais la touche Entrée (ni le raccourci Maj+Entrée) dans un tableau devant être utilisé comme base de données pour un publipostage (nous y reviendrons le moment venu).

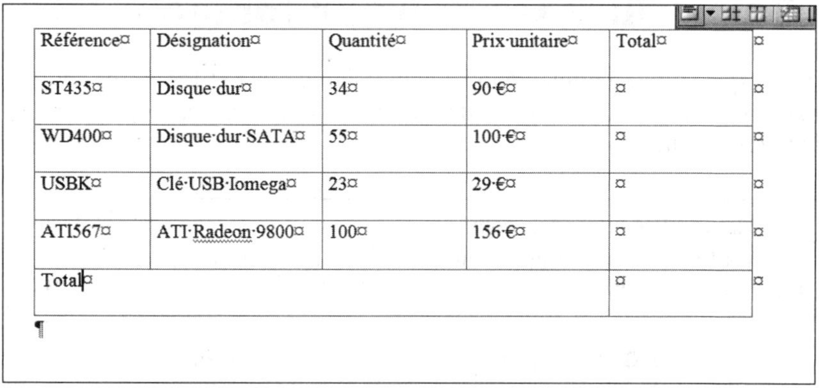

Référence	Désignation	Quantité	Prix unitaire	Total
ST435	Disque dur	34	90 €	
WD400	Disque dur SATA	55	100 €	
USBK	Clé USB Iomega	23	29 €	
ATI567	ATI Radeon 9800	100	156 €	
Total				

Figure 4.10 : *La saisie dans un tableau*

4.5. Se déplacer dans un tableau

En plus des déplacement à la souris, voici quelques raccourcis clavier permettant de se déplacer dans un tableau :

Tableau 4.1 : *Raccourcis clavier permettant de se déplacer dans un tableau*

Touches	Action
Tab	Le moyen le plus efficace pour se déplacer dans un tableau : vers la cellule suivante (à droite), avec une sélection du contenu de la cellule ; dans la dernière cellule du tableau, ajoute une nouvelle ligne au tableau.
Maj+Tab	Déplacement vers la cellule précédente

Tableau 4.1 : *Raccourcis clavier permettant de se déplacer dans un tableau*	
Touches	**Action**
↖ et Fin	Déplacement au début et en fin de ligne dans la cellule active
Alt+↖ et Alt+Fin	Déplacement vers la première et la dernière cellule de la ligne
Flèches de direction	Déplacement une cellule en dessous ou au-dessus. Les touches Flèche gauche et Flèche droite ne sont pas très utiles lorsque du texte est saisi dans une cellule (déplacements de caractère en caractère).

4.6. Sélectionner dans un tableau

Avant de modifier les différents éléments du tableau (pour effectuer des mises en forme, des alignements, etc.), il est indispensable de savoir les sélectionner.

1 Pour sélectionner tout le tableau, cliquez sur le petit carré situé dans l'angle supérieur gauche à l'extérieur du tableau (modes Page et Web uniquement).

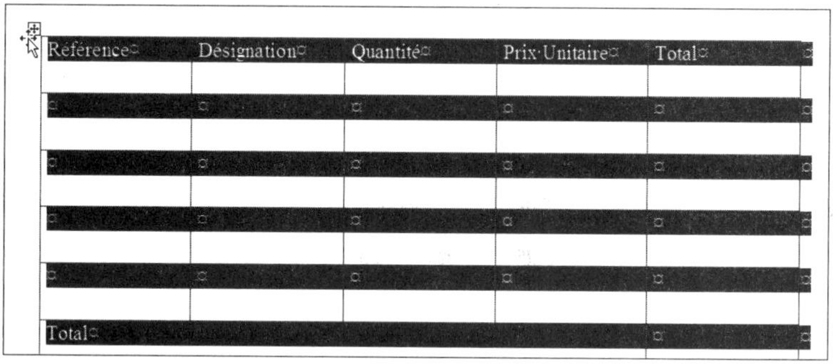

Figure 4.11 : *Sélectionner tout le tableau*

2 Pour sélectionner une ligne, cliquez devant la ligne à l'extérieur du tableau (voir Figure 4.12).

3 Pour sélectionner une colonne, cliquez au-dessus de la colonne (le pointeur se transforme en une flèche noire qui pointe vers le bas) (voir Figure 4.13).

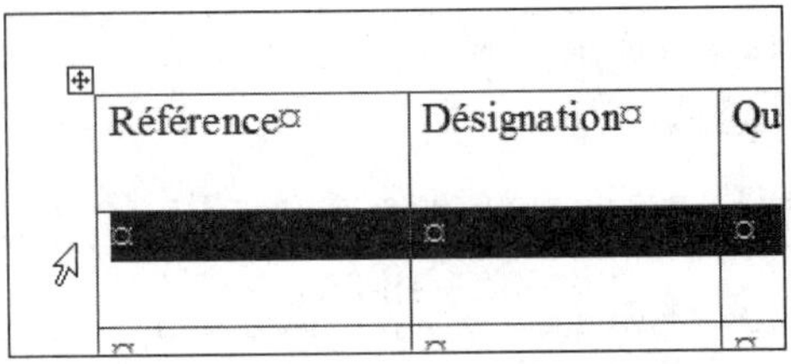

Figure 4.12 : *Une ligne*

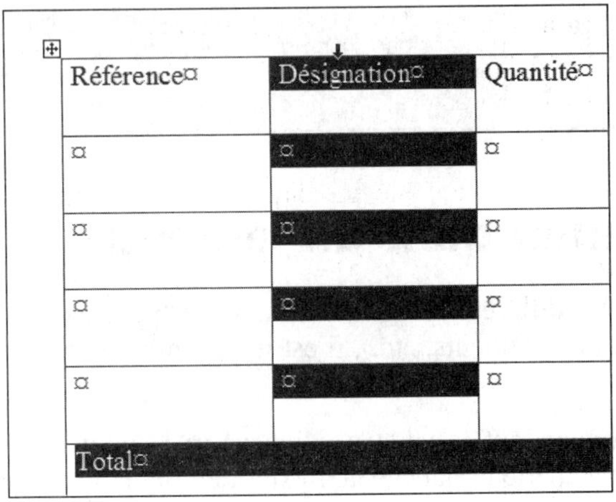

Figure 4.13 : *Une colonne*

4 Pour sélectionner une cellule, cliquez sur l'angle gauche à l'intérieur de la cellule.

Figure 4.14 : *Sélectionner une cellule*

5 Pour sélectionner plusieurs éléments adjacents (lignes, colonnes, cellules), sélectionnez un premier élément, cliquez et faites-le glisser pour sélectionner les suivants.

6 Pour sélectionner plusieurs éléments non adjacents, sélectionnez un premier élément. Tout en maintenant la touche Ctrl enfoncée, cliquez sur les suivants. Relâchez le bouton de la souris.

7 Pour sélectionner du texte, procédez de la même manière que pour du texte normal.

4.7. Redimensionner les lignes, les colonnes, le tableau

La saisie terminée, il s'agit avant la mise en forme proprement dite, d'ajuster la taille des lignes ou des colonnes en fonction de leur contenu.

Si la hauteur des lignes ou la largeur des colonnes ne vous conviennent pas (malgré l'utilisation des boutons **Uniformiser la hauteur des lignes** et **Uniformiser la largeur des colonnes** utilisés précédemment), vous pouvez les redimensionner manuellement dans le tableau ou sur la règle, ou encore définir une taille précise. Vous avez même la possibilité de redimensionner le tableau dans son ensemble.

1 Pour redimensionner le tableau, cliquez dans l'angle inférieur droit (le pointeur prend la forme d'une double flèche). Faites glisser sa bordure vers l'intérieur pour le réduire, ou vers l'extérieur pour l'agrandir.

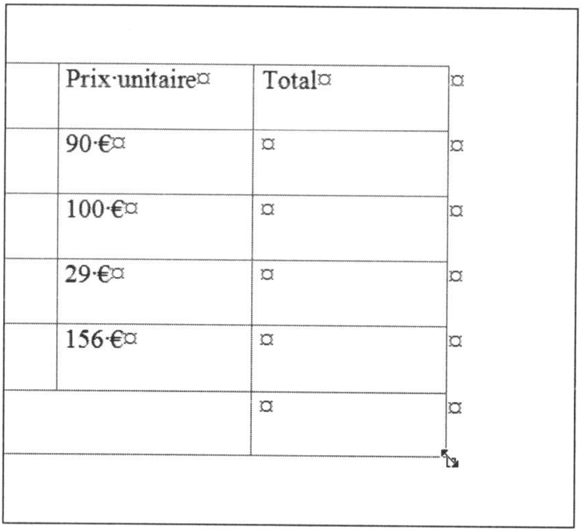

Prix·unitaire¤	Total¤	¤
90·€¤	¤	¤
100·€¤	¤	¤
29·€¤	¤	¤
156·€¤	¤	¤
	¤	¤

Figure 4.15 : *Redimensionner le tableau à la souris*

2 Pour modifier la largeur des colonnes manuellement, cliquez dans le tableau à l'intersection de la colonne à modifier et de la suivante, puis faites glisser la bordure vers la droite pour l'agrandir ou vers la gauche pour la diminuer.

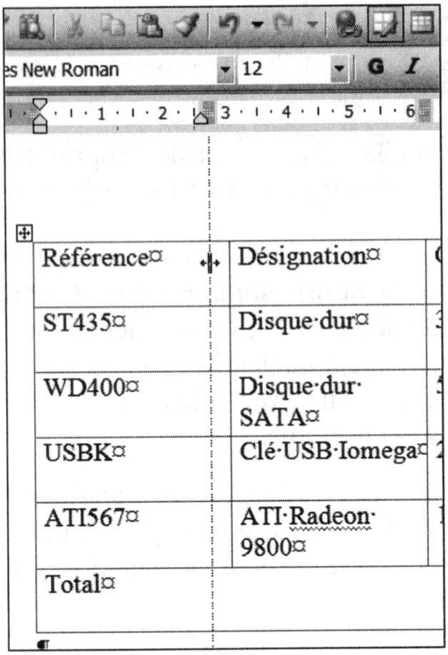

Figure 4.16 : *Modifier la largeur des colonnes dans le tableau*

Avec beaucoup de précautions, vous pouvez aussi glisser le séparateur de colonnes sur la règle.

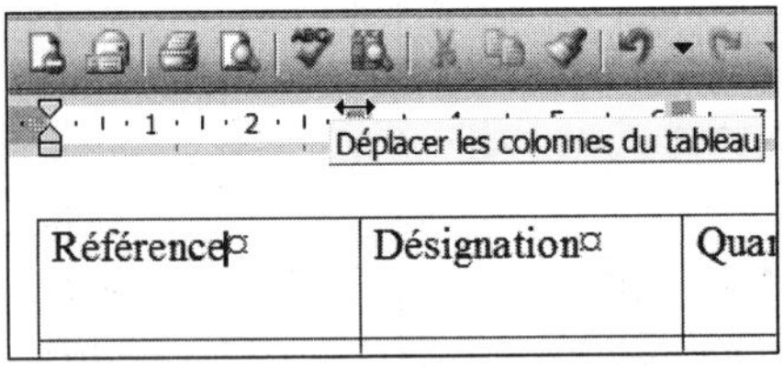

Figure 4.17 : *Ou sur la règle*

Pour modifier la hauteur d'une ligne manuellement, le principe est le même.

3 Cliquez dans le tableau à l'intersection de la ligne à modifier et de la ligne suivante et faites glisser vers le haut ou le bas, suivant l'effet escompté. Vous pouvez également effectuer un cliquer-glisser en utilisant les séparateurs de lignes sur la règle verticale.

4 Pour ajuster automatiquement une colonne à son contenu, double-cliquez dans le tableau à l'intersection de la colonne à ajuster et de la colonne suivante (le pointeur doit avoir la même forme qu'à l'étape 2).

5 Pour ajuster automatiquement l'ensemble du tableau à son contenu, cliquez du bouton droit dans n'importe quelle cellule du tableau. Dans le menu contextuel, pointez sur *Ajustement automatique* puis cliquez sur l'option *Ajuster au contenu*.

ASTUCE

Affichage rapide

Pour afficher rapidement les dimensions des colonnes du tableau sur la règle, maintenez la touche [Alt] enfoncée et cliquez à l'intersection de deux colonnes (dans le tableau ou sur la règle) en maintenant également le bouton de la souris enfoncé (pour une ligne, cliquez à l'intersection de deux lignes).

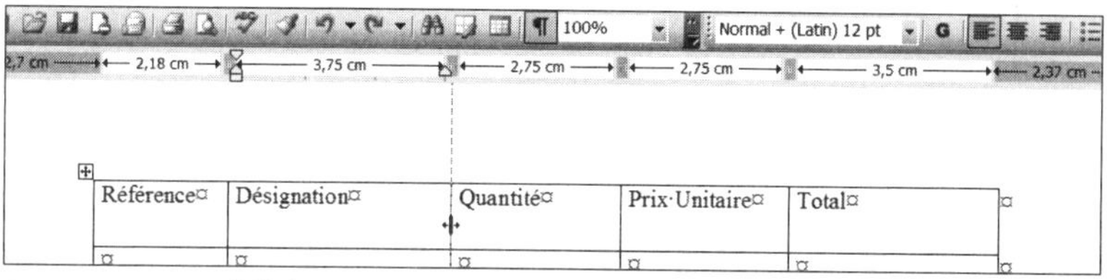

Figure 4.18 : *Afficher les dimensions des colonnes sur la règle*

6 Pour définir une taille précise de lignes ou de colonnes, sélectionnez le tableau (ou seulement une partie suivant le cas, quelques lignes ou colonnes). Cliquez du bouton droit sur la sélection. Dans le menu contextuel, cliquez sur **Propriétés du tableau**. Dans la fenêtre qui s'affiche, sous l'onglet **Ligne**, si ce n'est déjà fait, cochez la case *Spécifier la hauteur* et cliquez sur les flèches pour définir la hauteur souhaitée (pour définir une hauteur ligne par ligne, utilisez les boutons **Ligne précédente** et **Ligne suivante**). Renouvelez l'opération sous l'onglet **Colonne** et validez en cliquant sur OK (voir Figure 4.19).

ASTUCE

Option Répéter en haut de chaque page en tant que ligne d'en-tête

Sous l'onglet **Ligne**, notez la très intéressante option *Répéter en haut de chaque page en tant que ligne d'en-tête*, que vous pouvez utiliser pour un grand tableau qui tient sur plus d'une page et qui permet de répéter sur chaque nouvelle page une ligne du tableau (en général la première). Avant de valider cette option, il est bien sûr nécessaire de sélectionner uniquement cette ligne dans le tableau.

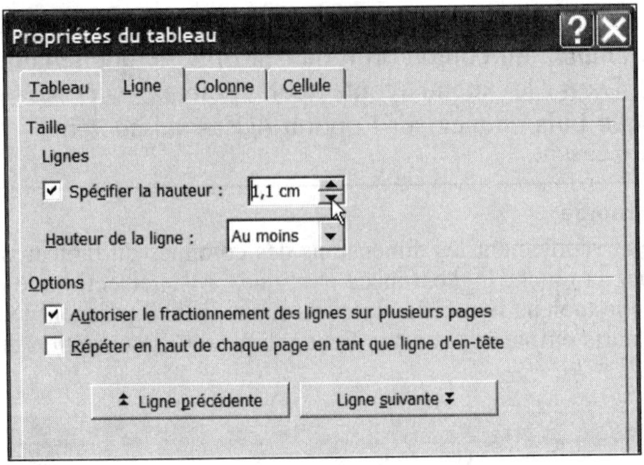

Figure 4.19 : *Boîte de dialogue Propriétés du tableau*

4.8. Insérer des lignes, des colonnes ou des cellules

Vous pouvez insérer des lignes ou des colonnes par le menu ou le menu contextuel.

1 Insérez une ligne ou une colonne en cliquant dans une ligne ou une colonne de départ. Dans le menu **Tableau**, pointez sur la commande **Insérer**. Dans le menu déroulant, choisissez la commande de votre choix.

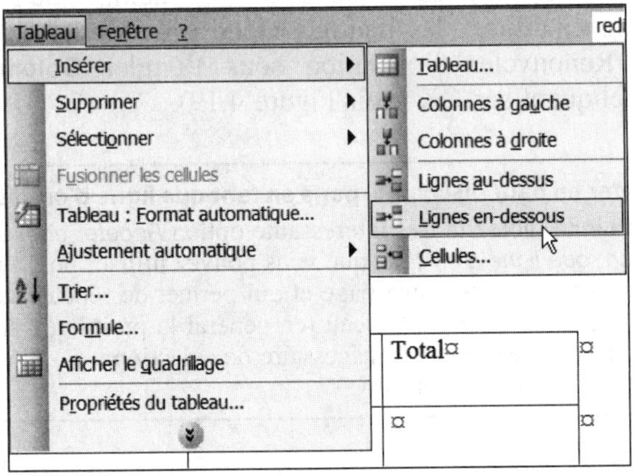

Figure 4.20 : *Insérer lignes ou colonnes*

> **Menu contextuel**
> Par le menu contextuel, il est nécessaire de sélectionner la ligne ou la colonne de départ. La nouvelle ligne s'insère au-dessus de la ligne sélectionnée et à gauche de la colonne. Pour ajouter une ligne en fin de tableau, cliquez dans la dernière cellule d'un tableau et appuyez sur la touche [Tab].

2 Pour insérer plusieurs lignes ou plusieurs colonnes en même temps, sélectionnez autant de lignes ou de colonnes que vous souhaitez en insérer. Procédez ensuite de la même manière que pour une seule ligne ou une seule colonne.

3 Faites de même pour l'insertion de cellules et choisissez une option de décalage (vers le bas, vers la droite…). Attention, vous risquez dans bien des cas de déstructurer votre tableau.

Vous pouvez aussi avoir besoin de déplacer des lignes ou des colonnes à l'intérieur d'un tableau. La méthode est similaire à celle du déplacement de paragraphe.

1 Pour déplacer une ligne vers le haut par exemple, sélectionnez la ligne à déplacer.

2 Cliquez sur la sélection. Sans relâcher le bouton de la souris, faites glisser la ligne à hauteur de la première cellule d'une ligne située plus haut (la ligne déplacée se positionne au-dessus de cette ligne).

3 Pour déplacer une ligne vers le bas, sélectionnez cette dernière et faites-la glisser à hauteur de la première cellule d'une ligne située plus bas (attention, pour faire passer une ligne sous la ligne située immédiatement en dessous, faites glisser cette ligne deux lignes en dessous).

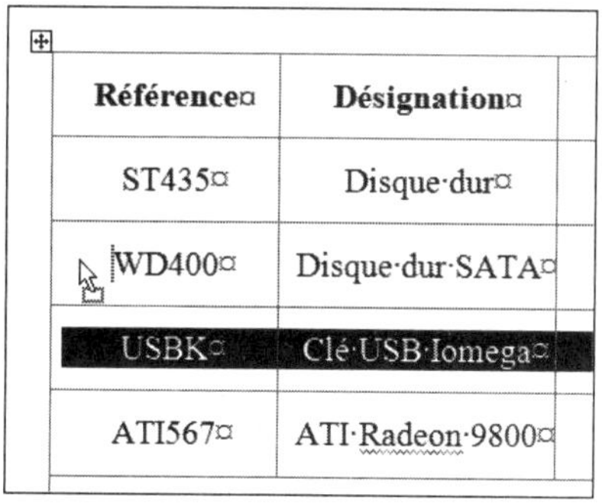

Figure 4.21 :
Déplacer une ligne vers le haut

4.9. Mettre en forme un tableau

Il s'agit maintenant de mettre en forme le tableau : aligner le texte dans les cellules, mettre en gras la première ligne qui contient en général les libellés du tableau, ajouter des couleurs, des bordures à moins que vous ne laissiez à Word le soin de le faire à votre place en choisissant un format automatique.

Aligner le texte dans les cellules

Vous avez saisi du texte, mais celui-ci n'est pas encore centré. Une option va vous permettre d'aligner le texte dans les cellules horizontalement et verticalement en même temps.

1. Sélectionnez le tableau et, sur la barre d'outils *Tableaux et bordures*, cliquez sur la flèche du bouton représenté par un symbole d'alignement (l'info bulle est variable suivant le type d'alignement en cours).
2. Dans le menu déroulant, cliquez sur *Centrer*.

Tout le texte de votre tableau est maintenant centré.

ASTUCE

Options d'alignement

Vous pouvez aussi choisir un type d'alignement en cliquant sur l'option *Alignement de cellules* du menu contextuel.

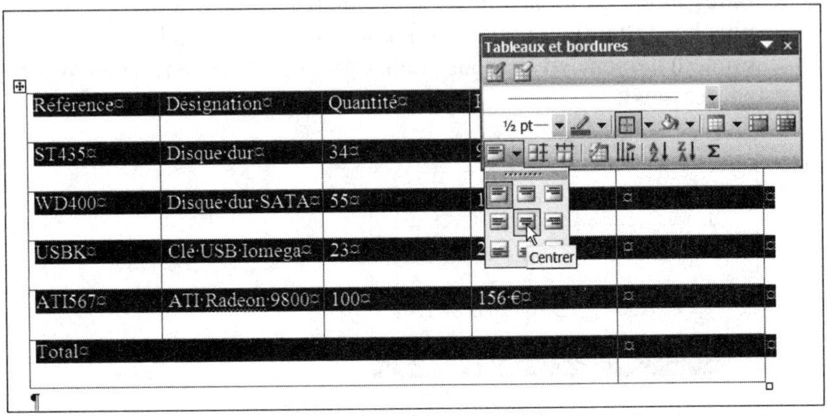

Figure 4.22 : *Centrer horizontalement et verticalement le texte dans les cellules*

Disparition du texte

Si du texte disparaît d'une cellule (totalement ou partiellement) après qu'un alignement a été appliqué, cherchez la cause du côté des retraits. Ceux-ci sont en effet présents dans chaque colonne du tableau. Si vous déplacez un retrait par erreur (au lieu d'un séparateur de colonnes, par exemple), le texte disparaît. Dans l'exemple qui suit, le texte `Désignation` n'apparaît qu'en partie car le retrait à droite de la colonne correspondante a été déplacé dans la colonne voisine. Il suffit de le faire glisser vers la gauche pour le remettre à hauteur du séparateur de colonnes.

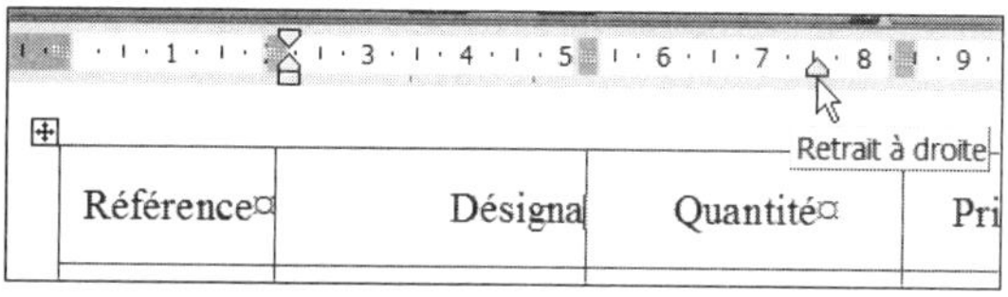

Figure 4.23 : Un retrait parti en balade

Mettre en forme le texte

La mise en forme du texte est identique dans un tableau ou dans un document.

1 Pour mettre par exemple en gras la première ligne d'un tableau, sélectionnez-la et cliquez sur le bouton **Gras** de la barre d'outils *Mise en forme*.

2 Pour modifier tout le texte d'une même cellule, sélectionnez la cellule, effectuez les modifications désirées (police, taille de police, gras, couleur…).

Appliquer des bordures et des trames

Si vous n'avez pas appliqué de bordures au moment de dessiner le tableau, vous pouvez le faire maintenant, ajouter des trames ou appliquer un format automatique.

1 Pour appliquer des bordures au tableau, sélectionnez-le.

2 Pour choisir une bordure extérieure différente de la bordure intérieure, cliquez sur le bouton fléché de la zone *Couleur de la bordure* de la barre d'outils *Tableaux et bordures*. Choisissez une couleur pour le contour. Utilisez les zones *Épaisseur de trait* et

Style de trait pour sélectionner un trait. Cliquez sur la flèche du bouton **Bordure** (suivi d'un intitulé qui diffère suivant la dernière bordure utilisée). Dans la palette qui se déroule, cliquez sur le bouton **Bordure extérieure**. Recommencez pour les bordures intérieures (choix d'une couleur et d'un trait). Cliquez cette fois sur le bouton **Bordure intérieure**.

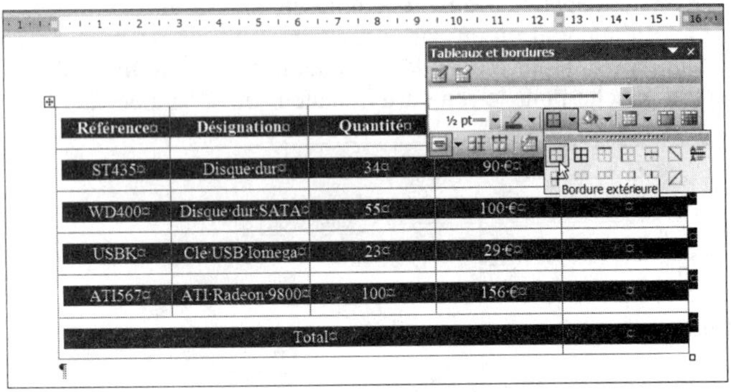

Figure 4.24 : *Appliquer des bordures au tableau*

3 Pour choisir une couleur de fond, sélectionnez une ligne par exemple (il peut s'agir aussi de cellules individuelles) et cliquez sur la flèche du bouton **Couleur de la trame de fond** (pot de peinture). Sélectionnez une couleur dans la palette qui se déroule. Cliquez en dehors de la ligne pour désélectionner.

4 Modifiez éventuellement la couleur de police pour respecter les contrastes (pour une couleur de fond relativement foncée, choisissez une couleur de police blanche, en utilisant le bouton **Couleur de police** de la barre d'outils *Mise en forme*).

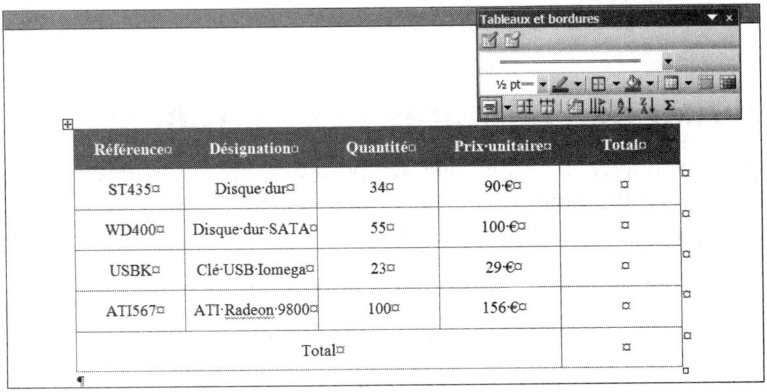

Figure 4.25 : *Le tableau mis en forme*

Si vous souhaitez appliquer une mise en forme toute faite, utilisez un format automatique.

5 Cliquez sur le bouton **Tableau : Format automatique** de la barre d'outils *Tableaux et bordures.* Dans la fenêtre qui s'affiche, sélectionnez un modèle de tableau et validez en cliquant sur le bouton **Appliquer**.

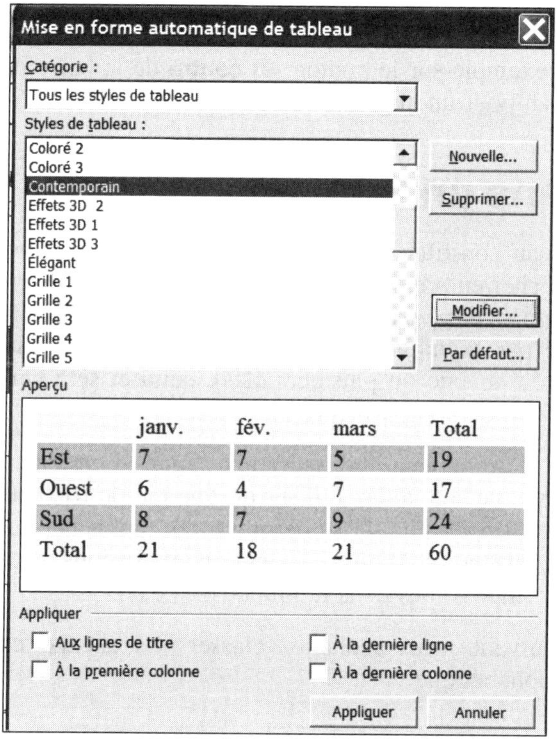

Figure 4.26 : *Sélection d'un style de tableau prédéfini*

4.10. Afficher/masquer le quadrillage

Ne confondez pas bordure et quadrillage. Si vous avez choisi l'option *Aucune bordure* au moment d'ajouter les bordures extérieures et intérieures, vous pouvez quand même afficher le quadrillage afin de visualiser la structure du tableau (celui-ci n'apparaît pas à l'impression). Activez la commande **Tableau/Afficher le quadrillage** ou **Tableau/Masquer le quadrillage**, suivant le cas.

4.11. Aligner le tableau dans la page

Vous pouvez aligner des cellules mais aussi aligner le tableau, si toutefois celui-ci n'occupe pas toute la largeur de la page. La procédure est la même que pour des paragraphes.

1 Sélectionnez le tableau. Pour rappel, le moyen le plus efficace consiste à cliquer sur le petit carré situé dans l'angle supérieur gauche à l'extérieur du tableau.

2 Cliquez par exemple sur le bouton **Au centre** de la barre d'outils *Mise en forme*, pour un alignement centré.

4.12. Trier dans un tableau

Trier dans un tableau constitue un moyen bien pratique pour ordonner vos données, et afficher en premier les informations qui vous intéressent (effectuer un tri alphabétique par noms, ou par dates, de la plus récente à la plus ancienne par exemple). Suivant la structure du tableau et le type de tri souhaité (sur une ou plusieurs clés), celui-ci sera simple et rapide à exécuter, ou plus long à mettre en place.

Si vous disposez d'un tableau basique (une ligne d'en-tête et des données) et que vous ne souhaitiez utiliser qu'une clé de tri (une seule colonne du tableau), l'opération va se dérouler très rapidement à partir de la barre d'outils *Tableaux et bordures* (attention aux fusions de cellules qui rendent les tris impossibles dans la plupart des cas).

Dans le tableau suivant, vous souhaitez classer vos clients (colonne *Noms*) par ordre alphabétique.

Civilités¤	Noms¤	Prénoms¤	N°¤	Adresse1¤	Adresse2¤	postal¤	
Madame¤	Vichy¤	Annette¤	25¤	bld·des·Martyrs¤	Bât·2¤	95380¤	Louvres¤
Madame¤	Varoise¤	Jeanne¤	1¤	rue·Toulouse¤	¤	95000¤	Sarcelles¤
Monsieur¤	Perrier¤	Alfred¤	12¤	av·des·Gens¤	¤	95000¤	Sarcelles¤
Monsieur¤	Perillat¤	Jean¤	12¤	rue·de·la·Glisse¤	¤	75011¤	Paris¤
Monsieur¤	Pepsi¤	Cola¤	12¤	rue·Disney¤	Esc.·C¤	94230¤	Marne·la·Vallée¤
Madame¤	Galipette¤	Aline¤	111¤	rue·des·Gymnastes¤	¤	75012¤	Paris¤
Monsieur¤	Durand¤	Jean¤	125¤	av·du·Général·Leclerc¤	¤	75010¤	Paris¤
Monsieur¤	Dupond¤	Alain¤	1¤	rue·des·Alouettes¤	¤	95380¤	Louvres¤
Madame¤	Bulbo¤	Sylvie¤	4¤	allée·des·Fleurs¤	¤	13000¤	Marseille¤
Mademoiselle¤	Badoit¤	Juliette¤	26¤	rue·du·Louvre¤	¤	75001¤	Paris¤

Figure 4.27 : *Ordonner les lignes d'un tableau*

1 Cliquez dans n'importe quelle cellule de la colonne *Noms.*

2 Cliquez sur le bouton **Tri croissant** de la barre d'outils *Tableaux et bordures*.

C'est tout. Les lignes du tableau (de la base) sont triées par noms (tri alphabétique croissant). Utilisez le bouton **Tri décroissant** de la barre d'outils *Tableaux et bordures* (représenté par l'inscription *ZA*) pour inverser le tri.

Civilités¤	**Noms¤**	**Prénoms¤**
Mademoiselle¤	Badoit¤	Juliette¤
Madame¤	Bulbo¤	Sylvie¤
Monsieur¤	Dupond¤	Alain¤
Monsieur¤	Durand¤	Jean¤
Madame¤	Galipette¤	Aline¤
Monsieur¤	Pepsi¤	Cola¤
Monsieur¤	Perillat¤	Jean¤
Monsieur¤	Perrier¤	Alfred¤
Madame¤	Varoise¤	Jeanne¤
Madame¤	Vichy¤	Annette¤

¶

Figure 4.28 : *Trier rapidement un tableau*

Si par contre, vous disposez d'un tableau plus complexe, ou (et) si vous souhaitez effectuer un tri sur plusieurs clés (sur plusieurs colonnes), vous ne pourrez appliquer un tri rapide et devrez passer par le menu.

Vous disposez par exemple d'un tableau qui comprend une première ligne avec un titre, une ligne d'en-tête, des données et une dernière ligne avec un intitulé `Total`. Pour trier uniquement les données, vous devez exclure la première et la dernière ligne du tableau. Ici, si vous appliquez un tri rapide, la ligne de titre sera considérée par Word comme ligne d'en-tête, la vraie ligne d'en-tête et la dernière ligne du tableau seront triées comme des données.

1 Sélectionnez les lignes à trier (la ligne d'en-tête et les lignes qui contiennent les données), mais ne sélectionnez ni la première ligne (qui contient le titre), ni la dernière.

2 Activez la commande **Tableaux/Trier**. Dans la fenêtre qui s'affiche, sélectionnez l'option *Oui* dans la zone *Ligne d'en-tête* (pour rétablir la bonne ligne d'en-tête). Cliquez sur le bouton fléché de la zone *1re clé*, et sélectionnez le nom de la colonne souhaitée (`Auteurs` dans notre exemple). Choisissez le type de données dans la zone *Type*, et l'option *Croissant* ou *Décroissant* selon l'ordre de tri souhaité.

3 Pour ajouter une seconde clé de tri, renouvelez l'opération et choisissez le nom d'une autre colonne dans la zone *2e clé*, le type de données et l'ordre de tri. Validez.

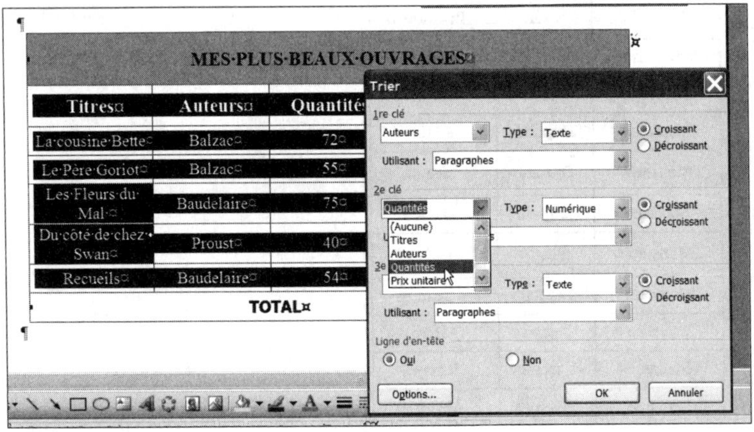

Figure 4.29 : *Trier dans un tableau plus complexe. Ne sélectionnez que les lignes à trier*

4.13. Effectuer des calculs

Word ne remplace pas Excel, il s'agit d'un traitement de texte et non d'un tableur. Vous pouvez néanmoins réaliser quelques calculs sommaires dans les tableaux, en utilisant notamment une fonction de calcul issue d'Excel : la Somme automatique.

Si vous disposez dans un tableau d'une colonne de nombres à additionner :

1 Cliquez dans la cellule qui doit contenir le résultat.

2 Cliquez sur le bouton **Somme automatique** de la barre d'outils *Tableaux et bordures*.

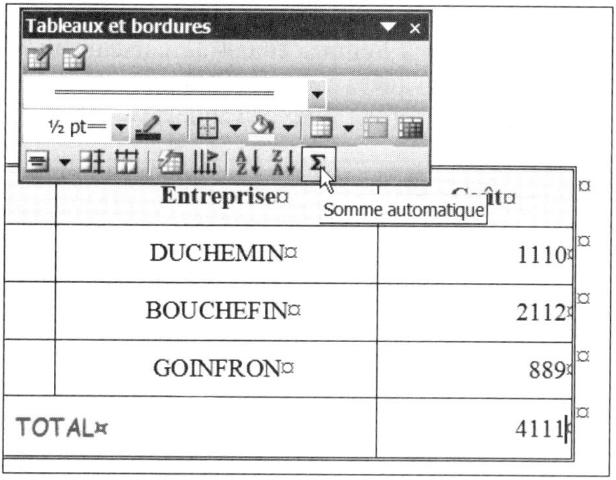

Figure 4.30 : *Effectuer rapidement une somme.*

La Somme automatique peut être utilisée uniquement dans des cas simples. Elle ne fonctionne pas lorsque vous devez additionner des nombres présentant le symbole de l'euro par exemple. Ici, comme pour les autres types d'opérations à effectuer, il est nécessaire de créer une formule.

Considérons le tableau suivant dans lequel il s'agit de calculer le total (*Quantité* x *Prix unitaire*) dans la colonne *Total*.

Référence	Désignation	Quantité	Prix unitaire	Total
ST435	Disque dur	34	90 €	
WD400	Disque dur SATA	55	100 €	
USBK	Clé USB Iomega	23	29 €	
ATI567	ATI Radeon 9800	100	156 €	
Total				

Figure 4.31 : *Multiplier des valeurs dans une colonne.*

1 Cliquez dans la première cellule vide de la colonne *Total* et activez la commande **Tableau/Formule**. Dans la fenêtre qui s'affiche, supprimez la formule existante dans la zone *Formule* (sans supprimer le signe =). Cliquez sur le bouton fléché de la zone

Insérer la fonction. Dans la liste déroulante, choisissez la fonction *PRODUCT*. Tapez `left` à l'emplacement du curseur qui clignote entre les parenthèses situées après *PRODUCT*. Dans la zone *Format*, sélectionnez le format *Euro* et validez.

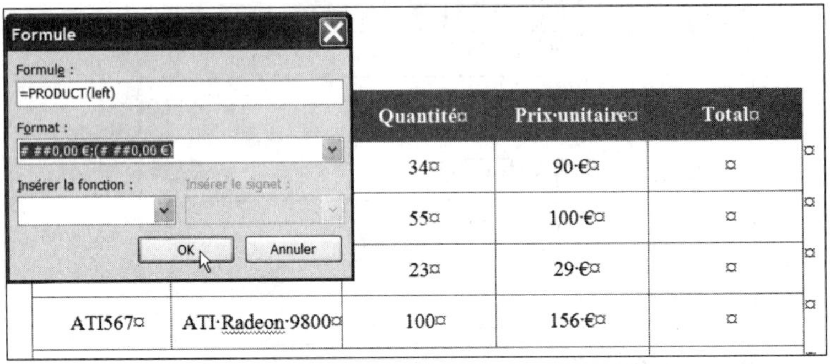

Figure 4.32 : *Créer une formule de calcul*

Le résultat de la multiplication s'inscrit dans la cellule.

REMARQUE

Formules de calcul

La formule `=PRODUCT(left)` calcule le produit de toutes les valeurs des cellules situées à gauche. Vous pouvez utiliser cette formule ici car seules les colonnes *Quantité* et *Prix Unitaire* contiennent des nombres. Dans le cas contraire, (une colonne qui contient des nombres ne doit pas être incluse dans le calcul), vous devez utiliser les références de cellule. Chaque cellule se situe à l'intersection d'une ligne et d'une colonne ; comptez les lignes du tableau et attribuez une lettre par colonne. Ici, vous obtenez les formules suivantes : `=c2*d2`, `=c3*d3`, etc.

Pour calculer les autres résultats de la colonne *Total*, inutile de créer une nouvelle formule à chaque fois (sauf dans le cas où vous utilisez les références de cellule). Vous allez copier la première formule dans les cellules du dessous puis mettre les résultats à jour.

2 Sélectionnez le premier résultat obtenu dans la colonne *Total*. Cliquez du bouton droit sur la sélection. Dans le menu contextuel, cliquez sur *Copier*.

3 Cliquez du bouton droit dans la cellule du dessous. Dans le menu contextuel, choisissez *Coller* (si vous avez sélectionné la cellule complète à l'étape précédente, la commande se nomme alors **Coller les cellules**).

4 Répétez l'opération dans les autres cellules de la colonne (**Coller** ou **Coller les cellules**).

Tous les résultats affichés sont identiques. La mise à jour n'est effectivement pas automatique.

5 Cliquez du bouton droit sur chaque résultat à actualiser. Dans le menu contextuel, cliquez sur *Mettre à jour les champs*.

RENVOI

Reportez-vous au chapitre ***Mettre en forme un document*** *pour la définition d'un champ.*

Terminez par le dernier calcul, c'est-à-dire le total général (la somme de la colonne *Total*). Ici, la Somme automatique ne fonctionne pas, créez donc une formule.

6 Cliquez dans la dernière cellule de la colonne *Total*. En procédant de la même manière qu'à l'étape 1, établissez cette fois la formule suivante : `=SUM(above)`. Validez.

Sum est le nom de la fonction en anglais, *above* signifie au-dessus.

	Quantité¤	Prix·unitaire¤	Total¤
	34¤	90·€¤	3°060,00·€¤
A¤	55¤	100·€¤	5°500,00·€¤
¤	23¤	29·€¤	667,00·€¤
)¤	100¤	156·€¤	15°600,00·€¤
Total¤			24°827,00·€¤

Figure 4.33 : *Une somme pas tout à fait automatique*

ATTENTION

Effectuer une saisie simple

Pour taper des nombres que vous utilisez ensuite dans une formule de calcul, ne saisissez pas les séparateurs de milliers par un espace, le résultat de la formule serait faux. Tapez par exemple 4225,00 (sans espace après le "4" des milliers et non 4 225,00.

4.14. Trucs et astuces pour les tableaux

Voici quelques trucs qu'il est bon de connaître dans la création de tableaux.

Convertir un texte en tableau

Si vous avez saisi le texte d'un tableau avant d'en définir la structure, rien n'est perdu ; il est possible de créer le tableau après. Autre scénario : vous avez récupéré par copier-coller une liste de noms et d'adresses et souhaitez créer un carnet d'adresses. Qu'à cela ne tienne, convertissez le texte en tableau.

1 Vérifiez que tous les éléments du texte qui doivent constituer les futures colonnes du tableau disposent du même séparateur (une marque de tabulation, une marque de fin de paragraphe, un point-virgule…), sinon ajoutez les séparateurs manquants.

2 Sélectionnez le texte et activez la commande **Tableau/Convertir/ Texte en tableau**. Dans la fenêtre qui s'affiche, sous la rubrique *Taille du tableau*, sélectionnez le nombre de colonnes dans la zone correspondante. Sous la rubrique *Séparer le texte au niveau des*, si ce n'est déjà fait, cliquez sur l'option correspondante au séparateur utilisé dans le texte. Validez.

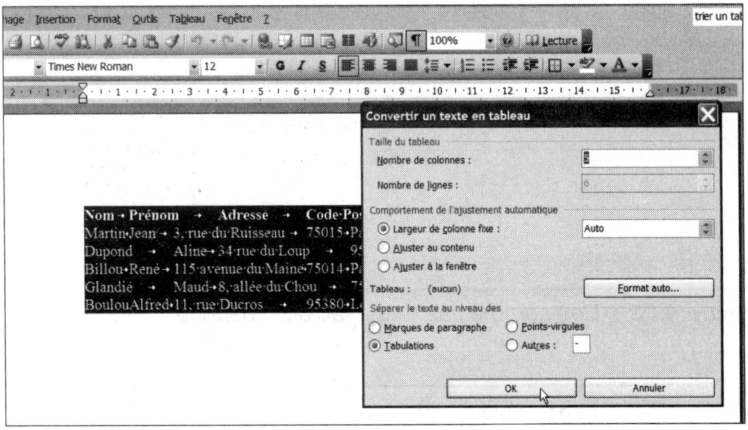

Figure 4.34 : *Transformer du texte en tableau*

Le contraire est également possible en activant la commande **Tableau/Convertir/Tableau en texte.**

Répéter une ligne d'en-tête en haut de chaque nouvelle page

Lorsque vous créez de grands tableaux (de plus d'une page), il est toujours bon d'avoir en permanence les intitulés de colonnes (la ligne d'en-tête) placés en haut de chaque nouvelle page. Cela permet d'en indiquer clairement le contenu. Il est possible de répéter plusieurs lignes sur chaque nouvelle page (une ligne contenant le titre du tableau, ainsi que la ligne d'en-tête par exemple), et non une seule.

1 Sélectionnez la ou les lignes du tableau à répéter sur chaque nouvelle page.

2 Dans le menu **Tableau**, cliquez sur la commande **Titres**.

REMARQUE

Répéter en tant que ligne d'en-tête

Une autre méthode permet d'obtenir le même résultat. Sélectionnez la ou les lignes à répéter et activez la commande **Tableau/Propriétés du tableau**. Dans la fenêtre qui s'affiche, sous l'onglet **Ligne**, rubrique *Options*, cochez la case *Répéter en haut de chaque page en tant que ligne d'en-tête*. Validez. Pour les deux méthodes, seule la première ligne du tableau peut être répétée (dans l'hypothèse de plusieurs lignes à répéter, la première doit en faire partie).

Utiliser les tabulations dans un tableau

Dans la mesure où la touche [Tab] permet de se déplacer dans un tableau vers la droite, peut-on créer des tabulations pour espacer du texte dans une cellule ?

Vous souhaitez par exemple saisir `Exercice 1` et un peu plus loin dans la cellule la mention `Fait`.

1 Tapez `Exercice 1`, activez le raccourci clavier [Ctrl]+[Tab] et tapez la suite du texte, ici `Fait`.

2 Cliquez sur la règle à l'intérieur de la colonne pour placer le taquet souhaité et définir la tabulation.

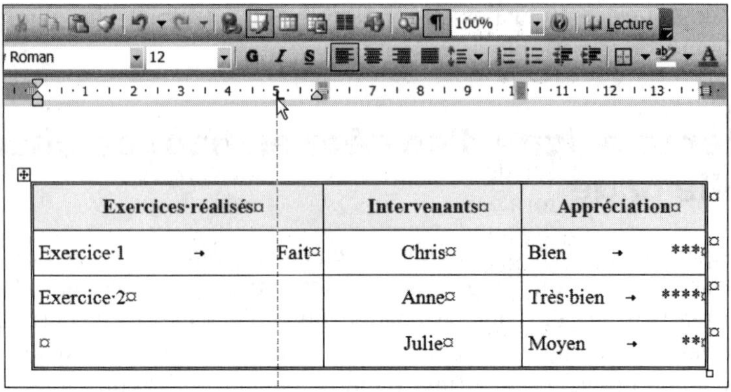

Exercices·réalisés¤	Intervenants¤	Appréciation¤
Exercice·1 → Fait¤	Chris¤	Bien → ***¤
Exercice·2¤	Anne¤	Très·bien → ****¤
¤	Julie¤	Moyen → **¤

Figure 4.35 : *Définir des tabulations dans la cellule d'un tableau, c'est possible*

Créer un tableau sans bordures

Le tableau est un moyen sûr pour aligner facilement et correctement du texte. Vous pouvez par exemple utiliser les colonnes du tableau pour aligner votre texte aisément au lieu de le faire avec la méthode des tabulations, et masquer ensuite les bordures du tableau. Le but ici n'est pas de créer un tableau mais de l'utiliser pour "caler" du texte (ou des images).

1 Créez le tableau normalement, saisissez le texte, effectuez la mise en forme.

2 Sélectionnez le tableau. Dans la barre d'outils *Tableaux et bordures*, cliquez sur la flèche du bouton **Bordure** (suivi d'un intitulé). Dans la palette qui se déroule, cliquez sur le bouton **Aucune bordure**.

3 Dans le menu **Tableau**, cliquez sur la commande **Masquer le quadrillage**.

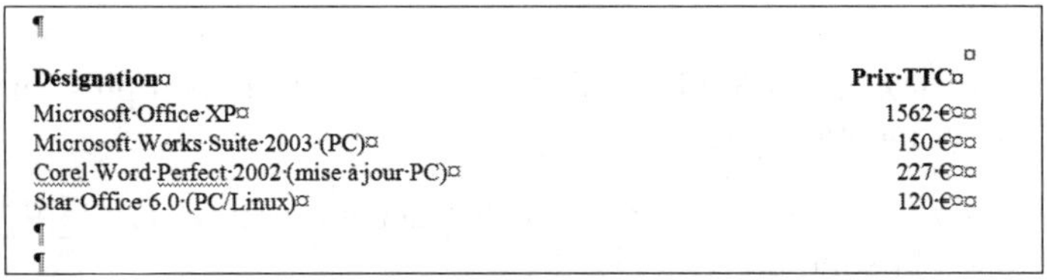

Désignation¤	Prix·TTC¤
Microsoft·Office·XP¤	1562·€¤¤
Microsoft·Works·Suite·2003·(PC)¤	150·€¤¤
Corel·Word·Perfect·2002·(mise·à·jour·PC)¤	227·€¤¤
Star·Office·6.0·(PC/Linux)¤	120·€¤¤

Figure 4.36 : *Tabulations ou tableau*

La plupart des pages web sont construites selon ce principe.

4.15. Créez un tableau de suivi d'entretien de véhicules

Dans cet exercice, vous allez être sensibilisé à la gestion d'un grand tableau (qui tient sur deux pages). Vous réaliserez des mises en forme usuelles (mise en forme de caractères, alignements, etc.) et d'autres un peu plus complexes que celles effectuées dans un tableau courant (retraits, tabulations, listes à puces à l'intérieur d'une même cellule qui contient plus d'une ligne de texte, etc.). Vous apprendrez à effectuer des tris pour ordonner les lignes du tableau.

ENTRETIEN DES VEHICULES

VEHICULE	DATE	KM	REVISIONS / VIDANGES	INTERVENTIONS (Sous / Hors Contrat)
MERCEDES 3005 AV 95	12/09/2005	10984	Révision des 10000 (gratuite)	
CLIO 905 DTQ 95	04/09/2005	56000	➤ Vidange (huile de synthèse 5,40 W) ➤ Purge du système de freinage	Remplacement compresseur climatisation (SC) Garage Legendre - Gonesse
MEGANE BREAK 567 CXY 95	03/10/2005	89098	Révision des 90000	➤ Plaquettes de freins (SC) ➤ Interv. sur moteur, voyant moteur (SC) ➤ Changement 4 pneus (SC) Garage Legendre - Gonesse
MAZDA PREMACY 689 DDD 95	14/05/2005	63987	Révision des 60000 → RAS	
VECTRA 634 CVI 95	14/11/2005	123000		Remplacement disques, étriers, plaquettes Garage Legendre - Gonesse
PRIMERA 366 CPM 92	15/03/2005	61023	Révision des 60000 → RAS	
AVENSIS 231 BKL 95	25/07/2005	30456	Révision des 30000 → RAS	

Figure 4.37 : *Voici la première page d'un grand tableau*

Pour remplir le tableau, nous vous proposons d'ouvrir et d'imprimer notre exemple.

1 Ouvrez le fichier *Entretien véhicules.doc* et cliquez en haut de l'écran sur le bouton **Imprimer**.

2 Ouvrez un nouveau document en cliquant sur le bouton **Nouveau document** de la barre d'outils *Standard*. Enregistrez le fichier tout de suite en cliquant sur le bouton **Enregistrer**. Dans la fenêtre **Enregistrer sous** qui s'affiche, choisissez un dossier de stockage, nommez le fichier `Tableau d'entretien` par exemple et validez.

3 Appuyez trois fois sur la touche Entrée afin de laisser de la place au-dessus du tableau pour saisir le titre.

Changez l'orientation de la page (le tableau doit tenir dans la largeur de la page), et modifiez le zoom pour avoir une vue globale de la page.

4 Activez la commande **Fichier/Mise en page**. Dans la fenêtre qui s'affiche, sous l'onglet **Marges**, rubrique *Orientation*, cliquez sur l'option *Paysage* et validez.

5 Cliquez sur la flèche du bouton **Zoom** de la barre d'outils *Standard* et choisissez un zoom à 75 %.

Il s'agit dans un premier temps de dessiner le tableau (contour, lignes et colonnes), d'ajuster la hauteur des lignes et la largeur des colonnes, de saisir le texte, etc.

1 Si ce n'est déjà fait, affichez la barre d'outils *Tableaux et bordures* en cliquant sur le bouton du même nom dans la barre d'outils *Standard*.

2 Le tableau doit prendre toute la page et s'arrêter aux marges de droite et du bas. En vous aidant des repères sur la règle, cliquez dans l'angle supérieur gauche de la page (sous les trois paragraphes vides créés à l'étape 3). Tout en maintenant le bouton de la souris enfoncé, tracez un rectangle en faisant glisser le pointeur en diagonale jusqu'à l'angle inférieur droit. Une fois arrivé à la limite de la marge de droite et de la marge du bas, relâchez le bouton de la souris.

3 Cliquez sur le bord supérieur du contour. Sans relâcher le bouton de la souris, faites glisser vers le bas pour tracer la première colonne. Tracez cinq colonnes en tout. En partant du bord gauche du contour, tracez ensuite huit lignes (tracez des lignes bien droites pour éviter d'imbriquer un tableau à l'intérieur du tableau). Cliquez tour à tour sur les boutons **Uniformiser la hauteur des lignes** et **Uniformiser la largeur des colonnes** de la barre d'outils *Tableaux et bordures*.

Vous allez tout de suite fixer la hauteur des lignes à 1,5 cm. Vous redimensionnerez plus tard les colonnes à la souris, une fois le texte saisi (chaque colonne présente une taille différente).

4 Sélectionnez le tableau (petit carré situé dans l'angle supérieur gauche à l'extérieur du tableau), et activez la commande **Tableau/Propriétés du tableau**. Dans la fenêtre qui s'affiche, sous

l'onglet **Lignes**, sous la rubrique *Taille*, cochez la case *Spécifier la hauteur*. À l'aide des boutons fléchés, sélectionnez 1,5 cm. Validez.

5 Tapez le titre sur le premier paragraphe au-dessus du tableau `ENTRETIEN DES VEHICULES`. Appliquez les mises en forme suivantes : police *Comic Sans Ms*, taille *16*, *gras*, alignement *Au centre*. Activez la commande **Format/Bordure et trame**. Dans la fenêtre qui s'affiche, sous l'onglet **Bordures**, zone *Type*, cliquez sur *Encadré*. Cliquez sur le bouton **Options** et dans la nouvelle fenêtre, choisissez *8* points dans la zone *Haut* et *8* points dans la zone *Bas* à l'aide des boutons fléchés. Validez. De retour dans la fenêtre **Bordure et trame**, sous l'onglet **Trame de fond**, choisissez une couleur bleu clair. Validez en cliquant sur OK.

6 Cliquez dans la première cellule du tableau et commencez à saisir le texte du tableau. Tapez le premier libellé de la ligne d'en-tête `VEHICULE`, appuyez sur la touche [Tab] et saisissez les suivants en procédant de la même manière. Le dernier libellé tient sur deux lignes, tapez `INTERVENTIONS`, appuyez sur [Entrée] et saisissez la seconde ligne (`Sous/Hors Contrat`). Ici l'usage de la touche [Entrée] se justifie, vous pouvez aussi appliquer la combinaison de touches [Maj]+[Entrée].

7 Appuyez sur [Tab] et tapez ainsi tout le texte du tableau. Appuyez sur [Entrée] (ou [Maj]+[Entrée]) dans la première cellule de chaque ligne après le nom de la voiture si le numéro d'immatriculation ne passe pas automatiquement à la ligne. Appuyez sur [Entrée] à chaque fois que vous devez changer de paragraphe, notamment pour les cellules qui contiennent des listes à puces (il s'agit d'une énumération de différentes interventions, et chaque puce doit correspondre à un paragraphe distinct). N'appuyez pas sur [Entrée] lorsque cela n'est pas nécessaire (n'oubliez pas que vous pourrez repositionner le texte une fois la saisie terminée en redimensionnant les colonnes).

8 Tapez les marques de tabulations aux endroits nécessaires. Pour `Révision des 60000          RAS`, par exemple, tapez `Révision des 60000`, activez le raccourci clavier [Ctrl]+[Tab], et saisissez `RAS`. Répétez l'opération pour les autres cellules identiques.

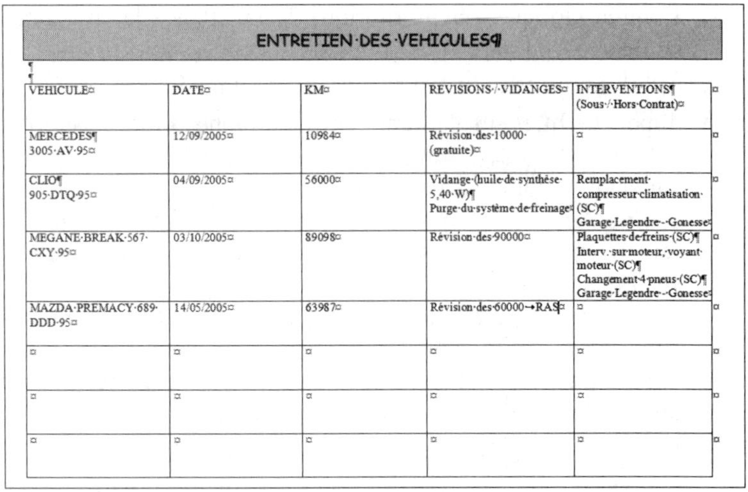

ENTRETIEN DES VEHICULES

VEHICULE	DATE	KM	REVISIONS / VIDANGES	INTERVENTIONS (Sous / Hors Contrat)
MERCEDES 3005 AV 95	12/09/2005	10984	Révision des 10000 (gratuite)	
CLIO 905 DTQ 95	04/09/2005	56000	Vidange (huile de synthèse 5,40 W) Purge du système de freinage	Remplacement compresseur climatisation (SC) Garage Legendre - Gonesse
MEGANE BREAK 567 CXY 95	03/10/2005	89098	Révision des 90000	Plaquettes de freins (SC) Interv. sur moteur, voyant moteur (SC) Changement 4 pneus (SC) Garage Legendre - Gonesse
MAZDA PREMACY 689 DDD 95	14/05/2005	63987	Révision des 60000 → RAS	

Figure 4.38 : *Dessiner, ajuster lignes et colonnes, taper le texte*

REMARQUE

Hauteur des lignes

Certaines cellules contiennent beaucoup de texte, la hauteur des lignes s'est donc adaptée en conséquence. Le tableau doit maintenant tenir sur deux pages.

Arrivé sur la dernière ligne du tableau (sur la seconde page), il vous manque des lignes pour saisir toutes les données.

9 Cliquez dans la dernière cellule du tableau et appuyez sur la touche Tab (une nouvelle ligne est créée). Poursuivez la saisie et renouvelez l'opération en ajoutant encore une autre ligne. Tapez le texte de la dernière ligne.

10 Enregistrez les modifications en cliquant sur le bouton **Enregistrer**.

Vous allez maintenant aligner le texte dans les cellules, redimensionner les colonnes, effectuer la mise en forme.

1 Sélectionnez le tableau. Cliquez sur la flèche du bouton représenté par un symbole d'alignement de la barre d'outils *Tableaux et bordures* (l'info bulle est variable). Dans le menu déroulant, cliquez sur *Centrer*.

Vous venez d'effectuer l'alignement pour l'ensemble du tableau. Modifiez maintenant celui des deux dernières colonnes : les libellés sont alignés comme le reste du tableau, mais les données ont un alignement différent (centré verticalement et aligné à gauche horizontalement).

2 Cliquez devant *Révision des 10000 (gratuite)* (seconde cellule de la colonne *REVISIONS/VIDANGES*). À l'aide de la roulette de la souris, atteignez la fin du tableau. Tout en maintenant la touche [Maj] enfoncée, cliquez après le dernier caractère de *Garage Legendre – Gonesse* (dernière cellule de la colonne *INTERVENTIONS (Sous/Hors Contrat)*), de manière à sélectionner précisément le texte des deux dernières colonnes.

3 Cliquez sur la flèche du bouton d'alignement de la barre d'outils *Tableaux et bordures*. Dans le menu déroulant, choisissez cette fois *Au centre à gauche*.

4 Redimensionnez les colonnes. Dans le tableau, cliquez à l'intersection de la colonne à redimensionner et de la suivante (le pointeur prend la forme d'un trait double et de flèches orientées à gauche et à droite). Sans relâcher le bouton de la souris, effectuez un cliquer-glisser vers la droite pour agrandir une colonne, ou vers la gauche pour la réduire. Répétez l'opération pour chaque colonne (les deux dernières colonnes sont plus larges).

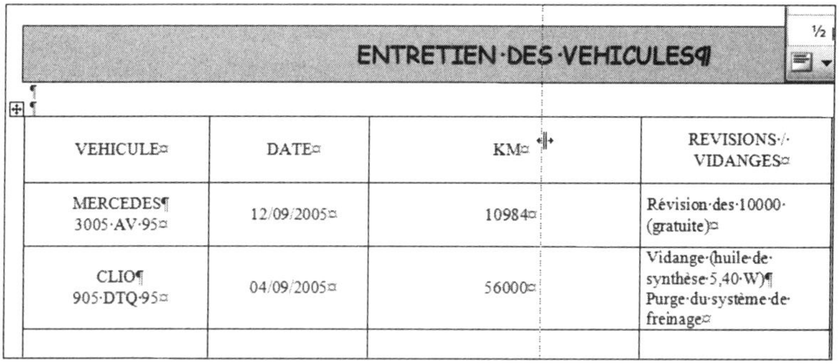

ENTRETIEN·DES·VEHICULES¶

VEHICULE¤	DATE¤	KM¤	REVISIONS·/·VIDANGES¤
MERCEDES¶ 3005·AV·95¤	12/09/2005¤	10984¤	Révision·des·10000·(gratuite)¤
CLIO¶ 905·DTQ·95¤	04/09/2005¤	56000¤	Vidange·(huile·de·synthèse·5,40·W)¶ Purge·du·système·de·freinage¤

Figure 4.39 : *Redimensionner les colonnes du tableau.*

5 Sélectionnez la première ligne du tableau et appliquez les mises en forme suivantes : police *Times New Roman*, taille *14*, *gras*.

6 Sélectionnez chaque première lettre de `(Sous/Hors Contrat)` et choisissez la couleur de police *rouge foncé*. Sélectionnez toutes les cellules de la première colonne (sauf l'intitulé `VEHICULE`) et appliquez les mises en forme : *gras* et couleur de police *Bleu gris*.

La mise en forme de caractères est terminée, passons maintenant à la mise en forme de paragraphe.

7 Sélectionnez le texte de la première cellule devant contenir une liste à puces (`Vidange (huile de synthèse 5,40 W...)`)...en effectuant un cliquer-glisser (attention à ne pas sélectionner la cellule complète, car l'utilisation des retraits serait ensuite plus compliquée).

8 Cliquez sur le bouton **Puces** de la barre d'outils *Mise en forme* puis sur le bouton **Diminuer le retrait** (il y a moins de place dans une cellule que dans un document, vous pouvez donc supprimer le retrait avant la liste). Si la puce insérée ne vous convient pas, sélectionnez-en une autre (celle utilisée dans notre exemple est un symbole de la police *Wingdings*).

RENVOI *Pour l'utilisation des puces, reportez-vous au chapitre **Mettre en forme un document.***

VEHICULE	DATE	KM	REVISIONS / VIDANGES	INTERVENTIONS (Sous / Hors Contrat)
MERCEDES 3005 AV 95	12/09/2005	10984	Révision des 10000 (gratuite)	
CLIO 905 DTQ 95	04/09/2005	56000	➢ Vidange (huile de synthèse 5,40 W) ➢ Purge du système de freinage	Remplacement compresseur climatisation (SC) Garage Legendre - Gonesse
MEGANE BREAK 567 CXY 95	03/10/2005	89098	Révision des 90000	Plaquettes de freins (SC) Interv. sur moteur, voyant moteur (SC) Changement 4 pneus (SC) Garage Legendre - Gonesse

Figure 4.40 : *Créer une liste à puces dans une cellule*

9 Renouvelez l'opération et créez les deux autres listes à puces du tableau en procédant de la même manière (la dernière puce utilisée est automatiquement insérée).

10 Cliquez dans la cellule `Révision des 60000... RAS` après la marque de tabulation placée précédemment. Sur la règle, cliquez sur la graduation souhaitée pour définir la tabulation.

Vous allez répéter cette mise en forme pour les deux autres cellules possédant des tabulations, en une seule opération.

11 Sélectionnez la deuxième cellule `Révision des 60000...RAS` et la cellule `Révision des 30000...RAS`. Appuyez sur la touche [F4].

Les tabulations sont répétées.

Utilisation de la touche F4

La touche F4 permet de répéter seulement la dernière opération effectuée. Vous devez donc l'utiliser sans tarder et n'effectuez aucune autre tâche entre le moment où vous définissez une mise en forme particulière et celui où vous l'appliquez à une autre partie du texte.

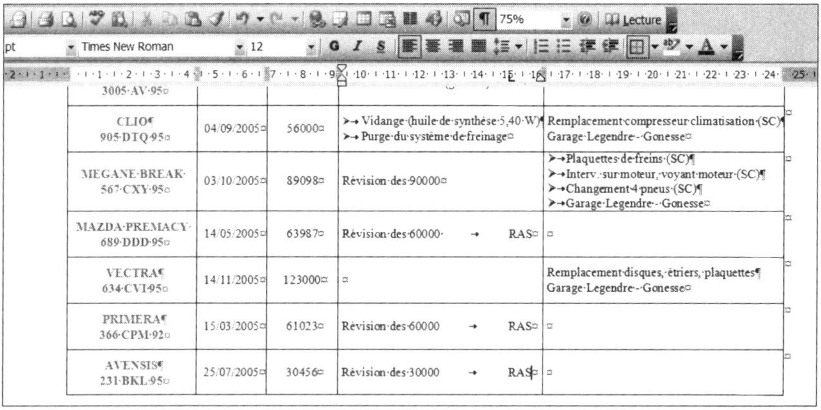

Figure 4.41 : *Définir des tabulations*

12 Cliquez sur le bouton **Enregistrer**.

La mise en forme est terminée, vous allez valider l'option qui permettra de répéter la ligne d'en-tête en haut de la page suivante (et de toute nouvelle page d'une manière générale). Vous trierez enfin les données du tableau.

1 Sélectionnez la première ligne du tableau qui contient les en-têtes. Activez la commande **Tableau/Titres**.

En vous déplaçant jusqu'à la page 2, vous constatez qu'effectivement les en-têtes se répètent sur cette page.

Vous allez trier le tableau par dates (de la plus récente à la plus ancienne), de manière à afficher en premier les entretiens réalisés récemment.

2 Cliquez dans n'importe quelle cellule de la colonne *DATE*, puis cliquez sur le bouton **Tri décroissant** de la barre d'outils *Tableaux et bordures*.

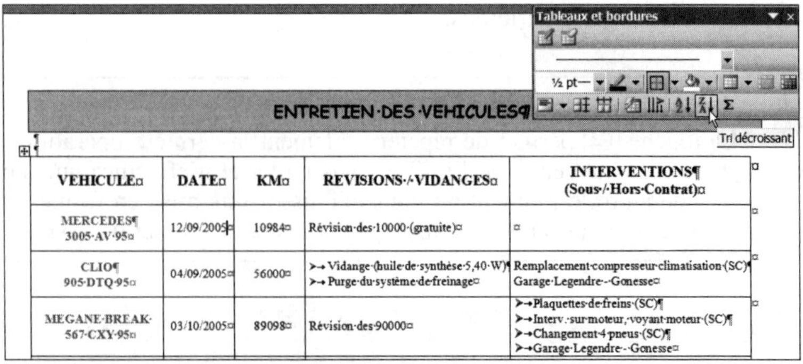

Figure 4.42 : *Terminer par un tri*

Chapitre 5

Créer des colonnes et utiliser les outils de dessin

Présenter du texte en colonnes et utiliser les outils de dessin : vous allez tester dans ce chapitre vos capacités artistiques et laisser libre cours à votre imagination. Créer un petit journal ou une page de magazine, insérer des images, saisir du texte dans une zone prévue à cet effet et déplacer cette dernière avec la souris, insérer des images, des formes automatiques et de nombreux autres objets graphiques, etc.

En parcourant nos exemples et en vous entraînant grâce à nos exercices, vous constaterez que Word, en raison de ses nombreuses possibilités graphiques, est un "peu plus" qu'un traitement de texte.

5.1. Structurer automatiquement un document en sections

L'usage des sections est obligatoire dès lors que vous voulez modifier la présentation dans une même page ou un même document : vous souhaitez par exemple obtenir dans la même page du texte en une colonne, puis du texte en trois colonnes, et revenir en fin de page sur un paragraphe en une seule colonne (l'expression "aucune colonne" n'existe pas dans Word : du texte saisi d'une marge à l'autre est considéré comme saisi dans une colonne).

REMARQUE

Section

Une section est une partie distincte d'un document dans laquelle vous avez défini une mise en page différente de celle du reste du document (en-têtes et pieds de page différents, nombre de colonnes différent…). Vous pouvez créer autant de sections que nécessaire à l'intérieur d'une même page ou d'un document.

Créer des colonnes

Dès lors que vous formatez du texte en plusieurs colonnes, Word définit automatiquement des sections. La création de colonnes sur du texte déjà saisi est donc un jeu d'enfant.

1 Saisissez le texte du document.

2 Sélectionnez le texte à placer en colonnes.

3 Cliquez sur le bouton **Colonnes** de la barre d'outils *Standard*. Dans le menu déroulant, faites glisser le pointeur et cliquez sur le nombre de colonnes désiré.

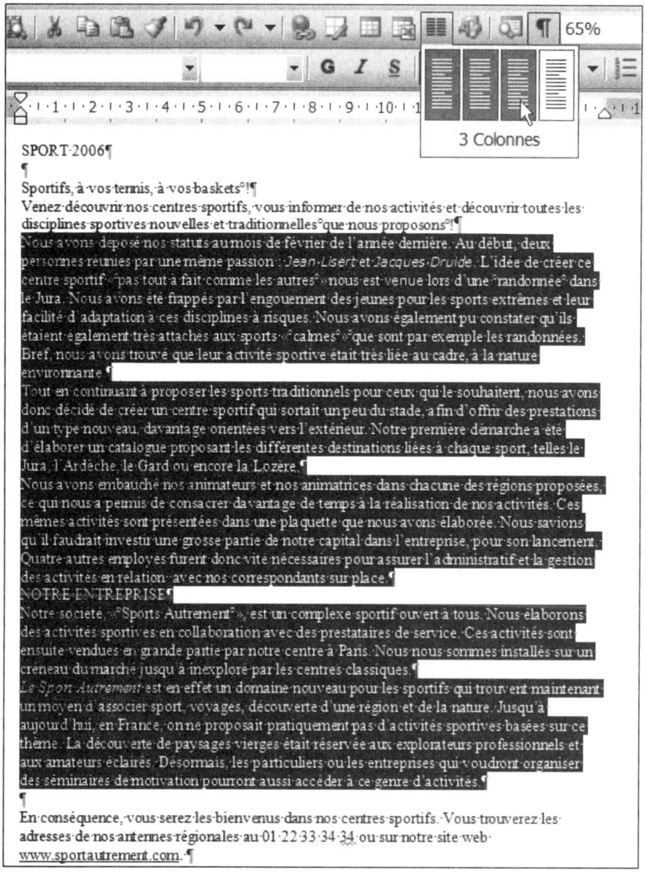

Figure 5.1 : *Sélectionner du texte et choisir le nombre de colonnes*

Pendant que le texte est sélectionné, profitez-en pour appliquer un alignement justifié : un alignement de ce type sur du texte en colonnes est tellement plus joli.

4 Cliquez sur le bouton **Justifier** de la barre d'outils *Mise en forme*.

Les colonnes sont appliquées au texte sélectionné (trois colonnes de taille égale dans notre exemple). Ici, la page est maintenant composée de trois sections avec du texte en une seule colonne (les premiers paragraphes), du texte en trois colonnes, et à nouveau du texte en une seule colonne (le dernier paragraphe de la page). Les sauts de section apparaissent dans le document. Avant le texte sélectionné, vous pouvez voir la mention *Saut de section (continu)*. Après le texte sélectionné, le saut de section est en partie masqué par le texte et l'alignement justifié (la longueur de la ligne est moins importante dans un multicolonnage), mais il existe et l'on peut apercevoir une ligne double en pointillé qui matérialise le saut.

REMARQUE

Rappel : caractères non imprimables

Les sauts de section sont des caractères non imprimables (au même titre que les marques de fin de paragraphe, les espaces, les sauts de page…). S'ils n'apparaissent pas dans votre document, cliquez sur le bouton **Afficher/Masquer** de la barre d'outils *Standard*.

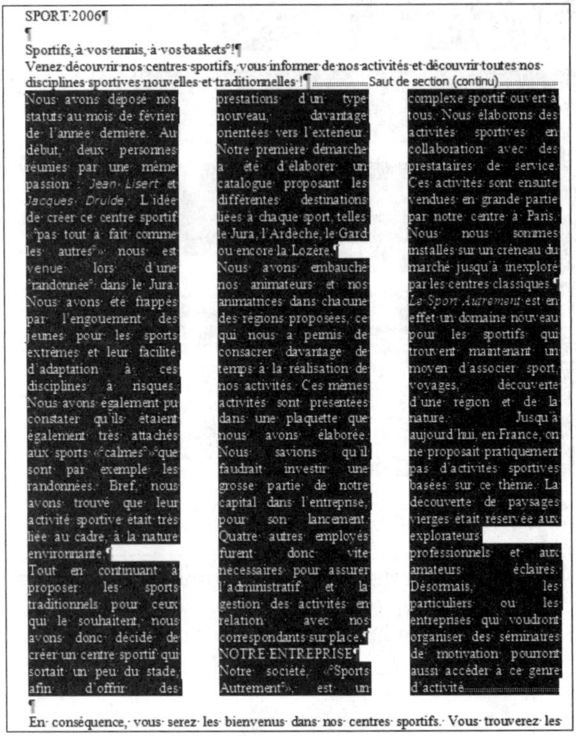

SPORT 2006

Sportifs, à vos tennis, à vos baskets !

Venez découvrir nos centres sportifs, vous informer de nos activités et découvrir toutes nos disciplines sportives nouvelles et traditionnelles ! Saut de section (continu)

Nous avons déposé nos statuts au mois de février de l'année dernière. Au début, deux personnes réunies par une même passion : *Jean Lisert* et *Jacques Druide*. L'idée de créer ce centre sportif « pas tout à fait comme les autres » nous est venue lors d'une randonnée dans le Jura. Nous avons été frappés par l'engouement des jeunes pour les sports extrêmes et leur facilité d'adaptation à ces disciplines à risques. Nous avons également pu constater qu'ils étaient également très attachés aux sports « calmes » que sont par exemple les randonnées. Bref, nous avons trouvé que leur activité sportive était très liée au cadre, à la nature environnante.

Tout en continuant à proposer les sports traditionnels pour ceux qui le souhaitent, nous avons donc décidé de créer un centre sportif qui sortait un peu du stade, afin d'offrir des prestations d'un type nouveau, davantage orientées vers l'extérieur. Notre première démarche a été d'élaborer un catalogue proposant les différentes destinations liées à chaque sport, telles le Jura, l'Ardèche, le Gard ou encore la Lozère.

Nous avons embauché nos animateurs et nos animatrices dans chacune des régions proposées, ce qui nous a permis de consacrer davantage de temps à la réalisation de nos activités. Ces mêmes activités sont présentées dans une plaquette que nous avons élaborée. Nous savions qu'il faudrait investir une grosse partie de notre capital dans l'entreprise, pour son lancement. Quatre autres employés furent donc vite nécessaires pour assurer l'administratif et la gestion des activités en relation avec nos correspondants sur place.

NOTRE ENTREPRISE

Notre société, « Sports Autrement », est un complexe sportif ouvert à tous. Nous élaborons des activités sportives en collaboration avec des prestataires de service. Ces activités sont ensuite vendues en grande partie par notre centre à Paris. Nous nous sommes installés sur un créneau du marché jusqu'à inexploré par les centres classiques.

Le Sport Autrement est en effet un domaine nouveau pour les sportifs qui trouvent maintenant un moyen d'associer sport, voyages, découverte d'une région et de la nature. Jusqu'à aujourd'hui, en France, on ne proposait pratiquement pas d'activités sportives basées sur ce thème. La découverte de paysages vierges était réservée aux explorateurs professionnels et aux amateurs éclairés. Désormais, les particuliers ou les entreprises qui voudront organiser des séminaires de motivation pourront aussi accéder à ce genre d'activité.

En conséquence, vous serez les bienvenus dans nos centres sportifs. Vous trouverez les

Figure 5.2 : *Le texte formaté en colonnes avec un alignement justifié*

Attention, pour limiter l'application des colonnes au seul texte sélectionné, il est nécessaire qu'au moins un paragraphe figure dessous. En effet, Word crée des sections dans les paragraphes situés avant le texte et après le texte sélectionné. S'il n'existe aucun paragraphe après ce texte, la section n'est pas délimitée et continue ; les colonnes aussi. Si par la suite vous devez ajouter du texte, celui-ci fera partie de la même section et apparaîtra en colonnes.

Imaginons l'exemple précédent sans les deux derniers paragraphes (le paragraphe vide après le texte en trois colonnes, et le dernier paragraphe `En conséquence, vous serez les bienvenus...`). Ici, en sélectionnant le texte à placer en colonnes (avec la marque de fin de paragraphe), Word crée une section avant la sélection (comme dans le cas précédent), puis une section qui comprend les trois colonnes. D'autre part, les colonnes sont de taille inégale, car la section n'est pas délimitée et se poursuit jusqu'au bas de la page.

À moins que cela ne soit volontaire (le document doit se poursuivre avec le même nombre de colonnes), que faire dans cette situation ?

- Sélectionner le texte à mettre en colonnes sans la dernière marque de fin de paragraphe.
- Ou cliquer préalablement à la fin du texte et appuyer une fois sur Entrée. Arrêter ensuite la sélection avant ce dernier paragraphe vide, bien sûr.

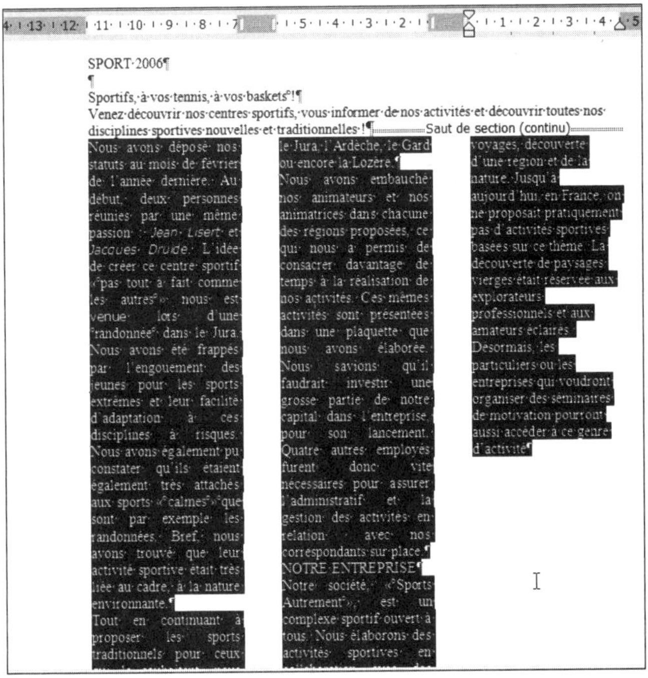

Figure 5.3 : *La section n'est pas délimitée*

REMARQUE

Créer une nouvelle section

Pour créer manuellement une nouvelle section, cliquez à l'endroit du document où vous souhaitez démarrer la section et activez la commande **Insertion/Saut**. Dans la zone *Types de sauts de section* de la fenêtre qui s'affiche, cliquez sur *Continu* pour créer la section dans la même page, ou sur *Page suivante* pour commencer la section sur une nouvelle page (cette dernière option permet d'effectuer en même temps un saut de section et un saut de page). Validez.

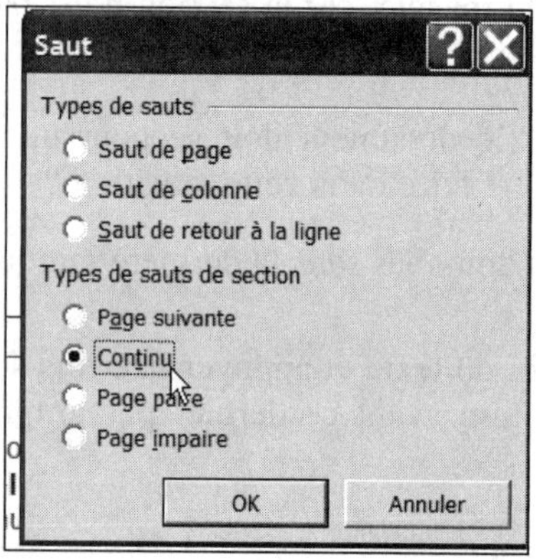

Figure 5.4 : *Fenêtre de dialogue Saut*

Modifier les colonnes

Lorsque vous cliquez dans une section formatée en plusieurs colonnes, des séparateurs de colonnes s'affichent sur la règle. Vous pouvez effectuer des modifications directement sur la règle ou en passant par le menu.

1 Pour redimensionner une colonne sans changer l'espacement entre les colonnes, cliquez au milieu d'un séparateur de colonnes et déplacez ce dernier en le faisant glisser vers la gauche ou la droite.

2 Pour redimensionner une colonne en changeant l'espacement entre les colonnes, cliquez sur l'extrémité d'un séparateur de colonnes et faites glisser ce dernier à droite ou à gauche.

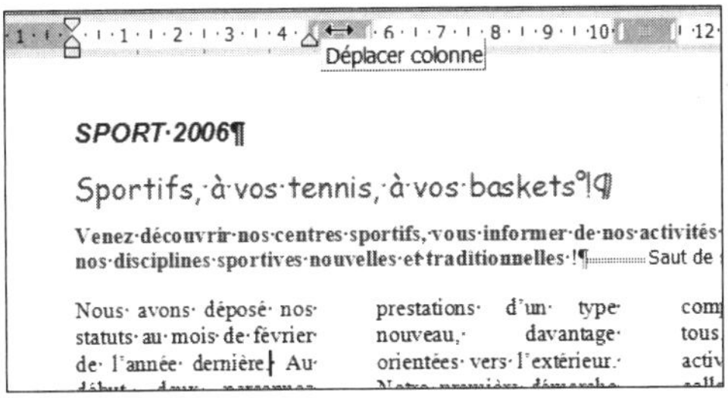

Figure 5.5 : *Redimensionner une colonne à la souris*

ASTUCE

Affichage sur la règle

Pour afficher sur la règle la largeur et l'espacement des colonnes, cliquez sur un séparateur de colonnes, en maintenant la touche Alt enfoncée.

3 Pour placer du texte en retrait dans une colonne (un retrait gauche de première ligne, négatif, et un retrait droit sont présents dans chaque colonne), cliquez dans la colonne souhaitée et procédez de la même manière que pour du texte normal.

Vous pouvez aussi passer par le menu pour définir un type de colonne prédéfinie, une largeur de colonnes, placer une ligne séparatrice (c'est-à-dire un trait entre chaque colonne), etc.

4 Cliquez dans la section contenant des colonnes et activez la commande **Format/Colonnes**. Sélectionnez les options souhaitées et validez.

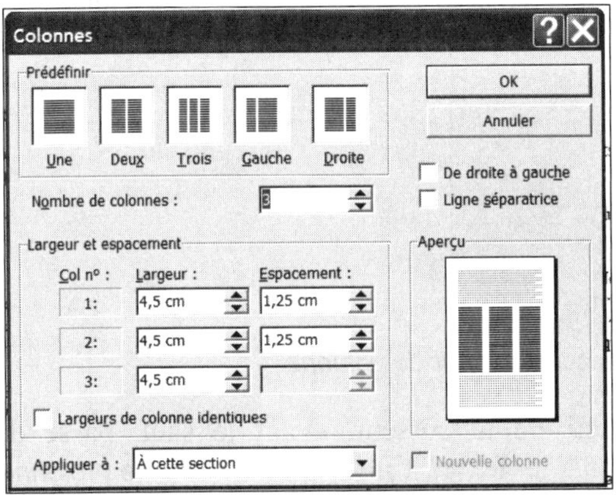

Figure 5.6 : *Définir des colonnes par le menu*

ASTUCE

Ouvrir la fenêtre Colonnes rapidement

Pour ouvrir plus rapidement la fenêtre **Colonnes**, double-cliquez sur un séparateur de colonnes de la règle.

REMARQUE

Sélection inutile

Les sections étant créées, il n'est plus nécessaire de sélectionner tout le texte en colonnes pour effectuer une modification. Pour créer deux colonnes au lieu de trois par exemple, il suffit de cliquer n'importe où dans la section, de cliquer sur le bouton **Colonnes** de la barre d'outils *Standard* puis de choisir l'option *2 Colonnes*.

Effectuer un saut de colonne

Lorsque vous créez des colonnes, Word effectue des sauts de colonnes automatiques (comme il crée des retours à la ligne ou de sauts de page automatiques). Vous pouvez faire passer du texte d'une colonne à une autre en effectuant un saut de colonne manuel (si le nombre de lignes d'une colonne est supérieur à celui d'une autre, par exemple).

1 Cliquez devant le premier mot du texte à renvoyer dans la colonne suivante.

2 Dans le menu **Insertion**, cliquez sur **Saut**. Dans la fenêtre qui s'affiche, cliquez sur l'option *Saut de colonne* et validez.

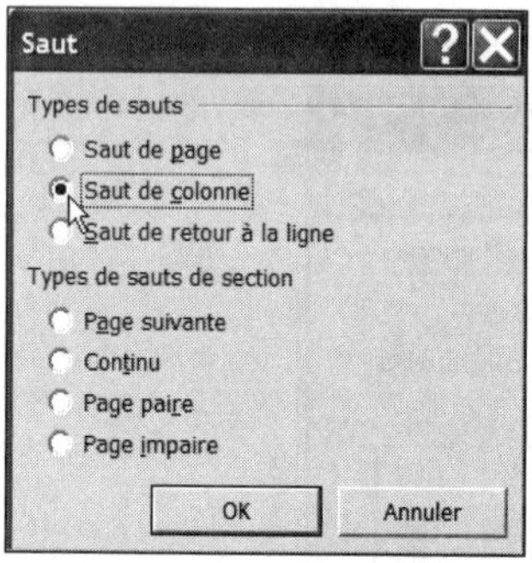

Figure 5.7 : *Effectuer un saut de colonne*

Tout le texte situé derrière le curseur, avant le saut, passe dans la colonne suivante. Dans le texte, l'inscription *Saut de colonne* peut apparaître (elle peut aussi être masquée par le texte suivant le cas).

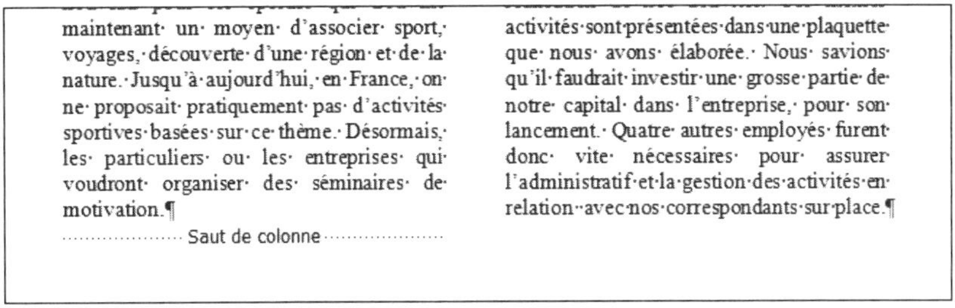
maintenant·un·moyen·d'associer·sport,·voyages,·découverte·d'une·région·et·de·la·nature.·Jusqu'à·aujourd'hui,·en·France,·on·ne·proposait·pratiquement·pas·d'activités·sportives·basées·sur·ce·thème.·Désormais,·les·particuliers·ou·les·entreprises·qui·voudront·organiser·des·séminaires·de·motivation.¶

Saut de colonne

activités·sont·présentées·dans·une·plaquette·que·nous·avons·élaborée.·Nous·savions·qu'il·faudrait·investir·une·grosse·partie·de·notre·capital·dans·l'entreprise,·pour·son·lancement.·Quatre·autres·employés·furent·donc·vite·nécessaires·pour·assurer·l'administratif·et·la·gestion·des·activités·en·relation·avec·nos·correspondants·sur·place.¶

Figure 5.8 : *Aperçu de la marque du saut de colonne*

ASTUCE

Un saut de colonne au clavier

Pour effectuer rapidement un saut de colonne, cliquez à l'endroit où vous souhaitez effectuer le saut et activez le raccourci clavier [Ctrl]+[Maj]+[Entrée].

Vous pouvez supprimer un saut de colonne, qui est un caractère non imprimable.

3 Pour supprimer un saut de colonne, cliquez à l'emplacement du saut de colonne (devant la marque *Saut de colonne* si elle s'affiche) et appuyez sur la touche [Suppr] du clavier.

Supprimer des colonnes

Vous pouvez annuler les colonnes en place et rétablir le texte à son état initial.

1 Cliquez n'importe où dans la section des colonnes à supprimer.

2 Cliquez sur le bouton **Colonnes**. Dans le menu déroulant, faites glisser le pointeur et cliquez sur l'option *1 Colonne*.

Attention, annuler des colonnes ne supprime pas pour autant les sections, qui restent présentes dans le document ; la mention *Saut de section (continu)* doit toujours être visible avant et après le texte qui était en colonnes. Vous pouvez supprimer une section comme n'importe quel autre caractère :

1 Cliquez devant le saut de section (devant l'inscription `Saut de section (continu)` ou devant le double trait en pointillé si celle-ci n'apparaît pas).

2 Appuyez sur la touche Suppr du clavier.

3 Répétez l'opération pour chaque section à supprimer.

Si vous avez effectué des sauts de colonnes manuels, ceux-ci restent également présents dans le document et vous devez aussi les supprimer.

5.2. Insérer une image

Vous souhaitez ajouter une image dans votre document. Vous pouvez insérer deux types d'images : les images clipart (qui font partie d'une bibliothèque intégrée au logiciel), ou tout autre type d'images présentes sur votre disque dur (des images personnelles issues de votre appareil photo numérique et stockées dans un dossier spécifique, par exemple). La méthode pour insérer l'image est différente, mais le traitement à l'intérieur du document est le même entre les deux types d'images.

Une fois l'image insérée, vous pourrez choisir une option d'habillage de texte et la redimensionner afin qu'elle épouse harmonieusement le texte. Pour illustrer l'insertion d'image, nous conservons notre exemple précédent (placer une image entre deux colonnes est très "esthétique"), mais l'insertion d'une image sur du texte normal (en une seule colonne) est naturellement identique.

Insérer une image clipart

Vous pouvez insérer une image en passant par le menu **Insertion**. Nous vous recommandons plutôt d'afficher la barre d'outils *Dessin* qui vous permettra, en outre, d'accéder rapidement à d'autres options de dessin : formes automatiques, zones de texte, etc.

1 Si ce n'est déjà fait, affichez la barre d'outils *Dessin* en cliquant sur le bouton du même nom situé sur la barre d'outils *Standard*.

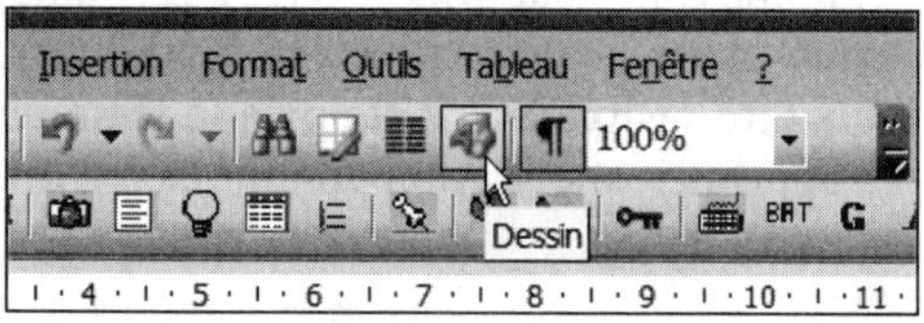

Figure 5.9 : *Le bouton d'affichage de la barre d'outils Dessin*

Celle-ci s'affiche en bas de l'écran.

2 Cliquez sur le bouton **Insérer une image clipart** de la barre d'outils *Dessin*.

Dans le volet Office **Images clipart** qui s'affiche, plusieurs types de recherches sont possibles. Si vous cliquez directement sur le bouton OK, vous affichez toutes les images de la bibliothèque dans le volet. Vous pouvez filtrer les images pour limiter la recherche : en cliquant sur les flèches des zones *Rechercher dans* (par défaut fondée sur l'option *Toutes les collections*) et *Les résultats devraient être*, et sélectionner les options souhaitées (celles-ci se présentent sous la forme de cases à cocher), ou encore en tapant un mot-clé dans la zone *Rechercher*.

Pour rechercher des images sur un thème particulier (par mot-clé) :

3 Cliquez dans la zone *Rechercher* et saisissez un mot-clé (`Sport` dans notre exemple). Lancez la recherche en cliquant sur le bouton OK.

Quelques images correspondant au mot-clé saisi s'affichent.

4 Faites défiler les images à l'aide de la barre de défilement du volet, puis cliquez sur l'image souhaitée pour l'insérer dans le document.

Figure 5.10 :
Sélectionner et insérer une image clip art

Modifier l'habillage du texte

L'image est insérée dans le document à l'emplacement du curseur. En cliquant dessus, vous ne pouvez pas la déplacer. Effectivement, par défaut, celle-ci est insérée avec l'option *Aligné sur le texte*. C'est-à-dire qu'elle se comporte comme du texte. Quand cette option est active, l'image, lorsque vous cliquez dessus, apparaît entourée de poignées de redimensionnement (des petits carrés noirs). Afin de pouvoir la placer librement sur le texte, vous devez modifier l'habillage du texte (c'est-à-dire la manière dont celui-ci doit se comporter autour).

1 Fermez le Volet **Images clipart** en cliquant sur sa croix de fermeture.

2 Double-cliquez sur l'image. Dans la fenêtre **Format de l'image** qui s'affiche, sous l'onglet **Habillage**, double-cliquez sur l'option *Rapproché* par exemple (de manière à ce que le texte épouse la forme de l'image). Validez.

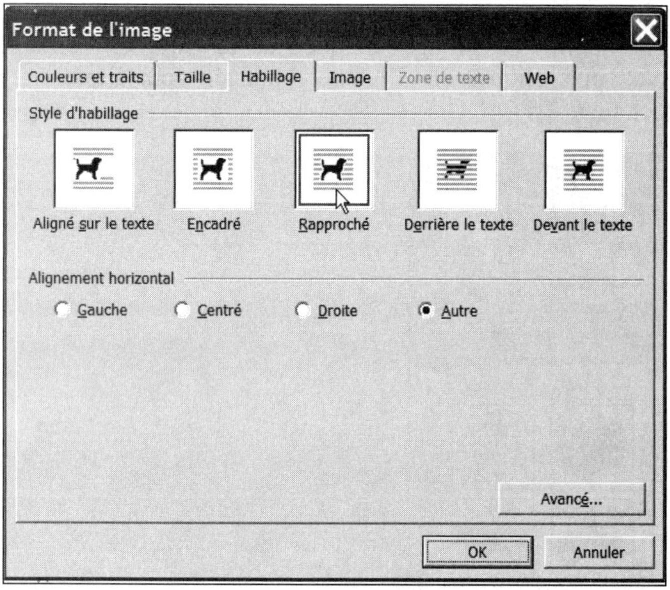

Figure 5.11 : *Sélectionner un style d'habillage.*

Dans le document, les poignées de redimensionnement de l'image changent d'apparence et s'affichent sous la forme de petits ronds blancs. L'image est transformée en objet et vous pouvez maintenant la déplacer librement avec la souris.

Déplacer, redimensionner, faire pivoter une image

1 Pour déplacer l'image, cliquez dessus et faites-la glisser vers l'endroit voulu (dans notre exemple, elle est placée entre deux colonnes pour obtenir une répartition harmonieuse du texte autour).

2 Pour la redimensionner, cliquez sur une poignée de redimensionnement située dans un angle et faites-la glisser vers l'extérieur pour agrandir l'image ou vers l'intérieur pour la réduire.

> ATTENTION
>
> **Redimensionner une image**
>
> Pour redimensionner une image, utilisez exclusivement les poignées situées dans les angles afin de conserver les proportions (jamais une poignée latérale).

Sportifs, à vos tennis, à vos baskets !

Venez découvrir nos centres sportifs, vous informer de nos disciplines sportives nouvelles et traditionnelles !

Nous avons déposé nos statuts au mois de février de l'année dernière. Au début, deux personnes réunies par une même passion : *Jean Lisert* et *Jacques Druide*. L'idée de créer ce centre sportif « pas tout à fait comme les autres » nous est venue lors d'une randonnée dans le Jura. Nous avons été frappés par

prestations d'un ty nouveau, davanta orientées vers l'extérieu Notre première démarc a été d'élaborer u catalogue proposa les différent destinations liées chaque sport, telles Jura, l'Ardèche, le Ga ou encore Lozère. Nous avo embauché nos animateu et nos animatrices da

Figure 5.12 : *Redimensionner une image à la souris*

3 Pour faire pivoter l'image, cliquez sur la petite poignée verte située au-dessus (le pointeur prend la forme d'un petit symbole de rotation) et faites-la glisser dans un sens ou dans l'autre suivant l'effet escompté.

Cette fois, l'image se déplace facilement. Suivant l'option choisie, le texte se répartit autour de manière différente. Résumons les options d'habillage de texte (excepté l'option par défaut *Aligné sur le texte* que vous connaissez déjà). Vous pourrez ensuite les tester.

- *Encadré* : le texte se répartit autour de l'image et forme un cadre.
- *Rapproché* (c'est l'option choisie ici) : le texte se répartit autour de l'image et épouse sa forme.
- *Devant le texte* : l'image est totalement indépendante (le texte ne bouge pas). Elle se place devant le texte lorsque texte et image sont superposés.
- *Derrière le texte* : mêmes caractéristiques que l'option *Devant le texte* mais derrière le texte.

Des options d'habillage supplémentaires sont disponibles. Sous l'onglet **Habillage** de la fenêtre **Format de l'image**, cliquez sur le bouton **Avancé**. Dans la fenêtre qui s'affiche, sous l'onglet **Habillage du texte**, vous retrouvez les options précédentes ainsi que deux autres options :

- *Haut et bas* : le texte se répartit en haut et en bas mais pas sur les côtés.
- *Au travers* : identique à l'option *Rapproché*, mais permet de répartir le texte à l'intérieur d'un objet dont une partie est ouverte.

Vous pouvez aussi modifier la distance du texte par rapport à l'objet ou à l'image dans la zone *Distance du texte* (suivant le style d'habillage choisi, certaines options ne sont pas accessibles et restent grisées).

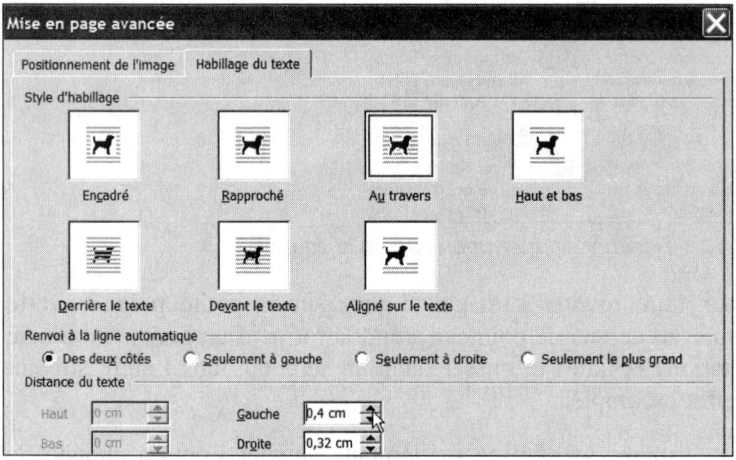

Figure 5.13 : *Les options d'habillage du texte*

ASTUCE

Modifier rapidement l'habillage par la barre d'outils Image

La barre d'outils *Image* s'affiche automatiquement à l'insertion d'une image. Si elle ne s'affiche pas, cliquez du bouton droit sur l'image, et dans le menu contextuel, cliquez sur *Afficher la barre d'outils Image*. Pour modifier rapidement l'habillage du texte, sélectionnez l'objet ou l'image. Cliquez ensuite sur le bouton **Habillage du texte** de la barre d'outils *Image*. Dans le menu déroulant, cliquez sur l'option souhaitée. Utilisez l'option *Modifier les points de l'habillage* pour personnaliser celui-ci en cliquant et en glissant chaque point de l'habillage qui s'affiche autour de l'image (à utiliser avec précaution ou du moins avec une extrême précision).

Figure 5.14 : *Modifier les points d'habillage*

ASTUCE

Sélectionner une image placée derrière du texte

Pour sélectionner une image placée derrière le texte (avec l'option d'habillage correspondante), et que vous ne pouvez plus récupérer à l'aide du pointeur de la souris (cela arrive lorsqu'elle est complètement recouverte par ce texte), cliquez sur le bouton **Sélectionner les objets** de la barre d'outils *Dessin* (la flèche blanche), puis cliquez sur l'image et déplacez-la. Quand vous avez terminé, cliquez à nouveau sur ce même bouton pour le désactiver. Vous retrouvez le pointeur de souris normal et pouvez continuer à travailler dans votre document.

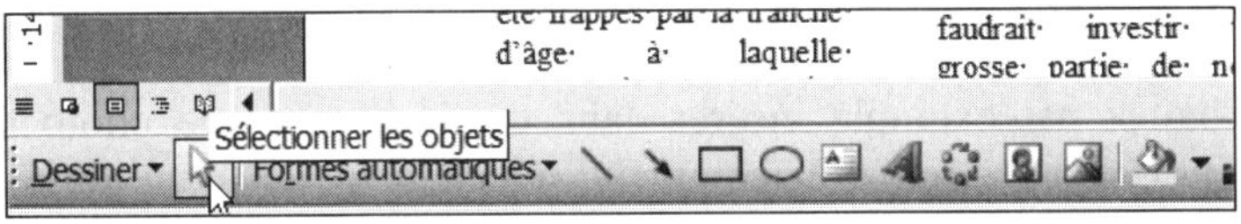

Figure 5.15 : *L'outil de sélection d'objet*

Enfin, il est possible, surtout lorsque l'on utilise de nombreuses images, de modifier le type d'habillage de texte par défaut (choisir *Rapproché* ou *Devant le texte* à la place de l'option *Aligné sur le texte* par exemple).

1 Activez la commande **Outils/Options**.

2 Dans la fenêtre qui s'affiche, sous l'onglet **Édition**, rubrique *Options d'édition*, cliquez sur le bouton fléché de la zone *Insérer/coller des images en tant que*. Sélectionnez l'option de votre choix et validez.

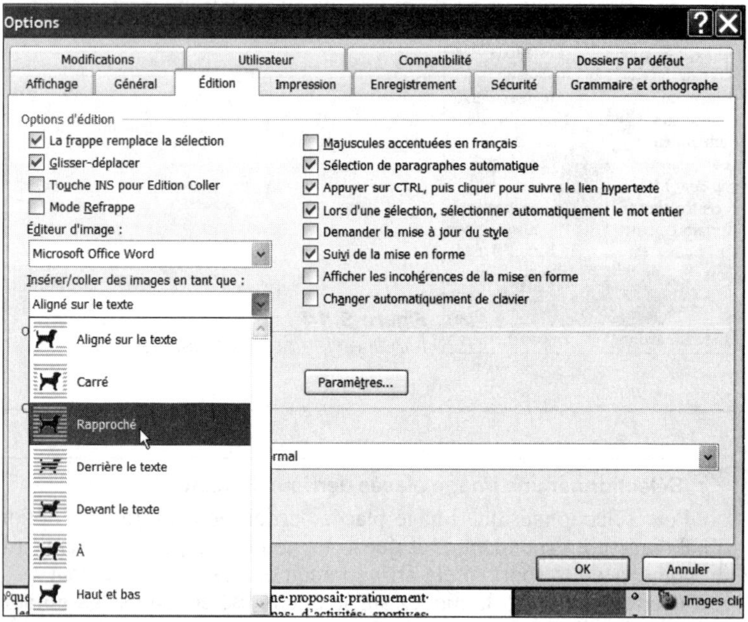

Figure 5.16 : *Modifier le type d'habillage par défaut*

Insérer une image à partir d'un fichier

Vous souhaitez par exemple insérer dans un document une photo de famille (que vous aurez préalablement téléchargée dans un dossier particulier à partir de votre appareil photo numérique, via une carte mémoire ou un câble USB).

1 Cliquez sur le bouton **Insérer une image** de la barre d'outils *Dessin* (situé à droite du bouton **Insérer une image clipart**).

2 Dans la fenêtre qui s'affiche, recherchez le dossier qui contient l'image. Une fois celui-ci trouvé, si vous souhaitez choisir une image parmi d'autres, si ce n'est déjà fait, cliquez sur la flèche du bouton **Affichages** situé en haut de l'écran. Sélectionnez *Miniatures* afin de visualiser les images et faire votre choix. Double-cliquez sur l'image souhaitée pour l'insérer dans le document.

3 Pour manipuler l'image dans le texte, procédez de la même manière qu'avec une image clip art.

Figure 5.17 : *Insérer une photo*

Recadrer une image

Il est très rare d'avoir à recadrer une image clip art : il s'agit d'images prédéfinies qui sont déjà correctement mises en forme. L'option de recadrage est très utile, par contre, pour une image personnelle, dont le cadrage a mal été assuré au moment de la prise de photo. Il est très courant, par exemple, de vouloir supprimer d'une photo une partie de paysage pour mieux cadrer le sujet, ou d'autres éléments insolites (une bouteille malencontreusement placée à côté du sujet, le bras d'une personne qui entre dans le cadre ou encore un objet coupé en deux).

1 Insérez l'image dans le document. Si nécessaire, effectuez les modifications souhaitées (habillage du texte, déplacement et redimensionnement).

2 L'image étant sélectionnée, cliquez sur le bouton **Rogner** de la barre d'outils *Image*.

Des poignées de recadrage apparaissent autour de l'image (leur aspect est différent suivant l'option d'habillage choisie, *Aligné sur le texte* ou les autres).

3 Cliquez sur la poignée qui correspond à la partie de l'image à supprimer, puis effectuez un cliquer-glisser vers l'intérieur. Relâchez le bouton de la souris et cliquez en dehors de l'image.

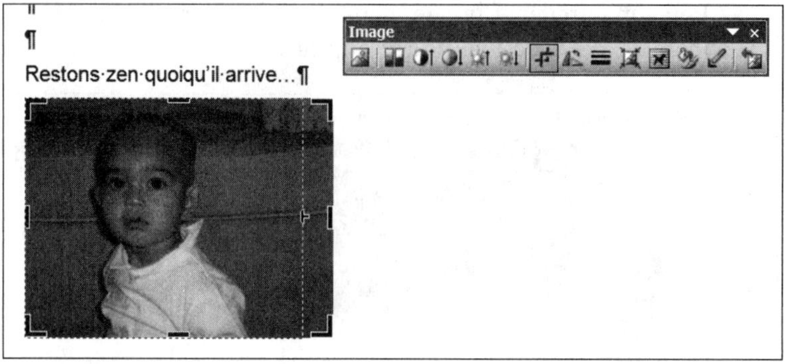

Figure 5.18 : *Recadrer une image*

Supprimer une image

1 Cliquez sur l'image à supprimer pour la sélectionner.

2 Appuyez sur la touche Suppr du clavier.

5.3. Ajouter une lettrine

Ajouter une lettrine sur la première lettre d'un mot dans une présentation de type journal (en colonnes) est chose courante, simple à effectuer et très esthétique.

1 Cliquez sur le mot auquel vous souhaitez ajouter une lettrine, en général le premier mot de la première colonne (il est inutile de le sélectionner).

2 Dans le menu **Format**, cliquez sur **Lettrine**. Sous la rubrique *Position* de la fenêtre qui s'affiche, cliquez sur le modèle de lettrine *Dans le texte*. Validez en cliquant sur OK.

REMARQUE

Options de lettrine

Vous venez d'utiliser les options par défaut (hauteur de la lettrine égale à trois lignes de texte). Sous la rubrique *Options*, vous pouvez employer la zone *Hauteur (lignes)* pour définir la hauteur de la lettrine, ou la zone *Distance du texte* pour créer un espace supplémentaire entre la lettrine et le texte, ou encore choisir une police différente de celle utilisée pour le reste du document.

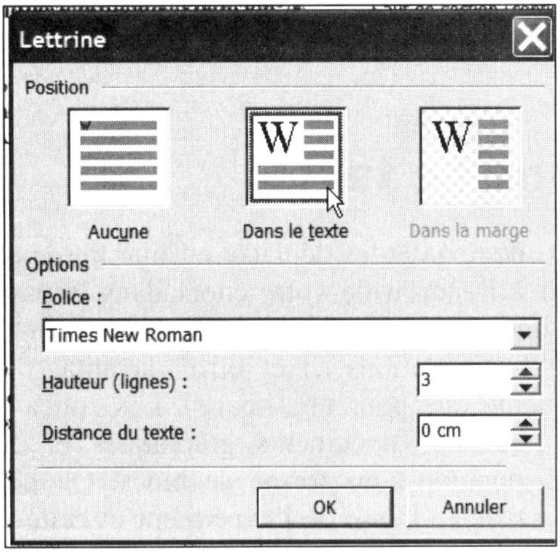

Figure 5.19 : *Insérer une lettrine*

3 Cliquez en dehors du mot pour désélectionner la lettrine qui s'affiche dans le texte.

Votre premier paragraphe a maintenant plus belle allure. Rien ne vous n'empêche d'ajouter des lettrines dans les autres paragraphes. Laissez libre cours à votre fantaisie.

REMARQUE

Correcteur grammatical

Un trait ondulé vert devrait apparaître sous le mot. C'est normal, le vérificateur grammatical ne reconnaît pas la lettrine comme du texte ordinaire. Cliquez du bouton droit sur le mot. Dans le menu contextuel, cliquez sur **Ignorer**.

Sportifs, à vos tennis, à vos baskets¶

Venez découvrir nos centres sportifs, vous informer de nos nos disciplines sportives nouvelles et traditionnelles !¶

Nous avons déposé nos statuts au mois de février de l'année dernière. Au début, deux personnes réunies par une même passion : *Jean Lisert* et

prestations d'un type nouveau, davantage orientées vers l'extérieur. Notre première démarche a été d'élaborer un catalogue proposant les différentes destinations

Figure 5.20 : *Du plus bel effet*

5.4. Insérer une zone de texte

Vous pouvez utiliser des zones de texte et les déplacer ensuite librement avec la souris, les positionner à l'endroit de votre choix dans la page. Une zone de texte constitue une alternative aux outils traditionnels de gestion de paragraphe (retraits, tabulations…) et offre davantage de souplesse (la gestion est la même que pour une image). Les zones de texte sont surtout utilisées pour des documents graphiques et des documents nécessitant une disposition sous forme de blocs. On peut également les employer pour saisir l'adresse de l'expéditeur et celle du destinataire dans un simple courrier, par exemple.

Une zone de texte se paramètre en partie comme une image (concernant l'habillage du texte notamment) et possède des options spécifiques.

Avant d'insérer la zone de texte, nous vous conseillons de changer une option qui va vous permettre d'afficher directement la zone dans la page, sans afficher au préalable la zone de dessin.

REMARQUE

Zone de dessin

Une zone de dessin est un espace réservé qui s'affiche automatiquement lorsque vous insérez une zone de texte, une forme automatique, un trait… et qui permet de localiser les objets et les images à l'intérieur, afin de pouvoir ensuite les déplacer comme un seul élément.

À l'usage, cette zone qui s'affiche systématiquement est contraignante. Supprimez l'option correspondante.

1 Activez la commande **Outils/Options**. Dans la fenêtre qui s'affiche, sous l'onglet **Général**, désactivez la case *Créer automatiquement des zones de dessin lors de l'insertion de formes automatiques*. Validez.

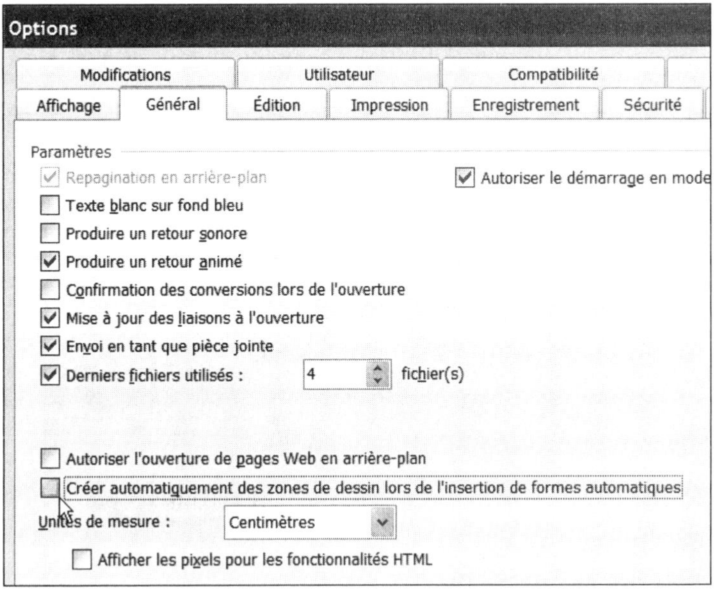

Figure 5.21 : *Désactiver la zone de dessin*

Vous pouvez dessiner la zone de texte, saisir le texte, choisir l'habillage, etc.

2 Cliquez à l'endroit du document où vous souhaitez insérer la zone de texte.

3 Sur la barre d'outils *Dessin*, cliquez sur le bouton **Zone de texte** (le pointeur de souris prend la forme d'une fine croix noire). Cliquez dans le document. Sans relâcher le bouton de la souris, tracez un rectangle en faisant glisser le pointeur en diagonale de l'angle supérieur gauche vers l'angle inférieur droit (définissez en une fois la largeur et la hauteur souhaitées).

REMARQUE

Cliquer au lieu de dessiner

Vous pouvez aussi cliquer dans le document (au lieu de tracer un rectangle) ; une zone de texte avec les dimensions par défaut s'affichera. Il faudra ensuite la redimensionner.

Dès lors que la zone est insérée dans la page, le curseur clignote à l'intérieur et une petite barre d'outils *Zone de texte* s'affiche. Si elle n'apparaît pas, affichez-la en activant la commande **Affichage/Barre d'outils** et en cliquant sur son nom dans le menu qui se déroule. (Cette opération est possible uniquement si la zone de texte est restée sélectionnée ; si vous avez cliqué en dehors, sélectionnez d'abord la zone de texte en cliquant à l'intérieur ou sur le contour.)

REMARQUE

Barre d'outils Zone de texte

Ne fermez pas la barre d'outils *Zone de texte* lorsque vous n'en avez plus besoin. Elle s'affiche automatiquement quand la zone de texte est sélectionnée et se masque automatiquement quand vous cliquez en dehors de la zone.

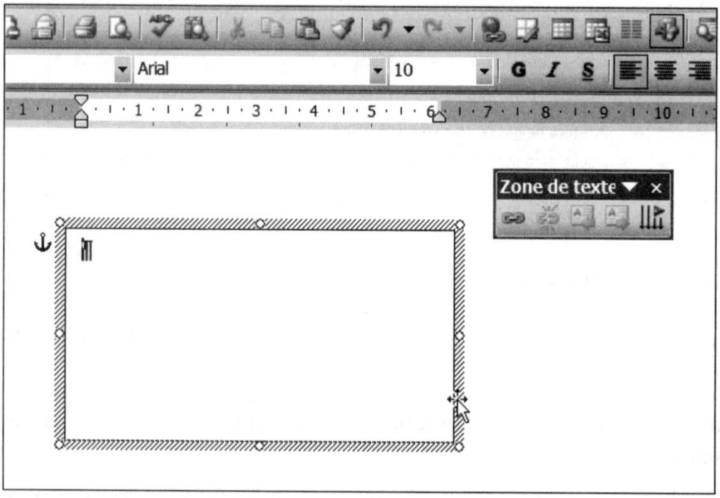

Figure 5.22 : *Dessiner une zone de texte*

4 Saisissez le texte. Appuyez sur la touche Entrée pour changer de ligne uniquement lorsque cela s'avère nécessaire (quand vous devez changer de paragraphe). C'est le cas dans notre exemple puisqu'il s'agit d'une adresse (voir Figure 5.23).

5 Si la zone est trop petite ou trop grande, agrandissez-la ou réduisez-la en cliquant et en faisant glisser une poignée de redimensionnement.

Il s'agit maintenant de définir si nécessaire l'habillage de la zone de texte.

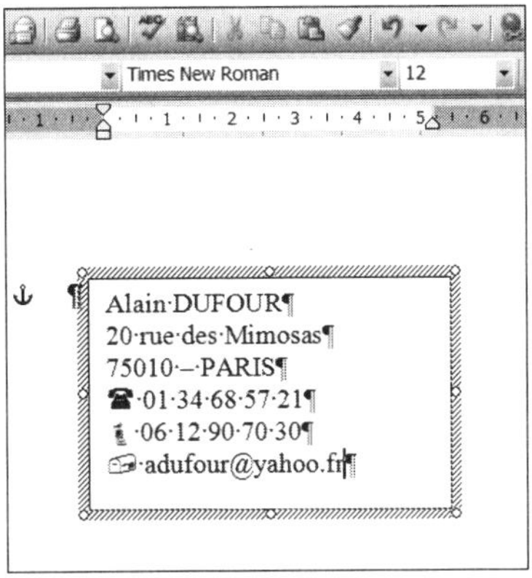

***Figure 5.23 :** Saisir du texte dans la zone de texte*

6 Cliquez du bouton droit sur le contour de la zone de texte. Dans le menu contextuel, cliquez sur **Format de la zone de texte**. Dans la fenêtre qui s'affiche, sous l'onglet **Habillage**, choisissez un style d'habillage en procédant de la même manière que pour une image. Validez.

ASTUCE

Définir les marges intérieures

Sous l'onglet **Zone de texte**, utilisez les zones *Gauche*, *Droite*, *Haut* et *Bas* pour modifier la distance du texte par rapport aux bords de la zone.

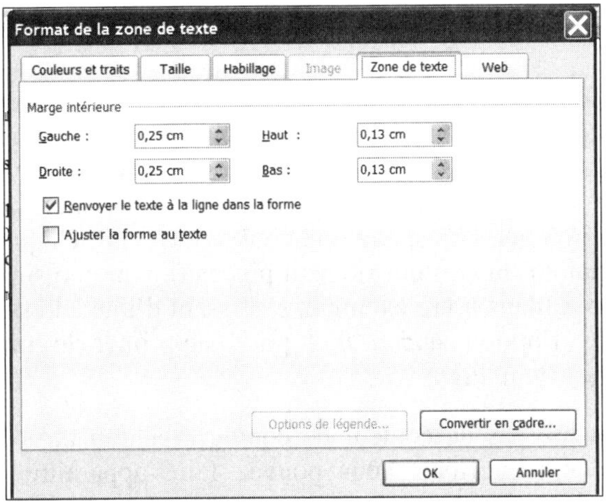

***Figure 5.24 :** Paramétrer la zone de texte*

7 Cliquez sur le contour de la zone de texte pour la déplacer et faites-la glisser à l'endroit souhaité.

Figure 5.25 : *Déplacer la zone de texte à la souris*

Passons à la touche finale : la mise en forme du texte et de la zone de texte.

8 Passez à la mise en forme du texte en procédant de la même manière que pour du texte normal (vous disposez en plus d'un bouton **Couleur de police** situé dans la barre d'outils *Dessin*). Cliquez sur le bouton **Modifier l'orientation du texte** de la barre d'outils *Zone de texte* si vous souhaitez orienter le texte verticalement.

9 Pour mettre en forme la zone de texte, celle-ci étant sélectionnée, utilisez les boutons **Style de trait** et **Style de ligne** de la barre d'outils *Dessin* afin de choisir l'épaisseur du contour ou un style de trait. Cliquez sur la flèche du bouton **Couleur de remplissage**. Dans le menu déroulant, choisissez une couleur de fond. Cliquez sur le bouton **Couleur du contour** (le petit pinceau) pour choisir la couleur du contour (dans notre exemple, s'agissant d'une adresse, nous choisissons l'option *Aucun trait* pour supprimer le trait autour de la zone) (voir Figure 5.26).

Une zone de texte qui n'a pas de couleur de contour apparaît dans le document comme du texte normal. Vous pouvez faire apparaître le contour en cliquant dans la zone de texte, mais vous devez la sélectionner en cliquant sur le contour (pour la déplacer, par exemple).

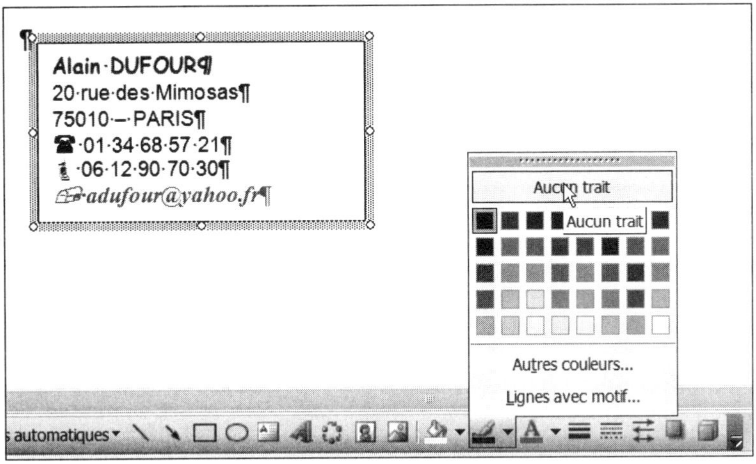

Figure 5.26 : *Rendre le contour de la zone de texte invisible*

ASTUCE

Déplacer la zone de texte au clavier

Si vous n'arrivez à positionner précisément une zone de texte à l'endroit où vous le souhaitez, vous pouvez la déplacer à l'aide d'un raccourci clavier (il vous permettra d'obtenir davantage de précision que la souris). Cliquez sur le contour de la zone de texte. Tout en maintenant la touche Ctrl enfoncée, appuyez sur une flèche de direction (Flèche haut, Flèche bas, Flèche gauche ou Flèche droite, suivant le déplacement souhaité). La zone se déplacera ainsi par petites touches (point par point). Cette méthode est également valable pour une image et pour tout autre objet.

5.5. Lier plusieurs zones de texte

Lorsque vous créez une page constituée de plusieurs zones de texte, vous pouvez établir des liaisons entre chaque zone. Le texte saisi dans une zone continue automatiquement dans une autre. Cette fonction est très utile lors de la rédaction d'articles dans un document de type journal.

1 Créez les zones de texte (deux dans notre exemple).

2 Saisissez le texte dans la première zone.

Pour créer un lien avec une autre zone (afin que le texte continue dans cette zone), la quantité de texte de la première zone doit évidemment être supérieure à ce que la zone peut contenir.

3 La première zone de texte étant sélectionnée (ou le curseur positionné à l'intérieur), cliquez sur le bouton **Créer un lien entre les zones de texte** de la barre d'outils *Zone de texte*.

Le pointeur de la souris se modifie.

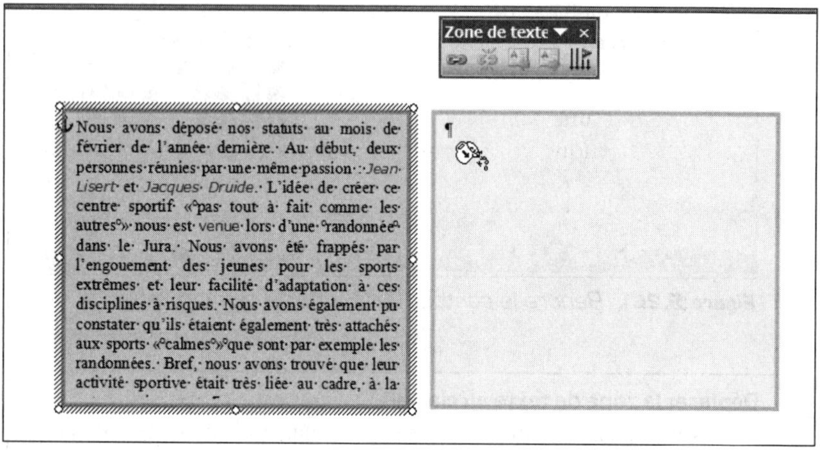

Figure 5.27 : *Lier deux zones de texte*

4 Cliquez dans la seconde zone de texte.

La suite du texte de la première zone se poursuit dans la seconde.

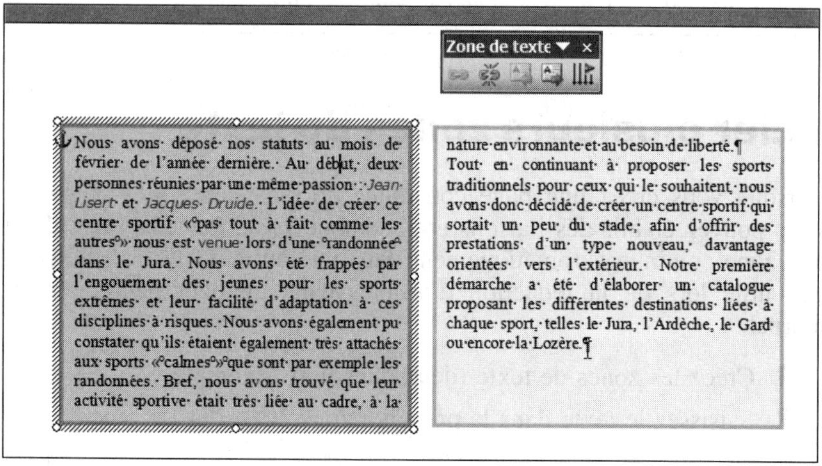

Figure 5.28 : *Le texte continue dans la zone liée*

> ASTUCE
>
> **Redimensionner les zones de texte**
>
> Si vous redimensionnez des zones de texte liées, le texte se répartit automatiquement entre les deux zones.

5 Cliquez sur bouton **Zone de texte suivante** ou le bouton **Zone de texte précédente** de la barre d'outils *Zone de texte* pour naviguer entre les zones de texte.

6 Pour rompre une liaison, cliquez dans la zone source (ici la première) et cliquez sur le bouton **Annuler la liaison de transfert**.

Le texte disparaît de la seconde zone.

5.6. Insérer un Word Art

Les objets WordArt sont très populaires et vous permettent de créer des effets de texte. Vous pouvez choisir vos effets à partir de modèles prédéfinis que vous transformerez ensuite comme bon vous semble, en modifiant la forme, l'orientation, la taille, etc.

1 Cliquez sur le bouton **Insérer un objet WordArt** de la barre d'outils *Dessin*. La fenêtre **Galerie WordArt** s'ouvre et vous propose de nombreux effets de texte. Double-cliquez sur le modèle de votre choix.

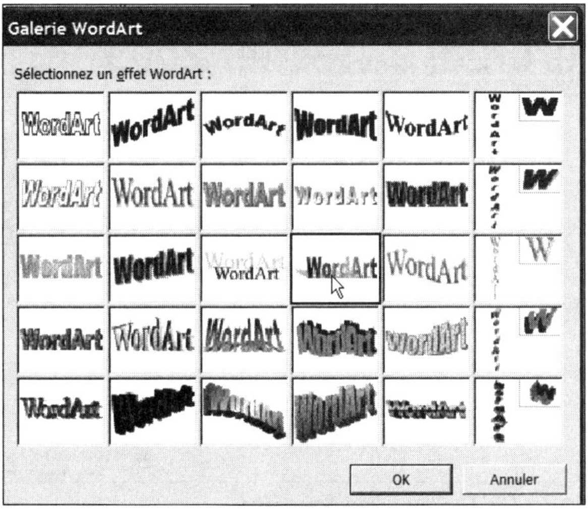

Figure 5.29 : *Choisir un effet Word Art*

2 Dans la fenêtre qui s'affiche, saisissez le texte. Si vous souhaitez changer de police de caractères ou de taille de police, utilisez les zones correspondantes. Validez en cliquant sur OK.

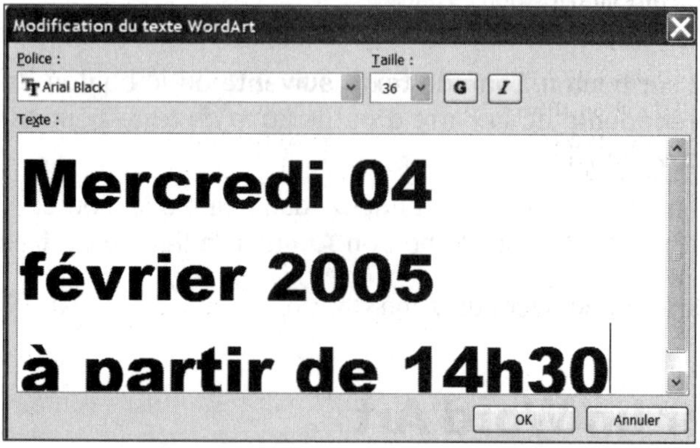

Figure 5.30 : *Saisir le texte du Word Art*

L'objet Word Art est inséré dans le texte avec l'option d'alignement par défaut *Aligné sur le texte* (comme pour une image). Vous devez modifier l'habillage du texte. L'objet Word Art s'affiche dans le paragraphe dans lequel il a été créé.

3 Cliquez sur l'objet Word Art pour le sélectionner. Sur la barre d'outils *WordArt* qui s'affiche, cliquez sur le bouton **Habillage du texte**. Dans le menu déroulant, choisissez l'option *Devant le texte*.

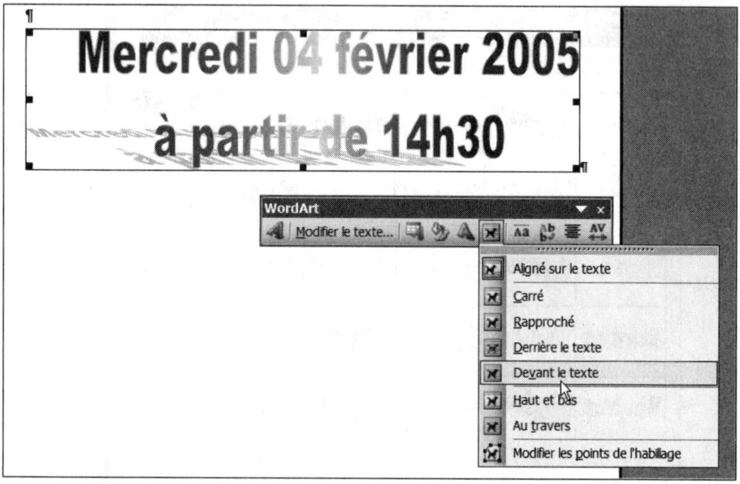

Figure 5.31 : *Modifier l'habillage du texte*

4 Déplacez l'objet Word Art en cliquant dessus et en le faisant glisser à l'endroit souhaité dans votre page.

REMARQUE

Barre d'outils WordArt

La barre d'outils *WordArt* fonctionne comme la barre d'outils *Zone de texte*. Elle s'affiche automatiquement à chaque fois que vous cliquez sur l'effet Word Art, et se masque quand vous cliquez en dehors. Toute fermeture intempestive (par la croix de fermeture) rompt ce processus ; il est alors nécessaire de réafficher la barre d'outils en utilisant les méthodes habituelles.

Il s'agit maintenant de définir une forme pour votre objet Word Art.

5 Cliquez sur le bouton **Forme WordArt** de la barre d'outils *WordArt*. Dans le menu qui s'affiche, cliquez sur la forme souhaitée pour l'appliquer.

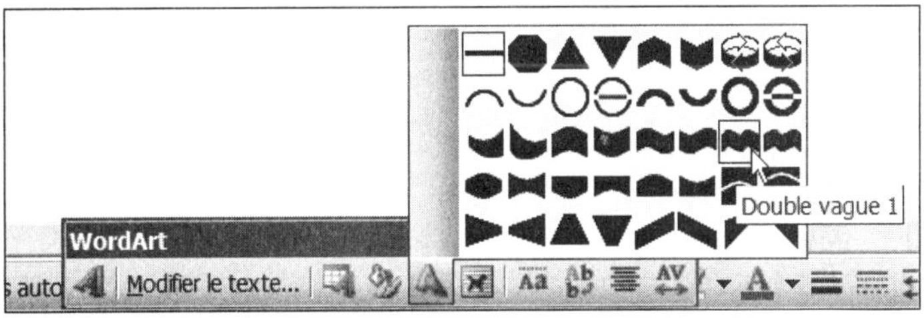

Figure 5.32 : *Définir une forme*

Vous avez la possibilité de personnaliser la forme de l'objet avec la souris, de le faire pivoter, etc.

6 Cliquez sur la petite poignée supérieure jaune, en forme de losange, et faites-la glisser vers le haut ou vers le bas pour modifier l'amplitude de l'effet.

7 Cliquez sur la petite poignée inférieure jaune et faites-la glisser vers la gauche ou vers la droite pour en modifier l'inclinaison .

8 Cliquez sur la poignée verte située au-dessus (le pointeur prend la forme d'un petit symbole de rotation) et faites-la glisser dans un sens ou dans l'autre, suivant l'effet escompté, pour faire pivoter l'objet Word Art .

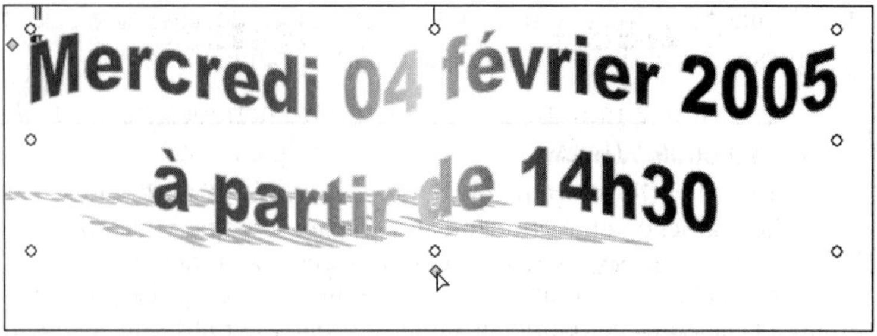

Figure 5.33 : *Modifier le Word Art en utilisant les poignées*

Vous pouvez aussi changer l'orientation du texte ou l'alignement.

9 Pour modifier l'orientation du texte (horizontal ou vertical), l'alignement ou encore l'espacement entre les caractères, utilisez les trois derniers boutons de la barre d'outils qui offrent des options intéressantes.

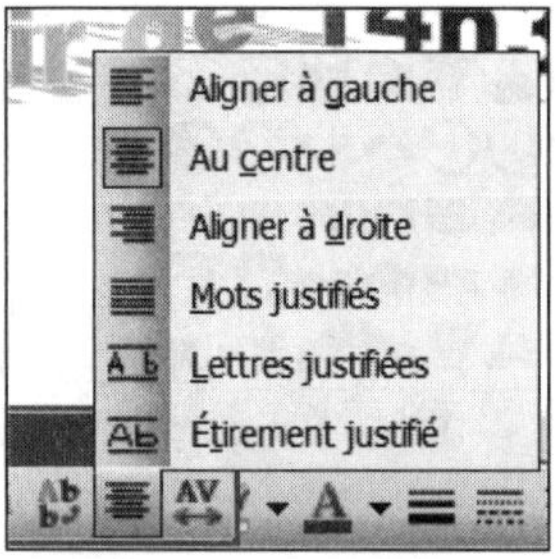

Figure 5.34 : *Modifier l'apparence du texte*

ASTUCE

Modifier l'effet Word Art

Si l'effet que vous avez choisi ne vous plaît pas (ou ne vous plaît plus), inutile de le supprimer et de tout recommencer. Vous pouvez en changer à tout moment. Sélectionnez d'abord l'effet Word Art dans votre texte et cliquez sur le bouton **Galerie WordArt** de la barre d'outils *WordArt*. Dans la fenêtre qui s'affiche, double-cliquez sur un autre effet pour l'appliquer instantanément à votre sélection. Cette méthode vous permet aussi de tester différents effets avant d'en retenir un.

5.7. Insérer des formes automatiques

Vous disposez d'une multitude de formes automatiques pour agrémenter vos présentations (traits, flèches, rectangles, ellipses, éléments d'organigrammes, bulles, etc.). Vous pouvez utiliser des formes simples (un trait, une flèche, un rectangle…) ou des formes automatiques plus variées qui sont classées par catégories.

Vous souhaitez par exemple décrire une procédure destinée à des utilisateurs en employant des rectangles reliés entre eux par des flèches.

Tracez les formes automatiques (la méthode est identique à celle utilisée pour les zones de texte) et saisissez le texte.

Les formes simples sont directement accessibles par la barre d'outils *Dessin*.

1 Pour insérer une forme simple, un rectangle par exemple, cliquez sur le bouton **Rectangle** de la barre d'outils *Dessin* (le pointeur de la souris prend la forme d'une fine croix noire).

2 Cliquez dans le document. Sans relâcher le bouton de la souris, tracez un rectangle en faisant glisser le pointeur en diagonale de l'angle supérieur gauche vers l'angle inférieur droit.

3 Pour insérer une forme plus évoluée, cliquez sur le bouton **Formes automatiques** de la barre d'outils *Dessin*. Dans le menu déroulant, pointez sur une catégorie et cliquez sur la forme de votre choix. Dessinez-la en procédant de la même manière que pour une forme simple.

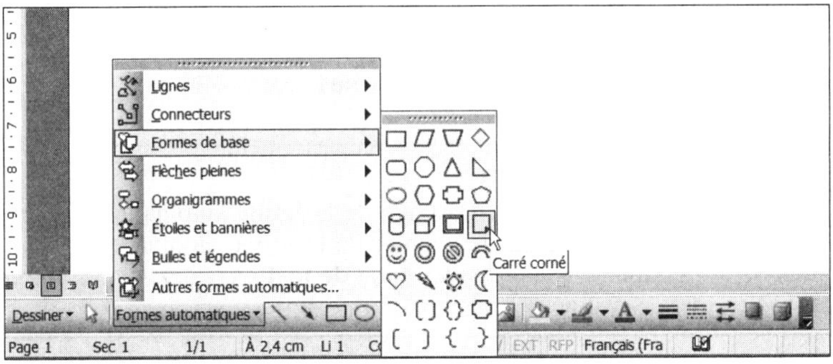

Figure 5.35 : *Choisir une forme automatique*

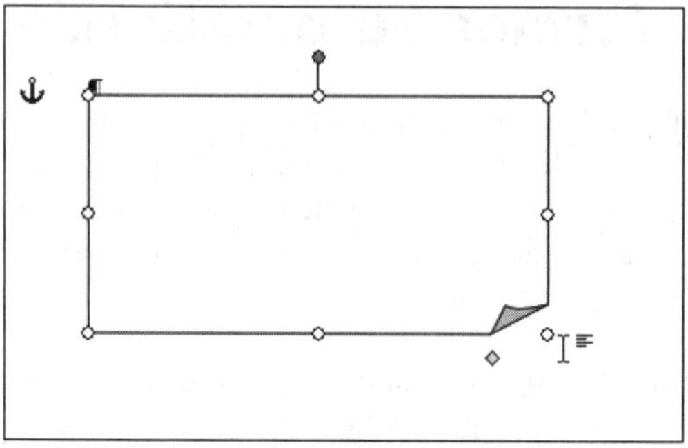

Figure 5.36 : *La dessiner*

ASTUCE

Création d'un carré, d'un cercle

Pour tracer un carré, un cercle, une flèche ou un trait droit (horizontal, oblique ou vertical), cliquez sur le bouton **Rectangle**, **Ellipse**, **Flèche** ou **Trait** de la barre d'outils *Dessin*. Tracez la forme en maintenant la touche [Maj] enfoncée.

Une forme automatique est insérée par défaut avec l'option d'habillage *Devant le texte*.

4 Cliquez du bouton droit sur la forme. Dans le menu contextuel, cliquez sur *Ajouter du texte*. Saisissez le texte.

5 Sélectionnez le texte et mettez-le en forme comme du texte normal, en utilisant les boutons de la barre d'outils *Mise en forme* (police, taille, style, couleur, alignement), ou la barre d'outils *Dessin* pour la couleur de police. Pour centrer le texte verticalement dans la forme, vous pouvez employer la touche [Entrée] ou ajouter de l'espacement avant (pour mémoire, activez la commande **Format/Paragraphe**).

ASTUCE

Ajuster la forme au texte

Si vous souhaitez adapter la taille de la forme automatique à son contenu, double-cliquez sur le contour de la forme automatique. Dans la fenêtre qui s'affiche, sous l'onglet **Zone de texte**, cochez la case *Ajuster la forme au texte* et validez.

6 Si la forme n'est plus assez grande pour contenir le texte, cliquez sur une poignée de redimensionnement située dans un angle et faites-la glisser vers l'extérieur pour l'agrandir.

À tout moment, vous pouvez être amené à déplacer la forme. La méthode diffère suivant qu'elle contient ou non du texte.

7 Pour déplacer une forme automatique qui ne contient pas de texte, cliquez dessus pour la sélectionner, et faites-la glisser à l'endroit souhaité. Pour déplacer une forme qui contient du texte, cliquez sur le contour de la forme puis effectuez un cliquer-glisser.

Effectuez la mise en forme de l'objet (vous pouvez ajouter des couleurs, des dégradés, de l'ombre… à toute forme automatique).

1 La forme automatique étant toujours sélectionnée, cliquez sur le bouton **Style de ligne** de la barre d'outils *Dessin*. Dans le menu déroulant, cliquez sur la ligne souhaitée. Renouvelez l'opération avec le bouton **Style de trait** pour choisir un trait. Cliquez sur la flèche du bouton **Couleur du contour**. Dans le menu déroulant, choisissez une couleur (si vous souhaitez une forme sans bordure, choisissez l'option *Aucun trait*).

2 Pour ajouter une couleur de fond ou un dégradé, cliquez sur la flèche du bouton **Couleur de remplissage** (le pot de peinture). Dans le menu déroulant, cliquez sur une couleur. Si vous préférez un dégradé, cliquez sur l'option *Motifs et textures*.

3 Dans la fenêtre qui s'affiche, sous l'onglet **Dégradé**, rubrique **Couleurs**, choisissez le type de dégradé. Pour utiliser un modèle de dégradé, cliquez sur *Prédéfini*, cliquez sur le bouton fléché de la zone *Couleurs prédéfinies*. Dans la liste déroulante, choisissez un dégradé. Si nécessaire, sélectionnez une option dans la zone *Type de dégradé* pour déterminer l'orientation des couleurs. Validez (voir Figure 5.37).

4 Pour ombrer une forme automatique, cliquez sur le bouton **Style Ombre**. Choisissez un style d'ombre dans le menu déroulant. Cliquez à nouveau sur le bouton **Style Ombre**. Choisissez cette fois *Options d'ombre*.

La petite barre d'outils **Options d'ombre** qui s'affiche vous permet de déplacer l'ombre et d'en changer la couleur.

5 Pour déplacer l'ombre, cliquez autant de fois que nécessaire sur les quatre boutons de déplacement (**Déplacer l'ombre vers le haut**, **Déplacer l'ombre vers le bas**, etc.). Cliquez sur la flèche du bouton **Couleur de l'ombre** et sélectionnez une couleur. Lorsque vous avez terminé, fermez la barre d'outils *Options d'ombre* en cliquant sur la croix de fermeture (voir Figure 5.38).

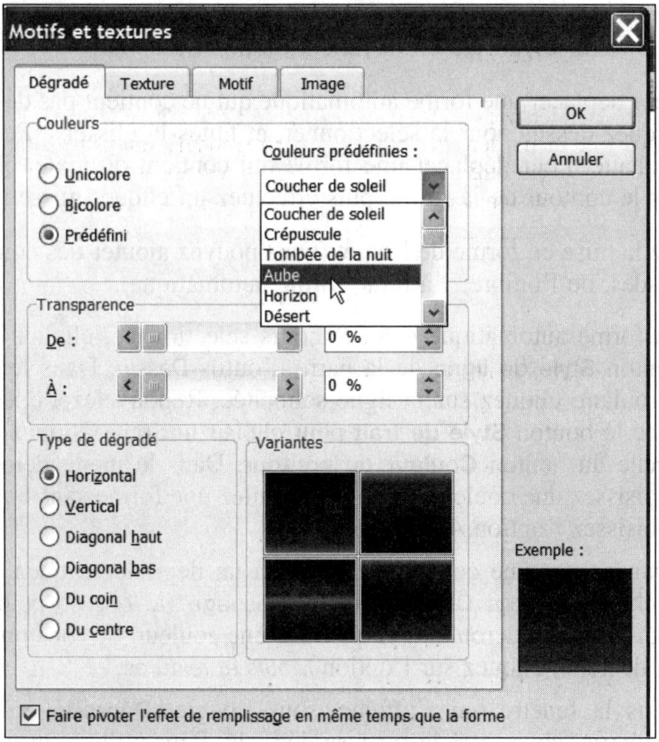

Figure 5.37 : *Choisir un dégradé.*

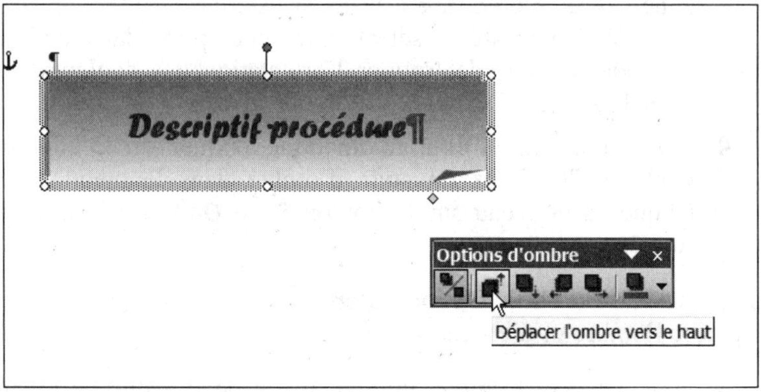

Figure 5.38 : *Une ombre qui bouge*

Ajouter des effets 3D

Vous pouvez aussi enrichir la plupart de vos formes automatiques avec des effets 3D. Cliquez pour cela sur le bouton **Style 3D** de la barre d'outils *Dessin*. Dans le menu déroulant, cliquez sur le modèle souhaité. Attention, ces effets ne peuvent être appliqués à certaines formes automatiques (les boutons du menu restent inactifs).

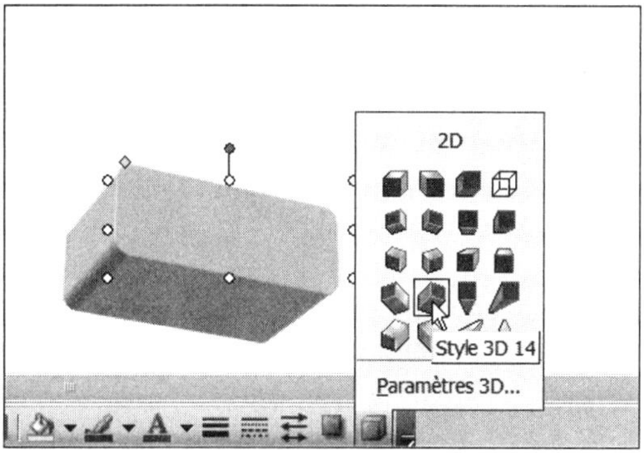

Figure 5.39 : *Un effet qui décoiffe*

Procédez de la même manière pour mettre en forme des traits ou des flèches. Vous ne pouvez naturellement ajouter ni texte ni couleur de remplissage sur ces formes. Vous disposez en outre du bouton **Style de flèche** de la barre d'outils *Dessin* pour personnaliser une flèche.

Remplacer une forme par une autre

Si une forme automatique ne vous convient plus, vous pouvez la remplacer par une autre sans perdre le bénéfice de la mise en forme déjà effectuée. Sélectionnez la forme à changer. Cliquez sur le bouton **Dessiner** de la barre d'outils *Dessin* et pointez sur *Modifier la forme*. Dans le menu déroulant, pointez sur une catégorie. Cliquez sur la nouvelle forme.

5.8. Gérer les objets graphiques

Une fois les objets créés, vous devez les disposer précisément sur la page, éventuellement les redimensionner à nouveau, les faire pivoter, les dupliquer, les aligner, les grouper, etc. Lorsque plusieurs objets se chevauchent, vous pouvez choisir l'ordre des plans.

REMARQUE

Tous les objets graphiques

Les manipulations qui suivent sont valables pour tous les objets graphiques : formes automatiques mais aussi images, zones de texte et Word Art.

Disposer, transformer les objets

Déplacer un objet à la souris ou au clavier, le redimensionner, le mettre au premier plan ou en arrière-plan, le faire pivoter ou le retourner, autant de manipulations qu'il faut maîtriser pour disposer aisément les objets dans la page.

Utilisez la souris pour les déplacements principaux. Pour de petits déplacements (au millimètre), vous obtiendrez davantage de précision au clavier.

1 Cliquez sur l'objet à déplacer pour le sélectionner (ou sur le contour de l'objet s'il contient du texte). Tout en maintenant la touche [Ctrl] enfoncée, appuyez sur une flèche de direction ([Flèche haut], [Flèche bas], [Flèche gauche] ou [Flèche droite] suivant le déplacement souhaité).

L'objet se déplacera ainsi par petites touches (point par point).

2 Pour redimensionner, faire pivoter, transformer une forme automatique, procédez de la même manière que pour une image ou un Word Art.

3 Pour faire pivoter une flèche (transformer une flèche horizontale en flèche verticale par exemple), sélectionnez la flèche. Cliquez sur le bouton **Dessiner** de la barre d'outils *Dessin* et pointez sur *Rotation ou retournement*. Cliquez sur la partie supérieure du menu déroulant, représentée par des petits points (l'info bulle *Faire glisser pour détacher ce menu* s'affiche) et faites glisser le menu près de l'objet à modifier. Le menu se transforme en barre d'outils. Utilisez les boutons de rotation et de retournement selon l'effet escompté (voir Figure 5.40).

Lorsque deux objets se chevauchent, il est nécessaire de modifier l'ordre des plans.

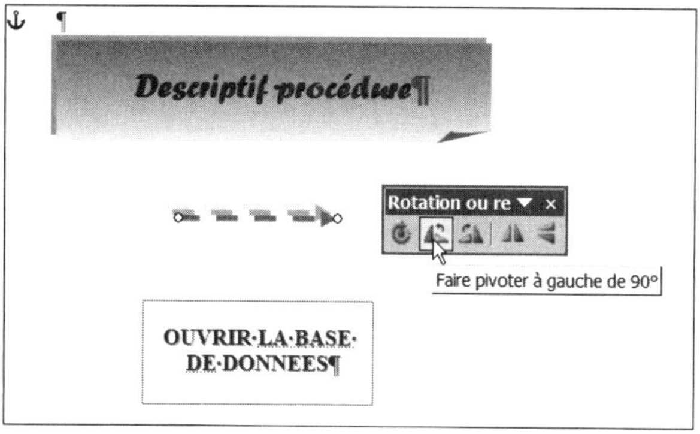

Figure 5.40 : *Une barre d'outils détachable pour modifier un objet*

4 Pour changer l'ordre des plans, cliquez du bouton droit sur l'objet à faire passer au premier ou à l'arrière-plan. Dans le menu contextuel, pointez sur *Ordre* et sélectionnez l'option souhaitée dans le menu déroulant.

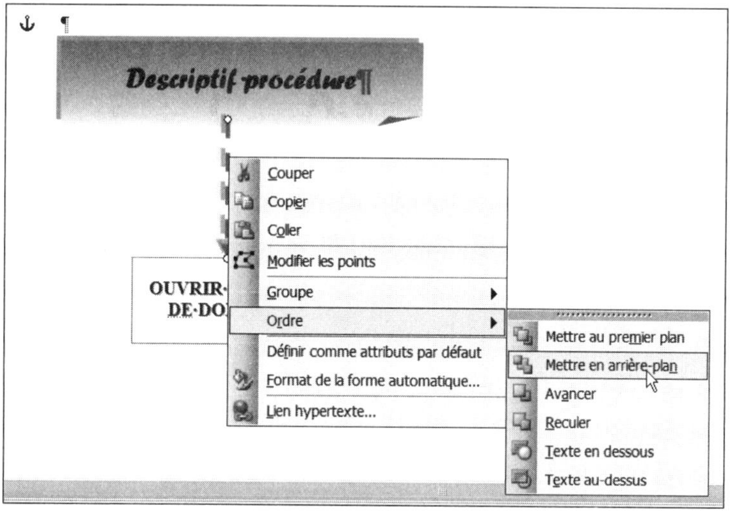

Figure 5.41 : *Placer un objet au premier plan, à l'arrière-plan*

REMARQUE

Plans intermédiaires

Utilisez les options *Avancer* et *Reculer* pour gérer les plans sur plus de deux objets (placer un objet en deuxième position sur un groupe de trois, par exemple).

Copier, aligner des objets

Vous pouvez dupliquer ou (et) aligner les objets.

Conservons l'exemple précédent (création d'une procédure avec des rectangles et des flèches) : si tous les rectangles doivent être identiques ou presque (seul le texte peut différer d'une forme à l'autre), après avoir créé et mis en forme le premier, il s'agit de le copier autant de fois que nécessaire (et de modifier ensuite le texte de chaque forme). Il en va de même pour les flèches.

Vous avez la possibilité de dupliquer un objet, de l'aligner ou de réaliser les deux opérations en une seule manipulation.

1 Pour copier un objet (sans l'aligner), cliquez sur l'objet. Tout en maintenant la touche Ctrl enfoncée, effectuez un cliquer-glisser à l'endroit où vous souhaitez placer la copie. Relâchez le bouton de la souris puis la touche Ctrl.

2 Pour copier et aligner un objet en même temps (garder l'alignement sur l'objet de départ), cliquez sur l'objet. Tout en maintenant les touches Ctrl et Maj enfoncée, effectuez un cliquer-glisser. Relâchez la souris puis les touches Ctrl et Maj (et non le contraire).

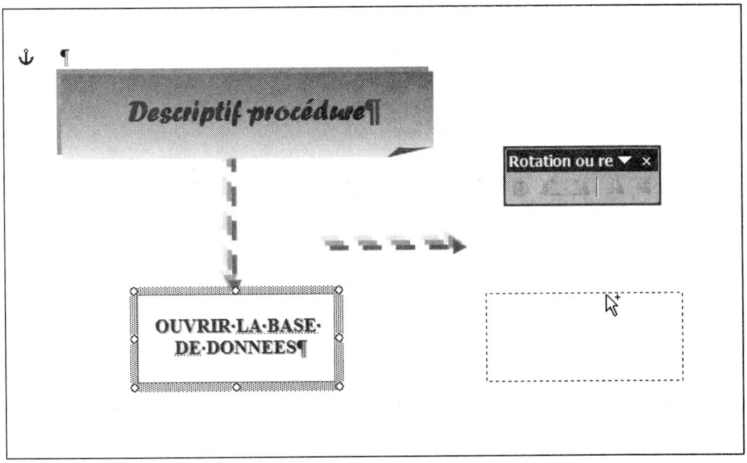

Figure 5.42 : *Copier et aligner*

Après avoir renouvelé l'opération si nécessaire, il ne restera plus qu'à modifier le texte de chaque forme copiée (de préférence après les avoir groupées).

REMARQUE

Aligner un objet

Pour déplacer un objet à l'horizontale ou à la verticale (sans perdre l'alignement), faites-le glisser à l'endroit souhaité en maintenant la touche [Maj] enfoncée.

Grouper ou dissocier les objets

Grouper des objets (images, formes automatiques, Word Art ou zones de texte) permet de rassembler plusieurs éléments pour qu'ils ne fassent plus qu'un. Déplacer le groupe se révèle ensuite plus aisé que déplacer chacun des éléments.

Vous devez sélectionner les objets puis les grouper.

1 Pour sélectionner un ensemble d'objets contigus, cliquez sur le bouton **Sélectionner les objets** de la barre d'outils *Dessin* (la flèche blanche) et tracez un rectangle de sélection autour de tous les objets à sélectionner (vous devez les entourer complètement).

2 Pour sélectionner des objets non contigus, cliquez sur un objet. Tout en maintenant la touche [Maj] enfoncée, cliquez sur chaque autre objet à sélectionner.

3 Cliquez du bouton droit sur la sélection (sur l'un des objets). Dans le menu contextuel, pointez sur **Groupe**. Dans le menu déroulant, cliquez sur **Grouper**.

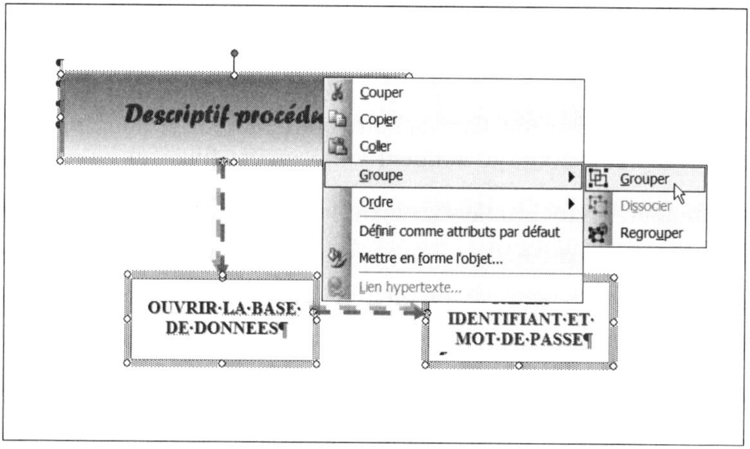

Figure 5.43 : *Sélectionner puis grouper les objets*

Un contour unique entoure les objets. Vous pouvez maintenant les déplacer en une seule manipulation. Rien ne vous empêche non plus de modifier le texte et la mise en forme d'un objet en particulier.

4 Pour déplacer le groupe d'objets, cliquez sur l'un des objets du groupe (ou sur son contour s'il contient du texte). Effectuez un cliquer-glisser.

5 Pour modifier un objet du groupe (texte ou mise en forme), sélectionnez le groupe comme précédemment, puis cliquez sur l'objet à modifier (ou son contour). Effectuez les modifications nécessaires. Pour modifier le texte à l'intérieur d'un objet, double-cliquez directement dans le texte.

Pour toute autre modification (redimensionnement, déplacement d'un objet du groupe…), vous devez d'abord dissocier le groupe.

6 Cliquez du bouton droit sur un objet du groupe (ou son contour). Dans le menu contextuel, pointez sur **Groupe**, puis cliquez sur **Dissocier** (les objets sont désolidarisés mais toujours sélectionnés). Cliquez en dehors pour les désélectionner, puis sur l'objet à modifier ou à déplacer.

5.9. Créez une page de magazine

Un exercice en rapport avec la presse : c'est le type de document que tout le monde aime réaliser. Vous allez découvrir les multiples possibilités de Word dans la réalisation d'un document de type journal. Vous mettrez ici en pratique l'utilisation des colonnes, des zones de texte et des images notamment (voir Figure 5.44).

1 Téléchargez sur notre site le fichier *Magazine brut.doc*, ouvrez-le et enregistrez-le sous un autre nom. Ouvrez et imprimez le fichier *Magazine.doc* (qui contient le document finalisé).

Le premier fichier contient le texte brut à mettre en forme (excepté le texte des zones de texte).

Au fur et à mesure de l'évolution du travail, pensez à enregistrer régulièrement les modifications en cliquant sur le bouton **Enregistrer**.

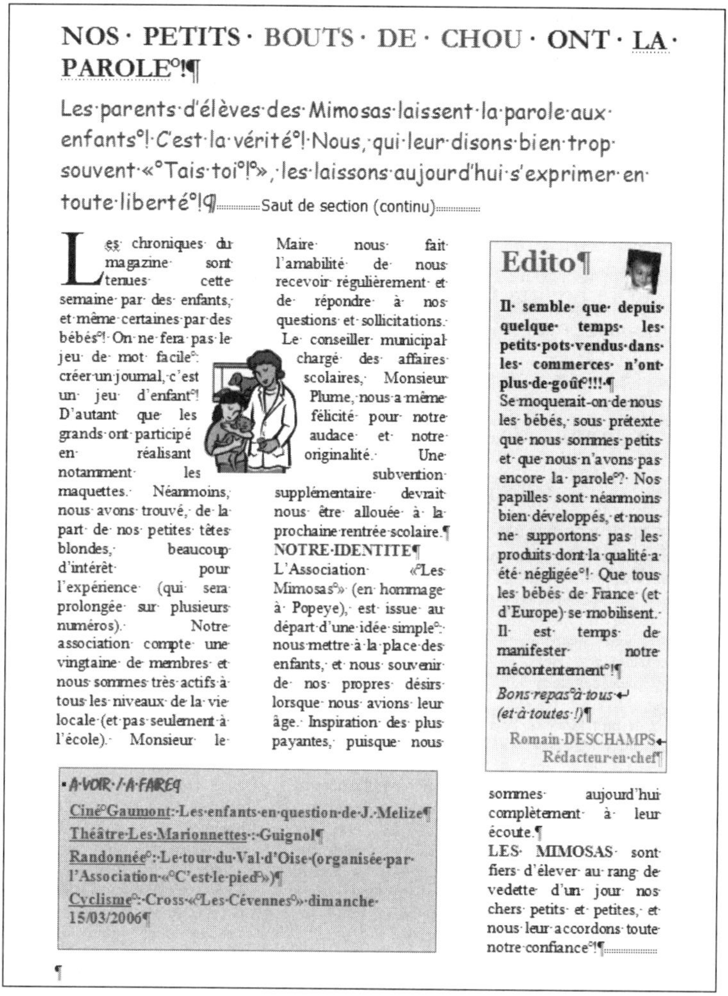

NOS PETITS BOUTS DE CHOU ONT LA PAROLE !

Les parents d'élèves des Mimosas laissent la parole aux enfants ! C'est la vérité ! Nous, qui leur disons bien trop souvent « Tais toi ! », les laissons aujourd'hui s'exprimer en toute liberté ! Saut de section (continu)

Les chroniques du magazine sont tenues cette semaine par des enfants, et même certaines par des bébés ! On ne fera pas le jeu de mot facile : créer un journal, c'est un jeu d'enfant ! D'autant que les grands ont participé en réalisant notamment les maquettes. Néanmoins, nous avons trouvé, de la part de nos petites têtes blondes, beaucoup d'intérêt pour l'expérience (qui sera prolongée sur plusieurs numéros). Notre association compte une vingtaine de membres et nous sommes très actifs à tous les niveaux de la vie locale (et pas seulement à l'école). Monsieur le Maire nous fait l'amabilité de nous recevoir régulièrement et de répondre à nos questions et sollicitations. Le conseiller municipal chargé des affaires scolaires, Monsieur Plume, nous a même félicité pour notre audace et notre originalité. Une subvention supplémentaire devrait nous être allouée à la prochaine rentrée scolaire.

NOTRE IDENTITE

L'Association « Les Mimosas » (en hommage à Popeye), est issue au départ d'une idée simple : nous mettre à la place des enfants, et nous souvenir de nos propres désirs lorsque nous avions leur âge. Inspiration des plus payantes, puisque nous sommes aujourd'hui complètement à leur écoute.

LES MIMOSAS sont fiers d'élever au rang de vedette d'un jour nos chers petits et petites, et nous leur accordons toute notre confiance !

Edito

Il semble que depuis quelque temps les petits pots vendus dans les commerces n'ont plus de goût !!!

Se moquerait-on de nous les bébés, sous prétexte que nous sommes petits et que nous n'avons pas encore la parole ? Nos papilles sont néanmoins bien développés, et nous ne supportons pas les produits dont la qualité a été négligée ! Que tous les bébés de France (et d'Europe) se mobilisent. Il est temps de manifester notre mécontentement !

Bons repas à tous
(et à toutes !)

Romain DESCHAMPS
Rédacteur en chef

• A VOIR / A FAIRE

Ciné Gaumont : Les enfants en question de J. Melize

Théâtre Les Marionnettes : Guignol

Randonnée : Le tour du Val d'Oise (organisée par l'Association « C'est le pied »)

Cyclisme : Cross « Les Cévennes » dimanche 15/03/2006

Figure 5.44 : *Une page de magazine : le vôtre peut-être*

2 Sélectionnez le texte à mettre en colonnes. Cliquez devant le premier mot du paragraphe `Les chroniques du magazine`. À l'aide de la roulette de la souris ou de la barre de défilement verticale, faites défiler la page de manière à visualiser la fin du texte. Tout en maintenant la touche Maj enfoncée, cliquez à la fin du texte (après … `notre confiance !`), mais (très important) sans sélectionner la dernière marque de fin de paragraphe (pour bien délimiter les colonnes).

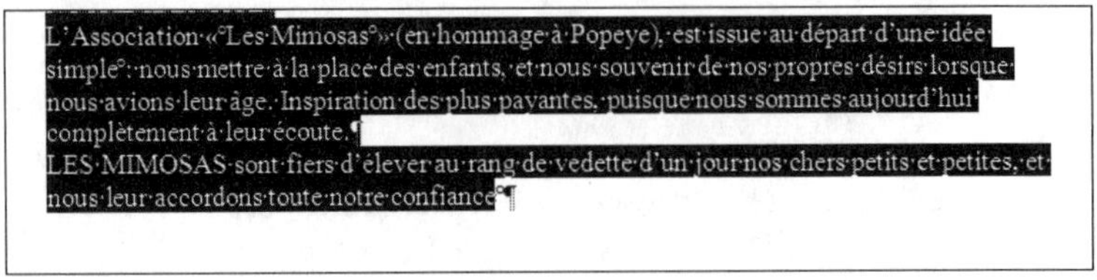
L'Association « Les Mimosas » (en hommage à Popeye), est issue au départ d'une idée simple : nous mettre à la place des enfants, et nous souvenir de nos propres désirs lorsque nous avions leur âge. Inspiration des plus payantes, puisque nous sommes aujourd'hui complètement à leur écoute.¶

LES MIMOSAS sont fiers d'élever au rang de vedette d'un jour nos chers petits et petites, et nous leur accordons toute notre confiance¶

Figure 5.45 : *Sélectionner le texte sans la marque de fin de paragraphe*

3 Cliquez sur le bouton **Colonnes** de la barre d'outils *Standard* et, dans le menu déroulant, faites glisser le pointeur et cliquez sur *3 Colonnes.*

4 Le texte étant toujours sélectionné, cliquez sur le bouton **Justifier** de la barre d'outils *Mise en forme*.

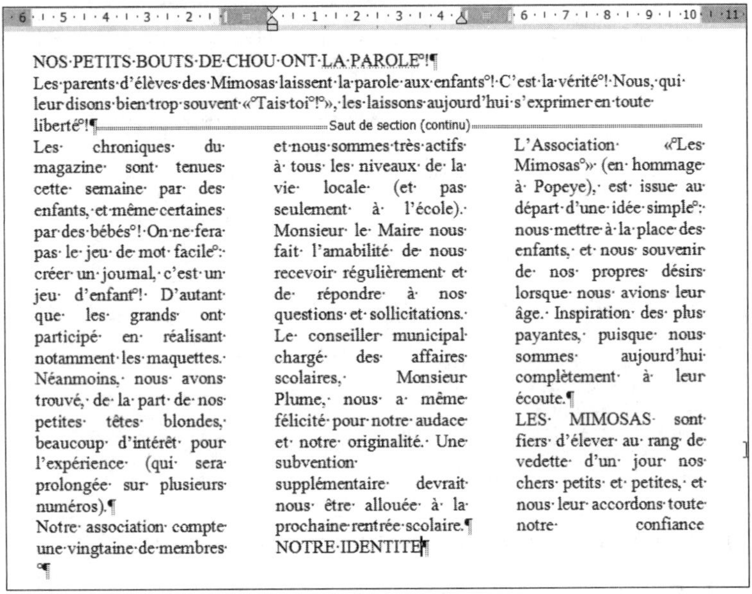
NOS PETITS BOUTS DE CHOU ONT LA PAROLE !¶

Les parents d'élèves des Mimosas laissent la parole aux enfants ! C'est la vérité ! Nous, qui leur disons bien trop souvent « Tais-toi ! », les laissons aujourd'hui s'exprimer en toute liberté !¶ Saut de section (continu)

Les chroniques du magazine sont tenues cette semaine par des enfants, et même certaines par des bébés ! On ne fera pas le jeu de mot facile : créer un journal, c'est un jeu d'enfant ! D'autant que les grands ont participé en réalisant notamment les maquettes. Néanmoins, nous avons trouvé, de la part de nos petites têtes blondes, beaucoup d'intérêt pour l'expérience (qui sera prolongée sur plusieurs numéros).¶

Notre association compte une vingtaine de membres ¶ et nous sommes très actifs à tous les niveaux de la vie locale (et pas seulement à l'école). Monsieur le Maire nous fait l'amabilité de nous recevoir régulièrement et de répondre à nos questions et sollicitations. Le conseiller municipal chargé des affaires scolaires, Monsieur Plume, nous a même félicité pour notre audace et notre originalité. Une subvention supplémentaire devrait nous être allouée à la prochaine rentrée scolaire.¶

NOTRE IDENTITE¶

L'Association « Les Mimosas » (en hommage à Popeye), est issue au départ d'une idée simple : nous mettre à la place des enfants, et nous souvenir de nos propres désirs lorsque nous avions leur âge. Inspiration des plus payantes, puisque nous sommes aujourd'hui complètement à leur écoute.¶

LES MIMOSAS sont fiers d'élever au rang de vedette d'un jour nos chers petits et petites, et nous leur accordons toute notre confiance

Figure 5.46 : *Des colonnes rapidement créées*

Vous allez maintenant effectuer la mise en forme (police, espacements…), insérer l'image et la lettrine.

1 Pour le premier paragraphe (le titre de la page du magazine), choisissez la police *Garamond*, une taille *20*, le style *Gras* et la couleur rouge foncé (sauf pour les mots BOUTS DE CHOU qui ont une couleur bleu gris). Cliquez sur le bouton **Justifier**.

2 Pour le deuxième paragraphe, choisissez la police *Comic Sans MS*, une taille *16*, la couleur verte, un espacement avant de 6 points et un espacement après de 12 points.

3 Pour les titres des paragraphes `NOTRE IDENTITE` et `LES MIMOSAS`, choisissez le style *Gras* et la couleur indigo.

Vous allez ajouter une image au document, la placer sur les colonnes, choisir une option d'habillage de texte et redimensionner votre image afin qu'elle s'intègre harmonieusement dans le texte.

4 Si ce n'est déjà fait, affichez la barre d'outils *Dessin* en cliquant sur le bouton du même nom situé dans la barre d'outils *Standard*.

5 Cliquez sur le bouton **Insérer une image clipart** de la barre d'outils *Dessin*. Dans le volet **Images clipart** qui s'affiche, cliquez dans la zone *Rechercher* et tapez `Enfants`. Lancez la recherche en cliquant sur OK.

Vous devez trouver quelques images (au moins trois).

6 Cliquez sur l'image souhaitée pour l'insérer dans le document, et fermez le volet **Images clipart** en cliquant sur sa croix de fermeture.

7 Double-cliquez sur l'image. Dans la fenêtre **Format de l'image** qui s'affiche, sous l'onglet **Habillage**, double-cliquez sur l'option *Rapproché*.

8 Cliquez sur l'image et déplacez-la en la faisant glisser entre les deux premières colonnes. Cliquez sur une poignée de redimensionnement située dans un angle et faites-la glisser vers l'intérieur pour réduire légèrement la taille de l'image (ces dernières manipulations ne sont pas définitives puisque les zones de texte ne sont pas encore insérées).

REMARQUE

Taille de l'image

La taille et la position de l'image sont des paramètres qui entrent en ligne de compte dans l'équilibre des colonnes. À titre indicatif, l'image de notre exemple présente une hauteur de 3,20 cm et une largeur de 2,56 cm. Vous pouvez préciser ces valeurs dans la fenêtre **Format de l'image**, sous l'onglet **Taille**.

Ajouter la lettrine au début des colonnes.

9 Cliquez sur le premier mot de la première colonne `Nous`. Dans le menu **Format**, cliquez sur **Lettrine**. Sous la rubrique *Position* de la fenêtre qui s'affiche, cliquez sur le modèle *Dans le texte* et validez. De retour dans le texte, cliquez en dehors du mot pour désélectionner la lettrine. Cliquez du bouton droit sur le mot souligné (trait ondulé vert). Dans le menu contextuel, cliquez sur *Ignorer*.

10 Repositionnez l'image qui a bougé (du fait de l'insertion de la lettrine).

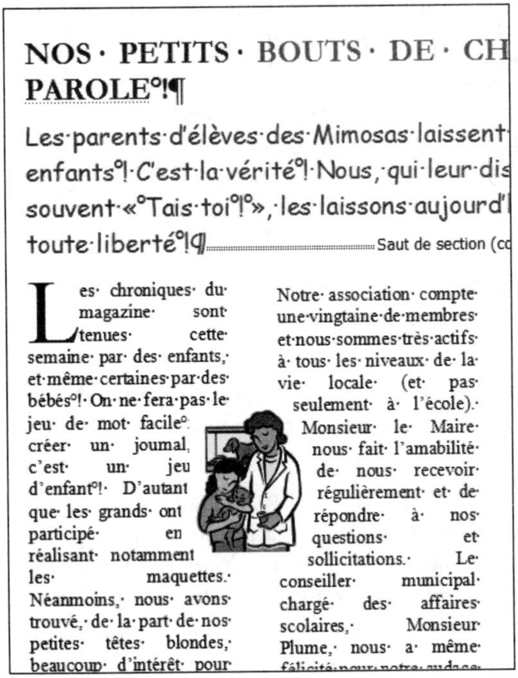

NOS PETITS BOUTS DE CH
PAROLE !

Les parents d'élèves des Mimosas laissent
enfants ! C'est la vérité ! Nous, qui leur dis
souvent « Tais toi ! », les laissons aujourd'
toute liberté ! Saut de section (c

Les chroniques du magazine sont tenues cette semaine par des enfants, et même certaines par des bébés ! On ne fera pas le jeu de mot facile : créer un journal, c'est un jeu d'enfant ! D'autant que les grands ont participé en réalisant notamment les maquettes. Néanmoins, nous avons trouvé, de la part de nos petites têtes blondes, beaucoup d'intérêt pour

Notre association compte une vingtaine de membres et nous sommes très actifs à tous les niveaux de la vie locale (et pas seulement à l'école). Monsieur le Maire nous fait l'amabilité de nous recevoir régulièrement et de répondre à nos questions et sollicitations. Le conseiller municipal chargé des affaires scolaires, Monsieur Plume, nous a même félicité pour notre audace

Figure 5.47 : *Insérer et positionner une image, ajouter une lettrine*

Votre premier paragraphe a maintenant un aspect plus attrayant. Vous allez insérer les zones de texte pour créer `l'édito` et l'encadré `A voir/A faire` en bas. Si ce n'est déjà fait, vous allez d'abord désactiver la zone de dessin qui s'affiche automatiquement à toute insertion d'objet.

1 Activez la commande **Outils/Options**. Dans la fenêtre qui s'affiche, sous l'onglet **Général**, décochez la case *Créer automatiquement des zones de dessin lors de l'insertion de formes automatiques*. Validez.

Vous pouvez insérer la première zone de texte, saisir le texte et le mettre en forme, insérez la petite image, etc.

2 Dans la barre d'outils *Dessin*, cliquez sur le bouton **Zone de texte**. Cliquez dans le document. Sans relâcher le bouton de la souris, tracez un rectangle sur la troisième colonne de texte (à l'emplacement où devra figurer l'édito) de manière à définir une largeur identique à celle de cette colonne (définissez une hauteur approximative que vous ajusterez ultérieurement).

La zone de texte se superpose à la colonne car par défaut, le style d'habillage est *Devant le texte*. Ici, vous ne pouvez pas le modifier tout de suite car il faut ajouter la petite image qui aura aussi un habillage spécifique (vous le définirez ensuite pour les deux objets que vous grouperez).

3 Saisissez le texte dans la zone. Si celle-ci n'est pas assez grande pour contenir tout le texte, agrandissez-la en cliquant et en faisant glisser la poignée de redimensionnement inférieure vers le bas.

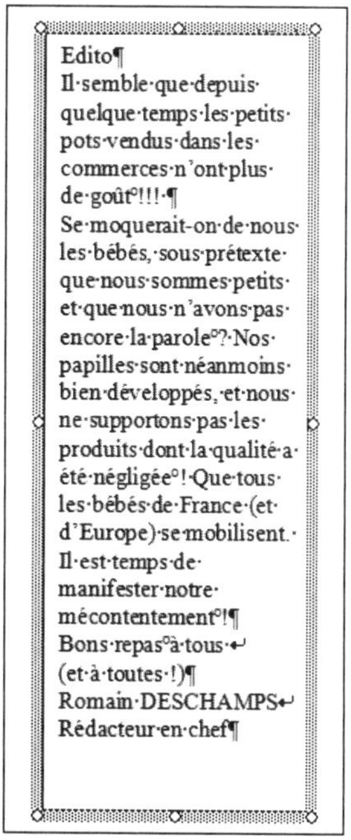

Figure 5.48 :
Saisie du texte

Effectuez la mise en forme du texte et de la zone de texte.

1 Procédez à la mise en forme du texte :

- Pour le titre de la zone de texte, `Edito`, choisissez la police *Georgia*, une taille *20*, un style *Gras* et la couleur *Bleu gris*. Définissez un espacement après de *12* points.
- Choisissez un style *Gras* et un alignement justifié pour le premier paragraphe de l'édito.
- Pour la suite du texte de l'édito, choisissez un alignement justifié.
- Pour la conclusion `Bons repas à tous...`, choisissez le style *Italique* et un espacement avant de *4* points.
- Pour les deux lignes de la signature, sélectionnez un style *Gras*, une taille *11*, une couleur orange, un alignement à droite et un espacement avant de 6 points pour le paragraphe `Romain DESCHAMPS`.

2 Cliquez sur le contour de la zone de texte pour la sélectionner. Cliquez sur la flèche du bouton **Couleur du contour** de la barre d'outils *Dessin* et choisissez une couleur orange. Répétez l'opération avec le bouton **Couleur de remplissage** et choisissez une couleur vert clair pour le fond.

Si vous disposez d'une image personnelle sur votre disque dur, ajoutez-la à droite de `Edito`.

> ATTENTION
>
> **Insérer l'image**
>
> Pour placer librement l'image dans la zone de texte, vous devez l'insérer à l'extérieur de cette dernière (si vous l'insérez directement à l'intérieur, vous ne pourrez plus modifier l'habillage).

3 Cliquez n'importe où en dehors de la zone de texte, puis sur le bouton **Insérer une image** de la barre d'outils *Dessin*. Dans la fenêtre qui s'affiche, recherchez le dossier qui contient l'image et insérez cette dernière.

4 Dans le document, double-cliquez sur l'image. Dans la fenêtre **Format de l'image** qui s'affiche, sous l'onglet **Habillage**, cliquez sur l'option *Devant le texte* et validez.

5 Réduisez la taille de l'image à l'aide d'une poignée de redimensionnement située dans un angle, et faites-la glisser à droite du texte `Edito`. Faites-la légèrement pivoter en cliquant et en faisant glisser la poignée de rotation vers la droite.

6 Positionnez-la précisément en opérant par petites touches successives : maintenez la touche [Ctrl] enfoncée et appuyez autant de fois que nécessaire sur la flèche de direction appropriée.

Figure 5.49 : *Mettre en forme la zone de texte, faire pivoter l'image, la déplacer*

La touche finale : il s'agit maintenant de grouper la zone de texte et l'image, et de définir l'habillage de texte pour le nouvel objet afin que le texte de la troisième colonne soit redistribué avec les deux autres.

1 Si ce n'est déjà fait, cliquez sur l'image pour la sélectionner. Tout en maintenant la touche [Maj] enfoncée, cliquez sur le contour de la zone de texte. Cliquez du bouton droit sur l'image (ou le contour de la zone, mais attention à ne pas désélectionner les deux objets). Dans le menu contextuel, pointez sur **Groupe** et cliquez sur **Grouper**.

2 Cliquez du bouton droit sur le contour du nouveau groupe (qui correspond au contour de la zone de texte). Dans le menu contextuel, cliquez sur **Mettre en forme l'objet**. Dans la fenêtre qui s'affiche, sous l'onglet **Habillage**, cliquez sur l'option *Encadré*. Cliquez sur le bouton **Avancé**. Dans la nouvelle fenêtre, sous l'onglet **Habillage du texte**, rubrique *Distance du texte*, choisissez une distance de `0,2` cm dans la zone *Haut* et de `0,3` cm dans les zones *Bas*, *Gauche* et *Droite* (utilisez les flèches correspondantes). Validez.

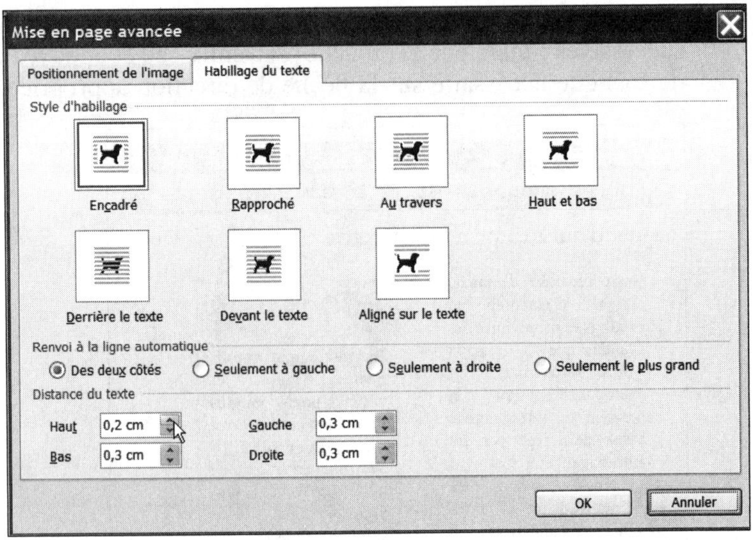

Figure 5.50 : *Paramétrer la zone de texte*

ATTENTION

Repositionner la zone de texte

Le groupe d'objets (comme un objet unique) ne cohabite par forcément tout de suite avec du texte en colonnes. S'il change de place après la modification du style d'habillage, faites-le glisser à nouveau au bon endroit. Vous aurez certainement à repositionner plusieurs fois cette zone de texte (ainsi que la seconde) au cours des manipulations qui vont suivre.

Vous allez maintenant créer la seconde zone de texte.

1 Cliquez sur le bouton **Zone de texte**. Tracez un rectangle en bas de la page, d'une largeur équivalente à deux colonnes.

2 Saisissez le texte dans la zone. Au besoin, redimensionnez cette dernière.

3 En procédant de la même manière que pour la première zone de texte, choisissez un style d'habillage *Encadré* et une distance de texte de `0,3` cm (*Haut*, *Bas*, *Gauche* et *Droite)*. Validez.

4 Faites glisser la zone de texte au bon endroit en faisant coïncider le haut de la zone avec le bas de la première zone de texte.

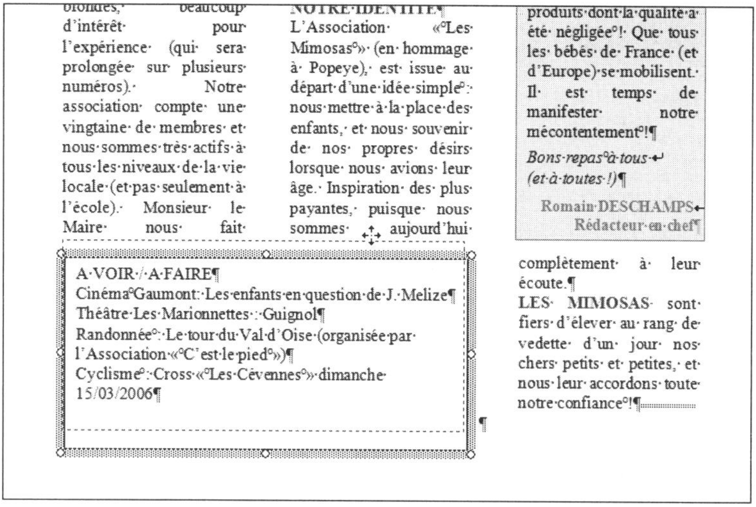

Figure 5.51 : *Positionner la zone de texte au bon endroit.*

5 Procédez à la mise en forme du texte :

- Pour le titre de la zone de texte, `A VOIR/A FAIRE`, choisissez la police *Mistral*, une taille *12*, un style *Gras* et la couleur *Bleu gris*.
- Pour le reste du texte, choisissez une taille *10*, un style *Gras*, (et *Souligné* pour le début de chaque ligne), la couleur *Bleu gris* et un espacement avant de *3* points.

6 Cliquez sur le contour de la zone de texte. En procédant de la même manière que pour la première zone de texte, choisissez une couleur orange pour le contour et brun pour le fond.

Procédez aux derniers réglages, aux derniers positionnements.

7 Cliquez sur le contour de la zone de texte. Tout en maintenant la touche [Ctrl] enfoncée, appuyez autant de fois que nécessaire sur les flèches de direction de manière à l'aligner précisément sur le reste du texte. Répétez l'opération au besoin pour la première zone de texte.

Vous devez obtenir le résultat suivant (voir Figure 5.52).

Votre page est terminée. Enregistrez les dernières modifications.

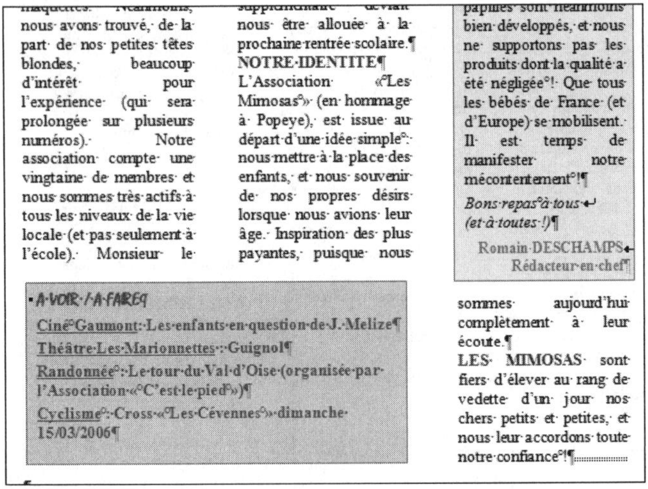
nous avons trouvé, de la part de nos petites têtes blondes, beaucoup d'intérêt pour l'expérience (qui sera prolongée sur plusieurs numéros). Notre association compte une vingtaine de membres et nous sommes très actifs à tous les niveaux de la vie locale (et pas seulement à l'école). Monsieur le

nous être allouée à la prochaine rentrée scolaire.
NOTRE IDENTITE
L'Association « Les Mimosas » (en hommage à Popeye), est issue au départ d'une idée simple : nous mettre à la place des enfants, et nous souvenir de nos propres désirs lorsque nous avions leur âge. Inspiration des plus payantes, puisque nous

bien développés, et nous ne supportons pas les produits dont la qualité a été négligée ! Que tous les bébés de France (et d'Europe) se mobilisent. Il est temps de manifester notre mécontentement !
Bons repas à tous
(et à toutes !)
Romain DESCHAMPS
Rédacteur en chef

A VOIR / A FAIRE
Ciné Gaumont : Les enfants en question de J. Melize
Théâtre Les Marionnettes : Guignol
Randonnée : Le tour du Val d'Oise (organisée par l'Association « C'est le pied »)
Cyclisme : Cross « Les Cévennes » dimanche 15/03/2006

sommes aujourd'hui complètement à leur écoute.
LES MIMOSAS sont fiers d'élever au rang de vedette d'un jour nos chers petits et petites, et nous leur accordons toute notre confiance !

Figure 5.52 : *La seconde zone de texte finalisée*

5.10. Créez une affichette

Vous souhaitez réaliser une petite affichette au format A4 pour annoncer l'organisation d'une tombola annuelle. Utilisez les outils de dessin de Word : zones de texte, formes automatiques, Word Art, images, dégradés… sont au programme (voir Figure 5.53).

Insérez d'abord les trois zones de texte. La première annonce la tombola, la deuxième contient du texte aligné verticalement et la troisième l'adresse.

1 Ouvrez un nouveau document et enregistrez-le en cliquant sur le bouton **Enregistrer** (pensez ensuite à enregistrer régulièrement les modifications).

2 Cliquez sur le bouton **Zone de texte** de la barre d'outils *Dessin*. Cliquez dans le document et tracez un rectangle en haut de la page.

3 Saisissez le texte de cette première zone `GRANDE TOMBOLA ANNUELLE`.

4 Effectuez la mise en forme du texte : choisissez la police *Comic Sans MS*, une taille *28*, les attributs *Gras*, *Ombré*, la couleur verte, un espacement des caractères *Étendu* de *2* points et un alignement *Centré*.

Figure 5.53 : *Réaliser une petite affichette*

REMARQUE

Espacement étendu

Pour mémoire, activez la commande **Format/Police** (après avoir sélectionné le texte). Sous l'onglet **Espacement des caractères**, cliquez sur le bouton fléché de la zone *Espacement* pour obtenir un espacement étendu.

Il reste à supprimer la bordure située autour de la zone de texte qui n'est pas très jolie, à la redimensionner et la positionner.

5 La zone de texte étant toujours sélectionnée, cliquez sur la flèche de la zone *Couleur du contour*. Dans le menu qui se déroule, cliquez sur l'option *Aucun trait*.

6 Cliquez sur une poignée d'angle et redimensionnez la zone de texte de manière à ce que le texte tienne sur deux lignes. Placez la zone en haut et au centre de la page.

7 Créez la seconde zone de texte, celle qui figure en bas de l'invitation et qui contient l'adresse. Tapez le texte et formatez-le avec la police *Comic Sans MS*, une taille *20*, l'attribut *Gras*, la couleur *bleu indigo* et un alignement *Centré*. Supprimez la bordure en procédant de la même manière que pour la première zone.

Pour créer la troisième zone de texte, quelques manipulations supplémentaires sont nécessaires.

8 Cliquez sur la flèche du *Zoom*. Dans le menu déroulant, cliquez sur *Page entière*. Insérez une zone de texte, saisissez le texte `ASSOCIATION LES LURONS`. Effectuez la mise en forme avec la police *Mistral*, une taille *24*, les attributs *Gras* et *Relief*, la couleur rouge et un alignement *Centré*.

Si la police de caractères *Mistral* n'est pas installée sur votre poste, choisissez-en une autre qui sorte un peu de l'ordinaire.

9 Agrandissez la zone en hauteur en cliquant et en glissant une poignée de redimensionnement vers le bas (sur quelques centimètres dans un premier temps). Cliquez et faites glisser la poignée située à droite de la zone de texte vers la gauche, de manière à réduire celle-ci à environ un caractère en largeur.

Le texte s'étalera par voie de conséquence de haut en bas.

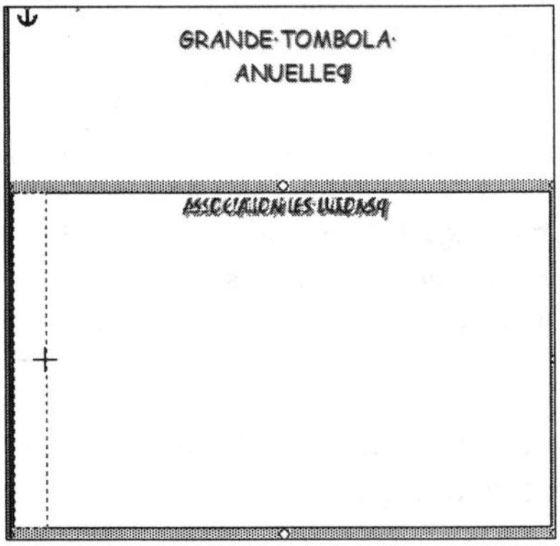

Figure 5.54 :
Redimensionner la zone de texte pour afficher le texte de haut en bas

10 Ajustez la hauteur à l'aide des poignées inférieures et supérieures. Cliquez sur le contour de la zone de texte et faites-la glisser

contre le bord gauche de la page (pour de petits déplacements précis, maintenez la touche Ctrl enfoncée et appuyez sur une flèche de direction). Supprimez la bordure en procédant comme pour les deux zones précédentes. Cliquez en dehors de la zone de texte pour la désélectionner.

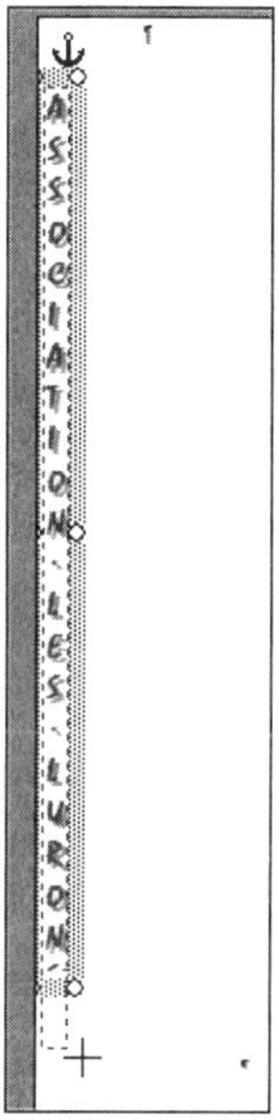

Figure 5.55 : *Ajuster sa taille dans la page*

Vous allez maintenant ajouter le Word Art.

1 Cliquez sur le bouton **Insérer un objet WordArt** de la barre d'outils *Dessin*. Double-cliquez sur le modèle de votre choix (voir Figure 5.56).

2 Dans la fenêtre qui s'affiche, saisissez le texte du Word Art. Si vous souhaitez changer de police de caractères, de taille de police, utilisez les zones correspondantes. Validez en cliquant sur OK.

L'objet Word Art est inséré dans le texte avec l'option d'alignement par défaut *Aligné sur le texte*. C'est normal que l'effet soit masqué en partie par la première zone de texte ; il s'affiche dans le paragraphe dans lequel il a été créé.

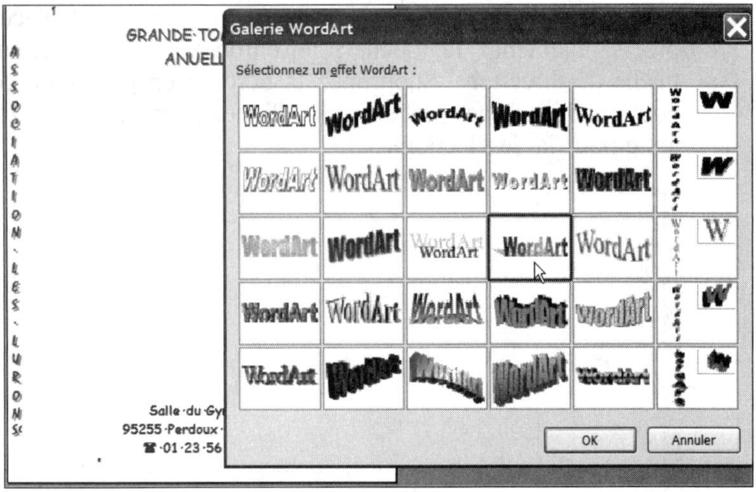

Figure 5.56 : Sélectionner un effet Word Art

3 Cliquez sur l'objet Word Art pour le sélectionner. Sur la barre d'outils *WordArt* qui s'affiche, cliquez sur le bouton **Habillage du texte**. Dans le menu déroulant, choisissez l'option *Devant le texte*.

4 Déplacez l'objet Word Art en cliquant dessus et en le faisant glisser à l'endroit souhaité dans votre page.

Figure 5.57 : Modifier le style d'habillage

Il s'agit maintenant de définir une forme pour votre objet Word Art.

5 Cliquez sur le bouton **Forme WordArt** de la barre d'outils *WordArt*. Dans le menu qui s'affiche, cliquez sur la forme souhaitée pour l'appliquer.

Figure 5.58 : *Le Word Art prend forme*

Ajoutez les images *clipart* que vous choisirez dans la bibliothèque intégrée ou sur le site de Microsoft.

1 Cliquez sur le bouton **Insérer une image clipart** de la barre d'outils *Dessin*. Cliquez dans la zone *Rechercher* du volet **Images clipart** qui s'affiche. Tapez `fêtes` et cliquez sur le bouton OK pour lancer la recherche. Cliquez sur l'image souhaitée pour l'insérer dans le document.

REMARQUE

Images supplémentaires

Si aucune image ne vous satisfait (ou si elles sont peu nombreuses), cliquez sur le lien *Images clipart sur Office Online*, situé en bas du volet. Téléchargez les images souhaitées sur le site de Microsoft. Une fois celles-ci téléchargées, elles sont intégrées aux images clipart sur votre poste.

2 Cliquez sur l'image pour la sélectionner. Sur la barre d'outils *Image* qui s'affiche, cliquez sur le bouton **Habillage du texte**. Dans le menu déroulant, choisissez l'option *Devant le texte* (si la barre d'outils *Image* ne s'affiche pas automatiquement, affichez-la en cliquant du bouton droit sur l'image et en choisissant *Afficher la barre d'outils Image*).

3 Cliquez sur une poignée de redimensionnement située dans un angle et redimensionnez l'image à votre convenance. Cliquez sur la poignée de rotation et faites-la glisser légèrement vers la droite pour faire pivoter l'image. Cliquez sur l'image et faites-la glisser dans la partie gauche de la page (voir Figure 5.59).

4 En procédant de la même manière, insérez une seconde image clipart et placez-la en bas de la page, à droite de l'adresse.

Figure 5.59 : *Incliner l'image*

Vous allez terminer en insérant une première forme automatique pour faire un effet d'annonce et une seconde avec un dégradé pour le fond.

1 Cliquez sur le bouton **Formes automatiques** de la barre d'outils *Dessin* et pointez sur la catégorie *Etoiles et bannières*. Dans le menu déroulant, cliquez sur la forme *Explosion 2* (lorsque vous pointez sur une forme automatique, son nom s'affiche dans une info bulle).

2 Cliquez dans le document à l'endroit où vous souhaitez placer la forme et faites glisser le pointeur en diagonale jusqu'à la taille voulue.

3 Cliquez du bouton droit sur la forme. Dans le menu contextuel, cliquez sur **Ajouter du texte**. Tapez le texte : `DES CADEAUX SURPRISE A VOUS COUPER LE SOUFFLE !`. Sélectionnez-le et mettez-le en forme avec la police *Bradley Hand ITC*, une taille *16*, un style *Gras*, un attribut *Ombre,* la couleur orange et un alignement centré. Au besoin, redimensionnez a zone de texte en cliquant et en faisant glisser une poignée d'angle vers l'extérieur (voir Figure 5.60).

Peaufinez l'apparence de la forme automatique en ajoutant une couleur de fond et un peu d'ombrage.

Figure 5.60 : *Ajuster la taille*

4 Cliquez sur la flèche du bouton **Couleur de remplissage** de la barre d'outils *Dessin*. Dans le menu déroulant, cliquez sur la couleur jaune clair.

5 Cliquez sur le bouton **Style Ombre**. Dans le menu déroulant, cliquez sur *Style d'ombre 1* (le premier). Cliquez à nouveau sur le bouton **Style Ombre**. Dans le menu, cliquez sur *Options d'ombre.* Cliquez sur la flèche du bouton **Couleur de l'ombre** de la barre d'outils *Options d'ombre* qui s'affiche et choisissez la couleur verte. Cliquez successivement sur les boutons **Déplacer l'ombre vers le haut** et **Déplacer l'ombre vers la gauche** pour déplacer légèrement l'ombre.

6 Pour terminer, cliquez sur la flèche du bouton **Couleur du contour** et choisissez *Aucun trait*.

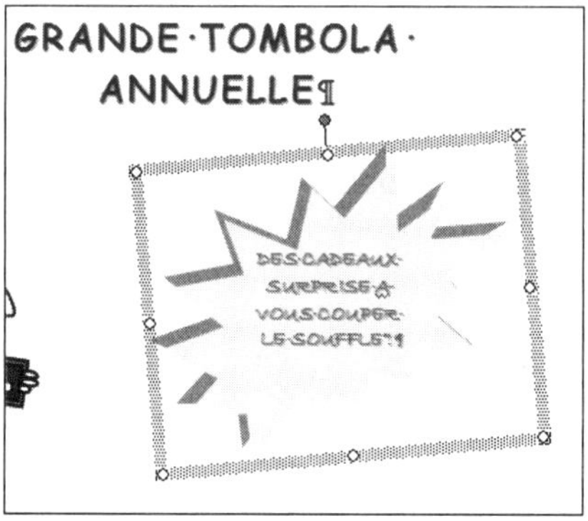

Figure 5.61 : *Soigner l'apparence de la forme*

Pour créer le dégradé, vous allez définir une forme automatique qui occupera toute la page et la placer à l'arrière-plan.

1 Cliquez sur la flèche de la zone *Zoom* et cliquez sur *Page entière*.
2 Cliquez sur le bouton **Rectangle** de la barre d'outils *Dessin* et tracez un rectangle sur toute la page.

Une fois tracé, celui-ci recouvre tous les autres objets. Appliquez le dégradé.

3 Cliquez sur la flèche du bouton **Couleur de remplissage** de la barre d'outils *Dessin*. Dans le menu qui se déroule, cliquez sur *Motifs et textures*. Dans la fenêtre qui s'affiche, sous l'onglet **Dégradé** et sous la rubrique *Couleurs*, cliquez sur l'option *Prédéfini*. Cliquez sur la flèche de la zone *Couleurs prédéfinies* et choisissez un dégradé *Aube*. Dans la zone *Type de dégradé*, cliquez sur l'option *Du centre* et validez.

Supprimez le contour du rectangle et passez la forme automatique à l'arrière-plan.

4 Cliquez sur la flèche du bouton **Couleur du contour** et choisissez *Aucun trait*. Cliquez du bouton droit sur le rectangle. Dans le menu contextuel, pointez sur **Ordre**. Dans le menu déroulant, cliquez sur **Mettre en arrière plan**.

Pour finaliser votre affichette, supprimez le fond blanc des zones de texte.

5 Cliquez sur la première zone de texte. Tout en maintenant la touche [Maj] enfoncée, cliquez successivement sur les deux autres. Cliquez sur la flèche du bouton **Couleur de remplissage** de la barre d'outils *Dessin*. Dans le menu déroulant, cliquez sur *Aucun remplissage* (voir Figure 5.62).
6 Enregistrez les dernières modifications.

Retrouvez l'affichette dans le fichier *Tombola.doc* sur le site **www.microapp.com**.

Figure 5.62 : *Rendre les zones de texte transparentes*

Chapitre 6

Mettre en page un document

La mise en page détermine la présentation générale du document. Vous pouvez notamment changer l'orientation du papier ou modifier les marges. Tout ce que vous effectuez au niveau de la mise en page ou des en-têtes et pieds de page (insertion d'un logo et d'une image en en-tête, ajout d'une numérotation automatique en pied de page, etc.) est reproduit par défaut sur l'ensemble des pages du document.

6.1. Modifier les marges en utilisant le menu ou la règle

Considérons un document composé de deux pages. Pour créer par exemple un espace supplémentaire entre le haut d'une page et le début du texte sur les deux pages, la solution consiste à augmenter la marge supérieure. Cette modification s'appliquera automatiquement aux deux pages et aux suivantes si de nouvelles pages sont ajoutées par la suite. Il ne s'agit pas d'ajouter de l'espacement avant ou d'appuyer plusieurs fois sur Entrée avant le début du texte car il faudrait le faire sur chaque page.

1 Dans le menu **Fichier**, cliquez sur la commande **Mise en page**.

2 Dans la fenêtre qui s'affiche, sous l'onglet **Marges**, utilisez le bouton fléché de la zone *Haut* pour définir une nouvelle valeur (`4,5` cm dans notre exemple). Validez.

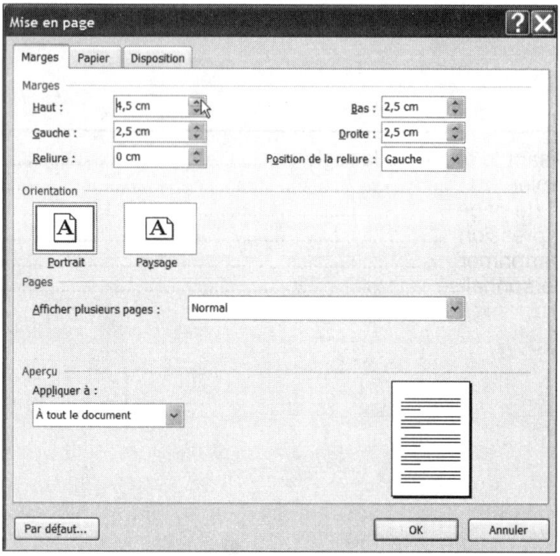

Figure 6.1 : *Modifier les marges d'un document*

> **Les valeurs saisies au clavier**
> Par défaut, les marges d'un document Word sont de *2,5* cm et sont visibles en mode Page. Vous pouvez saisir directement la valeur d'une marge dans les zones *Haut*, *Bas*, *Gauche* ou *Droite*, à condition de taper le séparateur décimal (la virgule) sur le clavier principal et non sur le pavé numérique. Autrement, Word vous retournera le message "*Cette mesure n'est pas valide*".

Il est aussi possible de modifier les marges directement sur la règle, mais l'opération est plus risquée et souvent moins précise.

1 Cliquez sur la règle à l'extrémité d'une marge (la partie bleutée) et faites-la glisser dans un sens ou dans l'autre pour l'augmenter ou la diminuer, suivant le cas.

2 Pour afficher en même temps la valeur de la marge, effectuez la même manipulation, mais en maintenant la touche Alt enfoncée.

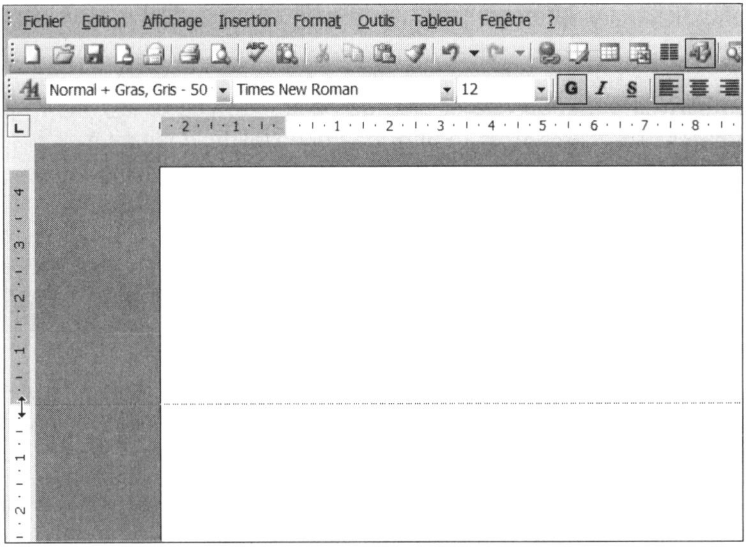

Figure 6.2 : *Modifier les marges à la souris*

> **Ouverture rapide de la fenêtre Mise en page**
> La règle vous permet aussi d'ouvrir plus rapidement la fenêtre **Mise en page**. Double-cliquez pour cela sur la partie bleutée de la règle qui représente la marge.

6.2. Modifier l'orientation du papier

D'autres options sont accessibles dans la fenêtre **Mise en page** ; vous avez notamment la possibilité de changer l'orientation du papier.

Sous l'onglet **Marges**, rubrique *Orientation*, l'option *Portrait* (par défaut) permet de présenter la page dans le sens de la hauteur et l'option *Paysage* dans le sens de la largeur.

6.3. Créer un en-tête et un pied de page

Insérer dans les en-têtes et les pieds de page les éléments que vous souhaitez voir apparaître sur toutes les pages du document : en en-tête, le logo et le nom de votre société par exemple, une image en filigrane qui recouvrira la page, une bordure de page ; en pied de page, les numéros de page.

Dans le menu **Affichage**, cliquez sur la commande **En-tête et pied de page**.

La barre d'outils *En-tête et pied de page* s'affiche et la zone réservée à l'en-tête se présente en pointillé. Le texte du document qui apparaît derrière en grisé n'est plus accessible lorsque ce mode est actif. Saisissez le texte à l'emplacement du curseur ou insérez des éléments (image, date, heure).

Saisir du texte, insérer une image

Vous pouvez taper du texte en en-tête (comme en pied de page) et le mettre en forme en procédant de la même manière que dans la page, insérer une image, appliquer une bordure ou une trame.

1 Saisissez le texte souhaité (`DURAND FRERES`, dans cet exemple). Formatez le texte normalement (police de caractères, style, alignement, etc.).

Vous pouvez ajouter une image importée, une image que vous avez créée dans un logiciel graphique ou une image clipart.

2 Cliquez sur le bouton **Insérer une image** ou **Insérer une image clipart** de la barre d'outils *Dessin* suivant le type d'image souhaitée. Dans la fenêtre qui s'affiche ou dans le volet **Images clipart**, sélectionnez une image et insérez-la dans l'en-tête.

Celle-ci est insérée dans la zone de l'en-tête, avec un style d'habillage de type *Aligné sur le texte* (sauf si cette option par défaut a été précédemment modifiée).

RENVOI

*Reportez-vous au chapitre **Créer des colonnes et utiliser les outils de dessin.***

3 Cliquez sur l'image pour la sélectionner. Cliquez sur le bouton *Habillage du texte* de la barre d'outils *Image*. Dans le menu déroulant, choisissez une option, *Devant le texte* par exemple, pour déplacer librement l'image dans la zone de l'en-tête.

4 Redimensionnez l'image à l'aide d'une poignée de redimensionnement située dans un angle, puis placez-la à l'endroit souhaité dans l'en-tête (vous pouvez la faire déborder de la zone en pointillé).

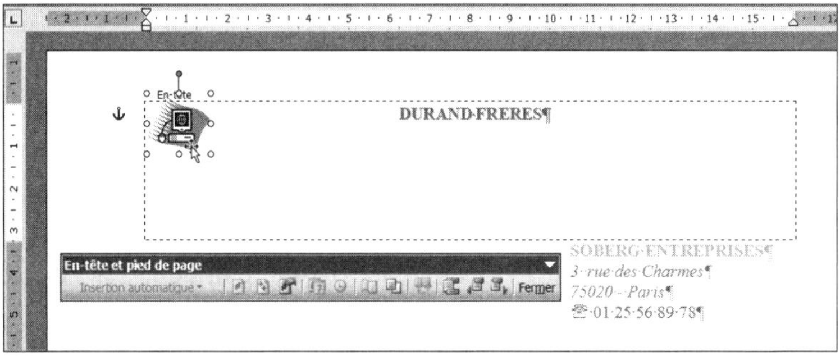

Figure 6.3 : *Placer une image dans l'en-tête*

REMARQUE

Formes automatiques

Vous pouvez aussi ajouter en en-tête et en pied de page d'autres objets : formes automatiques, Word Art ou zones de texte.

Pour ajouter une bordure ou une trame, procédez de la même manière que dans le document (pour mémoire, activez la commande **Format/Bordure et trame**).

Insérer la numérotation automatique des pages

Vous souhaitez numéroter vos pages ? Insérez la numérotation automatique en pied de page.

1 Basculez en pied de page en cliquant sur le bouton **Basculer en-tête/pied de page** de la barre d'outils *En-tête et pied de page*.

Figure 6.4 : *Le bouton de bascule en-tête/pied de page*

Vous pouvez insérer la numérotation et afficher le numéro de page à l'endroit souhaité en utilisant les boutons d'alignement de la barre d'outils *Mise en forme*.

2 Cliquez sur le bouton **Insérer un numéro de page** de la barre d'outils *En-tête et pied de page*. Cliquez sur un bouton d'alignement (**Au centre** ou **Aligné à droite**).

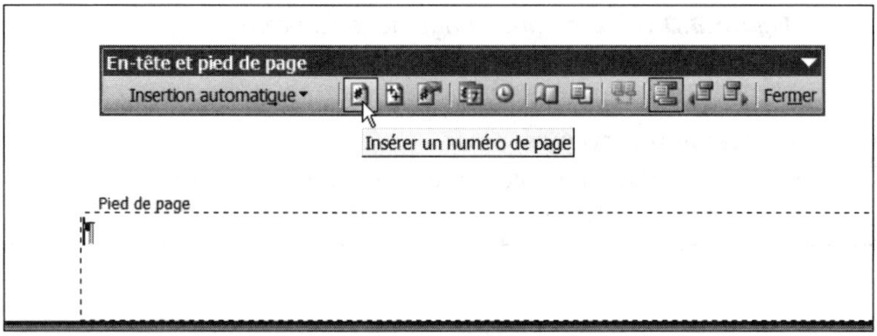

Figure 6.5 : *Ajouter la numérotation automatique des pages*

Il est possible de personnaliser la numérotation des pages pour leur donner un aspect différent.

1 Insérez le numéro de page en cliquant sur le bouton **Insérer un numéro de page** de la barre d'outils *En-tête et pied de page*. Cliquez sur le bouton **Numérotation de page**. Dans la fenêtre qui s'affiche, cliquez sur le bouton fléché de la zone *Format* pour choisir un format de numérotation (vous avez aussi la possibilité de définir un numéro de départ dans la zone *À partir de*). Validez.

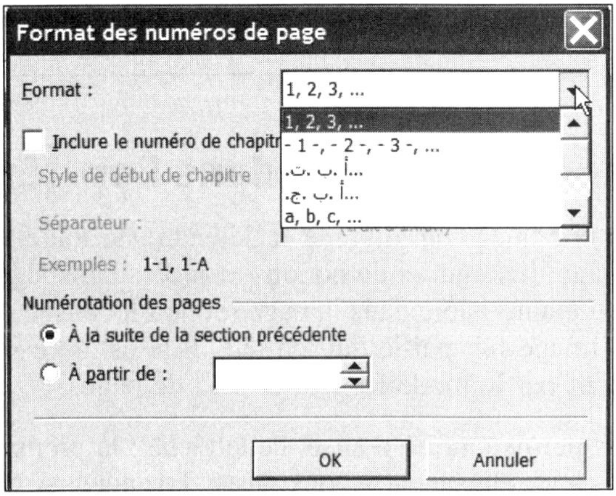

Figure 6.6 : *Choisir le format d'affichage*

Vous pouvez enfin afficher le numéro de page et le nombre de pages, puis choisir le type d'affichage, par exemple *1 sur 3*, *2 sur 3*, etc.

2 Cliquez sur le bouton **Insérer un numéro de page**, saisissez un espace, tapez `sur`, saisissez encore un espace. Cliquez sur le bouton **Insérer le nombre de pages**.

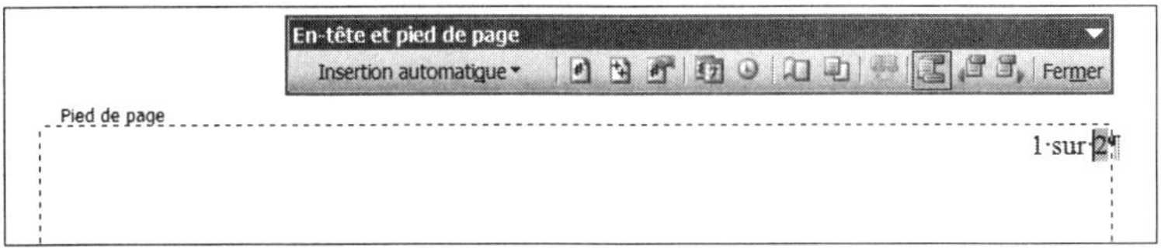

Figure 6.7 : *Personnaliser la numérotation des pages*

3 Vous pouvez revenir dans l'en-tête en cliquant à nouveau sur le bouton **Basculer en-tête/pied de page**. Lorsque vous avez fini, cliquez sur le bouton **Fermer** de la barre d'outils *En-tête et pied de page* pour revenir au document.

De retour dans le document, les éléments de l'en-tête et du pied de page apparaissent grisés. C'est normal ; ils sont sous-jacents et se situent à l'arrière-plan. À l'impression, il n'en paraîtra rien et le texte sera imprimé normalement.

ASTUCE

Activation rapide du mode En-tête et pied de page

Lorsqu'un en-tête et un pied de page existent déjà dans un document, double-cliquez dans la zone de l'en-tête ou du pied de page pour l'activer (inutile d'utiliser le menu). Pour le quitter et revenir au document, employez la même méthode : double-cliquez cette fois en dehors de la zone de l'en-tête ou du pied de page, n'importe où dans le document.

Insérer une image en filigrane dans l'en-tête

Vous pouvez ajouter une image en filigrane et l'étendre sur toute la page ou une partie de la page. Il s'agit ici de notions avancées dans la gestion d'un en-tête : bien qu'étant visible dans la page (et non localisée dans la zone de l'en-tête), l'image fait partie de l'en-tête. Elle est accessible et modifiable uniquement par le mode En-tête et pied de page.

Deux méthodes vous permettent de réaliser cette tâche : la première est automatique et plus rapide, la seconde vous laisse davantage de liberté.

1 Dans le menu **Format**, pointez sur **Arrière-Plan**. Dans le menu déroulant, cliquez sur **Filigrane imprimé**. Dans la fenêtre qui s'affiche, cliquez sur l'option *Image en filigrane* puis sur le bouton **Sélectionner Image**.

2 Dans la fenêtre **Insérer une image** qui s'affiche, recherchez le dossier qui contient l'image à insérer. Si vous souhaitez insérer une image clipart, ouvrez le dossier *C:\Program Files\Microsoft Office\media\cagcat10*. Double-cliquez sur l'image à insérer (ou cliquez sur l'image puis sur le bouton **Insérer**). De retour dans la fenêtre **Filigrane imprimé**, validez en cliquant sur OK (voir Figure 6.8).

Le filigrane est automatiquement appliqué et placé dans l'en-tête, en arrière-plan derrière le texte du document. Vous souhaitez maintenant modifier l'image, la redimensionner ou la déplacer ? Procédez ainsi :

3 Activez le mode En-tête et pied de page. Pour déplacer l'image, cliquez dessus et faites-la glisser à l'endroit souhaité. Pour la redimensionner, cliquez et faites glisser une poignée située dans un angle (réduisez la valeur du zoom si nécessaire).

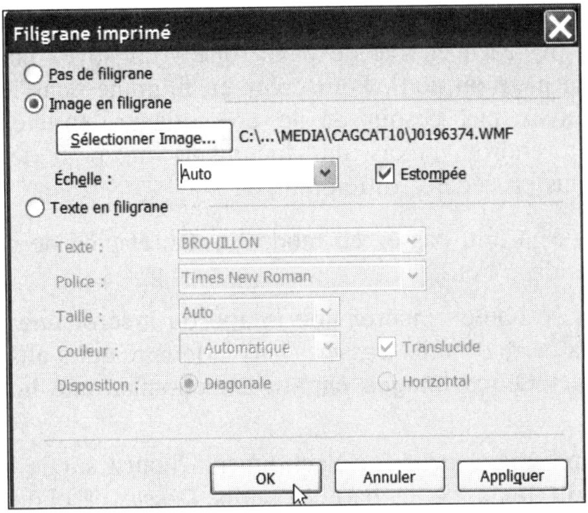

Figure 6.8 : *Créer un filigrane*

4 Pour adoucir ou assombrir le filigrane, double-cliquez sur l'image. Dans la fenêtre qui s'affiche, sous l'onglet **Image**, rubrique *Contrôle de l'image*, choisissez une valeur dans la zone *Luminosité* et dans la zone *Contraste*, en utilisant les boutons fléchés ou en faisant glisser les curseurs correspondants. Validez.

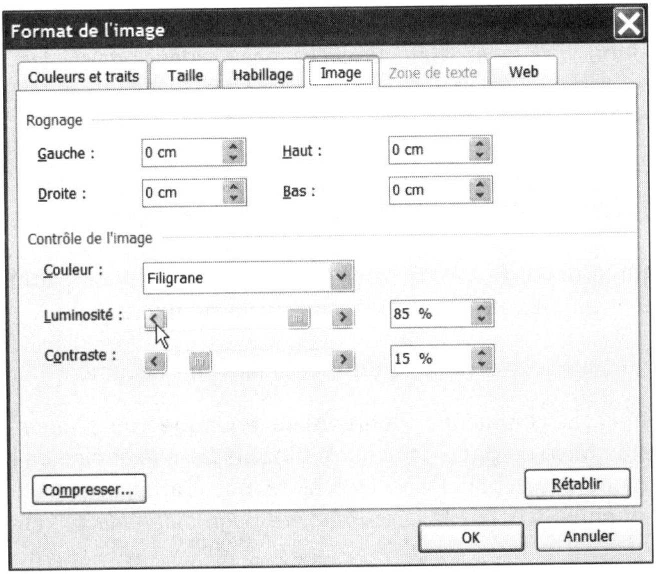

Figure 6.9 : *Paramétrer le filigrane*

Lorsque vous créez un filigrane en utilisant cette méthode, celui-ci est automatiquement placé en en-tête de page (que vous soyez en mode En-tête et pied de page ou non). Pour créer un filigrane dans le texte (parfois vous n'avez pas besoin de le créer dans l'en-tête, mais simplement à un endroit précis du document) ou pour le créer manuellement, vous procéderez différemment.

1 Si ce n'est déjà fait, passez en mode En-tête et pied de page et placez-vous dans l'en-tête.
2 Cliquez sur le bouton **Insérer une image** ou **Insérer une image clipart** de la barre d'outils *Dessin*. Dans la fenêtre qui s'affiche ou dans le volet Office **Images clipart**, sélectionnez une image et insérez-la.
3 Cliquez sur l'image pour la sélectionner. Cliquez sur le bouton **Habillage du texte** de la barre d'outils *Dessin* et cliquez sur l'option *Derrière le texte*.
4 Cliquez sur le bouton fléché de l'option *Zoom* et sélectionnez l'entrée *Page entière*. Faites glisser l'image sur la page et redimensionnez-la en utilisant les poignées situées dans les angles et en lui donnant la taille souhaitée.
5 Double-cliquez sur l'image. Dans la fenêtre qui s'affiche, sous l'onglet **Image**, rubrique *Contrôle de l'image*, cliquez sur le bouton fléché de la zone *Couleur*. Dans la liste déroulante, choisissez l'option *Filigrane*. Sélectionnez une valeur dans les zones *Luminosité* et *Contraste* en procédant de la même manière que pour la première méthode. Validez.

Obtenir une première page différente

D'autres possibilités s'offrent à vous dans ce mode : obtenir par exemple un en-tête et un pied de page différents sur la première page.

Pour obtenir une première page différente dans un document :

1 Activez la commande **Fichier/Mise en page** (ou cliquez sur le bouton **Mise en page** de la barre d'outils *En-tête et pied de page* si le mode est actif). Dans la fenêtre qui s'affiche, sous l'onglet **Disposition**, cochez la case *Première page différente* et validez.

Dès lors, il est possible de saisir et d'insérer des éléments dans l'en-tête ou le pied de page de la première page indépendamment des autres pages. Sur la première page, l'en-tête s'intitule *Premier en-tête* et le pied de page *Premier pied de page*, alors que pour les pages suivantes, ils se nomment *En-tête* et *Pied de page*.

2 Pour passer à l'en-tête ou au pied de page suivant ou précédent, cliquez sur le bouton **Afficher en-tête/pied de page suivant** ou **Afficher en-tête/pied de page précédent** de la barre d'outils *En-tête et pied de page*. Saisissez et insérez les éléments spécifiques à chaque en-tête ou pied de page (celui qui correspond à la première page et celui qui correspond aux autres pages).

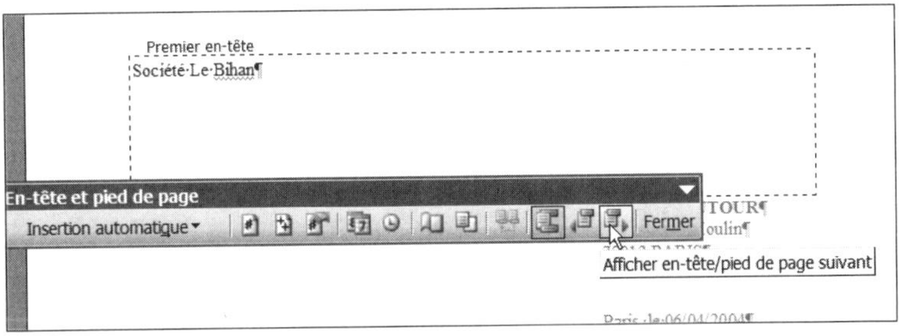

Figure 6.10 : *Obtenir un en-tête et un pied de page différents sur la première page*

6.4. Obtenir un aperçu avant impression

Consultez l'Aperçu avant impression de manière régulière pour suivre l'évolution du travail, pas uniquement avant d'imprimer : cela vous permet d'obtenir une vue plus réaliste du document et de vous rendre compte des erreurs de mise en page ou de mise en forme.

1 Cliquez sur le bouton **Aperçu avant impression** de la barre d'outils *Standard*. Le pointeur prend la forme d'une loupe. Cliquez dans le document pour grossir ou diminuer le texte.

ASTUCE

Modifier le texte dans l'Aperçu

Vous pouvez modifier le texte dans l'Aperçu. Cliquez sur le bouton **Loupe** (pour désactiver la loupe). Cliquez dans le document et effectuez les modifications nécessaires. Lorsque vous avez terminé, cliquez sur le bouton **Loupe** pour réactiver la loupe.

2 Cliquez sur la flèche de la zone *Zoom*. Dans la liste déroulante, choisissez une valeur.

3 Pour afficher un nombre précis de pages, cliquez sur le bouton **Afficher plusieurs pages**. Dans le menu déroulant, sélectionnez un nombre de pages. Au contraire, cliquez sur le bouton **Une page** pour afficher une seule page.

4 Cliquez sur le bouton **Imprimer** pour éditer directement le document sans paramétrer l'impression.

5 Pour quitter le mode Aperçu avant impression, cliquez en haut de l'écran sur le bouton **Fermer**.

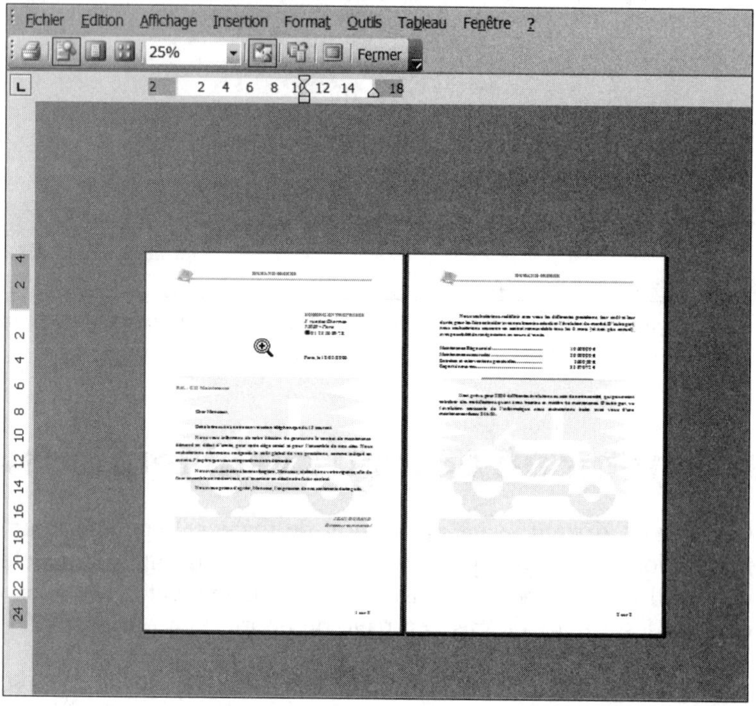

Figure 6.11 : *Visualiser avant d'imprimer*

6.5. Paramétrer l'impression et imprimer

Imprimer rapidement, c'est pratique, mais vous éditez alors la totalité du document. Pour imprimer un nombre limité de pages, une partie du texte ou encore choisir le nombre de copies, il est nécessaire de paramétrer l'impression.

1 Activez la commande **Fichier/Imprimer**. Dans la fenêtre qui s'affiche, sélectionnez si nécessaire l'imprimante dans la rubrique du même nom.

2 Sélectionnez les pages à imprimer sous la rubrique **Etendue de page**. Pour imprimer par exemple les pages 1 à 4 d'un document qui en compte 9, tapez `1-4` dans la zone *Pages*. Pour imprimer les pages 2 et 6, tapez `2;6`, les pages 1 à 4 et la page 6, tapez `1-4;6`. Enfin, pour imprimer une seule partie du texte, sélectionnez ce dernier préalablement, activez la commande **Fichier/Imprimer** et cliquez sur l'option *Sélection*.

ATTENTION

Page en cours

Si vous choisissez l'option *Page en cours*, la page imprimée sera celle dans laquelle se trouve le curseur (qui ne coïncide par toujours avec la page affichée à l'écran).

3 Sélectionnez le nombre de copies sous la rubrique *Copies*.

4 Lancez l'impression en cliquant sur OK.

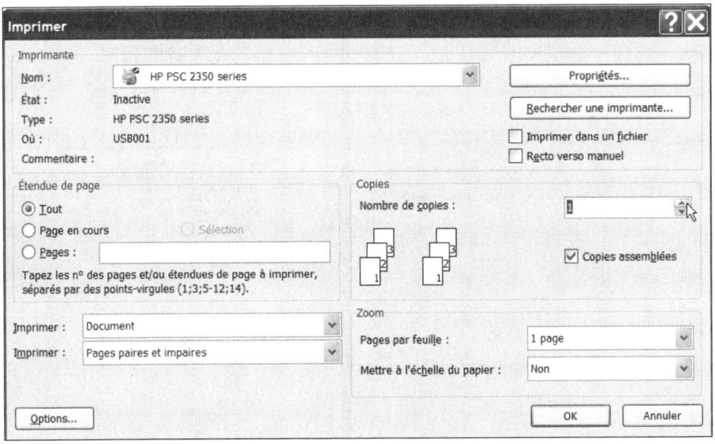

Figure 6.12 : *Fenêtre Imprimer*

REMARQUE

Options supplémentaires

L'option *Mettre à l'échelle du papier* est analogue à la fonction de réduction/agrandissement d'une photocopieuse (ajuste la taille des caractères). Dans la liste, sélectionnez le format de papier sur lequel vous souhaitez imprimer le document.

> **REMARQUE**
>
> Cochez l'option *Recto verso manuel* si vous souhaitez faire du recto verso et que votre imprimante ne le prenne pas en charge. Une fois la première face imprimée, Word vous invite à insérer l'autre face.

6.6. Créez un papier à lettres personnalisé

Vous pouvez créer un papier à lettres personnalisé et l'utiliser ensuite pour vos courriers. Vous adresserez à vos destinataires un document possédant toutes les caractéristiques d'une mise en page élaborée avec le nom et le logo de votre société en en-tête de page, l'adresse en pied de page, une bordure et une image en arrière-plan, etc.

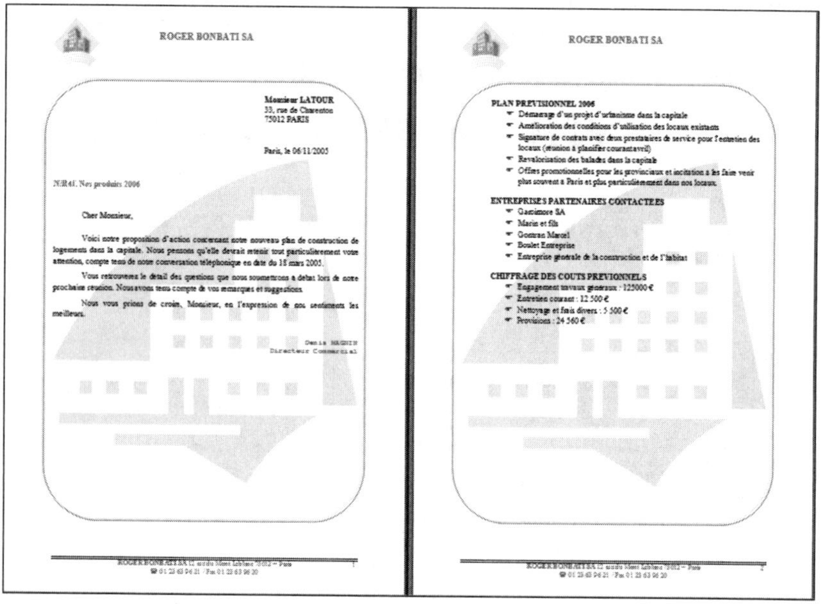

Figure 6.13 : *Voici un exemple de papier à lettres*

Vous allez pouvoir mettre en pratique les principes de base de la mise en page, utiliser le mode En-tête et Pied de page, insérer des numéros de page ou créer un filigrane.

1 Ouvrez le fichier *Construction.doc*.

Vous souhaitez créer votre papier à lettres à partir de ce document composé de deux pages (qui peut être complété par des pages supplémentaires).

En visualisant le document sur notre illustration, vous constatez qu'il existe un espace supplémentaire entre le haut de la page et le début du texte. Vous allez donc commencer par augmenter la marge du haut et la fixer à 4,5 cm.

2 Dans le menu **Fichier**, cliquez sur la commande **Mise en page**. Dans la fenêtre qui s'affiche, sous l'onglet **Marges**, définissez dans la zone *Haut* une marge supérieure de *4,5* cm en utilisant le bouton fléché. Validez en cliquant sur OK.

Sur la règle verticale de la première page du document, la marge supérieure (la partie bleutée) est maintenant plus importante.

3 Cliquez sur le bouton **Page suivante** située en bas de la barre de défilement verticale.

Vous constatez la même chose sur la seconde page du document.

4 Revenez à la première page en cliquant sur le bouton **Page précédente**.

Vous allez insérer dans l'en-tête et dans le pied de page tous les éléments que vous souhaitez voir apparaître sur l'ensemble du document (même si ce dernier ne compte que deux pages, ces éléments s'appliqueront également sur les nouvelles pages si vous en ajoutez). Insérez les éléments suivants :

- en en-tête : le logo et le nom de votre société, une image en filigrane qui recouvrira la page, une bordure que vous créerez à partir d'une forme automatique ;
- en pied de page : l'adresse et le numéro de page.

1 Activez la commande **Affichage/En-tête et pied de page**.

La zone réservée à l'en-tête s'affiche (en pointillés) ainsi que la barre d'outils *En-tête et pied de page*. Tapez le texte à l'emplacement du curseur, mettez-le en forme et insérez le logo.

Le logo peut être une image existante que vous avez importée, une image créée spécialement pour la circonstance dans un logiciel graphique ou une image clipart.

2 Saisissez le nom de la société, ROGER BONBATI SA. Formatez le texte avec la police *Times New Roman*, une taille *14*, la couleur *Gris 50%*, un style *Gras*, un attribut *Ombré* et un alignement *Centré*.

3 Cliquez sur le bouton **Insérer une image** ou **Insérer une image clipart** de la barre d'outils *Dessin* suivant le type d'image que vous désirez récupérer. Dans la fenêtre qui s'affiche ou dans le volet **Images clipart**, sélectionnez une image et insérez-la dans l'en-tête (dans notre exemple, il s'agit d'une image clipart).

L'image est insérée dans l'en-tête avec un habillage de type *Aligné sur le texte*.

4 Cliquez sur l'image pour la sélectionner. Cliquez sur le bouton **Habillage de texte** de la barre d'outils *Dessin*. Dans le menu déroulant, cliquez sur l'option *Devant le texte*.

5 Redimensionnez l'image à l'aide d'une poignée de redimensionnement située dans un coin. Cliquez sur l'image et placez-la à l'endroit souhaité dans l'en-tête.

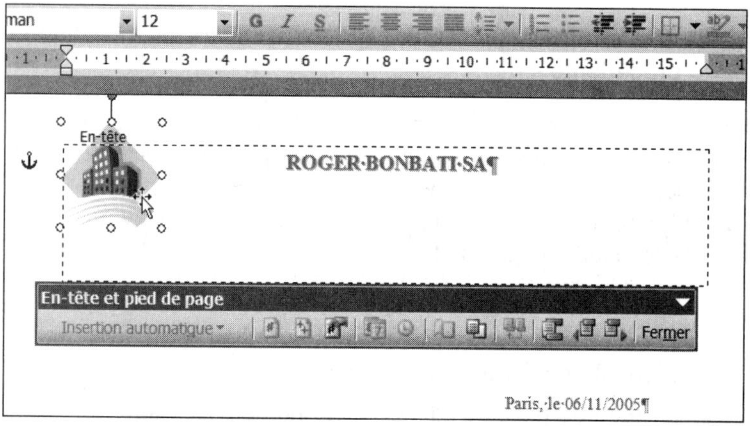

Figure 6.14 : *Insérer un logo*

Vous allez ajouter l'image en filigrane située à l'arrière plan.

1 Cliquez en dehors du logo pour le désélectionner. Dans le menu **Format**, pointez sur **Arrière-Plan**. Dans le menu déroulant, cliquez sur **Filigrane imprimé**. Dans la fenêtre qui s'affiche, cliquez sur l'option *Image en filigrane* puis sur le bouton **Sélectionner Image**.

2 Dans la fenêtre **Insérer une image** qui s'affiche, recherchez le dossier qui contient l'image à insérer. Pour insérer une image

clipart, ouvrez le dossier *C:\Program Files\Microsoft Office\media\cagcat10*. Double-cliquez sur l'image à insérer. De retour dans la fenêtre **Filigrane imprimé**, validez en cliquant sur OK.

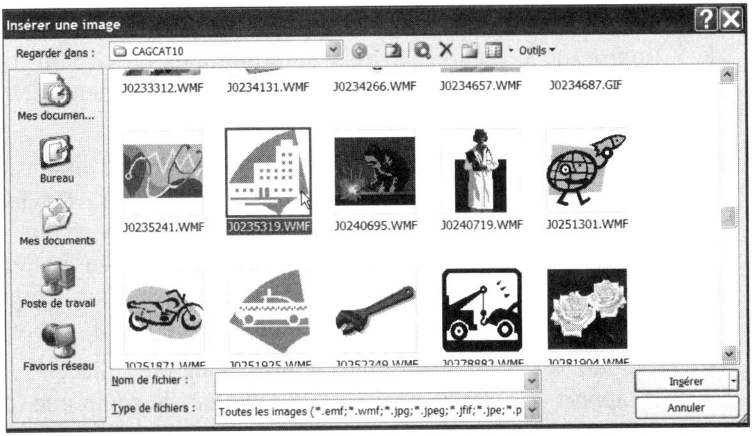

Figure 6.15 : *Choisir une image pour l'arrière-plan*

ASTUCE

Visualiser les images en miniatures

Si les images ne sont pas visibles dans la fenêtre **Insérer une image**, cliquez sur la flèche du bouton **Affichage** (situé en haut dans la barre de boutons de la fenêtre) et sélectionnez *Miniatures*. Vous pourrez ainsi visualiser les images avant d'en choisir une.

Le filigrane est automatiquement appliqué et placé dans votre en-tête.

3 Pour déplacer l'image, cliquez dessus et faites-la glisser à l'endroit souhaité. Pour la redimensionner, cliquez et faites glisser une poignée située dans un angle (réduisez si nécessaire la valeur du zoom).

4 Pour modifier le filigrane, double-cliquez sur l'image. Dans la fenêtre qui s'affiche, sous l'onglet **Image** et sous la rubrique *Contrôle de l'image*, choisissez une valeur dans la zone *Luminosité* et dans la zone *Contraste*. Validez.

Vous allez ajouter une bordure afin de délimiter le texte et enrichir la présentation. Vous la réaliserez avec une forme automatique et non en ajoutant une bordure de page (commande **Format/Bordure et trame**). La méthode est plus souple : choix de la forme, de la taille, liberté de déplacement dans la page.

1 Cliquez sur la flèche du *Zoom*. Dans le menu déroulant, cliquez sur *Page entière*.

2 Cliquez sur le bouton **Formes automatiques** de la barre d'outils *Dessin*. Pointez sur *Formes de base* et, dans le menu déroulant, cliquez sur *Rectangle à coins arrondis*.

3 Tracez le rectangle sur la page autour du texte aux dimensions de votre choix. Cliquez sur la flèche du bouton **Couleur de remplissage** de la barre d'outils *Dessin*. Dans la palette qui se déroule, cliquez sur *Aucun remplissage*. Cliquez sur la flèche du bouton **Couleur du contour** et choisissez une couleur. Cliquez sur le bouton **Style Ombre** et sélectionnez un modèle d'ombre.

4 Effectuez les ajustements nécessaires pour bien placer la forme par rapport au texte et à l'image. Augmentez le zoom une fois que vous avez terminé.

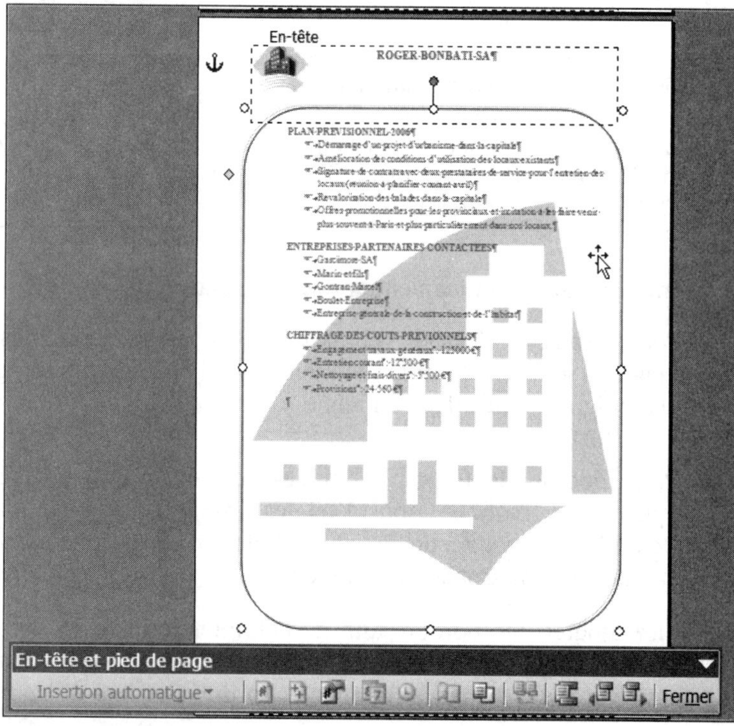

Figure 6.16 : *Créer une bordure de page en utilisant une forme automatique*

Passons au pied de page.

1 Cliquez sur le bouton **Basculer en-tête/pied de page** de la barre d'outils *En-tête et pied de page*.

Vous devez ici saisir l'adresse sur deux lignes, mais aussi insérer la numérotation au niveau de la première ligne de l'adresse et afficher le numéro de page à droite. Deux méthodes sont envisageables : les tabulations ou la zone de texte. Nous choisissons la seconde solution ; elle permettra de mettre les choses en place plus simplement.

2 Cliquez sur le bouton **Insérer un numéro de page** de la barre d'outils *En-tête et pied de page*. Sélectionnez le numéro de page en cliquant devant le numéro dans la marge (sélection identique à une ligne de texte dans le document). Choisissez une taille *10*, la couleur *Gris 50%* et cliquez sur le bouton **Aligné à droite**. Cliquez en dehors du numéro de page pour le désélectionner.

3 Tracez une zone de texte sur toute la longueur du pied de page (peu importe si elle chevauche le numéro de page, le problème sera résolu ensuite). Tapez l'adresse `ROGER BONBATI SA 12 rue du Mont Leblanc 75012 - Paris`, activez le raccourci clavier [Maj]+[Entrée]. Saisissez le numéro de téléphone et de fax `☎ 01 23 63 96 21 / Fax 01 23 63 96 20`.

4 Sélectionnez le texte et définissez la mise en forme suivante : une taille *10*, la couleur *Gris 50% et un alignement centré. Cliquez sur la flèche du bouton* **Couleur du contour** *de la barre d'outils Dessin. Dans le menu déroulant, cliquez sur Aucun trait. Cliquez sur la flèche du bouton* **Couleur de remplissage** *et choisissez Aucun remplissage.*

La zone est rendue transparente et le numéro de page réapparaît.

5 Cliquez sur le contour de la zone de texte. Tout en maintenant la touche [Ctrl] enfoncée, appuyez autant de fois que nécessaire sur les flèches de direction pour aligner précisément la zone avec le numéro de page. Finalisez la mise en forme en ajoutant une bordure supérieure (**Format/Bordure et trame**) de la même couleur que le contour de la forme automatique (voir Figure 6.17).

6 Cliquez sur le bouton **Fermer** de la barre d'outils *En-tête et pied de page*, puis sur le bouton **Aperçu avant impression** pour visualiser le document (cliquez sur le bouton **Fermer** lorsque vous avez terminé).

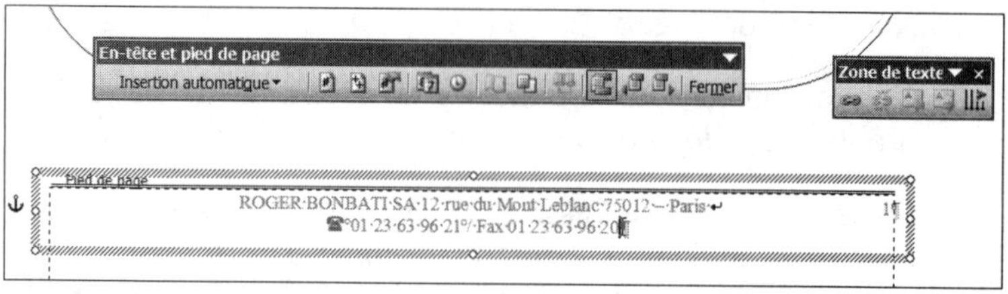

Figure 6.17 : *Utiliser une zone de texte en pied de page, insérer la numérotation*

Si vous ajoutez une troisième page, ces éléments seront reproduits sur cette page, et la numérotation se poursuivra automatiquement. Pour vous en persuader, placez-vous à la fin de la deuxième page et effectuez un saut de page à l'aide du raccourci clavier Ctrl+Entrée (vous annulerez ensuite).

Votre document est terminé. Avez-vous pensé à enregistrer régulièrement les modifications pendant son élaboration ? Effectuez un dernier enregistrement.

Retrouvez le fichier *Construction2.doc* sur le site **www.microapp.com**.

Chapitre 7

Réaliser un publipostage

Le publipostage permet d'envoyer une même lettre à un ensemble de destinataires à partir d'un fichier de données (liste de clients, carnet d'adresses…), ce qui vous épargne la saisie de chaque lettre. Vous pouvez aussi créer des étiquettes, des enveloppes ou encore envoyer un même message électronique à plusieurs personnes.

Dans ce chapitre, vous allez apprendre à structurer un fichier de données, à réaliser un publipostage, à fusionner vers un nouveau document, vers la messagerie.

Un publipostage est composé au départ de deux documents :

- La source de données contient la liste de vos destinataires. Elle constitue la matière brute de vos publipostages.
- Le document principal est le document type qui contient les éléments constants (le texte de la lettre, l'adresse de l'expéditeur, etc.) et les éléments variables insérés sous forme de champs de fusion.

La fonction de publipostage met en rapport ces deux documents : le document principal se connecte à la source de données afin de récupérer automatiquement, dans les champs de fusion, les informations relatives à chaque destinataire.

Le résultat est un troisième document :

- Le document fusionné est composé d'autant de lettres (étiquettes, enveloppes, e-mails…) que vous avez sélectionné de destinataires dans la liste. Si vous décidez par exemple d'effectuer un publipostage à partir d'un document principal constitué d'une lettre (qui fait une page) vers dix destinataires, le document fusionné sera composé de dix lettres (dix pages). Chaque lettre correspondant à chacun des destinataires sera automatiquement placée sur une nouvelle page.

REMARQUE

Conserver le document principal

Veillez à enregistrer et sauvegarder le document principal ; il vous permet ensuite de réaliser d'autres publipostages (avec la même base et avec d'autres bases).

7.1. Créer le fichier de données

Vous pouvez créer le fichier de données avant de démarrer le publipostage, dans un tableau Word, dans un autre logiciel (Excel, Access...) ou utiliser une liste existante. Vous pouvez aussi créer une nouvelle liste pendant le publipostage (par le biais d'un formulaire de saisie). La première hypothèse paraît plus souple et vous permet de personnaliser la liste plus facilement en choisissant le nom des champs.

Voici quelques notions utiles concernant les bases de données.

DEFINITION

Liste de données

On emploie indifféremment les termes "base de données" (au sens large), "liste de données", "source de données", "fichier de données", etc.

Une liste de données est constituée d'une table (correspondant à un tableau Word ou Excel par exemple). La première ligne de la table contient les champs (*Nom*, *Prénom*, *Adresse*, etc.). Les autres lignes sont appelées "enregistrements". Chaque enregistrement contient les informations relatives à chaque champ ; dans le champ *Nom*, par exemple, vous trouvez la valeur `Martin` ; dans le champ *Prénom*, la valeur `Jean`.

Nom¤	**Prénom¤**	**Adresse¤**	**CP¤**	**Ville¤**	¤
Martin¤	Jean¤	3·rue·Le·haut¤	7510¤	Paris¤	¤
Dupond¤	Gilles¤	56·bd·Aragon¤	75014¤	Paris¤	¤
Balann¤	Anne¤	5·rue·Juliot¤	75008¤	Paris¤	¤

¶

Figure 7.1 : *Les champs Nom, Prénom... et trois enregistrements*

Lorsque vous saisissez un fichier de données, prenez certaines précautions :

- L'important, dans une liste de données, ce sont les informations brutes que cette dernière contient et qu'il faut récupérer. Que vous dessiniez le tableau ou l'insériez, réalisez un tableau simple, sans fioritures, évitez les cellules fusionnées, les tableaux imbriqués. Ne laissez pas de ligne vide entre la première ligne qui contient les champs et les autres. Inutile de trop soigner l'esthétique du tableau (vous n'aurez pas à l'ouvrir pendant le publipostage).
- N'utilisez pas la touche Entrée dans une cellule (ce qui est permis dans un tableau normal, sous certaines conditions du moins, est ici

totalement interdit). Évitez également le raccourci clavier Maj+Entrée (forcer le passage à la ligne dans une cellule).

Prenons un exemple. Dans un champ *Adresse2*, vous avez tapé la valeur `Résidence Le Manoir` qui ne tient pas dans la cellule sur une ligne (le tableau occupe toute la largeur de la page et vous ne pouvez plus élargir la colonne). Hormis le désagrément visuel, cela n'a aucune importance. Si la valeur apparaît dans la cellule ainsi : `Résidence Le...` et sur la ligne `Manoir`, elle sera néanmoins récupérée au moment de la fusion normalement. Par contre, si vous appuyez sur la touche Entrée après `Résidence` pour faire passer `Manoir` à la ligne, le nouveau paragraphe que vous aurez créé sera également présent au moment de la fusion (et sur toutes les lettres). Vous obtiendrez le même type de désagrément en forçant le passage à la ligne par Maj+Entrée.

Lorsque vous créez un tableau destiné au publipostage, laissez Word effectuer des sauts de ligne automatiques dans une cellule (jouer uniquement sur les redimensionnements de colonnes pour améliorer la lisibilité).

les·Capucines¤	¤	75009¤	I
·Montesson¤	Résidence·«°Le· Manoir°»¶¤	45000¤	O
e·du·Loup¤	¤	89120¤	Vill

Figure 7.2 : *Ne pas appuyer sur la touche Entrée pour faire passer le texte à la ligne*

Il est primordial de bien structurer le fichier de données en fonction des informations que vous souhaitez ensuite récupérer dans le document principal. Pour une adresse du type `15, rue des Mimosas, Résidence des fleurs`, faut-il un ou deux champs distincts dans la base de données ? Faut-il un champ *Adresse* qui contiendra la totalité de l'adresse ou un champ *Adresse 1* qui contiendra `15, rue des Mimosas` et un champ *Adresse 2* dans lequel vous inscrirez `Résidence des fleurs` ? La deuxième solution offre davantage de souplesse.

Ces petites mises en garde étant faites, créez votre source de données en allant au plus simple.

1. Démarrez un nouveau document.
2. Enregistrez-le en cliquant sur le bouton **Enregistrer**. Dans la fenêtre qui s'affiche, sélectionnez le dossier de stockage, nommez le fichier et validez.

ASTUCE

Dossier de stockage

Nous vous conseillons d'enregistrer vos bases de données dans le dossier *Mes documents\Mes sources de données*. Ce dossier est automatiquement sélectionné pendant le publipostage au moment du choix de la source de données.

3 Insérez ou dessinez un tableau (créez celui-ci directement en haut de la page, n'appuyez pas plusieurs fois sur la touche Entrée avant de commencer, le publipostage ne fonctionnerait pas).

Effectuez toujours la saisie d'une base de données ligne par ligne (de gauche à droite), et non en colonne (les risques d'erreur sont plus grands et vous pourriez déstructurer les enregistrements).

4 Saisissez les données du tableau et appuyez à chaque fois sur la touche Tab pour changer de cellule (jamais sur Entrée).

5 Arrivé dans la dernière cellule du tableau, s'il vous manque des lignes et que vous deviez saisir d'autres enregistrements, appuyez sur Tab pour créer une nouvelle ligne.

6 Effectuez les redimensionnements de colonne nécessaires, alignez le texte dans les cellules, formatez la première ligne du tableau (qui contient les champs) en gras. Enregistrez les modifications et fermez la source de données.

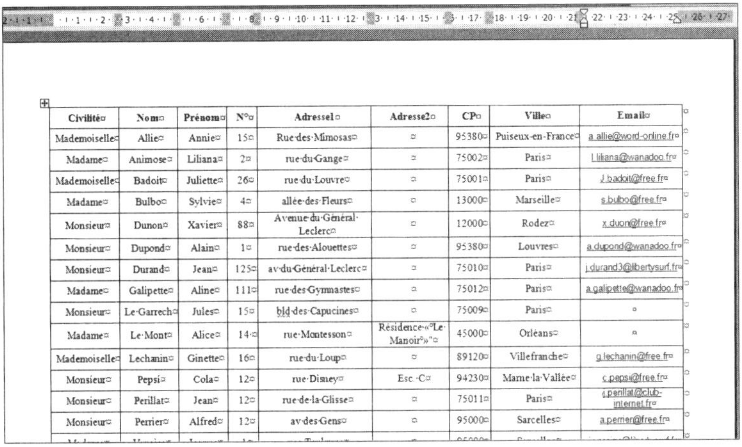

Civilité	**Nom**	**Prénom**	**N°**	**Adressel**	**Adresse2**	**CP**	**Ville**	**Email**
Mademoiselle	Allie	Annie	15	Rue des Mimosas		95380	Puiseux-en-France	a.allie@word-online.fr
Madame	Animose	Liliana	2	rue du Gange		75002	Paris	l.liliana@wanadoo.fr
Mademoiselle	Badoit	Juliette	26	rue du Louvre		75001	Paris	J.badoit@free.fr
Madame	Bulbo	Sylvie	4	allée des Fleurs		13000	Marseille	s.bulbo@free.fr
Monsieur	Dunon	Xavier	88	Avenue du Général Leclerc		12000	Rodez	x.duon@free.fr
Monsieur	Dupond	Alain	1	rue des Alouettes		95380	Louvres	a.dupond@wanadoo.fr
Monsieur	Durand	Jean	125	av du Général Leclerc		75010	Paris	j.durand3@libertysurf.fr
Madame	Galipette	Aline	111	rue des Gymnastes		75012	Paris	a.galipette@wanadoo.fr
Monsieur	Le Garrech	Jules	15	bld des Capucines		75009	Paris	
Madame	Le Mont	Alice	14	rue Montesson	Résidence « Le Manoir » "	45000	Orléans	
Mademoiselle	Lechanin	Ginette	16	rue du Loup		89120	Villefranche	g.lechanin@free.fr
Monsieur	Pepsi	Cola	12	rue Disney	Esc. C	94230	Marne la Vallée	c.pepsi@free.fr
Monsieur	Perillat	Jean	12	rue de la Glisse		75011	Paris	j.perillat@club-internet.fr
Monsieur	Perrier	Alfred	12	av des Gens		95000	Sarcelles	a.perrier@free.fr

Figure 7.3 : *Créer une source de données dans un tableau Word*

7.2. Créer le document principal

Créer le document principal consiste à saisir une lettre et à la mettre en forme. Vous pouvez partir de n'importe quelle lettre existante, ou partir d'un document vierge et saisir la lettre au dernier moment.

1 Saisissez la lettre que vous souhaitez envoyer à un ensemble de destinataires (si le document existe déjà, ouvrez-le).

Dans le courrier, réservez un emplacement pour l'adresse du destinataire. C'est ici que seront insérés les champs de fusion.

2 Mettez en forme le courrier. Sous l'adresse de l'expéditeur, laissez un paragraphe vide pour l'adresse du destinataire et ajoutez un retrait à gauche. (Attention, pas d'espacement de paragraphe. Ajoutez plutôt un espacement après le dernier paragraphe de l'adresse de l'expéditeur, ou attendez que les champs de fusion soient insérés.)

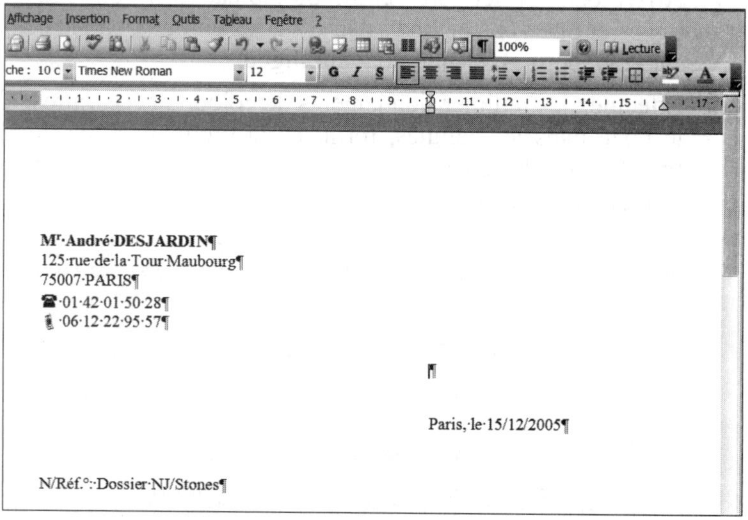

Figure 7.4 : Préparer le paragraphe de l'adresse "destinataire"

3 Enregistrez le document et laissez-le ouvert.

Ce document constitue votre document principal de publipostage.

7.3. Démarrer le publipostage avec l'Assistant

Pour réaliser un publipostage, laissez-vous guider par l'Assistant. Nous verrons ensuite qu'il existe une autre possibilité via la barre d'outils *Fusion et publipostage*.

1 Dans le courrier, cliquez à l'endroit où doit figurer l'adresse du destinataire (c'est-à-dire dans le paragraphe vide situé sous l'adresse de l'expéditeur ; c'est à cet emplacement que vous allez insérer le premier champ de fusion). Dans le menu **Outils**, pointez sur **Lettres et publipostage**. Dans le menu déroulant, cliquez sur la commande **Fusion et publipostage**.

L'Assistant s'affiche dans le volet Office.

La première étape vous permet de choisir le type de document utilisé pour le publipostage.

2 Conservez l'option *Lettres* sélectionnée par défaut. Passez à l'étape suivante en cliquant sur le lien *Suivante : Document de base* situé en bas du Volet Office.

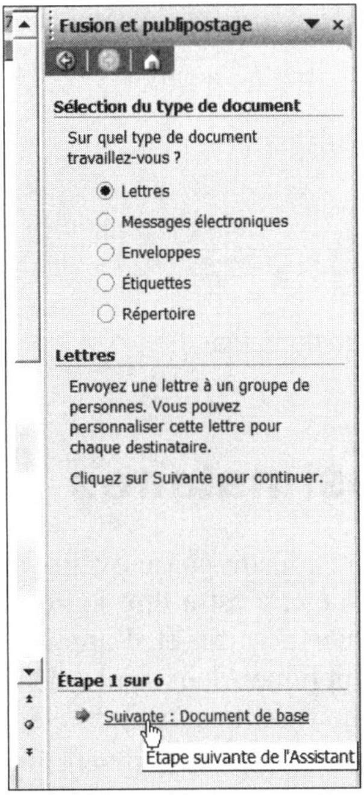

Figure 7.5 : *Utiliser l'Assistant Fusion et publipostage*

L'étape 2 vous permet de sélectionner le document de départ utilisé pour le publipostage.

3 Conservez l'option *Utiliser le document actuel* et cliquez sur *Suivante : Sélection des destinataires*.

L'étape 3 va mettre en rapport le document principal et la source de données.

4 Dans la zone *Sélection des destinataires*, conservez l'option *Utilisation d'une liste existante* et, dans la zone *Utilisation d'une liste existante*, cliquez sur le lien *Parcourir* pour sélectionner la source de données. Dans la fenêtre qui s'affiche, recherchez le dossier contenant le fichier de données (si vous avez enregistré la base dans le dossier *Mes sources de données*, ce dernier vous est proposé automatiquement). Double-cliquez sur l'icône du fichier (ou cliquez sur le fichier, puis sur le bouton **Ouvrir**).

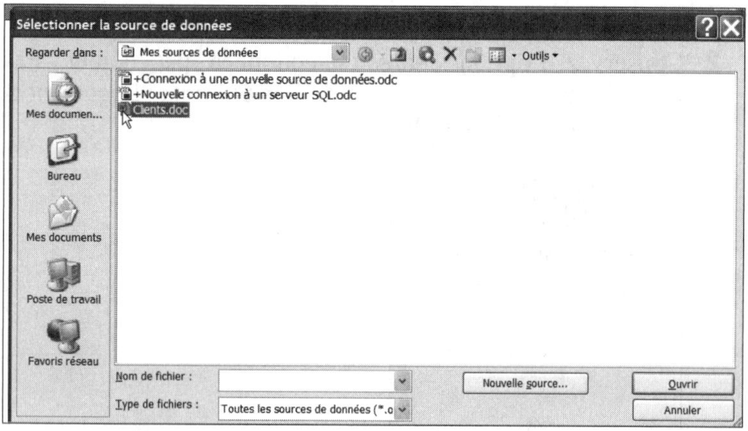

Figure 7.6 : *Sélectionner la source de données*

7.4. Filtrer la liste des destinataires

Une fenêtre affiche la liste des destinataires. Cette phase est importante, elle va déterminer le résultat du publipostage, c'est-à-dire le nombre de lettres. Vous avez la possibilité d'effectuer des tris et d'appliquer des filtres dans cette fenêtre. Vous pouvez appliquer deux types de filtres : filtres simples établis sur un critère unique ou filtres avancés établis sur plusieurs critères. Si vous avez des modifications à effectuer sur votre liste de données, des enregistrements à ajouter, à supprimer, vous pouvez le faire directement ici.

1 Pour trier la liste en classant les destinataires par ordre alphabétique par exemple, cliquez sur l'en-tête de colonne du champ correspondant (le champ *Nom*, dans notre exemple). Si le champ n'est pas visible, utilisez la barre de défilement horizontale de la fenêtre pour le faire apparaître. S'il n'est pas suffisamment large, cliquez à l'intersection du champ et du champ suivant au niveau des en-têtes de colonne, puis effectuez un cliquer-glisser vers la droite pour l'agrandir. Pour effectuer un tri décroissant (ordre alphabétique inverse), cliquez une seconde fois sur l'en-tête de colonne du champ.

2 Pour filtrer la liste sur un critère (ici sur la ville de Paris du champ *Ville*, par exemple), cliquez sur la flèche du champ *Ville*. Dans la liste déroulante, cliquez sur *Paris*.

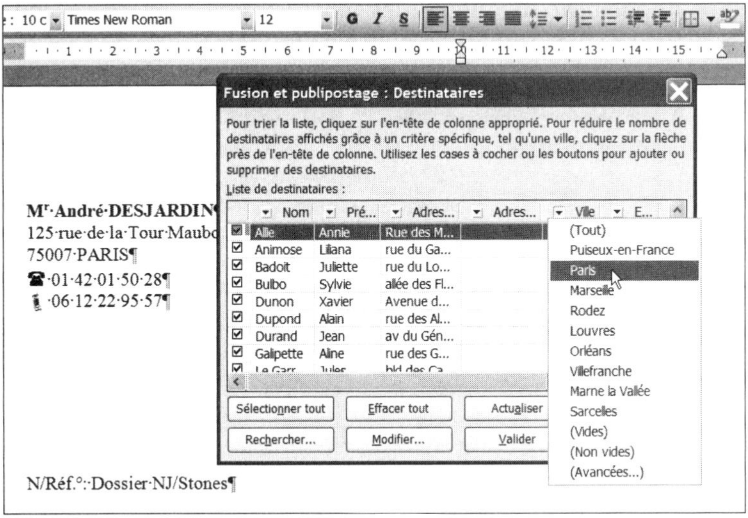

Figure 7.7 : *Trier et filtrer les destinataires du publipostage*

Le contenu de la fenêtre est mis à jour et n'affiche plus que les enregistrements correspondant à *Paris*. La flèche du champ est affichée en bleu, indiquant qu'un filtre est actif. Lorsque vous lancerez la fusion vers un nouveau document, seuls les destinataires de *Paris* seront concernés par l'envoi des lettres.

> **Actualiser**
> Dans certains cas, la mise à jour est capricieuse et la fenêtre n'est pas actualisée immédiatement. Insistez et appliquez à nouveau le filtre. Au besoin, cliquez sur le bouton **Actualiser**.

3 Pour filtrer la liste sur plusieurs critères dans le même champ (*Paris* et *Louvres* dans notre exemple), cliquez sur la flèche du champ *Ville*. Dans la liste déroulante, cliquez sur l'option *(Avancées...)*. Dans la fenêtre qui s'affiche, sous l'onglet **Filtrer les enregistrements**, cliquez sur bouton fléché de la zone *Champ*. Dans la liste déroulante, sélectionnez le champ *Ville*. Dans la zone *Élément de comparaison*, sélectionnez *est égal à*, puis tapez `Paris` dans la zone *Comparer avec* (en prenant soin d'orthographier comme dans la liste de données). Cliquez sur le bouton fléché de la première zone de la seconde ligne de critères et sélectionnez l'option *Ou*. Renseignez les zones correspondant au second critère (*Louvres*) et validez en cliquant sur OK.

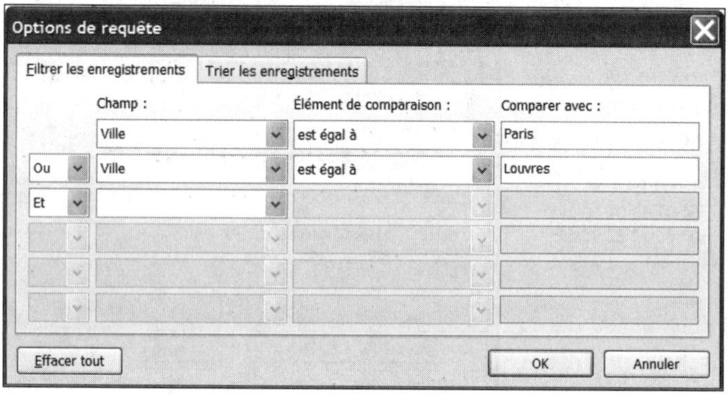

Figure 7.8 : *Appliquer des filtres avancés sur deux critères du même champ*

> **Les opérateurs logiques**
> Lorsque vous avez plusieurs critères, vous devez choisir entre les deux opérateurs logiques ET et OU. L'opérateur OU permet de renvoyer tous les enregistrements correspondant à chacun des critères (ici *Paris* puis *Louvres*). L'opérateur ET est restrictif et permet de renvoyer uniquement les enregistrements qui répondent à tous les critères en même temps. (Ici vous ne pouvez utiliser ET ; il est impossible d'avoir deux villes dans le même champ pour le même enregistrement.)

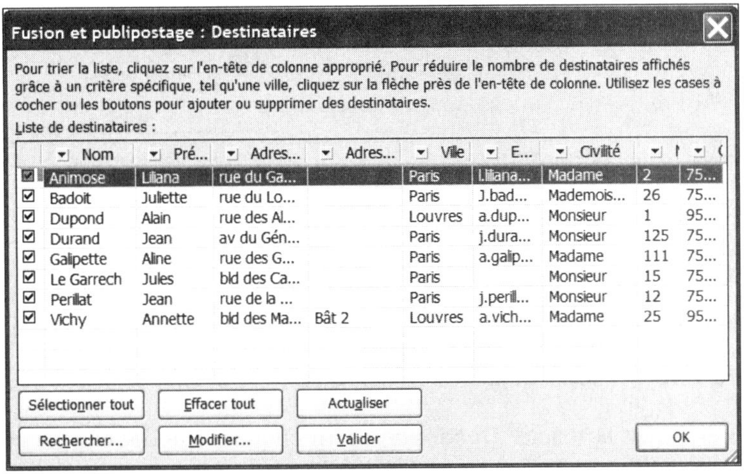

Figure 7.9 : *La fenêtre des destinataires est actualisée*

4 De retour dans la fenêtre **Destinataires**, vous pouvez exclure des destinataires, en désactivant les cases à cocher correspondantes, situées devant les enregistrements. Utilisez les boutons **Effacer tout** ou **Sélectionner tout** pour décocher ou au contraire cocher toutes les cases en une fois.

5 Pour apporter des modifications à la liste de données, cliquez sur le bouton **Modifier**. Dans la fenêtre qui s'affiche, utilisez les flèches de navigation de la zone *Enregistrement* afin d'afficher l'enregistrement à modifier. Effectuez les modifications sur l'enregistrement en cours (cliquez sur **Restaurer** en cas d'erreur pour annuler une modification de cet enregistrement). Cliquez sur le bouton **Ajouter un nouveau** pour créer un nouveau destinataire ou sur le bouton **Supprimer** pour en supprimer un. Lorsque vous avez terminé, cliquez sur **Fermer**.

REMARQUE

Apporter des modifications au fichier de données

Si vous effectuez des modifications, Word vous proposera de les enregistrer dans le fichier de données attaché au document principal de fusion, lorsque vous fermerez ce dernier. Cliquez sur **Oui** pour que les modifications soient prises en compte.

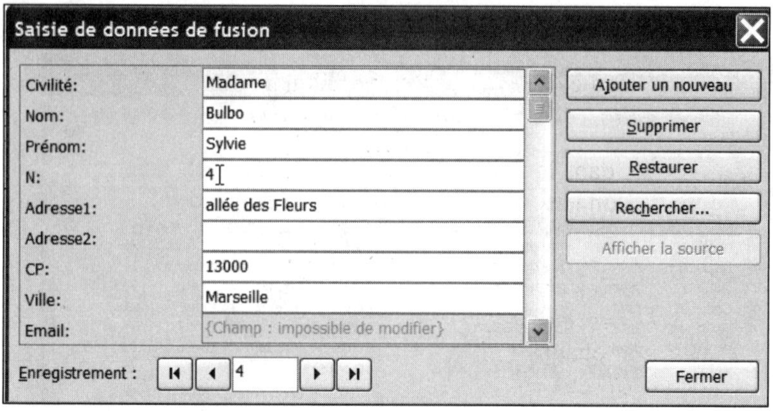

Figure 7.10 : *Modifier la source de données*

6 Fermez la fenêtre **Destinataires** en cliquant sur OK et poursuivez le publipostage.

La base étant maintenant connectée au document principal, dans l'Assistant le lien *Parcourir* s'est transformé en *Sélectionner une autre liste* (vous pouvez réaliser plusieurs publipostages à la suite à partir du même document principal en utilisant plusieurs bases de données) et le lien *Modifier la liste des destinataires* s'est affiché.

REMARQUE

Gérer les modifications

Vous pourrez à tout moment, au cours du publipostage (ou pour un autre publipostage), modifier la liste des destinataires, les tris et les filtres. Il suffit de revenir sur cette étape en cliquant sur le lien *Précédente*, puis sur *Modifier la liste des destinataires* (l'étape 5 de l'Assistant propose ce même lien). Pour modifier un filtre, cliquez sur la flèche du champ souhaité. Dans la liste déroulante, cliquez sur une nouvelle valeur pour un filtre simple ou sur l'option *Avancées*. Pour annuler un filtre, procédez de la même manière et dans la liste déroulante, cliquez sur l'option *Tout* pour un filtre simple. Pour un filtre établi avec plusieurs critères, cliquez sur *Avancées*. Dans la fenêtre **Options de requête**, cliquez sur le bouton **Effacer tout** puis sur OK.

7.5. Insérer les champs de fusion

1 Passez à l'étape 4 de l'Assistant en cliquant sur *Suivante : Écriture de votre lettre*.

Vous allez insérer dans le document principal les champs de fusion issus de votre base de données. Vous les disposerez ensuite correctement dans le document.

2 Pour insérer les champs de votre base, cliquez dans l'Assistant sur le lien *Autres éléments*. Dans la fenêtre qui s'affiche, double-cliquez sur chaque champ à insérer (*Nom*, *Prénom*, *Adresse1*, *Adresse2*, *CP* et *Ville* dans notre exemple), ou cliquez d'abord sur un champ puis sur le bouton **Insérer**. Lorsque vous avez terminé, cliquez sur le bouton **Fermer**.

Dans le document, les champs ont été insérés à l'emplacement du curseur, de manière brute, les uns à la suite des autres et sans espace. Chaque champ est délimité par des guillemets. Au cours des manipulations qui vont suivre, veillez à ne pas en modifier la structure (ne supprimez pas ces guillemets).

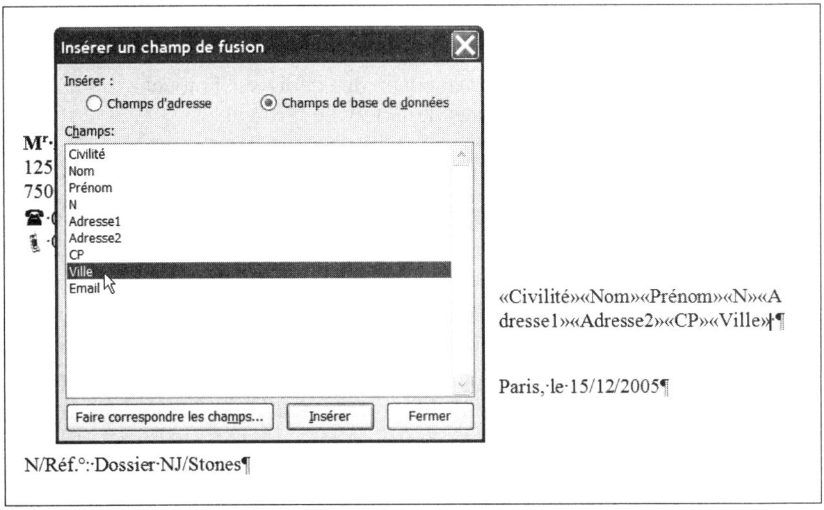

Figure 7.11 : *Insérer les champs de fusion dans le document principal*

3 Cliquez entre chaque champ de fusion et ajoutez des espaces (en faisant attention à bien placer chaque espace après le guillemet fermant d'un champ et le guillemet ouvrant du champ suivant).

Agencez l'adresse du destinataire normalement (la civilité, le nom et le prénom sur une même ligne, l'adresse sur la deuxième ligne…) en appuyant sur Entrée à chaque fin de ligne, comme vous le feriez dans un document courant.

«Civilité»·«Nom»·«Prénom»¶
«N»·«Adresse1»¶
«Adresse2»¶
«CP»·«Ville»·¶

Paris,·le·15/12/2005¶

Figure 7.12 : *Disposer les champs*

REMARQUE

Supprimer un champ de fusion

Si vous avez inséré un champ de fusion par erreur (ou inséré deux fois le même), vous pouvez le supprimer de diverses manières :

- Sélectionnez-le et appuyez sur la touche Suppr.
- Cliquez avant le guillemet et appuyez deux fois sur la touche Suppr.
- Cliquez après le guillemet et appuyez deux fois sur la touche Retour Arrière (située au-dessus de la touche Entrée).

S'il existe dans la lettre d'autres endroits où doit apparaître un champ de fusion déjà présent dans l'adresse du destinataire (celui qui contient la civilité, `Monsieur`, `Madame` ou `Mademoiselle` par exemple, qu'on a coutume de retrouver au début de la lettre et dans la formule de politesse), vous pourriez afficher à nouveau la fenêtre **Insérer un champ de fusion** en cliquant sur *Autres éléments* et insérer le champ en procédant comme précédemment. Mais comme celui-ci a déjà été inséré dans le document, effectuez des copier-coller.

4 Sélectionnez le champ à copier (*Civilité* dans notre exemple), sans oublier les guillemets. Cliquez du bouton droit sur la sélection. Dans le menu contextuel, choisissez **Copier**. Cliquez du bouton droit à l'endroit où vous souhaitez coller le champ et choisissez **Coller**. Renouvelez l'opération et collez le champ autant de fois que nécessaire.

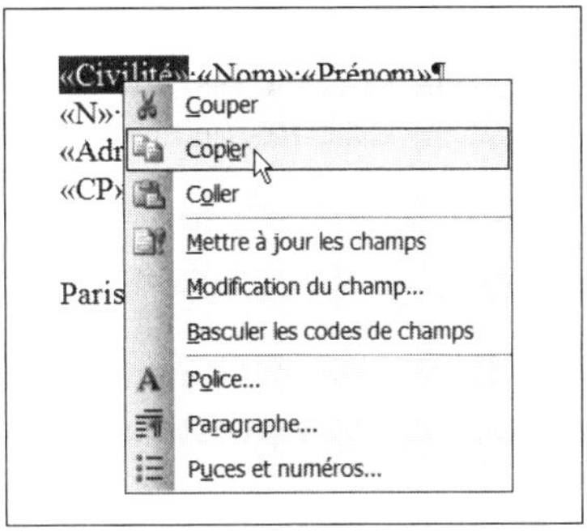

Figure 7.13 : *Copier et coller un champ de fusion à différents endroits*

ASTUCE

Afficher avec une trame

Les champs de fusion apparaissent avec une trame grise lorsque vous cliquez dessus (option par défaut). Pour faire varier leur apparence dans le document, activez la commande **Outils/Options**. Dans la fenêtre qui s'affiche, sous l'onglet **Affichage**, rubrique *Afficher*, cliquez sur le bouton fléché de la zone *Champs avec trame* et sélectionnez l'option souhaitée. L'option *Toujours*, par exemple, permet d'afficher en permanence les champs avec une trame grise, ce qui permet de bien les identifier.

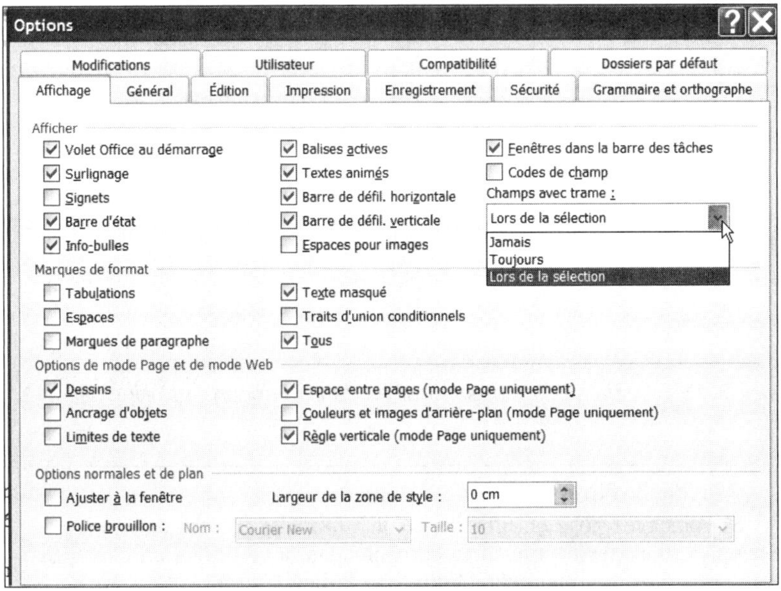

Figure 7.14 : *Changer l'apparence des champs dans le document*

L'étape suivante de l'Assistant vous permet de prévisualiser vos lettres avant d'effectuer la fusion. Vous allez aussi mettre en forme les champs de fusion, afficher la barre d'outils *Fusion et publipostage*, insérez si nécessaire des instructions conditionnelles, etc.

5 Cliquez sur *Suivante : Aperçu de vos lettres* pour passer à l'étape 5. Cliquez sur les flèches de navigation dans l'Assistant pour faire défiler les enregistrements et afficher automatiquement dans le document les informations relatives à chaque destinataire.

Attention, le publipostage ne se termine pas à cette étape. Si vous regardez l'Assistant, vous constatez d'ailleurs que vous êtes à l'étape 5 sur 6.

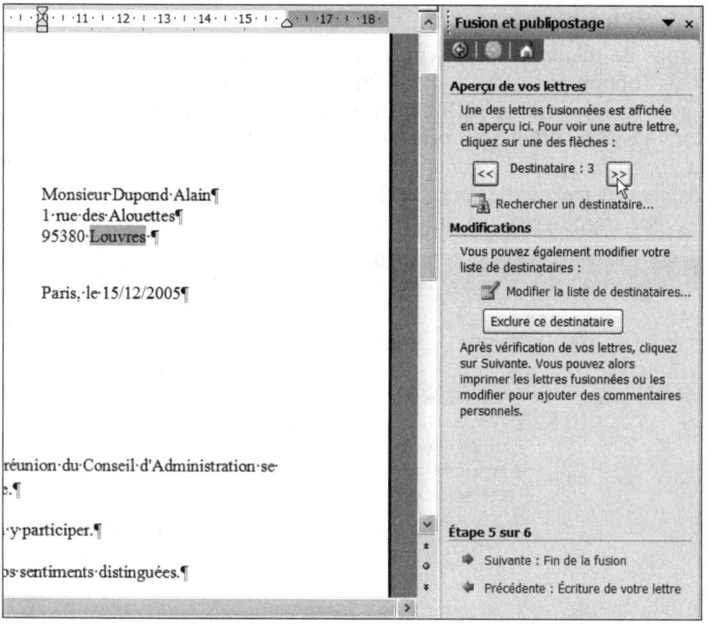

Figure 7.15 : *Visualiser les destinataires dans le document principal*

REMARQUE

Modifier le filtre

Si vous avez posé un filtre à l'étape 3 (*Paris* et *Louvres* dans notre exemple), seuls les destinataires correspondant à ce filtre s'affichent. Si vous souhaitez modifier cela, cliquez sur le lien *Modifier la liste des destinataires*. Effectuez les changements nécessaires en procédant de la même manière qu'à l'étape 3. Vous pouvez aussi cliquer sur le bouton **Exclure ce destinataire** pour supprimer de manière ponctuelle un destinataire en particulier.

Reste à effectuer la mise en forme de l'adresse du destinataire (civilité, nom et prénom en gras par exemple). C'est bien sûr avant de lancer la fusion qu'il faut l'effectuer : la mise en forme dans le document principal sera effective pour toutes les lettres fusionnées.

6 Sélectionnez la première ligne de l'adresse du destinataire et cliquez sur le bouton **Gras** de la barre d'outils *Mise en forme*. Effectuez d'autres modifications si nécessaire.

7.6. Utiliser les instructions conditionnelles

Une instruction conditionnelle permet notamment d'ajouter automatiquement du texte dans le document en fonction de valeurs contenues dans un champ de fusion particulier. Dans un courrier, il arrive souvent qu'on ajoute devant la civilité un adjectif, par exemple "Cher" devant "monsieur" et "Chère" devant "madame" ou "mademoiselle". Plutôt que de saisir ce dernier pour chaque lettre, définissez-le une fois dans le document principal. Les lettres seront mises à jour automatiquement en fonction de la civilité. Jusqu'ici, vous avez inséré dans le document des champs issus d'une liste de données. Pour faire varier le document principal en fonction d'un élément (ici la civilité), vous utiliserez ici des instructions conditionnelles.

REMARQUE

Étape facultative

Cette étape est facultative. Si vous n'avez pas besoin d'instructions conditionnelles, passez directement à l'étape suivante et lancez la fusion.

1 Affichez la barre d'outils *Fusion et publipostage*. Dans le menu **Outils**, pointez sur **Lettres et publipostage**. Dans le menu déroulant, cliquez sur **Afficher la barre d'outils Fusion et publipostage**.

2 Cliquez devant le champ qui contient la civilité (en mode de prévisualisation, ce n'est pas le nom du champ qui s'affiche mais l'information correspondante : `Madame`, `Monsieur`, etc.). Dans la barre d'outils *Fusion et publipostage*, cliquez sur le bouton **Insérer un mot clé**. Dans le menu déroulant, cliquez sur **Si...Alors...Sinon**.

Dans la zone *Nom du champ* de la fenêtre qui s'affiche, le premier champ de la base est sélectionné par défaut. En général, le champ qui contient la civilité est le premier (si ce n'est pas le cas dans la vôtre, sélectionnez-le dans la liste déroulante). Vous conserverez aussi l'opérateur *est égal à* dans la zone *Élément de comparaison*.

Il s'agit maintenant d'indiquer à Word le texte à afficher en fonction d'une condition que vous allez poser. Vous devez formuler votre requête ainsi :

- "Si la civilité est égale à `Monsieur`" est la condition que vous posez.
- Si la condition est remplie, le texte à insérer doit être `Cher`.
- Sinon (la civilité est `Madame` ou `Mademoiselle`), le texte est `Chère`.

3 Cliquez dans la zone *Comparer avec* et tapez `Monsieur`. Cliquez dans la zone *Insérer le texte suivant* et tapez `Cher`. Cliquez dans la zone *Sinon, celui-ci* et saisissez `Chère`. Validez en cliquant sur OK. Vérifiez le résultat en faisant défiler les enregistrements à l'aide des flèches de navigation de l'Assistant ou de la barre d'outils *Fusion et publipostage*.

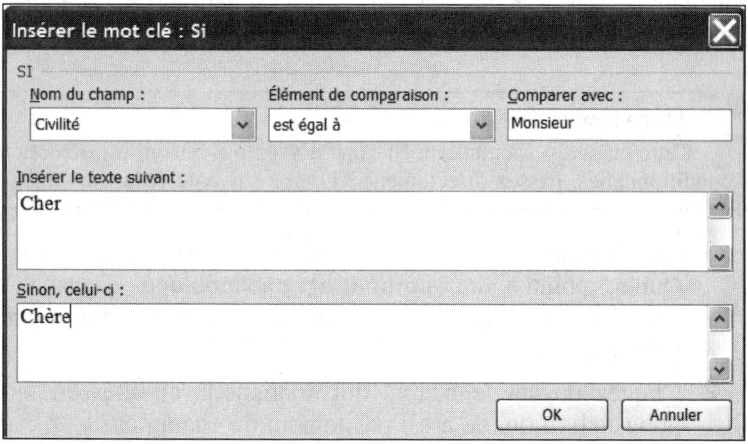

Figure 7.16 : *Utiliser l'instruction conditionnelle Si...Alors...Sinon*

ATTENTION

Saisie en majuscules

Si vous avez tapé `Monsieur` avec une majuscule dans la base de données et si vous le saisissez ici tout en minuscules, vous obtiendrez le contraire du résultat escompté, c'est-à-dire `Chère Monsieur`.

4 Ajoutez un espace entre l'instruction conditionnelle et la civilité. Double-cliquez sur l'instruction conditionnelle pour la sélectionner. Cliquez du bouton droit sur la sélection et. Dans le menu contextuel, cliquez sur **Copier**. Cliquez aux différents endroits du document où elle doit être présente et cliquez sur **Coller**.

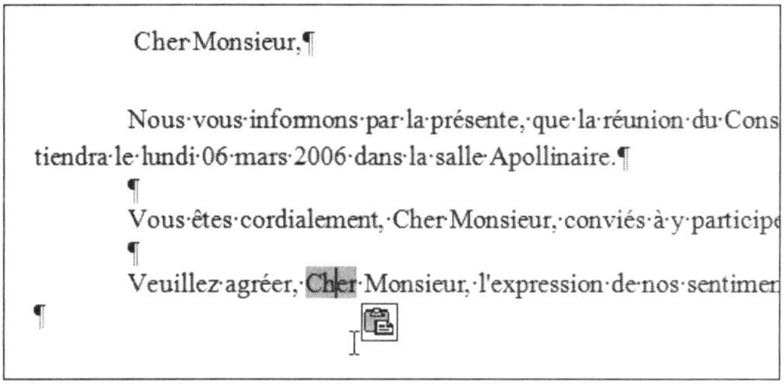

Figure 7.17 : *Copier-coller une instruction conditionnelle*

REMARQUE

Accéder au mode Publipostage

En mode de prévisualisation, vous pouvez sélectionner les champs (champs de fusion ou instructions conditionnelles) plus facilement par un double-clic (il n'y a pas de problème de guillemets). Pour basculer du mode de prévisualisation au mode de publipostage (qui permet d'afficher le nom des champs dans le document à la place des informations) ou l'inverse, cliquez sur le bouton **Mode publipostage** de la barre d'outils *Fusion et publipostage*.

Figure 7.18 : *Le mode publipostage*

7.7. Lancer la fusion vers un nouveau document

1 Passez à l'étape 6 de l'Assistant en cliquant sur le lien *Suivante : Fin de la fusion*.

2 Dans la zone *Fusion* de l'Assistant, cliquez sur *Modifier les lettres individuelles* pour effectuer la fusion vers un nouveau document (si vous souhaitez imprimer directement les lettres sans passer par un document, cliquez sur *Imprimer*). Dans la fenêtre qui s'affiche, cliquez sur OK pour lancer la fusion.

Figure 7.19 : *Lancer la fusion vers un nouveau document*

Un nouveau document est créé et s'affiche (sur la barre de titre, vous devez voir inscrit le nom de fichier *Lettres1*, nom attribué par défaut au premier document fusionné). Le document est composé d'autant de lettres que vous avez sélectionné de destinataires (dans notre exemple, ceux qui habitent *Paris* et ceux qui habitent *Louvres*), chaque lettre apparaissant sur une page différente.

3 Vérifiez le contenu du document en faisant défiler les pages à l'aide du bouton **Page suivante** situé en bas de la barre de défilement verticale. Enregistrez le document si vous souhaitez le conserver ou cliquez sur le bouton **Imprimer** de la barre d'outils *Standard* si vous désirez imprimer les lettres. Fermez le document.

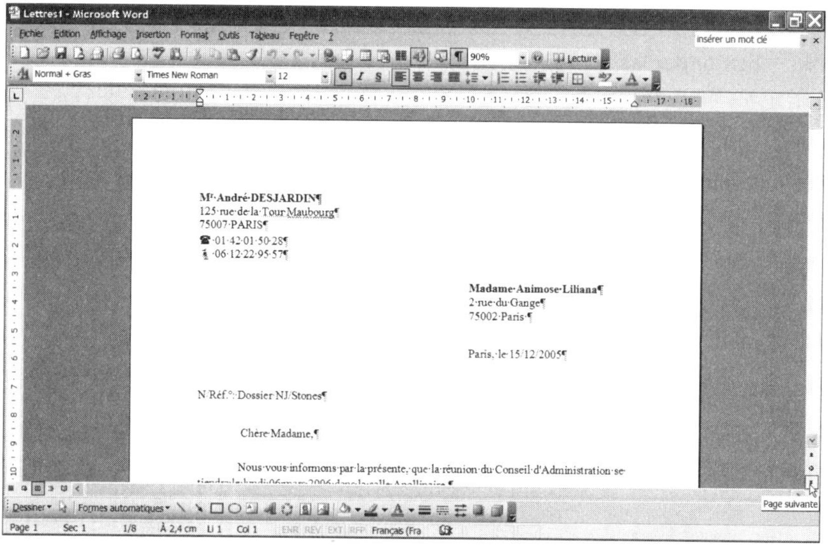

Figure 7.20 : *Le document fusionné composé de plusieurs lettres*

7.8. Lancer la fusion vers votre messagerie électronique

Cette opération fonctionne de la même manière qu'une lettre, à la différence près qu'il est nécessaire d'avoir dans la liste de données un champ contenant des adresses email et le logiciel de messagerie Microsoft Outlook. Si vous reprenez le publipostage depuis le début :

1 À l'étape 1 de l'Assistant, choisissez l'option *Messages électroniques* au lieu de *Lettres* dans la zone *Sélection du type de document*.

2 Suivez les étapes de l'Assistant comme pour la lettre. À la dernière étape, dans la zone *Fusion*, cliquez sur le lien *Messagerie électronique*.

3 Dans la zone *À* de la fenêtre qui s'affiche, le champ de votre base qui contient les emails est automatiquement reconnu et sélectionné par Word. Cliquez dans la zone *Ligne Objet* et saisissez l'objet des messages. Cliquez sur OK pour lancer la fusion.

REMARQUE

Fusionner les enregistrements

Dans la rubrique **Envoyer les enregistrements**, vous retrouvez les mêmes zones *Tous*, *Enregistrement en cours* et *De...À* que lors d'une fusion vers un nouveau document. Dans le cas d'une fusion partielle, basez-vous sur les numéros inscrits dans la zone *Aperçu de vos lettres* à l'étape 5 de l'Assistant, pour taper les numéros des enregistrements à fusionner.

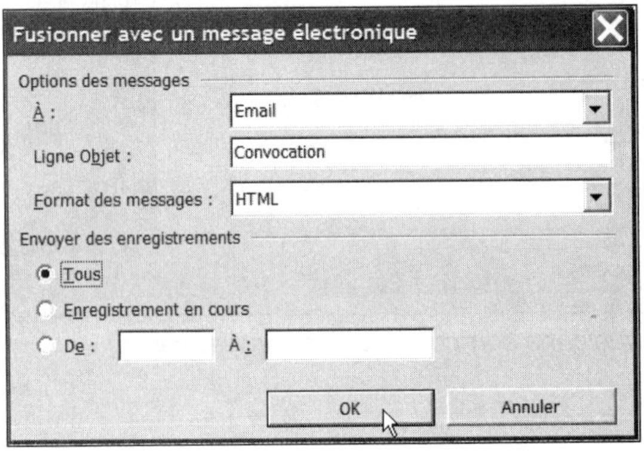

Figure 7.21 : *Lancer la fusion vers la messagerie*

Pendant quelques instants, vous pouvez voir les champs de fusion du document principal "frémir", les messages sont en fait envoyés vers le logiciel de messagerie.

4 Ouvrez Outlook.

Vous devez retrouver les messages dans la Boîte d'envoi ou dans le dossier *Éléments envoyés* (si votre logiciel est paramétré pour envoyer les messages immédiatement, ce qui est le cas en général).

7.9. Utiliser le bloc d'adresse

À l'étape 4 de l'Assistant, cliquer sur le lien *Autres éléments* permet d'accéder aux champs de la liste de données et de les insérer un à un dans le document principal. Il existe d'autres options, notamment le *Bloc d'adresse* qui permet d'insérer en une fois le nom, l'adresse, le code postal et la ville, à condition :

- D'avoir des noms de champ sur votre liste de données qui correspondent à ceux prédéfinis pour ce bloc d'adresse (dans notre exemple, le champ *Civilité* ne serait pas reconnu). Vous pouvez malgré tout utiliser le *Bloc d'adresse* en faisant correspondre les champs de votre liste avec les noms de champs prédéfinis.

- Ou de créer la liste de données pendant le publipostage (option *Saisie d'une nouvelle liste* au lieu de *Utilisation d'une liste existante* à l'étape 3 de l'Assistant)..

Pour utiliser le *Bloc d'adresse* et faire correspondre les champs de votre liste de données avec les noms de champs prédéfinis, rendez-vous à l'étape 4 de l'Assistant, au moment où vous devez insérer les champs de fusion :

1 Cliquez dans le courrier à l'endroit où l'adresse du destinataire doit figurer.

2 Dans l'Assistant, cliquez sur l'option *Bloc d'adresse*. Dans la fenêtre qui s'affiche, choisissez une option de mise en forme pour le nom du destinataire et les éléments à inclure dans le bloc (nom de la société, pays, etc.).

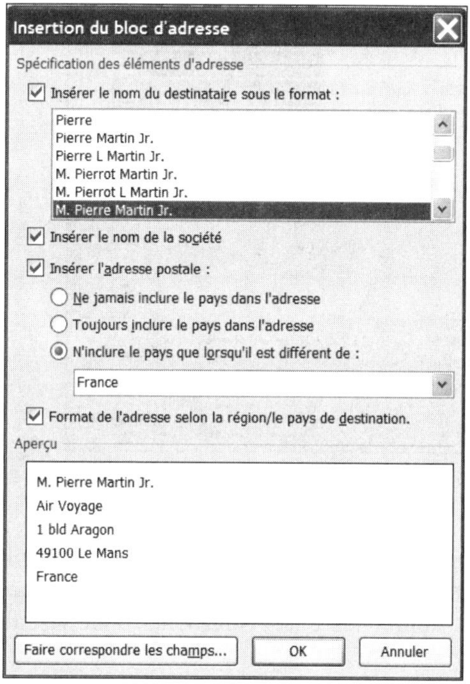

Figure 7.22 : *Paramétrer le bloc d'adresse*

3 Cliquez sur le bouton **Faire correspondre les champs**.

Dans la fenêtre qui s'affiche, les champs de votre liste de données qui portent le même nom que les champs prédéfinis sont automatiquement reconnus (leur nom figure en regard du nom de champ prédéfini correspondant). Pour les autres, l'option *Sans correspondance* s'affiche.

Pour faire correspondre un champ, cliquez sur le bouton fléché situé en face d'un nom de champ prédéfini. Dans la liste déroulante, sélectionnez le champ de la liste de données souhaité (pour faire correspondre le champ *Civilité* avec *Titre*, par exemple). Recommencez pour chaque champ à inclure dans le *Bloc d'adresse* et validez en cliquant sur OK puis une nouvelle fois sur OK dans la fenêtre suivante.

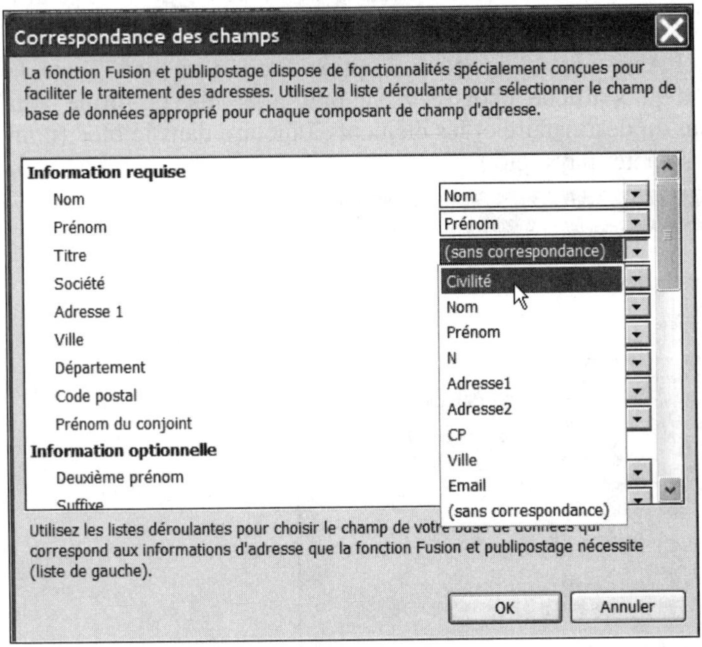

Figure 7.23 : *Faire correspondre les champs de la liste de données avec les noms de champs prédifinis*

4 Le *Bloc d'adresse* est inséré dans le document (en lieu et place de chaque champ individuel). Passez à l'étape suivante (*Aperçu de vos lettres*) et faites défiler les enregistrements pour visualiser le résultat.

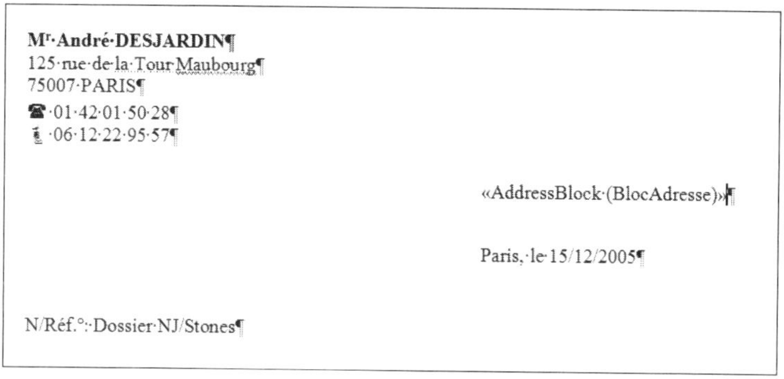

Figure 7.24 : *Insérer le Bloc d'adresse dans un courrier*

La seconde solution consiste à créer la base de données, non au cours d'une étape indépendante, comme nous l'avons vu précédemment, mais pendant le publipostage via un formulaire de saisie, ce qui permet d'utiliser tout de suite les champs prédéfinis (ou d'en créer de nouveaux) puis le *Bloc d'adresse*. Procédez ainsi :

1 Démarrez le publipostage normalement. À l'étape 3 de l'Assistant, cliquez sur l'option *Saisie d'une nouvelle liste* (au lieu de l'option *Utilisation d'une liste existante*). Cliquez sur le lien *Créer*.

2 Dans la fenêtre qui s'affiche, cliquez sur le bouton **Personnaliser**. Dans la nouvelle fenêtre, cliquez sur le bouton **Ajouter** pour ajouter de nouveaux champs. Sélectionnez les champs prédéfinis à supprimer ou à renommer et cliquez sur les boutons correspondants. Cliquez sur les boutons **Monter** ou **Descendre** pour organiser les champs dans la liste. Validez.

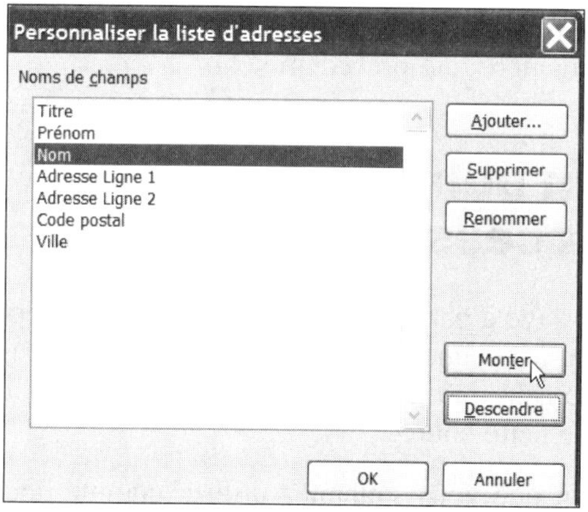

Figure 7.25 : *Créer, renommer ou supprimer, organiser les champs*

3 De retour dans la fenêtre **Créer une liste d'adresses**, tapez les enregistrements dans le formulaire (utilisez la touche Entrée ou la touche Tab pour passer au champ suivant). Cliquez sur le bouton **Nouvelle entrée** pour saisir un nouvel enregistrement. Lorsque vous avez terminé, cliquez sur le bouton **Fermer**.

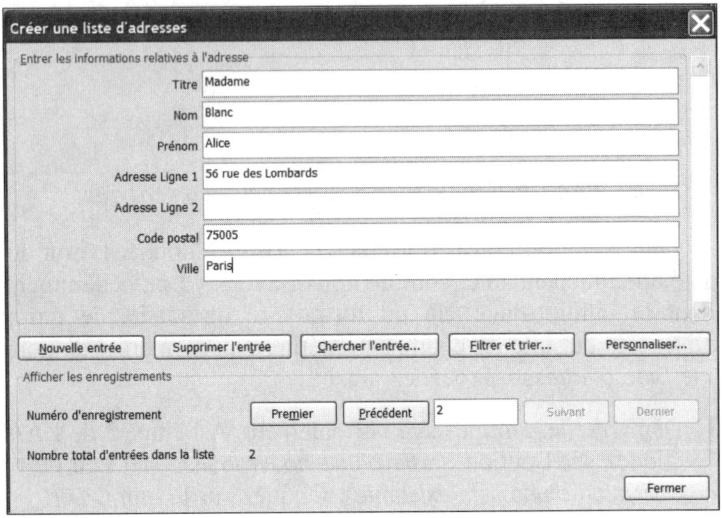

Figure 7.26 : *Utiliser un formulaire de saisie*

4 Dans la fenêtre qui s'affiche, Word vous propose d'enregistrer la base de données (dans un fichier Access, de type *Liste d'adresses Microsoft Office*). Sélectionnez un dossier de stockage, nommez le fichier et validez.

La fenêtre **Destinataires** s'affiche. Poursuivez le publipostage en procédant de la même manière que précédemment.

7.10. Réaliser un publipostage avec Excel ou Access

Pour réaliser un publipostage à partir d'une base Excel, vous procéderez de la même manière qu'avec une base de données Word. Il n'existe qu'une différence au moment du choix de la source de données, qui est liée à la nature même de cette source.

1 Créez le document que vous souhaitez utiliser comme document principal de publipostage (ouvrez-le s'il existe déjà).

2 Démarrez le publipostage normalement. À l'étape 3 de l'Assistant, cliquez sur *Parcourir*. Dans la fenêtre qui s'affiche, recherchez le dossier contenant le fichier de données, puis double-cliquez sur le fichier Excel à utiliser.

3 Dans la fenêtre qui s'affiche, double-cliquez sur le nom de la feuille de calcul qui contient la liste de données (si celle-ci apparaît deux fois dans la fenêtre, double-cliquez sur la première occurrence).

Cette fenêtre constitue la seule différence avec une base Word.

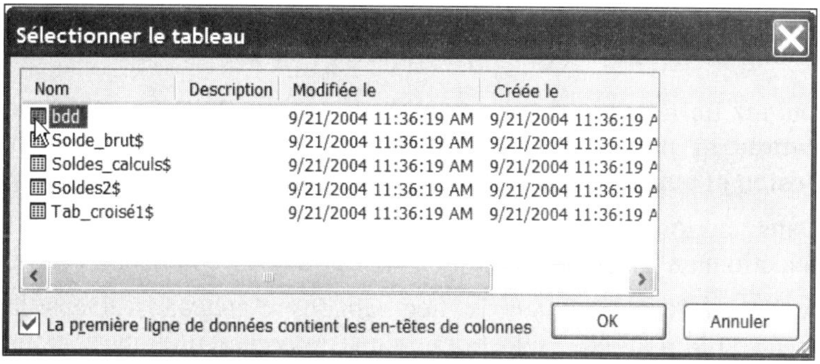

Figure 7.27 : *Sélectionner la feuille de calcul qui contient la source de données*

4 La fenêtre **Destinataires** s'affiche. Poursuivez le publipostage normalement.

REMARQUE

Utiliser une base Access

La procédure est la même avec une base de données Access. Sélectionnez l'objet à utiliser (table ou requête) dans la fenêtre **Sélectionner le tableau**.

7.11. Effectuer un publipostage avec Outlook

Si votre logiciel de messagerie est Microsoft Outlook, vous pouvez facilement réaliser un publipostage à partir de la liste des contacts.

1 Créez ou ouvrez le document principal de publipostage.

2 Démarrez le publipostage. À l'étape 3, cliquez sur l'option *Sélection à partir des contacts Outlook* puis sur le lien *Choisir le dossier Contacts*.

3 La fenêtre **Destinataires** s'affiche. Poursuivez le publipostage.

7.12. Créer des étiquettes

La création des étiquettes de publipostage suit la même logique que la création de lettres de publipostage. Par contre, il faut connaître précisément le format des étiquettes (avec les tailles exactes) dont vous disposez afin de minimiser les risques d'erreur à l'impression.

1 Ouvrez un nouveau document. Dans le menu **Outils**, pointez sur **Lettres et publipostage**. Dans le menu déroulant, cliquez sur **Fusion et publipostage**.

2 Dans la zone *Sélection du type de document* de l'Assistant, sélectionnez *Étiquettes* et cliquez sur *Suivante : Document de base*.

3 À l'étape 2, cliquez sur le lien *Options d'étiquettes*. Dans la fenêtre qui s'affiche, sélectionnez une référence d'étiquette dans la zone *Numéro de référence* (la taille de l'étiquette sélectionnée s'affiche dans la zone *Description*).

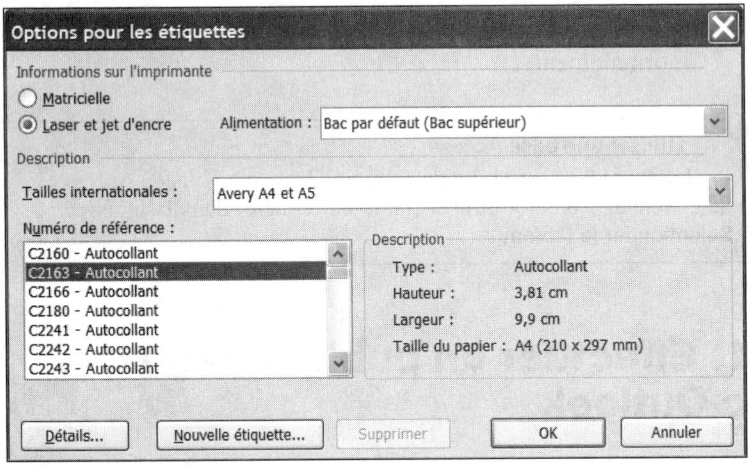

Figure 7.28 : *Sélectionner un modèle d'étiquette*

4 Cliquez sur le bouton **Détails**.

Une fenêtre affiche toutes les informations concernant l'étiquette sélectionnée ainsi qu'un aperçu détaillé de chaque zone de l'étiquette. Vous pouvez notamment connaître le nombre d'étiquettes contenues dans la page (horizontalement et verticalement). Si vous modifiez une valeur à l'aide des boutons fléchés, l'étiquette devient une étiquette personnalisée et vous devez saisir un nom dans la zone *Référence de l'étiquette* qui s'active.

5 Validez (ou cliquez sur **Annuler** si vous n'avez fait aucune modification). Cliquez sur OK dans la fenêtre **Options pour les étiquettes**.

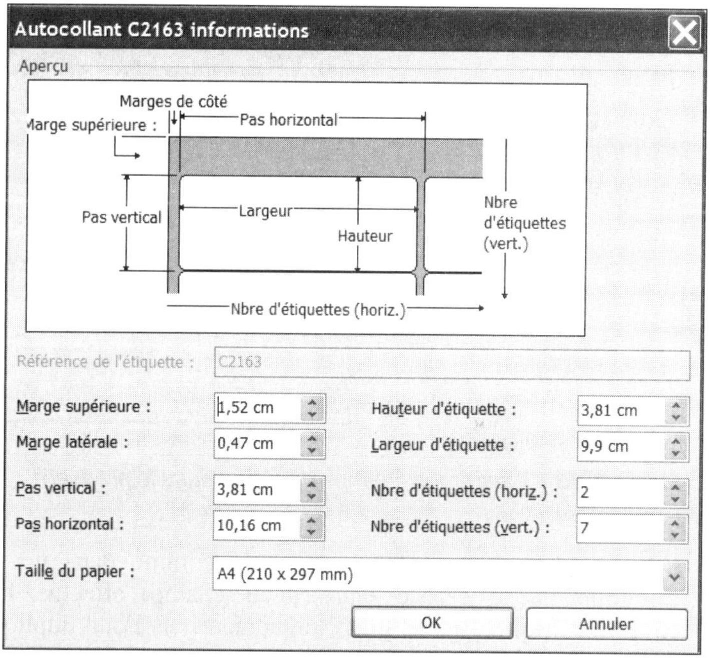

Figure 7.29 : *Informations sur l'étiquette choisie*

Des étiquettes vierges apparaissent dans la page. Le curseur clignote dans la première étiquette. Surtout, ne cliquez pas dans une autre étiquette (si celle-ci n'est pas visible à l'écran, faites glisser la barre de défilement horizontale vers la gauche).

ATTENTION

Emplacement du curseur

La première étiquette sert de modèle aux autres ; il est impératif de laisser le curseur à l'intérieur.

6 Cliquez sur *Suivante : Sélection des destinataires*. À l'étape 3, cliquez sur *Parcourir* et sélectionnez la liste de données. Dans la fenêtre **Destinataires** qui s'affiche, effectuez les tris, appliquez les filtres nécessaires et validez en cliquant sur OK.

Un champ de fusion *Enregistrement suivant* s'affiche dans toutes les étiquettes, sauf dans la première.

7 Cliquez sur *Suivante : Disposition de vos étiquettes*. À l'étape 4 de l'Assistant, cliquez sur *Autres éléments*. Insérez les champs de fusion de votre base en procédant de la même manière que pour une lettre puis cliquez sur **Fermer**.

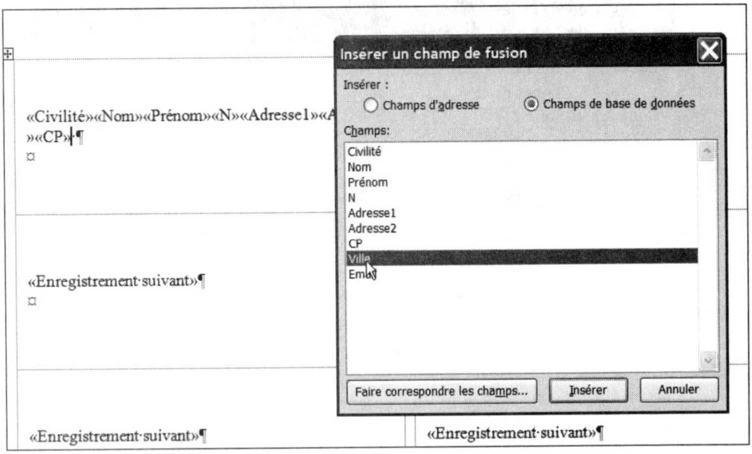

Figure 7.30 : *Insérer les champs de fusion dans la première étiquette*

8 Disposez les champs dans l'étiquette comme dans une lettre (n'oubliez pas les espaces entre chaque champ), effectuez la mise en forme (police, style gras, alignement…). Pour dupliquer la disposition et la mise en forme de cette première étiquette, dans la zone *Réplication des étiquettes*, cliquez sur le bouton **Mise à jour de toutes les étiquettes**.

Toutes les étiquettes sont maintenant créées sur le modèle de la première.

9 Cliquez sur *Suivante : Aperçu de vos étiquettes*. Utilisez les flèches de navigation pour faire défiler les étiquettes puis passez à la dernière étape en cliquant sur *Suivante : Fin de la fusion*.

REMARQUE

Modifier la mise en forme

Avant de passer à la dernière étape, vous pouvez modifier la mise en forme (toujours dans la première étiquette), revenir à l'étape précédente et cliquer sur **Mise à jour de toutes les étiquettes** pour valider les modifications. Vous pouvez ainsi naviguer entre ces deux étapes autant de fois que nécessaire.

10 À l'étape 6, cliquez sur *Modifier les étiquettes individuelles*. Dans la fenêtre **Fusionner avec un nouveau document** qui s'affiche, lancez la fusion en cliquant sur OK.

Un nouveau document affiche la planche d'étiquettes et se nomme par défaut *Etiquettes1* (pour la première fusion).

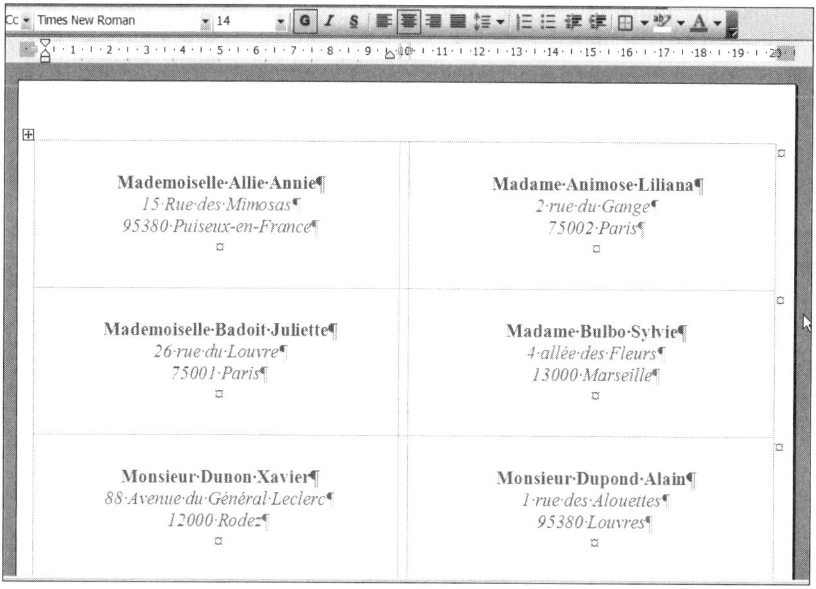

Figure 7.31 : *Création de la planche d'étiquettes*

11 Enregistrez ce document si vous souhaitez le conserver, ainsi que le document principal qui contient les champs de fusion. Imprimez vos étiquettes en plaçant la bonne planche dans le bac de l'imprimante.

7.13. Créer des étiquettes pour un seul destinataire

Si vous souhaitez créer plusieurs fois la même étiquette sur une page (pour un destinataire unique), utilisez une autre méthode : saisissez directement l'étiquette. Dans ce cas, vous n'avez pas besoin de source de données.

1 Ouvrez un nouveau document. Dans le menu **Outils**, pointez sur **Lettres et publipostage**. Dans le menu déroulant, cliquez sur **Enveloppes et étiquettes**.

2 Dans la fenêtre qui s'affiche, sous l'onglet **Étiquettes**, cliquez sur le bouton **Options**. Dans la fenêtre **Options pour les étiquettes**, sélectionnez une étiquette comme précédemment et validez. De retour dans la première fenêtre, tapez le nom et l'adresse du destinataire dans la zone *Adresse*. Vérifiez que l'option *Page d'étiquettes identiques* est active et cliquez sur le bouton **Nouveau document**.

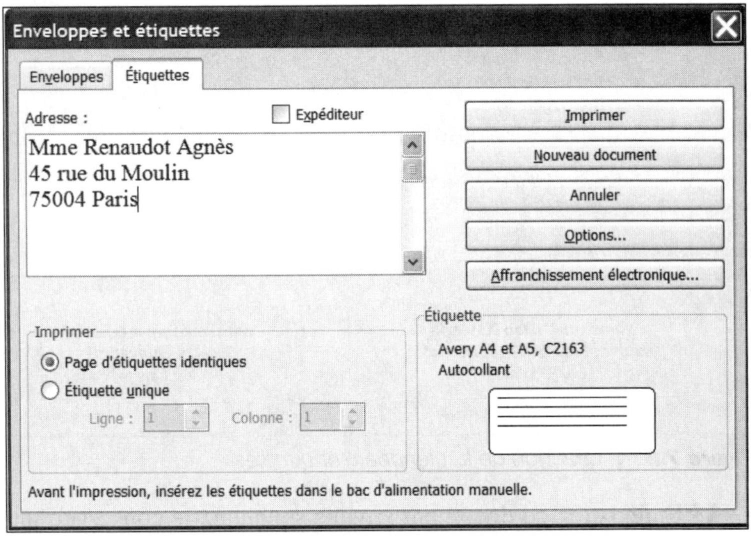

Figure 7.32 : *Créer des étiquettes identiques*

Votre planche d'étiquettes est créée. Simple et rapide.

7.14. Utiliser la barre d'outils Fusion et publipostage

Pour réaliser un publipostage, vous pouvez employer l'Assistant (pratique et simple d'utilisation), l'Assistant et la barre d'outils *Fusion et publipostage* conjointement (dans le cas de l'utilisation de mots clés par exemple), ou la barre d'outils seule sur laquelle vous retrouvez les mêmes fonctionnalités que dans l'Assistant. Démonstration.

1 Créez ou ouvrez le document à utiliser comme document principal de publipostage.

2 Dans le menu **Outils**, pointez sur **Lettres et publipostage**. Dans le menu déroulant, cliquez sur **Afficher la barre d'outils Fusion et publipostage**.

3 Cliquez sur bouton **Préparation du document principal** (le premier sur la barre d'outils). Dans la fenêtre qui s'affiche, cliquez par exemple sur *Lettres*.

4 Cliquez sur le second bouton **Ouvrir la source de données**. Dans la dans la fenêtre qui s'affiche, sélectionnez et ouvrez le fichier de données à utiliser.

Les autres boutons de la barre d'outils (jusqu'ici grisés) s'activent.

5 Cliquez sur le bouton **Destinataires** pour effectuer des tris, appliquer des filtres…, sur le bouton **Insérer les champs de fusion** pour insérer les champs dans la lettre.

6 Cliquez sur le bouton **Mode publipostage** pour visualiser les enregistrements (pour visualiser les champs, cliquez à nouveau sur ce bouton). Utilisez les flèches de navigation *Suivant*, *Précédent* pour faire défiler les enregistrements dans le document principal (et les boutons **Premier** et **Dernier** pour vous positionner sur le premier ou le dernier enregistrement).

7 Pour lancer la fusion, cliquez sur les boutons **Fusionner vers un nouveau document**, **Fusionner vers l'imprimante**, etc.

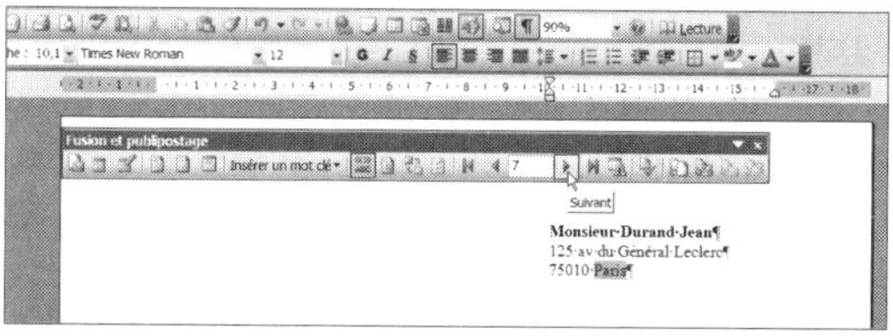

Figure 7.33 : *Réaliser un publipostage à l'aide de la barre d'outils*

7.15. Trucs et astuces

Voici quelques trucs pour maîtriser le publipostage. D'abord, quelques conseils.

Les bogues rencontrés dans un publipostage sont presque toujours dus à des erreurs (ou à des imprécisions) commises dans la base de données. Si les champs d'une base ne sont pas reconnus, cherchez du côté de la mise en forme.

Voici quelques causes de problèmes dont l'origine est la source de données :

- Deux paragraphes vides se trouvent au-dessus d'un tableau Word (avec un seul, le publipostage se déroule normalement).
- Des tableaux Word imbriqués ont été utilisés.
- Une bordure supérieure épaisse figure sur la première ligne d'un tableau Excel (qui contient les champs), si ce tableau commence sur une autre ligne que la ligne 1 de la feuille de calcul. S'il commence sur la ligne 1, le problème n'existe pas.
- Une bordure inférieure double figure sur la dernière ligne de la base (dernier enregistrement). Le publipostage fonctionne, mais la bordure double est comptée comme un enregistrement (vide). Il ne doit de toute manière jamais exister de bordures en fin de liste ; par définition, une liste de données est susceptible d'être régulièrement complétée par de nouveaux enregistrements.
- Des cellules fusionnées sont utilisées.

On ne saurait trop vous recommander de choisir une mise en forme minimale dans une liste de données.

Choisir une autre source de données dans un document principal

Vous avez effectué un publipostage à partir d'un document principal et d'une base de données. Vous souhaitez en créer un autre à partir du même document principal, en changeant de base.

À moins que tous les champs de la seconde base possèdent le même nom que ceux de la première, il est préférable de supprimer d'abord les champs de fusion présents dans le document principal, avant de cliquer sur le lien *Sélectionner une autre liste* à l'étape 3 de l'Assistant. À l'étape 4, cliquez sur *Autres éléments* et insérez un à un les champs de fusion de la nouvelle source de données.

Transformer un document principal en document Word normal

Qu'advient-il d'un document principal lorsqu'on ne veut plus l'utiliser en tant que document de publipostage ? C'est simple, Word a tout prévu.

1. Ouvrez le document principal et, si ce n'est déjà fait, affichez la barre d'outils *Fusion et publipostage*. Cliquez sur le bouton **Préparation du document principal** (le premier de la barre d'outils).
2. Dans la fenêtre qui s'affiche, cliquez sur l'option *Document Word normal* et validez.

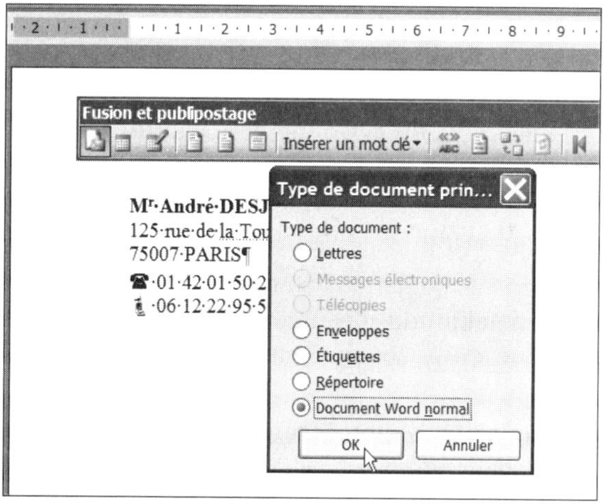

Figure 7.34 : Revenir à un document Word normal

Placer des champs de fusion dans une zone de texte

Les champs de fusion peuvent être insérés dans une zone de texte, au même titre que du texte normal.

Considérons une adresse de destinataire, par exemple :

1 Tracez une zone de texte à l'emplacement de l'adresse (suffisamment grande pour contenir les noms et adresses un peu longs).
2 À l'étape 4 de l'Assistant, cliquez sur *Autres éléments*, et insérez les champs de fusion dans la zone de texte. Fermez la fenêtre lorsque vous avez terminé.
3 Cliquez sur la flèche du bouton **Couleur du contour** de la barre d'outils *Dessin*. Choisissez *Aucun trait*. Continuez le publipostage.

Imprimer partiellement un document fusionné

Un document fusionné contient autant de lettres que vous avez sélectionné de destinataires au cours du publipostage. Chaque lettre commence sur une nouvelle page, mais la fonction de fusion a séparé chacune d'elle par des sauts de section (et non des sauts de page). Ainsi, lorsque vous insérez une numérotation de page, chaque page porte le numéro 1.

Que se passe-t-il lorsque vous ne souhaitez pas imprimer la totalité du document ? Celui-ci comprend par exemple 25 lettres (donc 25 pages, chaque lettre faisant une page), et vous ne souhaitez en imprimer que 10 (de la cinquième à la quinzième) ? Il faut changer la numérotation. Procédez ainsi :

1 Sélectionnez la totalité du document fusionné en activant le raccourci clavier Ctrl+A (équivalent menu **Édition/Sélectionner tout**).
2 Activez la commande **Insertion/Numéros de page**. Dans la fenêtre qui s'affiche, cliquez sur le bouton **Format**. Dans la nouvelle fenêtre, sous la rubrique **Numérotation des pages**, cliquez sur l'option *À la suite de la section précédente* et validez (voir Figure 7.35).
3 Activez la commande **Fichier/Imprimer**. Dans la fenêtre qui s'affiche, tapez `5-10` dans la zone *Pages* (pour imprimer de la page 5 à la page 10). Cliquez sur OK pour lancer l'impression.

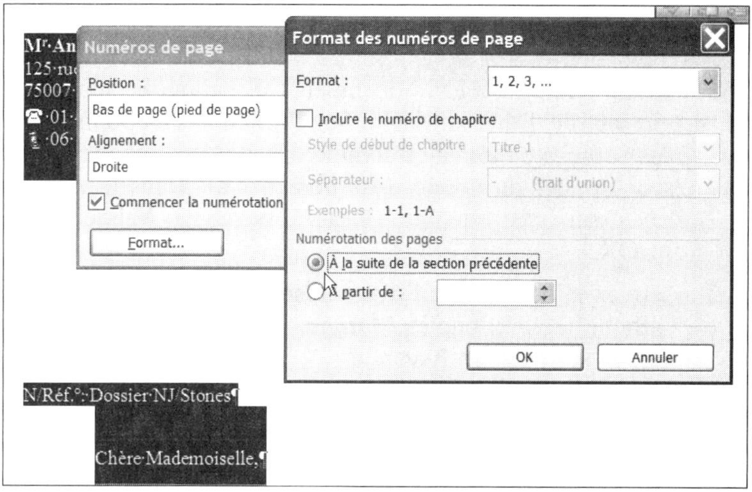

Figure 7.35 : *Modifier la numérotation par défaut*

7.16. Envoyez des lettres d'invitation

Vous allez reprendre ici toutes les étapes du publipostage, de la création de la base de données au publipostage et à l'impression du document fusionné, au cours d'un exercice à deux niveaux : un publipostage simple suivi d'un second plus complexe (avec filtres et instructions conditionnelles).

Vous êtes en charge d'une association "Sports et loisirs" et souhaitez envoyer des invitations à vos adhérents afin qu'ils participent à un forum regroupant plusieurs autres associations (les dates sont différentes suivant le type d'activité pratiquée). Une première invitation est destinée à tous vos adhérents. Une seconde doit être envoyée uniquement aux adhérents qui pratiquent la danse et la gymnastique.

Téléchargez sur le site de Micro Application, les fichiers *Base Les loisirs.doc* et *Invitation forum.doc*.

Pour créer la base de données, nous vous suggérons d'imprimer le fichier *Base Les loisirs.doc* et de vous en servir comme modèle. Le fichier *Invitation forum.doc* est la lettre d'invitation et constitue votre document principal de publipostage.

1 Ouvrez le fichier *Base Les loisirs.doc* et cliquez sur le bouton **Imprimer**.

2 Ouvrez un nouveau document et cliquez sur le bouton **Enregistrer**. Dans la fenêtre qui s'affiche, sélectionnez le dossier *Mes sources de données* comme dossier de stockage pour la base (sous-dossier du dossier *Mes documents*). Dans la zone *Nom de fichier*, saisissez `Base Sports et loisirs`. Validez en cliquant sur OK.

3 Activez la commande **Fichier/Mise en page**. Dans la fenêtre qui s'affiche, sous l'onglet **Marges**, rubrique **Orientation**, double-cliquez sur l'option **Paysage**.

4 Dessinez ou insérez un tableau en vous appuyant sur notre modèle.

RENVOI *Pour la création et la mise en forme d'un tableau, reportez-vous au chapitre* ***Créer un tableau.***

5 Saisissez les données du tableau, et appuyez à chaque fois sur la touche Tab pour passer à la cellule suivante (n'appuyez jamais sur Entrée).

Civilité	Nom	Prénom	Adresse	CP	Ville	Activité pratiquée	Date forum
Madame	Danoni	Cassandre	23 rue des Roses	95380	Villeron	Danse	12/04/2006
Madame	Zoupie	Sylvie	12 bld Saint Germain	75006	Paris	Danse	12/04/2006
Madame	Malindre	Alice	3 allée des Moulinets	45000	Orléans	Danse	12/04/2006
Mademoiselle	Callipse	Juliette	1 rue de la Paix	75004	Paris	Judo	06/05/2006
Madame	Glouglou	Liliana	19 rue de la Descente	75002	Paris	Judo	06/05/2006
Monsieur	Le Guichetin	Jules					

Figure 7.36 : *Saisie de la base*

6 Lorsque vous avez terminé la saisie, enregistrez les modifications et fermez le fichier.

Vous allez ouvrir le document de publipostage et réalisez une première fusion pour l'ensemble des adhérents. Vous enregistrerez le document fusionné sous le nom `Forum Sport et Liberté`.

1 Ouvrez le document *Invitation forum.doc*. Cliquez dans le paragraphe vide situé sous l'adresse de l'expéditeur. Définissez sur la règle un retrait à gauche de 10 cm (de manière à aligner ce paragraphe sur la date).

C'est à cet emplacement que vous insérerez les champs de fusion de l'adresse "destinataire".

2 Dans le menu **Outils**, pointez sur **Lettres et publipostage**. Dans le menu déroulant, cliquez sur la commande **Fusion et publipostage**.

3 Passez à l'étape 3 de l'Assistant en cliquant deux fois sur *Suivante*. Dans la zone *Utilisation d'une liste existante*, cliquez sur *Parcourir*. Dans la fenêtre **Sélectionner la source de données** qui s'affiche, le contenu du dossier *Mes sources de données* est proposé par défaut. Double-cliquez sur l'icône du fichier *Base Sports et loisirs* pour l'ouvrir.

4 Dans la fenêtre **Destinataires** qui s'affiche, cliquez à l'intersection de l'en-tête de colonne du champ *Nom* et du champ suivant, puis effectuez un cliquer-glisser vers la droite pour l'agrandir. Cliquez sur l'en-tête du champ *Nom* pour trier les enregistrements par ordre alphabétique. Validez en cliquant sur OK.

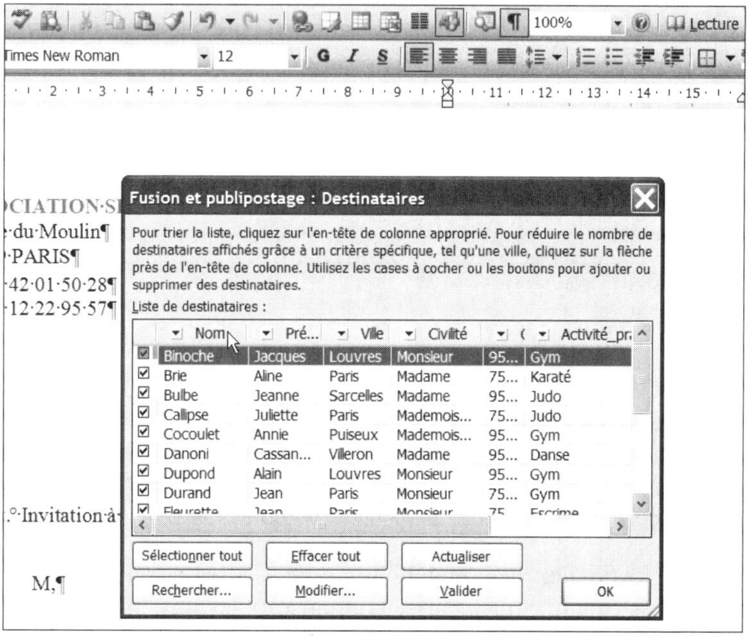

Figure 7.37 : Trier les adhérents par noms

5 Dans l'Assistant, cliquez sur *Suivante : Écriture de votre lettre* puis sur *Autres éléments*. Dans la fenêtre qui s'affiche, double-cliquez successivement sur chacun des champs de l'adresse du destinataire pour les insérer dans le courrier. Cliquez sur **Fermer**.

6 Dans le courrier, placez le curseur après le champ *Prénom* (cliquez après le guillemet situé derrière le champ) et appuyez sur [Entrée]. Répétez l'opération après le champ *Adresse*. Ajoutez un espace entre chaque champ situé sur la même ligne (en respectant également les guillemets).

Vous allez copier le champ *Civilité* de l'adresse et le coller au début de la lettre (à la place de la lettre `M`, placée ici provisoirement), puis dans la formule de politesse. Vous allez également insérer le dernier champ de fusion (pour indiquer la date du forum) et mettre en forme l'adresse du destinataire.

7 Sélectionnez le champ *Civilité* (avec les guillemets). Cliquez du bouton droit sur la sélection, et dans le menu contextuel, cliquez sur *Copier*. Double-cliquez sur la lettre `M` située au début de la lettre (sous l'objet), cliquez du bouton droit sur la sélection et choisissez *Coller*. Cliquez du bouton droit dans la formule de politesse après `Veuillez agréer...` (entre les deux virgules) et choisissez également *Coller*.

8 Cliquez à la fin du premier paragraphe du corps de la lettre. Dans l'Assistant, cliquez sur *Autres éléments*. Dans la fenêtre qui s'affiche, double-cliquez sur le champ *Date_forum* puis sur **Fermer**.

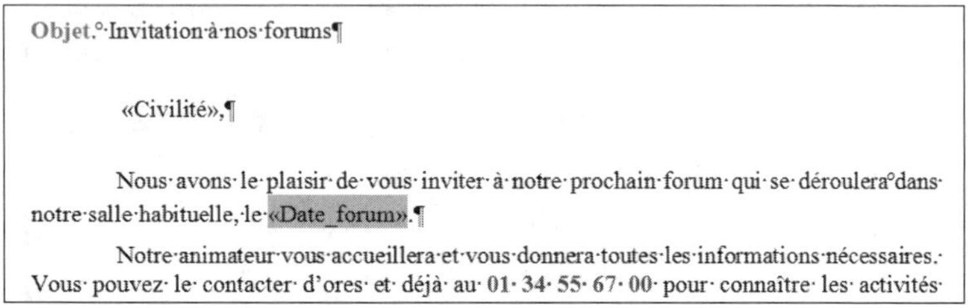
Objet.°·Invitation·à·nos·forums¶

«Civilité»,¶

Nous·avons·le·plaisir·de·vous·inviter·à·notre·prochain·forum·qui·se·déroulera°dans· notre·salle·habituelle,·le·«Date_forum».¶

Notre·animateur·vous·accueillera·et·vous·donnera·toutes·les·informations·nécessaires.· Vous·pouvez·le·contacter·d'ores·et·déjà·au·01·34·55·67·00·pour·connaître·les·activités·

Figure 7.38 : *Insérer le dernier champ de fusion*

9 Sélectionnez la première ligne de l'adresse, choisissez un style *Gras* et une couleur grise. Enregistrez les modifications.

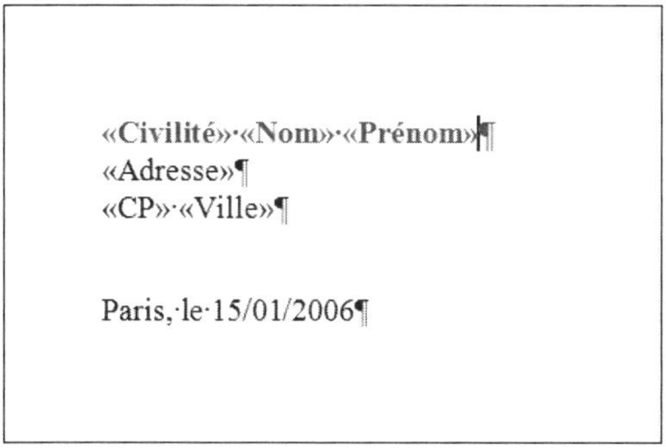
«Civilité» «Nom» «Prénom»
«Adresse»
«CP» «Ville»

Paris, le 15/01/2006

Figure 7.39 : *Mettre en forme l'adresse dans le document principal*

Votre document est préparé, il est temps de lancer la fusion.

10 Cliquez sur *Suivante : Aperçu de vos lettres*. Dans la zone *Aperçu de vos lettres*, cliquez sur les boutons de navigation pour faire défiler les noms des destinataires, et vérifier qu'ils s'affichent correctement dans le document principal. Passez à la dernière étape et cliquez sur *Suivante : Fin de la fusion*, puis sur *Modifier les lettres individuelles*. Dans la fenêtre qui s'affiche, cliquez sur OK pour lancer la fusion.

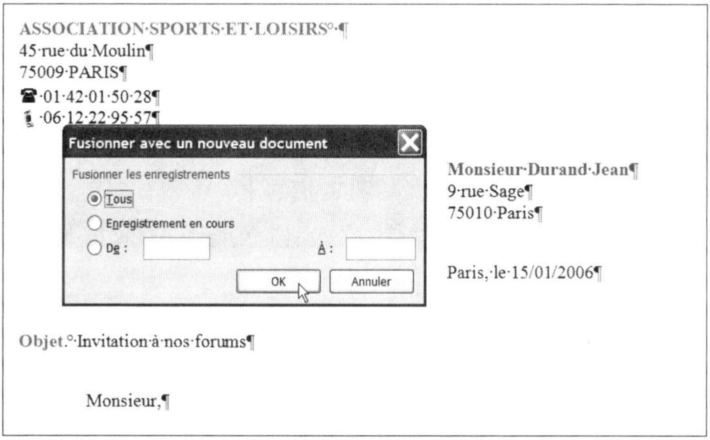
ASSOCIATION SPORTS ET LOISIRS°
45 rue du Moulin
75009 PARIS
☎ 01 42 01 50 28
06 12 22 95 57

Monsieur Durand Jean
9 rue Sage
75010 Paris

Paris, le 15/01/2006

Objet.° Invitation à nos forums

Monsieur,

Figure 7.40 : *Lancer une première fusion pour l'ensemble des adhérents*

Le nouveau document fusionné s'affiche à l'écran, le nombre de pages est indiqué sur la barre d'état (vous devez voir inscrit normalement *1/17*). Si vous le parcourez, vous constatez que les lettres sont classées par noms, dans l'ordre alphabétique. Enregistrez le document.

11 Cliquez sur le bouton **Enregistrer**. Dans la fenêtre qui s'affiche, sélectionnez un dossier de stockage et dans la zone *Nom de fichier*, tapez `Forum Sport et Liberté`. Validez. Fermez le document fusionné.

De retour dans le document principal, préparez une seconde fusion, cette fois uniquement pour les adhérents qui pratiquent la danse et la gymnastique (champ *Activité pratiquée* de la base). Vous allez aussi ajouter une instruction conditionnelle qui permettra d'insérer le nom de l'animateur (`Sophie Dourdan` pour les adhérents habitant Paris et `Alain Guillou` pour les autres).

1 Cliquez sur *Précédente : Aperçu de vos lettres* pour revenir à l'étape 5 de l'Assistant, puis sur *Modifier la liste des destinataires*.

2 Dans la fenêtre **Destinataires**, cliquez sur la flèche du champ *Activité_pratiquée*. Dans le menu déroulant, cliquez sur *Avancées*. Dans la fenêtre qui s'affiche, sous l'onglet **Filtrer les enregistrements**, cliquez sur le bouton fléché de la zone *Champ* et choisissez le champ *Activité_pratiquée*. Tapez `Danse` dans la zone *Comparer avec* (l'option *est égal* étant sélectionnée par défaut dans la zone *Élément de comparaison*).

3 Sur la seconde ligne de critères, sélectionnez l'option *Ou* dans la première zone, à nouveau le champ *Activité_pratiquée* dans la zone *Champ*, et tapez `Gym` dans la zone *Comparer avec*. Validez en cliquant sur OK.

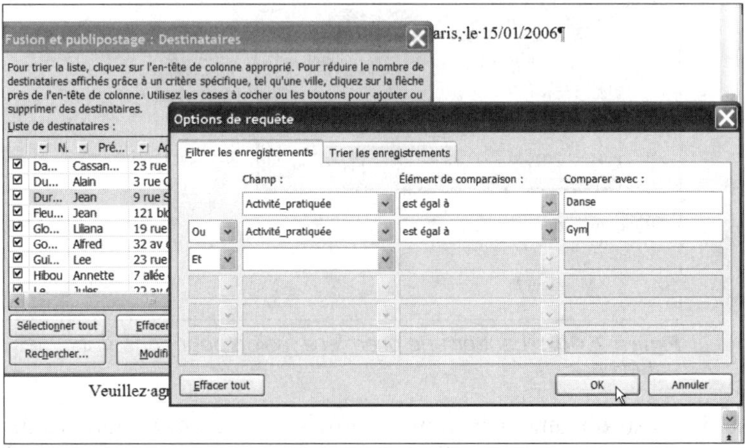

Figure 7.41 : *Taper les critères*

4 La fenêtre **Destinataires** est mise à jour en tenant compte des critères choisis. Validez en cliquant sur OK.

> REMARQUE
>
> **Actualiser la fenêtre Destinataires**
>
> Si la fenêtre **Destinataires** ne s'est pas mise à jour, cliquez sur le bouton **Actualiser** avant de valider ou vérifiez vos critères (cliquez à nouveau sur la flèche du champ *Activité_pratiquée* puis sur *Avancées*), sachant que les critères doivent être orthographiés correctement.

5 Dans le courrier, cliquez à l'endroit où doit figurer le nom de l'animateur, après `Notre animateur`. Si ce n'est déjà fait, affichez la barre d'outils *Fusion et publipostage* (**Outils/Lettres et publipostage**). Dans la barre d'outils, cliquez sur le bouton **Insérer un mot clé**. Dans le menu déroulant, choisissez **Si...Alors...Sinon**.

6 Dans la fenêtre qui s'affiche, cliquez sur le bouton fléché de la zone *Nom du champ* et sélectionnez le champ *Ville*. Cliquez dans la zone *Comparer avec* et tapez `Paris` (en respectant la majuscule en début de mot). Cliquez dans la zone *Insérer le texte suivant* et tapez `Sophie Dourdan`. Cliquez dans la zone *Sinon, celui-ci*, et tapez `Alain Guillou`. Validez en cliquant sur OK.

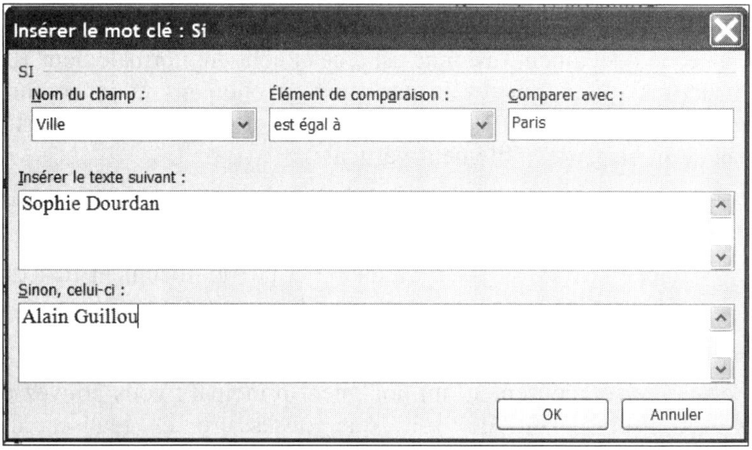

Figure 7.42 : *Ajouter l'instruction conditionnelle*

7 Ajoutez les virgules avant et après le nom de l'animateur. Dans l'Assistant ou dans la barre d'outils, cliquez sur les flèches de navigation pour faire défiler les enregistrements et vérifier que le nom de l'animateur est `Sophie Dourdan` lorsqu'il s'agit d'un adhérent de Paris, `Alain Guillou` dans les autres cas.

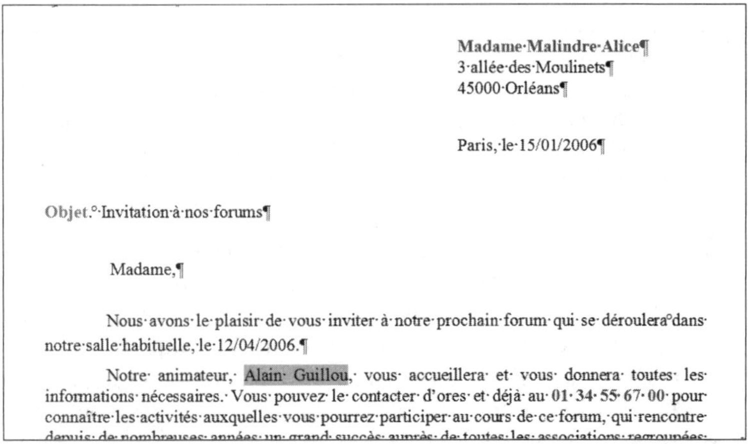

Madame·Malindre·Alice¶
3·allée·des·Moulinets¶
45000·Orléans¶

Paris,·le·15/01/2006¶

Objet.°·Invitation·à·nos·forums¶

Madame,¶

Nous·avons·le·plaisir·de·vous·inviter·à·notre·prochain·forum·qui·se·déroulera°dans·notre·salle·habituelle,·le·12/04/2006.¶

Notre·animateur,·Alain·Guillou,·vous·accueillera·et·vous·donnera·toutes·les·informations·nécessaires.·Vous·pouvez·le·contacter·d'ores·et·déjà·au·01·34·55·67·00·pour·connaître·les·activités·auxquelles·vous·pourrez·participer·au·cours·de·ce·forum,·qui·rencontre·

Figure 7.43 : *Le document varie en fonction du contenu d'un champ de fusion*

8 Passez à la dernière étape et cliquez sur *Modifier les lettres individuelles* dans l'Assistant (ou sur le bouton **Fusionner vers un nouveau document** de la barre d'outils). Dans la fenêtre qui s'affiche, cliquez sur OK pour lancer la fusion.

Un second document fusionné est créé et contient normalement 10 pages (10 lettres). Vous pouvez le parcourir en cliquant sur le bouton **Page suivante** (les boutons **Page suivante** et **Page précédente** sont situés en bas de la barre de défilement verticale).

9 Cliquez sur le bouton **Enregistrer**. Dans la fenêtre qui s'affiche, sélectionnez un dossier de stockage et dans la zone *Nom de fichier*, tapez `Danse et Gym`. Validez. Fermez le document fusionné. De retour dans le document principal, enregistrez les modifications et fermez-le également.

Conservez soigneusement un document principal ; vous pouvez ensuite le réutiliser autant de fois que nécessaire et réaliser d'autres publipostages, avec la même base de données ou avec une autre.

Chapitre 8

Créer un modèle et utiliser les styles

Utiliser des modèles et des styles représente un gain de temps considérable pour la création de documents répétitifs (un rapport, un formulaire, un CV, un fax, ou même une simple lettre avec une adresse expéditeur, un en-tête et un pied de page). Créez ce type de document une fois, enregistrez-le comme modèle ; vous pourrez ensuite l'utiliser pour réaliser autant de documents que vous le souhaitez.

Vous allez apprendre à créer des modèles et à les utiliser, mais aussi à créer des documents à partir d'autres documents (utilisés en tant que modèles), à définir et employer des styles.

DEFINITION

Modèle

Le modèle est le fichier de base à partir duquel on crée des documents courants. Il contient la structure et les éléments de mise en forme (les styles, par exemple) des futurs documents, mais peut aussi contenir du texte. On définit en général dans un modèle tous les éléments constants qu'on utilise pour créer un ensemble de documents identiques (des factures, par exemple). Un modèle Word porte l'extension *.dot* alors qu'un document porte l'extension *.doc* (le modèle de base de Word se nomme *Normal.dot*).

Word possède ses propres modèles et des styles intégrés que vous pouvez utiliser rapidement. Créer un modèle et définir des styles sont deux opérations indépendantes mais en général, un modèle intègre souvent des styles qui lui sont propres.

8.1. Créer un modèle

Vous devez définir le contenu du modèle en créant tous les éléments constants qui le composent (texte, graphismes, tableaux, styles, mise en page…) et les mettre en forme. Vous souhaitez par exemple créer un modèle de lettre : tapez votre adresse et tous les éléments qui doivent revenir à chaque fois (`"Paris, le"` par exemple, la formule de politesse). Mettez-les ensuite en forme.

1 Ouvrez un nouveau document.

Avant d'en définir le contenu, nous vous conseillons d'enregistrer le modèle et de le nommer (comme pour un document, l'enregistrement est prioritaire).

2 Cliquez sur le bouton **Enregistrer**. Dans la fenêtre qui s'affiche, cliquez sur le bouton fléché de la zone *Type de fichier*. Dans la liste déroulante, cliquez sur *Modèle de document*.

Dans la zone *Enregistrer dans*, le dossier *Modèles* est automatiquement sélectionné.

3 Tapez un nom dans la zone *Nom de fichier*, `Lettre réf` par exemple. Validez en cliquant sur le bouton **Enregistrer** ou en appuyant sur [Entrée].

Le nom du modèle apparaît dans la barre de titre.

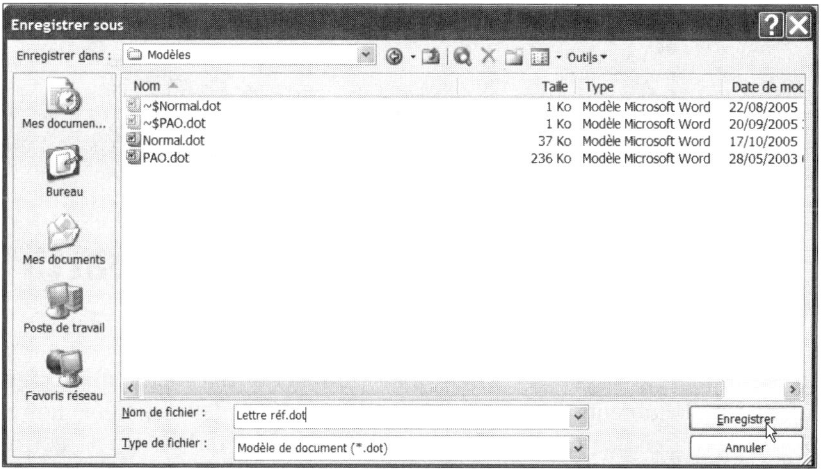

Figure 8.1 : *Enregistrer un modèle de document*

4 Saisissez et mettez en forme les éléments du modèle. Lorsque vous avez terminé, enregistrez les modifications en cliquant sur le bouton **Enregistrer**. Fermez le modèle (voir Figure 8.2).

REMARQUE

Emplacement des modèles Office

Sous Windows XP, les modèles Office sont stockés dans le dossier *C:\Documents and Settings\Dossier utilisateur\Application Data\Microsoft\Modèles*. Remplacez le sous-dossier *Dossier utilisateur* par le dossier correspondant à votre nom d'utilisateur. Dans la zone *Type de fichier*, vous lisez parfois simplement *Modèle de document* sans l'extension (**.dot*) affichée à la suite (cela dépend de la configuration de votre poste).

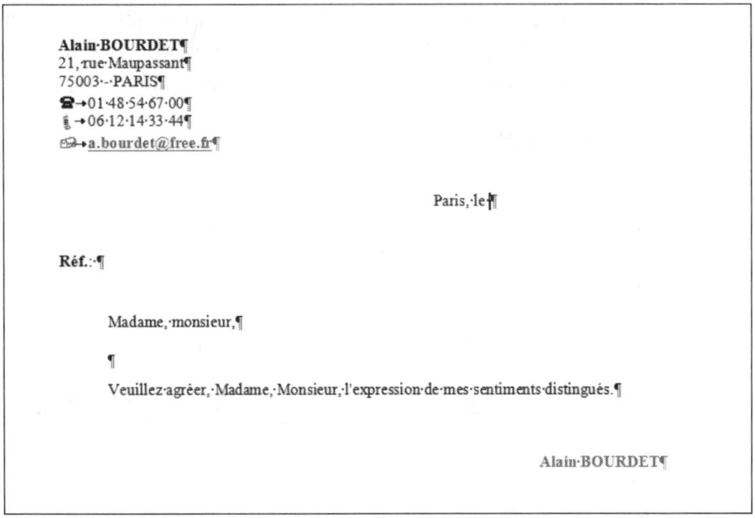

Alain BOURDET
21, rue Maupassant
75003 - PARIS
☎ 01 48 54 67 00
06 12 14 33 44
a.bourdet@free.fr

Paris, le

Réf. :

Madame, monsieur,

Veuillez agréer, Madame, Monsieur, l'expression de mes sentiments distingués.

Alain BOURDET

Figure 8.2 : *Créer un modèle de lettre*

8.2. Créer un nouveau document à partir d'un modèle

Votre modèle existe, vous pouvez donc l'utiliser à tout moment et créer autant de documents que vous le souhaitez (des lettres, dans notre exemple) d'après ce modèle. Ici, vous n'aurez plus qu'à saisir le corps de la lettre, ajouter la date… et enregistrer le document. Votre modèle de base restera intact et vous pourrez le réutiliser.

1 Pour créer un nouveau document (une nouvelle lettre) à partir du modèle, activez la commande **Fichier/Nouveau**.

ATTENTION

Le bouton Nouveau document

Ne cliquez pas sur le bouton **Nouveau document** de la barre d'outils *Standard*. Il permet uniquement d'ouvrir un nouveau document (une page vierge) à partir du modèle de base de Word *Normal.dot*.

2 Dans la zone *Modèles* du volet Office **Nouveau document**, cliquez sur le lien *Sur mon ordinateur*. Dans la fenêtre qui s'affiche, sous l'onglet **Général**, double-cliquez sur le nom du modèle.

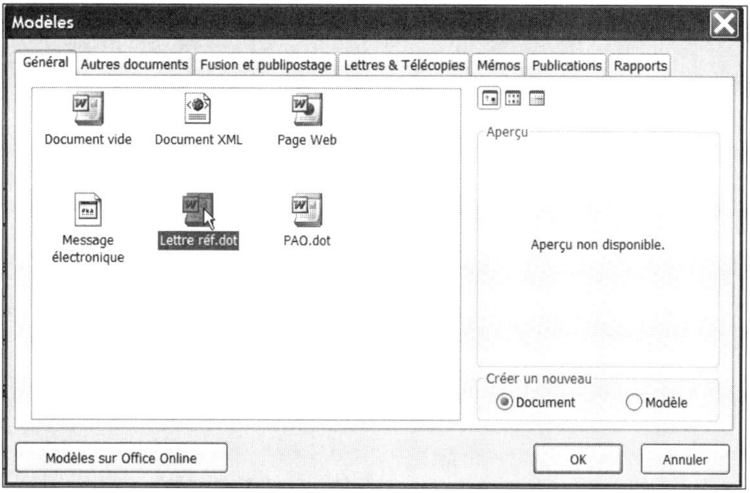

Figure 8.3 : *Créer un nouveau document à partir d'un modèle*

Un nouveau document s'affiche avec tous les éléments définis dans le modèle. Vous pouvez l'exploiter comme un document courant, ajouter des éléments, apporter d'éventuelles modifications, (vous ne modifierez en rien le modèle), l'imprimer... et l'enregistrer en tant que document Word cette fois (option par défaut dans la zone *Type de fichier* de la fenêtre **Enregistrer sous**).

3 Saisissez le texte du nouveau document, effectuez les mises en forme nécessaires... et enregistrez-le normalement. Cliquez sur le bouton **Enregistrer**. Dans la fenêtre qui s'affiche, sélectionnez un dossier de stockage, nommez le fichier et validez.

ASTUCE

Utiliser judicieusement les informations données

Lorsque le Volet Office **Nouveau document** est affiché, le nom du modèle que vous venez d'utiliser s'inscrit dans la zone *Modèles récemment utilisés*. Pour créer d'autres documents à partir de ce modèle, cliquez sur le lien correspondant dans cette zone (*Lettre réf* dans cet exemple). D'autre part, lorsque vous pointez sur le nom du modèle, une info bulle affiche son emplacement de stockage. Cette information est particulièrement utile si vous souhaitez ouvrir le modèle depuis son dossier d'origine pour le modifier.

ASTUCE

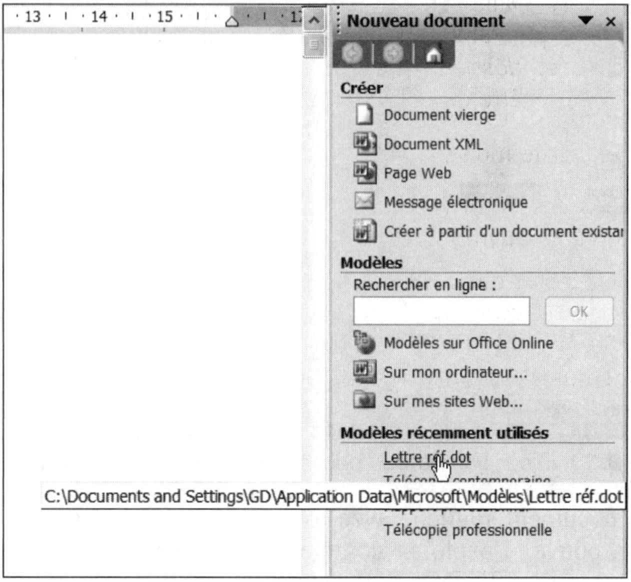

Figure 8.4 : *Créer un nouveau document à partir d'un modèle dans le Volet Office*

8.3. Modifier un modèle

Vous avez créé un modèle personnel et vous apercevez qu'il contient des erreurs (texte oublié, faute, mise en forme imprécise…) ou que certains éléments sont devenus obsolètes. Tous ces éléments sont reproduits automatiquement sur tous les documents issus du modèle.

Il est donc nécessaire d'ouvrir le modèle pour le modifier. Il faut atteindre le dossier *Modèles* du disque dur, en suivant l'arborescence indiquée précédemment (*C:\Documents and Settings\Dossier utilisateur\Application Data\Microsoft\Modèles*).

Le dossier *Application Data* est un dossier masqué par défaut. Il est donc d'abord nécessaire de l'afficher par l'interface Windows.

1 Ouvrez n'importe quelle fenêtre Windows, celle du dossier *Mes documents* par exemple (**Démarrer/Mes documents**).

2 Dans la fenêtre qui s'affiche, activez la commande **Outils/Options des dossiers**. Dans la nouvelle fenêtre, sous l'onglet **Affichage** et sous la rubrique **Paramètres avancés**, cliquez sur l'option *Afficher les fichiers et dossiers cachés*. Validez en cliquant sur OK et refermez la fenêtre du dossier *Mes documents*.

Ouvrez maintenant le modèle à partir de Word et modifiez-le.

1 Basculez dans Word (ouvrez le logiciel s'il était fermé). Cliquez sur le bouton **Ouvrir** de la barre d'outils *Standard*.

2 Dans la fenêtre qui s'affiche, cliquez sur le bouton fléché de la zone *Regarder dans*. Dans la liste déroulante, cliquez sur *Disque local (C:)*. Double-cliquez plusieurs fois pour descendre dans l'arborescence indiquée précédemment et ouvrez le dossier *Modèles*. Double-cliquez sur l'icône du modèle pour ouvrir ce dernier.

3 Effectuez les modifications nécessaires dans le modèle. Lorsque vous avez fini, cliquez sur **Enregistrer**. Fermez le modèle.

ASTUCE

Ouvrir le modèle et non un document

Attention, un double-clic sur l'icône du modèle à son emplacement d'origine (par l'interface Windows) crée un nouveau document d'après ce modèle mais ne l'ouvre pas. Pour l'ouvrir, cliquez du bouton droit sur l'icône du modèle. Dans le menu contextuel, cliquez sur **Ouvrir**.

Comment vérifier qu'il s'agit du modèle que l'on a ouvert et non d'un document ? La barre de titre de Word vient à votre secours : lorsque le modèle est ouvert, son nom figure sur cette barre de titre. Lorsqu'il s'agit d'un document issu du modèle, le nom attribué par défaut est "*Document*" suivi d'un numéro (*Document1*, *Document2*, etc.).

8.4. Supprimer un modèle

Vous avez créé plusieurs modèles dont certains que vous n'utilisez plus. Supprimez-les pour éviter d'encombrer le dossier *Modèles* ou pour ne pas les confondre avec un autre.

1 À partir de Word, cliquez sur le bouton **Ouvrir** de la barre d'outils *Standard*. Ouvrez le dossier *Modèles* en procédant de la même manière que précédemment.

2 Cliquez du bouton droit sur le modèle à supprimer. Dans le menu contextuel, cliquez sur **Supprimer** (ou cliquez sur le modèle et appuyez sur la touche Suppr du clavier). Validez la confirmation de suppression et fermez la fenêtre.

> REMARQUE
>
> **Suppression par l'interface Windows**
>
> Vous pouvez supprimer des modèles par l'interface Windows. Pour cela, ouvrez le dossier *Modèles* et procédez ensuite de la même manière que dans la fenêtre **Ouvrir** de Word.

8.5. Utiliser les modèles de Word

Word intègre différents modèles et des Assistants, qui vous aident dans la rédaction de tout type de document (fax, rapport, CV, lettres diverses, publications, pages web...).

1 Activez la commande **Fichier/Nouveau**.

2 Dans la zone *Modèles* du Volet Office **Nouveau document**, cliquez sur le lien *Sur mon ordinateur*. Dans la fenêtre qui s'affiche, cliquez sur l'onglet qui correspond au type de document que vous souhaitez réaliser, et double-cliquez sur le nom du modèle. Pour utiliser un modèle de fax, par exemple, cliquez sur l'onglet **Lettres & Télécopies**. Double-cliquez sur un modèle, *Télécopie contemporaine* par exemple.

3 Un nouveau document s'affiche. Saisissez le texte dans les emplacements réservés. Lorsque vous avez terminé, cliquez sur le bouton **Enregistrer**.

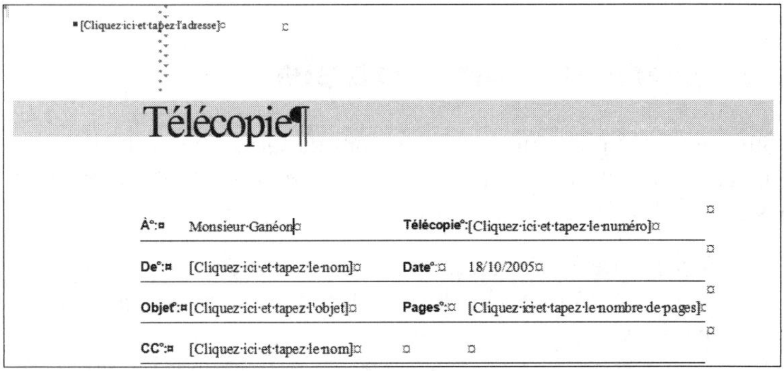

Figure 8.5 : *Utiliser un modèle pour envoyer un fax*

8.6. Utiliser un document existant en tant que modèle

Vous pouvez employer un document existant en tant que modèle. L'avantage est que vous n'avez pas de modèle à créer. L'inconvénient est qu'il faut trouver un document qui se rapproche le plus possible de ce que vous souhaitez obtenir. De plus, vous risquez d'écraser le document d'origine. Cela se produit si vous ouvrez le document qui doit vous servir de modèle et que vous enregistriez par-dessus. Heureusement, vous utiliserez la méthode suivante, sans risque.

1 Activez la commande **Fichier/Nouveau**. Dans la zone *Créer* du volet Office, cliquez sur le lien *Créer à partir d'un modèle existant*. Dans la fenêtre qui s'affiche, recherchez et double-cliquez sur le nom du document que vous souhaitez utiliser comme modèle.

Un nouveau document (copie du document choisi) s'affiche. Le nom qui apparaît dans la barre de titre indique que vous travaillez sur une copie (par exemple, si vous utilisez comme modèle un document nommé *Mon formulaire*, la copie s'appellera quant à elle *Document* suivi d'un numéro (*Document1* pour le premier, etc.).

2 Effectuez les modifications nécessaires dans le document et cliquez sur le bouton **Enregistrer**. Dans la fenêtre **Enregistrer sous** qui s'affiche, choisissez un dossier de stockage, nommez le fichier et validez.

Le document d'origine n'en sera pas affecté et restera intact.

8.7. Utiliser les styles

Vous pouvez créer et utiliser des styles dans un document, ou les définir dans un modèle (ils seront accessibles uniquement à partir de ce modèle).

DEFINITION

Style

Un style est un ensemble d'attributs de mise en forme prédéfinie que vous pouvez appliquer rapidement dans votre document au texte, mais aussi aux listes à puces ou aux tableaux. Parmi les styles intégrés à Word, les plus connus et les plus utilisés sont le style *Normal* (style de base employé par défaut pour tout nouveau document), *Titre 1*, *Titre 2*, *Titre 3*… Vous pouvez créer vos propres styles.

DEFINITION

Il existe différentes catégories de styles : le style de paragraphe permet de définir tous les attributs de paragraphe comme le retrait, l'alignement, les tabulations, etc. ; le style de caractère concerne le texte (police, couleur de police, gras ou italique…). Citons également le style de listes ou encore le style de tableaux qui permet de définir toutes les caractéristiques d'un tableau achevé.

Utiliser les styles intégrés à Word

Vous pouvez employer les styles intégrés à Word pour mettre en forme rapidement votre texte. Par défaut, chaque nouveau document Word est basé sur le style *Normal* (le nom du style apparaît en haut de l'écran dans la zone *Style*, située à gauche de la barre d'outils *Mise en forme*) et vous pouvez également utiliser les trois styles *Titre 1*, *Titre 2*, *Titre 3*. Ces styles sont des styles de paragraphe.

1 Cliquez dans le paragraphe auquel vous souhaitez appliquer un style (pour appliquer le style à plusieurs paragraphes en même temps, sélectionnez ces derniers).

2 Cliquez sur le bouton fléché de la zone *Style*. Dans la liste déroulante, cliquez sur le style de votre choix.

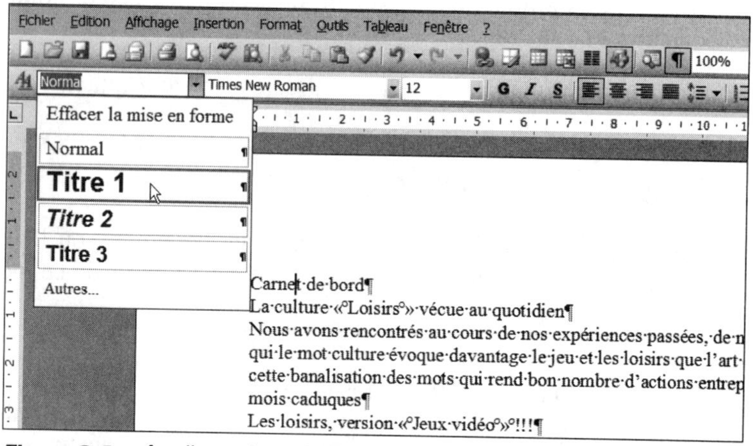

Figure 8.6 : *Appliquer le style Titre 1…*

Le texte est aussitôt mis en forme selon les caractéristiques propres au style choisi.

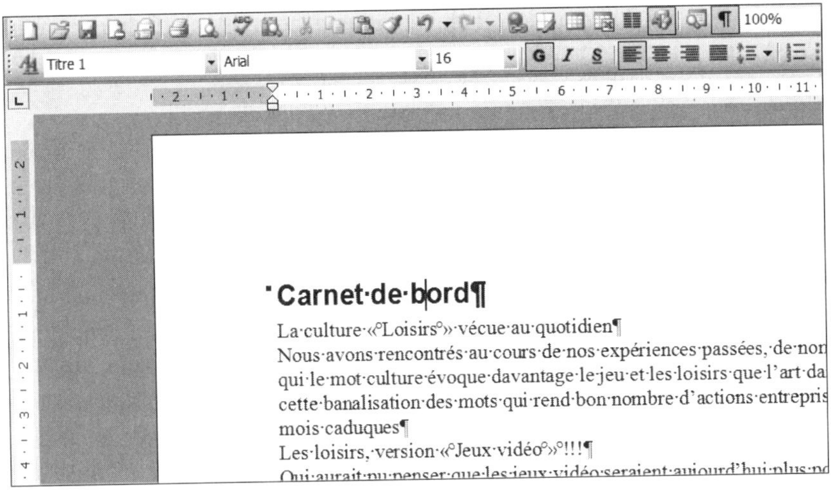

Figure 8.7 : *...à un paragraphe*

3 Renouvelez l'opération si nécessaire pour chaque paragraphe à mettre en forme avec le même style, les styles *Titre 2* et *Titre 3*, etc.

REMARQUE

Modifier la mise en forme

Lorsque vous appliquez un style à un paragraphe (intégré ou autre), et que vous modifiez ensuite la mise en forme du paragraphe, la zone *Style* se met à jour en fonction des nouvelles caractéristiques. Vous avez par exemple appliqué le style *Titre 1* à un paragraphe et vous modifiez ensuite la mise en forme, : alignement centré, couleur de police *Bleu gris*, bordure ombrée, etc. La zone *Style* affiche alors : *Titre 1 + Bleu gris, Centré, Encadrement : Ombrée Simple*.

Afficher le volet Styles et mise en forme

La zone *Style* permet de choisir un style et de l'appliquer au texte. Mais dès lors que vous commencez à travailler avec les styles (dans un modèle ou un document), il est nécessaire d'afficher le volet *Styles et mise en forme*.

1 Cliquez sur le bouton **Styles et mise en forme** de la barre d'outils *Mise en forme* (le premier dans la barre d'outils, situé à gauche de la zone *Style*).

Tous les styles du modèle ou du document courant s'affichent : vous pouvez les visualiser et les gérer de manière bien plus efficace, et les appliquer d'un simple clic au texte sélectionné.

Vous retrouvez ici tous les styles, mais aussi toutes les mises en forme du document ou du modèle. Si vous avez formaté un mot en gras et en rouge par exemple, la mention "*Gras, Rouge*" apparaîtra dans le volet **Styles et mise en forme**.

2 Pour connaître toutes les caractéristiques d'un style ou d'une mise en forme, pointez sur le nom du style ou de la mise en forme dans le volet **Styles et mise en forme**. Une info bulle en affiche alors le détail.

3 Pour appliquer un style ou une mise en forme au texte, sélectionnez-le et cliquez sur le nom du style ou de la mise en forme souhaitée.

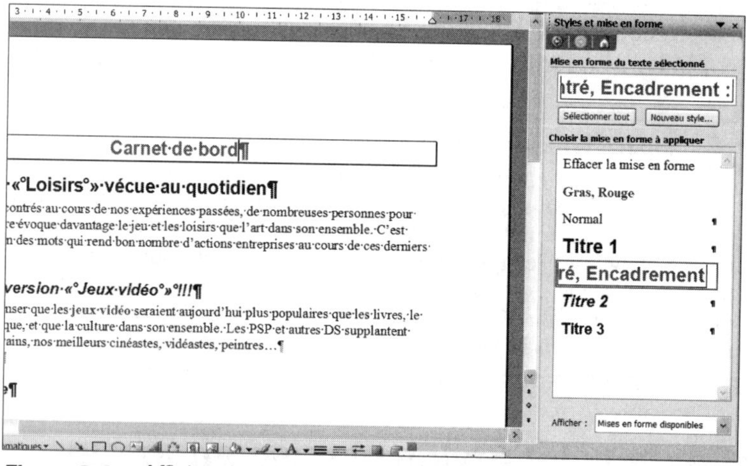

Figure 8.8 : *Afficher les styles et les mises en forme du document ou du modèle courant*

ASTUCE

Effacer la mise en forme

Pour effacer en une fois toute la mise en forme d'un document, sélectionnez ce dernier en activant le raccourci clavier Ctrl+A. Cliquez sur l'option *Effacer la mise en forme* du volet **Styles et mise en forme** (pour effacer la mise en forme d'une partie d'un document, sélectionnez uniquement la partie concernée).

Créer un nouveau style et l'appliquer

Vous pouvez créer des styles de diverses manières :

- Créer le style puis définir ses caractéristiques de mise en forme (en partant d'un paragraphe quelconque du document ou du modèle, y compris un paragraphe vide). Une fois enregistré, vous l'appliquez sur du texte existant.
- Ou (la démarche inverse) saisir du texte et définir d'abord la mise en forme dans le modèle ou le document (ou utiliser une mise en forme existante), et créer le style à partir de cette mise en forme.

Vous souhaitez par exemple définir un style de paragraphe personnalisé pour un titre dans un document ou un modèle, avec les caractéristiques de mise en forme suivantes : police *Comic Sans MS*, taille *16*, couleur *Bleu gris*, *Gras*, alignement centré, espacement avant de 6 points et après de 12 points, bordure ombrée.

REMARQUE

Style de paragraphe

Un style de paragraphe contient des mises en forme de paragraphe mais peut aussi contenir des mises en forme de caractères.

1 Dans le volet **Styles et mise en forme**, cliquez sur le bouton **Nouveau Style**. Dans la zone *Nom* de la fenêtre qui s'affiche, tapez le nom du style (`Premier titre` dans notre exemple). Cliquez sur le bouton fléché de la zone *Style basé sur*. Dans la liste déroulante, sélectionnez un style de départ (ici *Normal*). Dans la zone *Style du paragraphe suivant*, sélectionnez le style qui sera appliqué au paragraphe suivant (lorsque vous appuierez sur la touche [Entrée]).

REMARQUE

Style de paragraphe par défaut

L'option sélectionnée dans la zone *Type de style* est par défaut *Paragraphe*.

2 Sous la rubrique *Mise en forme*, sélectionnez successivement la police *Comic Sans MS*, la taille *16*, du *Gras*, la couleur *Bleu gris* et un alignement centré, en utilisant les zones et les boutons correspondants. Cliquez sur le bouton **Format**. Dans la liste déroulante, cliquez sur *Paragraphe*.

3 Dans la fenêtre qui s'affiche, sous l'onglet **Retrait et espacement**, rubrique **Espacement**, sélectionnez 6 points dans la zone *Avant*, et 12 dans la zone *Après*. Validez. De retour dans la fenêtre **Nouveau style**, cliquez à nouveau sur le bouton **Format**. Dans la liste déroulante, choisissez *Bordure*. Dans la fenêtre **Bordure et trame**, sous l'onglet **Bordures**, cliquez sur le bouton **Ombre** et validez.

4 Cochez la case *Mettre à jour automatiquement* si vous souhaitez que le style soit automatiquement actualisé lorsque vous effectuez une modification dans le texte (d'autre part, avec cette option, toutes les occurrences du style sont également mises à jour en une fois).

5 Cochez la case **Ajouter au modèle** si nécessaire pour ajouter le style au modèle auquel est rattaché le document. Validez en cliquant sur OK.

REMARQUE

Ajouter au modèle

Si vous créez un style dans un document, cochez la case *Ajouter au modèle* afin que le style soit disponible dans tous les nouveaux documents créés à partir de ce modèle. Si au contraire vous souhaitez que les styles soient disponibles uniquement dans ce document, ne cochez pas la case. D'autre part, il est inutile de cocher la case si vous êtes dans un modèle ; le style en fera forcément partie.

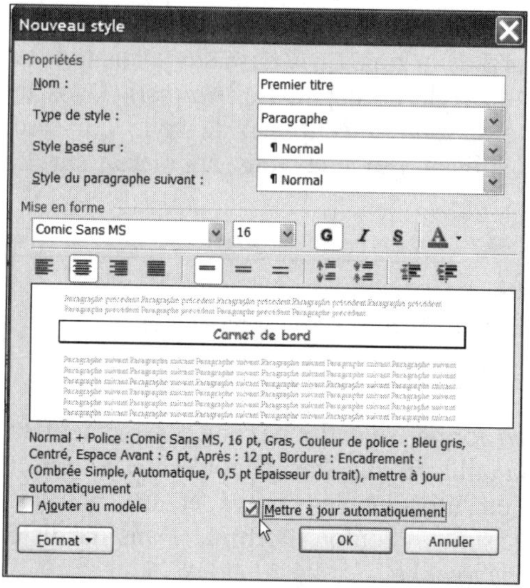

Figure 8.9 : *Créer un style et définir ses caractéristiques*

Le style est créé, son nom apparaît dans le volet **Styles et mise en forme**. Il ne reste plus qu'à l'appliquer au texte.

6 Si ce n'est déjà fait, cliquez dans le paragraphe souhaité et cliquez sur le nom du style.

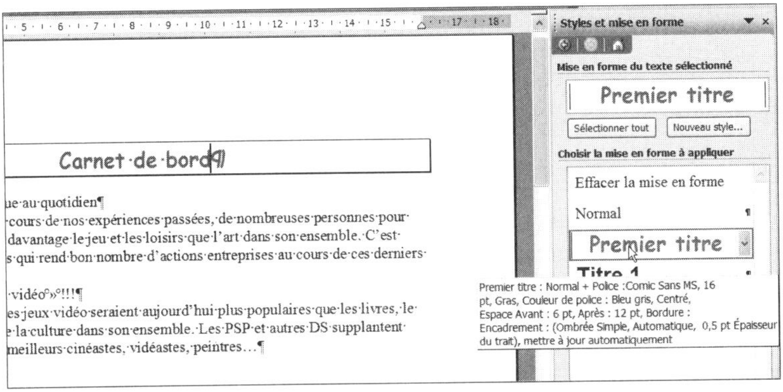

***Figure 8.10 :** Appliquer le nouveau style au texte*

Considérons maintenant un second style de paragraphe, que vous souhaitez nommer `Titre A`, et qui possède les caractéristiques suivantes : police *Garamond*, taille *16*, *Gras*, couleur *Gris 80%*, espacement avant de 6 points et après de 3 points. Vous allez cette fois tester une autre méthode pour créer le style, c'est-à-dire définir d'abord la mise en forme sur le texte.

1 Si ce n'est déjà fait, tapez le texte à mettre en forme et sélectionnez ce dernier.

2 Effectuez les mises en forme indiquées. Dans le volet **Styles et mise en forme**, cliquez sur le bouton **Nouveau Style**. Dans la zone *Nom* de la fenêtre qui s'affiche, tapez le nom du style (`Titre A`).

3 Sélectionnez un style dans la zone *Style du paragraphe suivant*. Cochez les cases *Mettre à jour automatiquement* et *Ajouter au modèle* si nécessaire. Validez.

4 Appliquez le style au texte en cliquant sur son nom dans le volet **Styles et mise en forme**.

Certains styles n'ont pas besoin de paramètres particuliers : il est possible de les créer rapidement à partir d'une mise en forme effectuée dans le document ou le modèle, sans passer par la fenêtre **Nouveau Style**.

1 Saisissez et sélectionnez le texte à mettre en forme.

2 Effectuez les mises en forme souhaitées. Lorsque vous avez terminé, cliquez dans la zone *Style*, tapez le nom du style (`Remarque` dans notre exemple) et validez en appuyant sur [Entrée].

Voilà un style créé rapidement.

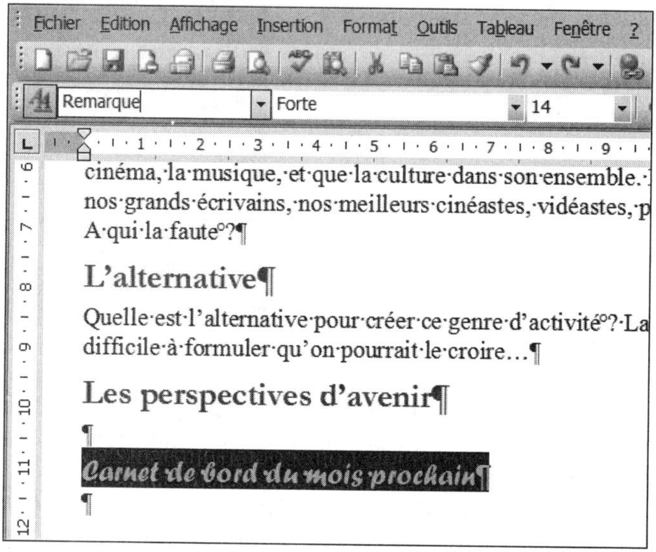

Figure 8.11 : *Créer un style rapidement dans la zone Style*

Un style de paragraphe peut aussi contenir des mises en forme de caractères. Mais voyons maintenant les styles de caractères proprement dits, que vous pouvez créer puis appliquer sur d'autres mots du document ou, si vous ajoutez le style au modèle, dans d'autres documents.

1 Dans le volet **Styles et mise en forme**, cliquez sur le bouton **Nouveau Style**. Dans la zone *Nom* de la fenêtre qui s'affiche, saisissez le nom du style (`loisirs` dans notre exemple). Dans la zone *Type de style*, sélectionnez *Caractère*.

2 Sélectionnez les options souhaitées, soit dans la zone *Mise en forme* pour choisir des options courantes (police, taille…), soit en cliquant sur le bouton **Format** puis sur **Police** pour des options plus complètes. Validez.

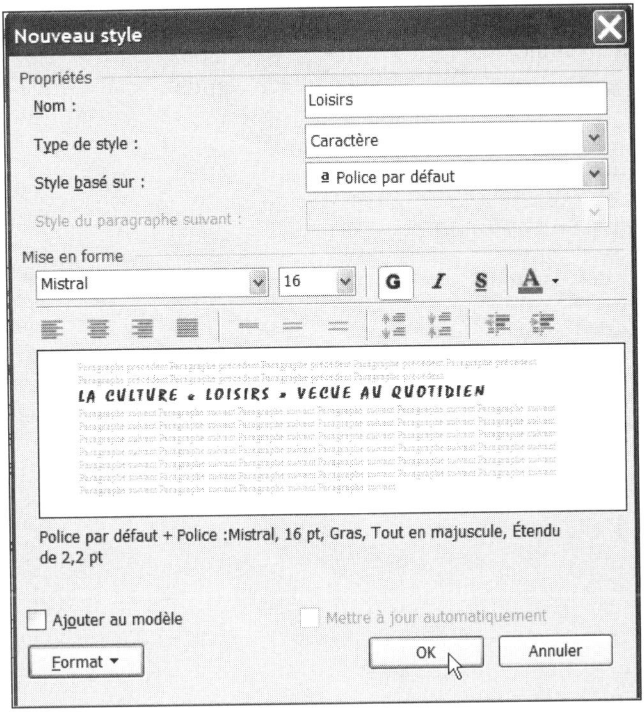

Figure 8.12 : *Créer un style de caractère*

Le style apparaît dans le volet **Styles et mise en forme**.

3 Sélectionnez le texte auquel vous souhaitez appliquer le style (ou cliquez dans le mot pour un seul mot). Cliquez sur le nom du style pour l'appliquer à la sélection.

REMARQUE

Identification du type de style

Un petit symbole est affiché à droite du nom du style et identifie le type de style (un style de paragraphe est représenté par une marque de fin de paragraphe, et un style de caractères par un petit *a* , etc.).

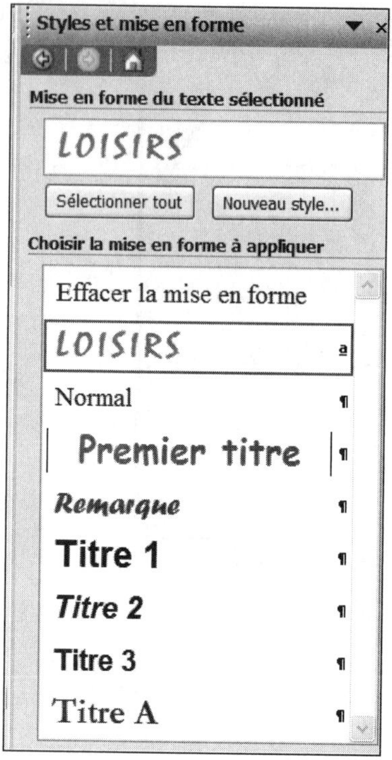

Figure 8.13 : *Un style de caractères est identifié par un petit "a"*

Modifier et mettre à jour un style

Vous pouvez modifier et redéfinir les styles de paragraphe directement dans le texte lorsque vous avez choisi l'option *Mettre à jour automatiquement*. Tous les paragraphes fondés sur ce style se mettent en général instantanément à jour. D'autres modifications, par contre, doivent être réalisées dans la fenêtre de modification de style. Vous pouvez aussi appliquer un style de caractères à un style de paragraphe.

Vous avez par exemple créé un style "*Titre B*" avec les mises en forme suivantes : police *Times New Roman*, taille *14*, couleur *indigo*, *Gras*, *Italique*, espacement avant de 6 points et après de 12 points, et l'option *Mettre à jour automatiquement*. Vous avez appliqué ce style à trois paragraphes dans un document. Vous décidez d'effectuer certaines modifications dans le style, à savoir : augmenter la taille de la police et la définir à *16*, ramener l'espacement après à 6 points.

1 Sélectionnez l'un des paragraphes créé à partir du style à changer (ici *Titre B*) et modifiez la taille de police dans la barre d'outils *Mise en forme*.

Instantanément, chaque occurrence du style est modifiée.

2 Le paragraphe étant toujours sélectionné, cliquez du bouton droit sur la sélection. Dans le menu contextuel, cliquez sur **Paragraphe**. Dans la fenêtre qui s'affiche, redéfinissez un espacement après de 6 points et validez.

La seconde modification est également effective tout de suite, sur chaque paragraphe créé avec ce style. Si vous pointez sur le nom du style dans le volet **Styles et mise en forme**, celui-ci a pris en compte les modifications et redéfini le style.

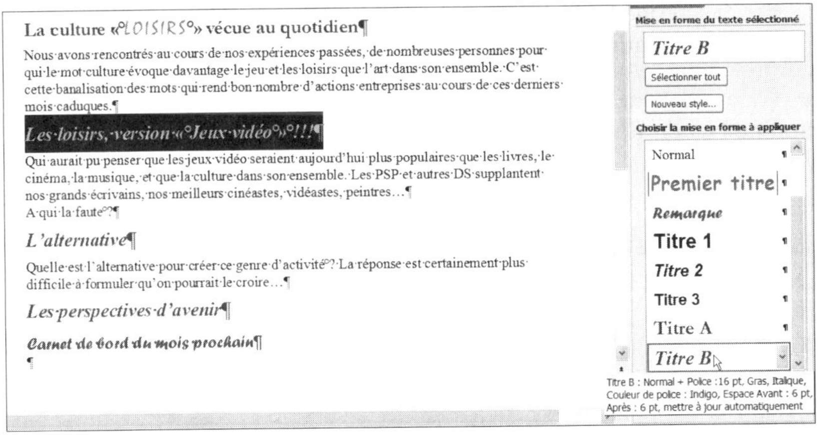

Figure 8.14 : *Mise à jour automatique de toutes les occurrences d'un style, celui-ci est redéfini*

Parfois, la mise à jour n'est pas immédiate et se fait en deux temps, dans le cas d'une bordure ou d'une trame par exemple. Conservons notre exemple et ajoutons une bordure et une trame à l'un des paragraphes créés à partir du style *Titre B*.

3 Cliquez dans un paragraphe établi sur le style *Titre B* et activez la commande **Format/Bordure et trame**. Dans la fenêtre qui s'affiche, sous l'onglet **Bordures**, choisissez une bordure et sous l'onglet **Trame de fond** une couleur de fond. Validez.

La bordure et la trame sont appliquées uniquement au paragraphe sélectionné. Une deuxième manipulation s'impose.

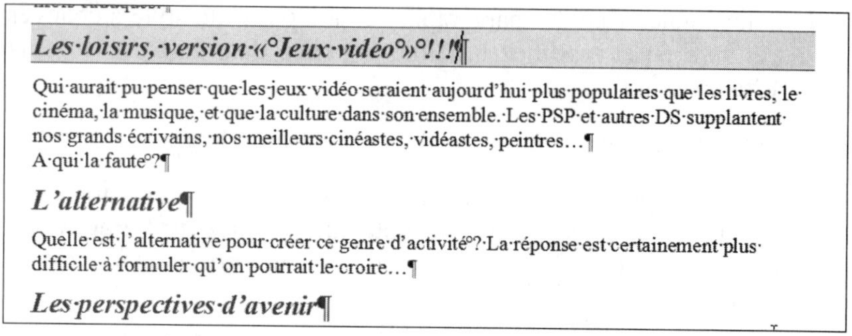

Figure 8.15 : *La mise à jour automatique "fait grève"*

4 Le curseur toujours positionné dans le paragraphe sur lequel la bordure a été appliquée, cliquez du bouton droit sur le nom du style (ici *Titre B)* dans le volet **Styles et mise en forme**. Dans le menu contextuel, cliquez sur la commande **Mettre à jour pour correspondre à la sélection**.

Le style est redéfini, et la mise à jour est effective dans tous les paragraphes du document créés à partir de ce style.

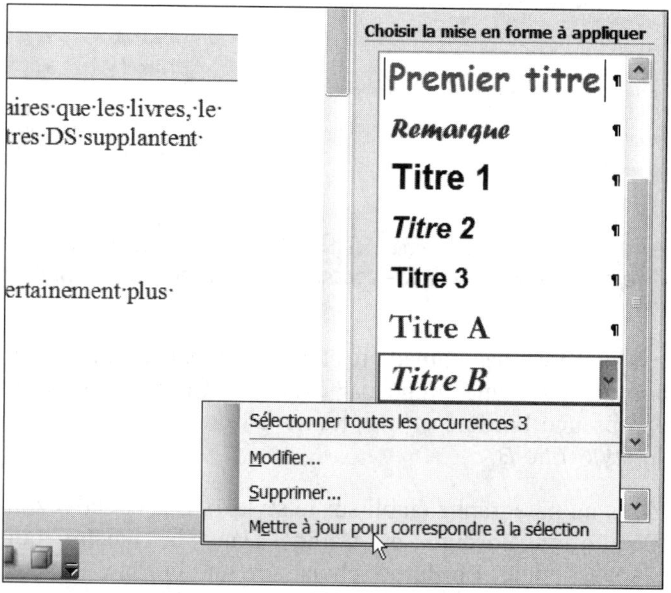

Figure 8.16 : *Redéfinir un style par rapport à une sélection*

Pour les styles qui n'ont pas été créés avec l'option *Mettre à jour automatiquement*, il s'agit de modifier le style dans la fenêtre correspondante.

1 Dans le volet **Styles et mise en forme**, cliquez du bouton droit sur le nom du style à modifier. Dans le menu contextuel, cliquez sur **Modifier**.

2 Dans la fenêtre **Modifier le style** qui s'affiche, effectuez les modifications nécessaires en procédant de la même manière que pour une création. Validez.

ATTENTION

Modifications multiples

Une modification apportée à un style peut modifier également les styles qui en dérivent. Par exemple, si vous avez créé un style nommé *Remarque*, puis un second, *Remarque1* basé sur le premier (zone *Style basé sur* de la fenêtre *Nouveau style*), les modifications effectuées sur le style *Remarque* sont en général également effectives sur le style *Remarque1*.

Supprimer un style

La suppression d'un style est beaucoup plus rapide que sa création. Supprimez uniquement les styles dont vous n'avez plus besoin.

1 Dans le volet **Styles et mise en forme**, cliquez du bouton droit sur le style à supprimer. Dans le menu contextuel, cliquez sur la commande **Supprimer**.

2 Confirmez la suppression en cliquant sur **Oui** dans la fenêtre qui s'affiche.

Gérer les modèles et les styles

Il est possible de réaliser différentes opérations avec les modèles et les styles : gérer les affichages, visualiser le détail de la mise en forme d'un document, copier des styles d'un modèle à l'autre, attacher un modèle à un document, etc.

Utiliser d'autres styles

Vous pouvez afficher davantage de styles intégrés dans le volet **Styles et mise en forme**. Au départ, seuls les styles *Normal*, *Titre 1*, *Titre 2* et *Titre 3* sont disponibles. Viennent s'y ajouter toutes les mises en forme que vous effectuez dans le document ou le modèle, et les styles que vous créez. Procédez de la manière suivante pour afficher (et utiliser) d'autres styles :

1 Cliquez sur le bouton fléché de la zone *Afficher* (située en bas du volet). Dans la liste déroulante, sélectionnez l'option souhaitée (*Tous les styles* pour afficher la totalité des styles, *Mises en forme disponibles*…).

2 Cliquez sur le style souhaité pour l'appliquer au texte.

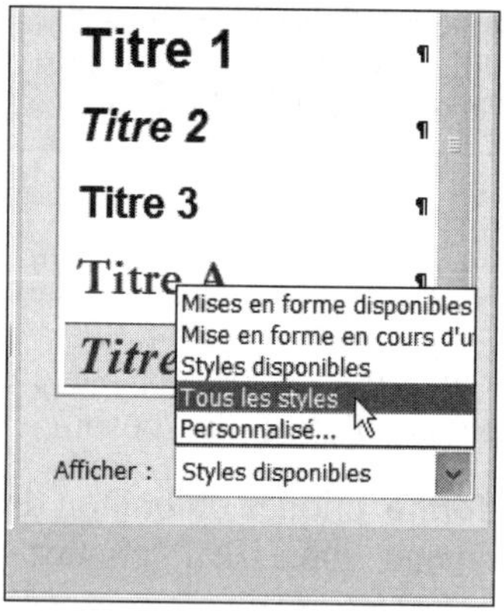

Figure 8.17 : *Faire varier l'affichage des styles dans le volet Styles et mise en forme*

REMARQUE

Afficher ou masquer les styles

Vous avez la possibilité de masquer ou d'afficher certains styles. Pour cela, dans la liste déroulante de la zone *Afficher,* choisissez l'option *Personnalisé*. Dans la zone *Styles visibles* de la fenêtre qui s'affiche, cochez la case d'un style pour l'afficher, décochez-la pour le masquer (à utiliser avec précaution).

REMARQUE

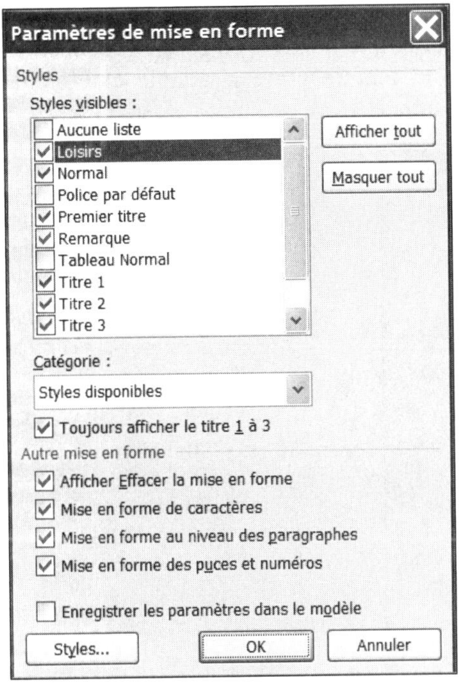

Figure 8.18 : *Choisir les styles à afficher*

Révéler la mise en forme

Une option intéressante permet d'afficher dans le volet **Styles et mise en forme** le détail de la mise en forme (police de caractères, paragraphe, etc.) et d'intervenir sur cette mise en forme pour effectuer des modifications.

1 Cliquez sur le bouton fléché situé en haut du Volet Office (**Autres volets Office**). Dans le menu qui se déroule, cliquez sur **Révéler la mise en forme**.

2 Cliquez dans un paragraphe de votre document.

Dans le Volet Office, la mise en forme du paragraphe et du mot sur lequel vous avez cliqué s'affiche. Les mises en forme sont classées par catégories (*Police*, *Paragraphe*…).

3 Cliquez sur le signe - pour masquer le détail d'une catégorie ou sur le signe + pour l'afficher.

4 Cliquez sur une caractéristique de mise en forme (*Espacement* par exemple) pour ouvrir la fenêtre correspondante et effectuer les modifications si nécessaires.

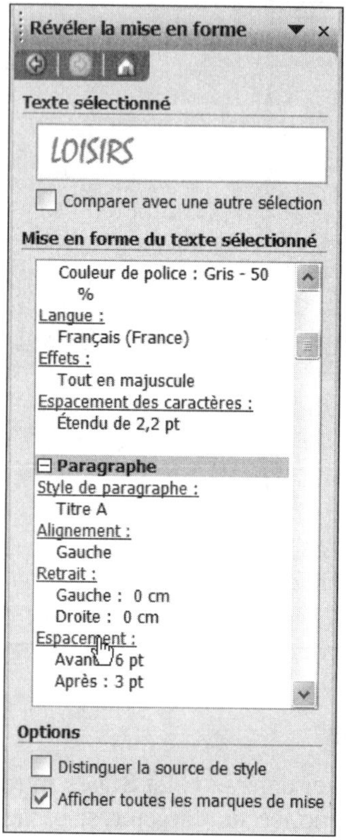

Figure 8.19 :
Détail de la mise en forme dans le Volet Office

Copier un style

Les styles que vous créez dans un modèle sont disponibles dans le modèle et dans tous les documents issus de ce modèle, mais ils ne le sont pas dans les documents créés à partir d'autres modèles, notamment à partir du modèle de base de Word (*Normal.dot*). Si vous souhaitez les récupérer afin de pouvoir les utiliser dans tous les documents s'appuyant sur un autre modèle (ou un document particulier), copiez-les. Toutes les variantes sont possibles : vous pouvez copier un style d'un modèle vers un autre, d'un modèle vers un document, d'un document vers un modèle, etc.

1 Dans le volet **Styles et mise en forme**, cliquez sur le bouton fléché de la zone *Afficher*. Dans la liste déroulante, cliquez sur *Personnalisé*. Dans la fenêtre qui s'affiche, cliquez sur le bouton **Styles** situé en bas. Dans la nouvelle fenêtre, cliquez sur le bouton **Organiser**.

Dans la fenêtre **Organiser**, sous l'onglet **Styles**, vous devez copier les styles depuis le fichier source affiché dans la partie gauche (modèle ou document, ici un document) vers le fichier de destination (modèle ou document, ici le modèle *Normal.dot*) affiché dans la partie droite.

2 Dans la partie gauche de la fenêtre, cliquez sur le style à copier, puis cliquez sur le bouton **Copier**. Pour copier plusieurs styles en même temps, cliquez sur un premier style. Tout en maintenant la touche Ctrl enfoncée, cliquez sur chaque autre style à copier. Cliquez sur **Copier**. Lorsque vous avez terminé, cliquez sur le bouton **Fermer**.

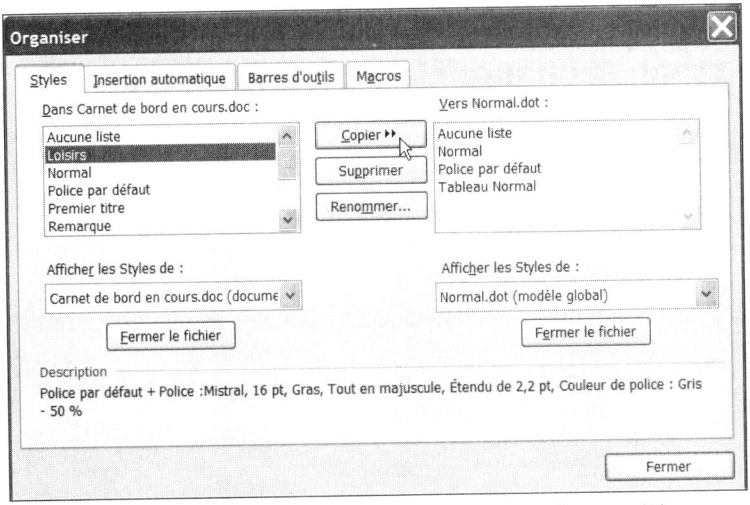

Figure 8.20 : *Copier des styles d'un document ou d'un modèle vers un autre*

REMARQUE

Supprimer les styles du modèle *Normal*

Lorsque vous souhaiterez les supprimer du modèle *Normal.dot*, il faudra faire la démarche inverse : les sélectionner dans la zone *Vers Normal.dot* et cliquez sur le bouton **Supprimer**.

3 Cliquez sur le bouton **Nouveau document** pour ouvrir un nouveau document, puis sur le bouton **Styles et mise en forme** de la barre d'outils *Mise en forme*.

Dans le Volet Office, les styles copiés sont maintenant disponibles pour tous les nouveaux documents créés à partir du modèle global *Normal.dot*.

4 Si vous souhaitez copier d'autres styles entre différents modèles ou documents, ouvrez à nouveau la fenêtre **Organiser**. Cliquez sur le bouton **Fermer le fichier** dans la partie gauche de la fenêtre. Le bouton se transforme en **Ouvrir le fichier**. Cliquez sur ce bouton. Dans la fenêtre qui s'affiche, sélectionnez le document ou le modèle source. Répétez l'opération dans la partie droite de la fenêtre puis copiez les styles souhaités.

Attacher un modèle à un document

Vous pouvez attacher un modèle à un document qui n'a pas été créé au départ avec ce modèle. Vous récupérez également les styles du modèle.

1 Activez la commande **Outils/Modèles et compléments**. Dans la fenêtre qui s'affiche, sous l'onglet **Modèles**, cliquez sur le bouton **Attacher**.

2 Dans la nouvelle fenêtre, sélectionnez le modèle à rattacher au document. De retour dans la fenêtre **Modèles**, cochez la case *Mise à jour automatique des styles de document* pour récupérer tous les styles du modèle. Validez.

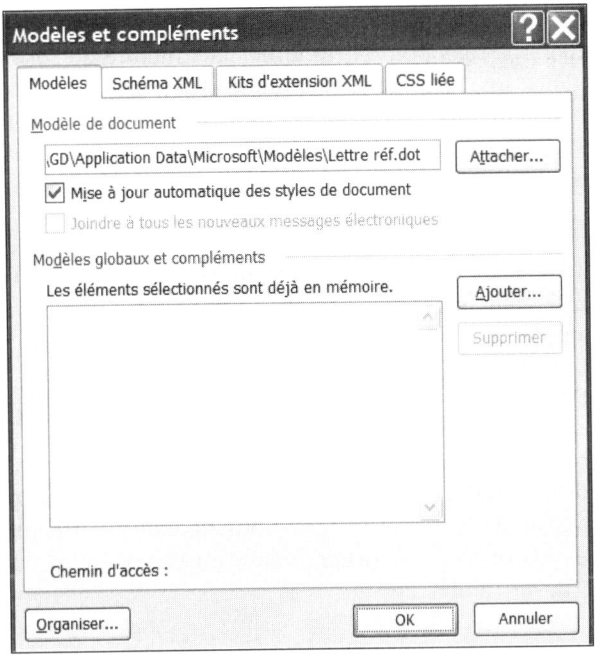

Figure 8.21 : *Attacher un modèle à un document*

8.8. Créer un formulaire

Vous savez maintenant créer et utiliser des modèles. Un formulaire est un type de modèle spécifique dans lequel vous insérez des champs qui sont ensuite utilisés dans les documents issus du modèle pour entrer des données.

DEFINITION

Formulaire

Un formulaire est un document qui contient des espaces réservés appelés "champs de formulaire", dans lesquels vous saisissez des données (vous pouvez aussi les sélectionner sur une liste déroulante ou utiliser des cases à cocher). Lorsque vous entrez ces informations, le reste du document n'est pas accessible. Par exemple, vous pouvez créer un formulaire d'inscription en ligne dans lequel les utilisateurs sélectionneront des entrées sur des listes déroulantes, ou encore un bon de commande.

Le formulaire est destiné avant tout à des utilisateurs qui doivent ensuite saisir des informations sans pouvoir modifier la structure du formulaire. Par exemple, dans un formulaire classique avec les intitulés `Nom`, `Prénom`..., la personne qui remplit le formulaire peut taper son nom et son prénom en face des intitulés correspondants mais ne peut pas modifier l'intitulé (ni la mise en forme).

Vous devez donc créer un modèle, placer à l'intérieur tous les éléments fixes du formulaire (`Nom`, `Prénom`... dans notre exemple), c'est-à-dire définir sa structure, puis insérer les champs de formulaire. Le formulaire est ensuite verrouillé, le modèle enregistré. Dès lors, lorsque vous créez un nouveau document à partir du modèle. Seuls les champs de formulaire sont accessibles pour entrer les informations requises (ici le nom et le prénom).

Pour éviter le déverrouillage intempestif d'un formulaire, vous pouvez le protéger par mot de passe. Lorsque vous souhaitez effectuer une modification sur la structure du formulaire, il est nécessaire d'ouvrir le modèle et de le déverrouiller.

Insérer des champs de formulaire

Après avoir enregistré le formulaire comme modèle, la première étape consiste à saisir ou insérer tous les éléments fixes (en général du texte, un tableau...) et à les mettre en forme.

Il s'agit ensuite de mettre en place les différents champs à l'intérieur du formulaire et de les paramétrer. Vous pouvez insérer des champs texte, des cases à cocher, ou encore des listes déroulantes. Vous utiliserez pour cela la barre d'outils *Formulaires*.

1 Ouvrez un nouveau document.

Enregistrez le modèle et nommez-le.

2 Cliquez sur le bouton **Enregistrer**. Dans la fenêtre qui s'affiche, cliquez sur le bouton fléché de la zone *Type de fichier*. Dans la liste déroulante, cliquez sur *Modèle de document*. Tapez un nom dans la zone *Nom de fichier* et validez en cliquant sur le bouton **Enregistrer**.

3 Saisissez le texte qui constitue la structure du formulaire et qui ne pourra pas être modifié par les utilisateurs lorsque le formulaire sera exploité. Effectuez la mise en forme.

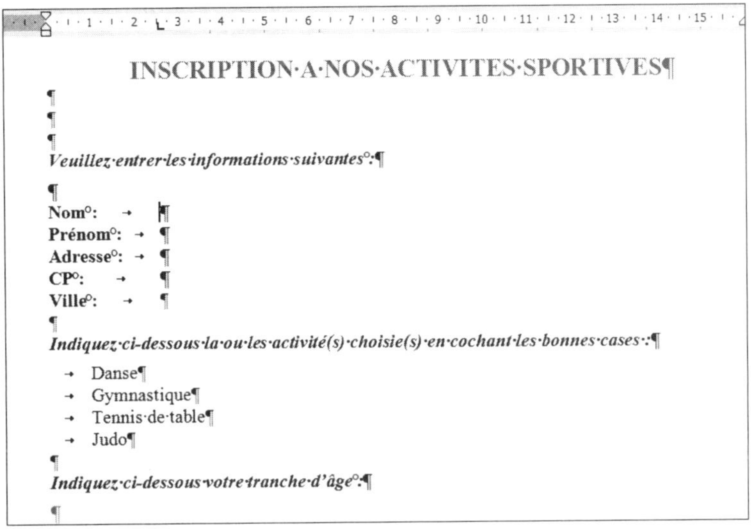

INSCRIPTION·A·NOS·ACTIVITES·SPORTIVES¶

¶
¶
¶
Veuillez·entrer·les·informations·suivantes°:¶

¶
Nom°: → ¶
Prénom°: → ¶
Adresse°: → ¶
CP°: → ¶
Ville°: → ¶
¶
Indiquez·ci-dessous·la·ou·les·activité(s)·choisie(s)·en·cochant·les·bonnes·cases·:¶

→ Danse¶
→ Gymnastique¶
→ Tennis·de·table¶
→ Judo¶
¶
Indiquez·ci-dessous·votre·tranche·d'âge°:¶
¶

Figure 8.22 : *Saisir et mettre en forme les éléments constants du formulaire*

Insérez les champs, les champs texte en premier (plus logique mais non obligatoire). Affichez pour cela la barre d'outils *Formulaires*.

1 Cliquez du bouton droit dans la barre de menus ou dans une barre d'outils. Dans le menu contextuel, cliquez sur **Formulaires**.

2 Cliquez dans le modèle à l'endroit où vous souhaitez insérer le premier champ texte (après le texte `Nom`, dans notre exemple). Dans la barre d'outils *Formulaires*, cliquez sur le bouton **Champ texte**.

Un champ avec une trame grise est inséré dans le texte (celle-ci permet de distinguer les champs dans un document du reste du texte). Vous la masquerez ultérieurement lorsque le modèle sera finalisé (voir Figure 8.23).

3 Double-cliquez sur le champ dans le modèle (sur la trame grise) pour le paramétrer.

4 Cliquez sur le bouton fléché de la zone *Type*. Dans la liste déroulante, sélectionnez le type de données (texte, nombre, date du jour… et même calcul).

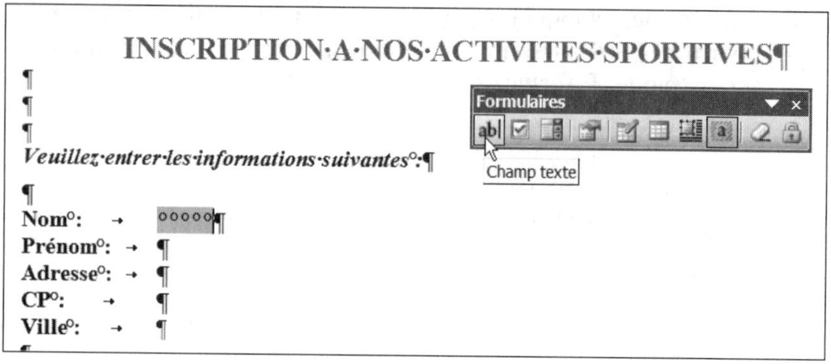

Figure 8.23 : *Insérer un champ texte*

Si vous choisissez un type de données *Nombre* par exemple, le champ acceptera uniquement des nombres.

5 Saisissez si nécessaire du texte dans la zone *Texte par défaut*.

C'est le texte qui s'affichera dans le champ à chaque ouverture d'un nouveau formulaire (l'utilisateur pourra soit le conserver, soit le modifier).

6 Utilisez les boutons fléchés de la zone *Longueur maximale* pour limiter la saisie du texte à un nombre de caractères donné.

Pour un champ *code postal* par exemple, vous pouvez limiter la saisie à 5 caractères. Ce paramétrage permet d'éviter les erreurs de saisie : lorsque l'utilisateur remplit le formulaire et tape une valeur dans le champ, il ne peut dépasser le nombre de chiffres autorisé.

7 Cliquez sur le bouton fléché de la zone *Mise en forme* et choisissez une option.

Dans notre exemple, si nous souhaitons que la première lettre du nom saisi par l'utilisateur s'affiche automatiquement en majuscule alors que celui-ci saisit la totalité du nom en minuscule, il faut choisir l'option *Première majuscule*.

8 Dans la zone *Signet*, tapez un nom pour identifier le champ.

Les options de la rubrique **Exécuter la macro** permettent de lancer automatiquement un programme existant (une macro, voir le chapitre correspondant) soit à l'activation du champ (zone *Au démarrage*), soit lorsque le curseur quitte le champ (seconde option). L'option *Calculer à* *la sortie* est utilisée lorsque des calculs sont effectués dans les champs texte (vous aurez l'occasion de les tester un peu plus loin).

REMARQUE

Remplissage activé

Cette option rend le champ accessible lorsque le formulaire est verrouillé. Cette case doit toujours être cochée (option par défaut), sauf dans le cas où vous souhaitez désactiver un champ (il sera alors visible mais ne pourra être utilisé).

9 Lorsque vous avez terminé, validez en cliquant sur OK.

10 Renouvelez l'opération pour les autres champs texte à insérer en procédant de la même manière.

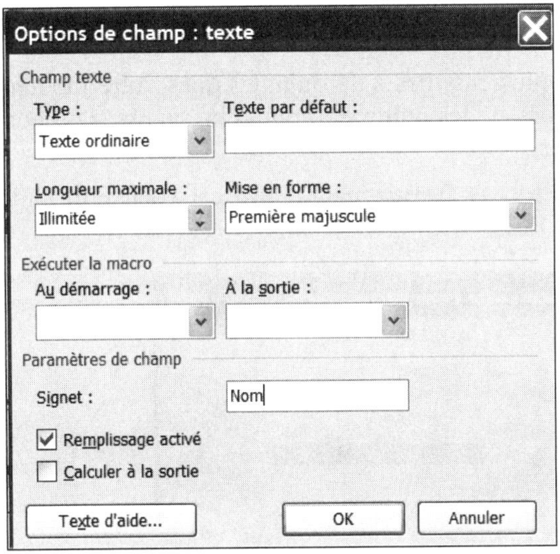

Figure 8.24 : *Paramétrer un champ texte*

Insérez les autres champs : listes déroulantes, etc.

Vous souhaitez par exemple insérer une liste déroulante qui va permettre de récupérer la tranche d'âge des utilisateurs, avec les valeurs suivantes : *10-14 ans*, *14-18 ans*, *18-25 ans*, etc.

1 Cliquez dans le modèle à l'endroit où vous souhaitez insérer la liste déroulante. Dans la barre d'outils *Formulaires*, cliquez sur le bouton **Liste déroulante de formulaire**.

Le champ *Liste déroulante* est inséré et apparaît comme le champ texte avec une trame grisée.

2 Dans le modèle, double-cliquez dans la liste déroulante. Dans la zone *Élément de liste* de la fenêtre qui s'affiche, tapez la première valeur (ici *10-14 ans*) et cliquez sur le bouton **Ajouter** (ou appuyez sur Entrée). Saisissez chacun des autres éléments de la liste (*14-18 ans*, *18-25 ans*…) en procédant de la même manière, et en cliquant à chaque fois sur le bouton **Ajouter** pour ajouter le nouvel élément à la liste.

REMARQUE

Mauvais placement dans la liste

Si vous avez mal positionné un élément dans la liste, sélectionnez-le et cliquez sur l'un des deux boutons **Déplacer**.

3 Si vous avez plusieurs listes déroulantes dans votre modèle, nous vous conseillons de les nommer. Pour cela, saisissez un nom dans la zone *Signet*.

4 Vérifiez que la case *Déroulement activé* est cochée et validez en cliquant sur OK.

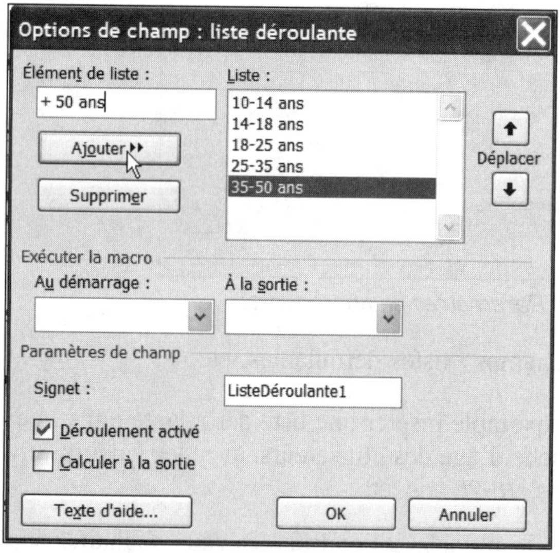

Figure 8.25 : *Saisir les valeurs de la liste déroulante*

Insérez des cases à cocher afin que les utilisateurs choisissent parmi plusieurs options.

1 Cliquez à l'endroit où vous souhaitez insérer une case à cocher. Dans la barre d'outils *Formulaires*, cliquez sur le bouton **Champ case à cocher**.

Les options par défaut d'une case à cocher sont normalement suffisantes. Le seul paramètre à modifier éventuellement concerne l'état de la case au chargement du formulaire.

2 Double-cliquez sur la case à cocher. Dans la zone *Valeur par défaut* de la fenêtre qui s'affiche, sélectionnez l'option souhaitée et validez.

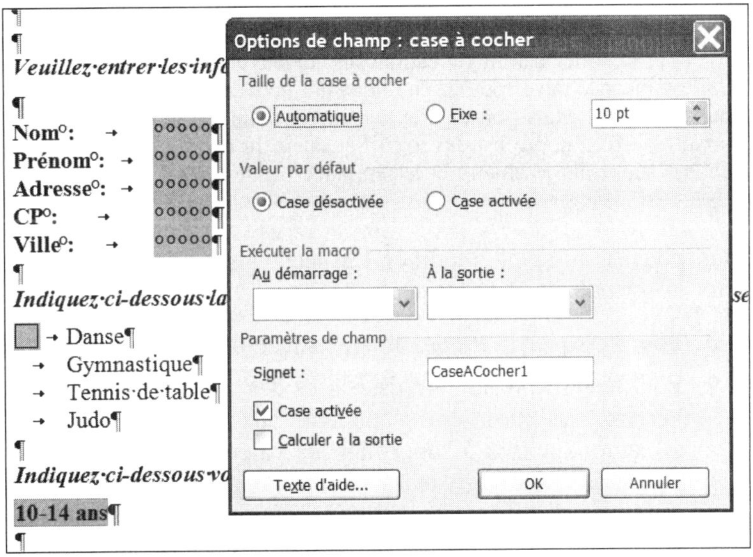

Figure 8.26 : *Paramétrer l'apparence de la case à cocher*

Verrouiller le formulaire

Une fois les différents champs insérés, enregistrez d'abord les modifications et verrouillez le formulaire avant de l'utiliser.

1 Cliquez sur le bouton **Enregistrer** pour sauvegarder les modifications dans le modèle.

2 Cliquez sur le bouton **Protection du formulaire** de la barre d'outils *Formulaires*.

Figure 8.27 :

Le verrouillage du formulaire sélectionne automatiquement l'un des champs, et le texte des intitulés ne peut plus être modifié. D'autre part, les boutons de la barre d'outils *Formulaires* sont désactivés (à l'exception des boutons **Protection du formulaire** et **Trame de fond**).

REMARQUE

Déverrouiller le formulaire

Pour apporter des modifications au modèle de formulaire, vous pouvez à tout moment le déverrouiller en cliquant à nouveau sur le bouton **Protection du formulaire**. Mais pensez à le verrouiller avant de le fermer. En effet, lorsque le formulaire est déverrouillé, saisir du texte à l'emplacement d'un champ supprime le champ et le remplace par le texte saisi.

Vous pouvez aussi en modifier l'aspect et supprimer la trame grise, tester le formulaire et le fermer.

3 Pour masquer la trame, cliquez sur le bouton **Trame de fond**.

4 Pour tester le formulaire, saisissez des valeurs dans les champs et vérifiez qu'elles correspondent aux différents paramétrages effectués (pensez à supprimer les valeurs saisies une fois le test effectué). Appuyez sur la touche Tab pour naviguer entre les champs.

5 Lorsque vous avez terminé, fermez le modèle.

8.9. Utiliser le formulaire

Vous allez pouvoir maintenant utiliser le formulaire dans des documents basés sur le modèle créé, remplir les champs, sélectionner les valeurs souhaitées dans les listes déroulantes, cocher les cases, etc.

1 Activez la commande **Fichier/Nouveau**. Dans la zone *Modèles* du volet Office **Nouveau document**, cliquez sur le lien *Sur mon ordinateur*. Dans la fenêtre qui s'affiche, sous l'onglet **Général**, double-cliquez sur le nom du modèle de formulaire.

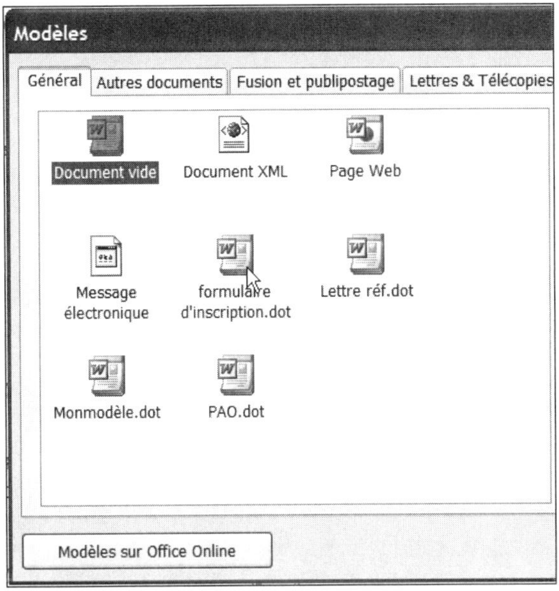

Figure 8.28 : *Démarrer un nouveau formulaire*

2 Cliquez dans le premier champ et tapez la valeur souhaitée. Appuyez sur [Tab] pour passer au champ suivant. Saisissez ainsi toutes les valeurs de chaque champ texte.

REMARQUE

Sélection, modification

Appuyez sur [Tab] pour sélectionner le champ suivant et la combinaison de touches [Maj]+[Tab] pour atteindre le champ précédent. Avec la souris, cliquez dans un champ s'il est vide pour saisir une valeur et double-cliquez lorsqu'il contient déjà une valeur et que vous souhaitez la remplacer. Pour effectuer une modification, cliquez dans le champ à l'endroit souhaité et effectuez la modification.

3 Cliquez dans la liste déroulante et sélectionnez l'option souhaitée. Si nécessaire, cochez les cases en cliquant à l'intérieur (voir Figure 8.29).

4 Cliquez sur le bouton **Enregistrer**. Dans la fenêtre qui s'affiche, sélectionnez un dossier de stockage, nommez le fichier et validez en cliquant sur OK.

Lorsque vous souhaiterez créer d'autres formulaires, procédez de la même manière.

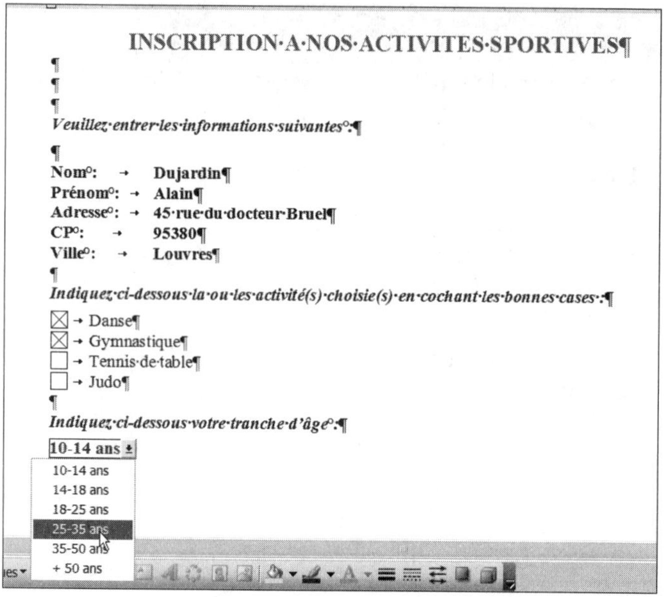

Figure 8.29 : Remplir un formulaire

8.10. Effectuer des calculs dans un formulaire

Il est possible d'effectuer des calculs par le biais des champs de formulaire. Dans un bon de commande pour une vente de fleurs, par exemple, vous souhaitez que le total (quantités multipliées par prix unitaire) soit calculé automatiquement dans le formulaire, au moment où l'utilisateur saisit les quantités et le prix.

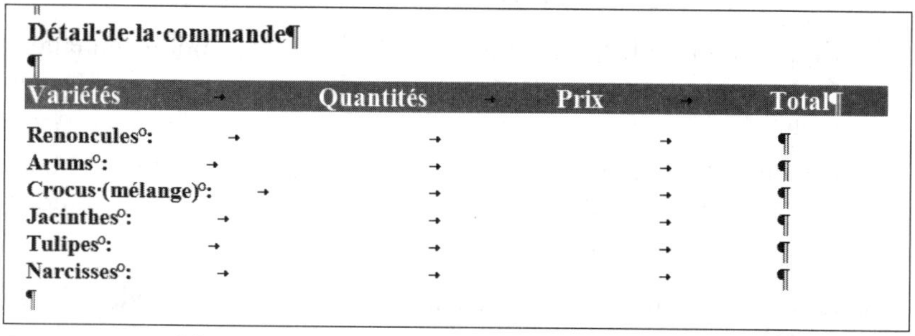

Figure 8.30 : Mettre en place un calcul dans un bon de commande

1 Affichez la barre d'outils *Formulaires* et insérez un premier *Champ texte* (colonne *Quantités* dans notre exemple). Double-cliquez sur ce champ. Dans la fenêtre qui s'affiche, sélectionnez *Nombre* dans la zone *Type*. Saisissez un nom dans la zone *Signet*, cochez la case *Calculer à la sortie* et validez.

2 Renouvelez l'opération pour la deuxième colonne (ici *Prix*). Sélectionnez *Nombre* dans la zone *Type,* cliquez sur la flèche de la zone *Format* et choisissez le format *Euro*. Nommez le champ, cochez la case *Calculer à la sortie* et validez en cliquant sur OK.

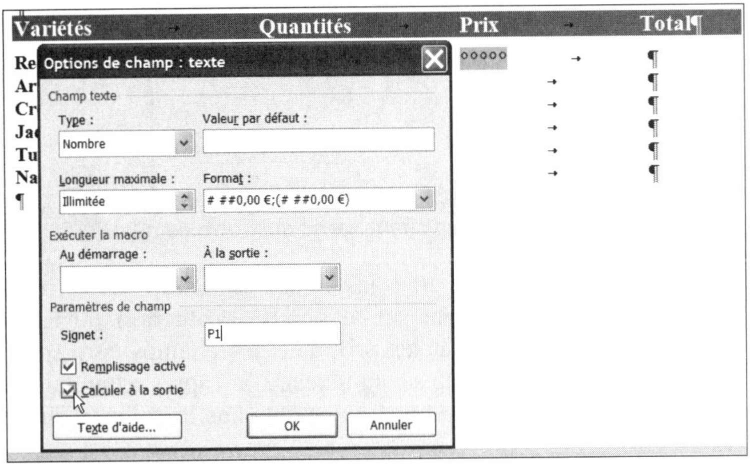

Figure 8.31 : *Paramétrer un champ à utiliser dans un calcul*

Dans la troisième colonne, il s'agit d'insérer également un champ texte et de mettre en place une formule de calcul. Dans cet exemple, vous devez calculer le total : *Quantité* * *Prix unitaire*. Vous utiliserez ici les noms des champs (saisis dans la zone *Signet*). Si vous avez nommé vos champs `quant1` et `prix1` par exemple, la formule sera la suivante : `=quant1*prix1`.

3 Cliquez dans la colonne *Total*, insérez un *Champ texte* et double-cliquez sur ce champ. Dans la zone *Type*, sélectionnez *Calcul*. Cliquez dans la zone *Expression* après le signe = et tapez la formule `quant1*prix1`. Dans la zone *Format*, sélectionnez le format *Euro*, cochez la case *Calculer à la sortie* et validez.

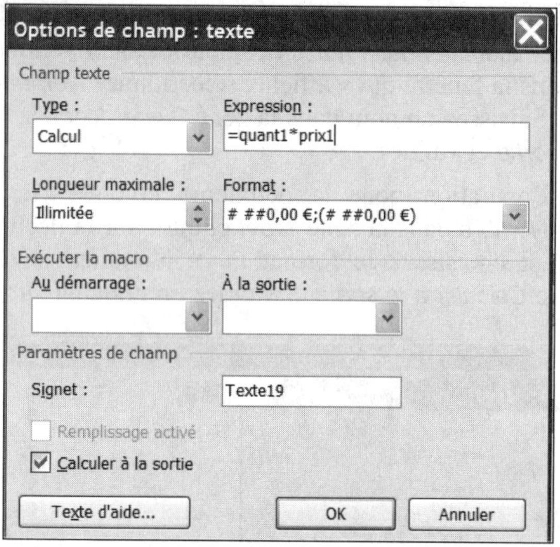

Figure 8.32 : *Créer un champ avec une formule de calcul*

4 Répétez l'opération pour les lignes suivantes, et verrouillez le formulaire en cliquant sur le bouton **Protection du formulaire**. Tapez les quantités et les prix dans les champs correspondants : dès que vous appuyez sur la touche Tab après avoir saisi le prix, le calcul s'effectue automatiquement dans la colonne du total.

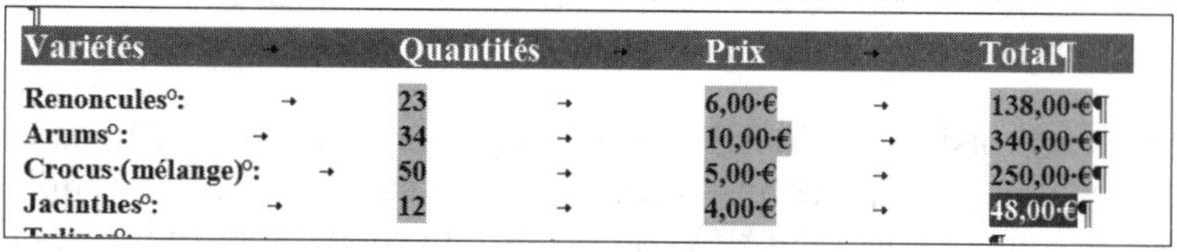

Variétés	Quantités	Prix	Total
Renoncules :	23	6,00 €	138,00 €
Arums :	34	10,00 €	340,00 €
Crocus (mélange) :	50	5,00 €	250,00 €
Jacinthes :	12	4,00 €	48,00 €

Figure 8.33 : *Calcul automatique dans un formulaire*

8.11. Créez un modèle de CV

Vous ne souhaitez pas utiliser les modèles de CV existants (intégrés à Word) : vous voulez personnaliser le vôtre, en définissant vous-même la mise en forme de chacune des rubriques qui le composent. Vous pourrez l'utiliser et rédiger ensuite votre CV avec beaucoup plus d'intérêt, le faire évoluer, ou même le transmettre à des amis afin qu'ils réalisent le leur.

Cet exercice va vous familiariser avec l'utilisation des styles, la création et l'utilisation d'un modèle.

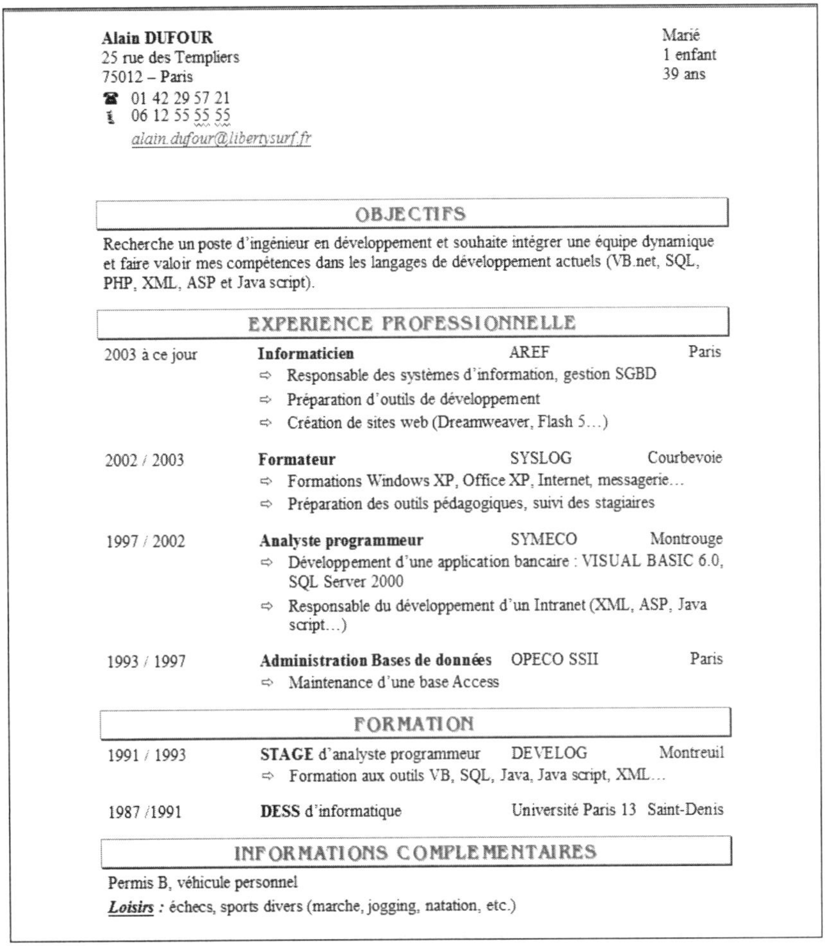

Alain DUFOUR
25 rue des Templiers
75012 – Paris
☎ 01 42 29 57 21
06 12 55 55 55
alain.dufour@libertysurf.fr

Marié
1 enfant
39 ans

OBJECTIFS

Recherche un poste d'ingénieur en développement et souhaite intégrer une équipe dynamique et faire valoir mes compétences dans les langages de développement actuels (VB.net, SQL, PHP, XML, ASP et Java script).

EXPERIENCE PROFESSIONNELLE

2003 à ce jour	**Informaticien**	AREF	Paris
	⇨ Responsable des systèmes d'information, gestion SGBD ⇨ Préparation d'outils de développement ⇨ Création de sites web (Dreamweaver, Flash 5…)		
2002 / 2003	**Formateur**	SYSLOG	Courbevoie
	⇨ Formations Windows XP, Office XP, Internet, messagerie… ⇨ Préparation des outils pédagogiques, suivi des stagiaires		
1997 / 2002	**Analyste programmeur**	SYMECO	Montrouge
	⇨ Développement d'une application bancaire : VISUAL BASIC 6.0, SQL Server 2000 ⇨ Responsable du développement d'un Intranet (XML, ASP, Java script…)		
1993 / 1997	**Administration Bases de données**	OPECO SSII	Paris
	⇨ Maintenance d'une base Access		

FORMATION

1991 / 1993	**STAGE** d'analyste programmeur	DEVELOG	Montreuil
	⇨ Formation aux outils VB, SQL, Java, Java script, XML…		
1987 /1991	**DESS** d'informatique	Université Paris 13	Saint-Denis

INFORMATIONS COMPLEMENTAIRES

Permis B, véhicule personnel
Loisirs *:* échecs, sports divers (marche, jogging, natation, etc.)

Figure 8.34 : *Voici un modèle de CV personnalisé*

1 Ouvrez un nouveau fichier en cliquant sur le bouton **Nouveau document**.

2 Enregistrez-le comme modèle et nommez-le. Cliquez sur le bouton **Enregistrer** situé dans la barre d'outils *Standard*. Dans la fenêtre qui s'affiche, cliquez sur le bouton fléché de la zone *Type de fichier*. Dans la liste déroulante, cliquez sur *Modèle de document*.

3 Tapez un nom dans la zone *Nom de fichier*, CV par exemple. Validez en cliquant sur le bouton **Enregistrer** ou en appuyant sur [Entrée].

Votre modèle existe (son nom apparaît dans la barre de titre de Word). Reste à en définir la structure. Vous créerez sept styles dans le modèle, qui correspondront chacun à un élément du CV (nom, rubriques, etc.). Les deux premiers sont purement formels mais donnent une cohérence au modèle. Vous allez définir pour chaque style des mises en forme particulières et les enregistrer dans le modèle.

Il existe plusieurs méthodes pour créer des styles. Ici, ce modèle de CV vous est d'abord destiné, autant taper directement les informations qui vous concernent. Vous allez saisir les éléments du CV, effectuer les mises en forme nécessaires puis créer les styles correspondants.

1 Saisissez votre prénom et votre nom, appuyez sur la touche Tab, tapez votre situation maritale et passez à la ligne en appuyant sur la combinaison de touches Maj+Entrée pour rester dans le même paragraphe. À la ligne, saisissez l'adresse, appuyez sur Tab et tapez le nombre d'enfants. Appuyez sur Maj+Entrée. Saisissez le code postal, la ville, appuyez sur Tab et tapez votre âge. Appuyez sur Entrée.

2 Tapez sur les deux lignes suivantes le numéro de téléphone et celui de votre portable en appuyant à chaque fin de ligne sur Maj+Entrée, puis votre adresse e-mail. Appuyez sur Entrée (l'adresse e-mail est reconnue automatiquement et devient un lien hypertexte). Mettez le nom en majuscules et en gras, le prénom en gras dans le premier paragraphe et insérez les caractères spéciaux dans le second. Définissez une tabulation de 0,75 cm entre les téléphones et les numéros de téléphone et avant l'e-mail.

Vous allez effectuer la mise en forme du premier paragraphe et définir le style *Nom*, à partir du style *Normal* avec une tabulation gauche à 14,5 cm :

3 Cliquez dans le premier paragraphe (sur un mot qui n'est pas en gras). Cliquez sur la règle pour définir une tabulation gauche à 14,5 cm.

Les trois lignes du paragraphe doivent maintenant présenter un espace entre le nom, l'adresse et la situation maritale, l'âge, etc.

4 Cliquez dans la zone *Style* située dans la barre d'outils *Mise en forme*. Tapez le nom du nouveau style (`Nom`) et validez par Entrée.

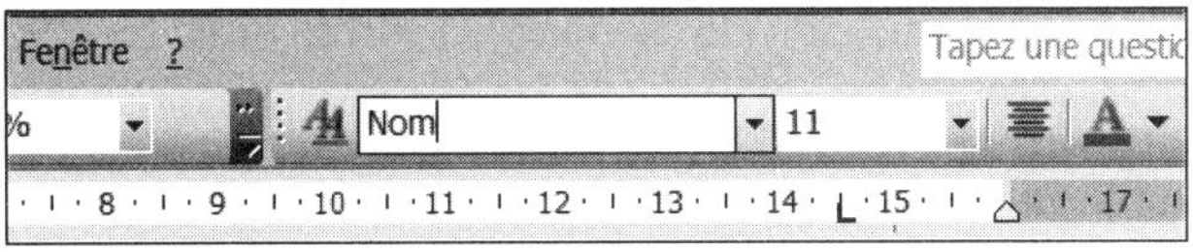

Figure 8.35 : *Le premier style est créé rapidement*

5 Cliquez dans le deuxième paragraphe (composé des trois lignes téléphone, portable et email). En procédant de la même manière, créez un style que vous nommez `Téléphone`, défini par un espacement avant de *2* points et un espacement après de *36* points.

RENVOI

Reportez-vous au chapitre ***Mettre en forme un document*** *pour l'utilisation des espacements et des tabulations.*

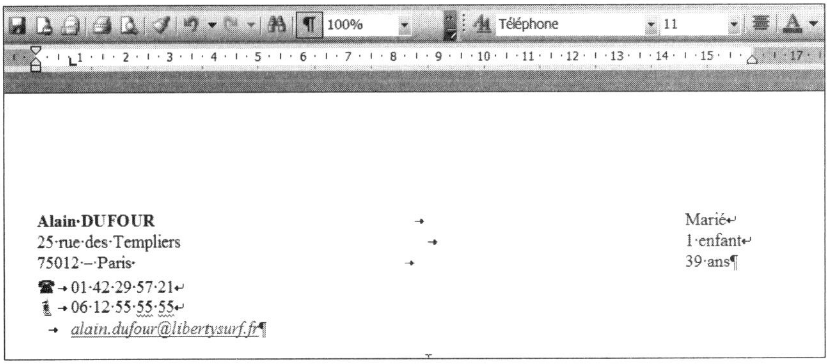

Figure 8.36 : *Création du style Téléphone*

Vous venez de créer deux styles rapidement. Vous allez définir maintenant les autres styles qui vont constituer la structure du CV.

Vous allez définir le style *Rubriques* avec la police de caractères *Bangle*, une taille *14*, une couleur de police *Gris 50 %*, les attributs *Gras*, *Ombré*, *Majuscules*, un espacement étendu des caractères de *1,1* points, un alignement *Centré*, des bordures bleues et ombrées et un espacement avant de 11 points.

6 Saisissez à la suite de l'adresse le texte de la première rubrique du CV, `Objectifs`, et effectuez les mises en forme nécessaires correspondant au style *Rubriques*.

7 Cliquez sur le bouton **Styles et mise en forme** situé dans la barre d'outils *Mise en forme*.

Le volet **Styles et mise en forme** s'affiche avec la liste des styles de base disponibles dans le modèle (*Normal*, *Titre 1*...), le style *Lien hypertexte* qui a été automatiquement appliqué lorsque vous avez saisi l'adresse e-mail et les deux styles *Nom* et *Téléphone* précédemment créés.

8 Dans le volet, cliquez sur le bouton **Nouveau Style**. Dans la zone *Nom* de la fenêtre qui s'affiche, tapez le nom du style : `Rubriques`. Si ce n'est déjà fait, cliquez sur le bouton fléché de la zone *Style basé sur*. Dans la liste déroulante, sélectionnez *Normal*. Renouvelez l'opération dans la zone *Style du paragraphe suivant* et sélectionnez également *Normal*.

9 Cochez la case *Mettre à jour automatiquement*. Validez en cliquant sur OK.

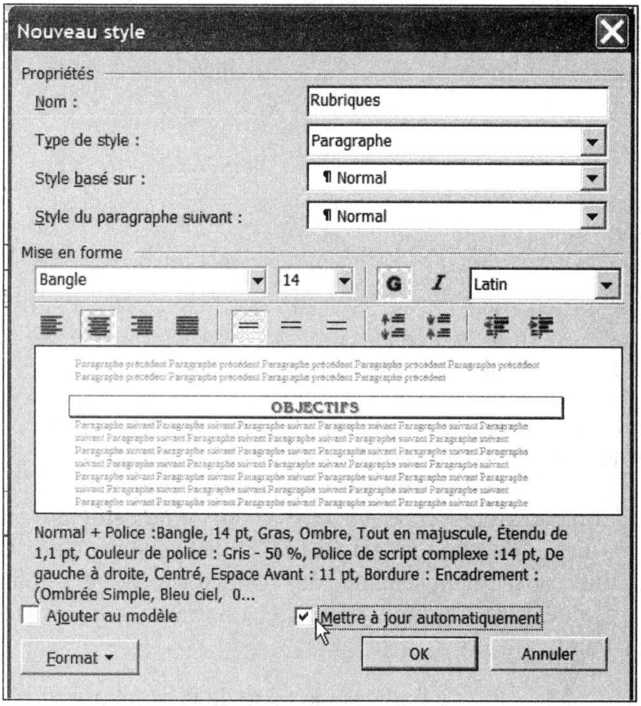

Figure 8.37 : *Définir les options du nouveau style Rubriques*

Le nom du nouveau style apparaît dans le volet **Styles et mise en forme**, mais il n'est pas appliqué au paragraphe courant, contrairement à la méthode rapide (son nom ne s'affiche pas dans la zone *Style*).

10 Dans le volet, cliquez sur le nouveau style *Rubriques* pour l'appliquer au paragraphe. Cliquez après `Objectifs` et appuyez sur Entrée.

Automatiquement, le nouveau paragraphe est établi sur le style *Normal* (c'est l'option que vous avez choisie à l'étape 8).

11 Saisissez le contenu de vos objectifs (ou laissez le paragraphe vide si vous souhaitez saisir vos objectifs ultérieurement). Définissez le style *Objectifs* avec un espacement avant de *3* points et un espacement après de *4* points.

Reste à saisir les périodes avec les fonctions occupées dans vos emplois passés, le nom de la société, la ville. Vous créerez pour cela les styles *Fonction 1* et *Fonction*, les deux possédant presque les mêmes caractéristiques. Le premier arrive immédiatement après une rubrique, il a donc un espacement avant moins important que le second. Vous finirez par le descriptif des postes occupés ou des formations effectuées, dans un style que vous nommerez `Compétences`.

12 Après les objectifs, appuyez trois fois sur Entrée. Dans l'avant-dernier paragraphe, saisissez la première période, la fonction, le nom de la société et la ville en appuyant sur la touche Tab entre chaque élément. Effectuez les mises en forme de caractères nécessaires, puis créez le style *Fonction 1* à partir du style *Normal*, avec des tabulations gauches à 4 et 10,5 cm, une tabulation droite à 16 cm, un espacement avant de 3 points, un espacement après de 2 points et une mise à jour automatique.

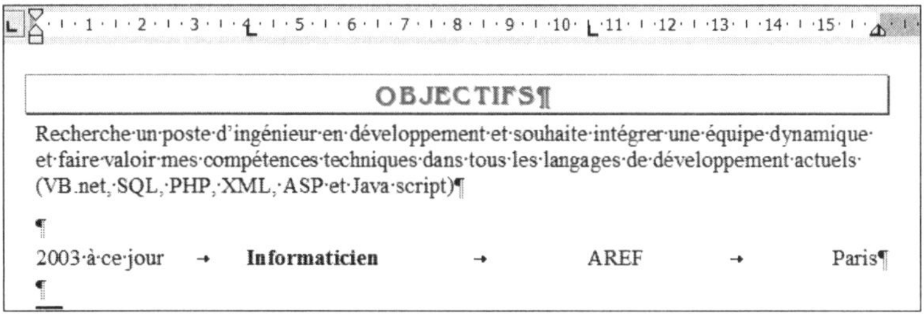

Figure 8.38 : *Créer le style Fonction 1*

Créez le style *Fonction* à partir du style *Fonction 1* (les deux possèdent les mêmes attributs ; la seule différence étant l'espacement avant qui est de 11 points ici). Attention, contrairement aux styles précédents, il ne faut pas effectuer ici la mise en forme (espacement avant de 11 points) dans le texte, sinon vous allez modifier le style *Fonction 1*.

13 Le curseur toujours placé dans le paragraphe (sur un mot qui n'est pas en gras), cliquez sur le bouton **Nouveau Style** dans le volet **Styles et mise en forme**. Dans la fenêtre **Nouveau Style**, saisissez le nom du style (`Fonction`) et cochez la case *Mettre à jour automatiquement*. Cliquez sur le bouton **Format**. Dans le menu déroulant, cliquez sur **Paragraphe**. Dans la fenêtre qui s'affiche, tapez un espacement avant *11* points et validez. Validez votre style en cliquant sur OK.

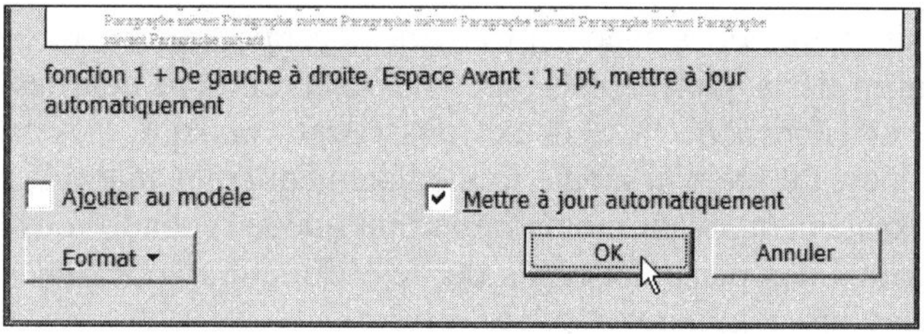

Figure 8.39 : *Définir le style Fonction à partir du style Fonction 1*

Terminez par le style de paragraphe qui correspond au détail des postes et contient une liste à puces. Il convient d'aligner les puces sur la fonction. Définissez le style *Compétences*, basé sur le style *Normal*, avec une liste à puces (retrait des puces à 4 cm, tabulation et retrait du texte à 4,75 cm), un espacement après de 3 points et une mise à jour automatique.

14 Cliquez dans le dernier paragraphe vide (à la suite du paragraphe qui contient la fonction), tapez le détail du premier poste occupé et cliquez sur le bouton **Puces**. Ouvrez la fenêtre **Puces et numéros** (clic du bouton droit dans le paragraphe et clic sur la commande correspondante) puis cliquez sur le bouton **Personnaliser**. Choisissez la puce de votre choix. Dans la fenêtre **Personnaliser la liste à puces**, sous la rubrique *Position des puces*, tapez `4` dans la zone *Retrait*. Sous la rubrique *Position du texte*, tapez `4,75` dans les zones *Espace de tabulation après* et *Retrait*. Validez. Terminez la mise en forme (espacement après) et créez le style *Compétences*.

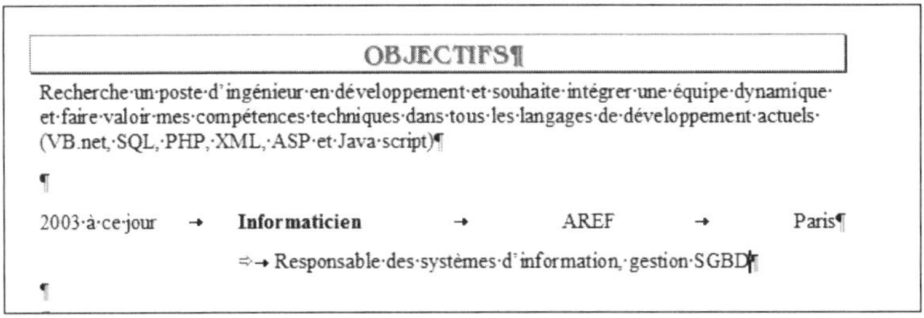
OBJECTIFS¶

Recherche·un·poste·d'ingénieur·en·développement·et·souhaite·intégrer·une·équipe·dynamique· et·faire·valoir·mes·compétences·techniques·dans·tous·les·langages·de·développement·actuels· (VB.net,·SQL,·PHP,·XML,·ASP·et·Java·script)¶

¶

2003·à·ce·jour → **Informaticien** → AREF → Paris¶

⇨→ Responsable·des·systèmes·d'information,·gestion·SGBD¶

¶

Figure 8.40 : *Les styles définis au début du CV*

Une petite modification s'impose ici : changer l'option *Style du paragraphe suivant* pour les styles *Fonction* et *Fonction 1* (puisqu'il s'agit toujours du même, le style *Compétences)*. Lorsque vous taperez de nouvelles fonctions dans le CV, en appuyant sur Entrée, le nouveau paragraphe sera automatiquement un paragraphe établi sur le style *Compétences*. Vous n'aurez qu'à saisir directement le détail du poste occupé sans vous soucier du style.

15 Dans le volet **Styles et mise en forme**, cliquez du bouton droit sur le style *Fonction 1* puis sur **Modifier**. Dans fenêtre qui s'affiche, cliquez sur le bouton fléché de la zone *Style du paragraphe suivant*, sélectionnez le style *Compétences* et validez en cliquant sur OK. Renouvelez l'opération pour le style *Fonction*.

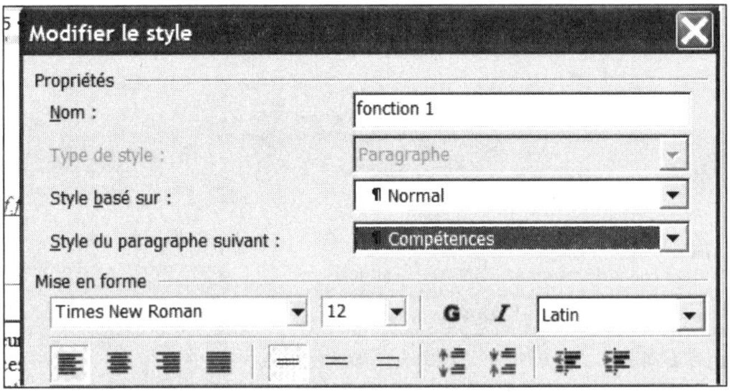

Figure 8.41 : *Modifier les options du style Fonction 1*

Vous avez terminé la création des styles. Comment compléter et appliquer les styles au reste du CV ? Dans le modèle ou dans un nouveau document issu du modèle ? Comme il s'agit de votre propre CV, vous pouvez saisir les informations directement dans le modèle, enregistrer les modifications et le fermer. Si vous le communiquez à des amis, ils créeront un nouveau document à partir du modèle et taperont leurs propres informations à la place. Vous procéderez de la même manière quand vous souhaiterez vous-même effectuer des modifications sur le CV.

1 Tapez toutes les informations de votre CV : les rubriques (`Expérience professionnelle`, `Formation...`), les fonctions, le détail des fonctions… en n'oubliant, pas au cours de la saisie, de bien appuyer sur la touche [Tab] lorsque c'est nécessaire (pour chaque ligne où figure une fonction). Une fois la saisie terminée, appliquez les différents styles au texte. Commencez par appliquer le style principal *Rubriques*. Le style *Fonction 1* est appliqué immédiatement après le style *Rubriques* (sauf après la première rubrique *Objectifs* où vous appliquerez le style du même nom : `Objectifs`). Le style *Fonction* est utilisé pour les fonctions suivantes.

2 Cliquez dans le paragraphe contenant la seconde rubrique, `Expérience professionnelle`. Dans le volet **Styles et mise en forme**, cliquez sur le style *Rubriques*.

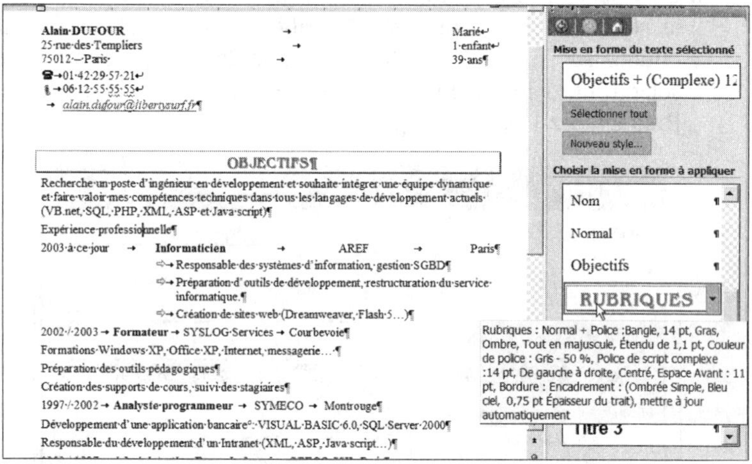

Figure 8.42 : *Appliquer le style Rubriques*

3 Renouvelez l'opération pour chaque rubrique. Appliquez le style adéquat à chacun des paragraphes du CV. Utilisez les mêmes styles pour le contenu de la rubrique *Formation* que pour celui de la rubrique *Expérience professionnelle* (*Fonction 1*, *Fonction* et *Compétences*) et le style *Objectifs* sous la rubrique *Informations complémentaires*.

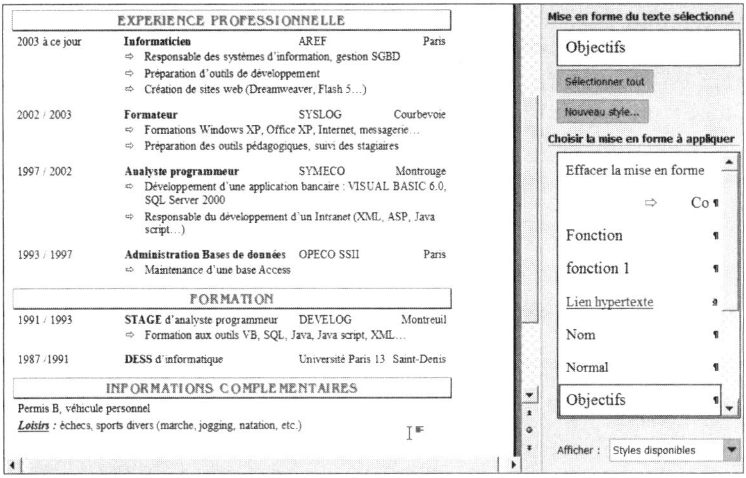

Figure 8.43 : *Les styles appliqués à l'ensemble du CV*

REMARQUE

La zone Style

Vous pouvez aussi appliquer un style en cliquant sur le bouton fléché de la zone *Style* et en sélectionnant le style de votre choix.

4 Votre modèle est terminé, sauvegardez les modifications en cliquant sur le bouton **Enregistrer**. Fermez le modèle.

Lorsque vous aurez besoin de créer un CV à partir de ce modèle, ouvrez un nouveau document.

1 Activez la commande **Fichier/Nouveau**.

2 Dans la zone *Modèles* du volet Office **Nouveau document**, cliquez sur le lien *Sur mon ordinateur*. Dans la fenêtre qui s'affiche, sous l'onglet **Général**, double-cliquez sur le nom du modèle.

Vous pouvez télécharger le modèle *CV.dot* sur le site **www.microapp.com** et le copier dans le dossier *Modèles* de votre disque dur.

8.12. Créez un bon de commande

Cet exercice va vous permettre de travailler avec un modèle de formulaire, Vous pourrez ainsi, d'une part, automatiser les calculs dans un tableau (ce qui n'est pas le cas avec la méthode habituelle), d'autre part ajouter dans un document des listes déroulantes ou encore des cases à cocher pour réaliser un bon de commande sur mesure…Vous allez créer un formulaire prêt à l'emploi, dans lequel vous (ou vos employés) n'aurez plus qu'à remplir le détail d'une commande.

BON DE COMMANDE

Code client................ 1256

Date........................... 25/02/2004 **N° commande** : 25

Adresse de Facturation
S.A. AIDEX
ZI du Pont
75012 PARIS

Adresse de Livraison

Référence	Désignation	Quantité	Prix Unitaire	Total
PG125	Panneaux grillagés	30	55,00 €	1 650,00 €
P206	Portes battantes	12	124,00 €	1 488,00 €
J103	Jantes de force	55	7,25 €	398,75 €
S259	Serrures	20	48,00 €	960,00 €
TOTAL				**4 496,75 €**

Paiement : **Livraison par :**

Chèque **Sernam**

☒ **Urgent**

☐ **Paiement à la livraison**

Figure 8.44 : *Une exemple de bon de commande à réaliser*

1 Téléchargez et ouvrez le fichier *Formulaire commande.doc*.

Les éléments fixes du bon de commande sont saisis et mis en forme, le tableau est créé, la ligne d'en-têtes est tapée. Tout est déjà fait ? Pas exactement. Nous avons oublié quelque chose d'important : enregistrer le formulaire comme modèle. Vous allez vite réparer cette erreur.

Ensuite, vous allez mettre en place les différents champs pour créer le formulaire ; insérer un champ texte pour le numéro de commande, le code client, l'adresse de facturation, ainsi que dans chacune des cellules vides du tableau. Vous terminerez par les listes déroulantes (pour le choix du paiement et du livreur) et les cases à cocher.

2 Activez la commande **Fichier/Enregistrer sous**. Dans la fenêtre qui s'affiche, cliquez sur le bouton fléché de la zone *Type de fichier*. Dans la liste déroulante, cliquez sur *Modèle de document*. Tapez un nom dans la zone *Nom de fichier*, `Bon de commande` par exemple, et validez en cliquant sur le bouton **Enregistrer**.

3 Affichez la barre d'outils *Formulaires*. Cliquez du bouton droit dans la barre de menus ou dans une barre d'outils. Dans le menu contextuel, cliquez sur **Formulaires**.

4 Cliquez en haut du document après le texte `N° commande`. Dans la barre d'outils *Formulaires*, cliquez sur le bouton **Champ texte**.

5 Double-cliquez sur le champ dans le document. Dans la zone *Type* de la fenêtre qui s'affiche, sélectionnez *Nombre*. Imposez la saisie à cinq chiffres maximum : cliquez pour cela sur la flèche orientée vers le haut de la zone *Longueur maximale* et inscrivez `5`. Dans la zone *Signet*, saisissez un nom, `NumCmd` par exemple. Validez en cliquant sur OK.

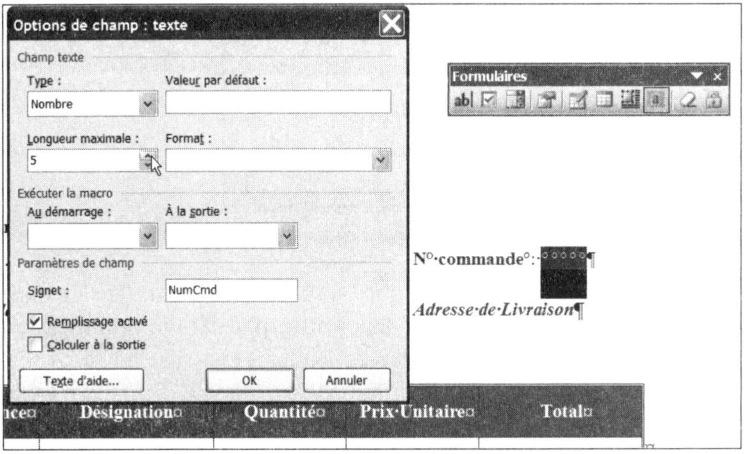

Figure 8.45 : *Paramétrer le champ N° de commande*

L'utilisateur ne pourra pas saisir plus de 5 chiffres.

6 Cliquez après les points de suite du texte `Code client`. En procédant de la même manière, insérez un autre champ texte. Nommez-le `Code` et conservez les options par défaut. Validez.

L'option par défaut *Texte ordinaire* autorise la saisie de texte et de nombres (un code client est souvent composé de caractères alphanumériques).

7 Cliquez après les points de suite du texte `Date`. Insérez un troisième champ texte. Choisissez l'option *Date du jour* dans la zone *Type*. Nommez le champ `Date` et validez.

La date du jour s'affichera automatiquement à l'ouverture du formulaire. Pratique.

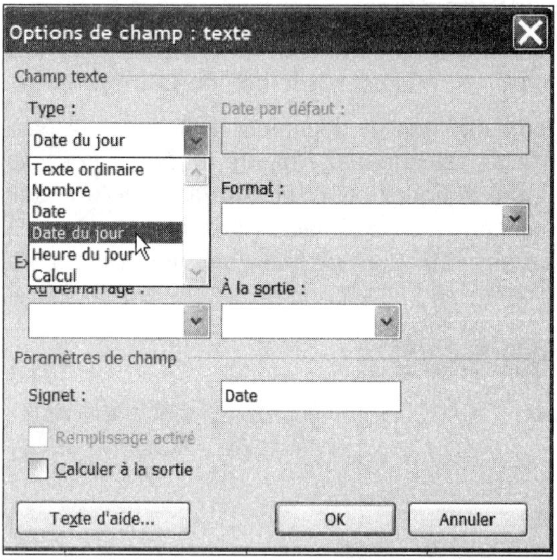

Figure 8.46 : *Insérer la date du jour dans le formulaire*

8 Cliquez sous le paragraphe *Adresse de Facturation* et insérez un champ texte. Conservez les options par défaut, nommez le champ `Facturation` et validez.

Insérez maintenant tous les champs dans le tableau. Commencez par la colonne *Références* et limitez la saisie des champs texte à cinq caractères.

1 Cliquez dans la première cellule du tableau. Dans la barre d'outils *Formulaires*, cliquez sur le bouton **Champ texte**. Double-cliquez sur le champ. En procédant de la même manière que pour le premier champ, limitez la saisie à cinq caractères et conservez l'option *Texte ordinaire* dans la zone *Type*. Validez.

Les autres champs de la colonne *Référence* sont du même type. Vous allez donc copier ce champ dans les autres cellules de la colonne.

2 Cliquez du bouton droit sur le champ (celui-ci est normalement sélectionné, sinon sélectionnez-le préalablement avec le bouton de la souris). Dans le menu contextuel, cliquez sur **Copier**. Cliquez du bouton droit sur la cellule du dessous et choisissez **Coller**. Renouvelez l'opération pour les deux cellules suivantes.

3 Cliquez dans la première cellule vide de la colonne *Désignation* et insérez un *Champ texte*. Celui-ci n'est pas à paramétrer (conservez les options par défaut). Sélectionnez-le, copiez-le et collez-le dans les cellules de la colonne en procédant de la même manière que précédemment.

4 Insérez un autre *Champ texte* dans la première cellule de la colonne *Quantité*. Double-cliquez sur le champ. Sélectionnez *Nombre* dans la zone *Type* de la fenêtre **Options de champ**, cochez la case *Calculer à la sortie* et validez. Copiez le champ dans les autres cellules de la colonne.

L'option *Calculer à la sortie* permettra, lorsque vous effectuerez des calculs dans la dernière colonne, de mettre à jour automatiquement le résultat dès que vous passerez au champ suivant.

5 Renouvelez l'opération pour la colonne *Prix Unitaire*. Sélectionnez *Nombre* dans la zone *Type*, cliquez sur la flèche de la zone *Format* et choisissez le format *Euro*. Cochez la case *Calculer à la sortie*. Validez en cliquant sur OK et copiez le champ dans les cellules du dessous.

Dans la dernière colonne, vous allez également insérer des champs texte et mettre en place des formules de calcul. L'avantage d'utiliser des champs est que les calculs seront mis à jour automatiquement (comme dans Excel), alors que l'utilisation normale des formules de calcul dans un tableau Word ne le permet pas.

Dans cette colonne, il s'agit de calculer le total (*Quantité * Prix unitaire*). Vous pouvez utiliser la fonction de calcul *Product* ou des références de cellules.

6 Cliquez dans la première cellule de la colonne *Total*, insérez un *Champ texte* et double-cliquez sur ce champ. Dans la zone *Type*, sélectionnez *Calcul*. Cliquez dans la zone *Expression* après le signe = et tapez la formule suivante : `product(gauche)`. Dans la zone

Format, sélectionnez le format *Euro*, cochez la case *Calculer à la sortie* et validez. Copiez le champ dans les trois cellules du dessous.

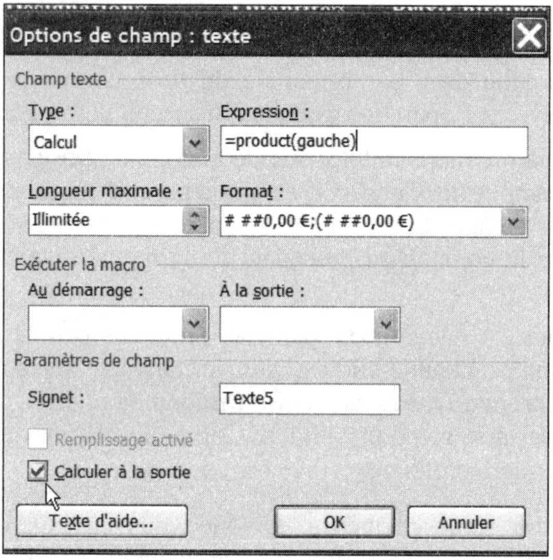

Figure 8.47 : *Insérer un champ avec une formule de calcul*

DEFINITION

Formule de calcul

La formule `=product(gauche)` calcule le produit de toutes les valeurs des cellules situées à gauche (tapez le nom en anglais car la formule `=produit(gauche)` ne fonctionne pas). Vous pouvez utiliser cette formule ; seules les colonnes *Quantité* et *Prix Unitaire* contiennent des chiffres. Vous pouvez aussi employer le nom des champs (`=Quant1*Prix1` par exemple, pour des champs nommés `Quant1` et `Prix1`), ou des références de cellule. Chaque cellule se situe à l'intersection d'une ligne et d'une colonne. Comptez les lignes du tableau et attribuez une lettre par colonne, vous obtenez les formules suivantes : `=c2*d2`, puis `=c3*d3`, etc.

Établissez enfin la formule qui permet de calculer le total général.

7 Cliquez dans la dernière cellule de la colonne *Total*, insérez un *Champ texte* et double-cliquez sur ce champ. Dans la zone *Type*, sélectionnez *Calcul*. Cliquez dans la zone *Expression* après le signe = et tapez la formule `sum(audessus)`. Dans la zone *Format*, sélectionnez le format *Euro* et validez en cliquant sur OK.

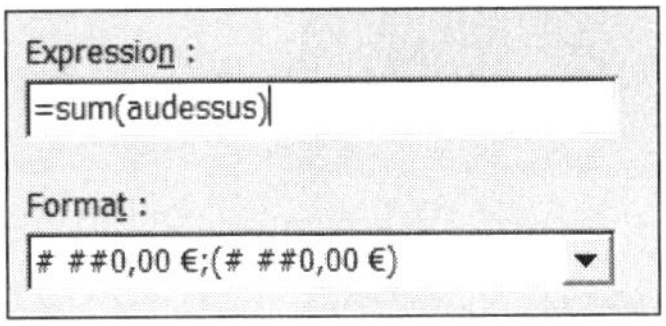

Figure 8.48 : *Formule de calcul du total général*

Reste à insérer sous le tableau les champs qui vont permettre de récupérer dans des listes déroulantes les informations relatives au mode de paiement et au transporteur et les cases à cocher.

1 Cliquez sous le tableau et tapez sur la même ligne : `Paiement :`". Appuyez sur [Tab], tapez `Livraison par :` et cliquez sur la règle pour placer une tabulation gauche à 12 cm. Mettez ce texte en gras et ajoutez un espacement avant de 12 points. Cliquez au bout de la ligne et appuyez sur [Entrée] (pour reproduire la mise en forme sur le paragraphe suivant).

2 Insérez dans la ligne suivante la première liste déroulante en cliquant sur le bouton **Liste déroulante de formulaire** de la barre d'outils *Formulaires*. Appuyez sur [Tab] et cliquez à nouveau sur ce bouton pour insérer la seconde.

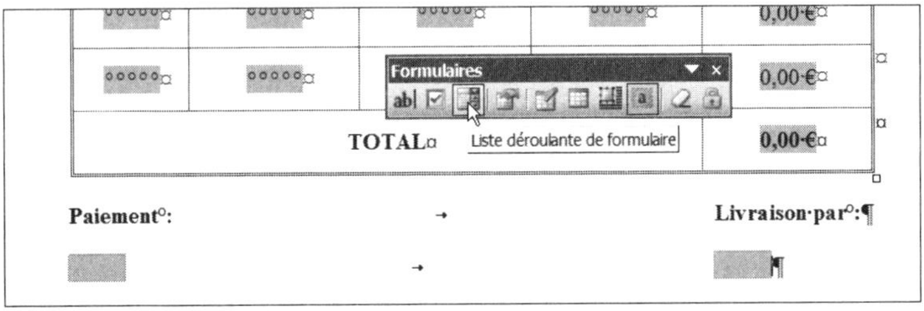

Figure 8.49 : *Insérer les listes déroulantes*

3 Dans le document, double-cliquez dans la première liste déroulante. Dans la zone *Elément de liste* de la fenêtre qui s'affiche, tapez `CB` et cliquez sur le bouton **Ajouter** (ou appuyez sur [Entrée]). Saisissez tour à tour `Chèque`, `Espèces`, `American Express` et `Autres`, en cliquant à chaque fois sur le bouton **Ajouter** pour ajouter le nouvel élément à la liste. Validez en cliquant sur OK.

4 Double-cliquez dans la seconde liste déroulante. En procédant de la même manière, créez une liste et tapez les éléments suivants : `DHL`, `Calberson`, `Sernam`. Validez en cliquant sur OK.

Figure 8.50 : *Taper les valeurs de la liste déroulante*

Les éléments saisis en premier dans la liste apparaissent dans le champ.

5 Cliquez au bout de la ligne (après la seconde liste déroulante) et appuyez sur Entrée. Cliquez sur le bouton **Champ case à cocher** de la barre d'outils *Formulaires* pour insérer la première case à cocher. Appuyez sur Tab et, sur la règle, faites glisser le taquet de tabulation vers la gauche pour le ramener à environ 1,25 cm. Tapez `Urgent` et appuyez sur Entrée.

6 Insérez une seconde case à cocher, appuyez sur Tab et tapez `Paiement à la livraison`. Définissez un espacement avant pour ce paragraphe de *6* points.

Tous les champs sont maintenant placés dans le formulaire, il ne reste plus qu'à les exploiter (voir Figure 8.51).

Il s'agit maintenant de verrouiller le formulaire.

1 Cliquez sur le bouton **Protection du formulaire** de la barre d'outils *Formulaires*.

2 Pour supprimer la trame, cliquez sur le bouton **Trame de fond**.

3 Sauvegardez les modifications dans le modèle en cliquant sur le bouton **Enregistrer**. Fermez le modèle.

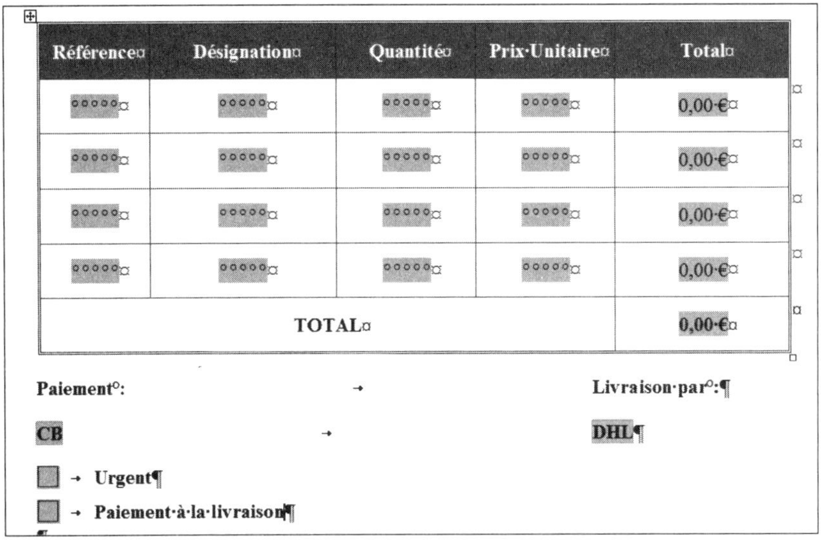

Référence	Désignation	Quantité	Prix Unitaire	Total
ooooo	ooooo	ooooo	ooooo	0,00 €
ooooo	ooooo	ooooo	ooooo	0,00 €
ooooo	ooooo	ooooo	ooooo	0,00 €
ooooo	ooooo	ooooo	ooooo	0,00 €
TOTAL				0,00 €

Paiement : → Livraison par :

CB → DHL

→ Urgent

→ Paiement à la livraison

Figure 8.51 : *Tous les champs apparaissent dans le formulaire*

Vous allez maintenant pouvoir créer des bons de commande et remplir les champs, sélectionner les valeurs souhaitées sur les listes déroulantes, cocher les cases, etc.

1 Activez la commande **Fichier/Nouveau**.

2 Dans la zone *Modèles* du Volet Office **Nouveau document**, cliquez sur le lien *Sur mon ordinateur*. Dans la fenêtre qui s'affiche, sous l'onglet **Général**, double-cliquez sur le nom du modèle `Bon de commande`.

3 Enregistrez et nommez le nouveau document.

4 Cliquez sur le bouton **Enregistrer**. Dans la fenêtre qui s'affiche, choisissez un dossier de stockage, nommez le fichier et validez en cliquant sur le bouton **Enregistrer**.

5 Dans le premier champ du formulaire, tapez un numéro de commande, `225` par exemple. Appuyez sur Tab pour passer au champ suivant.

6 Tapez un numéro de commande et appuyez sur Tab. Pour saisir l'adresse de facturation, utilisez la combinaison de touches Maj+Entrée pour changer de ligne, et non Entrée (à cause de l'espacement de paragraphe après). Appuyez sur Tab pour passer au champ suivant.

Code client 225

Date 23/10/2005 **N° commande : 24**

Adresse de Facturation ***Adresse de Livraison***

Gontran SA
3 rue des Mimolettes
75006 Paris

Figure 8.52 : *Taper le code, l'adresse du client, etc.*

7 Le premier champ du tableau est sélectionné, remplissez la première ligne en appuyant après chaque saisie sur la touche [Tab] et tapez `PG125`, `Panneaux grillagés`, `30` et `55` dans les colonnes *Référence*, *Désignation*, *Quantité* et *Prix Unitaire*.

Dès que vous avez saisi le prix unitaire et appuyé sur [Tab], le premier résultat est automatiquement calculé dans la colonne *Total* et le premier champ de la ligne suivante est sélectionné (le curseur ne s'arrête naturellement pas sur le champ qui contient la formule puisque celui-ci n'est pas modifiable).

8 Remplissez toutes les lignes du tableau en vous servant de notre exemple (le total général est mis à jour au fur à mesure).

Référence	Désignation	Quantité	Prix Unitaire	Total
PG125	Panneaux grillagés	30	55,00 €	1 650,00 €
P206	Portes battantes	12	124,00 €	1 488,00 €
J103	Jantes de force	55	7,25 €	398,75 €
S259	Serrures	20	48,00 €	960,00 €
TOTAL				**4 496,75 €**

Figure 8.53 : *Remplir les champs, les calculs se font tout seul*

9 Cliquez sur chacune des listes déroulantes et sélectionnez les options souhaitées. Si nécessaire, cochez les cases en cliquant à l'intérieur.

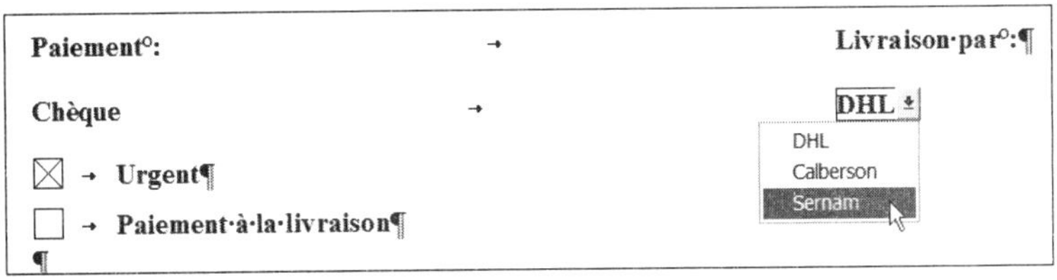

Figure 8.54 : *Sélectionner un élément dans la liste déroulante, cocher les cases, etc.*

10 Enregistrez les modifications et imprimez votre bon de commande.

Vous pouvez retrouvez le modèle *Bon de commande.dot* sur le site **www.microapp.com** et le copier dans le dossier *Modèles* de votre disque dur.

Chapitre 9

Gérer les documents longs

Dans ce chapitre, vous allez apprendre à gérer un document long, le structurer à l'aide du mode Plan, utiliser le mode Document maître facilement, insérer une table des matières, un index, créer des notes de bas de page et insérer des signets pour placer des repères dans un document, insérer un fichier, un tableau ou un graphique Excel avec liaison, et enfin faire varier dans un même document les marges, l'orientation des pages, les en-têtes et les pieds de page.

9.1. Utiliser le mode Plan

Le mode Plan est incontournable lorsque l'on travaille sur des documents longs. Afficher un document sous la forme d'un plan nécessite l'utilisation des styles prédéfinis (*Titre 1* à *Titre 9*) pour en visualiser ensuite la structure. Mais si vous avez utilisé d'autres styles, la porte ne vous est pas pour autant fermée. Vous pourrez utiliser le mode Plan en définissant des niveaux de plan prédéfinis (appelés niveaux hiérarchiques) pour chacun de vos styles ou pour du texte ne présentant pas de style particulier.

REMARQUE

Niveau de plan prédéfini

Un niveau de plan prédéfini est un niveau hiérarchique (*Niveau 1* à *Niveau 9*) que vous appliquez à des paragraphes dans un document pour en définir la structure et la visualiser en mode Plan.

Naviguer dans le mode Plan

Après avoir saisi et mis en forme un long document, avec des styles notamment :

1 Ouvrez le mode Plan.

2 Cliquez en bas de l'écran à gauche sur le bouton **Mode Plan** (ou activez la commande **Affichage/Plan**) (voir Figure 9.1).

À première vue, le résultat affiché n'est pas très esthétique. Effectivement, ce mode n'est pas utilisé pour réaliser des mises en page (vous l'auriez deviné) mais pour visualiser et modifier la structure de votre document. Affichez dans un premier temps les différents niveaux de titre du document (par défaut, tous les niveaux sont développés).

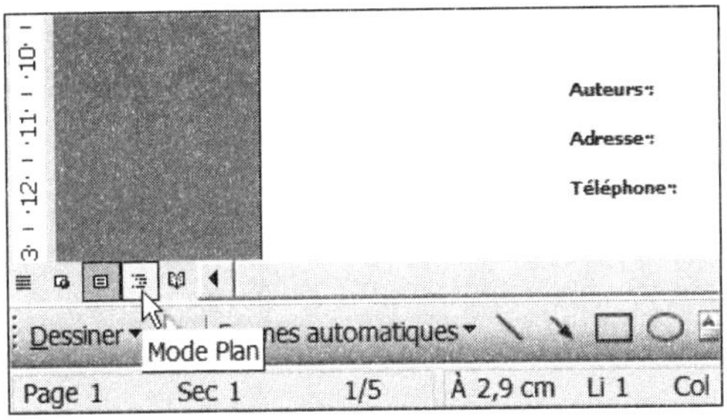

Figure 9.1 : *Afficher rapidement le mode Plan*

1 Cliquez sur le bouton fléché de la zone *Afficher le niveau* de la barre d'outils *Mode Plan*. Dans la liste déroulante, cliquez sur l'option *Niveau 1* pour faire apparaître dans le plan uniquement les paragraphes créés à l'aide des styles de titre prédéfinis *Titre* et *Titre 1*.

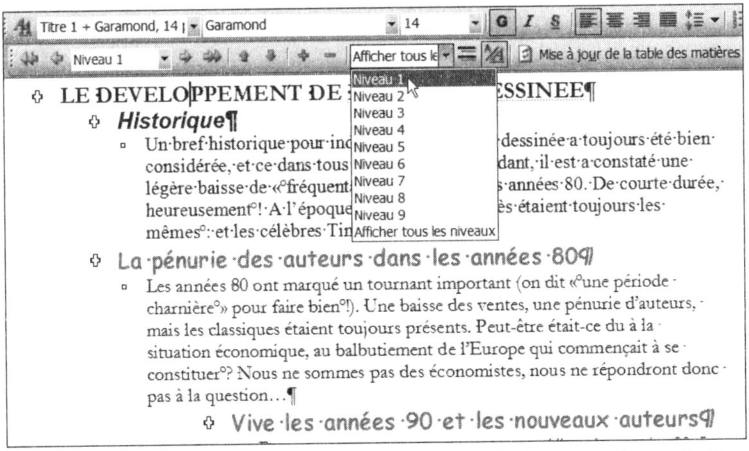

Figure 9.2 : *Sélectionner le niveau de titre à afficher dans le mode Plan*

Un symbole + s'affiche devant chaque titre. Vous pouvez maintenant développer chaque élément (ou masquer le détail) en utilisant ce symbole.

2 Double-cliquez sur le signe + pour afficher le détail du titre correspondant. La totalité des niveaux de titre inférieurs et le texte sont sélectionnés jusqu'au *Titre 1* suivant. Double-cliquez sur ce même symbole pour masquer le détail du titre correspondant.

Après avoir développé un *Titre 1*, vous pouvez généraliser cette procédure en double-cliquant à chaque fois sur le signe + situé devant chaque autre titre (*Titre 2*, *Titre 3*, etc.).

REMARQUE

Indication des niveaux de titre

Le signe + situé devant un titre signifie qu'il existe un niveau hiérarchique inférieur pour ce titre. Dans le cas contraire, le signe - s'affiche.

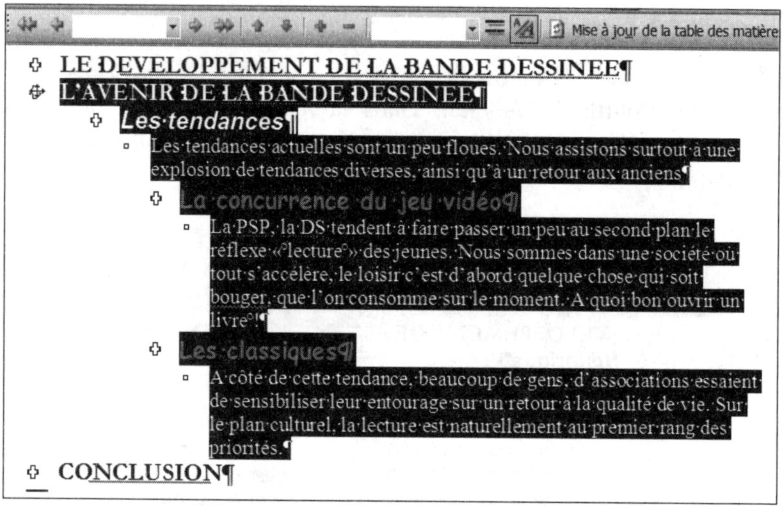

Figure 9.3 : *Afficher/masquer le détail d'un niveau*

Cette méthode développe la totalité des niveaux inférieurs sans distinction. Si vous souhaitez dévoiler uniquement, à partir d'un niveau donné, les niveaux de titre immédiatement inférieurs, vous utiliserez une autre méthode.

3 Pour afficher par exemple tous les paragraphes créés avec un *Titre 2* dans le plan, à partir d'un *Titre 1*, cliquez sur ce titre puis sur le bouton **Développer** de la barre d'outils *Mode Plan* (symbolisé par un signe **+**).

4 Pour masquer les titres inférieurs (la démarche inverse), cliquez sur le *Titre 1* puis sur le bouton **Réduire** (symbolisé par un signe **-**).

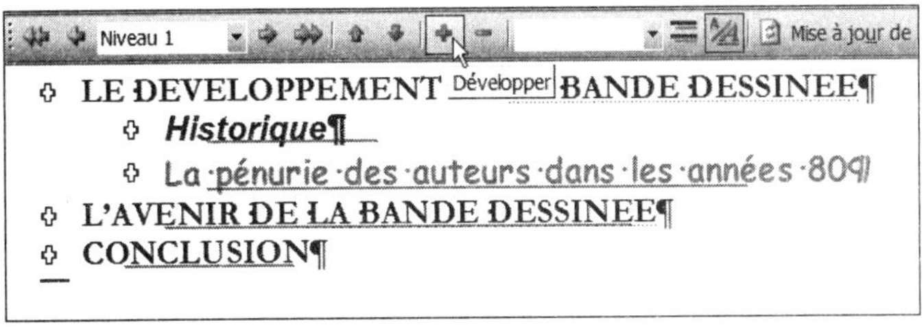

Figure 9.4 : *Afficher/Masquer un niveau de titre à la fois*

Dans la majorité des cas, les plans s'appuient au moins sur les trois niveaux de titre correspondant aux styles prédéfinis *Titre 1*, *Titre 2* et *Titre 3*.

5 Cliquez sur le bouton fléché de la zone *Afficher le niveau*. Dans la liste déroulante, cliquez sur l'option *Niveau 3*.

Vous obtenez une image précise de la structure d'un document. De plus, le mode Plan affiche également les caractères non imprimables (marques de fin de paragraphe, sauts de page, etc.).

REMARQUE

Rappel : affichage des caractères imprimables

Si les caractères non imprimables n'apparaissent pas dans votre document, vous devez les afficher en cliquant sur le bouton **Afficher/Masquer** de la barre d'outils *Standard* (symbolisé par une marque de fin de paragraphe).

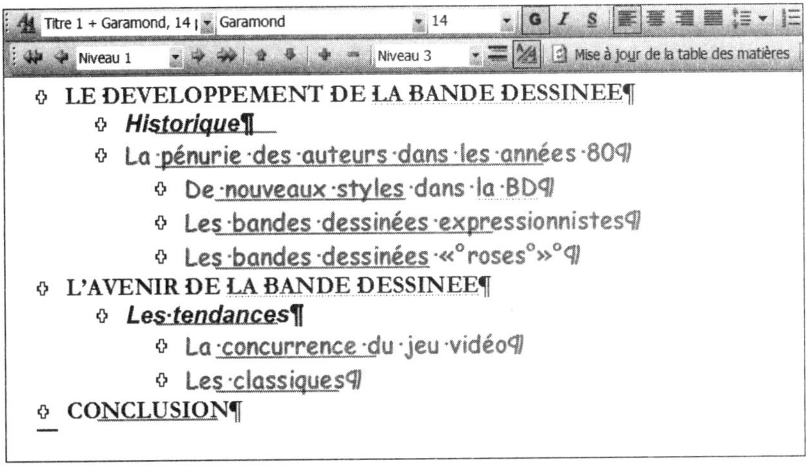

Figure 9.5 : *Afficher la structure du document*

ASTUCE

Se repérer dans le document

L'emplacement du curseur permet de vous repérer dans le document. Cliquez sur un niveau de titre : le numéro de page correspondant s'affiche en bas de l'écran dans la barre d'état. Le niveau du titre s'affiche dans la zone *Niveau hiérarchique*, la première liste déroulante de la barre d'outils *Mode Plan*.

Modifier un plan existant

Vous souhaitez modifier l'ordre des titres dans le plan ou la disposition de certains paragraphes ne vous convient plus ; vous allez donc effectuer des modifications et retoucher la structure.

1 Cliquez sur le titre à déplacer. Dans la barre d'outils *Mode Plan*, cliquez sur le bouton **Abaisser** (la flèche verte simple orientée vers la droite) ou le bouton **Hausser d'un niveau** (la flèche verte simple orientée vers la gauche), suivant le cas.

Vous pouvez faire monter ou abaisser plusieurs titres en même temps, en les sélectionnant.

2 Cliquez sur le signe **+** situé devant un titre, de manière à sélectionner le titre et tous les niveaux inférieurs dépendants. Cliquez sur le bouton **Hausser d'un niveau** ou sur le bouton **Abaisser**.

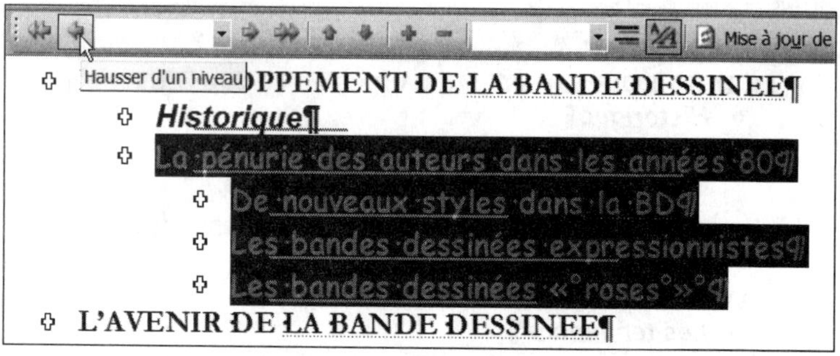

Figure 9.6 : *Faire passer deux titres au niveau supérieur en même temps*

Raccourci clavier

Au clavier, utilisez la touche Tab pour abaisser le titre d'un niveau et la combinaison de touches Maj+Tab pour le faire monter (après avoir placé le curseur au bon endroit, bien sûr).

Vous pouvez également très simplement modifier l'ordre des titres, en les déplaçant à la souris.

3 Cliquez sur le signe **+** situé devant un titre et faites-le glisser au-dessus ou au-dessous d'un autre. Un trait horizontal qui indique l'emplacement de l'insertion s'affiche. Relâchez le bouton de la souris.

L'avantage est que lorsque le titre n'est pas développé, cela permet de déplacer tous les niveaux inférieurs situés à l'intérieur du titre et le texte. Si le titre contient beaucoup de texte, c'est un gain de temps énorme. Pour obtenir le même résultat en mode Page, il est nécessaire d'effectuer une sélection suivie d'un cliquer-glisser vers l'emplacement souhaité.

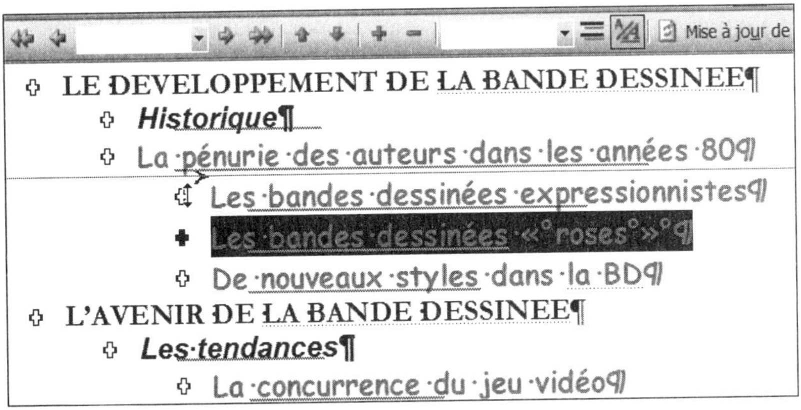

Figure 9.7 : *Déplacer un titre à la souris*

Le bouton Monter

Vous pouvez aussi cliquer dans le titre à déplacer, puis sur le bouton **Monter** de la barre d'outils *Mode Plan* (la flèche bleue orientée vers le haut). Attention, le titre concerné ne doit pas être développé. Lorsqu'un niveau de titre est développé, vous devez d'abord le réduire si vous souhaitez déplacer ce titre et les niveaux inférieurs correspondants.

Il est temps de procéder à un petit récapitulatif sur les styles de titre prédéfinis et les niveaux hiérarchiques.

Quelle est la différence entre *Afficher le niveau* et *Niveau hiérarchique* (les deux listes déroulantes de la barre d'outils *Plan*) ?

- *Afficher le niveau* : affiche le niveau qui correspond au style de titre prédéfini. Le *niveau 1* correspond aux titres intitulés *Titre* et *Titre 1*, le *niveau 2* au *Titre 2*, le *niveau 3* au *Titre 3*, etc.
- *Niveau hiérarchique* : par voie de conséquence, le *Titre 1* correspond au niveau hiérarchique 1, *Titre 2* au niveau hiérarchique 2, etc. En plus, la liste déroulante *Niveau hiérarchique* offre la possibilité de définir un niveau hiérarchique à des paragraphes qui ne correspondent à aucun des styles de titre prédéfinis (*Titre 1* à *9*). Ce peut être des paragraphes définis avec des styles personnalisés ou des paragraphes définis sans style particulier (il s'agit simplement de faire apparaître le texte correspondant dans le plan).

ATTENTION

Style de paragraphe

Attribuer un niveau hiérarchique à un paragraphe n'ayant pas été défini par un style de titre prédéfini ne modifiera en rien le style de ce paragraphe. Cela permettra simplement de le visualiser avec les titres dans le plan.

Imaginez que vous désirez faire apparaître dans la structure du plan, et au même niveau hiérarchique qu'un titre ayant un style personnalisé *Titre B* par exemple, situé au niveau 3, un paragraphe qui contient du texte formaté dans un style de base *Corps de texte*.

1. Double-cliquez sur le titre *Titre B* afin de le développer. Cliquez dans le paragraphe situé en dessous.
2. Cliquez sur le bouton fléché de la zone *Niveau hiérarchique*. Dans la liste déroulante, cliquez sur l'option *Niveau 3*.

Le titre et le texte qui constitue le détail apparaissent au même niveau, précédés tous deux du même symbole (le signe -) ; cela signifie qu'ils ne possèdent pas de niveau hiérarchique inférieur. Pour effectuer la démarche inverse, il suffit de choisir l'option *Corps de texte* dans la liste déroulante de la zone *Niveau hiérarchique*.

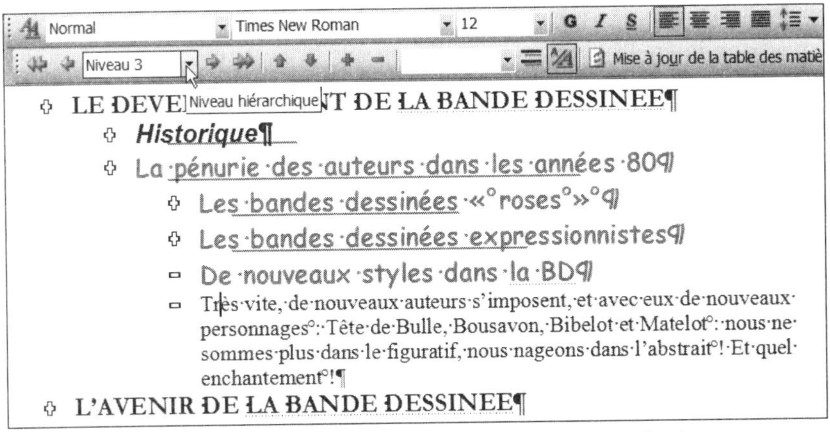

Figure 9.8 : *Créer un niveau hiérarchique avec du texte ordinaire*

REMARQUE

Boutons Promouvoir au Titre 1 et Abaisser en corps de texte

Les boutons **Promouvoir au Titre 1** ou **Abaisser en corps de texte**, représentés respectivement sur la barre d'outils *Mode Plan* par une double flèche verte orientée vers la gauche et vers la droite, permettent de placer en une fois un titre (ou un paragraphe ordinaire) au niveau hiérarchique le plus haut ou au contraire au niveau le plus bas, quelle que soit la position du titre dans le plan.

Vous venez de tester les déplacements, horizontalement (d'un niveau hiérarchique à l'autre), ou verticalement en modifiant l'ordre des titres dans le plan. Ce mode est essentiellement réservé à ce type d'usage et présente un avantage non négligeable pour la gestion des documents longs. Il est également possible d'y saisir du texte. Vous pouvez donc, à défaut de taper le texte des paragraphes courants, saisir de nouveaux titres directement au cœur de la structure du document.

Vous souhaitez par exemple ajouter le titre `Les modernes` après le titre `Les classiques` (situé au niveau 3) et définir pour ce nouvel élément le même niveau et le même style (style personnalisé *Titre B*, par exemple).

1 Cliquez après le titre de départ (`Les classiques` dans notre exemple) et appuyez sur la touche Entrée. Appuyez deux fois sur la touche Tab pour abaisser le titre de deux niveaux et le définir au *Niveau 3*.

2 Saisissez le texte souhaité (ici `Les modernes`). Pour lui appliquer le même style, cliquez sur le bouton fléché de la zone *Style* de la barre d'outils *Mise en forme* et cliquez sur le style souhaité (ici *Titre B*).

S'il est nécessaire de saisir ensuite du texte pour ce nouveau titre, c'est préférable de le faire en mode Page.

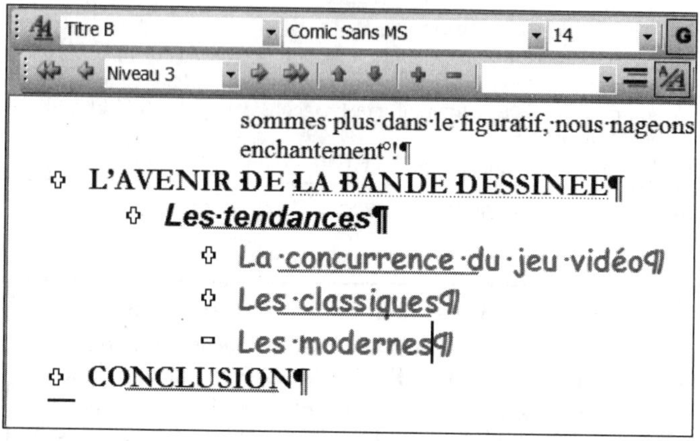

Figure 9.9 : *Ajouter un titre, définir un niveau hiérarchique et un style*

En saisissant, vous ajoutez. Il est également possible de supprimer.

Vous pouvez supprimer des titres très facilement (trop facilement ; attention aux suppressions involontaires).

1 Cliquez sur le signe **+** situé devant le titre à supprimer et appuyez sur la touche [Suppr] du clavier.

ATTENTION

Suppression de tous les niveaux

Cette méthode supprime le niveau de titre mais aussi tout ce qu'il contient, c'est-à-dire tous les niveaux hiérarchiques inférieurs et le texte ordinaire.

2 Pour supprimer un titre sans supprimer les sous-niveaux, si ce n'est déjà fait, double-cliquez sur le signe **+** situé devant le titre pour le développer. Cliquez devant le titre ou devant le signe **+** (le pointeur de la souris prend la forme d'une flèche oblique orientée vers le haut et la droite). Appuyez sur la touche [Suppr].

Les niveaux inférieurs et le texte courant sont alors intégrés au titre précédent.

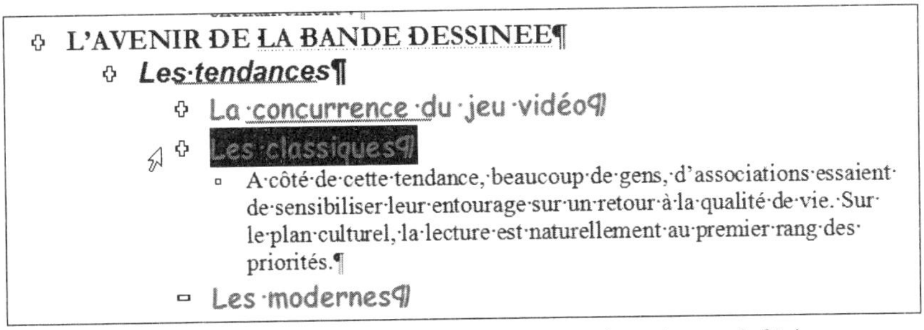

Figure 9.10 : *Supprimer un titre sans supprimer les niveaux inférieurs*

> REMARQUE
>
> **Afficher ou masquer la mise en forme du texte**
>
> Pour afficher ou masquer la mise en forme du texte en mode Plan, cliquez sur le bouton **Afficher la mise en forme** de la barre d'outils *Mode Plan*.

Une fois ces modifications effectuées en mode Plan, vous pouvez revenir en mode Page pour parcourir votre document, saisir du texte complémentaire si nécessaire, etc.

3 Cliquez en bas de l'écran à gauche sur le bouton **Mode Page** (ou activez la commande **Affichage/Page**).

4 Parcourez votre document à l'aide des boutons **Page suivante** ou **Page précédente**, situés en bas de la barre de défilement verticale.

9.2. Insérer une table des matières, un index

Dans tout document long, une table des matières est appréciable, voire nécessaire. Elle met les titres en évidence et donne un aperçu précis du contenu d'un document, rendant ainsi votre travail plus clair et plus accessible. À partir de la table des matières, vous pouvez en outre afficher les numéros de page correspondant à chaque titre et atteindre rapidement, d'un clic de souris, une partie précise du document.

Vous pouvez aussi créer un index afin d'y noter les termes importants du document.

Créer une table des matières

Vous avez le choix de créer la table des matières en mode Page ou en mode Plan.

Si par exemple, vous devez placer la table des matières sur la deuxième page d'un document, vous pouvez l'insérer entre deux sauts de page ou sauts de section (le saut de section est toujours préférable puisqu'il vous laisse la possibilité d'obtenir ensuite une numérotation de pages différentes entre les parties d'un document, par exemple).

1 Placez le curseur devant le premier paragraphe de la page et activez la commande **Insertion/Saut**. Dans la fenêtre qui s'affiche, zone *Type de sauts de section*, cliquez sur l'option *Page suivante* et validez. Appuyez immédiatement sur la touche [F4] pour insérer un second saut de section à la suite.

2 Vous êtes maintenant page 3. Cliquez sur le bouton **Page précédente** pour revenir en page 2

3 Dans le menu **Insertion**, cliquez sur **Référence**. Dans le menu déroulant, cliquez sur la commande **Tables et index**. Dans la fenêtre qui s'affiche, sous l'onglet **Table des matières**, rubrique *Général*, cliquez sur la flèche de la zone *Formats*. Dans la liste déroulante, sélectionnez le modèle de votre choix.

Il s'agit de définir en premier lieu le modèle que vous allez utiliser pour réaliser votre table des matières. Un aperçu du modèle sélectionné se met automatiquement à jour dans la zone *Aperçu avant impression*, pour vous donner une idée de ce que sera le résultat. Effectuez plusieurs essais si nécessaire. Le modèle nommé *Depuis modèle* est créé à partir de votre document.

Vous pouvez modifier ensuite les caractères. Vous connaissez déjà les points de suite avec les tabulations. Ici, il s'agit de définir l'espace situé entre les éléments de la table et le numéro de page.

4 Cliquez sur la flèche de la zone *Caractères de suite* et choisissez les caractères souhaités.

REMARQUE

Caractères de suite

Suivant le modèle choisi, la zone *Caractères de suite* reste grisée (modèle *Simple* et *Moderne*). Dans le cas du modèle *Recherché*, des caractères de suite sont intégrés au modèle.

Déterminez maintenant les niveaux qui doivent apparaître dans la table des matières (styles de titres prédéfinis ou niveaux hiérarchiques).

5 Si ce n'est déjà fait, cliquez sur les flèches de la zone *Afficher les niveaux* et sélectionnez *3*.

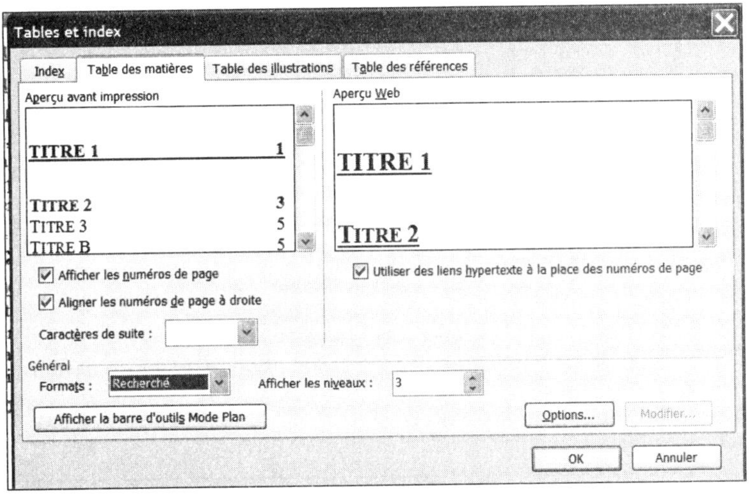

Figure 9.11 : *Fenêtre Tables et index*

Accédez aux options pour personnaliser la table des matières en fonction des éléments que vous souhaitez y inclure.

6 Cliquez sur le bouton **Options**. Dans la fenêtre qui s'affiche, les cases *Styles* et *Niveaux hiérarchiques* sont cochées par défaut. Faites défiler la barre de défilement de la zone *Niveau*.

La zone *Niveau* permet de définir le niveau des styles disponibles dans la table des matières. Le niveau des styles de titres prédéfinis est automatiquement sélectionné par Word (*1* pour *Titre* et *Titre 1* ; *2* pour *Titre 2*, *3* pour *Titre 3*). À vous d'ajouter ensuite les styles que vous souhaitez voir apparaître dans la table et de leur définir un niveau. Vous avez par exemple créé un style nommé *Titre B*, et souhaitez que tous les titres fondés sur ce style apparaissent au niveau 3 :

7 À l'aide de la petite barre de défilement de la zone *Niveau*, affichez le style souhaité (ici *Titre B*). Cliquez en face du style dans la zone *Niveau* et tapez *3*. Validez en cliquant sur OK. De retour dans la fenêtre **Tables et index**, vérifiez que la case *Afficher les numéros de page* est cochée (sinon cochez-la) et validez.

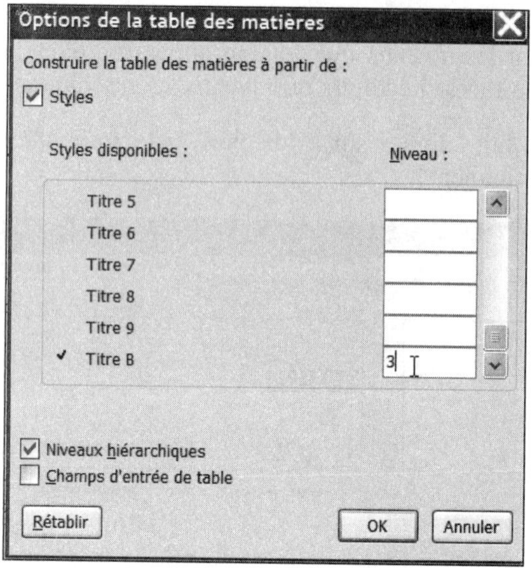

Figure 9.12 : *Sélectionner les styles et déterminer un niveau*

Votre table des matières est créée.

REMARQUE

Supprimer des styles de titres

Si vous ne souhaitez pas utiliser les styles prédéfinis *Titre 1*, *2* et *3* dans la table des matières mais uniquement des styles personnalisés, supprimez les entrées correspondantes dans la zone *Niveau*. Tapez ensuite `1`, `2` ou `3` devant chaque titre personnalisé.

Vous allez maintenant utiliser la table.

8 Pour atteindre une page dans le document à partir de la table des matières, cliquez sur le numéro de page correspondant tout en maintenant la touche Ctrl enfoncée.

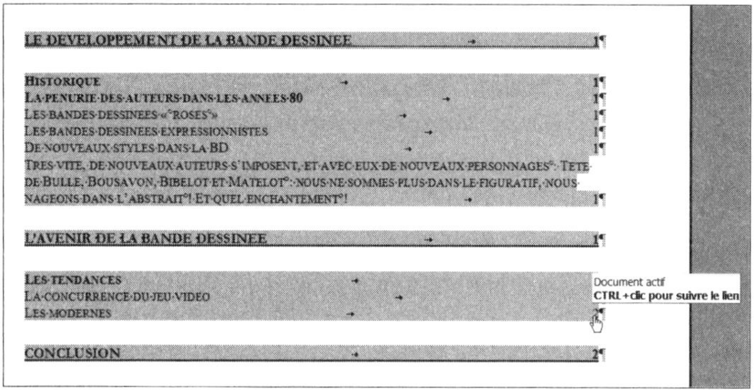

Figure 9.13 : Atteindre une page du document par la table des matières

9 Pour mettre à jour la table des matières lorsque des modifications ont été apportées à la structure du document, cliquez du bouton droit sur la table. Dans le menu contextuel, cliquez sur **Mettre à jour les champs**. Dans la fenêtre qui s'affiche, choisissez l'option souhaitée, *Mettre à jour les numéros de page uniquement* ou *Mettre à jour toute la table*. Validez en cliquant sur OK.

REMARQUE

La table des matières est un champ

Lorsque vous cliquez à l'intérieur, il est donc normal qu'elle se grise (suivant l'option sélectionnée dans la zone *Champs avec trame* de la fenêtre **Options** sous l'onglet **Affichage**).

Créer un index

Un index se place à la fin d'un document. Avant cela, il doit être alimenté par des entrées. La première étape consiste donc à marquer les entrées dans le document.

Il s'agit de parcourir le document et de s'arrêter sur chacun des termes que vous souhaitez indexer.

1 Sélectionnez un mot à indexer dans votre document (ou un groupe de mots). Activez la combinaison de touches Alt+Maj+X.

Dans la fenêtre qui s'affiche, le mot sélectionné dans le document est automatiquement affiché dans la zone *Entrée* (il apparaîtra ainsi dans l'index).

2 Conservez l'option *Page en cours* sélectionnée et, dans la zone *Format des numéros de page*, choisissez un format si nécessaire. Cliquez sur le bouton **Marquer** pour marquer l'entrée dans le document (le bouton **Marquer tout** permet de marquer toutes les occurrences du mot).

REMARQUE

Affichage des entrées dans l'index

Pour que le mot apparaisse différemment dans l'index (avec une majuscule par exemple), vous devez saisir une nouvelle fois le mot avec la bonne casse dans la zone *Entrée*.

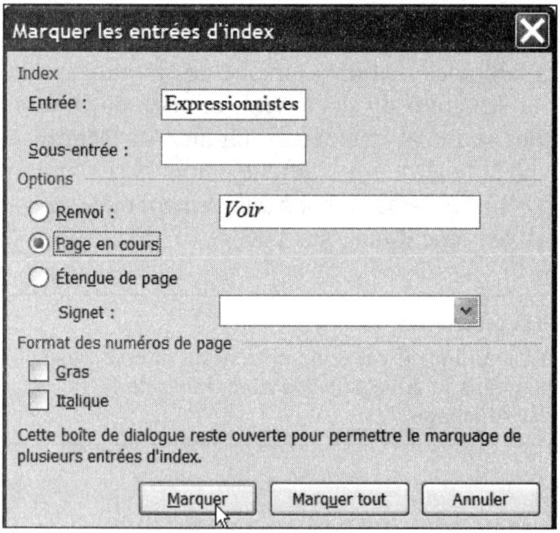

Figure 9.14 : *Marquer une entrée d'index*

Pour passer aux entrées suivantes, inutile de refermer la fenêtre. Indexez tous les mots souhaités jusqu'à la fin du document. Vous refermerez la fenêtre à ce moment-là. Pour créer une deuxième entrée à la suite :

3 Dans le document, sélectionnez un autre mot (au besoin, déplacez préalablement la fenêtre pour mieux parcourir le document), puis cliquez dans la zone *Entrée*. Le mot sélectionné s'affiche et remplace le mot précédent. Cliquez sur le bouton **Marquer**.

À chaque fois que vous marquez une entrée d'index, celle-ci apparaît dans votre document à la suite du mot indexé sous la forme d'un champ *XE* (entrée d'index) suivi entre parenthèses de l'entrée correspondante, le tout placé entre deux accolades. À condition, bien sûr, que les caractères non imprimables soient affichés dans votre document (bouton **Afficher/Masquer** de la barre d'outils *Standard*).

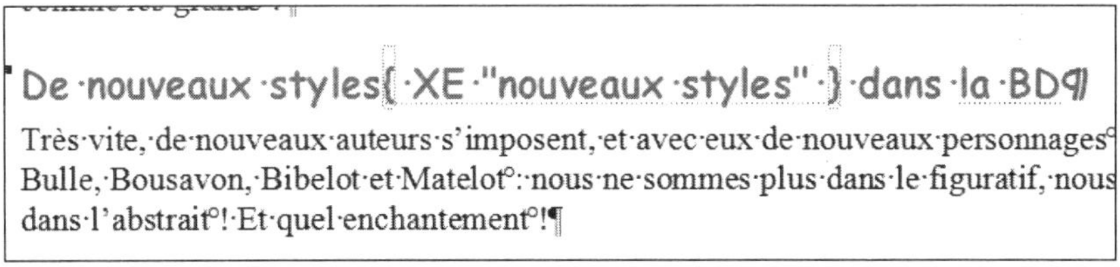

Figure 9.15 : *Affichage des entrées d'index dans le document*

Continuez ainsi en procédant de la même manière pour tous les autres mots ou groupes de mots à indexer. Certains mots dans un document peuvent être définis plusieurs fois, donc avoir des sous-entrées.

4 Dans le document, sélectionnez le mot à indexer plusieurs fois, puis cliquez dans la zone *Entrée* de la fenêtre. Cliquez dans la zone *Sous-entrée*, tapez la première sous-entrée souhaitée et cliquez sur le bouton **Marquer**.

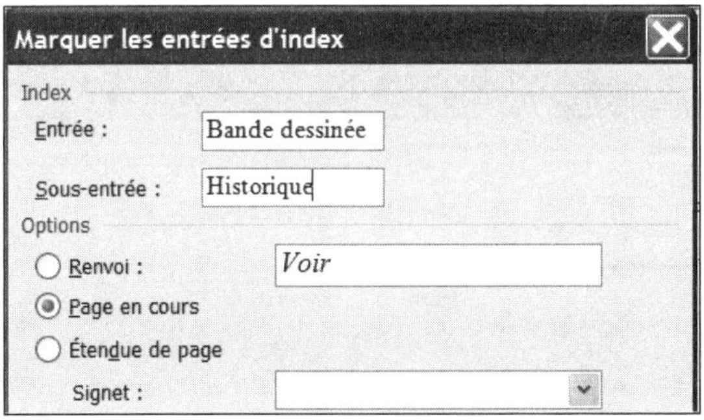

Figure 9.16 : *Définir une sous-entrée*

5 Sélectionnez une autre occurrence du même mot dans le document (ou cliquez à l'endroit où vous souhaitez placer la seconde sous-entrée). Tapez si nécessaire une entrée dans la zone *Entrée* puis une sous-entrée. Cliquez sur **Marquer**.

6 Renouvelez l'opération autant de fois que nécessaire.

7 Continuez à parcourir ainsi le document et créez autant d'entrées d'index que vous le jugerez utile. Lorsque vous avez terminé, fermez la fenêtre **Marquer les entrées d'index** en cliquant sur **Fermer**.

REMARQUE

Supprimer une entrée d'index

Pour supprimer une entrée d'index, sélectionnez-la dans le document (y compris les accolades qui entourent le champ) et appuyez sur la touche Suppr.

Vous pouvez maintenant créer l'index et le placer en fin de document.

1. Si ce n'est déjà fait, placez-vous en fin de document en activant le raccourci clavier Ctrl+Fin, par exemple, puis effectuez un saut de section (page suivante).
2. Dans le menu **Insertion**, pointez sur **Référence**. Dans le menu déroulant, cliquez sur la commande **Tables et index**. Dans la fenêtre qui s'affiche, sous l'onglet **Index**, cliquez sur la flèche de la zone *Formats*. Dans la liste déroulante, choisissez un format. Pour aligner les numéros de page à droite, cochez l'option correspondante. Sélectionnez le type, le nombre de colonnes d'affichage dans la partie droite de la fenêtre et validez en cliquant sur OK.

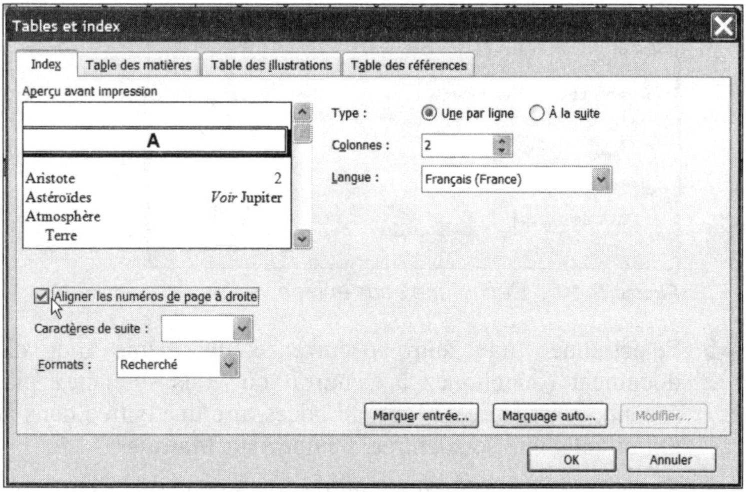

Figure 9.17 : *Sélectionner un modèle et les options de l'index*

L'index est créé et s'affiche dans le document. Si vous effectuez des modifications (ajout de nouvelles entrées ou modification d'entrées existantes), la mise à jour d'un index s'effectue de la même manière que pour une table des matières.

3 Cliquez du bouton droit dans l'index. Dans le menu contextuel, cliquez sur **Mettre à jour les champs**.

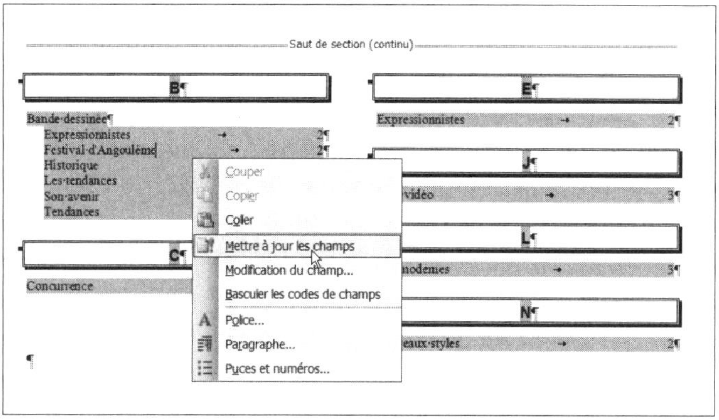

Figure 9.18 : *Mettre à jour un index*

9.3. Signets, notes de bas de page et liens hypertextes

Vous pouvez ajouter à un document des éléments qui vont permettre d'atteindre plus rapidement un emplacement donné (signet), un autre fichier ou un site Internet (lien hypertexte), ou d'apporter des précisions sur un point en particulier (notes de bas de page ou de fin de document).

Créer des signets

Dans un document long, les signets permettent d'aller plus vite à un emplacement précis dans le document quand on ne connaît pas (ou plus) le numéro de page, par exemple. N'hésitez pas à les utiliser.

REMARQUE

Ajouter un signet

Pour ajouter un signet, vous avez le choix de sélectionner un mot, un groupe de mot… ou simplement de cliquer à un endroit quelconque du document.

Vous venez de taper une thèse ou un petit mémoire d'une vingtaine de pages par exemple, consacré à la bande dessinée française. Vous souhaitez ajouter des signets qui renvoient vers des thèmes particuliers situés en page 5, 12, 15 et 18.

1 Appuyez sur la touche F5 (ou double-cliquez sur la zone *Atteindre* de la barre d'état). Dans la fenêtre qui s'affiche, sous l'onglet **Atteindre**, l'option *Page* étant sélectionnée par défaut dans la zone *Atteindre* (sinon sélectionnez-la), saisissez le numéro de page dans la zone correspondante (*5* dans notre exemple). Appuyez sur Entrée pour atteindre la page et cliquez sur le bouton **Fermer**.

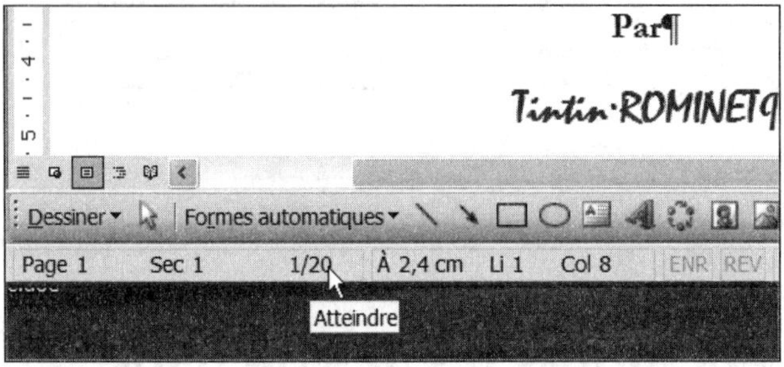

Figure 9.19 : *La zone Atteindre de la barre d'état*

2 Dans la page, sélectionnez le texte à partir duquel vous souhaitez créer un signet, ou cliquez à l'emplacement dans le document que vous souhaitez marquer. Activez la commande **Insertion/Signet**. Dans la zone *Nom du signet* de la fenêtre qui s'affiche, tapez un nom significatif et cliquez sur le bouton **Ajouter**.

REMARQUE

Trier les signets

Dans la fenêtre **Signet**, l'option *Nom* de la zone *Trier par* (option par défaut) permet de trier la liste des signets dans l'ordre alphabétique, et l'option *Emplacement* suivant l'ordre dans lequel ils apparaissent dans le document.

De retour dans le document, rien n'est indiqué mais le signet est bien enregistré.

3 Répétez l'opération pour chaque nouveau signet à insérer en procédant de la même manière. Appuyez sur F5 pour atteindre la page suivante (page 12 dans notre exemple), etc.

Vous pouvez ainsi ajouter autant de signets que nécessaire dans le document.

Figure 9.20 : *Créer un signet*

Taper plus d'un mot

ASTUCE

Vous pouvez saisir plus d'un mot dans la zone *Nom de signet* mais vous n'avez pas le droit aux espaces. Utilisez la touche de soulignement (touche *8* du clavier en position minuscule). Vous souhaitez par exemple nommer un signet "`BD classique`", tapez `BD_classique`.

Dorénavant, vous pouvez accéder rapidement à un endroit précis du document en rappelant le signet correspondant.

4 Appuyez sur la touche F5. Dans la fenêtre qui s'affiche, sous l'onglet **Atteindre**, sélectionnez *Signet* dans la zone *Atteindre*. Cliquez sur le bouton fléché de la zone *Nom du signet*. Dans la liste déroulante, cliquez sur le signet souhaité. Cliquez sur le bouton **Atteindre** puis sur **Fermer**.

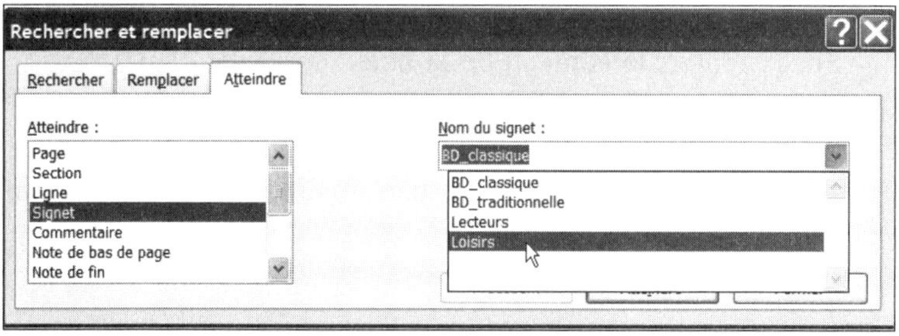

Figure 9.21 : *Atteindre un emplacement marqué dans le document*

Créer des notes de bas de page

Vous souhaitez donner des précisions sur un mot important du document et apporter en marge un peu plus de détails sur ce mot. Utilisez pour cela les notes de bas de page.

> REMARQUE
>
> **Note de bas de page et appel de note**
>
> La note de bas de page est composée de la note proprement dite, située en bas de page, et de la marque d'appel de note (en général représentée par un numéro, mais ce peut être tout autre symbole) située à côté du mot auquel la note renvoie. Il existe aussi des notes de fin de document ou de fin de section.

1 Cliquez après le mot pour lequel vous désirez insérer une note de bas de page. Dans le menu **Insertion**, pointez sur **Référence**. Dans le menu déroulant, cliquez sur **Note de bas de page**. Dans la fenêtre qui s'affiche, si ce n'est déjà fait, choisissez l'option *Bas de page*.

2 Cliquez sur le bouton fléché de la zone *Format de nombre*. Dans la liste déroulante, choisissez l'apparence de la note (le bouton **Symbole** permet de choisir un symbole parmi les caractères spéciaux).

3 Cliquez sur le bouton fléché de la zone *Numérotation*. Choisissez une numérotation continue pour numéroter les notes sur l'ensemble du document, ou la réinitialiser à chaque nouvelle page ou section.

4 Utilisez la zone *Appliquer les modifications à* pour choisir le document complet ou la section en cours.

5 Lorsque vous avez terminé, cliquez sur le bouton **Insérer** (voir Figure 9.22).

6 Dans le document, le curseur se place automatiquement en bas de page. Tapez le contenu de la note.

7 Pour atteindre la note dans le document, double-cliquez sur le petit symbole situé à gauche de la note de bas de page (par défaut un petit `1`, si vous n'avez pas modifié les options de mise en forme) (voir Figure 9.23).

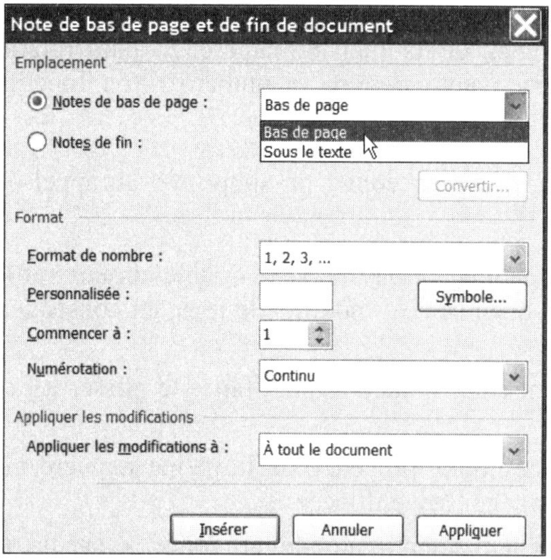

Figure 9.22 : *Ajouter une note de bas de page*

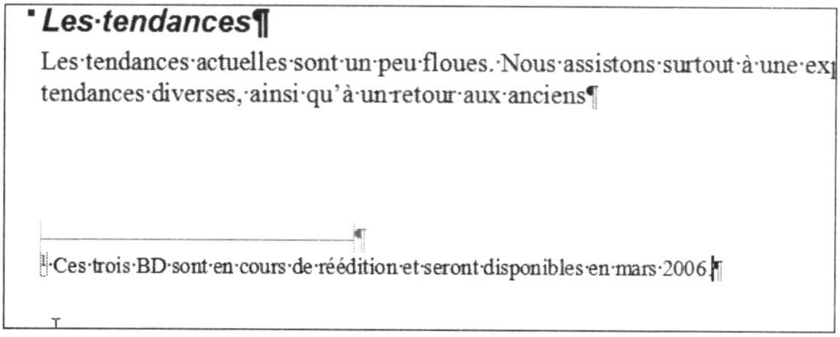

Figure 9.23 : *Saisir la note en bas de page*

Automatiquement, Word se place dans le document sur le mot correspondant. C'est de cette manière que vous allez passer de l'appel de note à la note de bas de page (ou le contraire). D'autre part, quand vous pointez maintenant sur la note, son contenu s'affiche dans une info bulle.

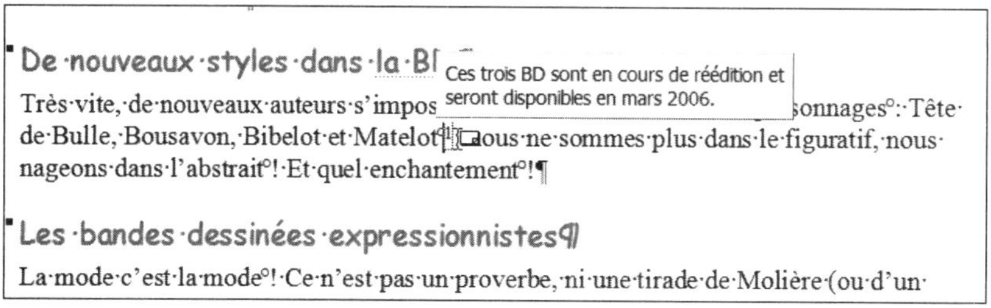

Figure 9.24 : *Lire la note dans une info bulle*

Si vous souhaitez ajouter une seconde note dans la même page ou sur une autre page, procédez de la même manière, la numérotation est automatique ; la seconde note portera le numéro 2 (en fonction des options choisies précédemment bien sûr).

Vous pouvez modifier, déplacer, copier ou supprimer un appel de note dans le document.

- Pour modifier une note de bas de page, double-cliquez sur l'appel de note dans le document et modifiez le texte en conséquence en bas de page.
- Pour le déplacer, sélectionnez-le puis faites-le glisser à l'endroit souhaité.
- Pour réaliser une copie, procédez de la même manière mais en maintenant la touche Ctrl enfoncée.
- Pour le supprimer, sélectionnez-le et appuyez sur la touche Suppr.

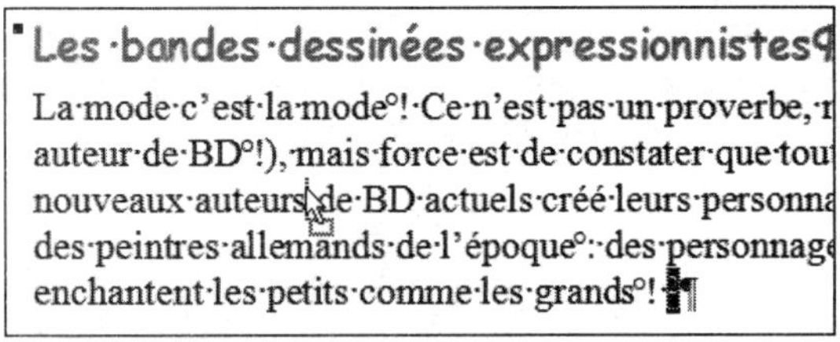

Figure 9.25 : *Déplacer un appel de note*

Mise à jour automatique de la numérotation

Un déplacement, une copie ou une suppression modifient automatiquement la numérotation. Si par exemple, vous déplacez un appel de note qui porte le numéro 2 devant une note portant le numéro 1, la numérotation s'inverse.

Créer des liens hypertextes

Utilisez les liens hypertextes dans un document pour communiquer rapidement dans votre environnement de travail.

DEFINITION

Lien hypertexte

Un lien hypertexte permet de relier un mot, un groupe de mots ou une image de document à une autre partie d'un document, à un autre fichier ou à une adresse Internet, d'un clic de souris. Le soulignement de couleur sur du texte signale l'existence d'un lien. Pour suivre le lien, cliquez dessus en maintenant la touche [Ctrl] enfoncée.

Dans un document Word, vous souhaitez par exemple faire un renvoi vers un tableau Excel. Le lien hypertexte peut être effectué à partir de texte existant ou vous pouvez taper du texte pour la circonstance (comme sur une page web), "Voir le tableau *Statistiques.xls*" par exemple.

1 Sélectionnez le texte à utiliser comme lien hypertexte.

C'est le texte sur lequel vous cliquerez pour suivre le lien.

2 Cliquez sur le bouton **Insérer un lien hypertexte** de la barre d'outils *Standard*. Dans la fenêtre qui s'affiche, le bouton **Fichier ou page Web existant(e)** de la zone *Lien hypertexte* est sélectionné par défaut (sinon cliquez dessus). Cliquez sur le bouton fléché de la zone *Regarder dans*. Dans la liste, sélectionnez le dossier qui contient le fichier recherché. Lorsque vous l'avez trouvé, double-cliquez sur l'icône du fichier.

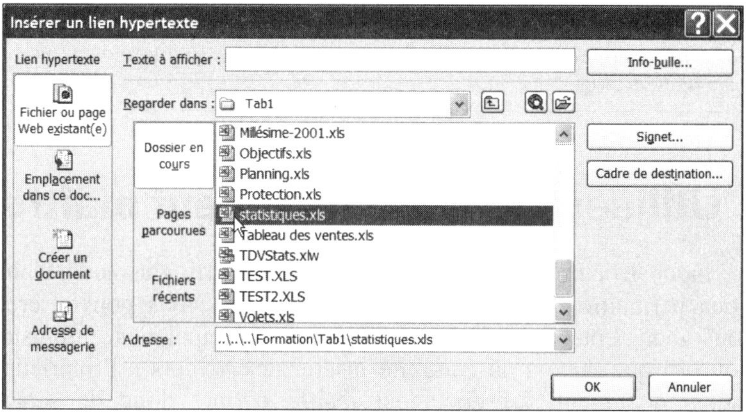

***Figure 9.26 :** Créer un lien hypertexte vers un fichier*

3 Lorsque vous souhaiterez ouvrir le fichier Excel à partir du document Word, cliquez sur le lien en maintenant la touche [Ctrl] enfoncée.

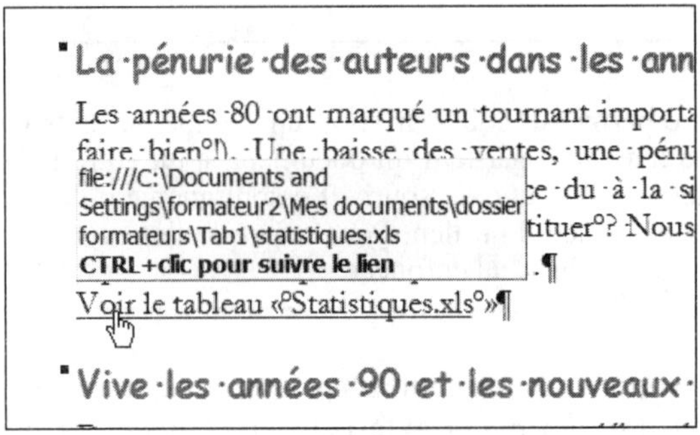

Figure 9.27 : *Ouvrir le fichier à partir du lien hypertexte*

Un lien hypertexte peut conduire également vers d'autres destinations : une page web, un emplacement dans le document, etc.

1. Pour créer un lien vers une page web, tapez l'adresse de la page dans la zone *Adresse* de la fenêtre **Insérer un lien hypertexte**.
2. Pour créer un lien vers un autre emplacement dans le document, cliquez sur le bouton **Emplacement dans ce document** de la zone *Lien hypertexte*. Sélectionnez un titre ou un signet et validez.

ASTUCE

Ouvrir directement le lien

Si vous souhaitez ouvrir directement le lien (sans maintenir la touche Ctrl enfoncée), activez la commande **Outils/Options**. Dans la fenêtre qui s'affiche, sous l'onglet **Édition**, décochez la case *Appuyer sur CTRL, puis cliquer pour suivre le lien hypertexte*. Validez. Dans le document, vous pouvez maintenant cliquer directement sur le lien (comme dans un navigateur web).

9.4. Utiliser le mode Document maître

Le mode Document maître est accessible à partir du mode Plan. Il va vous permettre de gérer des sous-documents. Vous pouvez créer des sous-documents à partir d'un document principal, les enregistrer sur votre disque dur ou au contraire insérer des fichiers à l'intérieur de ce même document. Le document maître permet donc de séparer un document long en plusieurs petits fichiers distincts, ce qui en facilite la gestion et l'utilisation. Les sous-documents resteront liés au document maître et pourront dans le même temps être utilisés séparément.

Créer des sous-documents

Conservons notre exemple de la bande dessinée française. Vous désirez par exemple créer un nouveau document à partir d'un paragraphe du document principal consacré aux jeux vidéo.

1 Cliquez en bas de l'écran sur le bouton **Mode Plan**. Dans la zone *Afficher le niveau* de la barre d'outils *Mode Plan*, cliquez sur l'option souhaitée, *Niveau 3* par exemple, de manière à afficher l'essentiel du plan, c'est-à-dire les principaux styles de titre utilisés (ou niveaux hiérarchiques).

À partir du titre "`La concurrence du jeu vidéo`", vous souhaitez créer un sous-document, puis un nouveau fichier, pour y travailler indépendamment du document maître.

2 Cliquez sur le signe **+** situé devant le titre concerné (ici "`La concurrence du jeu vidéo`"), afin de sélectionner le titre et tous les niveaux hiérarchiques inférieurs qui en dépendent. Cliquez sur le bouton **Créer un sous-document** de la barre d'outils *Mode Plan*.

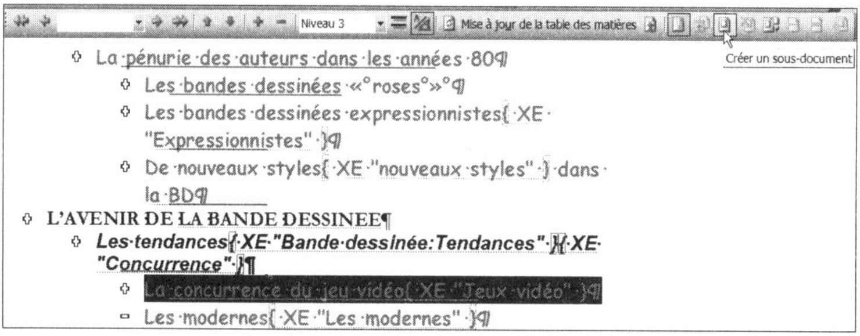

Figure 9.28 : *Créer un sous-document à partir d'un titre*

REMARQUE

Activer le mode Document maître

Si le bouton n'apparaît pas, c'est que le mode Document maître n'est pas actif. Pour l'activer, cliquez sur le bouton **Mode Document maître** situé dans la barre d'outils *Mode Plan.*

Dans le plan, la partie que vous avez sélectionnée est maintenant délimitée par une bordure (qui symbolise le sous-document en mode Plan).

3 Pour créer un nouveau fichier à partir de ce sous-document, double-cliquez sur le petit symbole situé à gauche du signe **+** devant le titre.

Un nouveau document Word est créé dans une nouvelle fenêtre, avec le texte contenu dans les niveaux de plan sélectionnés.

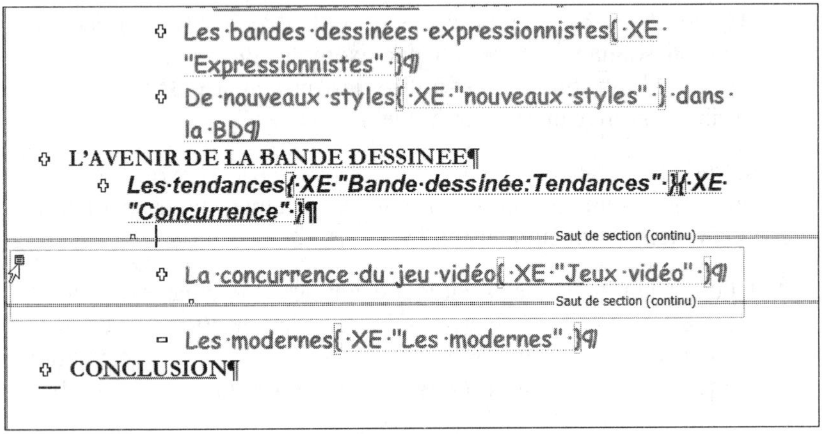

Figure 9.29 : Créer un fichier à partir du sous-document

4 Enregistrez et nommez le nouveau fichier.

REMARQUE

Verrouillage du sous-document

Tant que le fichier issu du sous-document reste ouvert, ce dernier est verrouillé dans le mode Plan, rendant par exemple totalement inefficace l'action de la touche [Suppr] (un cadenas s'affiche sous le symbole du sous-document).

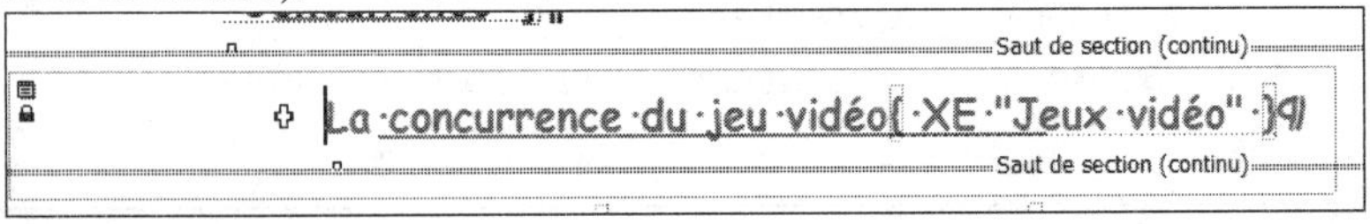

Figure 9.30 : Le sous-document est verrouillé dans le plan

À tout moment, vous pouvez décider, si vous n'en avez plus besoin, de supprimer un sous-document.

5 Cliquez dans le sous-document puis sur le bouton **Supprimer le sous-document** de la barre d'outils *Mode Plan*.

REMARQUE

Modification d'un sous-document

Lorsque vous effectuez des modifications dans un sous-document, la mise à jour est automatique dans le document maître (la réciproque est également valable).

Insérer des sous-documents

Vous avez rédigé des notes en marge du document principal (dans un fichier à part) que vous souhaitez maintenant intégrer au document. Vous allez donc insérer ce fichier.

Il existe plusieurs méthodes pour insérer des fichiers, mais en utilisant le mode Document maître, vous y gagnerez en lisibilité.

1 Dans le plan, cliquez devant le titre au-dessus duquel vous souhaitez insérer le sous-document. Cliquez sur le bouton **Insérer un sous-document** de la barre d'outils *Mode Plan*. Dans la fenêtre qui s'affiche, recherchez le dossier de stockage et double-cliquez sur le fichier à insérer.

Celui-ci est intégré au plan et se trouve délimité par des bordures, par un saut de section (page suivante) avant et un saut de section continu après. Vous pouvez maintenant faire varier l'affichage à l'intérieur du plan, ouvrir le sous-document, etc.

2 Double-cliquez sur le signe **+** situé devant le titre pour afficher (ou masquer) les niveaux hiérarchiques inférieurs, de la même manière que pour n'importe quel autre élément du plan.

3 Double-cliquez sur le symbole situé à gauche du signe **+** situé devant le titre pour ouvrir le sous-document (voir Figure 9.31).

4 Cliquez sur le bouton **Réduire les sous-documents** de la barre d'outils *Mode Plan* pour masquer le contenu du sous-document (les niveaux hiérarchiques). Celui-ci s'affiche alors sous la forme d'un lien hypertexte. Cliquez sur ce lien en maintenant la touche Ctrl enfoncée pour ouvrir le fichier (voir Figure 9.32).

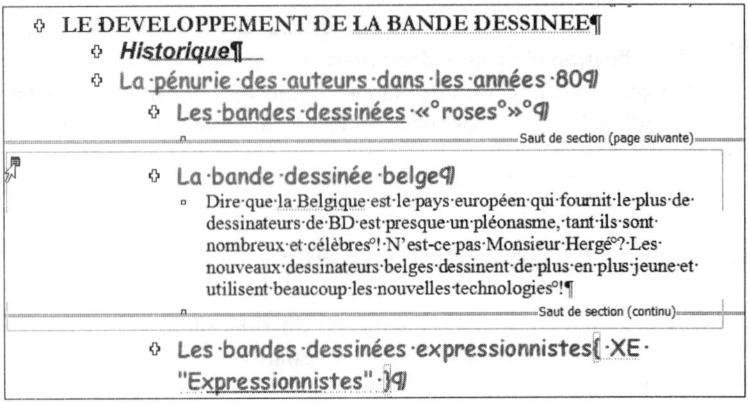
LE DEVELOPPEMENT DE LA BANDE DESSINEE¶
Historique¶
La pénurie des auteurs dans les années 80¶
Les bandes dessinées « roses »¶
Saut de section (page suivante)
La bande dessinée belge¶
Dire que la Belgique est le pays européen qui fournit le plus de dessinateurs de BD est presque un pléonasme, tant ils sont nombreux et célèbres ! N'est-ce pas Monsieur Hergé ? Les nouveaux dessinateurs belges dessinent de plus en plus jeune et utilisent beaucoup les nouvelles technologies !¶
Saut de section (continu)
Les bandes dessinées expressionnistes{ XE "Expressionnistes" }¶

Figure 9.31 : *Ouvrir le sous-document*

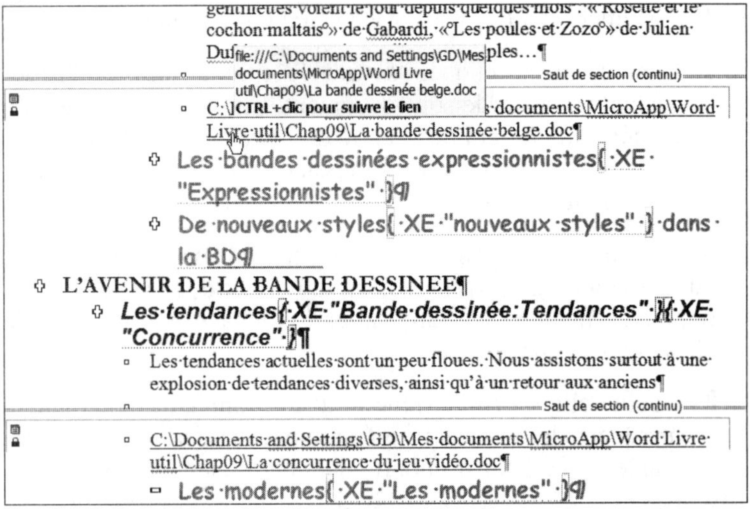
cochon maltais » de Gabardi, « Les poules et Zozo » de Julien Du... ples…¶
file:///C:\Documents and Settings\GD\Mes documents\MicroApp\Word Livre util\Chap09\La bande dessinée belge.doc
Saut de section (continu)
C:\ CTRL+clic pour suivre le lien ...documents\MicroApp\Word Livre util\Chap09\La bande dessinée belge.doc¶
Les bandes dessinées expressionnistes{ XE "Expressionnistes" }¶
De nouveaux styles{ XE "nouveaux styles" } dans la BD¶
L'AVENIR DE LA BANDE DESSINEE¶
Les tendances{ XE "Bande dessinée:Tendances" }{ XE "Concurrence" }¶
Les tendances actuelles sont un peu floues. Nous assistons surtout à une explosion de tendances diverses, ainsi qu'à un retour aux anciens¶
Saut de section (continu)
C:\Documents and Settings\GD\Mes documents\MicroApp\Word Livre util\Chap09\La concurrence du jeu vidéo.doc¶
Les modernes{ XE "Les modernes" }¶

Figure 9.32 : *Ouvrir un sous-document lorsque celui-ci apparaît sous forme de lien hypertexte*

REMARQUE

Lien hypertexte

Les liens hypertextes des sous-documents apparaissent également dans le document en mode Page.

5 Cliquez sur le bouton **Développer les sous-documents** pour afficher à nouveau les niveaux hiérarchiques du sous-document.

9.5. Gérer les sections

Lorsque vous souhaitez faire varier la mise en page, les en-têtes et les pieds de page, la numérotation dans un même document, définissez ces éléments dans des sections. Cela vous permet par exemple, d'obtenir dans un même document certaines pages avec une orientation *Portrait* et d'autres avec une orientation *Paysage*.

Obtenir une orientation de page différente dans un même document

Dans un document, vous avez une page qui contient un tableau assez large et que vous souhaiteriez agrandir. Vous y avez renoncé faute de place, à cause du format *Portrait*. Vous pouvez néanmoins modifier l'orientation du papier uniquement sur cette page, sans changer pour autant le reste du document. Si vous avez ajouté des sauts de page avant et après la page à modifier par exemple, il faut les remplacer par des sauts de section (vous pouvez réaliser l'opération en mode Page, Normal ou Plan).

1 Cliquez devant un saut de page et appuyez sur la touche Suppr (les caractères non imprimables doivent être affichés pour bien repérer les sauts de page). Répétez l'opération pour le second.

2 Cliquez avant le texte ou l'objet à renvoyer sur une nouvelle page (le tableau dans notre exemple). Activez la commande **Insertion/Saut**. Dans la zone *Type de sauts de section* de la fenêtre qui s'affiche, cliquez sur *Page suivante*. Validez en cliquant sur OK.

3 Cliquez après le texte ou l'objet à renvoyer sur une nouvelle page et insérez à nouveau un saut de section (page suivante) (voir Figure 9.33).

4 Cliquez dans la page dont vous souhaitez modifier l'orientation (ici celle qui contient le tableau). Activez la commande **Fichier/Mise en page**. Dans la fenêtre qui s'affiche, sous l'onglet **Marges**, rubrique *Orientation*, cliquez sur *Paysage*.

Sous la rubrique *Aperçu*, dans la zone *Appliquer à*, l'option *Aux sections sélectionnées* est normalement active. Vous pouvez aussi modifier l'alignement vertical (tout dépend en fait du contenu de la page ; dans notre exemple cela se justifie, c'est moins évident s'il s'agit de texte ordinaire).

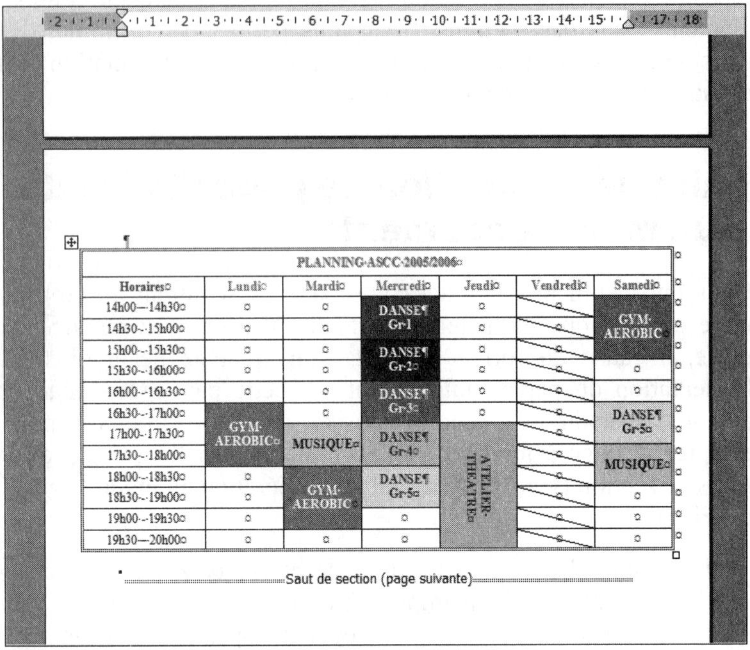

PLANNING ASCC 2005/2006						
Horaires	Lundi	Mardi	Mercredi	Jeudi	Vendredi	Samedi
14h00 – 14h30			DANSE Gr 1			GYM AEROBIC
14h30 – 15h00						
15h00 – 15h30			DANSE Gr 2			
15h30 – 16h00						
16h00 – 16h30			DANSE Gr 3			
16h30 – 17h00	GYM AEROBIC					DANSE Gr 5
17h00 – 17h30		MUSIQUE	DANSE Gr 4	ATELIER THEATRE		
17h30 – 18h00						MUSIQUE
18h00 – 18h30		GYM AEROBIC	DANSE Gr 5			
18h30 – 19h00						
19h00 – 19h30						
19h30 – 20h00						

Figure 9.33 : *Créer une section sur une nouvelle page*

5 Sous l'onglet **Disposition**, rubrique **Page**, dans la zone *Alignement vertical*, choisissez l'option *Centré*. Validez en cliquant sur OK.

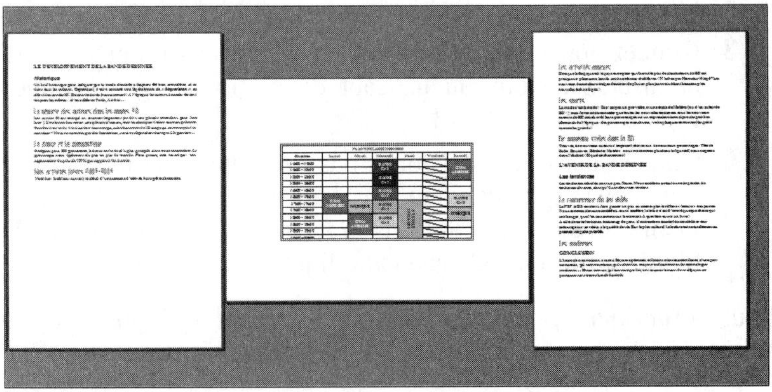

Figure 9.34 : *Modifier la mise en page dans une section*

REMARQUE

Modifier les marges

En procédant de la même manière, vous pouvez aussi modifier les marges d'une partie d'un document figurant dans une section spécifique.

Obtenir des en-têtes et des pieds de page, une numérotation différents dans un même document

Le principe est le même que pour la mise en page. Vous souhaitez par exemple créer un en-tête de page sur une page du document différent de celui des autres pages.

1 Ajoutez les sections (page suivante) en procédant de la même manière que précédemment. Cliquez dans la page dont vous souhaitez personnaliser l'en-tête ou le pied de page.

2 Activez la commande **Affichage/En-tête et pied de page**.

Sur la barre d'outils *En-tête et pied de page*, le bouton **Lier au précédent** est actif (c'est l'option par défaut)

3 Cliquez sur le bouton pour le désactiver.

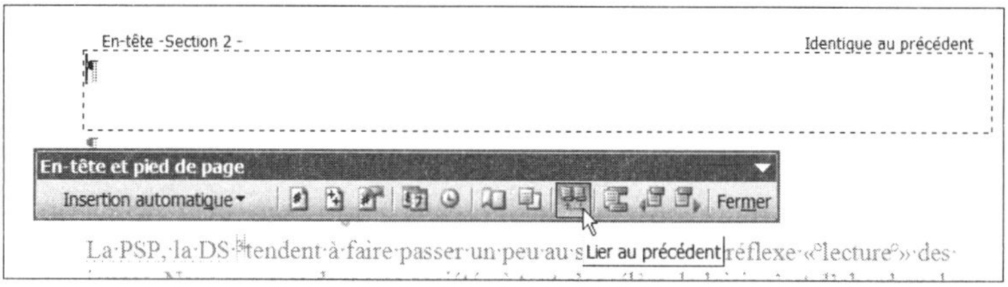

Figure 9.35 : *Désactiver l'option Lier au précédent*

La mention *Identique au précédent* qui figurait avant dans la zone de l'en-tête disparaît.

4 Cliquez sur le bouton **Afficher En-tête/pied de page suivant**. Dans l'en-tête suivant, cliquez sur le bouton **Lier au précédent** pour le désactiver.

La mention *Identique au précédent* disparaît.

5 Cliquez sur le bouton **Afficher En-tête/pied de page précédent** pour revenir dans l'en-tête de départ. Tapez ou insérez les éléments de l'en-tête, effectuez la mise en forme. Cliquez sur le bouton **Fermer** de la barre d'outils *En-tête et pied de page*.

L'en-tête que vous venez de définir figure alors uniquement sur cette page (si la section fait plusieurs pages, il sera présent sur toutes les pages de la section).

Figure 9.36 : *L'en-tête est unique (l'option Identique au précédent est désactivée)*

Pour obtenir une numérotation de page différente dans un document (en général en pied de page), procédez de la même manière : créez des sections et désactivez l'option **Lier au précédent**. Vous souhaitez par exemple démarrer la numérotation d'un document de 20 pages, à partir de la page 7.

1 Insérez un saut de section (page suivante) avant la page 7 (en cliquant au début de la page 7 ou à la fin de la page 6).

2 Cliquez en page 7 et activez la commande **Affichage/En-tête et pied de page**.

3 Cliquez sur le bouton **Basculer en-tête/pied de page** de la barre d'outils *En-tête et pied de page*.

4 En pied de page, cliquez sur le bouton **Lier au précédent** pour le désactiver.

Ici, vous avez le choix de numéroter à partir du numéro de page réelle dans le document (7 dans notre exemple) ou de numéroter à partir de 1.

5 Cliquez sur le bouton **Insérer un numéro de page** pour insérer la numérotation. Cliquez sur le bouton **Numérotation de page**. Dans la fenêtre qui s'affiche, sous la rubrique **Numérotation des pages**, cliquez sur l'option *À partir de* pour reprendre la numérotation à partir de 1 (le numéro 1 s'affiche par défaut, mais vous pouvez

démarrer à partir de n'importe quel autre numéro). Validez. Cliquez sur le bouton **Fermer** de la barre d'outils *En-tête et pied de page*.

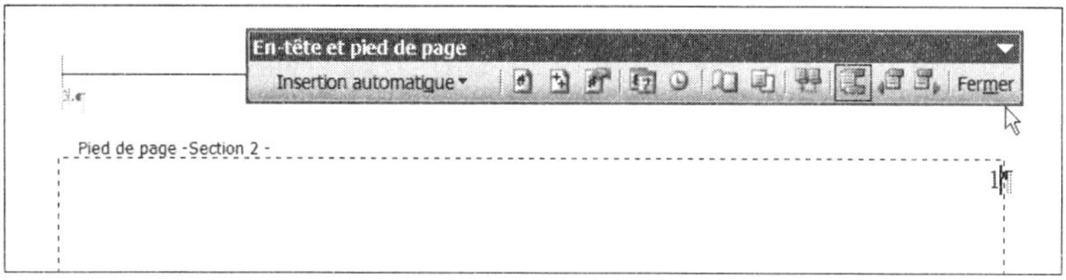

Figure 9.37 : *Numérotation à partir de 1*

La numérotation des pages commence ici à la page 7 (à partir du numéro 1).

La procédure est différente s'il s'agit de la première page : vous souhaitez numéroter toutes les pages du document sauf la première. Deux méthodes s'offrent à vous :

1 Cliquez dans la première page du document (si le document ne possède pas de section, vous pouvez vous positionner dans n'importe quelle page).

2 Activez la commande **Affichage/En-tête et pied de page.** En pied de page, cliquez sur le bouton **Insérer un numéro de page**. Cliquez sur le bouton **Mise en Page** de la barre d'outils *En-tête et pied de page*. Dans la fenêtre qui s'affiche, sous l'onglet **Disposition**, zone *En-têtes et pieds de page*, cochez la case *Première page différente* et validez.

3 Cliquez sur le bouton **Fermer** de la barre d'outils *En-tête et pied de page*.

La seconde méthode évite d'utiliser, si cela n'est pas nécessaire, le mode En-tête et pied de page.

1 Cliquez dans la première page du document.

2 Activez la commande **Insertion/Numéros de page**. Dans la fenêtre qui s'affiche, décochez la case *Commencer la numérotation à la première page* et validez.

La numération s'effectue ensuite automatiquement sur toutes les pages, sauf sur la première.

9.6. Insérer un tableau Excel avec liaison

Si vous devez effectuer des calculs relativement complexes, il est préférable d'utiliser Excel, puis de copier et coller le tableau de calcul dans un document Word. Pour le récupérer, préférez l'option qui permet d'établir une liaison : toute modification dans le fichier source (dans Excel) mettra automatiquement à jour le fichier de destination dans Word. Vous pouvez aussi copier-coller avec liaison des graphiques Excel.

1 Lancez Excel et ouvrez le fichier qui contient le tableau à copier.

2 Sélectionnez le tableau, cliquez du bouton droit sur la sélection. Dans le menu contextuel, cliquez sur **Copier**.

3 Basculez dans votre document Word en utilisant la barre des tâches. Cliquez dans un paragraphe vide. Dans le menu **Édition**, cliquez sur **Collage spécial**. Dans la fenêtre qui s'affiche, cliquez sur l'option *Coller avec liaison*. Dans la zone *En tant que*, choisissez *Feuille de calcul Microsoft Office Excel Objet* et validez.

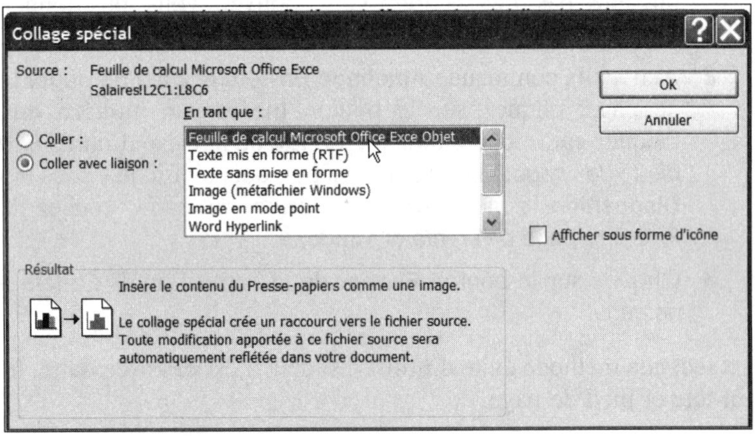

Figure 9.38 : *Fenêtre Collage spécial*

À chaque fois que vous effectuerez une modification du tableau dans Excel, le tableau dans Word sera automatiquement mis à jour.

9.7. Créez un rapport de stage

Vous avez effectué un stage dans une entreprise de tourisme. Vous venez de saisir et mettre en forme votre rapport dans lequel vous présentez et développez les principaux concepts de cette société. Vous souhaitez en visualiser la structure (le plan) et l'enrichir d'éléments qui vont le rendre plus accessible à tous. Il s'agit d'un document long, vous allez donc ajouter une table des matières au début, un index à la fin, des notes de bas de page ou des commentaires pour souligner et apporter des précisions sur les passages importants ou méritant des éclaircissements. Vous désirez également ajouter une illustration et l'insérer au centre du rapport (entre deux pages existantes), créer des marges et une orientation de page différentes.

Vous allez pouvoir tester dans cet exercice toutes les tâches principales et essentielles à réaliser sur un document long (mode Plan, gestion des sections pour faire varier les marges, les en-têtes et les pieds de page), et finaliser le document en créant une table des matières et un index.

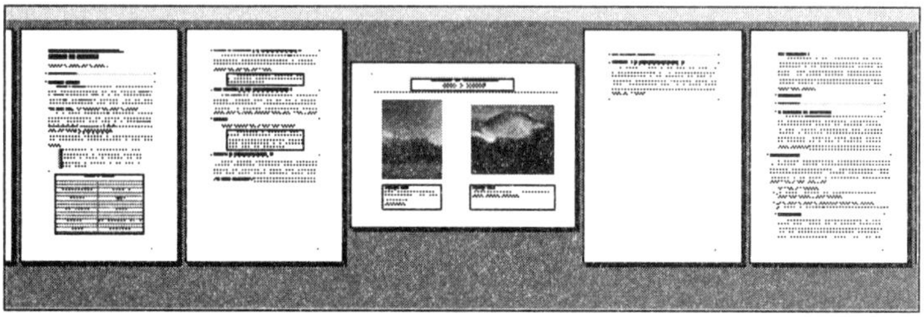

Figure 9.39 : *Voici un exemple de rapport*

Le document que nous vous proposons, *Voyages et Aventure.doc*, a été créé à la base avec les styles de titre prédéfinis *Titre 1*, *Titre 2*, *Titre 3*… qui ont ensuite été légèrement modifiés pour les besoins du document, et avec les styles personnalisés *GrandTitre*, *Montitre*, *Sous-titre* et *Voyages*.

RENVOI

*Reportez-vous au chapitre **Créer des modèles et utiliser les styles** pour la création et l'utilisation des styles.*

Passez à l'action et entrez dans le mode Plan "par la grande porte".

1 Ouvrez le fichier *Voyages et Aventure.doc*.

Le document est composé de cinq pages. Pour visualiser la structure du document et y apporter des modifications, activez le mode Plan.

2 Cliquez en bas de l'écran à gauche sur le bouton **Mode Plan** (ou activez la commande **Affichage/Plan**).

Tous les niveaux du plan sont développés par défaut. Affichez dans un premier temps les différents niveaux de titre du document. Le présent document est composé essentiellement des styles de titre prédéfinis *Titre 1* à *Titre 3*. Afin d'obtenir une vue globale, vous allez afficher les trois niveaux de titre.

3 Cliquez sur le bouton fléché de la zone *Afficher le niveau*. Dans la liste déroulante, cliquez sur l'option *Niveau 3*.

Vous obtenez ainsi une vue précise de la structure du document

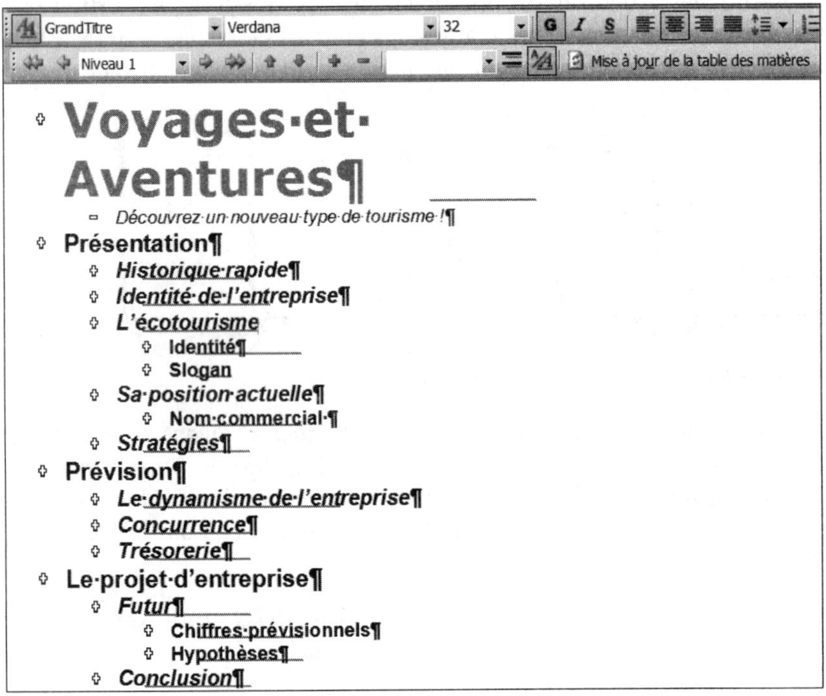

Figure 9.40 : *Afficher les principaux niveaux de titre*

REMARQUE

Développer un niveau

Rappel : un double-clic sur le signe + situé devant un titre affiche le détail (tous les niveaux de titre inférieurs et le texte jusqu'au *Titre 1* suivant). Un double-clic sur ce même symbole masque le détail.

En passant du mode Plan au mode Page, vous devez vous rendre compte qu'il manque un titre.

1 Dans le plan, cliquez sur le titre `Présentation`. Cliquez en bas de l'écran à gauche sur le bouton **Mode Page** (ou activez la commande **Affichage/Page**).

Dans le document, le premier titre de la page `Présentation du projet d'entreprise` (créé à partir du style personnalisé *MonTitre*) ne figure pas dans le plan. Vous allez l'ajouter et le faire passer au niveau hiérarchique 1. Au contraire, vous allez supprimer le sous-titre `Découvrez un nouveau type de tourisme` qui n'a pas une grande utilité dans le plan.

2 Cliquez en bas de l'écran à gauche sur le bouton **Mode Plan**.

3 De retour dans le plan, double-cliquez sur le signe + situé devant un titre principal `Voyages et Aventures`, puis cliquez dans le paragraphe `Présentation du projet d'entreprise.` Cliquez sur le bouton fléché de la zone *Niveau hiérarchique*. Dans la liste déroulante, cliquez sur *Niveau 1*.

4 Cliquez dans le paragraphe `Découvrez un nouveau type de tourisme.` Dans la liste déroulante de la zone *Niveau hiérarchique*, choisissez l'option *Corps de texte*. Actualisez l'affichage du plan en cliquant sur le bouton fléché de la zone *Afficher le niveau* et en choisissant à nouveau *Niveau 3* dans la liste déroulante (voir Figure 9.41).

En regardant le plan encore de plus près, vous vous rendez compte que certaines erreurs sont présentes ou que la disposition de certains paragraphes ne vous convient plus. Vous allez effectuer d'autres modifications de structure.

Ici, vous commencerez par abaisser d'un niveau hiérarchique le titre `L'écotourisme` et le ferez passer du *Niveau 2* au *Niveau 3*.

Figure 9.41 : *Définir un niveau hiérarchique pour ajouter un titre dans le plan*

1 Cliquez sur le titre `L'écotourisme`. Dans la barre d'outils *Mode Plan*, cliquez sur le bouton **Abaisser** (la flèche verte simple orientée vers la droite).

Effectuez l'opération inverse avec le titre `Slogan` que vous allez modifier du *Niveau3* au *Niveau 2*.

2 Cliquez sur le titre `Slogan`. Dans la barre d'outils *Mode Plan*, cliquez sur le bouton **Hausser d'un niveau** (la flèche verte simple orientée vers la gauche).

3 Haussez le titre `Sa position actuelle` du *Niveau 2* au *Niveau 1* et le titre `Nom commercial` du *Niveau 3* au *Niveau 2*. Ici, vous pouvez réaliser cette opération en une fois. En effet, le titre de *Niveau 2* ne possède qu'un titre de *Niveau 3* et chaque titre doit remonter d'un niveau hiérarchique.

4 Cliquez sur le signe **+** situé devant le titre `Sa position actuelle` de manière à sélectionner le titre et tous les niveaux inférieurs dépendants (ici le titre de *Niveau 3* "`Nom commercial`"). Cliquez sur le bouton **Hausser d'un niveau** de la barre d'outils *Mode Plan*.

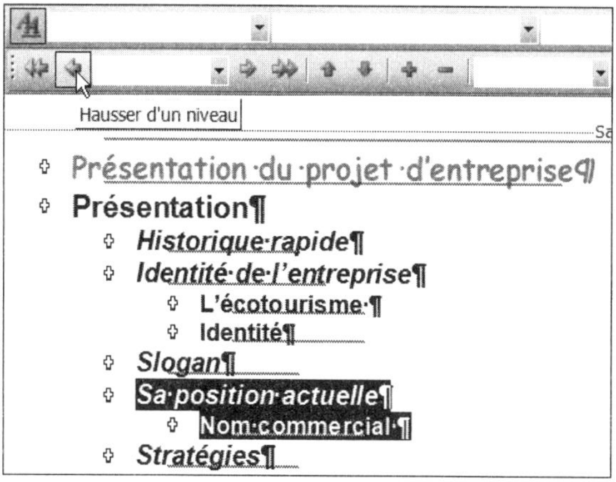

Figure 9.42 : *Faire passer les deux titres au niveau supérieur en même temps*

Le titre `Sa position actuelle` est devenu *Titre 1* et le titre `Nom commercial` *Titre 2*.

Raccourci clavier

Nous vous rappelons la procédure au clavier : utilisez la touche [Tab] pour abaisser le titre d'un niveau et [Maj]+[Tab] pour le hausser (bien positionner le curseur avant).

Vous allez ensuite inverser la position des titres `Stratégies` et `Nom commercial`, en faisant passer l'un au-dessus de l'autre.

5 Cliquez sur le signe **+** situé devant le titre `Stratégies` et faites-le glisser au-dessus du titre `Nom commercial`. Un trait horizontal indiquant l'emplacement de l'insertion s'affiche. Relâchez le bouton de la souris.

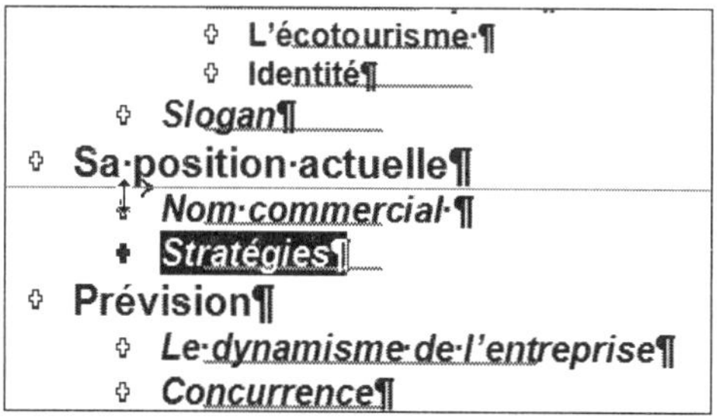

Figure 9.43 : *Déplacer un titre à la souris*

REMARQUE

Le bouton Monter

Vous pouvez aussi cliquer dans le titre à déplacer, puis sur le bouton **Monter** (la flèche bleue orientée vers le haut). Attention, le titre concerné ne doit pas être développé.

Vous allez maintenant ajouter un titre dans le plan en le saisissant, le titre `Suggestions` après le titre `Nom commercial`, et définir pour ce nouvel élément le style *Titre 2*.

1 Cliquez après le titre `Nom commercial` et appuyez sur la touche [Entrée]. Appuyez sur la touche [Tab] pour abaisser le titre d'un niveau et définir le *Titre 2*.

2 Tapez le texte `Suggestions`.

Le plan est finalisé, il est temps de créer une table des matières puis un index. Vous pouvez créer la table des matières en mode Plan ou en mode Page, peu importe, et la visualiser en mode Page. Voyons en mode Plan, par exemple, puisque c'est actuellement le mode actif.

Vous allez créer cette table des matières après la première page qui contient le titre du rapport `Voyages et Aventures`. Vous devez pour cela conserver la saut de page déjà présent entre la page 1 et la page 2 et y insérer la table des matières, c'est-à-dire insérer un saut de section. D'une manière générale, considérez que le saut de section est préférable. Vous allez donc supprimer le saut de page, le remplacer par un saut de section et ajouter un second saut de section qui sera placé après la table des matières.

1 Dans le plan, placez le curseur devant le saut de page (entre les deux titres `Voyages et Aventures` et `Présentation du projet d'entreprise`) et appuyez sur la touche [Suppr].

REMARQUE

Saut de page

Le saut de page est visible si les caractères non imprimables sont affichés. Si toutefois il ne l'était pas, effectuez la manipulation en mode Page.

2 Activez la commande **Insertion/Saut**. Dans la fenêtre qui s'affiche, sous la rubrique **Types de sauts de section**, cliquez sur l'option *Page suivante* et validez. Répétez l'opération et insérez un

second saut de section (page suivante). Dans le plan, cliquez entre les deux sauts de section.

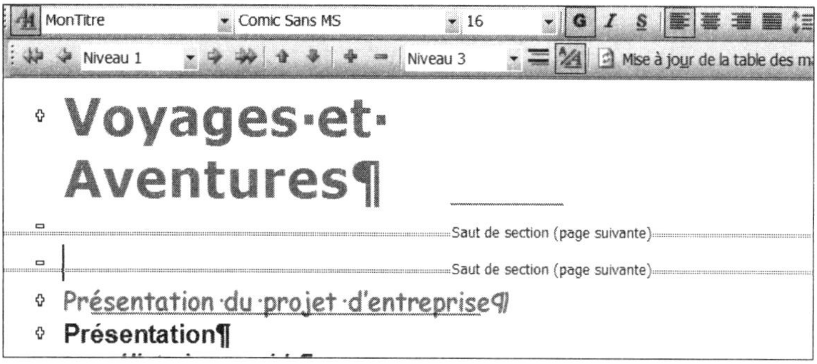

Figure 9.44 : *Créer une nouvelle section pour insérer la table des matières*

3 Dans le menu **Insertion**, cliquez sur **Référence**. Dans le menu déroulant, cliquez sur la commande **Tables et index**. Dans la fenêtre qui s'affiche, sous l'onglet **Table des matières**, rubrique *Général*, cliquez sur la flèche de la zone *Formats*. Dans la liste déroulante, sélectionnez le modèle *Recherché*.

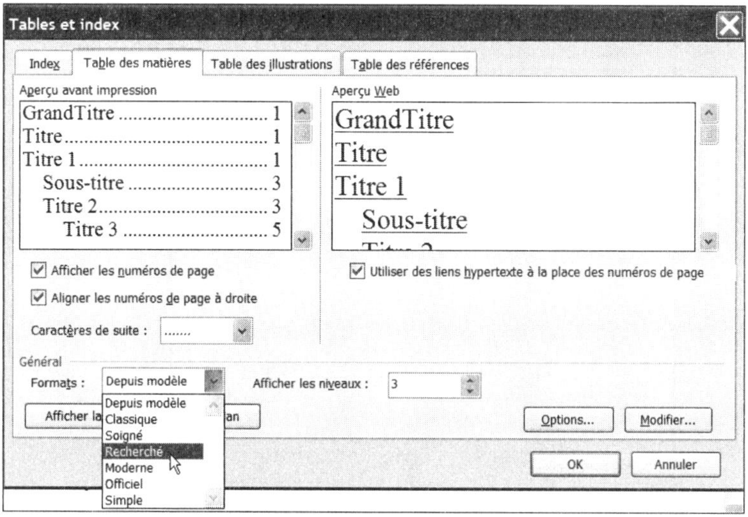

Figure 9.45 : *Choisir un style de présentation*

Déterminez maintenant le nombre de niveaux qui doivent apparaître dans la table des matières (les styles de titres prédéfinis ou les niveaux hiérarchiques).

4 Si ce n'est déjà fait, cliquez sur les flèches de la zone *Afficher les niveaux* et sélectionnez *3* (c'est normalement l'option par défaut.

Accédez aux options pour personnaliser la table des matières en fonction des éléments que vous souhaitez y inclure.

5 Cliquez sur le bouton **Options**. Dans la fenêtre qui s'affiche, faites défiler la barre de défilement de la zone *Niveau*.

Les styles *Titre 1*, *Titre 2*, *Titre 3* (avec les niveaux *1* ; *2* et *3*) et le style *GrandTitre* doivent être cochés. Mais vous devez trouver aussi les styles *Titre* et *Sous-titre* que vous allez supprimer. Vous allez ensuite ajouter le titre *MonTitre*.

6 Dans la zone *Niveau*, sélectionnez la valeur *1* en face du style *Titre* et appuyez sur la touche Suppr. Répétez l'opération pour *Sous-titre* et supprimez la valeur *2*. Cliquez en face du style *MonTitre* et tapez 1. Validez en cliquant sur OK. De retour dans la fenêtre **Tables et index**, vérifiez que la case *Afficher les numéros de page* est cochée (sinon cochez-la) et validez.

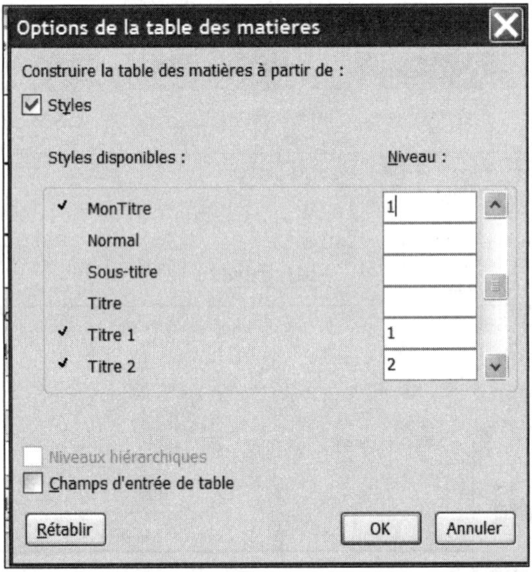

Figure 9.46 : *Sélectionner les styles devant apparaître dans la table des matières*

Votre table des matières est créée.

7 Cliquez en bas de l'écran sur le bouton **Mode Page** pour mieux visualiser la table des matières dans le document.

Vous allez maintenant utiliser la table.

8 Pour atteindre une page dans le document à partir de la table des matières, cliquez sur le numéro de page correspondant tout en maintenant la touche Ctrl enfoncée.

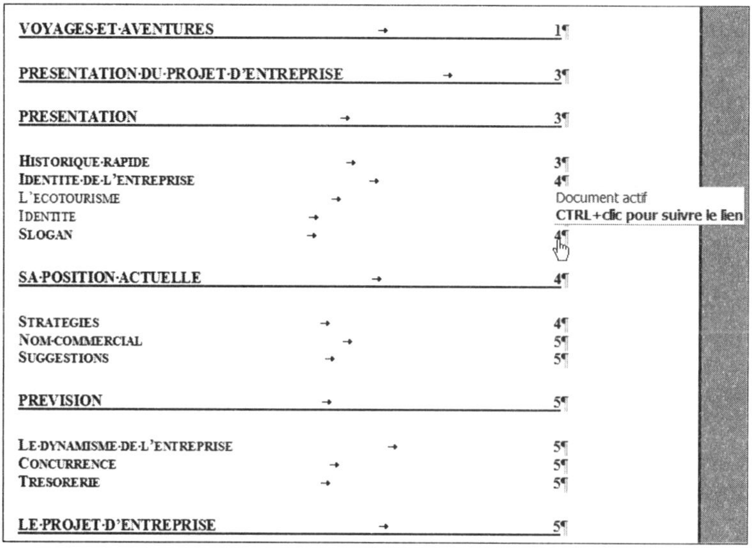

Figure 9.47 : *Atteindre une partie du document*

Vous allez créer un index et le placer à la fin du document. Mais, avant cela, l'index doit être alimenté. Première étape de sa création : marquer les entrées dans le document.

Il s'agit de parcourir le document et de s'arrêter sur chacun des termes que vous souhaitez indexer. Premier mot à indexer par exemple : le mot `Statuts` situé au début du rapport (niveau de titre `Historique rapide`) dans le paragraphe `Voyages et Aventure a déposé ses statuts.`

1 Sélectionnez le mot `Statuts` et activez la combinaison de touches Alt+Maj+X. Dans la fenêtre qui s'affiche, le mot sélectionné dans le document est automatiquement affiché dans la zone *Entrée* (il apparaîtra ainsi dans l'index). Conservez l'option *Page en cours* sélectionnée. Dans la zone *Format des numéros de page*, choisissez un format si nécessaire. Cliquez sur le bouton

Marquer pour marquer l'entrée dans le document (le bouton **Marquer tout** permet de marquer toutes les occurrences du mot).

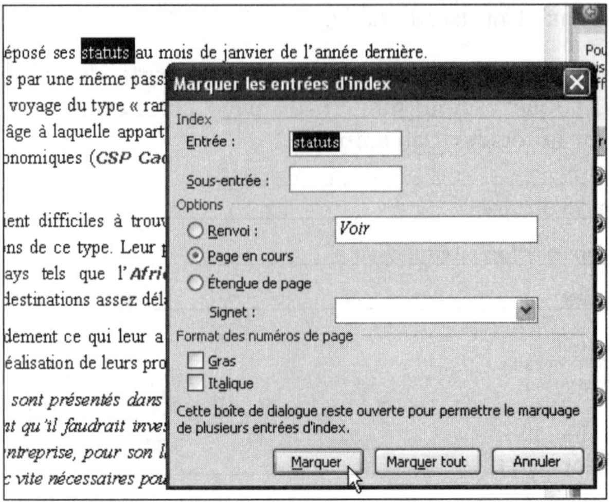

Figure 9.48 : *Marquer une entrée d'index*

Pour passer aux entrées suivantes, inutile de refermer la fenêtre. Indexez les autres mots jusqu'à la fin du document. Vous allez créer une seconde entrée avec le mot `randonnée` situé deux lignes en dessous de `statuts`.

2 Dans le document, double-cliquez sur le mot `randonnée` (au besoin, déplacez préalablement la fenêtre), puis cliquez dans la zone *Entrée*. Le mot `randonnée` s'affiche et remplace le mot `statuts`. Cliquez sur le bouton **Marquer**.

Continuez à marquer les entrées d'index. Dans le paragraphe suivant, `De tels voyages demeuraient difficiles`, vous allez placer deux fois la même entrée sur le mot `voyages` à deux endroits différents et indiquer pour chaque entrée, respectivement, les sous-entrées `Catégories` et `Destinations`.

3 Dans le document, double-cliquez sur le mot `voyages`, puis cliquez dans la zone *Entrée* de la fenêtre. Remplacez la première lettre de `voyages` par une majuscule. Cliquez dans la zone *Sous-entrée*, tapez `Catégories` et cliquez sur le bouton **Marquer**.

4 Cliquez à la fin du paragraphe. Dans la fenêtre, saisissez `Voyages` dans la zone *Entrée* et `Destinations` dans la zone *Sous-entrée*. Cliquez sur le bouton **Marquer**.

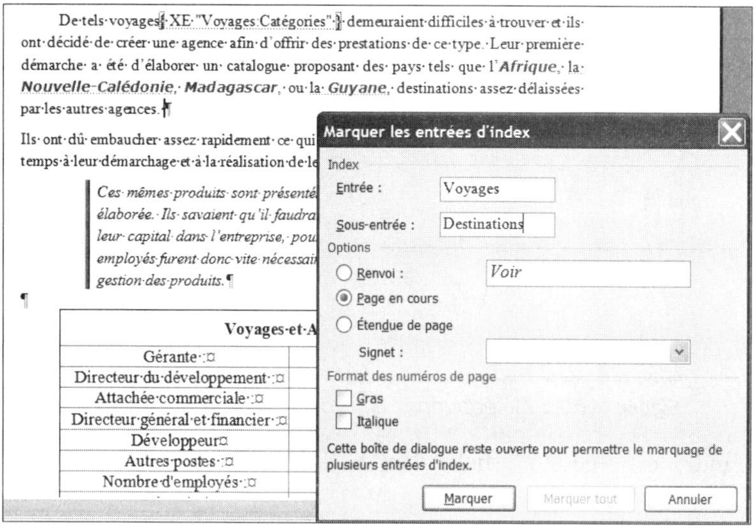

Figure 9.49 : Une sous-entrée Destinations

5 Renouvelez l'opération et placez une entrée d'index `Entreprise` et une sous-entrée `Identité` après le titre *Identité de l'entreprise*, puis une deuxième entrée `Entreprise` et une sous-entrée `Slogan` après le titre *Slogan*.

6 Continuez à parcourir ainsi le document et créez autant d'entrées d'index que vous le jugerez utile. Lorsque vous avez terminé, fermez la fenêtre **Marquer les entrées d'index** en cliquant sur le bouton du même nom.

Vous pouvez maintenant créer l'index et le placer en fin de document.

1 Placez-vous en fin de document en activant le raccourci clavier Ctrl+Fin, puis effectuez un saut de section (page suivante).

2 Dans le menu **Insertion**, pointez sur **Référence**. Dans le menu déroulant, cliquez sur la commande **Tables et index**. Dans la fenêtre qui s'affiche, sous l'onglet **Index**, cliquez sur la flèche de la zone *Formats* et, dans la liste déroulante, choisissez un format. Pour aligner les numéros de page à droite, cochez l'option correspondante. Sélectionnez le type, le nombre de colonnes d'affichage dans la partie droite de la fenêtre et validez en cliquant sur OK.

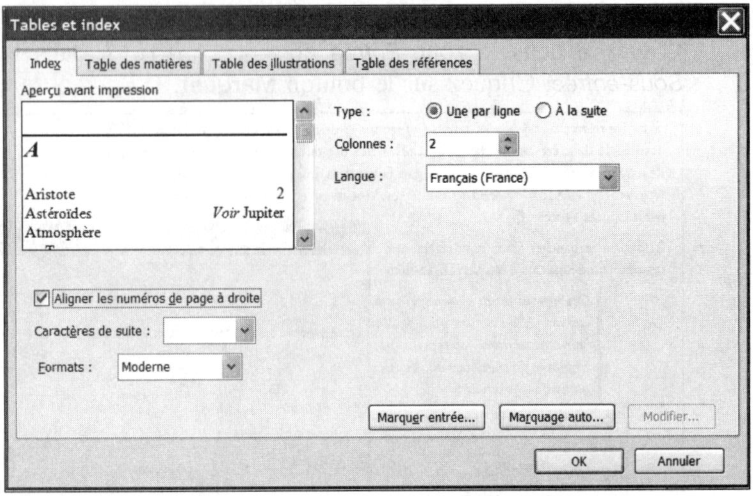

Figure 9.50 : *Sélectionner un modèle et les options de l'index*

L'index est créé et s'affiche dans le document.

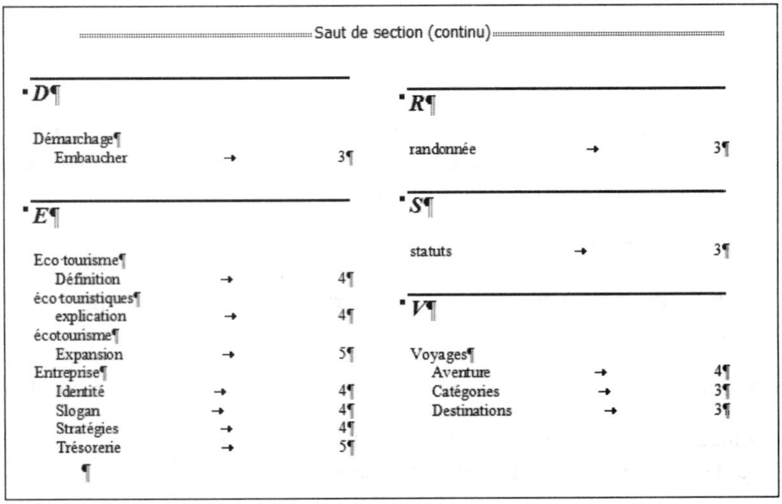

Figure 9.51 : *Un index en fin de document*

Vous allez ajouter au document des éléments qui vont permettre d'atteindre plus rapidement un emplacement donné (signet) ou d'apporter des précisions sur un point en particulier (notes de bas de page).

Ajoutez un premier signet en page 4, après le titre `L'écotourisme`, puis un deuxième en page 5 au niveau du titre `Le dynamisme de l'entreprise`.

1 Accédez à la page 4 en utilisant les boutons **Page suivante** ou **Page précédente** (ou appuyez sur F5, tapez le numéro de page et validez). Cliquez après le titre `L'écotourisme` et activez la commande **Insertion/Signet**. Dans la zone *Nom du signet* de la fenêtre qui s'affiche, saisissez un nom significatif et cliquez sur le bouton **Ajouter**.

2 Cliquez après `Le dynamisme de l'entreprise`. En procédant de la même manière, créez un deuxième signet. Cliquez sur **Ajouter**.

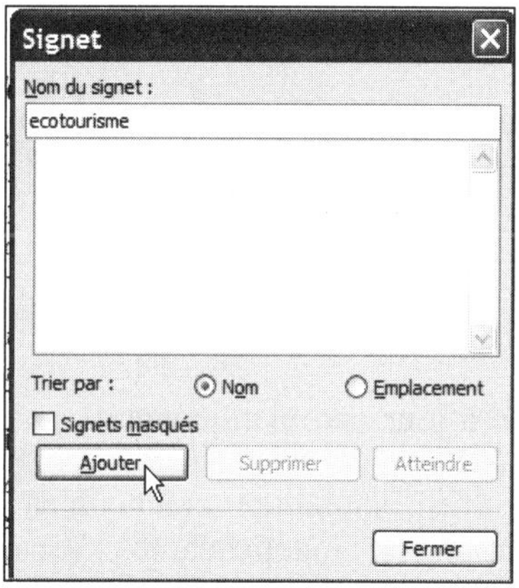

Figure 9.52 :
Créer un premier signet

3 Ajoutez autant de signets que nécessaire.

REMARQUE

Retrouver un signet

Pour retrouver un emplacement marqué par un signet, nous vous rappelons la procédure : activez la commande **Edition/Atteindre**. Dans la fenêtre qui s'affiche, zone **Atteindre**, sélectionnez *Signet* puis le nom du signet dans la zone du même nom.

Vous allez maintenant donner des précisions sur un élément du document en utilisant les notes de bas de page. Dans le paragraphe `De tels voyages` en page 3, vous souhaitez insérer une note de bas de page pour le mot `catalogue`. Vous y indiquerez à quel endroit trouver ce catalogue, le prix, la disponibilité, etc.

1 Cliquez après le mot `catalogue`. Dans le menu **Insertion**, pointez sur **Référence**. Dans le menu déroulant, cliquez sur **Note de bas de page**. Dans la fenêtre qui s'affiche, sélectionnez les options souhaitées et cliquez sur le bouton **Insérer**.

2 Dans le document, saisissez le contenu de la note de bas de page qui s'affiche automatiquement, par exemple :

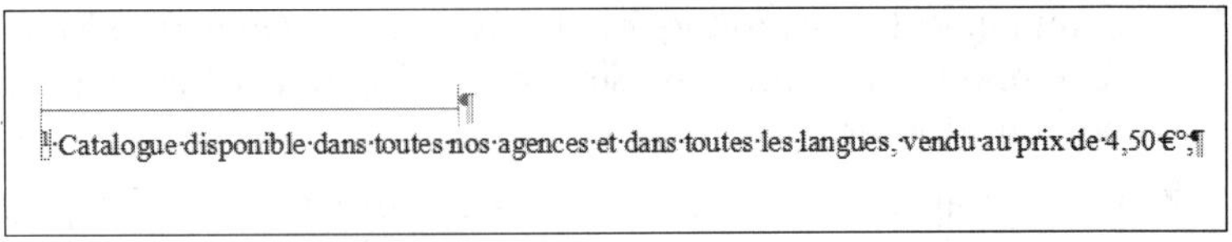

Figure 9.53 : *Saisir la note en bas de page*

3 Pour revenir sur le mot `catalogue`, double-cliquez sur le symbole (le petit `1`) de la note.

4 En procédant de la même manière, ajoutez une deuxième note sur le mot `plaquette` situé deux paragraphes en dessous et tapez le texte suivant :

```
Cette plaquette a subi de nombreuses modifications et
est maintenant disponible sur notre site Internet.
```

La numérotation des notes est mise à jour automatiquement.

À partir d'un titre du rapport, vous souhaitez créer un nouveau document pour l'exploiter de manière indépendante. Vous avez également besoin, pour enrichir le rapport, de deux fichiers existants ; vous allez donc les insérer. Vous réaliserez ces opérations en mode Document maître.

1 Cliquez en bas de l'écran sur le bouton **Mode Plan**. Dans la zone *Afficher le niveau* de la barre d'outils *Mode Plan*, cliquez sur l'option *Niveau 3*, de manière à afficher l'essentiel du plan.

À partir du titre `Le projet d'entreprise`, vous souhaitez créer un sous-document dans le rapport de stage, puis un nouveau fichier indépendant à partir de ce sous-document.

2 Cliquez sur le signe **+** situé devant le titre `Le projet d'entreprise` afin de sélectionner le titre et tous les niveaux hiérarchiques inférieurs qui dépendent de ce titre. Cliquez sur le bouton **Créer un sous-document** de la barre d'outils *Mode Plan*.

REMARQUE

Activer le mode Document maître

Si le bouton n'apparaît pas, cliquez d'abord sur le bouton **Mode Document maître**.

Dans le plan, le sous-document est maintenant délimité par une bordure.

3 Pour créer un nouveau fichier indépendant à partir de ce sous-document, double-cliquez sur le petit symbole situé à gauche du signe **+** devant le titre `Le projet d'entreprise`.

Un nouveau document Word est créé dans une nouvelle fenêtre avec le texte contenu dans les niveaux de plan sélectionnés.

4 Enregistrez le nouveau fichier sur votre disque dur.

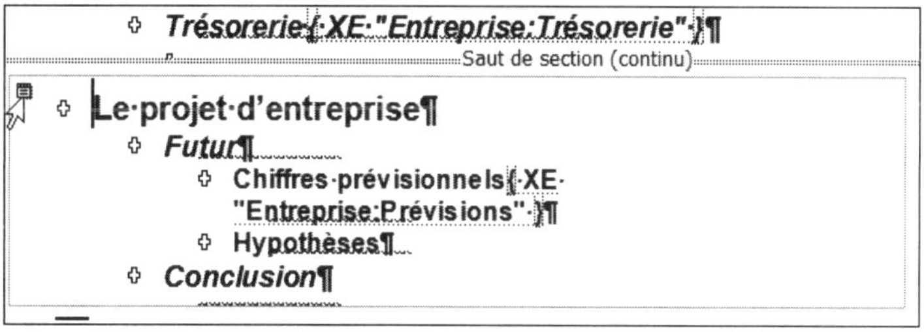

***Figure 9.54 :** Créer un nouveau fichier*

ATTENTION

Sous-document verrouillé

N'oubliez pas que le sous-document est verrouillé dans le plan (un petit cadenas apparaît) tant que le nouveau fichier reste ouvert.

Vous avez rédigé des notes en marge du stage dans un fichier à part (*Notes de stages.doc*) que vous souhaitez intégrer au rapport. Vous désirez également l'illustrer par des images accompagnées de texte issues d'un autre fichier (*Paysages.doc*). Vous allez donc insérer ces deux fichiers.

Vous insérerez le premier fichier entre les titres `Le dynamisme de l'entreprise` et `Concurrence`.

1 Téléchargez les fichiers *Notes de stages.doc* et *Paysages.doc*, puis stockez-les dans le dossier de votre choix.

2 Cliquez devant le titre `Concurrence`. Cliquez sur le bouton **Insérer un sous-document** de la barre d'outils *Mode Plan*. Dans la fenêtre qui s'affiche, recherchez le dossier de stockage et double-cliquez sur le fichier à insérer.

Le fichier est intégré au plan et se trouve délimité par des bordures, un saut de section avant et un saut de section après.

3 Double-cliquez sur le signe **+** situé devant le titre pour masquer (ou afficher) les niveaux hiérarchiques inférieurs, de la même manière que n'importe quel autre élément du plan.

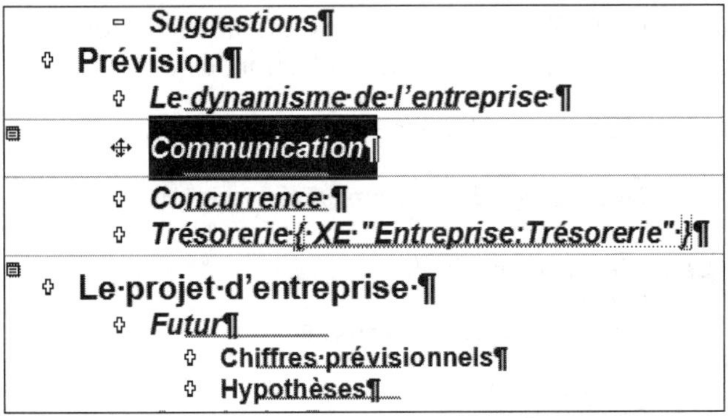

Figure 9.55 : *Masquer le contenu du sous-document*

ATTENTION

Saut de section mal placé

À l'insertion d'un sous-document, Word place un saut de section (page suivante) avant. Ici, il n'est pas justifié, vous pouvez le supprimer. Cliquez sur le bouton **Mode Page**, puis sur le saut de section situé après le paragraphe "`Le dynamisme de l'entreprise...`". Appuyez sur la touche [Suppr] pour le supprimer et faire remonter le paragraphe "`Communication`" sur la même page. Cliquez sur le bouton **Mode Plan**.

Un titre a été ajouté, il s'agit maintenant de mettre à jour la table des matières.

4 Cliquez sur le bouton **Mise à jour de la table des matières**. Dans la fenêtre qui s'affiche, cliquez sur l'option *Mettre à jour toute la table* et validez.

Le titre `Communication` est ajouté à la table.

Vous allez insérer le second fichier, celui qui contient les illustrations. Ce fichier a une orientation de page *Paysage*, contrairement à celle définie dans le rapport. Vous allez donc insérer deux sections, insérer le fichier entre les titres `Slogan` et `Sa position` actuelle.

5 Cliquez dans le plan avant le titre `Sa position` actuelle. Dans le menu **Insertion**, cliquez sur **Saut** et, dans la zone *Type de sauts de section* de la fenêtre qui s'affiche, cliquez sur *Page suivante*. Validez en cliquant sur OK.

6 Cliquez sur le bouton **Insérer un sous-document** de la barre d'outils *Mode Plan*. Dans la fenêtre qui s'affiche, recherchez le dossier qui contient le fichier à insérer et double-cliquez sur le fichier *Paysages.doc*.

ATTENTION

Bouton Insérer un sous-document

Si le bouton **Insérer un sous-document** est inactif, c'est que vous avez dû cliquer précédemment sur le bouton **Réduire les sous-documents.** Effectuez alors la démarche inverse en cliquant sur le bouton **Développer les sous-documents.**

Le fichier est inséré, mais n'est pas visible en mode Plan. Vous allez donc passer en mode Page pour le visualiser.

7 Cliquez en bas de l'écran sur le bouton **Mode Page**.

La page est insérée dans la section et conserve son orientation *Paysage* d'origine, le reste du document ayant une orientation *Portrait*.

Vous allez maintenant insérer la numérotation automatique des pages, sauf sur la première, et ajouter un en-tête de page uniquement pour la page qui contient les illustrations.

1 Positionnez-vous dans la première page du document : le moyen le plus rapide pour y parvenir est le raccourci clavier Ctrl+↖ (pour mémoire, la flèche située au-dessus de la touche Fin). Activez la commande **Insertion/Numéros de page**. Dans la fenêtre qui s'affiche, décochez la case *Commencer la numérotation à la première page* et validez.

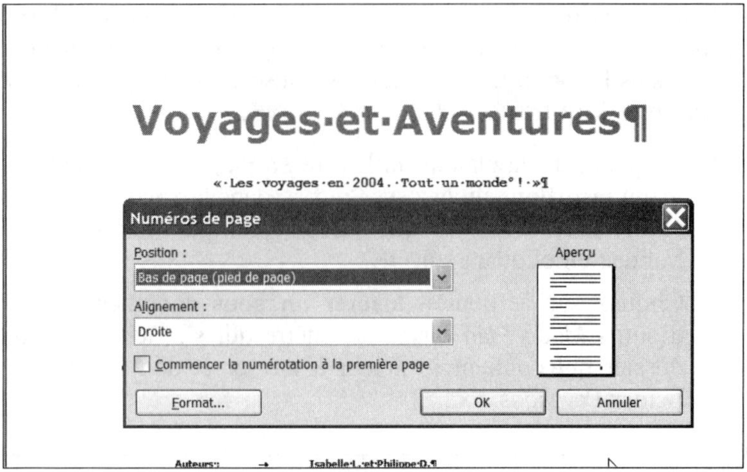

Figure 9.56 : *Numérotation des pages*

Un moyen rapide pour numéroter toutes les pages sauf la première.

2 Affichez la page qui contient les images et cliquez dans cette page (c'est important pour la suite).

3 Activez la commande **Affichage/En-tête et pied de page**. Sur la barre d'outils *En-tête et pied de page*, si le bouton **Lier au précédent** est actif, cliquez dessus pour le désactiver.

La mention *Identique au précédent* ne doit plus figurer à droite de la zone de l'en-tête.

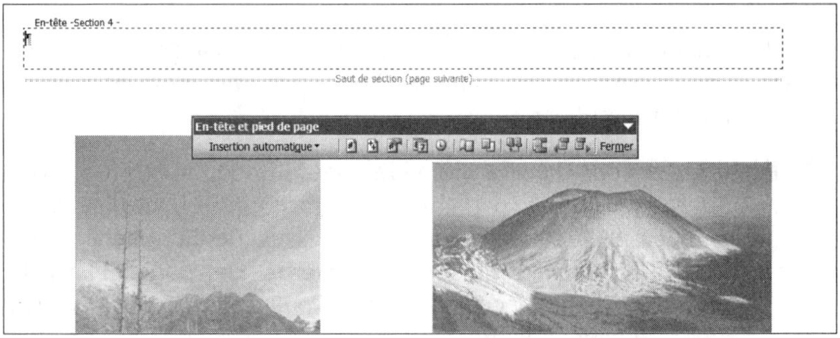

Figure 9.57 : *Cet en-tête ne doit pas être lié au précédent*

4 Cliquez sur bouton **Afficher En-tête/pied de page suivant**. Dans l'en-tête suivant, cliquez sur le bouton **Lier au précédent** pour le désactiver (comme pour l'en-tête précédent, la mention *Identique*

au précédent doit impérativement être absente). Cliquez sur le bouton **Afficher En-tête/pied de page précédent** pour revenir dans l'en-tête des illustrations.

5 Tracez une zone de texte dans la zone de l'en-tête et tapez le texte suivant : `EXEMPLE DE DESTINATIONS Voyages et Aventure`, sur deux lignes (mise en forme au choix).

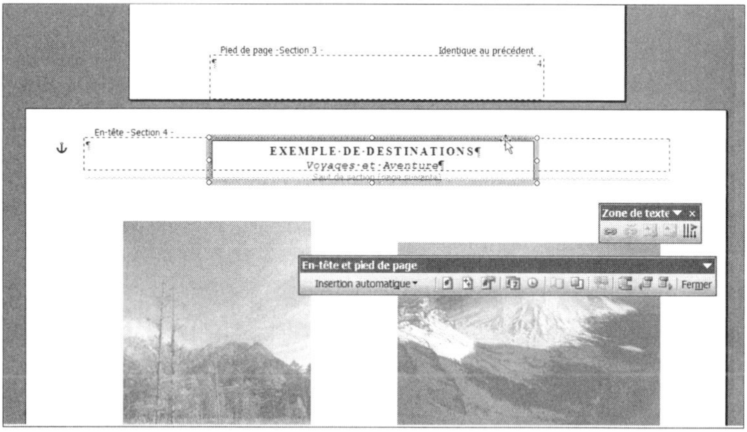

Figure 9.58 : *Définir un en-tête uniquement pour la page des illustrations*

6 Sortez du mode En-tête et pied de page en cliquant sur le bouton **Fermer** de la barre d'outils correspondante. Enregistrez les modifications.

REMARQUE

Développer les sous-documents

À l'enregistrement, Word réduit automatiquement les sous-documents. Lorsque vous ouvrez à nouveau le document maître, ceux-ci s'affichent sous la forme de liens hypertextes. Si vous souhaitez en afficher à nouveau le contenu dans le document maître, cliquez sur le bouton **Développer les sous-documents** de la barre d'outils *Mode Plan*. Si vous souhaitez les ouvrir, cliquez sur le lien en maintenant la touche Ctrl enfoncée.

Retrouvez le fichier *Voyages et Aventure final.doc* avec le rapport finalisé sur le site **www.microapp.com**.

Chapitre 10

Travailler en groupe, protéger un document

Vous pouvez travailler à plusieurs sur un même document et suivre ainsi les modifications successives, en activant le mode Révision. Le premier utilisateur, le propriétaire, peut ensuite accepter ou refuser les modifications effectuées par d'autres personnes (pour un contrôle plus efficace, il peut aussi verrouiller le document par un mot de passe).

La sécurité est une notion très importante lorsque l'on souhaite conserver la maîtrise de ses données. Vous pouvez protéger un document à différents niveaux : au niveau du contenu, en apportant des restrictions de modification et de mise en forme ou au niveau du document lui-même : verrouillage par mot de passe pour la modification ou (plus radical encore) pour la lecture (le fichier ne peut être ouvert).

Vous apprendrez également dans ce chapitre à créer plusieurs versions d'un même document dans un fichier unique, afin d'éviter la multiplication de plusieurs petits fichiers presque identiques.

10.1. Suivre les modifications d'un document

À qui l'aventure suivante n'est-elle pas arrivée : vous saisissez du texte et celui-ci s'inscrit en rouge ? Ce n'est pas un problème de couleur de police ; le mode Révision a simplement été activé, soit par une autre personne, soit par vous-même de manière fortuite. Le mode Révision utilise effectivement une couleur (le rouge) pour faire ressortir les modifications du texte d'origine. Son activation peut être accidentelle (clic par erreur sur une commande du menu).

Vous rédigez un projet avec plusieurs collaborateurs, chacun devant ajouter (ou supprimer) des informations. Vous en êtes l'initiateur et décidez d'activer le mode Révision pour contrôler les modifications apportées à votre document.

1 Si vous avez vous-même des modifications à apporter au document, appliquez-les avant d'activer le mode Révision. Dans le menu **Outils**, cliquez sur la commande **Suivi des modifications**.

La barre d'outils *Révision* s'affiche automatiquement.

2 Cliquez sur le bouton **Enregistrer** et fermez le document.

Lorsqu'un collaborateur (un relecteur) ouvre et modifie le document, les modifications s'inscrivent en rouge. Suivant les paramètres en vigueur, les suppressions sont rayées d'un trait rouge ou s'inscrivent dans une bulle.

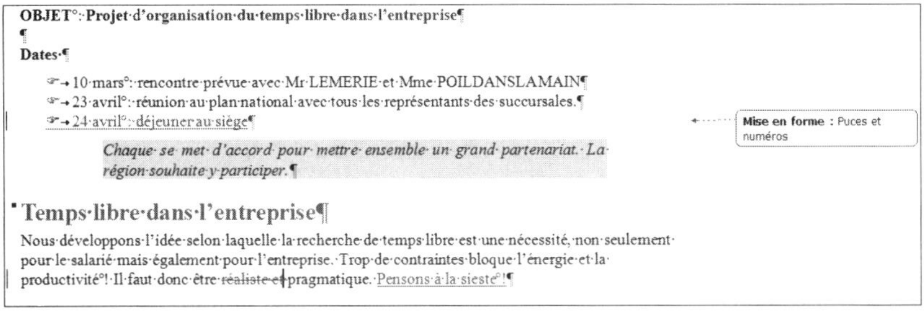

Figure 10.1 : *Suivre les modifications apportées à un document*

À vous maintenant de vérifier le document et d'accepter ou non les modifications.

1. Cliquez sur les boutons **Suivant** ou **Précédent** de la barre d'outils *Révision* pour parcourir les différentes modifications du document.
2. Cliquez sur le bouton **Accepter la modification** pour intégrer la modification sélectionnée au document (le texte n'est plus souligné en rouge). Cliquez sur le bouton fléché de ce même bouton. Dans la liste, choisissez *Accepter toutes les modifications dans le document* pour valider toutes les modifications en une fois.
3. Cliquez sur le bouton **Refuser la modification** pour obtenir le résultat inverse (le texte ajouté par le relecteur est supprimé, et le texte supprimé rétabli). Cliquez sur l'option *Refuser toutes les modifications dans le document* pour tout rejeter en une fois.

Vous pouvez faire varier l'affichage du document modifié pour avoir une idée du résultat final, connaître la chronologie des modifications, ajouter des commentaires, etc.

1. Pour afficher le document sous différentes formes, cliquez sur le bouton fléché de la zone *Afficher pour la révision* de la barre d'outils *Révision*. Dans la liste, choisissez parmi les options :
   - *Final avec marques* : affiche le texte inséré et les modifications de mise en forme dans le document ; le texte supprimé apparaît quant à lui dans des bulles.

- *Final* : affiche le document tel qu'il sera si vous acceptez toutes les modifications.
- *Original avec marques* : affiche le texte supprimé dans le document (rayé), le texte inséré et les modifications de mise en forme dans des bulles.
- *Original* : affiche le document d'origine.

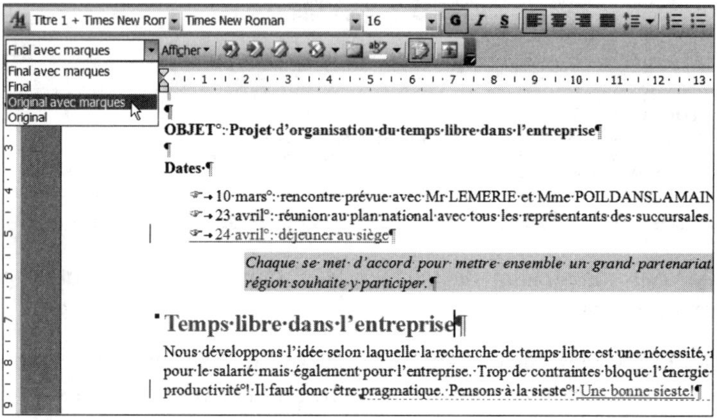

Figure 10.2 : *Faire varier l'affichage*

2 Pour connaître le détail des modifications, cliquez sur le bouton **Volet Révision** de la barre d'outils *Révision.*

Les révisions sont classées par catégories et sont détaillées (type, heure de la modification, etc.).

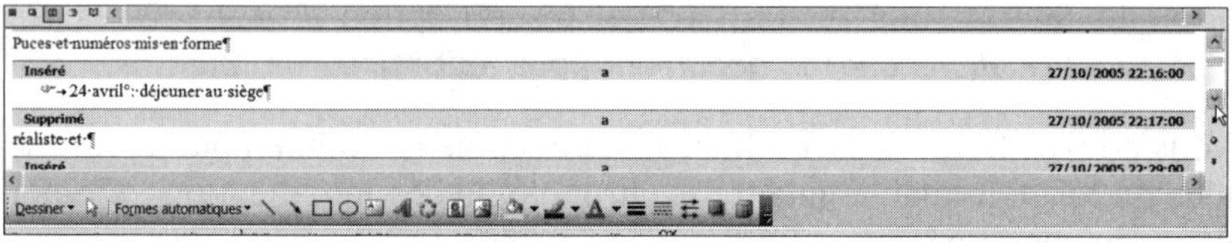

Figure 10.3 : *Utiliser le Volet Révision*

3 Pour insérer un commentaire, cliquez sur le bouton **Commentaire** de la barre d'outils *Révision*. Saisissez le commentaire dans la bulle qui s'affiche.

4 Si vous jugez les bulles (révision et commentaires) trop encombrantes, cliquez sur le bouton **Afficher**, pointez sur **Bulles**. Dans le menu déroulant, cliquez sur *Jamais* pour les masquer ou sur *Uniquement pour les commentaires/la mise en forme* pour afficher uniquement le type correspondant.

REMARQUE

Supprimer un commentaire

Pour supprimer un commentaire, cliquez du bouton droit sur le commentaire (sur la bulle ou dans le texte si vous avez masqué les bulles). Dans le menu contextuel, cliquez sur la commande **Supprimer le commentaire**.

5 Lorsque vous souhaitez modifier votre document sans que cela soit considéré comme une révision, désactivez le mode en cliquant sur le bouton **Suivi des modifications** de la barre d'outils *Révision*.

ASTUCE

Activer le mode Révision

Pour activer ou désactiver le mode Révision au clavier, utilisez le raccourci clavier Ctrl+Maj+R.

10.2. Limiter l'accès à un document

Vous souhaitez protéger un document. Vous pouvez en interdire l'accès totalement ou partiellement. Certaines protections présentent des failles, d'autres sont plus radicales.

1 Activez la commande **Outils/Protéger le document.**

2 Sous la rubrique *Restrictions de mise en forme* du Volet *Protéger le document* qui s'affiche, cochez la case *Limiter la mise en forme à une sélection de styles*, si vous souhaitez interdire la modification de certains styles du document. Dans la fenêtre qui s'affiche, conservez cochés les styles à autoriser et validez.

3 Sous la rubrique *Restrictions de modifications*, cochez la case *Autoriser uniquement ce type de modifications dans le document*, pour protéger le document en fonction d'un type d'action à effectuer.

4 Cliquez sur le bouton fléché de cette zone. Dans la liste, choisissez une option :

- *Aucune modification (Lecture seule)* : après activation de la protection, le document ne pourra être modifié, seulement consulté.
- *Marques de révision* : après activation de la protection, le mode Révision est activé et verrouillé.
- *Commentaires* : il est possible uniquement d'ajouter des commentaires.
- *Remplissage de formulaires* : seuls les champs d'un formulaire sont accessibles.

Si vous choisissez l'option *Aucune modification* ou *Commentaires*, il est possible de définir dans votre document des zones qui pourront être librement modifiées par les utilisateurs.

5 Dans votre document, sélectionnez la partie de texte à définir comme zone modifiable. Sous la rubrique *Exceptions*, cochez la case de la zone *Groupes* (par défaut, il s'agit de l'option *Tout le monde*). Cliquez sur le bouton fléché de cette option *Tout le monde*. Dans la liste, choisissez l'option *Rechercher la zone suivante pouvant être modifiée par cet utilisateur*. Dans votre document, cliquez en dehors du texte pour le désélectionner.

La zone modifiable est repérée dans le document par une légère trame grise.

6 Répétez l'opération pour chaque nouvelle zone modifiable.

7 Dans la zone *Activation de la protection*, cliquez sur le bouton **Activer la protection**. Tapez un mot de passe dans la fenêtre qui s'affiche (et confirmez-le dans la zone correspondante). Validez en cliquant sur OK.

Le mot de passe est facultatif. Si vous ne souhaitez pas en mettre, laissez les deux zones vides et validez (voir Figure 10.4).

Suivant l'option choisie, les principaux boutons de la barre d'outils *Révision* sont désactivés. Lorsque des zones modifiables sont définies, l'utilisateur peut cliquer sur les boutons **Trouver la zone modifiable suivante** ou **Afficher toutes les zones modifiables** (une fois protégées, celles-ci s'affichent avec une trame jaune clair) puis effectuer des modifications à l'intérieur.

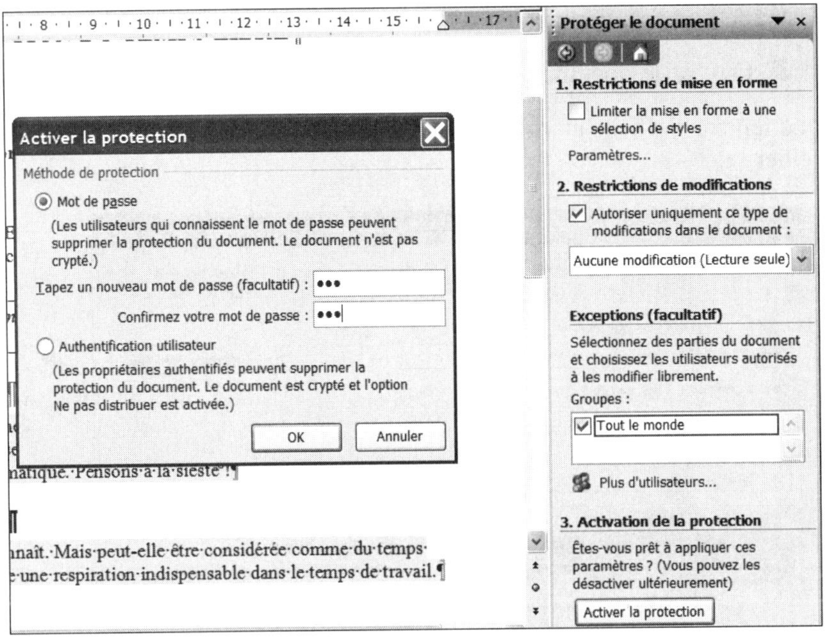

Figure 10.4 : *Activer la protection par mot de passe*

Lorsque vous souhaiterez désactiver la protection, le mot de passe vous sera demandé.

10.3. Verrouiller un fichier par mot de passe

Les protections de document décrites précédemment permettent toutes d'ouvrir le fichier, d'effectuer des modifications (ou de la consultation pour l'option *Aucune modification* s'il n'y a aucune zone modifiable). Le mot de passe vous est demandé dès que vous souhaitez désactiver la protection. Vous pouvez également verrouiller un fichier par mot de passe : sans ce dernier, il sera impossible d'ouvrir le document.

1 Activez la commande **Outils/Options**. Dans la fenêtre qui s'affiche, sous l'onglet **Sécurité**, tapez un mot de passe dans la zone *Mot de passe pour la lecture* et validez. Saisissez à nouveau le mot de passe dans la fenêtre **Confirmer le mot de passe** qui s'affiche et validez.

2 Enregistrez et fermez le document.

Testez le bon fonctionnement du verrouillage.

3 Ouvrez le document.

Une fenêtre s'affiche et vous invite à taper le mot de passe pour ouvrir le fichier.

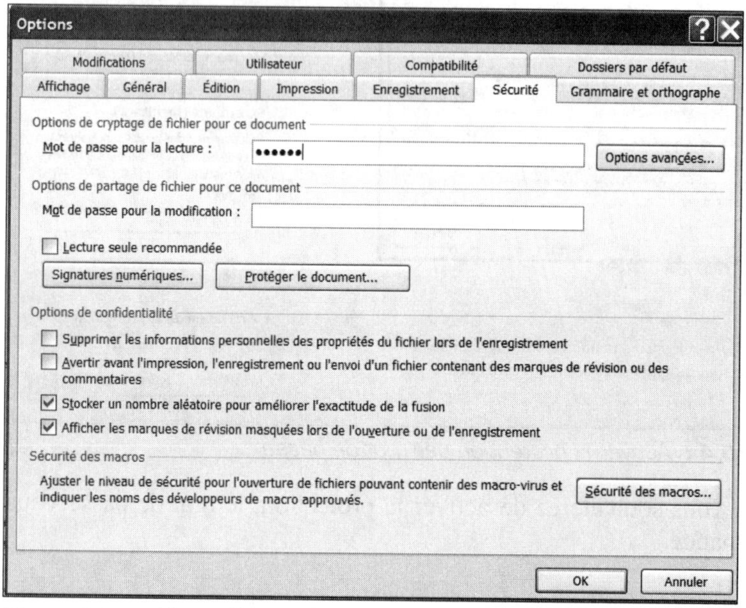

Figure 10.5 : *Verrouiller un fichier pour la lecture*

Dans la même fenêtre, si vous saisissez un mot de passe dans la zone *Mot de passe pour la modification*, il sera impossible à un utilisateur d'ouvrir le document sans le mot de passe, sauf en lecture seule : le fichier ne pourra être modifié (seulement enregistré sous un autre nom).

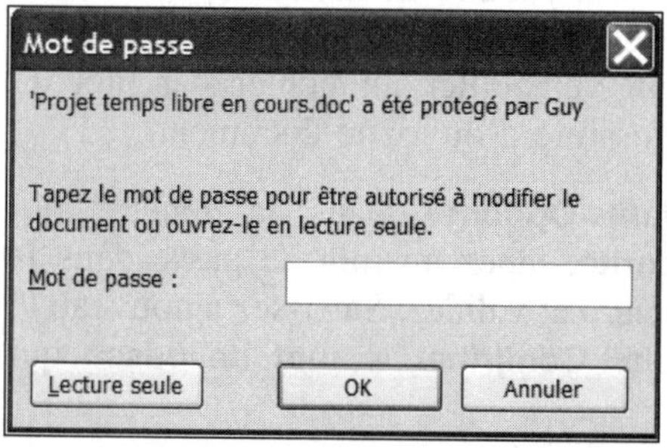

Figure 10.6 : *Possibilité d'ouvrir ici le fichier en lecture seule*

REMARQUE

Lecture seule recommandée

L'option *Lecture seule recommandée* permet d'afficher un message recommandant d'ouvrir le fichier en lecture seule lorsque aucun mot de passe n'est défini. Un message vous laisse alors le choix d'ouvrir le fichier en lecture seule ou non.

Lorsque vous avez défini un mot de passe, vous pouvez avoir envie de le supprimer.

1 Activez la commande **Outils/Options**. Dans la fenêtre qui s'affiche, sous l'onglet **Sécurité**, sélectionnez le mot de passe dans la zone correspondante. Appuyez sur la touche [Suppr] et validez.

2 Enregistrez le document.

10.4. Gérer plusieurs versions d'un document

Vous souhaitez créer plusieurs variantes d'un même document. Plutôt que de les enregistrer dans des fichiers distincts, créez plusieurs versions dans un fichier unique. Vous pourrez ainsi tout centraliser et les fichiers seront accessibles plus facilement.

1 Ouvrez le document de départ qui servira de base pour les différentes versions.

Il s'agit d'abord d'enregistrer une première version avec le texte de ce document afin de le conserver (car le fichier affichera, à l'ouverture, le texte de la dernière version enregistrée).

2 Activez la commande **Fichier/Versions**. Dans la fenêtre qui s'affiche, cliquez sur le bouton **Enregistrer**. Dans la zone *Commentaires sur la version* de la nouvelle fenêtre, saisissez un descriptif de la version et validez.

3 Dans votre document, tapez les modifications nécessaires à la seconde version. Activez la commande **Fichier/Versions**. Cliquez sur **Enregistrer**, tapez un commentaire et validez.

4 Répétez l'opération autant de fois que nécessaire pour chaque version à enregistrer.

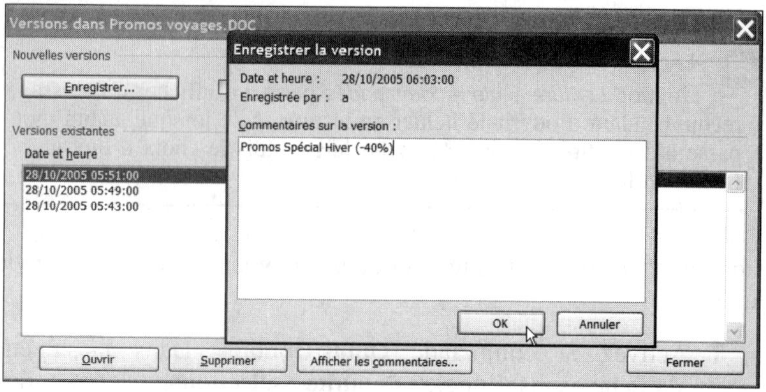

Figure 10.7 : *Commenter chaque version*

5 Pour ouvrir une version enregistrée, activez la commande **Fichier/Versions**. Dans la fenêtre qui s'affiche, double-cliquez sur la version à ouvrir.

Deux documents s'affichent en mosaïque :

- Le fichier (son nom est indiqué sur la barre de titre) qui contient le texte de la dernière version enregistrée.
- La version choisie. La barre de titre indique le nom du fichier, suivi de "*version*", de la date et de l'heure de l'enregistrement. La fenêtre de la version est toujours la fenêtre active, et une partie du texte modifié est automatiquement sélectionné (voir Figure 10.8).

6 Si vous souhaitez consulter la version en plein écran, double-cliquez sur la barre de titre.

Vous ne pouvez pas modifier une version mais vous pouvez enregistrer les modifications dans un fichier distinct.

7 Effectuez les modifications nécessaires dans la version et activez la commande **Fichier/Enregistrer sous**. Dans la fenêtre qui s'affiche, enregistrez le fichier comme n'importe quel autre fichier.

Vous pouvez consulter les différentes versions d'un document, supprimer les versions devenues obsolètes.

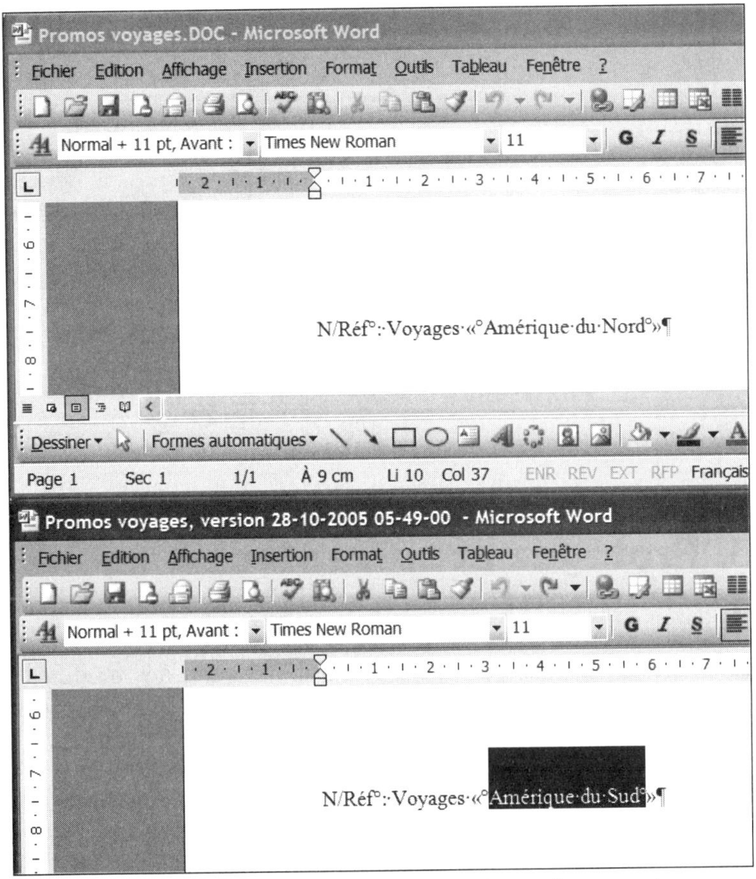

Figure 10.8 : *Affichage de la fenêtre du fichier et d'une version*

8 À partir de la fenêtre du fichier (et non à partir de celle d'une version), activez la commande **Fichier/Versions**. Dans la fenêtre qui s'affiche, sélectionnez une version et cliquez sur le bouton souhaité (**Afficher les commentaires** ou **Supprimer**).

ASTUCE

Version automatique

Vous pouvez également cocher la case *Enregistrer automatiquement à la fermeture du document*. Si vous effectuez une modification dans le fichier, une version sera automatiquement créée lors de sa fermeture.

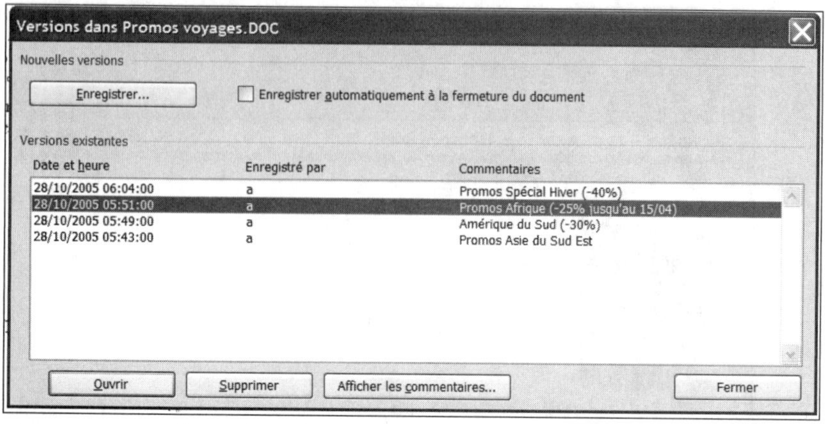

Figure 10.9 : *Afficher les informations, supprimer une version*

10.5. Protégez et suivez les révisions d'un document

Cet exercice va vous permettre de combiner suivi des modifications et protection d'un document. Vous découvrirez aussi ce qu'il advient d'un document dont on a oublié le mot de passe.

Pour la circonstance, nous vous proposons un jeu de rôle : vous serez tantôt le propriétaire du document, tantôt un relecteur. En tant que propriétaire, vous activerez le mode Révision et protégerez le fichier par mot de passe. En tant que relecteur, vous effectuerez des modifications dans le document.

Pour jouer le rôle du propriétaire :

1 Téléchargez sur le site **www.microapp.com** et ouvrez le fichier *Rapport audit.doc*.

2 Activez la commande **Outils/Protéger le document**.

Vous souhaitez autoriser uniquement les marques de révision.

3 Sous la rubrique *Restrictions de modifications*, cochez la case *Autoriser uniquement ce type de modifications dans le document*. Dans la liste déroulante, choisissez l'option *Marques de révision*.

4 Cliquez sur le bouton **Activer la protection**. Dans la fenêtre qui s'affiche, tapez un mot de passe dans les deux zones de saisie et validez.

REMARQUE

Activation automatique

Il n'est pas nécessaire ici d'activer le mode Révision via la commande habituelle **Outils/Suivi des modifications**. Dès lors que vous protégez le document avec l'option *Marques de révision*, celui-ci est activé. La barre d'outils n'est pas affichée et la commande **Suivi des modifications** du menu **Outils** désactivée.

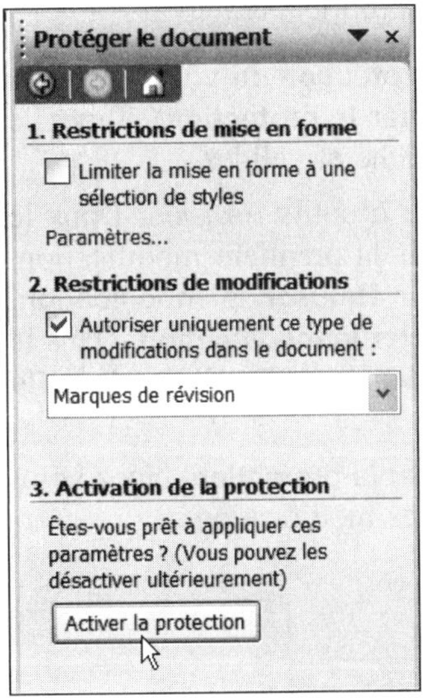

Figure 10.10 :
Restreindre les modifications aux marques de révision

5 Cliquez sur le bouton **Enregistrer**.

Maintenant, jouez le rôle du relecteur.

1 Cliquez à la fin du paragraphe de l'objet, après "`...dans nos chaix`". Saisissez le texte `réalisée sur un mois.` Double-cliquez sur le mot `Détail` de "`Détail des tests...`" et tapez le mot `Analyse` à la place.

2 Supprimez le texte `(n'est-ce pas Monsieur Boulidot ?)` situé à la fin du paragraphe `Résultats`.

3 Cliquez sur le bouton **Enregistrer**.

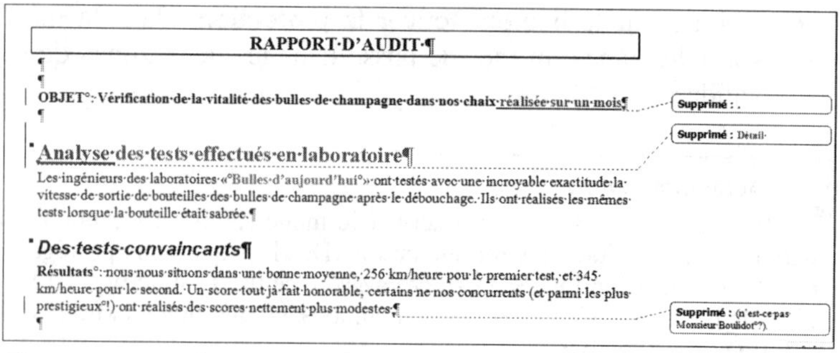

Figure 10.11 : *Apporter quelques modifications*

Changez de masque ; vous voici à nouveau propriétaire.

1. Cliquez sur le bouton **Désactiver la protection** du volet **Protéger le document** (ou cliquez sur **Outils/Ôter le protection**). Tapez le mot de passe dans la fenêtre qui s'affiche et validez.
2. Si ce n'est déjà fait, affichez la barre d'outils *Révision*. Dans le document, cliquez du bouton droit sur la première modification. Dans le menu contextuel, cliquez sur **Refuser la modification.** Cliquez sur la flèche du bouton **Accepter la modification**. Dans la liste, cliquez sur **Accepter toutes les modifications dans le document**.
3. Cliquez à nouveau sur le bouton **Activer la protection**, tapez votre mot de passe et validez. Enregistrez les modifications.

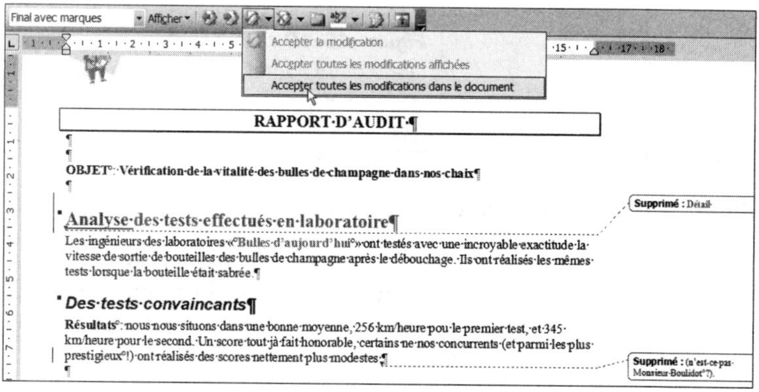

Figure 10.12 : *Refuser une modification, accepter les autres*

Vous avez oublié le mot de passe ou le fichier vous a été transmis sans mot de passe. Que faire ? Vous êtes condamné à saisir le texte en affichant en permanence les marques de révision ? Heureusement, deux remèdes existent .

1 Activez la commande **Fichier/Enregistrer sous**. Dans la fenêtre qui s'affiche, cliquez sur le bouton fléché de la zone *Type de fichier*. Dans la liste, sélectionnez *Format RTF*. Validez.
2 Fermez puis rouvrez le document. Activez la commande **Outils/Ôter la protection**.

La protection a disparu. Il ne vous reste plus qu'à enregistrer à nouveau le document, en choisissant cette fois l'option *Document Word* dans la zone *Type de fichier*.

Une autre possibilité consiste à effectuer un copier-coller du contenu du document dans un nouveau document et à enregistrer ce dernier sous un autre nom (cette méthode ne fonctionne pas si l'on a choisi l'option de restriction *Remplissage de formulaires*).

Chapitre 11

Automatiser des tâches répétitives à l'aide de macros

Utiliser les macros permet d'automatiser les tâches répétitives. Vous pouvez par exemple enregistrer dans une macro les mises en forme de paragraphe, de caractères, de tableaux, etc., que vous utilisez fréquemment et les appliquer ensuite à des passages de texte, à des documents entiers ou à des tableaux. Utilisez l'Enregistreur de macros pour la plupart des travaux courants ou l'interface VBA pour saisir vous-même vos programmes.

REMARQUE

VBA

Abréviation de Visual Basic for Applications, langage de programmation issu du Visual Basic et spécifique à chacune des applications Office. Les programmes VBA fonctionnent avec l'application dans laquelle ils ont été créés (Word, Excel, etc.). Dans Word, une macro VBA peut être disponible dans le modèle global *Normal.dot*, être attachée à un autre modèle ou à un document spécifique.

Vous allez apprendre dans ce chapitre à créer des macros avec l'Enregistreur de macros, à les exécuter dans vos documents, à créer une barre d'outils personnalisée et des boutons pour les lancer plus rapidement. Vous ferez également vos premiers pas dans la rédaction de codes en utilisant de manière simple l'interface VBA.

11.1. Enregistrer une macro

La plupart des macros sont créées à partir de l'Enregistreur de macros. Vous souhaitez par exemple définir une macro pour y stocker des mises en forme de tableau, un bouton pour lancer la macro et une barre d'outils personnalisée.

Créer une macro consiste à enregistrer une série d'actions correspondant chacune à des caractéristiques particulières (mise en forme ou autres). Procédez pour cela de la même manière que dans un document courant, mais ici vos moindres faits et gestes sont surveillés.

REMARQUE

Instructions VBA

Pendant que vous exécutez les actions à enregistrer, l'Enregistreur de macros va traduire ses actions en instructions VBA. Cette opération est totalement transparente tant que vous n'avez pas à modifier le code.

Choisir le niveau de sécurité

Il faut s'assurer en premier lieu que le niveau de sécurité des macros n'est pas le plus élevé ; sinon vous ne pourrez pas les exécuter.

1 Dans le menu **Outils**, pointez sur **Macro**. Dans le menu déroulant, cliquez sur **Sécurité**.

2 Dans la fenêtre qui s'affiche, sous l'onglet **Niveau de sécurité**, cliquez sur l'option *Niveau de sécurité moyen* et validez.

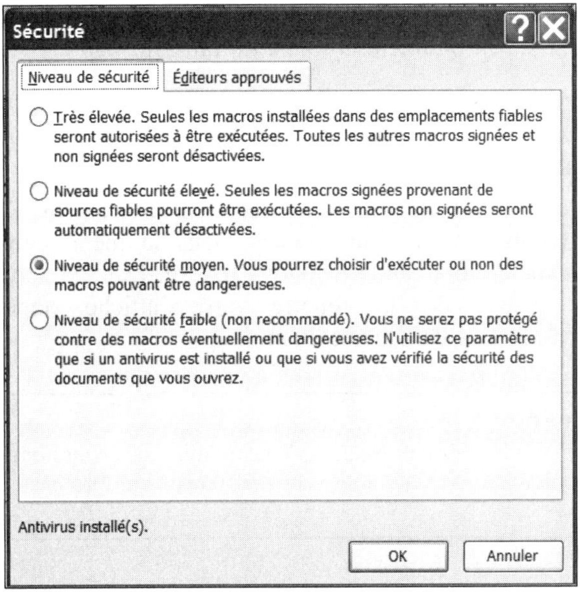

Figure 11.1 : *Définir le niveau de sécurité*

En choisissant ce niveau de sécurité, une fenêtre s'affichera au démarrage de Word, qui vous invitera à désactiver ou non les macros.

ATTENTION

Niveaux de sécurité

Les niveaux de sécurité plus élevés n'autorisent que les macros provenant de sources fiables (ou signées numériquement), permettant ainsi un meilleur contrôle des macros et évitant les virus contenus dans certaines d'entre elles. En utilisant le niveau de sécurité moyen, vous pouvez exécuter vos macros plus librement, mais vous êtes en même temps plus exposé. Si ce n'est pas vous qui créez les macros, soyez vigilant et vérifiez, dans la mesure du possible, leur provenance avant de les lancer sur votre poste.

Démarrer l'enregistrement

Attention, dès que vous démarrez une macro avec l'Enregistreur, tout ce que vous exécutez est enregistré (y compris les erreurs). Évitez donc les manipulations inutiles. Dans notre exemple, les éléments du tableau enregistrés dans la macro sont les suivants :

- alignement du tableau centré, hauteur des lignes à `0,8 cm` ;
- alignement de cellule centré ;
- bordure double pour le contour, une simple pour l'intérieur ;
- tri croissant sur la première colonne du tableau.

1. Ouvrez un nouveau document. Affichez la barre d'outils *Tableaux et bordures*, dessinez ou insérez un tableau, choisissez le nombre de lignes et de colonnes, etc.
2. Sélectionnez le tableau et démarrez l'enregistrement. Dans le menu **Outils**, pointez sur **Macro**. Dans le menu déroulant, cliquez sur la commande **Nouvelle macro**. Dans la zone *Nom de la macro* de la fenêtre qui s'affiche, tapez un nom (`tableau1` dans notre exemple).

> ATTENTION
>
> **Nommer une macro**
>
> Vous n'avez pas le droit aux espaces. Vous pouvez saisir un nom du type *Mise en forme 1* par exemple, tout accroché ou sous la forme `Mise_en_forme_1`.

La zone *Enregistrer la macro dans* permet de choisir un modèle de stockage ou un document pour la macro. Afin que celle-ci soit disponible dans tous les nouveaux documents, conservez l'option par défaut.

> REMARQUE
>
> **Enregistrer la macro**
>
> L'option *Tous les documents (normal.dot)* permet d'attacher la macro au modèle de base de Word, *Normal.dot*. Les macros sont disponibles dans tous les nouveaux documents conçus sur ce modèle, c'est-à-dire dans tous les documents vierges que vous ouvrez en cliquant sur le bouton **Nouveau document** de la barre d'outils *Standard*.

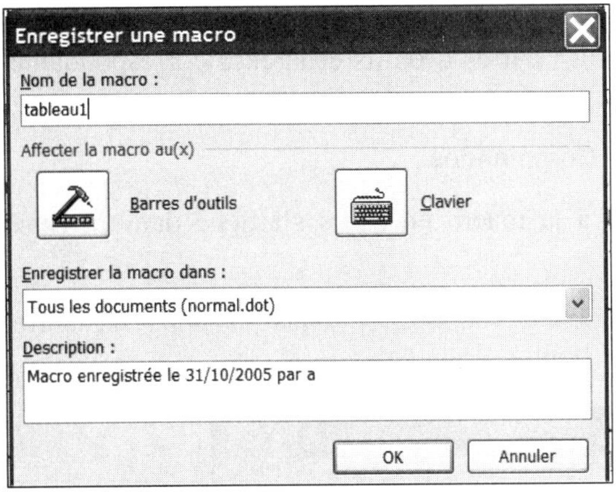

Figure 11.2 : *Nommer la macro*

Avant d'enregistrer les actions qui vont constituer le corps de la macro, Word vous propose de créer une nouvelle barre d'outils et un raccourci clavier.

3 Pour créer une nouvelle barre d'outils, cliquez sur le bouton **Barres d'outils**. Dans la fenêtre qui s'affiche, sous l'onglet **Barres d'outils**, cliquez sur le bouton **Nouvelle**. Dans la nouvelle fenêtre, tapez un nom, `Mes macros` par exemple, et validez en cliquant sur OK.

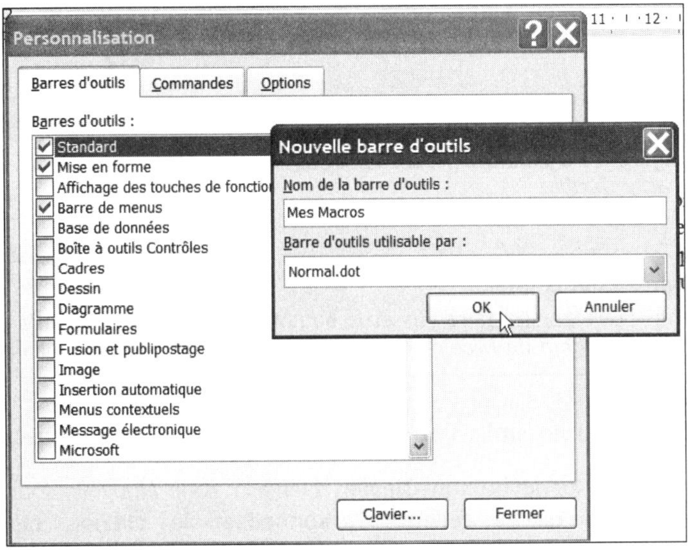

Figure 11.3 : *Créer une barre d'outils pour ajouter ses macros*

La nouvelle barre d'outils s'affiche à côté de la fenêtre. Son nom s'ajoute en outre à la liste des barres d'outils et la case correspondante est cochée.

4 Cliquez sur l'onglet **Commandes**.

Le bouton qui correspond à la macro en cours s'affiche dans la zone *Commandes*.

5 Cliquez sur ce bouton et déposez-le dans la nouvelle barre d'outils. Relâchez le bouton de la souris.

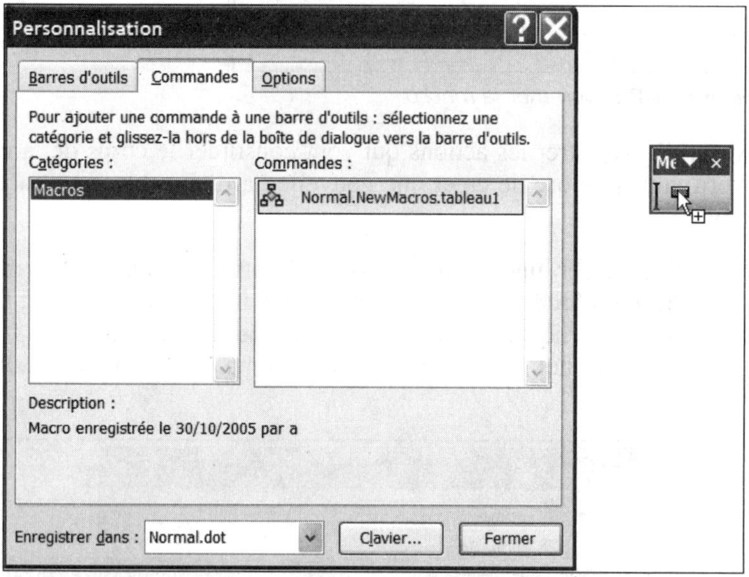

Figure 11.4 : *Faites glisser le bouton de la macro dans la nouvelle barre d'outils*

Barre d'outils

Vous pouvez aussi faire glisser le bouton dans une barre d'outils existante (*Standard* ou *Mise en forme*) en procédant de la même manière.

Il est également possible d'affecter un raccourci clavier à la macro.

6 Cliquez sur le bouton **Clavier**. Dans la zone *Nouvelle touche de raccourci* de la fenêtre **Personnaliser le clavier**, tapez la combinaison de touches que vous souhaitez définir pour lancer la macro. Associez pour cela la touche Ctrl ou Alt à une lettre ou à un chiffre pour la touche Ctrl, à une lettre pour la touche Alt. Pour attribuer le raccourci clavier Alt+J par exemple, appuyez sur la touche Alt et sans relâcher cette touche, immédiatement après sur J. Cliquez sur le bouton **Attribuer**. Cliquez sur le bouton **Fermer**, puis une nouvelle fois sur **Fermer** dans la fenêtre **Personnalisation**.

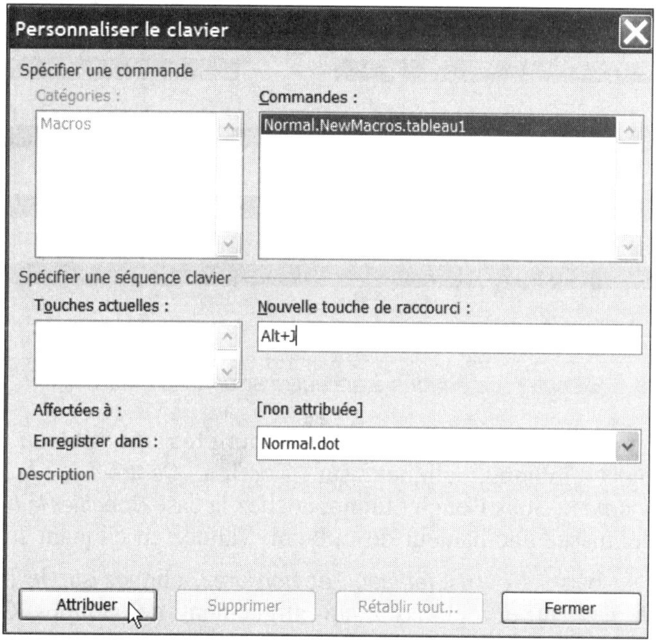

Figure 11.5 : *Affecter un raccourci clavier*

ATTENTION

Raccourcis clavier déjà attribués

Ne choisissez pas des raccourcis clavier déjà attribués dans le logiciel (par exemple Ctrl+S pour la commande **Enregistrer**, Ctrl+O pour **Ouvrir**, etc.). L'indication *Non attribuée* doit être inscrite en face de la zone *Affectées à*.

L'enregistrement peut enfin commencer et la barre d'outils de l'Enregistreur de macros s'affiche. C'est à partir de ce moment qu'il ne faut pas se tromper.

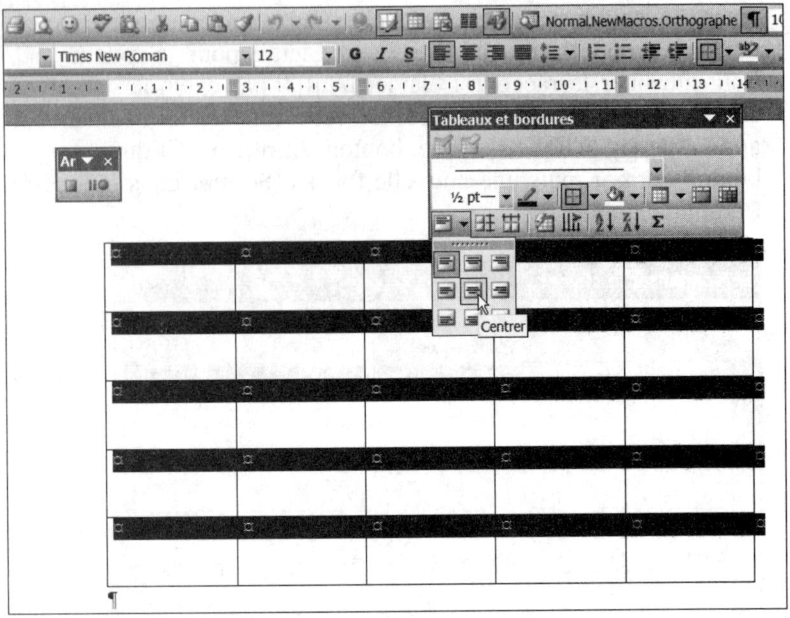

Figure 11.6 : *Exécuter les actions à enregistrer dans la macro*

7 Activez la commande **Tableaux/Propriétés du tableau**. Sous l'onglet **Tableau**, cliquez sur l'option *Centré* de la zone *Alignement*. Sous l'onglet **Ligne**, cochez la case *Spécifier la hauteur* et définissez une hauteur de `0,8` cm. Validez en cliquant sur OK.

8 Sur la barre d'outils *Tableaux et bordures*, cliquez sur le bouton d'alignement et définissez un alignement de cellules *Centré*. Choisissez une bordure double et une couleur de contour, une bordure simple et une couleur pour l'intérieur. Cliquez sur le bouton **Tri croissant**.

9 Arrêtez l'exécution de la macro. Dans la barre d'outils de l'Enregistreur, cliquez sur le bouton **Arrêter l'enregistrement**.

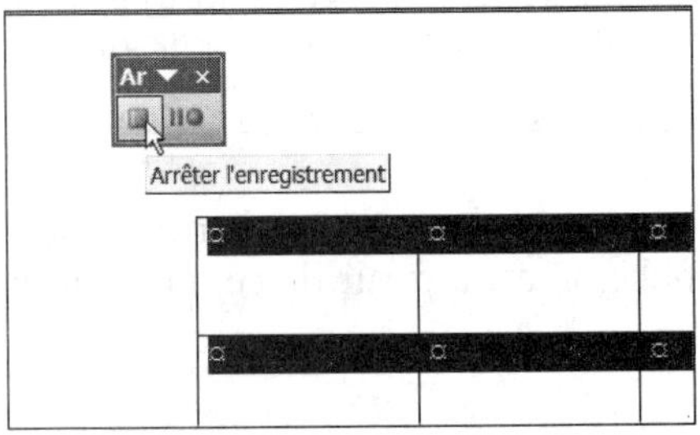

Figure 11.7 : *Stopper l'enregistrement*

La commande est également accessible par le menu **Outils/Macro/ Arrêter l'enregistrement**.

11.2. Exécuter la macro

La macro est effective ; il s'agit maintenant de vérifier son fonctionnement sur un tableau existant. Il est possible de lancer la macro via la commande standard **Outils/Macro** puis **Macros**. Sélectionnez le nom de la macro dans la fenêtre des macros puis cliquez sur le bouton **Exécuter**. La procédure est un peu longue, d'où l'intérêt de créer systématiquement un bouton (présent dans notre exemple sur la barre d'outils `Mes macros`).

1 Sélectionnez un tableau auquel vous souhaitez appliquer la mise en forme et cliquez sur le bouton de la macro (*Tableau1*, dans notre exemple).

Toutes les caractéristiques définies dans la macro sont appliquées (mise en forme, tri).

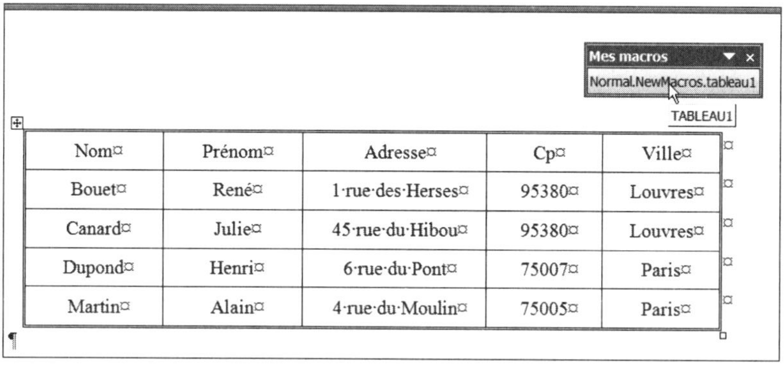

Nom	Prénom	Adresse	Cp	Ville
Bouet	René	1 rue des Herses	95380	Louvres
Canard	Julie	45 rue du Hibou	95380	Louvres
Dupond	Henri	6 rue du Pont	75007	Paris
Martin	Alain	4 rue du Moulin	75005	Paris

Figure 11.8 : *Tester la macro sur un tableau*

2 Pour exécuter la macro à l'aide du raccourci clavier, sélectionnez le tableau et activez ce raccourci clavier (ici Alt+J).

REMARQUE

Afficher la barre d'outils

Si vous avez masqué par erreur la barre d'outils personnalisée (ici *Mes macros)*, cliquez du bouton droit sur la barre de menus ou sur une barre d'outils. Dans le menu contextuel, cliquez sur son nom pour la réafficher (elle apparaît en fin de liste).

11.3. Améliorer l'esthétique du bouton

Vous pouvez améliorer l'apparence du bouton dont l'esthétique de base laisse à désirer.

1 Cliquez du bouton droit sur une barre d'outils. Dans le menu contextuel, cliquez sur **Personnaliser**.

2 Cliquez à nouveau du bouton droit sur le bouton de la barre d'outils personnalisé (*Mes macros)*. Dans le menu contextuel, sous l'option *Nom*, surlignez la partie du nom attribué par défaut, *Normal.NewMacros*, et appuyez sur la touche Suppr du clavier.

Il n'apparaît plus alors que le nom de la macro (*tableau1*).

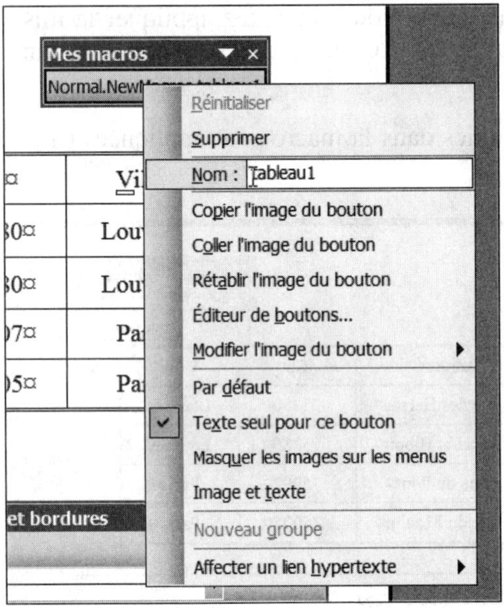

Figure 11.9 : *Renommer le bouton*

3 Pour choisir une image, dans ce même menu contextuel, cliquez sur **Modifier l'image du bouton**. Dans le menu déroulant, cliquez sur l'image de votre choix (voir Figure 11.10).

4 Pour afficher l'image sans le texte, cliquez du bouton droit sur le bouton. Dans le menu contextuel, choisissez l'option *Par défaut*. Cliquez sur le bouton **Fermer**.

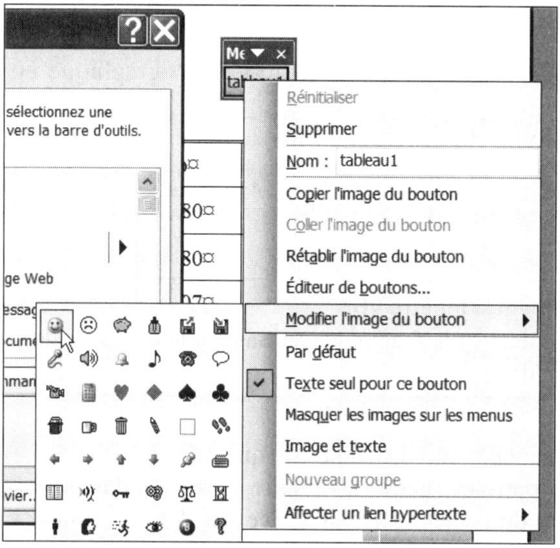

Figure 11.10 : *Modifier l'apparence du bouton*

Lorsque vous survolez le bouton de la barre d'outils personnalisée, une info bulle affiche le nom de la macro.

11.4. Modifier une macro en VBA (If... Then... Else)

Quand vous enregistrez une macro, vos actions sont traduites en instructions VBA. Il est ensuite possible de modifier ces instructions.

Par exemple, vous souhaitez créer une macro, tantôt qui désactive le vérificateur orthographique, tantôt qui l'active. La première partie est créée à l'aide de l'Enregistreur de macros, la seconde dans le code.

1 Ouvrez un document. Dans le menu **Outils**, pointez sur **Macro**. Dans le menu déroulant, cliquez sur **Nouvelle macro**. Nommez la macro, insérez le bouton de la macro sur une barre d'outils comme nous l'indiquons précédemment et validez.

La barre d'outils **Arrêter l'enregistrement** s'affiche.

2 Activez la commande **Outils/Options**. Dans la fenêtre qui s'affiche, sous l'onglet **Grammaire et orthographe**, rubrique *Orthographe*, désactivez la case *Vérifier l'orthographe au cours de la frappe*. Validez.

3 Cliquez sur le bouton **Arrêter l'enregistrement**.

La macro permet de désactiver la vérification orthographique en cours de frappe. Pour qu'il fasse tantôt l'un, tantôt l'autre (activer ou désactiver la fonction), vous allez modifier le code.

1 Dans le menu **Outils**, pointez sur **Macro** et cliquez sur **Visual Basic Editor**.

ASTUCE

Ouvrir rapidement la fenêtre VBA

Pour ouvrir rapidement la fenêtre **Visual Basic Editor**, activez le raccourci clavier Alt+F11.

Dans la partie gauche de la fenêtre qui s'affiche, vérifiez que l'Explorateur de projets est actif (la fenêtre correspondante se nomme **Projet** suivi du nom du projet ; elle est active par défaut). Sinon, cliquez en haut de l'écran sur le bouton **Explorateur de projets**.

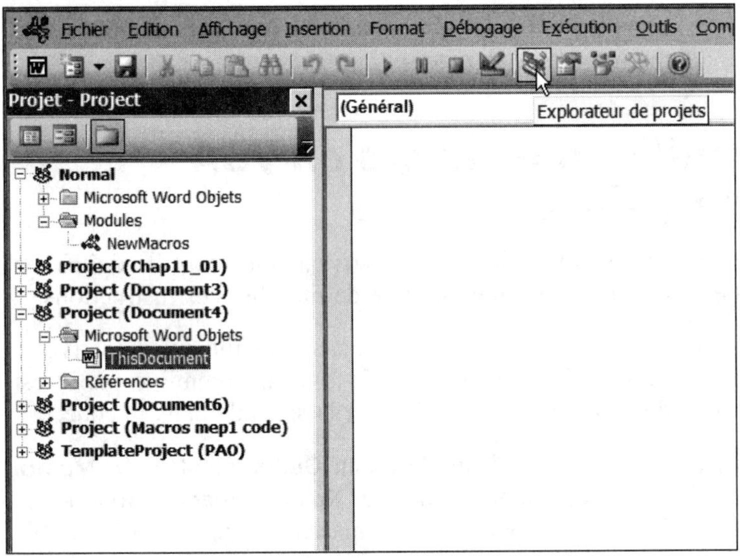

Figure 11.11 : *Visualiser les projets*

L'Explorateur de projets permet de visualiser les projets chargés dans Word et d'accéder aux éléments qui les composent (documents, modules, etc.). Un projet est associé à un modèle ou à un document.

2 Si ce n'est déjà fait, cliquez sur le signe **+**, situé devant *Normal*, de manière à afficher son contenu. Dans le menu déroulant, cliquez sur le signe **+** du dossier *Modules* et double-cliquez sur le module nommé *NewMacros*.

Le dossier *Modules* contient les modules standard (ou modules de code) dans lesquels sont créées les macros qui font partie du projet.

Le contenu du module s'affiche à droite dans la fenêtre **Code**.

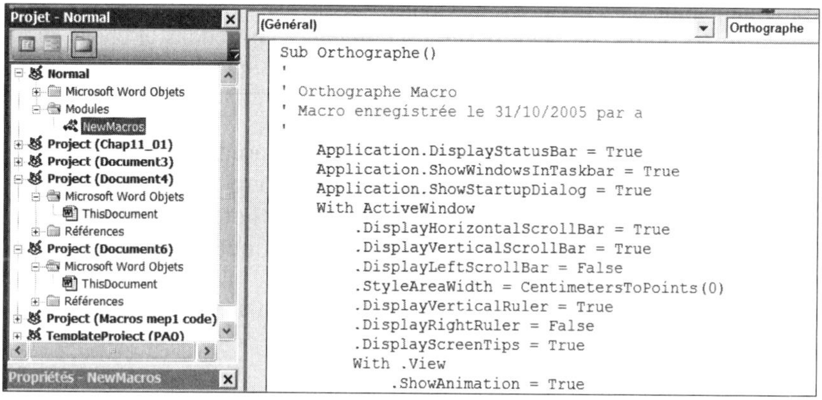

Figure 11.12 : *Afficher le code*

Le code de la macro est contenu dans une procédure `Sub` qui commence par l'instruction `Sub` suivie du nom de la macro tel que vous l'avez saisi dans la fenêtre **Enregistrer une macro** et se termine par l'instruction `End Sub`.

REMARQUE

Procédure

Série d'instructions exécutées en tant qu'entité. Il existe différents types de procédures (`Sub`, `Function`, `Property`). Une procédure `Sub` se termine toujours par `End Sub`. Le code exécutable est obligatoirement contenu à l'intérieur d'une procédure.

Entre les deux instructions de début et de fin de macro (`Sub` et `End Sub`) se situent les instructions exécutables.

Les lignes qui s'affichent en vert précédées d'une apostrophe (') sont des commentaires. Une ligne de commentaire est utilisée en général pour expliquer telle ou telle partie du code et n'est pas exécutable. Les lignes qui s'affichent en bleu correspondent aux mots-clés.

REMARQUE

Instruction, méthode, propriété...

Une instruction est une ligne de code autonome ; elle est généralement écrite sur une ligne (chaque instruction réalise une tâche précise). Une méthode correspond aux actions qu'un objet peut exécuter (ouverture, fermeture d'un document pour l'objet `Document` par exemple, qui renvoie une collection `Documents` représentant tous les documents actuellement ouverts). Une propriété définit les attributs d'un objet (les propriétés d'un objet `Document` sont `Name` pour son nom, `ActiveWindow` représente la fenêtre active, `Paragraphs` les paragraphes du document, etc.). La programmation en VBA utilise des objets hiérarchisés qui s'imbriquent les uns dans les autres, un point sépare les différentes collections et objets en partant de l'objet situé le plus haut pour atteindre l'objet voulu.

Dans la fenêtre **Code**, le programme contient de nombreuses lignes. En fait, en ouvrant la fenêtre **Outils/Options** (onglet **Grammaire et orthographe**), Word a traduit en instruction VBA toutes les options de la fenêtre sans exception. Il n'est pas nécessaire de tout conserver.

Ici, la partie du code qui nous intéresse correspond aux lignes suivantes :

```
With Options
.CheckSpellingAsYouType = False
```

Et un peu plus bas :

```
End With
```

L'instruction actuelle `CheckSpellingAsYouType = False` est composée de la propriété `CheckSpellingAsYouType` (vérification orthographique en cours de frappe), du signe = et du mot-clé `False`. Ici, la propriété `CheckSpellingAsYouType` est précédée d'un point et fait partie de la propriété `Options` (`With Options`) qui représente les paramètres d'application de la fenêtre **Outils/Options**. Traduite littéralement, l'instruction signifie : la vérification orthographique est égale à faux (est désactivée), ce qui correspond à l'action que vous avez effectuée précédemment en désactivant la case à cocher *Vérifier l'orthographe au cours de la frappe*.

Pour compléter la macro, il faut formuler le code ainsi. Si la vérification orthographique est désactivée (= `False`), alors vous l'activez (= `True`), sinon (si elle est active) vous la désactivez.

REMARQUE

Saisie et mise en forme du code

Saisissez les mots-clés, les propriétés, etc., en minuscules. Excel ajoute automatiquement une majuscule à la première lettre du mot. Les lignes situées à l'intérieur d'un bloc d'instructions doivent être mises en retrait, pour rendre le code plus lisible. Au clavier, placez le curseur devant une ligne, utilisez la touche [Tab] pour les retraits et [Maj]+[Tab] pour les retraits négatifs. Avec la souris, affichez la barre d'outils *Edition*. Cliquez ensuite dans une ligne et utilisez les boutons **Retrait** ou **Retrait négatif**.

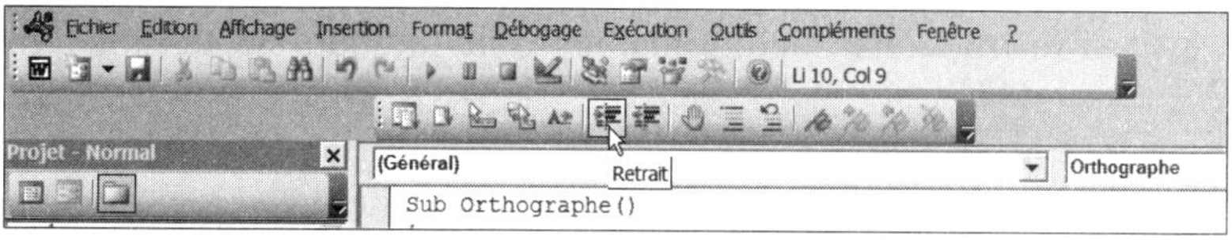

Figure 11.13 : *L'icône Retrait*

Il s'agit d'abord de supprimer toutes les lignes de code superflues.

1 Dans la feuille de module, sélectionnez le code en trop et supprimez-le en appuyant sur la touche [Suppr] de manière à conserver uniquement les lignes suivantes :

```
(Général)
End Sub
Sub Orthographe()
'
' Orthographe Macro
' Macro enregistrée le 30/10/2005 par a
'
    Application.DisplayStatusBar = True
    Application.ShowWindowsInTaskbar = True
    Application.ShowStartupDialog = True

    With Options
        .CheckSpellingAsYouType = False
    End With

End Sub
```

Figure 11.14 : *Macro de départ*

Complétez maintenant l'instruction.

2 Cliquez devant `.CheckSpellingAsYouType = False` et tapez `If` suivi d'un espace. Cliquez à la fin de la ligne, juste après `= False`. Tapez un espace suivi du mot-clé `Then`. Appuyez sur la touche Entrée pour passer à la ligne.

3 Saisissez `.CheckSpellingAsYouType = True` (ou effectuez un copier-coller) et appuyez sur Entrée.

4 Tapez le mot-clé `Else` et appuyez sur Entrée. Saisissez `CheckSpellingAsYouType = False` et appuyez à nouveau sur Entrée.

Un bloc d'instructions conditionnelles doit toujours se terminer par `End If`.

5 Saisissez `End If`.

Vous obtenez la macro finale :

```
Sub Orthographe()
'
' Orthographe Macro
' Macro enregistrée le 30/10/2005 par a
'
    Application.DisplayStatusBar = True
    Application.ShowWindowsInTaskbar = True
    Application.ShowStartupDialog = True
    With Options
        If .CheckSpellingAsYouType = False Then
            .CheckSpellingAsYouType = True
        Else
            .CheckSpellingAsYouType = False
        End If
    End With

End Sub
```

Figure 11.15 : *Macro finale complétée de nouvelles instructions*

ATTENTION

Le point est important

N'oubliez pas le point situé à chaque fois devant l'instruction `CheckSpellingAsYouType`.

Les instructions sont intégrées dans le bloc d'instructions `With... End With` qui permet d'exécuter plusieurs commandes sur un même objet (ici `Options`), sans avoir à répéter son nom à chaque fois. Cette série d'instructions pourrait s'écrire également :

```
If Options.CheckSpellingAsYouType = False then
Options.CheckSpellingAsYouType = True
Else
```

```
Options.CheckSpellingAsYouType = False
End if
```

en répétant `Options` à chaque fois.

6 Enregistrez en cliquant en haut de l'écran sur le bouton **Enregistrer Normal**.

REMARQUE

Utilisation de la touche F1

Vous pouvez consulter l'aide à tout moment. Placez pour cela le curseur à l'intérieur du mot souhaité. Appuyez sur la touche F1. Vous obtenez les informations sur le terme sélectionné.

Exécutez la macro.

1 Basculez dans la fenêtre du document Word actif en cliquant en haut de l'écran sur le bouton **Affichage Microsoft Word**.

2 Testez la macro en cliquant sur le bouton **Orthographe**.

À chaque clic, vous activez ou désactivez le vérificateur orthographique (attention, la mise à jour à l'écran n'est pas forcément instantanée).

11.5. Créez une macro de mise en page

Vous allez pouvoir tester dans cet exercice une macro à utiliser pour appliquer rapidement à vos documents des caractéristiques de mise en page, de mise en forme, une numérotation de pages, etc.

Vous pouvez appliquer la macro sur n'importe quel fichier Word ou télécharger sur notre site le fichier exemple *Texte brut.doc* (le document est un document de 9 pages dont le contenu n'a aucune importance, il est utilisé uniquement pour tester la macro).

Vous allez enregistrer dans la macro les caractéristiques suivantes :

- alignement de paragraphe justifié ;
- orientation de page *Paysage* ;
- numérotation de pages automatique (sauf sur la première page) et numéros alignés à droite.

Vous allez créer la macro en partant d'un document vierge.

1 Ouvrez un nouveau document.

2 Dans le menu **Outils**, pointez sur **Macro**. Dans le menu déroulant, cliquez sur la commande **Nouvelle macro**. Dans la zone *Nom de la macro* de la fenêtre qui s'affiche, tapez `Mep1` par exemple (abréviation de Mise en page 1).

Pour que la macro soit disponible dans tous les documents, conservez l'option par défaut de la zone *Enregistrer la macro dans*.

3 Cliquez sur le bouton **Barres d'outils**. Dans la fenêtre qui s'affiche, sous l'onglet **Commandes**, cliquez sur le bouton de la macro dans la zone *Commandes*, et faites-le glisser dans la barre d'outils *Standard*, à droite du bouton **Aperçu avant impression**.

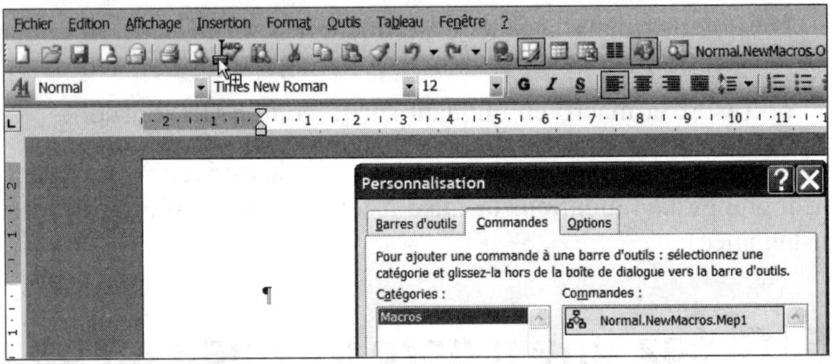

Figure 11.16 : *Faites glisser le bouton dans la barre d'outils Standard*

4 Cliquez du bouton droit sur le bouton. Dans le menu contextuel, sous l'option *Nom*, supprimez le texte inutile pour conserver uniquement le nom `Mep1`. Sous l'option *Modifier l'image du bouton*, choisissez une image. Sélectionnez l'option *Par défaut*. Cliquez sur le bouton **Fermer**.

La barre d'outils de l'Enregistreur de macros s'affiche. C'est le moment d'effectuer précisément et sans erreur toutes les manipulations qui suivent.

5 Activez le raccourci clavier Ctrl+A. Cliquez sur le bouton **Justifier** de la barre d'outils *Mise en forme*.

Cela permet de sélectionner tout le document et de définir un alignement justifié.

6 Activez le raccourci clavier Ctrl+↖ (pour mémoire, la touche représentée par une flèche oblique orientée vers le haut et la gauche).

Cette action aura pour effet de désélectionner le texte et de placer le curseur au début du document.

7 Activez la commande **Fichier/Mise en page**. Dans la fenêtre qui s'affiche, sous l'onglet **Marges**, double-cliquez sur l'option *Paysage*.

8 Activez la commande **Insertion/Numéros de page**. Dans la fenêtre qui s'affiche, vérifiez que les options *Bas de page* de la zone *Position*, et *Droite* de la zone *Alignement* sont sélectionnées. Décochez la case *Commencer la numérotation à la première page* et validez.

Vous pouvez arrêter la macro.

9 Cliquez sur le bouton **Arrêter l'enregistrement**.

Testez la macro sur le fichier exemple.

1 Fermez le document vierge que vous avez utilisé pour créer la macro sans l'enregistrer.

2 Ouvrez le fichier *Texte brut.doc*.

3 Sur la barre d'outils *Standard*, cliquez sur le bouton de la macro `Mep1`.

Faites défiler les pages pour vérifier où afficher l'Aperçu avant impression. Si vous n'avez pas fait d'erreur pendant l'enregistrement, le document doit correspondre aux caractéristiques de départ (toutes les pages sauf la première sont numérotées et possèdent une orientation paysage).

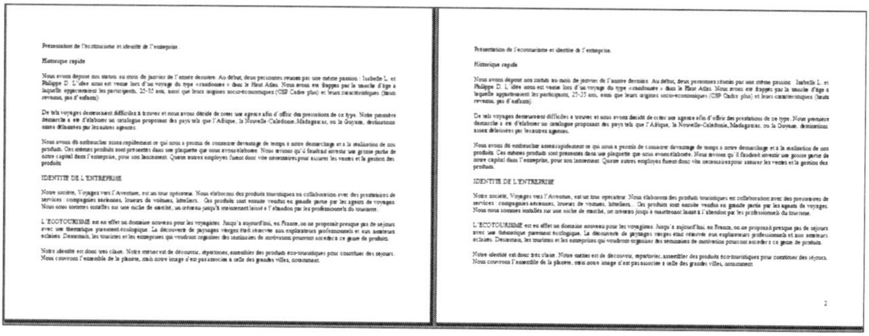

Figure 11.17 : *Un document mis en page et mis en forme d'un clic de souris*

Chapitre 12

Word et Internet

À l'instar des éditeurs HTML, il est possible d'utiliser votre traitement de texte pour créer votre site web. Word 2003 possède en effet un mode Web dans lequel vous pouvez créer vos pages Internet comme n'importe quelle autre page du logiciel.

REMARQUE

Éditeur HTML

Un éditeur HTML est un logiciel spécialisé dans la création de pages web. Parmi les plus connus, citons Microsoft FrontPage, Dreamweaver, Namo WebEditor. Un logiciel comme FrontPage, par exemple, vous permet de gérer le site entièrement (structure du site, visualisation des dossiers et sous-dossiers utilisés, gestion des liens entre les pages…). Vous pouvez travailler dans trois modes représentés par trois onglets :

- conception de la page et des éléments qui la composent (texte, images, etc.) ;
- code source ;
- aperçu de la page telle qu'elle s'affichera dans le navigateur.

REMARQUE

HTML

Abréviation de HyperText Markup Language, langage de balises utilisé pour la création de pages web. Dès lors que l'on crée une page web dans un éditeur HTML ou dans Word, ce code est généré automatiquement, de manière transparente pour l'utilisateur.

Vous allez découvrir dans ce chapitre l'utilisation du mode Web, l'emploi des liens hypertextes, la possibilité d'envoyer des messages électroniques, etc.

12.1. Envoyer un message électronique depuis Word

Abordons d'abord la messagerie. Ne sortez pas de votre traitement de texte pour envoyer vos messages ; vous avez tout sous la main pour les rédiger.

1. Saisissez le corps du message et mettez le texte en forme.
2. Cliquez sur le bouton **Message électronique** de la barre d'outils *Standard*. Dans le volet qui s'affiche en haut de l'écran, tapez l'adresse du destinataire ou cliquez sur le bouton **À** pour le sélectionner dans le Carnet d'adresses.

3 Tapez un objet dans la zone correspondante. Si vous avez un fichier à joindre au message, cliquez sur le bouton **Insérer un fichier au message** (le trombone). Dans la fenêtre qui s'affiche, sélectionnez le fichier et validez.

> REMARQUE
>
> **Les zones Cc et Cci**
>
> La zone *Cc* permet d'envoyer un message en copie. Si vous souhaitez envoyer un message en copie cachée, cliquez sur le bouton **Basculer Cci**. Pour envoyer le message à plus d'un destinataire, tapez les adresses séparées par un point-virgule.

4 Pour envoyer le message, cliquez sur le bouton **Envoyer une copie**.

Le message est envoyé via votre messagerie électronique (Outlook Express, Outlook…) sans sortir de Word ; vous pouvez reprendre votre travail.

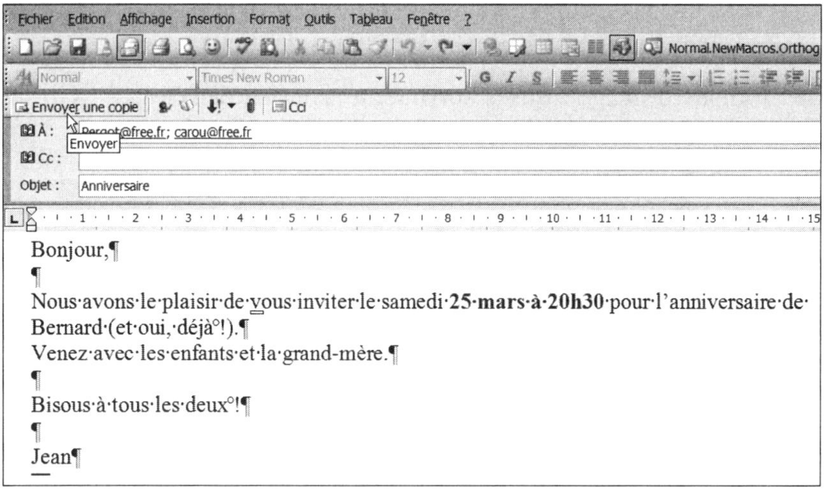

Figure 12.1 : *Envoyer un message*

12.2. Créer une page web

Avant de créer une page web, pensez à définir la structure du site, à créer un dossier sur votre disque dur pour stocker les pages du site, avec un sous-dossier pour les images. C'est ce dossier que vous transférez vers votre fournisseur d'accès lorsque vous décidez de placer le site en ligne. Enfin, vous devez préparer les images que vous souhaitez utiliser.

Choisir les images

Vous pouvez utiliser un logiciel graphique pour préparer les images et les photos (Paint Shop Pro, Photoshop…) ou employer des images existantes et les insérer dans la page.

Pour votre site, vous pouvez utiliser des images provenant de sources diverses :

- vos photos personnelles transférées à partir de votre appareil photo numérique et toutes sortes d'images présentes sur votre disque dur (y compris les images clip art) ;
- des images téléchargées sur Internet ;
- des images récupérées ("empruntées") sur une page de site web, dans la mesure où celles-ci sont libres de droits.

Les formats d'image utilisés sur Internet sont de deux types : GIF et JPEG.

REMARQUE

GIF, GIF animés, JPEG

GIF : format de fichier graphique limité à 256 couleurs. Il est très avantageux car sa taille est réduite pour une qualité sans perte de donnée lors d'une compression (gain de temps pour le chargement des pages web et résultat correct). Vous utiliserez les images GIF pour illustrer vos pages.

GIF animés : ce sont des images GIF qui, comme leur nom l'indique, sont animées et apparaissent en mouvement dans la page (animation en boucle). Toutes les pages web actuelles ont recours aux GIF animés, cela confère à la page un dynamisme qui va de mise avec le média (à condition de ne pas en abuser). L'extension d'un fichier GIF est *.gif*.

JPEG : pour vos photos, vous préférerez le format JPEG qui est un format de fichier graphique utilisé pour la compression des photos. Ce dernier autorise un affichage en plusieurs milliers de couleurs. Au moment de compresser l'image, il s'agit de trouver le meilleur compromis entre qualité et taille du fichier. L'extension d'un fichier JPEG est *.jpg*.

Pour télécharger des GIF animés sur Internet, il suffit de trouver un site qui en offre gratuitement (ils sont nombreux) ; le site **http://weboutils.com** par exemple :

1 Lancez votre navigateur et tapez l'adresse du site. Sur la page d'accueil, cliquez sur le lien *Gifs animés*, puis sur la catégorie de votre choix parmi les catégories proposées.
2 Pour récupérer une image, cliquez du bouton droit sur l'image souhaitée. Dans le menu contextuel, cliquez sur **Enregistrer l'image sous**. Dans la fenêtre qui s'affiche, sélectionnez le dossier qui contient les images du site et cliquez sur le bouton **Enregistrer**. Renouvelez l'opération pour les autres images.

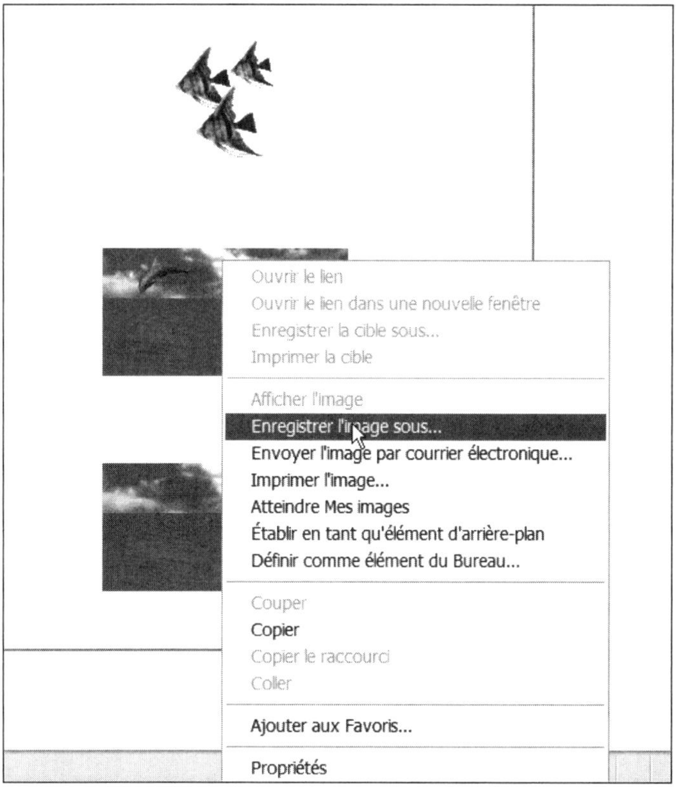

Figure 12.2 : *Récupérer une image sur Internet*

Une fois les images téléchargées, vous devez également récupérer les images et les photos de votre disque dur que vous souhaitez insérer dans le site et les copier dans le dossier des images.

REMARQUE

Trouver des GIF animés

Pour trouver des sites qui proposent des GIF animés, utilisez n'importe quel moteur de recherche (Google, Altavista, Yahoo, Lycos, Nomade…) et tapez `gifs animés` dans la zone de recherche.

Créer la page web

Vous pouvez créer une page web simple en utilisant les outils traditionnels du traitement de texte. La quasi-totalité des sites Internet utilisent aujourd'hui les tableaux, méthode qui permet d'aligner très facilement les textes et les images dans la page.

REMARQUE

Un tableau invisible

Le tableau représente ici une simple facilité de mise en page. En fait, il ne se voit pas car il ne possède aucune bordure et le quadrillage est masqué.

1 Activez la commande **Fichier/Nouveau**. Dans la zone *Créer* du volet Office qui s'affiche, cliquez sur *Page web*.

Une page web vierge apparaît à l'écran. Enregistrez tout de suite votre fichier.

2 Cliquez sur le bouton **Enregistrer** de la barre d'outils *Standard*. Dans la fenêtre **Enregistrer sous** qui s'affiche, recherchez le dossier de stockage (que vous avez précédemment créé). Tapez un nom dans la zone *Nom de fichier* et cliquez sur **Enregistrer**.

REMARQUE

Option Page Web à fichier unique

Dans la zone *Type de fichier*, l'option par défaut est *Page Web à fichier unique*. Celle-ci permet d'enregistrer tous les éléments d'un site (texte et images) dans un fichier unique ; vous pouvez ainsi publier la totalité du site en tant que fichier. Vous pouvez aussi choisir l'option *Page Web*.

3 Affichez la barre d'outils *Tableaux et bordures*. Dessinez ou insérez un tableau dans la page à la taille souhaitée. Insérez un nombre de lignes et de colonnes en adéquation avec le contenu que vous leur destinez.

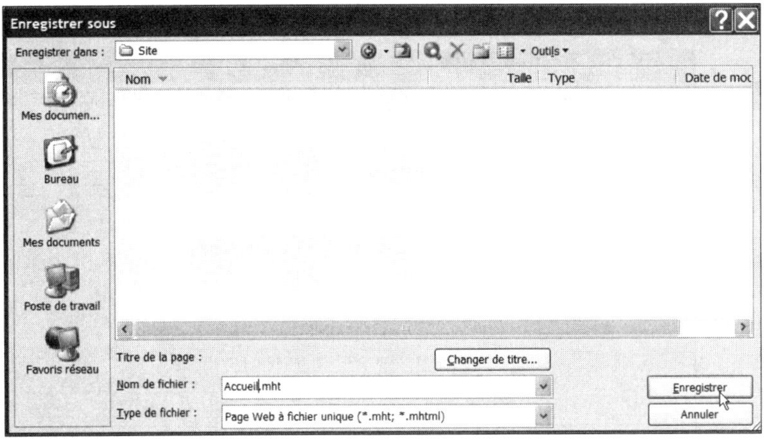

Figure 12.3 : *Enregistrer la page web*

4 Insérez les différents éléments dans les cellules du tableau (images, gifs animés…), tapez le texte, mettez-le en forme.

5 Sélectionnez le tableau et supprimez bordure et quadrillage.

6 Créez les autres pages du site en procédant de la même manière.

Nous vous proposons, dans notre exercice, la création de la page d'accueil d'un site, avec une procédure très détaillée.

Ajouter les liens hypertextes

Quand les pages sont créées, reliez-les entre elles par des liens hypertextes.

1 Sélectionnez du texte par exemple. Cliquez du bouton droit sur la sélection. Dans le menu contextuel, cliquez sur **Lien hypertexte**.

2 Dans la fenêtre qui s'affiche, si ce n'est déjà fait, sélectionnez l'option *Fichier ou page Web existant(e)*. Cliquez sur la flèche de la zone *Regarder dans* et affichez le dossier contenant la page vers laquelle vous souhaitez faire pointer le lien.

3 Sélectionnez le nom de la page et cliquez sur OK.

ASTUCE

Saisir une information

Avant de valider, cliquez sur le bouton **Info-bulle** et tapez un petit texte qui s'affichera lorsque le visiteur pointera sur le lien.

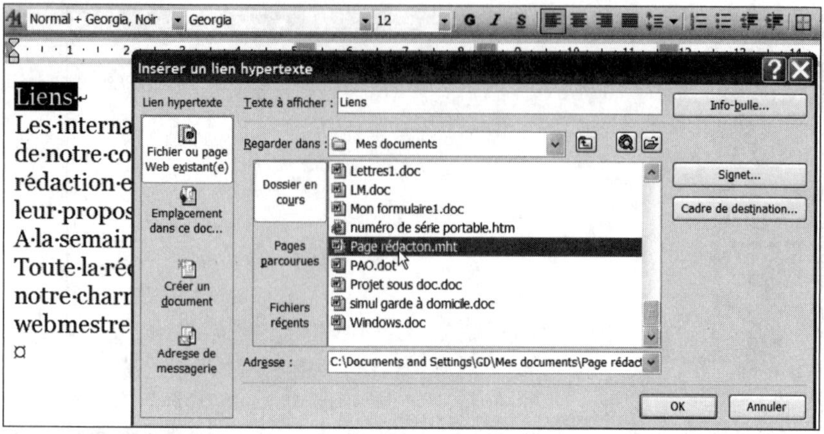

Figure 12.4 : Insérer un lien hypertexte pointant vers une autre page

ASTUCE

Raccourci clavier

Pour ouvrir plus rapidement la fenêtre **Insérer un lien hypertexte**, activez le raccourci clavier Ctrl+K.

Dans la page, l'apparence et la couleur du texte ont changé.

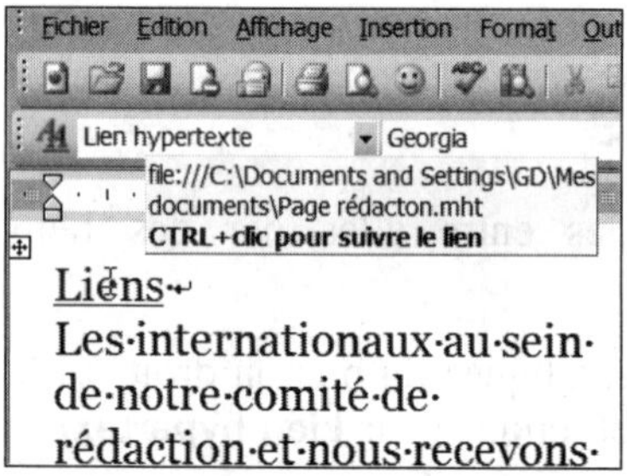

Figure 12.5 : Suivre le lien hypertexte

REMARQUE

Couleur des liens

Pour changer la couleur des liens, lancez Internet Explorer et activez la commande **Outils/Options Internet**. Dans la fenêtre qui s'affiche, sous l'onglet **Général**, cliquez sur le bouton **Couleurs**. Dans la nouvelle fenêtre, cliquez sur une couleur située en face des zones *Visités*, *Non visités* et *Par pointage*. Choisissez une nouvelle couleur dans la palette qui s'affiche et validez.

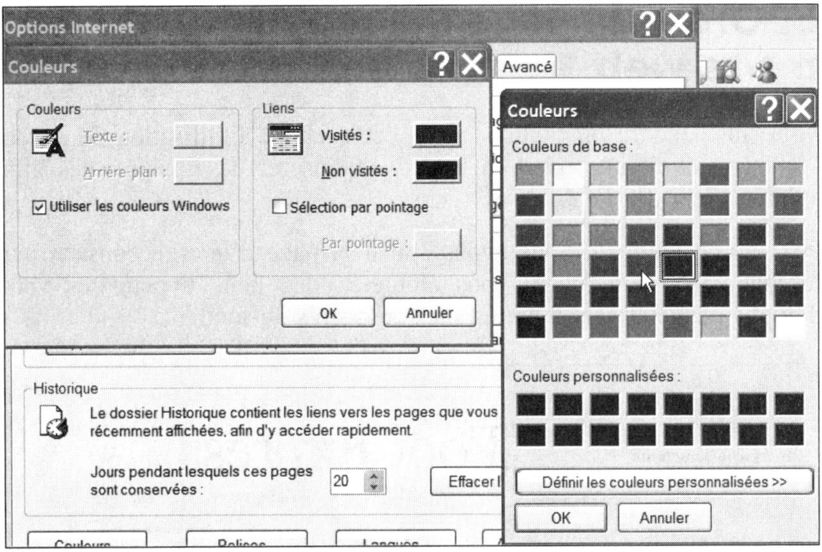

Figure 12.6 : *Modifier la couleur des liens*

Pour créer des liens externes (qui pointent vers des adresses Internet), la procédure est identique. Tapez l'adresse du site dans la zone *Adresse* de la fenêtre **Insérer un lien hypertexte** et validez.

Tester le fonctionnement des liens dans le navigateur

Vous pouvez tester les liens dans votre navigateur.

1. Activez la commande **Fichier/Aperçu de la page Web**.
2. Cliquez sur un lien pour vérifier qu'il fonctionne.

REMARQUE

Prise en charge de la mise en forme

Si vous utilisez les outils de mise en forme de Word pour créer un document et que vous décidiez ensuite de l'enregistrer en tant que page web, il est possible que certains éléments changent de place dans la page (formes automatiques, images ou zones de texte…). En effet, certains éléments de mises en forme de Word ne sont pas pris en charge par certains navigateurs. Il est donc préférable de commencer tout de suite un document dans une nouvelle page web.

12.3. Créez la page d'accueil d'un site web

Vous allez mettre en pratique dans cet exercice l'utilisation du mode Web, concevoir une mise en page web, insérer des images, des gifs animés, créer des liens…

Pour notre exemple, nous avons choisi la page d'un site consacré au football. Sur cette page, vous ajouterez des liens hypertextes vers d'autres pages et vers d'autres sites consacrés au football.

Figure 12.7 : *Exemple de page d'accueil*

Vous allez commencer par créer le dossier *Mon Site* dans le dossier *Mes documents*, puis un sous-dossier *Images* (à l'intérieur du dossier *Mon Site*) pour y stocker les images et les photos à intégrer à la page.

1 Ouvrez le dossier *Mes documents*.

2 En utilisant la méthode de votre choix, créez successivement chacun des deux dossiers.

Figure 12.8 : *Créer un dossier spécifique sur le disque dur*

3 Téléchargez les images et les gifs animés souhaités dans le dossier *Images*, en procédant comme nous l'indiquons précédemment.

Vous allez maintenant créer la page d'accueil du site. Cette page contiendra le titre du site, le sommaire et les liens vers les autres pages.

Vous allez ouvrir un nouveau document web et insérer deux tableaux.

1 Activez la commande **Fichier/Nouveau**. Dans la zone *Créer* du volet Office qui s'affiche, cliquez sur le lien *Page web*.

Une page web vierge apparaît à l'écran. Enregistrez votre fichier et nommez-le `index` (nom habituellement donné à la page d'accueil d'un site).

2 Cliquez sur le bouton **Enregistrer**. Dans la fenêtre **Enregistrer sous** qui s'affiche, recherchez le dossier *Mon Site* créé précédemment. Dans la zone *Nom de fichier*, saisissez `index` et cliquez sur le bouton **Enregistrer**.

3 Affichez la barre d'outils *Tableaux et bordures*. Dans un premier temps, insérez un tableau composé de `2` colonnes et de `3` lignes.

4 Cliquez du bouton droit dans la première ligne du tableau. Dans le menu contextuel, cliquez sur **Propriétés du tableau**. Dans la fenêtre qui s'affiche, sous l'onglet **Tableau**, cochez la case *Largeur préférée* et entrez une largeur d'environ `15,80` cm.

Figure 12.9 : *Définir la taille du tableau*

5 Sous l'onglet **Ligne**, cochez la case *Spécifier la hauteur*. À l'aide du bouton fléché supérieur, définissez une hauteur de `2` cm pour la première ligne du tableau. Cliquez sur le bouton **Ligne suivante** et définissez une hauteur de `0,6` cm pour la ligne 2. Cliquez sur **Ligne suivante** et choisissez une hauteur d'environ `20,50` cm. Validez en cliquant sur OK.

6 De retour dans la page, réduisez la colonne gauche à environ 4,40 cm sur la règle, en effectuant un cliquer-glisser (voir Figure 12.10).

Pour l'instant, le tableau possède des bordures que vous conserverez pendant la construction de la page, afin de garder les repères. Vous les masquerez à la fin.

Vous allez commencer à insérer les premiers éléments de la page d'accueil : la date dans la première cellule du tableau, le titre à droite, sur la même ligne, puis vous taperez et mettrez en forme le texte de la barre de liens dans la deuxième ligne du tableau.

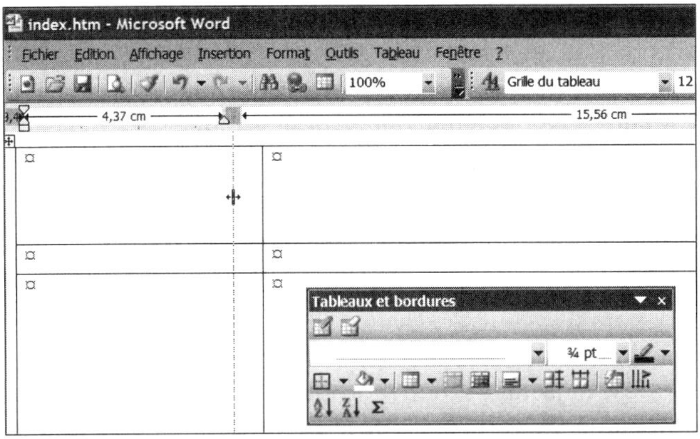

Figure 12.10 : Ajuster les colonnes du tableau

Auparavant, définissez l'alignement de chaque cellule.

1 Sur la barre d'outils *Tableaux et bordures*, cliquez sur la flèche du bouton d'alignement. Cliquez sur le haut du menu déroulant et faites-le glisser jusqu'aux cellules à aligner.

2 Cliquez dans la première cellule du tableau. Dans le menu, choisissez l'option *Centrer en bas*. Cliquez dans la deuxième cellule de la première ligne. Dans le menu, sélectionnez cette fois l'option *Centrer*. Sélectionnez la deuxième ligne du tableau en cliquant devant et choisissez également un alignement *Centré*. Cliquez sur la barre de titre du petit menu détachable et faites-le glisser sur le côté de l'écran (vous pourrez en avoir besoin ultérieurement).

ASTUCE

Menu contextuel

Vous disposez de la même commande **Alignement des cellules** dans le menu contextuel.

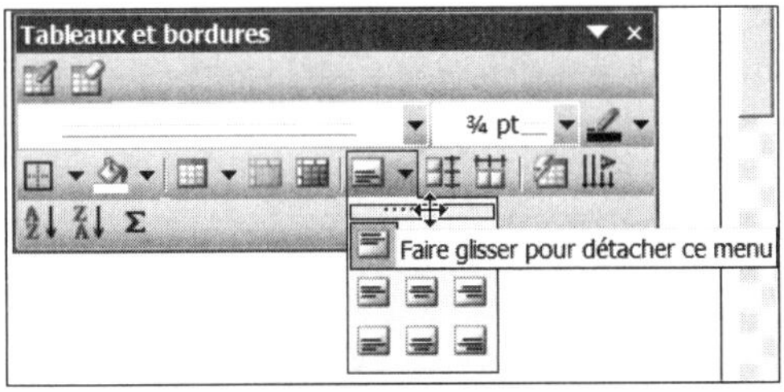

Figure 12.11 : Détacher le menu de la barre d'outils

3 Cliquez dans la première cellule et activez la commande **Insertion/Date et heure**. Dans la zone *Formats disponibles* de la fenêtre qui s'affiche, sélectionnez le format souhaité, cochez la case *Mettre à jour automatiquement* et validez en cliquant sur OK.

4 Choisissez une police de caractères, une taille et une couleur de police (dans notre exemple, la police *Amaze*, une taille *12*, l'attribut *Gras* et une couleur rouge foncé).

Vous allez insérer le titre dans la cellule droite en utilisant un objet WordArt.

5 Si ce n'est déjà fait, affichez la barre d'outils *Dessin* en cliquant sur le bouton **Dessin** situé sur la barre d'outils *Standard*. Cliquez dans la deuxième cellule de la première ligne. Dans la barre d'outils *Dessin*, cliquez sur le bouton **WordArt**. Tapez le titre de votre site et choisissez les options souhaitées. Validez.

Créez la barre de liens sur la deuxième ligne du tableau, en fractionnant en quatre la deuxième cellule. Vous inscrirez le texte `Accueil` dans la première cellule.

6 Cliquez dans la deuxième cellule de la deuxième ligne. Sur la barre d'outils *Tableaux et bordures*, cliquez sur le bouton **Fractionner les cellules**. Dans la fenêtre qui s'affiche, choisissez `4` colonnes pour une ligne et validez.

7 Tapez le texte de la barre de liens dans chaque cellule (*Les clubs*, *Les matches*, *Résultats* et *Archives*). Cliquez devant la ligne pour la sélectionner. Sur la barre d'outils *Tableaux et bordures*, cliquez sur la flèche du bouton **Couleur de la trame de fond** et choisissez une couleur (ici vert clair). Formatez le texte (police *Times New Roman*, taille *11*, couleur marron clair, *Gras*).

Figure 12.12 : *Fractionner et taper le texte de la barre de liens*

Complétez et remplissez la page. Insérez dans la partie gauche le texte correspondant aux liens de vos sites favoris. Vous fractionnerez la cellule en utilisant le crayon et choisirez un alignement centré.

Pour remplir la partie droite de la page, vous allez par exemple taper le texte de la rubrique du jour, présenter les prochains tournois et insérer des images pour illustrer vos propos. Pour cela, vous insérerez un autre tableau dans la partie droite de la fenêtre.

8 Cliquez sur le bouton **Dessiner un tableau** (le crayon) de la barre d'outils *Tableaux et bordures* et tracez une bordure dans la cellule située sous la cellule *Accueil*. Choisissez un alignement centré et tapez quelques liens dans la cellule. Ajustez la taille de la nouvelle cellule en faisant glisser la bordure. Formatez le texte.

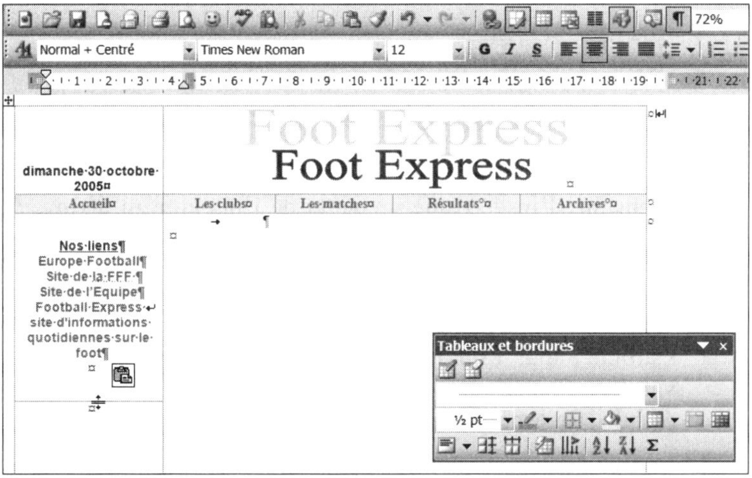

Figure 12.13 : *Ajouter une bordure et ajuster la taille de la nouvelle cellule*

9 Dessinez un second tableau dans la partie droite de la fenêtre jusqu'en bas de la page (deux colonnes et une seule ligne).

La première colonne doit être plus importante que la seconde (environ ¾ pour ¼).

10 Cliquez du bouton droit dans ce nouveau tableau. Dans le menu contextuel, cliquez sur **Propriétés du tableau**. Dans la fenêtre qui s'affiche, sous l'onglet **Tableau**, cliquez sur le bouton **Options**. Sous la rubrique *Marges des cellules par défaut* de la nouvelle fenêtre, définissez des marges gauche et droite de `0,3` cm.

Validez en cliquant sur OK. Cliquez une nouvelle fois sur OK dans la fenêtre suivante.

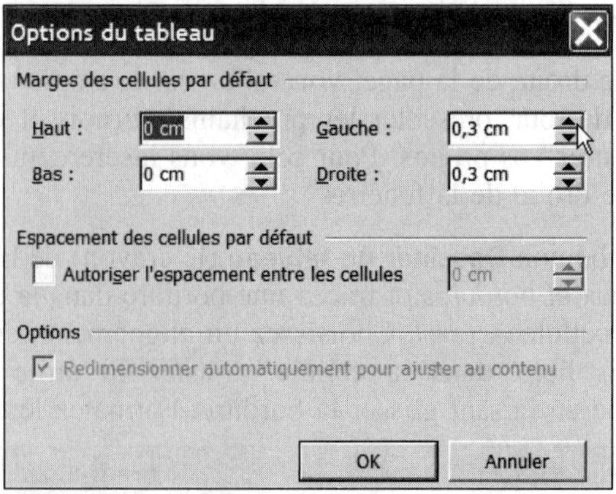

Figure 12.14 : *Définir les options du tableau*

11 Saisissez le texte de votre choix dans la première colonne. Choisissez un alignement à droite.

Il s'agit ensuite d'insérer une image et de l'intégrer au texte.

12 Dans la barre d'outils **Dessin**, cliquez sur le bouton **Insérer une image**. Recherchez une image dans le dossier *Images* et placez-la dans le texte. Double-cliquez sur cette image. Dans la fenêtre qui s'affiche, sous l'onglet **Habillage**, cliquez sur l'option *Encadré* et validez. Placez l'image avec la souris sur le bord droit de la cellule. Redimensionnez-la si nécessaire.

13 Insérez également une image dans la colonne droite (pour laquelle vous conserverez les options d'habillage par défaut), appuyez sur [Entrée] et tapez le texte de la rubrique du jour (alignement gauche). Formatez le texte des deux colonnes.

14 Finissez de remplir la page et insérez d'autres images aux endroits qui vous semblent adéquats. Par exemple, fractionnez la cellule qui contient la date en deux lignes (en traçant un trait à l'aide du crayon) et insérez une image au-dessus, dans la nouvelle cellule. Insérez également une image dans la cellule située sous les liens de vos sites favoris (voir Figure 12.15).

La page d'accueil est presque terminée. Le moment est venu d'ajouter quelques GIF animés pour la rendre plus attractive.

Figure 12.15 : La page web prend forme

Un GIF animé s'insère comme n'importe quelle autre image. Vous allez d'abord insérer une image animée sous la liste des liens de vos sites favoris.

1 Cliquez dans la cellule "`Nos liens`", puis cliquez sur le bouton **Insérer une image** de la barre d'outils *Dessin*. Recherchez le dossier *Images* puis choisissez un GIF animé parmi ceux que vous avez téléchargés précédemment. Cliquez sur le bouton **Insérer**.

Figure 12.16 : Insérer un Gif animé

Une fois le GIF animé inséré, il ne se passe rien dans la page : c'est seulement dans le navigateur que vous pourrez visualiser les animations.

2 Dans le menu **Fichier**, cliquez sur la commande **Aperçu de la page Web**.

La page s'ouvre dans votre navigateur Internet et le GIF animé inséré est opérationnel.

3 Fermez la fenêtre du navigateur. De retour dans Word, insérez les autres images animées aux endroits souhaités.

4 Sélectionnez le premier tableau en cliquant sur la poignée située dans l'angle supérieur gauche. Cliquez sur la flèche du bouton **Bordures** de la barre d'outils *Tableaux et bordures* et choisissez l'option *Aucune bordure*. Le tableau étant toujours sélectionné, activez la commande **Tableau/Masquer le quadrillage**.

5 Renouvelez l'opération pour le second tableau.

Figure 12.17 : *Masquer bordures et quadrillage*

Votre page est finalisée. Enregistrez les modifications.

6 Dans le menu **Fichier**, cliquez à nouveau sur la commande **Aperçu de la page Web** pour visualiser la page. Fermez le navigateur lorsque vous avez fini.

Créez les autres pages du site en procédant de la même manière. Une fois celles-ci créées, il faut les relier entre elles. Vous allez pour cela créer des liens hypertextes sur la page d'accueil à partir de la barre de liens qui contient le nom de chacune des autres pages.

1 Sélectionnez le nom de la deuxième page, *Clubs*, sur votre barre de liens. Cliquez du bouton droit sur la sélection. Dans le menu contextuel, cliquez sur **Lien hypertexte**. Dans la fenêtre qui

s'affiche, cliquez sur la flèche de la zone *Regarder dans*, affichez le dossier qui contient la page vers laquelle vous souhaitez faire pointer le lien. Sélectionnez le nom de la page et validez.

2 Répétez l'opération pour chaque page.

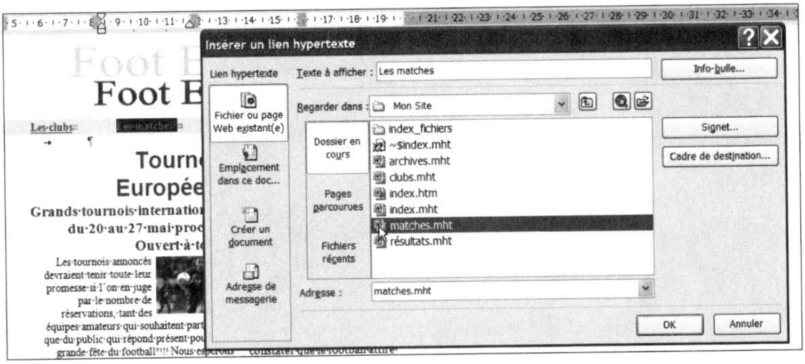

Figure 12.18 : Créer des liens vers d'autres pages

3 Dans la cellule `Nos liens`, créez les liens externes vers les sites Internet de votre choix.

Vérifiez le bon fonctionnement des liens hypertextes dans votre navigateur.

4 Enregistrez les modifications et fermez le fichier *index*. Ouvrez le dossier *Mon Site* et double-cliquez sur le fichier *index* pour le rouvrir et le tester en réel dans votre navigateur (qui donne une idée plus précise que la commande **Aperçu de la page Web** du menu **Fichier**).

Retrouvez le fichier *index.mht* sur le site **www.microapp.com**.

Chapitre 13

Index

A

B

C

D

E

F

G

H

I

J-L

M

N

O

P

Q-R

S

T

V

W

Z

Notes

Notes

Notes

Notes

Notes

Notes

Notes

Notes

Notes

Notes

Notes

Notes

Notes

Notes

Notes

Notes

Notes

Composé en France par Jouve
11, bd de Sébastopol - 75001 Paris

Achevé d'imprimer sur les presses de
l'Imprimerie France Quercy à Cahors
N° d'impression : 53108/
Dépôt légal : janvier 2006

Imprimé en France